内容简介

本书是一本国际公认的会计学经典教材，继承了美国著名会计学家、斯坦福大学商学院查尔斯·亨格瑞教授以往《会计学》版本的优良传统，涵盖了财务会计和管理会计的基础知识，代表基础会计的主流，几十年来畅销不衰。

第12版的特色包括：

· 结构合理，内容丰富，突出激励学习的理念。

· 将会计与企业的实际决策紧密联系，通过案例教学帮助读者成为决策者。

本书适合初次接触会计学的读者，也适合会计学、财经管理类专业的本科生，以及希望了解会计学知识的管理者。

主要作者简介

特蕾西·米勒-诺布尔斯（Tracie Miller-Nobles） 得克萨斯州立大学高级讲师，注册会计师，在得克萨斯州A&M大学获得会计学士和硕士学位。在德勤税务部门和Sample & Bailey会计师事务所有丰富的会计实务经验。荣获美国会计学会J. Michael and Mary Anne Cook奖、得克萨斯CPA协会新星奖和杰出会计教育家称号。

译者简介

刘俊勇 中央财经大学会计学院党委书记，中国管理会计研究与发展中心主任，教授、博士生导师。财政部会计名家。兼任财政部管理会计咨询专家、中国卫生经济学会卫生财会分会副会长、全国会计专业学位研究生教育指导委员会委员。

研究方向包括战略执行、管理会计和行动学习，在《会计研究》《管理世界》等期刊发表论文50余篇，主持国家社会科学基金项目、省部级以及企业横向课题等20余项，译著包括《平衡计分卡》《战略地图》《组织协同》等，编著《公司业绩评价与激励机制》等10余部教材，为多家企业提供培训和行动学习服务。

曾荣获中央财经大学MPAcc最受欢迎教师奖、MBA最受欢迎教师奖，全国MPAcc优秀教学案例奖，全国MBA“百篇优秀教学案例”奖，两次获得国家级教学成果奖。

工商管理经典译丛·会计与财务系列
Business Administration Classics

亨格瑞会计学

Horngren's Accounting（Twelfth Edition）

[美] 特蕾西·米勒-诺布尔斯（Tracie Miller-Nobles）
布伦达·马蒂森（Brenda Mattison）
埃拉·梅·玛苏姆拉（Ella Mae Matsumura） 著

刘俊勇 等 译

第12版

中国人民大学出版社
·北京·

译者序

《亨格瑞会计学》（第 12 版）继承了美国著名会计学家、斯坦福大学商学院查尔斯·T. 亨格瑞教授以往《会计学》版本的优良传统，涵盖了财务会计和管理会计的所有基础知识，代表了基础会计的主流，是一本非常优秀的教材。我们认为本书具有以下特点。

1. 正文结构安排合理，内容丰富多彩，激发学习热情

本书共 26 章，包括基础会计、财务会计和管理会计的基本内容。作者按照由浅入深、循序渐进的原则，设置了三部分内容：基础会计（1～7 章）、财务会计（8～17 章）、管理会计（18～26 章）。这三个部分既各成体系，又环环相扣，脉络清楚。

本书自始至终突出“激励学习”的理念，激励学生在思考和操作中学习，避免枯燥的填鸭式教学。为便于学生学习会计的原理和方法，贯彻“激励学习”的理念，作者在每章特意安排了以下内容：(1) 问题导向的章节安排。作者将学生在学习中常见的问题写入书中，引导学生有针对性、高效率地完成学习。(2) 章首案例。章首案例将学生引入了会计的现实世界，在那里业务决策影响组织的未来。案例提供了每章主题的现实企业背景，激励学生在思考中学习。(3) 图表。本书安排了许多图表，其目的是通过图解的方式阐述会计概念以及概念之间的相互联系，使读者直观地理解会计原则、程序和方法。我们认为，这种全新的安排非常有助于读者迅速地掌握会计的基本原理和方法。同时，也使本书内容丰富多彩，易于激发读者的学习热情。

2. 注意会计和决策之间的关系，案例教学帮助读者成为决策者

“算为管用、算管结合”这句话在本书中得到了极好的体现。学习会计学知识就是要帮助学生在变幻的商业世界中航行。会计学的基本知识将帮助他们更好地做出决策，评价现实环境，并理解数字的价值。

除了前述的章首案例，范例贯穿于每章的始终，它将会计和企业的实际决策紧密地联系在一起。各章的习题均包括在企业实际经营决策中使用的相关资料和财务指标。

3. 习题难度层层递进，巩固所学内容

本书中的习题材料紧扣正文所讲内容，体现了从易到难、由浅入深的原则，在难度上层层递进，便于学生巩固所学内容。

4. 工作团队阵容强大，内容分工细致，帮助学生取得职业成功

除了三位作者之外，本书的工作团队还包括：学生评审者（帮助检查正文和习题）、教师评审者（对全书进行评审）、团体参与者、其他作者和评审者（编写和评审教师手册、录像指南、学习指导、CD、幻灯片、技术、现场录像、在线课程等）。在这一强大工作团队的努力下，本书不仅内容丰富多彩，而且整体质量一流。《亨格瑞会计学》（第 12 版）的工作团队有一个共同的目标：帮助学生理解会计概念，并取得职业成功。通过教材、习题以及其他媒介，他们全面提高了学生的职业素养，促进了学生在未来职业生涯中的成功。

作为本书的译者，我参加了本书前三个版本（第 6 版、第 8 版、第 10 版）的翻译和组织工作，我深刻地体会到本书的先进教育理念。因此，近十年来，我将本书的部分内容在中央财经大学的 MBA，MPAcc 以及多个面向高级经理人的培训项目中加以运用，取得了良好的教学效果。

本书可以作为高等院校经济管理类学生开设“会计学”课程的教材，也可供财务会计人员和经济管理人员自学会计时使用。本书的主要目的是告诉读者如何使用会计信息，因而，企业的经理和其他中层管理人员要了解如何利用会计信息进行科学决策时，选择本书是非常合适的。

本书的翻译和审校工作由中央财经大学会计学院刘俊勇教授负责，魏紫副教授参与了财务会计部分章节的审校工作，其他参加翻译的人员均为中央财经大学的硕士研究生，他们是雒琪、佘睿丹、闫熠辰、罗雨、郑文鉴、史潇扬和刘睿语。刘俊勇教授审校了全部书稿，统一了有关名词和体例。本书在翻译过程中得到了中国人民大学出版社李文重编辑的大力支持，在此表示感谢。

在本书的翻译过程中，除了要面对会计专业术语外，还涉及大量与会计相关的行业、技术、管理、文化等方面的背景知识，这些都增加了我们工作的难度，我们尽力准确地将其翻译出来。有些名词、术语经过多次反复推敲，部分章节几经修改，但因译者水平所限，书中难免有疏漏和错误之处，恳请读者批评指正。来信请致：18610318789@126.com。

刘俊勇

致读者

感谢你们选择《亨格瑞会计学》（第 12 版）这本教材，我们对《亨格瑞会计学》（第 12 版）发生的变化感到非常兴奋，很高兴与你们分享我们的改变。我们以原有的成功版本为基础对内容进行了扩展，利用从市场调查、学生反馈等渠道获取的建议对教材进行了重新修订，在这个版本中我们重点关注以下几个方面。

首先，我们再次确认了教材、学生资源和教学指导的内容是一致且准确的。作为作者，我们审阅了每一个章节，以确保学生的阅读和学习没有障碍。然后，通过与专业团队的讨论和会议，我们确认了本教材提供的教学方法和内容是在教学中讲解这些重要的基础知识时所使用的主要方法。最后，我们专注于为教师提供资源，创建活跃的、引人入胜的课堂，从而帮助学生学习。

我们很高兴与你们分享这个最新版本的一些变化。首先，我们添加了一个“Try It All Together”模块，采用一个实际公司的案例来说明如何将每章的概念应用于实际业务。其次，每章还增加了一个与应用 Excel 相关的问题，介绍如何使用 Excel 解决商业环境中常见的会计问题。第 5 章已更新为新发布的收入确认标准，同时管理会计部分扩大了内容覆盖范围，并对现有的内容进行了修订。

我们相信你们可以在我们的教材、MyAccountingLab、更新的 eText 以及所提供的一些新媒体资源中发现这些改变。我们期待你们的反馈、建议或评论，如有需要，请发送邮件至 HorngrensAccounting@pearson. com 或 LaceyVitetta@pearson. com。

特蕾西・米勒-诺布尔斯

布伦达・马蒂森

埃拉・梅・玛苏姆拉

目　　录

第 1 章

会计与企业环境

有人需要咖啡吗?

艾登·杰克逊正在仔细阅读开会时银行工作人员递给他的一份清单，包括商业计划书、现金流量预测表、财务报表、纳税申报表等。艾登之所以与银行工作人员会面，是因为长久以来他一直梦想在大学校园对面的街道上开一家咖啡店。艾登明白市场有这方面的需求——大学生都希望学校附近有一个可供学习、与朋友见面闲聊的僻静去处。艾登也有这方面的经营经验——过去三年他一直担任邻镇一家咖啡店的经理。然而艾登还缺少一样东西——钱。他以前攒下的工资加上部分家人和朋友的投资，远远不能满足开店所需的资金要求。艾登认为最好的选择就是从银行贷款。会面后，艾登觉得自己的事业前景一片渺茫，他十分灰心，不知所措。

也许你认为艾登的困境在现实中不可能出现，但是你错了。几乎每一家企业都面临类似的问题。初创期的创业者野心勃勃，但是他需要持续的现金流来维持企业的运营。除此之外，创业者还必须做出诸如以下这些决策：是否应该扩大经营范围，到别的地区开一家分公司？是否拥有足够的现金来购买一台咖啡豆烘焙机？如何得知公司是否赚得利润？

那么艾登的公司究竟该如何起步呢？接着往下读，这就是会计学所要教给你的内容。

为什么要学习会计?

艾登所面临的困境是大多数企业都会遇到的问题。举例而言，星巴克公司 1971 年在华盛顿州的西雅图开设了第一家门店。三个合伙人——杰里·鲍德温、泽夫·西格尔和戈登·鲍克为梦想所激励，致力于销售高质量的咖啡。我们知道他们成功地实现了梦想，因为目前星巴克在全球 67 个国家和地区开了 22 000 多家分店。星巴克是如何从一家门店成长到今天的呢？这源于其合伙人懂得会计这门商业语言。他们清楚该如何评估企业的经营活动，如何将会计信息加工成财务报表，如何利用财务报告制定决策。会计知识有助于更好地理解商业活动，使你成为一名出色的企业家、员工或者投资者。

学习目的

1. 阐明会计的重要性，明确财务信息的使用者。
2. 介绍会计监管机构及会计原则。
3. 介绍会计恒等式，定义资产、负债和所有者权益。
4. 运用会计恒等式分析企业的交易活动。
5. 编制企业财务报表。
6. 运用财务报表和资产回报率（ROA）评价企业经营业绩。

1.1 会计为什么重要

会计（accounting）是计量企业经济活动，处理、加工这些经济信息并将其反映在报表中，同时将处理结果传递给决策者的信息系统。会计常常被人们称为商业语言。对这门语言理解得越透彻，对企业的经营掌控能力就会越强，也就越有可能成为有价值的员工或者精明的投资者。

我们总是习惯性地认为会计工作枯燥乏味。然而，会计并不仅仅是简单地记账。如今的会计人员还参与企业内部形形色色的活动，例如，调查研究财务证据、改进用于处理会计信息的计算机程序，以及将财务数据传递给利益相关者等。人们每天都在借助会计知识进行商业决策。

最近，由会计界领军人物组成的职业路径委员会建立了一个可视化模型（见图表1-1）来帮助学生和大众理解会计。这个模型以一种清晰可见的方式解释了会计究竟是做什么的。会计以经济活动为起点，会计人员运用批判性思维和判断来回顾、评价这些活动，并生成能够帮助个人做出明智决策的有用信息。这个模型强调，明智的决策也会反过来影响会计判断和经济活动，进而形成因果循环的流程。会计人员并不是枯燥乏味的账房先生，相反，他们在构建繁荣社会的进程中发挥了重要作用。

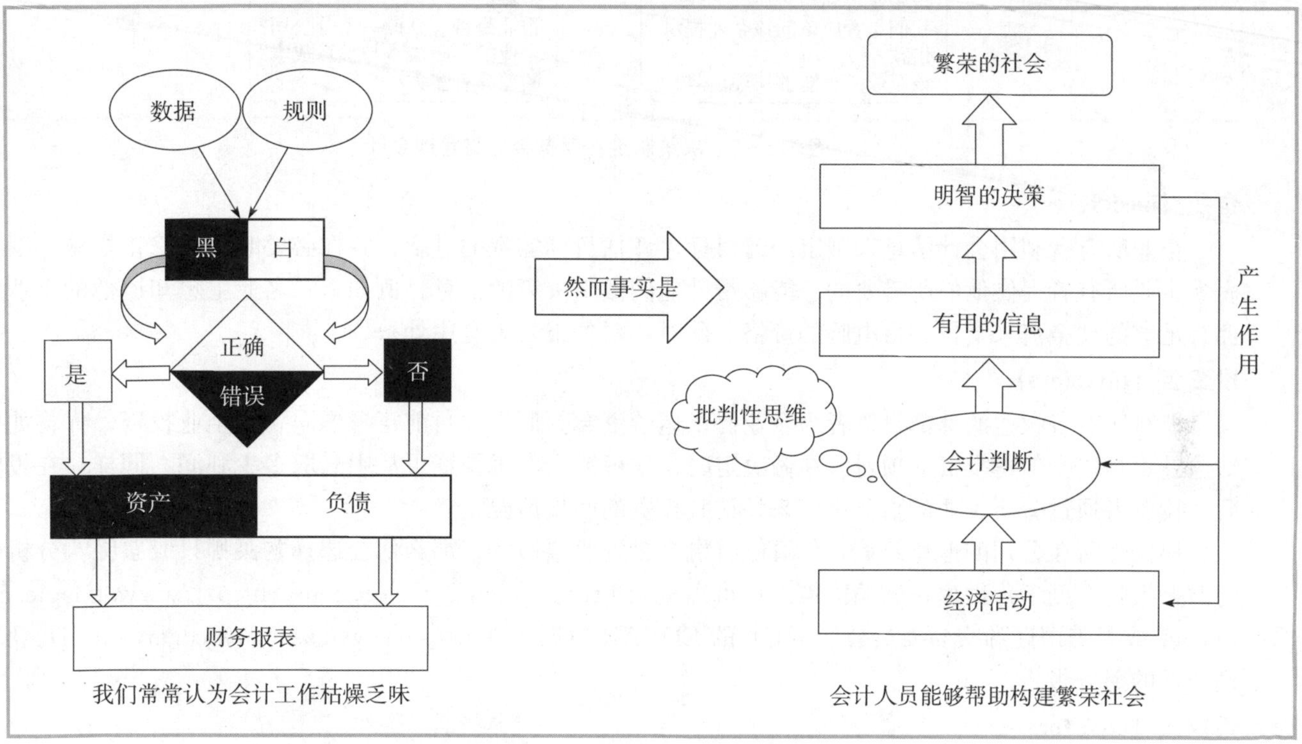

图表1-1　会计路径可视化模型

□ 决策者：会计信息的使用者

会计可以分为两大领域——财务会计与管理会计。**财务会计**（financial accounting）主要为企业外部信息使用者（如外部投资者、贷款人、客户、政府等）提供信息。**管理会计**（managerial accounting）主要为企业内部决策制定者（如企业管理者、内部员工等）提供信息。

图表1-2描述了财务会计与管理会计的区别。无论是企业外部还是内部信息使用者，所有的决策者都需要信息来做出最好的选择。决策越重要，对信息的需求也就越强烈。下面所介绍的是一些使用会计信息的决策者。

个人（individuals）

你拥有多少现金？每个月需要存多少钱为退休后的生活或者孩子的学费做准备？会计知识可以帮你解答这些问题。在日常生活中，你可以使用会计信息来管理银行账户，评价一份新工作，估计自己是否买得起一台新电脑。在商业活动中，也需要使用会计信息做出类似的决策。

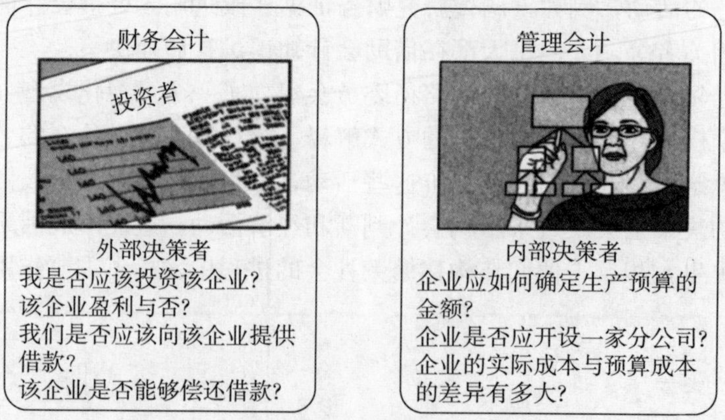

图表1-2 决策制定：财务会计与管理会计

企业（businesses）

企业所有者利用会计信息来制定经营目标，评估目标实现的进度，并在必要时采取修正措施。财务报表为企业所有者提供他们所需要的、能够帮助他们做出决策的信息。例如，一名业主想知道他的企业是否拥有足够的现金流来支付一台电脑的价格。此时，财务报表大有用处。

投资者（investors）

拥有所有者权益的外部投资者为企业提供运营资金。假设你目前正考虑向一家企业投资，你将如何评估这是不是一个值得投资的项目？在做决定时，你可能会考虑预期可从中赚取多少利润。同样，在投资之后，投资者通过分析企业的财务报表来评估其投资的回报情况。

根据你所在公司的退休政策，你可能有机会投资股票市场。那么你会选择购买哪只股票呢？分析公司的财务报告有助于你做出正确的决策。你可以登录 http://finance.yahoo.com，http://www.google.com/finance 或者美国证券交易委员会（SEC）的 EDGAR 数据库（http://www.sec.gov/edgar.shtml）获取大型公司的财务报告。

债权人（creditors）

债权人指借出钱的任何个人或组织。在向企业提供借款之前，债权人需要查看财务报表来评估该企业的到期偿债能力，并预测其未来收入。如果你想获得购车贷款或者住房贷款，债权人也会遵循相同的流程。债权人会通过评价会计数据来判定你偿还贷款的能力。你的财务状况向债权人传达了怎样的偿债能力？对银行来说，你的风险敞口大吗？

税收机关（taxing authorities）

地方政府、各州以及联邦政府都要征税。所得税金额是根据会计信息计算得出的。健全的会计记录能够帮助个人或者企业利用法律上的税收减免政策。如果会计记录不健全，美国国税局（IRS）就会禁止税收减免，并对企业开具包括滞纳金、罚金在内的高额税单。

□ 会计行业

亚马逊、沃尔玛和你学校附近的本地三明治店有什么共同之处吗？它们都需要会计信息来进行企业决策。即使你不打算主修会计专业，会计知识也会帮助你制定企业未来计划和评价过往业绩。你在这门课上所学到的技能将会帮你成为更优秀的商业专业人才。没有会计人员的企业无法正常运转。这也是毕业后一张会计专业的学位证书意味着拥有更多就业机会的原因。会计学士学位可以让你从事多种不同的会计职业。

也许你以前听说过注册会计师。**注册会计师**（certified public accountant，CPA）是服务大众、持证上岗的会计专业人士。注册会计师大多在公共会计师事务所、企业、政府部门或者教育机构工作。如何成为一名注册会计师呢？尽管各州要求不同，但要想获得注册会计师证书，除了必须满足学历、工作经验等方面的要求外，还要通过资格考试。美国注册会计师协会（AICPA）的官网（http://www.thiswaytocpa.com）上提供了关于如何成为一名注册会计师、就业机会以及考试要求的海量信息。

注册管理会计师（certified management accountant，CMA）指的是精通会计和财务管理知识的持证专业人士。一般而言，注册管理会计师只为一家公司工作。你可以在美国管理会计师协会（IMA）的官网（http://www.imanet.org）上搜索到如何成为一名注册管理会计师、注册管理会计师与注册会计师的区别，以及为什么雇主认可注册管理会计师证书等信息。花费时间和精力考取证书对于会计从业人员来说是值得的——初入职场时，得到认证的会计师要比他们没有获得认证的同事多赚 10%～15% 的工资。

学习会计知识和考取专业资格证书可以获得一个保证自己生活无忧的工作机会。根据罗伯特·哈夫公司（Robert Half）的《2016 年薪酬指南》（*2016 Salary Guide*），需要会计技能的顶级职位包括总会计师、财务分析师、税务会计师、审计师、成本会计师、会计师助理/簿记员，以及业务系统分析员。这些类型的会计人员大约赚多少钱？图表 1－3 提供了一些关键职位的收入潜力，从中可以略窥一二。

图表 1－3　会计职位对比一览表

职位	工作描述	工资范围（美元）
总会计师	编制财务报表，与审计师沟通，以及对财务报告的合规性进行监督	83 250～234 750
财务分析师	审查财务数据，挖掘和解释数字背后的含义	48 250～136 500
业务系统分析员	运用会计知识，构建计算机系统	46 250～131 000
税务会计师	辅助公司进行税收筹划	48 250～135 250
审计师	审核公司财务报表，保证公司合规经营	48 250～141 250
成本会计师	通常在制造业公司工作，辅助分析会计数据	46 500～121 500
会计师助理/簿记员	记录财务交易并辅助准备财务记录	43 250～63 250

会计人员通常分为公众会计、私人会计或者政府会计。公众会计提供审计或者税收筹划服务。知名的公众会计师事务所包括安永、德勤、普华永道和毕马威。私人会计指的是受雇于单个企业的会计，如亚马逊、沃尔玛或者戴尔等。其他为联邦政府或者州政府工作的会计人员则称为政府会计。不管会计人员在何处从事工作，社会对于他们所能提供服务的需求非常旺盛。根据美国劳工统计局的说法，2014—2024 年会计师和审计师的就业增长率预计达到 11%。

1.2　会计行业的监管机构和规则体系是什么

所有的职业都有其特有的一套规章体系，下面将介绍会计行业的监管机构和规章制度。

□ 监管机构

在美国，一个称为**财务会计准则委员会**（Financial Accounting Standards Board，FASB）的民间组织制定会计准则。它与联邦政府监管机构——**美国证券交易委员会**（Securities and Exchange Commission，SEC）协同合作。SEC 是监管美国金融市场的政府机构，它同时还监管一些准则制定机构，例如 FASB。FASB 同时还与国会设立的组织——美国公众公司会计监督委员会（Public Company Accounting Oversight Board，PCAOB），以及民间组织——美国注册会计师协会（American Institute of CPAs，AICPA）、美国管理会计师协会（Institute of Management Accountants，IMA）、国际会计准则理事会（International Accounting Standards Board，IASB）通力合作。

□ 一般公认会计原则

一般公认会计原则（Generally Accepted Accounting Principles，GAAP）是指导会计信息的规范。GAAP作为美国主要的会计规则，目前由FASB制定和管理。理解并掌握GAAP对于我们运用、起草、编制财务报表尤其重要。GAAP以概念框架体系为基础，涵盖目标、特征、元素、财务报表的编制等内容，创立了一套可接受的会计实务准则。财务报告的主要目的就是为投资和借款决策提供有用信息。只有相关、**可靠**（faithful representation）的财务信息，才具有有用性。相关性是指信息使用者能够依靠信息做出决策。可靠性是指信息是完整、客观、准确的。这些会计假设和原则构成了公司所需报送的财务报告的基础。

□ 会计主体假设

会计最基本的概念就是**会计主体假设**（economic entity assumption）。会计主体是一个区别于其他实体的作为独立经济单元的机构。会计上各主体间界限分明，才不至于将各主体的事务混淆在一起。一个实体指的是一家独立于其所有者的企业。

企业的组织结构可以有**独资企业**（sole proprietorship）、**合伙企业**（partnership）、**股份公司**（corporation）或者**有限责任公司**（limited-liability company，LLC）等形式。图表1-4对这四种类型的企业组织形式的相同点与不同点进行了总结。

图表1-4　企业组织形式

	独资企业	合伙企业	股份公司	有限责任公司
定义	只有一个所有者的企业	有两个或两个以上所有者，但不是以股份形式设立的企业	根据州法律设立的独立法律实体	各成员只对自身行为负责的公司
所有者数量	一个（业主）	两个或两个以上（合伙人）	一个或一个以上（股东）	一个或者一个以上（成员或者合伙人）
存续期限	取决于业主的选择，或业主死亡	取决于合伙人的选择，或合伙人死亡	无限期	无限期
所有者承担的公司债务责任	无限责任，以个人财产抵付	无限责任，以个人财产抵付	有限责任，与股东个人财产不相联系	有限责任，与成员个人财产不相联系
纳税规定	不是独立的纳税实体，业主在个体经营所得的基础上缴纳税收	合伙企业不纳税。合伙人以从合伙企业分得的利润份额为基础分别缴税	独立纳税实体。股份公司缴纳税收	有限责任公司不纳税。各成员以从公司分得的利润份额作为应纳税所得额，分别缴税
商业类型	小型企业	诊所、律师事务所、会计师事务所等专业服务机构	从小型公司到大型跨国公司	合伙企业的替代形式

为了描述会计主体假设以及本章的几个其他概念，我们以一家虚构的公司——STL公司（一家远程网络教育公司，以提供会计学、经济学、市场营销学和管理学方面的网上课程为主要经营范围）为例。这家虚构的公司在本书中将被提及多次。

设想一下，希娜·布莱特出资30 000美元创建了STL公司。按照会计主体假设，STL公司把这30 000美元与希娜的个人资产（如衣物、汽车等）分开核算。如果将这30 000美元和希娜的个人资产混在一起核算，则会使STL公司经营状况好坏的衡量变得复杂。会计主体假设要求每家企业必须与其他公司以及所有者个人相独立。

□ 历史成本原则

历史成本原则（cost principle）要求取得的资产和劳务应当以其实际成本，即**历史成本**（historical cost）记录入账。历史成本原则意味着我们在记录一项交易时，必须以收据上所列示的总额（即实际支付的总额）记录入账。即使购买者认为此价格为优惠价格，也必须以交易中实际支付的价格而非“预期”的价格来记录。例如，假设我们前面虚构的STL公司以20 000美元的价格购买了一块土地。公司的所有者希娜·布莱特可能认为这块土地实际上值25 000美元。根据历史成本原则，该土地的入账成本应当是20 000美元，而非25 000美元。

历史成本原则还要求企业在资产存续期间一直保持其历史成本的会计记录，原因就在于历史成本是一项可靠的计量标准。假设STL公司持有该土地达6个月，在此期间，土地价格上涨，市场价值为30 000美元。该土地的会计价值（账面价值）应该是其实际成本20 000美元，还是其现行市场价值30 000美元呢？根据历史成本原则，这块土地的会计价值仍然应当是其实际成本20 000美元。

□ 持续经营假设

以历史成本计量资产的另一个原因就是**持续经营假设**（going concern assumption），这一假设认为企业在可预见的将来能够持续经营。根据持续经营假设，会计人员假设企业将存续足够长的时间，可以充分利用现有资产实现预期目标。

□ 货币单位假设

美国的会计人员都以美元记录经济交易，因为美元是交易的媒介。随着时间的推移，美元价值可能发生变化，价格的普遍上涨称为通货膨胀。在通货膨胀期间，1美元所能购买的东西将减少，但会计人员都假设美元的购买力相对稳定。这是**货币单位假设**（monetary unit assumption）的基础，这一假设要求财务报表中的项目都必须以货币单位计量。

□ 国际财务报告标准

我们之前已经讨论过的会计概念和原则是以美国一般公认会计原则为样板制定的。这套原则也适用于美国的证券交易所，如纽约证券交易所。美国证券交易委员会要求美国的企业必须遵循美国一般公认会计原则的要求。而在其他国家成立或有重要事务的企业可能需要遵循的是**国际财务报告准则**（International Financial Reporting Standards，IFRS）（由**国际会计准则理事会**（International Accounting Standards Board，IASB）制定并颁布）。国际财务报告准则是一套适用于超过116个国家和地区的全球性会计标准。与美国一般公认会计原则相比，它更简略且更忠实于会计原则。国际财务报告准则留给会计师充足的专业判断空间。例如，与美国一般公认会计原则不同，国际财务报告准则允许对特定资产和负债定期重估值，以市场价值而非历史成本记账。人们一度认为美国证券交易委员会将认可国际财务报告准则。然而，美国证券交易委员会已经放弃这一策略，最近正在考虑一套单一的国际会计准则是否能够实现。

□ 会计和商业中的职业道德

职业道德问题影响会计人员的所有工作。投资人和债权人需要公司相关、可靠的信息，借以做出投资决策或者信贷决策。而公司为了用良好的盈利能力和强大的财务实力吸引投资者，自然希望自家财务报表尽可能地好。有时，这两种截然相反的视角就产生了利益冲突。举例而言，假设某公司因为产品质量问题正面临一笔潜在的高达数百万美元的诉讼债务。一方面，这家公司极有可能不愿意与投资者分享此信息，唯恐损及企业的盈利能力；另一方面，投资者非常想获得关于此未决诉讼的信息，以便在投资此公司时做出明智的决定。为了处理其中的利益冲突、提供可靠的会计信息，美国证券交易委员会要求上市公司的财务报表必须经过独立会计师的审计。**审计**（audit）是对公司财务报表和会计记录的检查，独立审计师会就财务报表是否客观、公允地反映了公司的财务状况出具审计意见。

大量的会计人员遵守职业道德，按照执业要求，默默地从事自己的工作，不为人知。遗憾的是，只有那些违反职业道德的会计人员才会登上报刊的新闻头条。近几年，我们目睹了很多财务丑闻。

例如，针对安然公司（Enron）和美国世界通信公司（WorldCom）的财务报告丑闻，美国政府迅速制定措施，颁布了**《萨班斯-奥克斯利法案》**（Sarbanes-Oxley Act，SOX），以遏制财务丑闻的发生。《萨班斯-奥克斯利法案》要求公司评估内部控制，对财务报告的真实性和完整性负责。除此之外，该法案明确了提供虚假财务报表就是犯罪行为，并建立了一个新的监管组织——美国公众公司会计监督委员会（PCAOB），来监督独立会计师（尤其是审查上市公司的独立会计师）的工作。更近期的诸如因财务丑闻遭到指控的伯尼·麦道夫，通过编造虚假报表对成千上万名投资者实施诈骗等丑闻，进一步挫伤了公众对于财务报告的信心，必将导致未来在财务报告编制领域出现更严苛的立法。

1.3 会计恒等式是什么

最基本的会计工具就是**会计恒等式**（accounting equation），它反映企业拥有或控制的经济资源以及对该资源的求偿权。会计恒等式由三部分组成：资产、负债和所有者权益。会计恒等式反映了资产、负债以及所有者权益之间的关系。恒等式的左边是资产，右边是负债和所有者权益。

资产＝负债＋所有者权益

例如，某公司拥有230 000美元的资产和120 000美元的负债，那么其所有者权益一定是110 000美元（230 000－120 000）。

□ 资产

资产（assets）是企业拥有或者控制的、能在未来期间给企业带来预期经济利益的经济资源。现金、存货、办公设备、土地等都是资产。

□ 负债

对企业资产的求偿权主要来自两个方面：负债和所有者权益。**负债**（liabilities）是外部求偿权，它代表了债权人对企业资产的求偿权，是企业对债权人承担的债务。例如，贷款给某公司的债权人在公司清偿债务之前对公司的部分资产拥有求偿权。很多负债在名称上都使用了“应付”一词，比如应付账款、应付票据、应付职工薪酬。

□ 所有者权益

所有者对企业资产的内部求偿权称为**所有者权益**（equity/owners'equity），它是企业资产扣除负债后由所有者享有的剩余权益，是公司的净资产。

所有者权益随着所有者出资和收入的发生而增长。所有者出资指的是**实收资本**（owner's capital），所有者可以通过现金出资或者其他出资形式（如设备出资等）向企业投资，取得相应的资本。所有者权益还会随收入增长而增长。**收入**（revenues）指的是向顾客销售货物、提供劳务所赚取的收益，例如，销售货物收入、提供劳务收入和租金收入等。

所有者权益会随着费用发生、所有者提款而减少。**费用**（expenses）指的是销售货物或者提供劳务的成本。费用是收入的配比扣除项目，因此会导致所有者权益的减少。常见的费用包括租赁费用、工资费用、广告费用和水电费用等。

所有者提款（owner's withdrawals）是对所有者的资产（通常是现金）的分配。所有者提款不是费用项目，因为它是一项私人支出，与企业的经营活动无关。所有者可能会也可能不会从企业中转出权益。所有者提款是所有者出资的反面，因此会导致所有者权益的减少。

所有者权益可以被拆分成四个组成部分，如下面会计恒等式的扩展公式所示：

$$\left.\underline{\text{资产}}\right\} = \left\{\underline{\text{负债}} + \frac{\text{所有者权益}}{\text{实收资本}-\text{所有者提款}+\text{收入}-\text{费用}}\right.$$

企业以盈利为目的，当收入大于费用时，经营结果的表现形式是利润或者**净收入**（net income）；反之，则为**净损失**（net loss）。

1.4　如何分析交易活动

会计记录是建立在真实交易基础上的。**交易**（transaction）是影响企业财务状况且能够可靠记录的事件。交易可能影响企业拥有的资产、所欠的负债或者净资产。许多事件可能影响企业，包括经济繁荣与衰退，但会计人员并不记录这些事件的影响，因为它们不能被可靠地计量。会计人员只记录那些能够以货币单位可靠计量的事件，例如，购买建筑物、销售存货、支付租金等。

□ STL 公司的交易分析

为了阐述企业交易的会计核算，我们将以之前提到的 STL 公司为例，对 2018 年 11 月所发生的交易做出解释，并且说明每一笔交易是如何影响会计恒等式的。

交易 1：所有者出资

希娜・布莱特创办了一家名为 STL 的独资企业。这家网络远程教育公司从所有者希娜・布莱特处收到 30 000 美元的现金投资，相应地给予希娜 30 000 美元的资本。这笔业务对会计恒等式的影响如下：

	资产		负债 +	所有者权益
	现金	=		布莱特，资本
（1）	+30 000			+30 000

让我们通过以下几个步骤仔细研究一下这笔交易。

第一步：找出交易所涉及的会计科目和科目类型。每一笔交易一定涉及至少两个会计科目，甚至更多。本交易涉及的会计科目为现金（资产类）和实收资本（所有者权益类）。

第二步：判断每个会计科目的增减变动。要时刻牢记从企业的视角来看待会计科目的增减变动，而不是从所有者或者顾客的角度来看。现金增加，这家公司拥有比之前更多的现金。实收资本增加，这家公司收到了 30 000 美元的出资。

第三步：判断会计恒等式是否仍然平衡。对于每一笔交易而言，会计恒等式左边的增减量都必然等于右边的增减量。

30 000 美元＝30 000 美元

交易 2：现金购置土地

STL 公司支付了 20 000 美元购置一块办公用地。此项交易对于会计恒等式的影响如下：

	资产			=	负债	+	所有者权益
	现金	+	土地				布莱特，资本
	30 000						30 000
（2）	−20 000		+20 000				
	10 000	+	20 000				30 000

让我们用之前所学的几个步骤来重新研究一下这笔交易。

第一步：找出交易所涉及的会计科目和科目类型。交易 2 涉及的会计科目包括现金（资产类）和土地（资产类）。

第二步：判断每个会计科目的增减变动。交易 2 中，公司购买土地、支付现金，导致现金数量减少，公司所拥有的土地增加。

第三步：判断会计恒等式是否仍然平衡。

10 000 美元＋20 000 美元＝30 000 美元

交易 3：购买办公用品

STL 公司购买了价值 500 美元的办公用品，并承诺在 30 天内付款。这笔业务使得企业的资产与负债同时等额增加，其对会计恒等式的影响如下：

	资产					=	负债	+	所有者权益
	现金	+	办公用品	+	土地		应付账款	+	布莱特，资本
	10 000				20 000				30 000
（3）			+500				+500		
	10 000	+	500	+	20 000		500	+	30 000

第一步：找出交易所涉及的会计科目和科目类型。交易 3 涉及的会计科目包括办公用品（资产类）和应付账款（负债类）。办公用品是一项资产，而不是费用，因为它并非在当前立刻消耗殆尽，而是可以在未来的一段时期内使用。此项交易产生的负债是**应付账款**（accounts payable），它是企业的一项短期负债，需要在未来予以偿还。任何一项应付款项都是企业的负债。

第二步：判断每个会计科目的增减变动。办公用品增加，公司拥有比之前更多的办公用品；应付账款增加，公司所欠的负债也比之前更多。

第三步：判断会计恒等式是否仍然平衡。

10 000 美元＋500 美元＋20 000 美元＝500 美元＋30 000 美元

交易 4：取得服务收入

企业通过为顾客提供培训取得服务收入。假设 STL 公司取得了 5 500 美元的现金收入，则该笔业务将使得会计恒等式左右两边的现金和服务收入等额增加，表示如下：

	资产						负债＋		所有者权益		
	现金	＋	办公用品	＋	土地	＝	应付账款	＋	布莱特，资本	＋	服务收入
	10 000	＋	500	＋	20 000		500	＋	30 000		
(4)	＋5 500										＋5 500
	15 500	＋	500	＋	20 000		500	＋	30 000	＋	5 500

收入业务使企业得以成长，如上所示，体现在资产总额和所有者权益的增加。

交易 5：取得应计收入

有些顾客在接受该公司的服务后不能立即付款，而是许诺在 1 个月内付款 3 000 美元。此项许诺也是一项资产，因为它是企业可以在未来获取现金的**应收账款**（accounts receivable）。在会计上，我们认为 STL 公司为顾客提供了应计收入服务。这种服务并没有收取现金，却实现了收入。正如在交易 4 中，收入的增加带来了“布莱特，资本”的增加。STL 公司在账户上记录了 3 000 美元的收入，如下所示：

	资产								负债＋		股东权益		
	现金	＋	应收账款	＋	办公用品	＋	土地	＝	应付账款	＋	布莱特，资本	＋	服务收入
	15 500			＋	500	＋	20 000		500	＋	30 000	＋	5 500
(5)			＋3 000										＋3 000
	15 500	＋	3 000	＋	500	＋	20 000		500	＋	30 000	＋	8 500

交易 6：费用支出

企业当月用现金支付了 3 200 美元的费用，其中包括 2 000 美元的办公室租金以及 1 200 美元的员工工资。该笔交易对会计恒等式的影响如下：

	资产								负债＋		所有者权益						
	现金	＋	应收账款	＋	办公用品	＋	土地	＝	应付账款	＋	布莱特，资本	＋	服务收入	－	租赁费用	－	工资费用
	15 500	＋	3 000	＋	500	＋	20 000		500	＋	30 000	＋	8 500				
(6)	－3 200														－2 000		－1 200
	12 300	＋	3 000	＋	500	＋	20 000		500	＋	30 000	＋	8 500	－	2 000	－	1 200

费用和收入具有正好相反的作用，它使得企业收缩，企业资产和所有者权益余额都将减少。实际上，每笔费用支出都应该单独逐笔记录。为简便起见，这里我们将它们记在一起，即对两笔费用支出用其支出总额 3 200 美元（2 000＋1 200）来记录。请注意：会计恒等式左右两边仍然保持平衡（12 300 美元＋3 000 美元＋500 美元＋20 000 美元＝500 美元＋30 000 美元＋8 500 美元－2 000 美元－1 200 美元）。

交易 7：支付应付款

STL 公司支付 300 美元偿还上述交易 3 中购买办公用品的 500 美元应付款。在会计上，我们称企业在账户上支付了 300 美元。它使得会计恒等式左右两边的资产（现金）和负债（应付账款）同时等额减少，如下所示：

	资产					负债＋	所有者权益			
	现金＋	应收账款＋	办公用品＋	土地	＝	应付账款＋	布莱特，资本＋	服务收入－	租赁费用－	工资费用
	12 300＋	3 000＋	500＋	20 000		500＋	30 000＋	8 500－	2 000－	1 200
(7)	－300					－300				
	12 000＋	3 000＋	500＋	20 000		200＋	30 000＋	8 500－	2 000－	1 200

这种应付款支付不会影响办公用品的金额，因为企业只是偿还了负债，这并不是费用支出。在这笔交易中记录办公用品的增加意味着企业再一次购买了办公用品。我们在交易 3 中已经对购买办公用品进行记录，因此在这次交易中我们只需记录应付账款即可。

交易 8：收回应收款

在前面的交易 5 中，STL 公司为顾客提供了服务而未收取价款。现在，公司从顾客那里收到 2 000 美元的现金。我们称企业收回了之前赊销业务的现金。显然，公司应该记录现金的增加。但是，是否需要同时记录收入的增加呢？答案是不应记录，因为在交易 5 中，企业已经记录该项收入。收回赊销业务的现金意味着在现金增加的同时，应收款项等额减少。应收账款减少是因为现在企业已经收到本应在未来某一时点流入企业的 2 000 美元。这笔业务对会计恒等式的影响如下所示：

	资产					负债＋	所有者权益			
	现金＋	应收账款＋	办公用品＋	土地	＝	应付账款＋	布莱特，资本＋	服务收入－	租赁费用－	工资费用
	12 000＋	3 000＋	500＋	20 000		200＋	30 000＋	8 500－	2 000－	1 200
(8)	＋2 000	－2 000								
	14 000＋	1 000＋	500＋	20 000		200＋	30 000＋	8 500－	2 000－	1 200

交易 8 在会计账面记录上表现为一笔资产（现金）的增加和另一笔资产（应收账款）的减少。此时会计恒等式还保持平衡吗？是的。只要在会计恒等式的一边记录的增加数和减少数相等，会计恒等式就仍然保持平衡。换句话说，资产、负债、所有者权益总额与之前相比，都不会发生任何变化。这是为什么呢？因为 STL 公司只不过是将资产从一种形式（现金）转换成另一种形式（应收账款），对会计恒等式中的资产总额没有影响（2 000 美元－2 000 美元＝0 美元）。

交易 9：资金撤回

希娜·布莱特从企业提取 5 000 美元现金以备个人支出使用。该笔交易对会计恒等式的影响如下：

	资产					负债 +	所有者权益				
	现金	+ 应收账款	+ 办公用品	+ 土地	=	应付账款	+ 布莱特，资本	− 布莱特，提款	+ 服务收入	− 租赁费用	− 工资费用
	14 000	+ 1 000	+ 500	+20 000		200	+ 30 000		+8 500	−2 000	−1 200
(9)	−5 000							−5 000			
	9 000	+ 1 000	+ 500	+20 000		200	+ 30 000	−5 000	+8 500	−2 000	−1 200

希娜·布莱特提取 5 000 美元，使得企业资产（现金）和所有者权益同时等额减少。提取资金并不是企业的一项费用支出，因为它与企业的收入不相配比。因此，所有者的提款不会影响企业的净利润或者净损失。

图表 1－5 是关于 STL 公司这 9 笔交易的汇总。

（1）STL 公司收到 30 000 美元的现金投资，给予希娜 30 000 美元的资本。
（2）购置土地，支付现金 20 000 美元。
（3）赊购办公用品，价值 500 美元。
（4）取得服务收入，收取现金 5 500 美元。
（5）向客户提供服务，取得应计收入 3 000 美元。
（6）支付现金费用：2 000 美元的办公室租金以及 1 200 美元的员工工资。
（7）偿还上述交易 3 中购买办公用品的应付款 300 美元。
（8）从顾客那里收到交易 5 中应该收取的 2 000 美元现金。
（9）从企业提取 5 000 美元现金。

	资产					负债 +	所有者权益				
	现金	+ 应收账款	+ 办公用品	+ 土地	=	应付账款	+ 布莱特，资本	− 布莱特，提款	+ 服务收入	− 租赁费用	− 工资费用
(1)	+30 000						+30 000				
(2)	−20 000			+20 000							
	10 000			+ 20 000			30 000				
(3)			+500			+500					
	10 000		+ 500	+ 20 000		500	+ 30 000				
(4)	+5 500								+5 500		
	15 500		+ 500	+ 20 000		500	+ 30 000		+ 5 500		
(5)		+3 000							+3 000		
	15 500	+ 3 000	+ 500	+ 20 000		500	+ 30 000		+ 8 500		
(6)	−3 200									−2 000	−1 200
	12 300	+ 3 000	+ 500	+ 20 000		500	+ 30 000		+ 8 500	− 2 000	− 1 200
(7)	−300					−300					
	12 000	+ 3 000	+ 500	+ 20 000		200	+ 30 000		+ 8 500	− 2 000	− 1 200
(8)	+2 000	−2 000									
	14 000	+ 1 000	+ 500	+ 20 000		200	+ 30 000		+ 8 500	− 2 000	− 1 200
(9)	−5 000							−5 000			
	9 000	+ 1 000	+ 500	+ 20 000		200	+ 30 000	− 5 000	+ 8 500	− 2 000	− 1 200
	30 500					30 500					

图表 1－5　STL 公司交易活动的分析

1.5 如何编制财务报表

我们已经记录STL公司的交易，图表1-5汇总了所发生的业务，请注意：每笔交易均保持了会计恒等式的左右两边相等（资产总额=负债总额+所有者权益总额，30 500美元=30 500美元）。

基本的问题是：人们在实践中如何利用这些信息？图表1-5没有为出借人提供关于STL公司是否能够还清贷款的信息，也没有提供关于企业盈利能力的信息。

为了解决这些重要问题，我们需要财务报表。财务报表以商业文件的形式，向利益相关者传递做出商业决策所需要的信息。需要编制的财务报表有四类，以如图表1-6所示进行编报。

图表1-6 财务报表

财务报表	所提供的信息与报表用途	如何编制
利润表	提供公司在特定期间内的盈利能力信息	收入-费用=净利润或净损失
所有者权益变动表	显示特定期间内实收资本的变动情况	期初实收资本+所有者出资+一定时期的净收入（-净损失）-所有者提款=期末实收资本
资产负债表	向财务报表使用者提供关于企业所拥有的经济资源以及所欠债务的有价值的信息，方便决策者评估企业的财务状况	资产=负债+所有者权益
现金流量表	报告企业在一段时期内的现金流入和流出情况	经营活动产生的现金流量 投资活动产生的现金流量 筹资活动产生的现金流量

财务报表是用来传达信息的，因此它们通常包含一个表首标题来揭示报表的重要细节。一个标准的三线标题列示了报表编制单位、报表名称和编制日期或期间。

□ 利润表

我们首先要编制的是**利润表**（income statement）。利润表汇总反映企业在某一特定时期内，如一个月、一个季度或一年内的收入和费用。利润表告诉我们企业是正在享受净利润还是遭受净损失。要记住：

- 净利润是指总收入大于总费用。
- 净损失是指总费用大于总收入。

一定要牢记：在利润表上记录的只有两种类型的账户——收入和费用。图表1-7是STL公司的利润表。每张利润表所包含的信息内容大同小异。

图表1-7 STL公司利润表

STL公司 利润表 2018年11月		
收入：		
服务收入		\$8 500
费用：		
租赁费用	\$2 000	
工资费用	1 200	
费用总计		3 200
净利润		\$5 300

□ 所有者权益变动表

接下来需要编制的报表是**所有者权益变动表**（statement of owner's equity）。所有者权益变动表汇总反映企业在某一特定时期内，如一个月、一个季度或一年内所有者权益的变化。

仔细研究一下 STL 公司的所有者权益变动表（见图表 1－8）。注意：这个月的净利润就是利润表中所计算出的净利润。这也就是在编制所有者权益变动表之前要先编制利润表的主要原因。净利润（或净损失）必须先在利润表中进行计算，然后结转过入所有者权益变动表。

图表 1－8　STL 公司所有者权益变动表

STL 公司 所有者权益变动表 2018 年 11 月	
布莱特，资本，2018 年 11 月 1 日	$0
加：所有者出资	30 000
当月净利润	5 300
	35 300
减：所有者提款	(5 000)
布莱特，资本，2018 年 11 月 30 日	$30 300

□ 资产负债表

资产负债表（balance sheet）反映企业在某一特定时点，通常是月末、季末或年末的资产、负债及所有者权益，也称为**财务状况表**（statement of financial position）。资产负债表就像企业的快照，投资者或者债权人可以在短时间内通过研读资产负债表，快速评估企业的整体经营质量。

仔细研究 STL 的资产负债表（见图表 1－9）。所有的资产负债表格式大致相同。

图表 1－9　STL 公司资产负债表

STL 公司 资产负债表 2018 年 11 月 30 日			
资产		**负债**	
现金	$9 000	应付账款	$200
应收账款	1 000		
办公用品	500	**所有者权益**	
土地	20 000	布莱特，资本	30 300
资产总计	$30 500	负债和所有者权益总计	$30 500

□ 现金流量表

现金流量表（statement of cash flows）反映企业在特定时间内现金的流入（正的现金流）和现金的流出（负的现金流）情况。现金流量表只反映企业所从事的涉及现金的业务，因为它表示的是企业在该特定时间内的现金净增加额或现金净减少额，以及期末的现金余额。如果一项交易不涉及现金收支，例如赊购物资，这笔业务就不会在现金流量表中得到反映。

现金流量表分为三大部分：经营活动现金流量、投资活动现金流量和融资活动现金流量。经营活动包括提供商品和劳务收到现金以及支付费用流出现金。投资活动包括用现金购买或者出售土地、设备等。融资活动包括所有者出资和提款。

仔细研究STL公司的现金流量表（见图表1-10），并重点关注现金流量表所包含的重点项目。

图表1-10 STL公司现金流量表

STL公司 现金流量表 2018年11月		
经营活动产生的现金流量：		
现金流入：		
收顾客款		$7 500
现金流出：		
支付给供应商的现金	$(2 300)	
支付给员工的现金	(1 200)	(3 500)
经营活动产生的净现金流量		4 000
投资活动产生的现金流量：		
购置土地	(20 000)	
投资活动产生的净现金流量		(20 000)
筹资活动产生的现金流量：		
所有者出资	30 000	
所有者提款	(5 000)	
筹资活动产生的净现金流量		25 000
现金净增加		9 000
现金余额，2018年11月1日		0
现金余额，2018年11月30日		$9 000

1.6 如何利用财务报表评价企业绩效

每一张财务报表都从不同的角度向财务报表使用者提供了关于公司的各种信息。如前所述，图表1-6汇总了财务报表所提供的这些信息，并且指明了每张报表的用途。

□ 科尔士百货

在这一章节，我们仔细研究了一家虚构的公司——STL公司的交易活动和财务报表。现在是将我们所学的知识应用于真实案例的时候了。在每一章节，我们都将研究科尔士百货（Kohl's Corporation）的财务报表，你将学会如何分析公司的财务报表，以及如何应用在每个章节所学到的各种概念。科尔士百货是一家中等价位服装、鞋类、配饰、美容和家居产品的零售商，在美国49个州拥有1 100多家百货商店。科尔士百货的商品组合既包括国内品牌（占2015年总销售额的52%），也包括私人品牌和独家品牌（占2015年总销售额的48%）。其私人品牌包括Apt. 9，Croft & Barrow，Jumping Beans，SO和Sonoma Goods for Life。

仔细阅读科尔士百货2015年度的财务报表（访问网站：http://www.pearsonhighered.com/Horngren）。让我们从本章所谈及的财务报表着手分析。利润表在年度报告的F-4页，名为合并利润表。注意：利润表所计算出来的是净利润（收入减去费用）。科尔士百货截至 2016 年 1 月 30 日的年度净利润为 673 000 000 美元。

资产负债表在年度报告的 F-3 页。你能找到资产、负债和所有者权益吗？正如本章中所介绍的，科尔士百货的资产总额 13 606 000 000 美元等于负债与所有者权益之和 13 606 000 000 美元。

□ 资产收益率

资产收益率（return on assets，ROA）是财务报表使用者可以用来评估公司运营情况的工具之一。资产收益率代表企业所拥有的资产的盈利能力，由净利润除以平均资产总额可得。平均资产总额可由期初资产总额加上期末资产总额，然后除以 2 得到。

资产收益率＝净利润/平均资产总额

平均资产总额＝(期初资产总额＋期末资产总额)/2

让我们计算一下科尔士百货的资产收益率，以评估其资产的盈利能力。由该公司 2015 年的利润表可知，其报告的净利润为 673 000 000 美元。由其资产负债表可知，科尔士百货的期初资产总额为 14 333 000 000 美元，期末资产总额为 13 606 000 000 美元。科尔士百货 2015 年的资产收益率计算如下：

资产收益率＝673 000 000/[(14 333 000 000＋13 606 000 000)/2]

＝673 000 000/13 970 000 000*

≈4.8%

*表示四舍五入。

作为投资者，我们如何得知 4.8%的资产收益率是高还是低呢？我们可以将其与同业竞争者（例如塔吉特公司、TJX 公司及 JC 彭尼公司）的资产收益率进行对比。如果塔吉特公司的资产收益率是 8.3%，你将如何评价科尔士百货呢？鉴于塔吉特公司的高资产收益率，我们可以断定塔吉特公司的资产盈利能力比科尔士百货更好。这又意味着什么呢？这意味着塔吉特公司每 1 美元所赚取的利润比科尔士百货多。随着会计知识学习的深入，你将学会使用财务工具来帮助投资者评估公司的经营业绩。只有投资者对公司拥有全局性的把控，才能够具备投资的悟性。

习题[①]

P1－40A　利用会计恒等式对业务进行分析

梅格·麦金尼于 2018 年 8 月 1 日开设了一家名为 Solid Gold 的公关公司，下列数据汇总反映了企业 2018 年 8 月 31 日的财务状况：

资产					负债	所有者权益				
现金	＋应收账款	＋办公用品	＋土地	＝	应付账款	＋麦金尼，资本	－麦金尼，提款	＋服务收入	－租赁费用	－广告费用
$1 900	＋$3 200	＋$0	＋$15 000		$5 000	＋$11 900		＋$3 200		

2018 年 9 月，该公司发生如下交易：

a. 所有者投入 17 000 美元的资本。

b. 为顾客提供服务并收到 800 美元的现金收入。

① 限于篇幅，本书练习题有删减。

c. 偿还了期初应付账款余额。

d. 从 OfficeMax 购置 1 200 美元的办公用品。

e. 收回应收账款 2 000 美元。

f. 所有者提取 1 600 美元。

g. 为一个新乐队提供咨询，向客户开出了 4 500 美元服务收入的账单。

h. 记录本月发生的费用如下：

支付办公室租金 1 000 美元；

支付广告费用 500 美元。

要求：

按照本章图表 1－5 所提供的格式分析上述各项交易对 Solid Gold 公司会计恒等式的影响。

P1－41A 利用会计恒等式对业务进行分析

康纳·托马斯新开办了一家公司——Thomas Gymnastics，12 月发生了以下交易：

12 月 1 日	托马斯出资 19 000 美元，取得相应的所有者权益。
2 日	为客户提供服务，收取现金 3 800 美元。
5 日	购买办公用品，支付现金 200 美元。
9 日	为客户提供服务，向客户开具 4 500 美元的账单。
10 日	收到水电费账单 200 美元，需在两周之内缴清。
15 日	向一家当地报纸支付广告费 250 美元。
20 日	用现金支付 10 日收到的水电费账单 200 美元。
25 日	全额收回 9 日因向客户提供服务所应收取的款项 4 500 美元。
28 日	支付月租金 1 600 美元。
28 日	支付助手工资 1 450 美元。
30 日	为客户提供服务，收取现金 1 400 美元。
31 日	托马斯从公司提取 3 500 美元。

要求：

按照本章图表 1－5 所提供的格式分析上述各项交易对 Thomas Gymnastics 公司会计恒等式的影响。

P1－42A 编制财务报表

下表是 Hometown Décor 公司 2018 年 12 月 31 日的会计科目金额。

土地	$ 13 000	所有者出资，2018	$ 28 000
应付票据	33 000	应付账款	14 000
财产税	2 800	应收账款	800
亨特，提款	36 000	广告费用	17 000
租赁费用	14 000	建筑物	170 400
工资费用	67 000	现金	2 800
应付职工薪酬	1 300	设备	17 000
服务收入	225 000	保险费用	1 700
办公用品	8 000	利息费用	6 800
亨特，资本，2017 年 12 月 31 日	56 000		

要求：

1. 编制 Hometown Décor 公司的利润表。
2. 编制 Hometown Décor 公司的所有者权益变动表。

3. 编制 Hometown Décor 公司的资产负债表。

P1－43A　编制财务报表

某摄影工作室主要负责设计婚礼和毕业舞会。2017 年 12 月 31 日，威廉森在此工作室拥有的资本余额为 16 000 美元。2018 年 12 月 31 日，该工作室的会计记录如下：

保险费用	$ 6 000	应收账款	$ 13 000
现金	42 000	应付票据	14 000
应付账款	11 000	威廉森，资本，2018 年 12 月 31 日	?
广告费用	4 000	工资费用	25 000
服务收入	75 000	设备	46 000
威廉森，提款	8 000	所有者出资	28 000

要求：

编制该摄影工作室 2018 年度的财务报表（截至 2018 年 12 月 31 日）：

a. 利润表。

b. 所有者权益变动表。

c. 资产负债表。

P1－44A　编制财务报表

由于 Outdoor Life Landscaping 公司的会计生病了，公司簿记员编制了下面的资产负债表。资产负债表有许多错误，特别需要指出的是，簿记员知道资产负债表应保持平衡，所以他在所有者权益项目中添加了数据，以达到平衡。所有者权益项目不正确，然而其他数据均正确无误，有些项目位置不对。请修改此报表。

Outdoor Life Landscaping 公司
资产负债表
2018 年 11 月 30 日

资产		负债	
现金	$ 4 600	应收账款	$ 2 000
办公用品	600	塔兰特，提款	11 000
土地	34 100	服务收入	35 000
工资费用	2 700	财产税	3 000
办公设备	5 800	应付账款	2 700
应付票据	24 600		
租赁费用	450	**所有者权益**	
		塔兰特，资本	19 150
总资产	$ 72 850	负债和所有者权益总额	$ 72 850

P1－45A　利用会计恒等式对业务进行分析，编制财务报表

艾伦·肖顿于 4 月 1 日成立了一家独资形式的会计师事务所，名为艾伦·肖顿会计师事务所。下表列示了此事务所在筹办阶段和运营首月发生业务的情况。

4 月 5 日	将 75 000 美元现金存入事务所的银行账户，取得对应的所有者权益。
6 日	购买印有事务所抬头的信纸，支付现金 300 美元。
7 日	以赊购方式购买供办公室使用的设备，价值 9 500 美元。
10 日	为客户提供税务咨询，收取服务费用 4 000 美元。

11日	支付水电费190美元。
12日	代表客户参加税收听证会，向客户开具20 000美元的会计服务账单。
18日	支付办公室租金750美元。
25日	全额收回12日向客户提供服务所应收取的款项20 000美元。
27日	全额支付7日赊购的款项9 500美元。
30日	肖顿从事务所提取3 500美元现金。

要求：

1. 按照本章图表1-5的格式分析各项业务对这家独资公司——艾伦·肖顿会计师事务所会计恒等式的影响。

2. 编制以下财务报表：

a. 利润表。

b. 所有者权益变动表。

c. 资产负债表。

P1-46A 利用会计恒等式对业务进行分析，编制财务报表

安妮特·帕切洛于3月1日以独资形式开设了自己的律师事务所——安妮特·帕切洛律师事务所。在事务所筹办和开始经营的第一个月（2018年3月）中，发生了下列交易。其中有些纯属私事，对事务所没有影响，而其他业务是企业交易，需要进行会计核算。

3月1日	出售个人已持有多年的亚马逊公司股票，获得35 000美元现金。
2日	将出售股票所得的35 000美元现金存入其个人银行账户。
3日	将73 000美元现金存入该事务所的新银行账户，取得相对应的所有者权益。
5日	支付700美元现金购买打印机的墨盒。
7日	以赊购方式购买电脑，价值5 000美元，承诺在3个月内付款。
9日	向客户提供服务，收到2 800美元的现金。
15日	收到《律师》（*The Lawyer*）杂志寄来的账单——400美元的杂志订阅费。（用杂费账户记录。）
23日	替当事人出庭听证，并将10 000美元的账单交给当事人。
28日	支付《律师》杂志订阅费400美元。
30日	支付水电费1 200美元。
31日	收回23日向客户提供服务所应收取的部分款项3 300美元。
31日	帕切洛从事务所提取5 500美元。

要求：

1. 按照本章图表1-5的格式分析各项业务对安妮特·帕切洛律师事务所会计恒等式的影响。

2. 编制以下财务报表：

a. 利润表。

b. 所有者权益变动表。

c. 资产负债表。

d. 现金流量表。

第2章

记录企业交易

钱都去哪儿了？

雷切尔·朗正翻阅着一摞打印资料。她在调查一宗发生于当地教育局的侵占资产案（偷取组织的现金或其他资产）。首席财务官之前曾打电话给她，因为他发现自己的一个员工从家长教师协会窃取过钱财。雷切尔喜欢调查侵占资产案，并喜欢通过查阅财务报表发现问题，然后追查到与此项侵占记录相关的交易活动。雷切尔清楚如果深入调查下去，肯定会发现偷盗现金的证据。她经常把这些案件看作亟待解决的谜题。

有时，企业会出现“内鬼”，企业需要查出“内鬼”，并获得足够的证据以将偷盗者移送执法机关。这些企业经常会向和雷切尔一样拥有调查欺诈案经验的会计师求助，并称其为注册舞弊检查师。除此之外，企业也会雇用会计师，通过识别账簿记录以及内部控制中的潜在问题来保全资产。

当雷切尔开始调查现金被盗案时，她从何处着手呢？她将从源头开始，即从检查原始凭证（例如发票、销售收据、银行存款单等）开始。然后，雷切尔着手检查与上述原始凭证相关的会计记录。这两个环节可以帮助雷切尔确定现金是否被盗以及如何被盗。雷切尔不仅要找出偷盗者，更重要的是，要帮助教育局在未来避免损失。她在会计方面所积累的知识和经验使她能够胜任这一工作。

记录企业交易为什么重要？

会计的产生基于企业的交易活动。对这些交易活动的记录，需要以原始凭证为依据——原始凭证是对企业财务状况的证明。缺乏这种证据可能意味着公司存在现金被盗或者编制虚假财务报表的现象。举例而言，2011 年，Fry's Electronics 公司的一名前高管认罪，被判处 6 年联邦监狱服刑，并被责令支付 6 500 万美元的赔偿金。该高管的欺诈行为是在另一名员工看到该员工办公桌上的伪造的机密原始文件时被发现的。这一发现导致了一家虚假公司的曝光，该公司在没有任何证据支持的情况下接受了超过 8 000 万美元的款项。以原始凭证为依据记录交易活动，是会计流程的第一步，也是极其关键的一步。在本章中，你将学到有关原始凭证的知识以及如何记录企业的交易活动。

学习目的

1. 解释账户与会计恒等式的关系，并且能够描述常用的账户。
2. 定义借方、贷方和会计平衡，使用复式记账和 T 形账户。
3. 在日记账中记录交易，并将其过账至分类账。
4. 编制试算平衡表，并利用试算平衡表编制财务报表。
5. 使用资产负债率评估企业的运营情况。

STL 公司利用会计恒等式，记录公司发生的各项业务活动。当我们学习如何分析交易活动的时候，这种方法比较好用。但这并不是现实中公司实际记录业务时所采用的方法。在这一章，你将学习一种更为有效的记录企业业务活动的方法。首先，我们需要复习一下会计恒等式。

2.1 会计账户是什么

回顾一下最基础的会计工具，即会计恒等式：

资产=负债+所有者权益

会计恒等式由三部分组成：资产、负债和所有者权益。每一部分都包含很多会计账户。**会计账户**（account）详细记录了一定时期内某项资产、负债或所有者权益的增减变化。

□ 资产

资产是指企业拥有或控制的、预期能给企业带来收益的经济资源。图表 2－1 列示了大多数企业都会使用的资产账户。

图表 2－1　资产账户

账户名称	解释
现金	现金是企业的资金，包括以银行存款、纸币、硬币、支票等表示的货币。
应收账款	在销售产品和服务的过程中，企业取得的顾客在未来某一时间偿还货款的承诺，通常称为赊销。
应收票据（notes receivable）	应收票据是顾客在未来某一特定时间支付固定金额及利息的书面承诺，通常比应收账款更为正式。
待摊费用（prepaid expense）	企业预先支付的费用。之所以是资产，是因为预先付款常为企业带来未来收益，如预付租金、预付保险费和办公用品等。
土地	企业用于经营活动的土地的成本。
建筑物	办公楼、商店或者仓库的成本。
生产设备、办公设备及固定装置	生产设备、办公设备及固定装置（如照明设备及搁架）的成本。企业对每一类型的设备都单独设置账户核算。

□ 负债

负债即企业债务。企业的负债账户通常少于企业的资产账户，图表 2－2 列示了企业几种常见的负债账户。

图表 2－2　负债账户

账户名称	解释
应付账款	由企业赊购产生的对未来清偿债务的承诺。
应付票据（notes payable）	企业签发的在未来一定期限内清偿债务的书面承诺，通常包含利息。
应计负债（accrued liability）	尚未支付的款项，包括应交税费、应付租金和应付职工薪酬等。
预收收入（unearned revenue）	企业已收到客户支付的现金但尚未发送产品或者提供服务。在未来提供服务或发送产品的承诺。

你也许对应收账款（资产账户）和应付账款（负债账户）的区别迷惑不解。一种区分这两个账户的简单方法是注意关键词“应收”和“应付”。“应收”指的是未来将要收到现金，“应付”指的是未来需要支付现金。

□ 所有者权益

所有者对企业资产的求偿权即为所有者权益。如图表 2－3 所示，每个所有者权益项目经常会被分成几个单独的账户。

图表 2-3 所有者权益账户

账户名称	解释
实收资本	所有者在企业的净投资，增加所有者权益。
所有者提款	所有者从公司撤出现金或其他资产，减少所有者权益。
收入	因销售产品和服务而实现的收入，增加所有者权益。例如，服务收入、租金收入等。
费用	因销售产品和服务而产生的成本，减少所有者权益。例如，租赁费用、工资费用、水电费用。

□ 会计科目表

企业利用**会计科目表**（chart of accounts）列示所有的会计科目以及编号。STL 公司的会计科目表如图表 2-4 所示。科目编号是对科目名称的简写，一个编号代表一个账户名称，正如你的身份证号码也是你所独有的。

图表 2-4 STL 公司的会计科目表

资产负债表账户		
资产	**负债**	**所有者权益**
101 现金	201 应付账款	301 布莱特，资本
111 应收账款	211 应付职工薪酬	311 布莱特，提款
121 应收票据	221 应付利息	
141 办公用品	231 预收收入	
151 土地	241 应付票据	
171 建筑物		
191 办公设备		

利润表账户	
收入	**费用**
401 服务收入	501 租赁费用
411 利息收入	511 工资费用
	521 水电费用
	531 广告费用

科目编号一般有两个或两个以上的数位。资产通常以 1 开始编号，负债为 2，所有者权益为 3，收入为 4，费用为 5。编号中的第二位和第三位表明在同一类中科目的位置。例如，如果 STL 公司使用三位的编号，现金可能是 101，是第一个资产科目；应付账款可能是 201，是第一个负债科目。所有科目都使用这种方法来编号。但是，每一家公司只能选择一种会计科目编号系统。

请注意图表 2-4 中科目编号 121 与 141 之间是有间隔的，STL 公司可能想要在将来增加其他资产科目。例如，它可能想要卖掉某种存货，并使用 131 代表“存货”科目。所以，会计科目表会随着企业业务的变动而有所改动。

各个公司的会计科目表不尽相同，但是很多会计科目是所有公司通用的。例如，你可以在每家公司的会计科目表中发现“现金”账户。会计科目表包含所有用来记录交易的会计账户的名称。

□ 分类账

除了会计科目表，公司还通过使用**分类账**（ledger）（所有账户的集合）来记录、显示每个账户的增减变动数额以及余额。会计科目表与分类账的相似之处在于，它们都列示了账户名称和账户金额。但是，分类账提供的信息更为详细，包括在特定期间内每个账户的增减数额以及在特定时点的账户余额。

2.2　复式记账法是什么

在前面我们学过每一笔交易都至少会影响两个会计科目的记录。例如，所有者用现金出资换取资本，将影响“现金”和“实收资本”两个账户。会计上用这种**复式记账体系**（double-entry system）来记录每一笔交易对会计科目的双重影响。单独记录其中一方的交易都是不完整的。

考虑用现金购买办公用品的情况。该项交易的双重影响是什么？这些购买使得：

（1）办公用品增加（因为收到了所购买的办公用品）；

（2）现金减少（因为支付了现金）。

T 形账户

分类账的简略格式称为 **T 形账户**（T-account），因为它像大写字母“T”。T 形账户中的竖线将账户分成左右两边，账户名称写在横线上。例如，企业中的现金账户通常表示为：

账户名称 → 现金

现金	
（左边） 借方	（右边） 贷方

账户的左边称为**借方**（debit），右边称为**贷方**（credit）。借、贷两词在这里有新的含义。为更加方便地使用它们，请记住：

借＝左边

贷＝右边

借方和贷方的简写如下所示：

DR＝借方	CR＝贷方

账户的增减

账户的类型（资产、负债、所有者权益）决定了其增减的记录方式。对每一给定账户，所有的增加都记录在一边，所有的减少则记录在另一边。下面的 T 形账户对其进行了概括。

资产		=	负债和所有者权益	
增加记录在左边 即借方	减少记录在右边 即贷方	=	减少记录在左边 即借方	增加记录在右边 即贷方

换言之，资产增加要借记，减少要贷记；负债和所有者权益增加要贷记，减少要借记。账户科目在借方和贷方的增与减取决于科目的类型，借方和贷方不代表好或坏，也不总是代表增加或减少。“借记”或者“贷记”的指定，唯一的含义在于某一会计科目的增减额应当记入 T 形账户的左边还是右边。

在计算机会计信息系统中，计算机根据账户类型确定借贷是指增加还是减少。例如，计算机认为借记现金就是增加现金，因为现金是资产类账户；而借记应付账款意味着应付账款减少，因为应付账款是负债类账户。

例如，企业想记录现金账户的增加额 30 000 美元，将借记现金如下：

现金	
30 000	

现金是资产类账户，需时刻牢记资产类账户的增加额要借记。

相反，如果企业想记录现金账户的减少额 20 000 美元，将贷记现金如下，因为现金是资产类账户，而资产类账户的减少要贷记：

现金	
	20 000

□ 借贷规则的延伸

我们注意到，所有者权益包含四种账户类型：实收资本、所有者提款、收入和费用。实收资本和收入使得所有者权益增加，所有者提款和费用使得所有者权益减少。我们必须扩大会计恒等式和借贷规则的范围，使其包含所有者权益的全部要素。

						所有者权益										
资产		=	负债		+	实收资本		−	所有者提款		+	收入		−	费用	
↑	↓		↓	↑		↓	↑		↑	↓		↓	↑		↑	↓
借记	贷记		借记	贷记		借记	贷记		借记	贷记		借记	贷记		借记	贷记

需要注意的是，在此会计恒等式的扩展式中，所有者提款和费用的增减记录方向与实收资本和收入的记录方向恰恰相反，这是因为所有者提款和费用的增加会使得所有者权益减少。

□ 账户的正常余额

所有的账户都会有一个正常余额。账户的**正常余额**（normal balance）可能是在账户的借方或贷方，但无论如何，总是在记录账户增加的那一方。

例如，资产增加要借记，因此资产在正常情况下有借方余额。相反，负债和所有者权益的增加要贷记，所以在正常情况下有贷方余额。费用和所有者提款是借方余额，这一点不同于其他权益类账户，这是因为二者使权益减少。收入和实收资本通常会有贷方余额。让我们再仔细观察一下标记有正常余额的会计恒等式，如下所示：

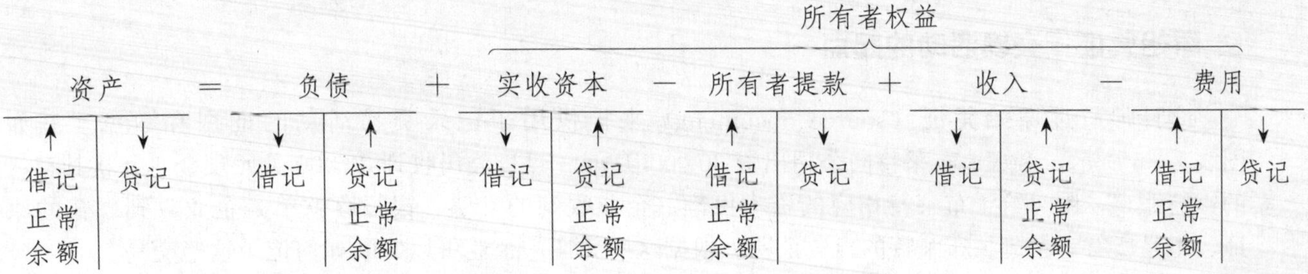

在正常情况下，借方余额的账户偶尔也会出现贷方余额，那就说明该账户有负金额。例如，如果企业透支了银行账户，现金账户会有贷方余额。同样，通常有贷方余额的应付账款在企业多偿还了负债的情况下也会有借方余额。而在其他情况下，非正常余额往往意味着有错误发生。例如，办公用品、办公设备或者建筑物等账户不可能出现贷方余额，因为这些资产项目的负金额没有意义。

图表 2－5 总结了每类会计科目的借贷规则及正常余额。

图表 2－5　会计科目的借贷规则及正常余额

会计科目类型	增加	减少	正常余额
资产类	借记	贷记	借方余额
费用类	借记	贷记	借方余额
所有者提款	借记	贷记	借方余额
负债类	贷记	借记	贷方余额
收入类	贷记	借记	贷方余额
实收资本	贷记	借记	贷方余额

□ 计算 T 形账户的账户余额

T 形账户可以用来计算账户余额。用现金账户举例如下：

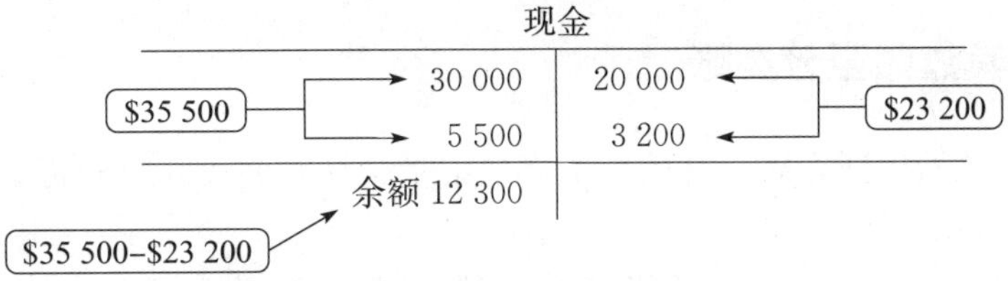

现金账户的余额为 12 300 美元。计算过程为先将 T 形账户每一边分别相加（左边相加得 35 500 美元，右边相加得 23 200 美元），然后用较大的数字减去较小的数字（35 500 美元－23 200 美元）。账户余额（12 300 美元）列示在 T 形账户数字较大的一边。

2.3　如何记录交易

当我们研究 STL 公司的商业活动时，所有的交易都是虚构的。但在现实商业活动中，由于可靠性原则的要求，会计人员需要提供这些交易活动的证据。

□ 原始凭证：交易活动的起点

会计师通过**原始凭证**（source document）来提供用于记录交易活动的证据和数据。例如，如图表 2-6 所示，希娜·布莱特向公司出资 30 000 美元。STL 公司收到 30 000 美元现金，并将其存入企业的银行账户，同时给予布莱特相应的资本份额。企业收到的支票、银行存款单是企业收到现金的原始凭证，也是所有者希娜·布莱特的出资证明。根据这些凭证，企业可以判断如何记录这笔交易。

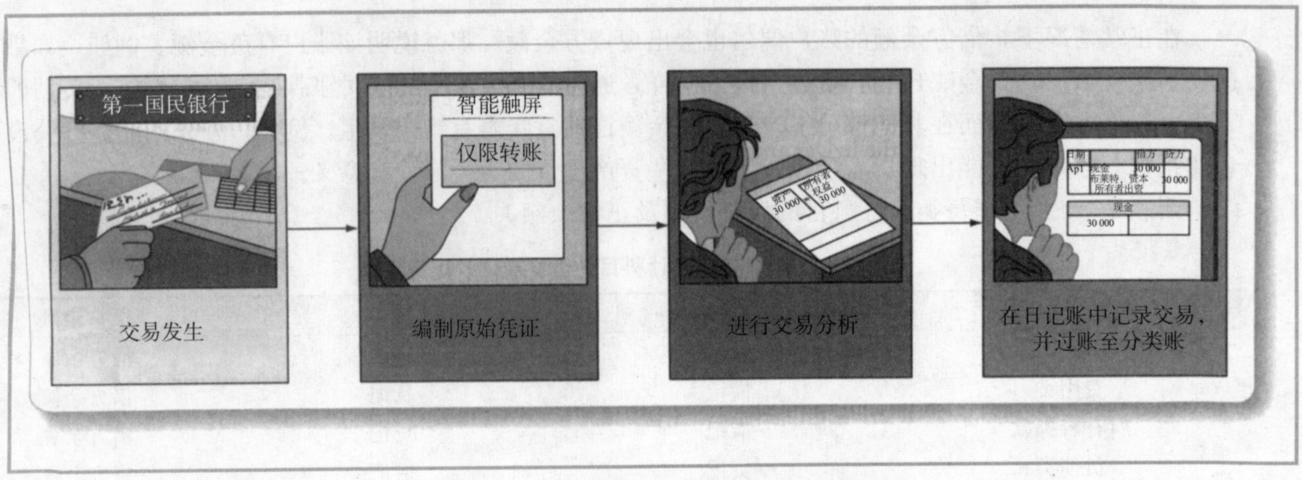

图表 2-6　会计数据从日记账流向分类账

企业的原始凭证还包括以下几种：

(1) 采购发票。发票上会显示公司购买了什么，金额是多少，以及赊购时所要求的付款期限，例如采购办公用品时收到的发票单据。

(2) 银行支票。银行支票是显示支付金额和现金支付日期的文件。

(3) 销售发票。销售发票在企业销售货物或者提供服务时向客户开具，是告诉企业需要记录多少收入金额的原始凭证。

□ 登记日记账并将其过账至分类账

会计人员在审核完原始凭证之后，开始准备着手记录交易。会计人员先将交易记入**日记账**（journal）。日记账是按时间顺序记录交易的。

会计人员还需要将日记账的信息过账到分类账。把数据从日记账转到分类账的过程称为**过账**（posting）。日记账中的借方数过账到分类账的借方，同样，日记账中的贷方数过账到分类账的贷方，无一例外。

这一过程展示如下。

在日记账中记录交易。

日期		借方	贷方
11 月 1 日	现金	30 000	
	布莱特，资本		30 000
	（所有者出资）		

数据过入分类账。

现金	
30 000	

布莱特，资本	
	30 000

之前已经学过分析会计交易的步骤。对这些步骤稍加修正，就可以学会记录日记账，以及将日记账数据过入分类账。大体而言，有如下五个步骤。

第一步：确认交易影响的账户及其类型（资产、负债或所有者权益）。

第二步：根据借贷记账规则判断账户的增减变动。

第三步：在日记账中记录交易。

第四步：将日记账会计分录过入分类账。

第五步：判断会计恒等式左右是否相等。

现在，我们开始分析 STL 公司的第一笔交易。

交易 1——所有者出资

STL 公司 11 月 1 日收到希娜·布莱特投入的 30 000 美元现金，存入企业的银行账户，希娜获得对应的所有者权益。

第一步：确认此项交易影响的账户及其类型——现金（资产类）和布莱特，资本（所有者权益类）。

第二步：根据借贷规则判断账户的增减变动。现金和所有者权益账户均增加了 30 000 美元。回顾之前所介绍的借贷规则，可以用会计恒等式来帮助我们判断相关的会计账户是借记还是贷记。企业的现金资产增加，所以借记现金；同时所有者权益增加，所以贷记布莱特，资本。

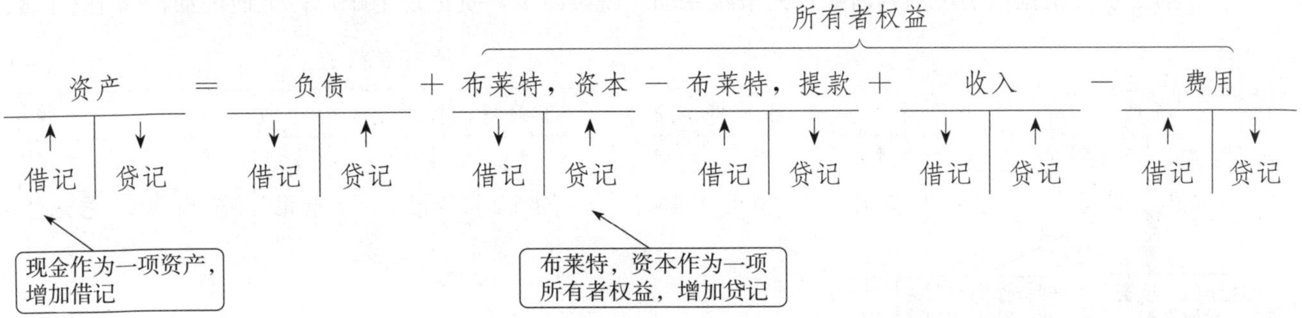

第三步：在日记账中记录此项交易。在日记账中记录一项交易时会产生一条相应的会计分录。交易 1 的会计分录如下所示。注意：每条会计分录包含四部分。

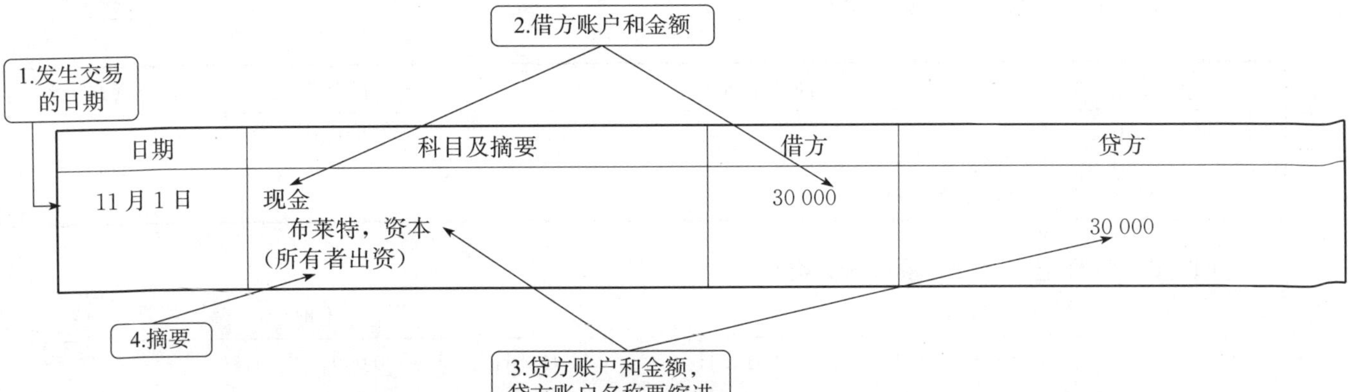

第四步：将日记账会计分录过入分类账。过账时，借方或贷方金额应分别过入相应会计科目的借方栏或者贷方栏。日记账会计分录的日期也要过入分类账的 T 形账户。在计算机信息系统中，当在日记账中记录交易时，这一步骤同时自动完成。

日期	科目及摘要	借方	贷方
11 月 1 日	现金	30 000	
	布莱特，资本		30 000
	（所有者出资）		

现金

11 月 1 日	30 000		

布莱特，资本

		30 000	11 月 1 日

第五步：判断会计恒等式左右是否相等。

	资产		负债	+	所有者权益
	现金	=			布莱特，资本
(1)	+30 000				+30 000

交易 2——用现金购置土地

11 月 2 日，STL 公司支付现金 20 000 美元购买土地。

第一步：确认此项交易影响的账户及其类型——现金（资产类）和土地（资产类）。

第二步：根据借贷规则判断账户的增减变动。现金减少，贷记现金账户；土地增加，借记土地账户。

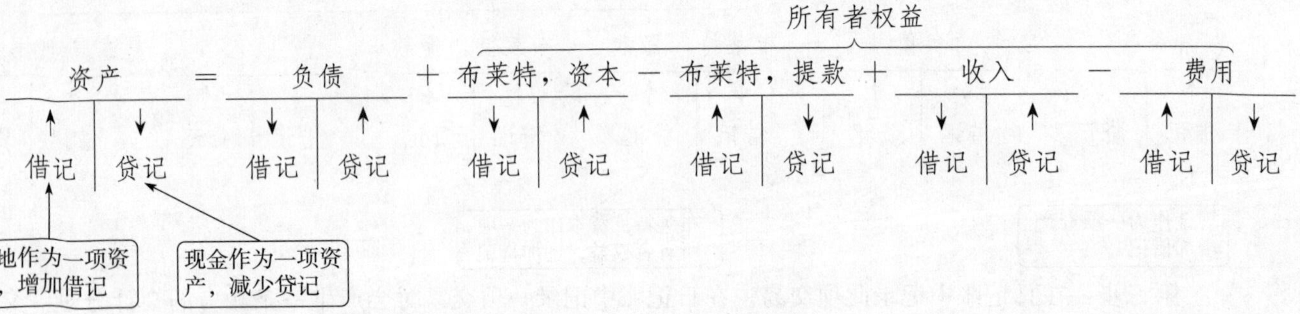

第三步：在日记账中记录此项交易。

日期	科目及摘要	借方	贷方
11 月 2 日	土地	20 000	
	现金		20 000
	（用现金购买土地）		

第四步：将日记账会计分录过入分类账。

现金

11 月 1 日	30 000	20 000	11 月 2 日

土地

11 月 2 日	20 000		

第五步：判断会计恒等式左右是否相等。

我们将在日记账上记录 STL 公司的几笔交易。既然你已经掌握步骤要领，在看日记账分录之前可以自己先尝试把它们写出来。

	资产						所有者权益
	现金	+	土地	=	负债	+	布莱特，资本
余额	$30 000						$30 000
(2)	−20 000		+20 000				
余额	$10 000	+	$20 000				$30 000

交易 3——赊购办公用品

11 月 3 日，STL 公司赊购了 500 美元的办公用品。

公司将在未来期间内受益于这些办公用品，所以它们直到用完都是公司的资产。办公用品（资产类）增加，所以应借记办公用品；同时负债增加，故应贷记应付账款。

日期	科目及摘要	借方	贷方
11 月 3 日	办公用品	500	
	应付账款		500
	（赊购办公用品）		

办公用品

日期	借方	贷方	日期
11 月 3 日	500		

应付账款

日期	借方	贷方	日期
		500	11 月 3 日

交易 4——获取现金服务收入

11 月 8 日，STL 公司为客户提供在线学习服务而取得 5 500 美元现金的服务收入。

资产类项目现金增加，所以借记现金；收入增加，所以贷记服务收入。

日期	科目及摘要	借方	贷方
11 月 8 日	现金	5 500	
	服务收入		5 500
	（提供服务，收取现金）		

现金

日期	借方	贷方	日期
11 月 1 日	30 000	20 000	11 月 2 日
11 月 8 日	5 500		

服务收入

日期	借方	贷方	日期
		5 500	11 月 8 日

交易 5——以赊销的方式提供服务获得收入

11 月 10 日，STL 公司为客户提供服务，并允许其随后付款，企业在会计上取得了 3 000 美元的服务收入。

这笔交易增加了应收账款，所以借记此资产类科目；贷方为服务收入，表示服务收入增加。

日期	科目及摘要	借方	贷方
11 月 10 日	应收账款	3 000	
	服务收入		3 000
	（以赊销的方式提供服务）		

应收账款

11 月 10 日	3 000		

服务收入

		5 500	11 月 8 日
		3 000	11 月 10 日

比较交易 4 和交易 5 的相同和不同。这两笔交易中，公司都确认了收入，服务收入账户均增加。但是，交易 4 中公司在提供服务时就收到了现金，而交易 5 中公司将在未来收取现金（应收账款）。这一不同点很重要，因为收入金额的确定并不取决于公司收到现金与否。当公司提供服务赚取收入时，就要确认收入。

交易 6——用现金支付费用

STL 公司在 11 月 15 日用现金支付下列费用：办公楼租赁费用 2 000 美元；工资费用 1 200 美元。费用增加，所以借记相关账户；现金减少，所以贷记现金。

日期	科目及摘要	借方	贷方
11 月 15 日	租赁费用	2 000	
	工资费用	1 200	
	现金		3 200
	（用现金支付费用）		

现金

11 月 1 日	30 000	20 000	11 月 2 日
11 月 8 日	5 500	3 200	11 月 15 日

租赁费用

11 月 15 日	2 000		

工资费用

11 月 15 日	1 200		

需要注意的是，这笔会计分录涉及三个会计科目——两个借方账户和一个贷方账户。这是一个**复合分录**（compound journal entry）。复合分录指的是经济业务同时涉及两个以上账户的会计分录，借方总额仍然等于贷方总额。

在我们处理下一项交易之前，先来仔细研究一下费用账户。在交易 6 中，我们借记费用账户。根据会计恒等式和借贷规则，借记费用账户增加了费用总额。

我们记录费用账户的增加额，是因为公司现在所发生的费用总额比之前多。但是要牢记，这项交易对会计恒等式的总体影响是：费用的增加导致所有者权益减少。一种简便的理解方式为增加的费用账户其实是一种负资产账户。

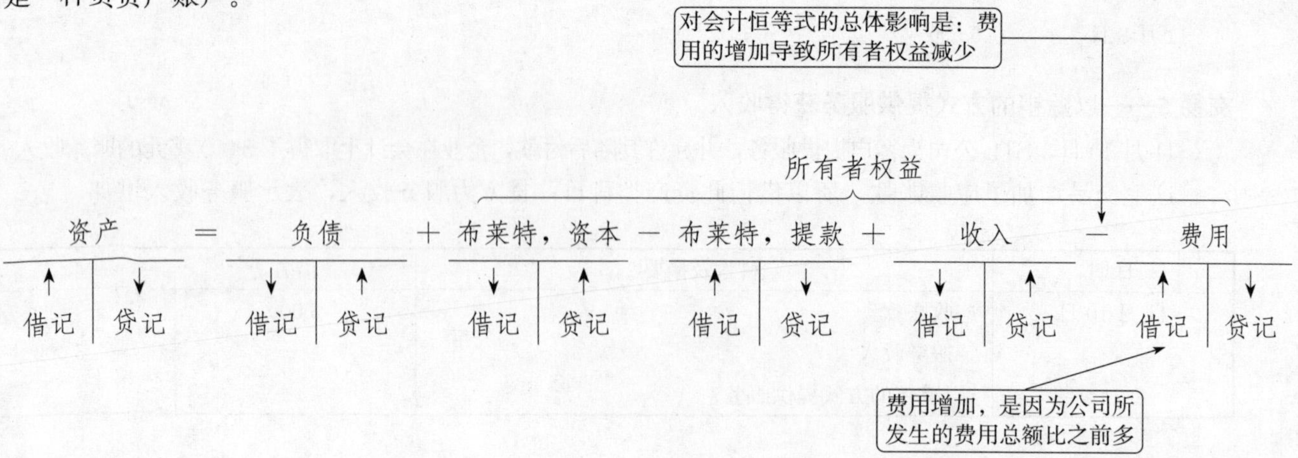

交易 7——偿还应付账款

11 月 21 日，STL 公司用现金 300 美元偿还上述交易 3 中的应付账款。该项支付使得现金资产减少，故应贷记现金；同时负债减少，故应借记应付账款。

日期	科目及摘要	借方	贷方
11 月 21 日	应付账款	300	
	现金		300
	（偿还应付账款）		

现金

11 月 1 日	30 000	20 000	11 月 2 日
11 月 8 日	5 500	3 200	11 月 15 日
		300	11 月 21 日

应付账款

11 月 21 日	300	500	11 月 3 日

需要注意的是，在记录完此项交易，并过账到应付账款分类账后，应付账款账户的余额为 200 美元（500－300）。这是 STL 公司对债权人所欠债务的当前余额。

交易 8——收回应收款项（应收账款）

11 月 22 日，STL 公司收到了交易 5 中顾客应支付的 2 000 美元现金。现金增加，所以借记现金账户；应收账款减少，所以贷记应收账款。注意：此项交易对收入没有任何影响，相关收入已在交易 5 中得到确认。

日期	科目及摘要	借方	贷方
11 月 22 日	现金	2 000	
	应收账款		2 000
	（收回应收账款）		

现金

11 月 1 日	30 000	20 000	11 月 2 日
11 月 8 日	5 500	3 200	11 月 15 日
11 月 22 日	2 000	300	11 月 21 日

应收账款

11 月 10 日	3 000	2 000	11 月 22 日

交易 9——所有者提款

11 月 25 日，希娜·布莱特从公司提取 5 000 美元现金。该提款减少了企业现金，故应贷记现金，同时减少了所有者权益。所有者提款导致的所有者权益减少应借记另一单独账户——布莱特，提款。

日期	科目及摘要	借方	贷方
11 月 25 日	布莱特，提款	5 000	
	现金		5 000
	（所有者提款）		

现金

11 月 1 日	30 000	20 000	11 月 2 日
11 月 8 日	5 500	3 200	11 月 15 日
11 月 22 日	2 000	300	11 月 21 日
		5 000	11 月 25 日

布莱特，提款

11 月 25 日	5 000		

交易 10——待摊费用

12 月 1 日，STL 公司预付了 3 个月的租赁费用 3 000 美元（1 000 美元/月×3）。租金的预付应当借记预付租金账户。此账户属于资产类账户，因为 STL 公司在未来将会因此而受益。预付租金增加，借记相关科目；现金减少，贷记现金。

日期	科目及摘要	借方	贷方
12 月 1 日	预付租金	3 000	
	现金		3 000
	（提前支付租金）		

现金

11 月 1 日	30 000	20 000	11 月 2 日
11 月 8 日	5 500	3 200	11 月 15 日
11 月 22 日	2 000	300	11 月 21 日
		5 000	11 月 25 日
		3 000	12 月 1 日

预付租金

12 月 1 日	3 000		

交易 11——用现金支付费用

12 月 1 日，STL 公司支付工资费用 1 200 美元。工资费用增加，借记相关科目；现金减少，贷记现金。

日期	科目及摘要	借方	贷方
12 月 1 日	工资费用	1 200	
	现金		1 200
	（支付工资）		

现金

11 月 1 日	30 000	20 000	11 月 2 日
11 月 8 日	5 500	3 200	11 月 15 日
11 月 22 日	2 000	300	11 月 21 日
		5 000	11 月 25 日
		3 000	12 月 1 日
		1 200	12 月 1 日

工资费用

11 月 15 日	1 200		
12 月 1 日	1 200		

交易 12——使用应付票据购买建筑物

12 月 1 日，STL 公司使用应付票据购买了一栋价值 60 000 美元的建筑物。此建筑物可以在未来给公司带来预期经济利益，所以应当作为公司的一项资产来记录。资产增加，借记建筑物；同时负债增加，贷记应付票据。

日期	科目及摘要	借方	贷方
12 月 1 日	建筑物	60 000	
	应付票据		60 000
	（使用票据购置建筑物）		

建筑物

12 月 1 日	60 000		

应付票据

		60 000	12 月 1 日

交易 13——所有者出资

12 月 2 日，希娜·布莱特以市场价值为 18 000 美元的办公设备向 STL 公司出资。同时，她获得与设备价值相对应的资本。此办公设备将在未来一段期间内给公司带来经济利益，所以应列入资产类账户。资产增加，借记办公设备账户；所有者权益增加，贷记布莱特，资本。

日期	科目及摘要	借方	贷方
12 月 2 日	办公设备	18 000	
	布莱特，资本		18 000
	（所有者以办公设备出资）		

办公设备

12 月 2 日	18 000		

布莱特，资本

		30 000	11 月 1 日
		18 000	12 月 2 日

交易 14——应计负债

12 月 15 日，STL 公司收到 100 美元的水电费账单，打算于下个月支付。当前没有现金流出，属于一项应计负债。应计负债指的是企业已经发生但是尚未支付的费用。水电费增加，借记相关费用；同时负债增加，贷记应付水电费或者应付账款。

日期	科目及摘要	借方	贷方
12 月 15 日	水电费用	100	
	应付水电费		100
	（关于水电费的一项应计负债）		

水电费用

12 月 15 日	100		

应付水电费

		100	12 月 15 日

交易 15——用现金支付费用

12 月 15 日，STL 公司支付工资费用 1 200 美元。工资费用增加，借记工资费用；现金减少，贷记现金。

日期	科目及摘要	借方	贷方
12 月 15 日	工资费用	1 200	
	现金		1 200
	（支付工资）		

现金

11 月 1 日	30 000	20 000	11 月 2 日
11 月 8 日	5 500	3 200	11 月 15 日
11 月 22 日	2 000	300	11 月 21 日
		5 000	11 月 25 日
		3 000	12 月 1 日
		1 200	12 月 1 日
		1 200	12 月 15 日

工资费用

11 月 15 日	1 200		
12 月 1 日	1 200		
12 月 15 日	1 200		

交易16——预收收入

12月21日，一家律师事务所向STL公司预订了远程教育服务，并同意提前支付600美元。STL公司收取现金，但是尚未提供服务。现金增加，借记现金；在未来提供服务的承诺应作为一项负债，贷记预收收入。注意：我们并没有贷记收入，在STL公司提供服务之前不得提前确认收入。

日期	科目及摘要	借方	贷方
12月21日	现金	600	
	预收收入		600
	（收取现金，但尚未提供服务）		

现金

11月1日	30 000	20 000	11月2日
11月8日	5 500	3 200	11月15日
11月22日	2 000	300	11月21日
12月21日	600	5 000	11月25日
		3 000	12月1日
		1 200	12月1日
		1 200	12月15日

预收收入

		600	12月21日

交易17——提供劳务，收取现金

12月28日，STL公司向客户提供远程教育服务，收到现金8 000美元。

日期	科目及摘要	借方	贷方
12月28日	现金	8 000	
	服务收入		8 000
	（提供服务，收取现金）		

现金

11月1日	30 000	20 000	11月2日
11月8日	5 500	3 200	11月15日
11月22日	2 000	300	11月21日
12月21日	600	5 000	11月25日
12月28日	8 000	3 000	12月1日
		1 200	12月1日
		1 200	12月15日

服务收入

		5 500	11月8日
		3 000	11月10日
		8 000	12月28日

过账后的分类账科目

下面看一看STL公司的各个T形账户在上述交易都过账后的情形。账户都已经按照会计要素分类，如图表2-7所示。

图表 2-7　11—12月 STL 公司过账后的分类账

资产 = 负债 + 所有者权益

资产

现金

11月1日	30 000	20 000	11月2日
11月8日	5 500	3 200	11月15日
11月22日	2 000	300	11月21日
12月21日	600	5 000	11月25日
12月28日	8 000	3 000	12月1日
		1 200	12月1日
		1 200	12月15日
余额	12 200		

应收账款

11月10日	3 000	2 000	11月22日
余额	1 000		

办公用品

11月3日	500		
余额	500		

预付租金

12月1日	3 000		
余额	3 000		

土地

11月2日	20 000		
余额	20 000		

建筑物

12月1日	60 000		
余额	60 000		

办公设备

12月2日	18 000		
余额	18 000		

负债

应付账款

11月21日	300	500	11月3日
		200	余额

应付水电费

		100	12月15日
		100	余额

预收收入

		600	12月21日
		600	余额

应付票据

		60 000	12月1日
		60 000	余额

所有者权益

布莱特，资本 + 布莱特，提款 + 服务收入 − 费用

布莱特，资本

		30 000	11月1日
		18 000	12月2日
		48 000	余额

布莱特，提款

11月25日	5 000		
余额	5 000		

服务收入

		5 500	11月8日
		3 000	11月10日
		8 000	12月28日
		16 500	余额

租赁费用

11月15日	2 000		
余额	2 000		

工资费用

11月15日	1 200		
12月1日	1 200		
12月15日	1 200		
余额	3 600		

水电费用

12月15日	100		
余额	100		

$114 700 = $60 900 + $53 800

注意：在 12 月 31 日，STL 公司的资产总额为 114 700 美元（12 200＋1 000＋500＋3 000＋18 000＋60 000＋20 000），负债总额为 60 900 美元（200＋100＋600＋60 000），所有者权益总额为 53 800 美元（48 000－5 000＋16 500－2 000－3 600－100）。会计恒等式左右两边仍然相等（114 700 美元＝60 900 美元＋53 800 美元）。

□ 四栏式账户：可代替 T 形账户

分类账账户是类似 T 形账户的两栏式账户，左边是借方栏，右边是贷方栏。T 形账户将借方与贷方清楚地区分开，经常用于无须过多细节的教学。另一种账户格式是如图表 2－8 所示的四栏式账户。四栏式账户也有借方栏和贷方栏，另外两栏用来计算账户的动态余额。图表 2－8 列示了 STL 公司的现金 T 形账户和现金四栏式账户。

图表 2－8　T 形账户与四栏式账户

现金

11 月 1 日	30 000	20 000	11 月 2 日
11 月 8 日	5 500	3 200	11 月 15 日
11 月 22 日	2 000	300	11 月 21 日
12 月 21 日	600	5 000	11 月 25 日
12 月 28 日	8 000	3 000	12 月 1 日
		1 200	12 月 1 日
		1 200	12 月 15 日
余额	12 200		

每笔交易的借与贷

每笔交易之后的账户余额

现金账户					账户代码：101	
					余额	
日期	项目	过账索引	借方	贷方	借方	贷方
2018						
11 月 1 日		J1	30 000		30 000	
11 月 2 日		J1		20 000	10 000	
11 月 8 日		J1	5 500		15 500	
11 月 15 日		J1		3 200	12 300	
11 月 21 日		J1		300	12 000	
11 月 22 日		J1	2 000		14 000	
11 月 25 日		J1		5 000	9 000	
12 月 1 日		J2		3 000	6 000	
12 月 1 日		J2		1 200	4 800	
12 月 15 日		J2		1 200	3 600	
12 月 21 日		J2	600		4 200	
12 月 28 日		J2	8 000		12 200	

11月2日，余额计算公式为$30 000-$20 000。

四栏式账户中的第一对借方/贷方金额栏是从日记账中过账而来的交易金额，如借方 30 000 美元；第二对借方/贷方金额栏则显示了每一日期账户的余额。正是由于四栏式账户提供了更多的信息，在实践中这种账户比 T 形账户使用更为广泛。如图表 2－8 所示，可以注意到 12 月 28 日最后一笔交易后的现金余额是 12 200 美元，这与 T 形账户计算出的余额相同。

你是否注意到图表 2－8 的四栏式账户有“过账索引”这一栏？该栏在过账过程中使用。当将会计信息从日记账过入分类账时，就要在此栏中标明过账索引号，方便使用者对分类账中的数据信息进行追踪，追溯到所对应的日记账。在计算机会计信息系统下，使用者可以点击“过账索引”按钮，查看与之相关联的日记账分录。图表 2-9 展示了 STL 公司交易 1 的过账流程和过账索引的使用方法。需明确的一点是，在计算机会计信息系统下，当使用者输入日记账分录后，过账完全由计算机自动完成。

图表 2-9　过账索引

页码（取自日记账）

日期	科目及摘要	过账索引	借方	贷方
11 月 1 日	现金	101	30 000	
	布莱特，资本	301		30 000
	（所有者投资）			

科目代码（取自分类账）

现金　　科目代码：101

日期	项目	过账索引	借方	贷方	余额	
					借方	贷方
2018 年 11 月 1 日		J1	30 000		30 000	

布莱特，资本　　科目代码：301

日期	项目	过账索引	借方	贷方	余额	
					借方	贷方
2018 年 11 月 1 日		J1		30 000		30 000

2.4　试算平衡表是什么

在交易记录于日记账并过入分类账后，就可以编制**试算平衡表**（trial balance）。试算平衡表列示了分类账中所有账户的余额，并且按资产、负债和所有者权益的顺序排列。在手工会计核算系统中，试算平衡表通过检查借方与贷方余额合计数是否相等，来检验会计处理的正确性。对任何系统而言，试算平衡表都是对账户及其余额非常有用的汇总结果，因为其显示了一家公司会计系统中所有账户在特定日期的余额。图表 2-10 是 STL 公司在 2018 年 12 月 31 日的试算平衡表。

图表 2-10　试算平衡表

STL 公司
试算平衡表
2018 年 12 月 31 日

账户名称	余额	
	借方	贷方
现金	$ 12 200	
应收账款	1 000	
办公用品	500	
预付租金	3 000	
土地	20 000	
建筑物	60 000	
办公设备	18 000	
应付账款		$ 200

续表

账户名称	余额	
	借方	贷方
应付水电费		100
预收收入		600
应付票据		60 000
布莱特，资本		48 000
布莱特，提款	5 000	
服务收入		16 500
租赁费用	2 000	
工资费用	3 600	
水电费用	100	
总计	$125 400	$125 400

注：不要将试算平衡表与资产负债表混为一谈。试算平衡表是仅供公司内部人员使用的内部资料，外部人员不会看到试算平衡表，他们只能看到公司的财务报表。

□ 根据试算平衡表编制财务报表

试算平衡表除了能够验证借贷是否相等，还能用来编制财务报表。会计科目余额可以从试算平衡表中直接取得，用以编制利润表、所有者权益变动表和资产负债表。在图表 2－11 中，我们编制了 STL 公司 2018 年最后两个月的财务报表（截至 2018 年 12 月 31 日）。

图表 2－11　STL 公司财务报表

STL 公司
利润表
截至 2018 年 12 月 31 日的两个月

收入：		
服务收入		$16 500
费用：		
工资费用	$3 600	
租赁费用	2 000	
水电费用	100	
费用合计		5 700
净利润		$10 800

STL 公司
所有者权益变动表
截至 2018 年 12 月 31 日的两个月

布莱特，资本，2018 年 11 月 1 日	$0
所有者出资	48 000
这两个月的净利润	10 800
	58 800
所有者提款	(5 000)
布莱特，资本，2018 年 12 月 31 日	$53 800

STL 公司
资产负债表
2018 年 12 月 31 日

资产		负债	
现金	$12 200	应付账款	$200
应收账款	1 000	应付水电费	100
办公用品	500	预收收入	600
预付租金	3 000	应付票据	60 000
土地	20 000		
建筑物	60 000		
办公设备	18 000	负债总额	60 900
		所有者权益	
		布莱特，资本	53 800
资产总额	$114 700	负债和所有者权益总额	$114 700

□ 试算平衡表错误改正

在会计核算中，借方总额与贷方总额是相等的。如果借贷合计数不相等，则肯定存在会计错误。由于计算机能将日记账中的金额准确无误地过账至分类账，因此计算机化的会计系统能清除大部分错误。但人工输入数据所造成的错误，计算机不能清除。

多数不平衡的情形都可以通过计算试算平衡表中借贷方合计数的差额来发现，然后采取以下措施予以改正：

（1）在试算平衡表中寻找漏记的账户。例如，假设会计人员在图表 2-10 中的试算平衡表中漏记了“布莱特，提款”。借方总额将是 120 400 美元（125 400－5 000）。对每一账户从分类账追溯至试算平衡表，你将会找到漏记的账户。

（2）用借贷方的差额除以 2。借方错记为贷方或贷方错记为借方，都使错误金额扩至两倍。假设会计人员将贷方 500 美元错记为借方，则借方多了 500 美元，而贷方漏记了 500 美元，试算平衡表中借贷方的差额就为 1 000 美元，将该差额除以 2 即可以找到金额为 500 美元的交易，然后在日记账中查找该交易并追溯至受其影响的账户。

（3）用借贷方的差额除以 9。如果能被 9 整除，则错误可能是偏离（如将 1 000 美元写成 100 美元，或将 100 美元写成 1 000 美元）或倒置（如将 1 200 美元写成 2 100 美元）。假设会计人员将布莱特 5 000 美元的提款在试算平衡表中错写成 50 000 美元，即发生了偏离错误，借贷方的差额将是 45 000 美元（50 000－5 000）。用 45 000 美元除以 9，得到 5 000 美元，这就是正确的提款数。根据该金额在分类账中查找，直至找到“布莱特，提款”账户，你就会发现错误所在。

尽管在试算平衡时借方总额等于贷方总额，但是在个别账户中仍然会有错误，因为在记录日记账时可能选错了账户。

2.5 如何使用资产负债率评估企业业绩

此前，你已经知道资产收益率（净利润/平均资产总额）可以用来判断一家公司的运营情况。在本节，你将学到另一种财务报表分析工具——**资产负债率**（debt ratio），由负债总额除以资产总额而得，反映负债在资产中所占的比例，用来衡量企业的偿债能力。

资产负债率＝负债总额/资产总额

会计恒等式（资产＝负债＋所有者权益）的右侧代表对资产享有请求权的各方。负债代表债权人的请求权，所有者权益则代表所有者的请求权。负债比率较高的公司违约风险也较大。如果公司不能在债务到期时清偿债务，那么债权人有权行使其对公司资产的请求权。资产负债率代表着企业有多少资产是由负债提供的。

我们以科尔士百货为例，计算其偿债能力。在其 2016 年 1 月 30 日的资产负债表中（见网址：http://www.pearsonhighered.com/Horngren），科尔士百货的负债总额为 8 115 000 000 美元（2 714 000 000＋2 792 000 000＋1 789 000 000＋257 000 000＋563 000 000），资产总额为 13 606 000 000 美元。则科尔士百货 2016 年 1 月 30 日的资产负债率计算如下：

资产负债率＝负债总额/资产总额
＝8 115 000 000/13 606 000 000
≈0.596＝59.6％

59.6%的资产负债率意味着科尔士百货超过一半的资产由负债提供，而剩余的40.4%（即100%−59.6%）的资产则由企业的投资者提供。资产负债率代表企业所存在的风险。资产负债率越高，风险越大。企业所有的负债都必须清偿，资产负债率是衡量企业完成这些任务的能力的指标之一。

习题

P2-29A 登记日记账，过账至T形账户，并编制试算平衡表

文斯·约克以Vince York，M.D.诊所的名义行医。2018年7月，诊所发生了以下交易：

7月1日	约克在诊所银行存款账户存入63 000美元现金作为投资，从而成为诊所的所有者。
5日	支付每月的医疗设备租金510美元。
9日	支付23 000美元购买办公用地。
10日	赊购办公用品，价值1 600美元。
19日	向银行举借经营用款22 000美元。
22日	偿付1 100美元的应付账款。
28日	诊所收到日报开具的广告费账单240美元，需在8月支付。
31日	当月赚得的收入包括现金6 400美元和应收账款6 000美元。
31日	支付员工工资2 200美元、办公室租赁费用1 900美元和水电费用560美元（编制一个复合分录）。
31日	诊所收到客户支付的医疗影像服务预付款1 120美元，将于下个月提供服务。
31日	约克提款7 200美元，以备个人使用。

该诊所使用以下账户：现金；应收账款；办公用品；土地；应付账款；应付广告费；预收收入；应付票据；约克，资本；约克，提款；服务收入；工资费用；租赁费用；水电费用；广告费用。

要求：

1. 将上述交易记入日记账（无须做摘要说明）。
2. 用交易日期作为过账索引，将日记账分录过账至T形账户。用“Bal”标记每一账户的余额。
3. 编制2018年7月31日Vince York，M.D.诊所的试算平衡表。

P2-30A 登记日记账，过账至T形账户，并编制试算平衡表

安·辛普森作为一名设计咨询师于2018年9月1日开始执业。在经营的第一个月，公司完成了以下交易：

9月1日	收到48 000美元现金，辛普森成为公司的所有者。
4日	赊购办公用品1 200美元、办公设备1 300美元。
6日	为律师事务所提供服务，收取现金1 900美元。
7日	支付现金18 000美元购买土地作为将来的办公用地。
10日	为一家旅馆提供服务，向其开具账单1 200美元，客户承诺在一周内支付。
14日	支付9月4日赊购办公设备的款项。
15日	支付秘书半个月的薪水1 500美元。
17日	收到应收客户的款项1 000美元。
20日	为一所学校提供设计服务，应收取费用650美元，尚未收取。
25日	收到客户支付的设计服务预付款2 100美元，将于10月提供服务。
28日	为Plummer & Gordon公司提供咨询服务，收到现金2 900美元。
29日	用现金600美元购买一份为期12个月的保单（保险期从10月1日开始）。

30日	支付秘书半个月的薪水1 500美元。
30日	支付租赁费用600美元。
30日	收到水电费用账单350美元，将于下个月支付。
30日	辛普森提款3 700美元供个人使用。

要求：

1. 使用给出的账户名，在日记账中记录每笔交易：现金；应收账款；办公用品；预付保险费；土地；办公设备；应付账款；应付水电费；预收收入；辛普森，资本；辛普森，提款；服务收入；工资费用；租赁费用；水电费用（无须做摘要说明）。

2. 为每一个会计科目开设T形账户。

3. 用交易日期作为过账索引，将日记账分录过账至T形账户。用“Bal”标记每一账户余额。

4. 编制该公司2018年9月30日的试算平衡表。

P2-31A 登记日记账，过账至四栏式账户，并编制试算平衡表

特伦斯·墨菲在2018年1月1日开设了一家律师事务所。在经营的第一个月，事务所完成了以下交易：

1月1日	墨菲将78 000美元现金存入Terrence Murphy律师事务所的银行账户，成为公司的所有者。
3日	赊购价值600美元的办公用品和1 700美元的家具。
4日	为客户提供法律服务，收取现金1 000美元。
7日	分别购置市场价值为130 000美元的建筑物和市场价值为25 000美元的土地，支付现金25 000美元，余款用应付票据支付。
11日	为客户准备法律文书，应收取费用400美元，尚未收取。
15日	支付秘书半个月的薪水1 120美元。
16日	支付1月3日赊购办公用品的款项。
18日	帮助客户出售不动产，收到现金2 700美元。
19日	为客户在法庭上辩护，向其开具账单1 800美元。
25日	收到水电费用账单600美元，将于下个月支付。
29日	收到部分客户的结欠款项1 500美元。
30日	用现金1 200美元购买一份为期12个月的保单（保险期从2月1日开始）。
30日	支付秘书半个月的薪水1 120美元。
31日	支付月租金1 800美元。
31日	墨菲提款2 200美元供个人使用。

要求：

1. 使用给出的账户名，在日记账中记录每笔交易：现金；应收账款；办公用品；预付保险费；土地；建筑物；办公设备；应付账款；应付水电费；应付票据；墨菲，资本；墨菲，提款；服务收入；工资费用；租赁费用；水电费用（无须做摘要说明）。

2. 开设下列四栏式账户：现金，101；应收账款，111；办公用品，121；预付保险费，131；土地，141；建筑物，151；办公设备，161；应付账款，201；应付水电费，211；应付票据，221；墨菲，资本，301；墨菲，提款，311；服务收入，411；工资费用，511；租赁费用，521；水电费用，531。

3. 利用交易日期、会计科目编号、日记账索引、过账索引，将日记账分录过账至分类账中的四栏式账户。假设日记账分录从第一页开始记录。

4. 编制Terrence Murphy律师事务所2018年1月31日的试算平衡表。

P2-32A 登记日记账，过账至四栏式账户，并编制试算平衡表

Shawn Merry 会计师事务所 2018 年 3 月 31 日的试算平衡表如下：

Shawn Merry 会计师事务所
试算平衡表
2018 年 3 月 31 日

账户名称	余额	
	借方	贷方
现金	$ 11 000	
应收账款	16 500	
办公用品	400	
土地	30 000	
办公设备	0	
汽车	0	
应付账款		$ 3 800
预收收入		0
梅里，资本		52 300
梅里，提款	0	
服务收入		8 200
工资费用	5 600	
租赁费用	800	
总计	$ 64 300	$ 64 300

在 4 月，该事务所完成了下列交易：

4 月 4 日	收回一位客户的结欠款项 2 500 美元。
8 日	向一位客户提供税务服务，应收取费用 5 400 美元。
13 日	支付应付款项 3 000 美元。
14 日	赊购办公设备，价值 3 600 美元。
15 日	梅里以其私家汽车作为对事务所的出资，汽车的市场价值为 9 500 美元。
18 日	赊购办公用品，价值 900 美元。
19 日	部分收回 8 日提供税务服务的应收款项 2 700 美元。
20 日	梅里提款 6 500 美元。
21 日	收取刚完成的咨询工作现金收入 5 700 美元。
24 日	收取客户支付的会计服务预付款 2 400 美元，将于下个月提供服务。
27 日	支付办公楼租金 600 美元。
28 日	支付员工工资 1 700 美元。

要求：

1. 在日记账中记录 4 月发生的交易，使用以下账户：现金；应收账款；办公用品；土地；办公设备；汽车；应付账款；预收收入；梅里，资本；梅里，提款；服务收入；工资费用；租赁费用（包含每一笔交易的摘要说明）。

2. 开设试算平衡表中列示的四栏式分类账账户，并记录各账户在 3 月 31 日的余额：现金，11；应收账款，

12；办公用品，13；土地，14；办公设备，15；汽车，16；应付账款，21；预收收入，22；梅里，资本，31；梅里，提款，33；服务收入，41；工资费用，51；租赁费用，52。

3. 使用交易日期、会计科目编号、日记账索引、过账索引，将日记账分录过账至分类账中的四栏式账户。假设日记账分录从第五页开始记录。

4. 编制 Shawn Merry 会计师事务所 2018 年 4 月 30 日的试算平衡表。

P2-33A　改正试算平衡表中的错误

Beautiful Tots 早教中心的试算平衡表借贷不平衡。

Beautiful Tots 早教中心
试算平衡表
2018 年 8 月 31 日

账户名称	余额	
	借方	贷方
现金	$7 900	
应收账款	6 700	
办公用品	1 000	
预付保险费	300	
设备	91 500	
应付账款		$3 400
应付票据		45 000
特伦贝尔，资本		57 000
特伦贝尔，提款	5 000	
服务收入		12 350
工资费用	4 400	
租赁费用	750	
总计	$117 550	$117 750

经过查阅，发现以下错误：

(1) 现金余额少记 1 500 美元。

(2) 应借记的应收账款 4 100 美元在过账时误记为贷方。

(3) 赊购的价值 1 400 美元的办公用品既没有记入日记账，也没有过账。

(4) 设备价值应为 83 000 美元，过账时误记为 91 500 美元。

(5) 工资费用多记 700 美元。

(6) 300 美元的广告费用现金支出既没有记入日记账，也没有过账。

(7) 某一笔所有者 200 美元的现金提款，在日记账中被错记为 2 000 美元。

(8) 服务收入少记 4 100 美元。

(9) 为期 12 个月、价值 1 900 美元的保单被过账至预付保险费账户的贷方。现金账户过账正确。

要求：

编制该早教中心 2018 年 8 月 31 日正确的试算平衡表，不需要编制日记账分录。

P2-34A　根据试算平衡表编制财务报表，计算资产负债率

Sara Simon 注册营养机构在 2018 年 7 月 31 日的试算平衡表如下所示：

Sara Simon 注册营养机构 试算平衡表 2018 年 7 月 31 日		
账户名称	余额	
	借方	贷方
现金	$ 38 000	
应收账款	9 000	
办公用品	2 300	
预付保险费	2 400	
设备	16 000	
应付账款		$ 3 000
预收收入		3 912
应付票据		31 000
西蒙，资本		18 000
西蒙，提款	2 800	
服务收入		17 888
工资费用	1 700	
租赁费用	1 100	
水电费用	500	
总计	$ 73 800	$ 73 800

要求：

1. 编制本月的利润表（截至 2018 年 7 月 31 日）。

2. 编制本月的所有者权益变动表（截至 2018 年 7 月 31 日）。实收资本的期初余额为 0，本月所有者出资 18 000 美元。

3. 编制 2018 年 7 月 31 日的资产负债表。

4. 计算 2018 年 7 月 31 日的资产负债率。

第 3 章

调整过程

3.1　收付实现制与权责发生制的区别是什么
3.2　权责发生制的概念和原则是什么
3.3　调整分录是什么以及如何记录
3.4　编制调整后试算平衡表的意义是什么以及如何编制
3.5　调整分录对财务报表的影响是什么
3.6　工作底稿如何帮助编制调整分录和调整后试算平衡表
3.7　附录 3A：记录递延费用和递延收入的其他方法

我的奖金去哪儿了？

利亚姆·米尔斯在打开 Custom Marketing 公司发给他的季度奖金支票时很惊讶，支票数额比他想象的少。利亚姆是一名销售经理，负责产品的市场开拓和在美国西北区域的销售。除固定月工资之外，他还可获得 3%的销售提成，销售提成来源于其负责区域顾客的广告服务。他指望着季度奖金能够清偿他在假日期间透支的信用卡债务。这一年对利亚姆来说很棒，他还清了几个未结清的账户，并成功签署几笔年度广告合同。另外，由于他擅长谈判，因此可以一次性得到一半的服务收入，而无须每月等待顾客支付。利亚姆原本以为这项业务收入可以增加他的奖金，但实际上没有。

第二天，他到会计部咨询他的奖金问题。他惊讶地得知其奖金是依据 12 月 31 日公司实现的收入计算的。虽然他谈妥了一笔可以一次性得到一半收入的合同，但是这笔收入尚未实现。直到完成广告服务，销售部才会将其计算到已实现的收入中。最终这笔生意能够反映在利亚姆的奖金中，但是他必须等到收入实现。

已实现的收入是怎样计算的？

在会计期末（通常是 12 月 31 日），公司需要准确报告在此期间实现的收入和发生的支出。为此，公司将会审查会计期末的账户余额表，决定是否做一些必要的调整。比如 iHeartMedia，Inc.，其旗下的 iHeartMedia 公司、Americas Outdoor Advertising 公司和 International Outdoor Advertising 公司必须确定可实现的收入来源于几周或几年有效的广告合同。只有在当期得到的收入才能计算至利润表中。调整过程是为了让财务报表的数据准确无误而对其进行不断的审查和调整。这就是本章将要学习的内容。

学习目的

1. 区分权责发生制和收付实现制。
2. 定义并运用会计分期、收入确认和配比原则。
3. 解释编制调整分录的意义。
4. 解释并编制调整后试算平衡表。
5. 辨别调整分录在财务报表中的影响。
6. 解释工作底稿的意义，并在调整分录和调整后试算平衡表中运用。
7. 理解记录递延费用和递延收入的其他方法（附录 3A）。

第 1 章介绍了会计恒等式和财务报表，第 2 章介绍了 T 形账户、借方、贷方和试算平衡表。但是你已经能够处理一个特定会计期间内的所有交易吗？答案是还没有。

第 3 章将继续介绍会计循环过程。企业必须在会计期末使会计记录反映最新信息，这个过程称作账项调整，它需要编制特殊的会计分录，即调整分录。比如，在一个特定的会计期末，你要学会确定所用办公用品的数量、欠员工的债务，并根据这些编制调整分录。这些只是在全面掌握自己公司的盈利情况前需要做的调整分录。

3.1 收付实现制与权责发生制的区别是什么

有两种会计核算方法——收付实现制和权责发生制。

- **收付实现制**（cash basis accounting）只在收到或付出现金时才进行记录。当收到现金时，记录收入；当付出现金时，记录支出。所以只有收到现金才记录收入，只有付出现金才记录支出。收付实现制在一般公认会计原则中是不允许的，只有非常小的企业才采用收付实现制。收付实现制比较简单，因为它不要求掌握很多会计概念和原理，这种方法有益于追踪企业的现金流量。
- **权责发生制**（accrual basis accounting）在企业交易发生时记录其影响，即当取得收入时，记录收入；当发生费用时，记录费用。当服务或商品提供给顾客时，认为取得了收入。多数企业采用权责发生制，本书也采用这一方法。这种方法有助于掌握企业的收入和支出情况，只有当取得收入和发生费用时，才进行相应记录。权责发生制与现金的取得或支出没有关系。

例子：假设 STL 公司在 5 月 1 日支付了 5—10 月的保险费（每月 200 美元），根据收付实现制，STL 公司将记录在 5 月 1 日发生保险费支出 1 200 美元。这是因为收付实现制在付出现金时记录支出。然而权责发生制要求按比例分配这笔支出，即分别在 5--10 月每月记录 200 美元的费用。STL 公司对这笔交易的记录如下所示：

	收付实现制		权责发生制	
现金支出	5 月 1 日：	$1 200	5 月 1 日：	$1 200
费用记录	5 月 1 日：	$1 200	5 月 31 日：	$200
			6 月 30 日：	200
			7 月 31 日：	200
			8 月 31 日：	200
			9 月 30 日：	200
			10 月 31 日：	200
总费用记录		$1 200		$1 200

现在让我们来看看权责发生制和收付实现制对收入的不同处理方式。

例子：假设在 4 月 30 日，STL 公司预收了一笔 5—10 月的服务费，根据收付实现制，STL 公司将在 4 月 30 日得到这笔现金的时候就记录 600 美元的收入，然而权责发生制要求只有在真正取得这笔收入的时候才入账。STL 公司将从 5 月起在接下来 6 个月每月记录 100 美元的收入。

	收付实现制		权责发生制	
现金收入	4 月 30 日：	$600	4 月 30 日：	$600
收入记录	4 月 30 日：	$600	5 月 31 日：	$100
			6 月 30 日：	100
			7 月 31 日：	100
			8 月 31 日：	100
			9 月 30 日：	100
			10 月 31 日：	100
总收入记录		$600		$600

注意：在收付实现制和权责发生制这两种方法下，截至 10 月 31 日的收入和费用总数是一样的，最主要的差别就是记录收入和费用的时点不同。

3.2 权责发生制的概念和原则是什么

从上述例子可以看到，时点以及收入和费用的确认是收付实现制与权责发生制的主要区别。会计期间的概念、收入确认原则和配比原则可以解释这一主要区别。

□ 会计期间的概念

STL 公司要确切地知道企业经营成功与否，唯一的途径就是出售其全部资产并偿还全部债务，将剩余的部分返还给所有者。显然，用这种方式来计量企业收益是不现实的。由于企业在经营过程中也需要定期的报告，**会计期间的概念**（time period concept）假设企业活动的时间能够人为地分成几个阶段，每个阶段可以分别编制财务报表，比如一个月、一个季度、一年。

最基本的会计期间是一年，并且大多数企业都编制年度财务报表。用来编制年度财务报表的连续 12 个月的会计期间称为**财务年度**（fiscal year）。大多数企业每年的会计期间是从 1 月 1 日到 12 月 31 日的公历年度。其他企业采用结束日期是除 12 月 31 日以外的任一日期的财务年度。一般来说，会计年末应是企业经营活动的低潮期。零售店就是一个很典型的例子。例如，沃尔玛、潘尼百货公司以及其他大多数零售企业采用结束于 1 月 31 日的财务年度，这主要是因为这些公司业务的低潮是在节日过后。

□ 收入确认原则

收入确认原则（revenue recognition principle）告诉会计人员何时记录收入，需要企业遵循以下五个步骤。

第一步：找到与客户签订的合同。这个合同规定了签订双方或多方应有的权利与义务。

第二步：找出合同中规定的应履行的义务。它是对客户做出的转移特定产品或提供劳务的承诺。一个合同可能规定了多项应履行的义务，比如 AT&T 公司会为签订两年电话服务合同的客户提供新手机。这代表了两项相互独立的义务——电话服务合同和新手机。

第三步：确定交易的金额。它是企业向客户提供商品或服务而有权得到的金额。

第四步：将交易的金额分配给合同中规定的应履行的各项义务。如果交易包含多项应履行的义务，这笔交易的金额就需要在不同义务之间进行分配。

第五步：在企业履行所有义务后确认收入。企业按照合同履行了每一项义务，如向客户提供产品或服务，收入即可确认。当客户拥有了对产品或服务的控制权时，能够认为产品或服务已经转移。应确认的收入金额为所履行义务分配到的金额。

□ 配比原则

配比原则（matching principle）有时也称为费用确认原则，指导对费用进行会计记录，并确保以下事项：

- 确认并计量会计期间内发生的所有费用。
- 将同一期间的费用与收入进行配比。

费用与收入配比就是将当期收入减去当期费用以计算当期净损益，目的是计算净利润或净损失。

某些收入和费用之间有着天然的联系。例如，STL 公司可能会向销售出在线学习服务的员工支付销售佣金。佣金费用与在线学习服务的销售收入直接相关。但是有一些费用与收入之间的联系不是很明显。不论当期是否取得收入，STL 公司每月必须支付的租金就是一个例子。配比原则指导会计人员在相关收入发生时按照月、年等会计期间确认该类费用。按照租赁合约，企业将会按月记录租赁费用。

3.3 调整分录是什么以及如何记录

从前面的章节中我们了解到，期末工作流程是从试算平衡表开始的。图表 3-1 是 STL 公司在 2018 年 12 月 31 日未调整的试算平衡表。

图表 3-1 未调整的试算平衡表

STL 公司
未调整的试算平衡表
2018 年 12 月 31 日

账户名称	余额	
	借方	贷方
现金	$ 12 200	
应收账款	1 000	
办公用品	500	
预付租金	3 000	
土地	20 000	
建筑物	60 000	
办公设备	18 000	
应付账款		$ 200
应付水电费		100
预收收入		600
应付票据		60 000
布莱特，资本		48 000
布莱特，提款	5 000	
服务收入		16 500
租赁费用	2 000	
工资费用	3 600	
水电费用	100	
总计	$ 125 400	$ 125 400

这张未调整的试算平衡表包括了该公司在 11 月和 12 月大部分的收入和费用，但数据并不完整，因为其中遗漏了一些收入和费用的交易，权责发生制要求企业审查未调整的试算平衡表，决定是否应该录入额外的收入和费用。STL 公司是否将已实现的收入和已发生的费用全部编制在内？

例如，考虑图表 3-1 中的办公用品。STL 公司在两个月内使用了办公用品，这减少了办公用品的数量，因而构成了一项费用，这类似于工资和租赁费用。如果每次使用办公用品时都记录费用，就很浪费时间。但是到 12 月 31 日，图表 3-1 中 500 美元的办公用品可能有一部分已经被使用，所以会计人员必须调整账户。这就是为什么我们必须在月末调整会计账户的一个很好的例子。

调整分录（adjusting entry）是指在会计期末，记录已实现的收入和已发生的费用。同时，它还反映资产与负债账户的最新真实信息。调整是为了正确地计量以下项目：

（1）反映在利润表中的净利润（净损失）。

（2）反映在资产负债表中的资产与负债。

两种基本的调整类型是递延款项和应计项目。在递延款项的调整中，现金的收付先于费用或收入的记录。递延款项是指对收入或费用的递延，因为收入或费用的记录在现金的收付之后。应计项目的调整与之相反，应计项目对费用或收入的记录先于现金的收付。

这两种基本的调整分录可以进一步分为四种类型：

（1）递延费用。

（2）递延收入。

（3）应计费用。

（4）应计收入。

本章的核心就是介绍如何编制这四种调整分录。

□ 递延费用

递延费用（deferred expense，也称为待摊费用）是提前支付的费用，之所以称为递延款项，是因为其通常在消耗完之前支付。递延费用是企业的资产，而不是费用，直到其被用完。当递延费用用完时，使用的资产部分通过调整分录调整为一项费用。

预付租金

在第2章的交易10中，STL公司在2018年12月1日预付了3个月的房租，如果租约规定每月租金为1 000美元，那么这笔交易的会计分录为：

日期	科目及摘要	借方	贷方
12月1日	预付租金	3 000	
	现金		3 000
	（提前支付租金）		

过账后，预付租金账户有3 000美元的借方余额。

预付租金	
12月1日　3 000	

于是，在整个12月，预付租金账户保持这一余额，但是，3 000美元并不是该公司12月31日资产负债表中预付租金的真实金额。为什么？

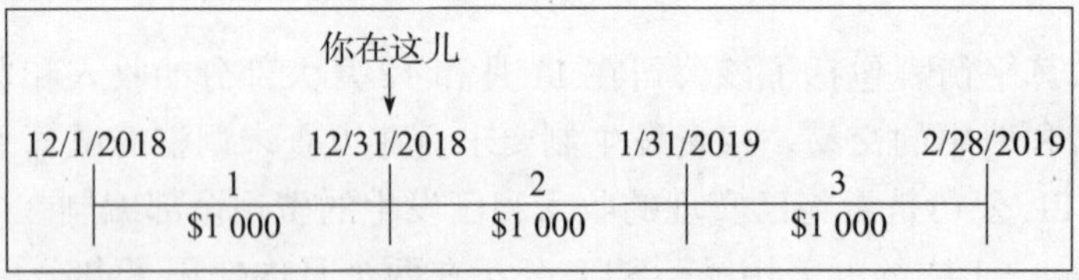

在12月31日，预付租金账户应该减少已被消耗的资产数额——1/3的预付款。如前所述，已耗费的资产即为费用。调整分录就是将1 000美元（3 000×1/3）的预付租金转到租赁费用账户。调整分录为：

日期	科目及摘要	借方	贷方
12月31日	租赁费用	1 000	
	预付租金		1 000
	（记录租赁费用）		

过账后，预付租金和租赁费用账户显示正确余额：

预付租金

12 月 1 日	3 000	1 000	12 月 31 日
余额	2 000		

租赁费用

11 月 15 日	2 000	
12 月 31 日	1 000	
余额	3 000	

预付租金是资产在分录调整前被高估的一个例子。注意预付租金最后的余额为 2 000 美元，因为预付租金对 STL 公司来说为资产类科目。STL 公司在 12 月 31 日的预付租金应包括两个月的租金（1 月和 2 月）。所以每月 1 000 美元的租金乘以两个月，等于预付租金的余额 2 000 美元。

同样的分析也可以应用于预付 3 个月的保险费，唯一的区别就是账户名称不同，预付保险费代替了预付租金，保险费用代替了租赁费用。

办公用品

办公用品的核算方法与待摊费用类似。让我们来看另一个例子。11 月 3 日，STL 公司支付 500 美元的现金购买办公用品。

因此，在 12 月 31 日未调整的试算平衡表中，办公用品的借方余额为 500 美元，如图表 3－1 所示。但是 STL 公司 12 月 31 日的资产负债表中办公用品项目的金额不应为 500 美元，为什么？

STL 公司在 11—12 月的经营过程中实际上使用了办公用品，这部分已使用的办公用品价值变成了办公用品费用。为计量办公用品费用，STL 公司在 12 月末对办公用品进行了盘点——这是公司仍可使用的资产数额。假定 12 月 31 日办公用品的价值为 100 美元。利用 T 形账户来计算已使用的办公用品价值：

办公用品

11 月 3 日	500	? ← 已使用的办公用品=办公用品费用
余额 ← 办公用品的余额	100	

所以，我们可以这样来计算已使用的办公用品：

调整前的办公用品余额－已使用的办公用品＝期末盘点的办公用品余额

$500－已使用的办公用品＝$100

已使用的办公用品＝$400

12 月 31 日的调整分录更新办公用品账户并记录 11—12 月的办公用品费用，该调整分录为：

日期	科目及摘要	借方	贷方
12 月 31 日	办公用品费用	400	
	办公用品		400
	（记录办公用品费用）		

将调整分录过账后，12 月 31 日办公用品和办公用品费用账户有了正确的期末余额，分别为 100 美元和 400 美元。

办公用品					办公用品费用		
11月3日	500	400	12月31日	→	12月31日	400	
余额	100				余额	400	

因此，1月办公用品的期初余额就是100美元。如果没有编制办公用品的调整分录，资产会被高估，而办公用品费用将被低估。在编制调整分录后，12月31日试算平衡表中的办公用品更正为100美元，利润表中的办公用品费用更正为400美元。

折旧

固定资产（property，plant and equipment）是企业经营过程中长期使用的有形资产，如土地、建筑物、设备、汽车等。企业使用资产时，资产的价值和有效性都在降低。固定资产有效性的降低就是费用，会计人员将固定资产的成本在其有效使用期内进行系统分摊。这种将成本分摊成费用的方法称为**折旧**（depreciation）。比如，企业一次性购买了商务用车，但是该汽车会使用好几年，所以折旧会在汽车使用时间内分摊成本费用。土地是一个例外，企业对土地不计提折旧，因为土地没有确切或清晰可估计的使用年限，很难对土地的成本进行分摊。

折旧与待摊费用的相同点 固定资产会计核算的基本概念与待摊费用相同。二者最大的区别在于消耗的时间长度不同。待摊费用通常在一年内耗用完毕，而固定资产有多年的有效使用期。当企业使用其固定资产时，需要编制调整分录以分摊资产成本，这一调整分录将成本分摊至费用账户，该费用就称为折旧费用。

以STL公司为例，12月2日，希娜·布莱特以市场价值为18 000美元的办公设备向STL公司出资，作为回报，STL公司给予布莱特相应资本，日记账分录如下：

日期	科目及摘要	借方	贷方
12月2日	办公设备	18 000	
	布莱特，资本		18 000
	（所有者以办公设备出资）		

过账后，办公设备账户的余额为18 000美元。

办公设备		
12月2日	18 000	

STL公司估计该办公设备的使用期限为5年，且5年后残值为0。折旧资产在使用期限内的最后价值称为**残值**（residual value）。STL公司将用直线法计算折旧，**直线法**（straight-line method）是指按年等额平分折旧。

直线法下的折旧＝(成本－残值)/使用年限

STL公司12月办公设备的折旧计算如下：

直线法下的折旧＝(成本－残值)/使用年限
＝(18 000－0)/5
＝3 600/12
＝300(美元)

12月折旧费用的调整分录如下：

日期	科目及摘要	借方	贷方
12 月 31 日	折旧费用——办公设备	300	
	累计折旧——办公设备		300
	（记录办公设备折旧）		

累计折旧账户　注意：在上面的折旧调整分录中，贷方为累计折旧——办公设备，而不是办公设备这项资产的账户，这是为什么呢？因为根据会计原理，我们需要把办公设备的成本原值和累计折旧分开。管理者可以通过办公设备的资产账户查询到办公设备的初始成本，这样可以帮助其决定之后以多少金额拍卖旧办公设备或买进新办公设备。**累计折旧**（accumulated depreciation）是所有折旧费用的总数，并随着时间增长。

累计折旧是一个资产抵减账户，其正常余额在贷方。**抵减账户**（contra account）有以下两个主要特点：

- 抵减账户在账户表或相关财务报表中总有一个对应账户，并列示在对应账户后面。
- 抵减账户的正常余额（借方或贷方）与对应账户的正常余额相反。

例如，累计折旧——办公设备就是办公设备资产的抵减账户。办公设备正常情况下有借方余额，所以抵减账户累计折旧——办公设备的余额在贷方。

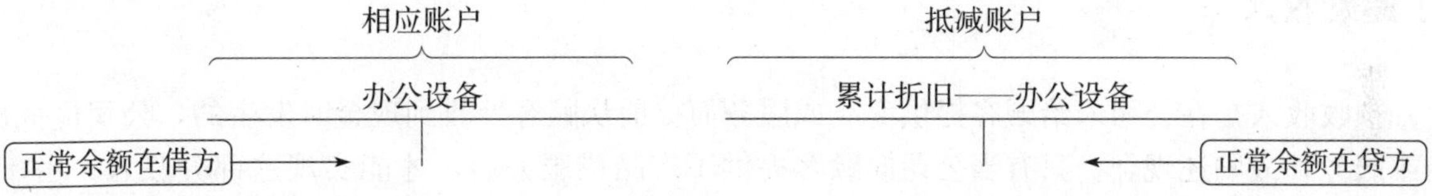

企业要为每一项折旧资产开设一个累计折旧账户。如果 STL 公司有建筑物和办公设备，其就要开设两个账户：累计折旧——建筑物和累计折旧——办公设备。但规模小的公司经常只设置一个包含所有资产的累计折旧账户。

折旧分录过账以后，公司的账户结构如下所示：

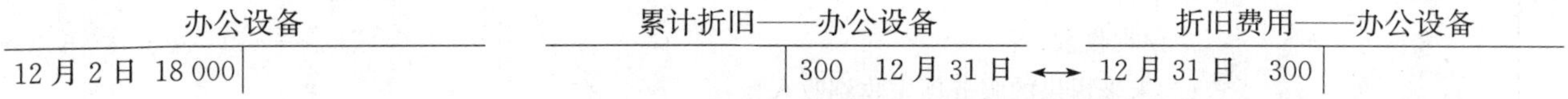

账面价值　资产负债表同时反映了办公设备和累计折旧——办公设备。由于累计折旧——办公设备是一个抵减账户，其余额要从办公设备的余额中扣减，剩余的固定资产净值（成本－累计折旧）称为**账面价值**（book value）。账面价值代表了企业未使用资产的投资成本的一部分。以下是 STL 公司办公设备的账面价值：

办公设备的账面价值	
办公设备	$ 18 000
减：累计折旧——办公设备	(300)
办公设备的账面价值	$ 17 700

12 月 1 日的建筑物折旧也用同样的方式录入，假设每月的折旧额为 250 美元，建筑物 12 月的折旧分录为：

日期	科目及摘要	借方	贷方
12 月 31 日	折旧费用——建筑物	250	
	累计折旧——建筑物		250
	（记录建筑物折旧）		

如果STL公司没有将办公设备和建筑物的折旧录入调整分录，固定资产将被高估，费用将被低估。编制调整分录后，固定资产账户净值才会正确。该公司12月31日资产负债表中固定资产的列示如图表3-2所示。

图表3-2 STL公司资产负债表中的固定资产（2018年12月31日）

STL公司
资产负债表（部分）
2018年12月31日

固定资产：		
土地		$ 20 000
建筑物	$ 60 000	
减：累计折旧——建筑物	(250)	59 750
办公设备	18 000	
减：累计折旧——办公设备	(300)	17 700
固定资产净值		$ 97 450

□ 递延收入

预收收入是在公司未给顾客提供商品或服务而提前从顾客处收到现金时发生的，公司应向顾客提供产品或服务，或归还现金。只有当公司向顾客提供了产品或服务后，才能实现这部分收入。由于这一延期，预收收入也称为**递延收入**（deferred revenue）。

假设一家律师事务所聘请STL公司为其提供接下来30天的在线学习服务，并同意为此提前支付600美元。12月21日，STL公司收到了现金，并记录如下：

日期	科目及摘要	借方	贷方
12月21日	现金	600	
	预收收入		600
	（为未来提供的服务预先收到收入）		

现在，预收收入这一负债账户表明STL公司负有600美元的债务。

预收收入	
	600　12月21日

在12月的最后10天内——从12月22日到12月31日，STL公司将会实现（600美元）大约1/3的收入（10/30），即200美元。因此，公司为实现200美元收入做了如下调整分录：

日期	科目及摘要	借方	贷方
12月31日	预收收入	200	
	服务收入		200
	（记录已实现的提前收到的服务收入）		

这笔调整分录将200美元的负债金额转至收入账户。服务收入因此增加了200美元，同时预收收入减少200美元。12月31日，两个账户的结构为：

预收收入			
12月31日	200	600	12月21日
		400	余额

服务收入			
		5 500	11月8日
		3 000	11月10日
		8 000	12月28日
		200	12月31日
		16 700	余额

如果不编制调整分录，预收收入这一负债将被高估，服务收入将被低估。

□ 应计费用

企业经常会在现金支付前发生费用，这种费用称为**应计费用**（accrued expense）。应计费用是一种尚未支付的费用。以员工的工资为例，由于工资费用随着员工工作而增加，因此是应计费用。应付票据的利息费用也是一个明显的例子。随着时间的推移，利息费用也在增长。应计费用会产生一项应计负债。

公司不会每天或每周都编制应计费用的日记账，相反，会计人员通常在会计期末编制调整分录，从而使每笔费用（以及相关的负债）的最新信息反映在财务报表中。

应计工资费用

假设STL公司每月为员工支付的薪金为2 400美元，其中一半在每月15日支付，另一半在下月月初支付。下面是2018年12月、2019年1月第一周的日历，包括两个付薪日期：

2018年12月						
周日	周一	周二	周三	周四	周五	周六
						12月1日
2	3	4	5	6	7	8
9	10	11	12	13	14	15（付薪日）
16	17	18	19	20	21	22
23	24	25	26	27	28	29
30	31	1月1日（付薪日）	2	3	4	5

STL公司在12月15日这个周六支付了前一半薪金，并做了如下会计分录：

日期	科目及摘要	借方	贷方
12月15日	工资费用	1 200	
	现金		1 200
	（支付薪金）		

该公司在12月15日的调整分录里记录了公司前半月的工资费用。后半月的工资费用将在1月1日支付，但是这笔费用发生在12月，因此必须在12月的账目里做一笔应计工资费用的分录，在12月31日，调整分录如下：

日期	科目及摘要	借方	贷方
12月31日	工资费用	1 200	
	应付职工薪酬		1 200
	（应计工资费用）		

过账后，12月31日的工资费用、应付职工薪酬的账户结构为：

应付职工薪酬

借方	贷方	
	1 200	12月31日
	1 200	余额

工资费用

借方		贷方
11月15日	1 200	
12月1日	1 200	
12月15日	1 200	
12月31日	1 200	
余额	4 800	

工资费用账户反映了2个月内有关薪金的全部信息，应付职工薪酬账户反映了公司在12月31日的负债。这是一个负债在编制调整分录前被低估的例子，也是一个应用配比原则的例子。我们做了12月的工资费用分录，这在利润表中反映为12月的费用。

应计工资费用的未来支付 12月31日的这条分录是一项最终需要支付的负债，在上述例子中，STL公司将在1月1日支付12月后半月的工资。但是这项费用已在12月录入，STL公司将不会再次记录，如果录入费用两次，费用将被高估。企业将在应付职工薪酬的借方记录现金支出，减少负债。1月1日，STL公司调整分录为：

日期	科目及摘要	借方	贷方
1月1日	应付职工薪酬	1 200	
	现金		1 200
	（支付应计工资费用）		

说明：不能将这条分录与调整分录混淆。调整分录只在会计期末使用，记录已实现收入和已发生费用。这条分录是分类账，记录日常交易，即支付已发生的工资费用。在上述例子中，调整分录的工资应付金额与负债金额相同，但是，有时应付金额与负债金额是不一致的。比如，STL公司不在1月1日支付工资，而拖延到1月15日，STL公司的应付职工薪酬记录就会出现在1月15日。1月15日的日常费用记录不仅降低了调整分录中的费用，而且记录了额外的应计费用。

应计利息费用

借款会产生一项应付票据的负债。如果在2018年12月1日，STL公司从银行借款60 000美元购买建筑物，并签发一张1年期的应付票据，则2018年12月1日的分录为：

日期	科目及摘要	借方	贷方
12月1日	建筑物	60 000	
	应付票据		60 000
	（用票据购买建筑物）		

票据的利息将在一年后即2019年12月1日支付。虽然2018年公司不支付这笔利息费用，但在2018年12月31日，公司必须做一笔调整分录来记录本月应计的利息费用。

计算利息费用的公式如下：

利息费用＝本金×利率×时间

在这个公式中，时间（时期）代表了应计提票据利息的时间间隔在一年内所占的份额。它可以按月（月份数/12）或者日（天数/365）表示。STL公司的应付票据的年利率为2%，每月利息费用的计算过程如下：

$$利息费用=本金\times利率\times时间$$
$$=60\,000\times0.02\times1/12$$
$$=100(美元)$$

12月31日应计利息费用的调整分录为：

日期	科目及摘要	借方	贷方
12月31日	利息费用	100	
	应付利息		100
	（应计利息费用）		

注意：这条调整分录将应付利息记录在贷方，这是因为直到下一年企业才会支付利息，STL公司亏欠银行利息。如果没有这条调整分录，负债和费用都会被低估。在过账后，利息费用和应付利息账户如下：

应付利息

		100	12月31日
		100	余额

利息费用

12月31日	100		
余额	100		

□ 应计收入

正如我们前面看到的那样，一些费用发生在现金支付之前，就产生了应计费用。同理，企业也有已经实现但尚未收到现金的收入，我们称之为**应计收入**（accrued revenue），它是指已取得但未收到现金的收入。

假设STL公司于12月15日被雇用从12月16日开始提供在线学习服务。按照合同，公司将在1月15日收到月收入1 600美元，在被雇用的当天，STL公司不能记录日常分录，因为收入还未发生。12月，STL公司应收到半个月的服务费用800美元（从12月16日到12月31日），12月31日，STL公司编制以下调整分录以记录本月16—31日取得的应计收入：

日期	科目及摘要	借方	贷方
12月31日	应收账款	800	
	服务收入		800
	（应计服务收入）		

调整分录记录了已实现的收入，并将试算平衡表中的服务收入调整为17 500美元。另外，还记录了额外800美元的应收账款。STL公司没有记录现金，因为在1月15日前还未收到顾客支付的费用。调整分录过账后，STL公司的账户余额如下所示：

应收账款

11月10日	3 000	2 000	11月22日
12月31日	800		
余额	1 800		

服务收入

		5 500	11月8日
		3 000	11月10日
		8 000	12月28日
		200	12月31日
		800	12月31日
		17 500	余额

如果没有编制调整分录，STL 公司的财务报表就会低估资产中的应收账款和收入中的服务收入。

应计收入的未来收取 12 月 31 日的调整分录录入了半个月的收入，并增加了应收账款。当 STL 公司于 1 月 15 日收到客户应付费用时，应记录如下：

日期	科目及摘要	借方	贷方
1月15日	现金	1 600	
	服务收入		800
	应收账款		800
	（提供服务并收到现金）		

1月1—15日的收入

调整分录增加的应收账款

注意：STL 公司在 1 月 15 日仅仅记录了剩余半个月的收入（1 月 1—15 日），在 12 月已经记录 800 美元的收入。1 月 15 日的分录仅冲销应收账款并记录剩余收入。如果 STL 公司在 1 月 15 日的服务收入账户录入 1 600 美元，那么 1 月的收入将被高估。

图表 3－3 总结了递延和应计项目的调整分录。

图表 3－3 递延和应计项目的调整分录

递延项目——现金收入或现金支出在交易以前发生

	调整前的分录			调整分录		
待摊费用	预付租金并记录资产			已发生租赁费用的调整分录		
	预付租金	×××		租赁费用	×××	
	现金		×××	预付租金		×××
折旧	预付办公设备款项并记录资产			资产折旧的调整分录		
	办公设备	×××		折旧费用——办公设备	×××	
	现金		×××	累计折旧——办公设备		×××
预收收入	提前收到现金并记录负债			实现收入的调整分录		
	现金	×××		预收收入	×××	
	预收收入		×××	服务收入		×××

应计项目——现金收入或现金支出在交易以后发生

应计费用	应计已发生费用		
	工资费用	×××	
	应付职工薪酬		×××
应计收入	应计已实现收入及相关应收款项		
	应收账款	×××	
	服务收入		×××

调整分录应记住以下两条原则：
（1）调整分录不涉及现金账户。
（2）调整分录或增加收入（贷方），或增加费用（借方）。

图表 3-4 汇总了 STL 公司在 12 月 31 日过账后所有的调整分录和账户余额。

- A 部分给出了每一调整分录的数据。
- B 部分展示了调整分录。
- C 部分展示了过账后的 T 形账户及余额。

图表 3-4 STL 公司调整分录及过账

A 部分——调整分录内容

a. 分摊预付租金的费用 1 000 美元。

b. 已消耗的办公用品价值 400 美元。

c. 计提办公设备折旧 300 美元。

d. 计提建筑物折旧 250 美元。

e. 提前收到服务收入并已实现其中的 200 美元收入。

f. 应计工资费用 1 200 美元。

g. 应计票据利息 100 美元。

h. 应计服务收入 800 美元。

B 部分——调整分录

12 月 31 日	借方	贷方
a. 借：租赁费用	1 000	
贷：预付租金		1 000
（记录租赁费用）		
b. 借：办公用品费用	400	
贷：办公用品		400
（记录已消耗的办公用品）		
c. 借：折旧费用——办公设备	300	
贷：累计折旧——办公设备		300
（记录办公设备的折旧费用）		
d. 借：折旧费用——建筑物	250	
贷：累计折旧——建筑物		250
（记录建筑物的折旧费用）		
e. 借：预收收入	200	
贷：服务收入		200
（记录已实现的服务收入）		
f. 借：工资费用	1 200	
贷：应付职工薪酬		1 200
（记录应计工资费用）		
g. 借：利息费用	100	
贷：应付利息		100
（记录应计利息费用）		
h. 借：应收账款	800	
贷：服务收入		800
（记录应计服务收入）		

C部分——过账后的账户余额

资产 = 负债 + 所有者权益

资产

现金

11月1日	30 000	20 000	11月2日
11月8日	5 500	3 200	11月15日
11月22日	2 000	300	11月21日
12月21日	600	5 000	11月25日
12月28日	8 000	3 000	12月1日
		1 200	12月1日
		1 200	12月15日
余额	12 200		

应收账款

11月10日	3 000	2 000	11月22日
12月31日	800		
余额	1 800		

办公用品

11月3日	500	400	12月31日
余额	100		

预付租金

12月1日	3 000	1 000	12月31日
余额	2 000		

土地

11月2日	20 000		
余额	20 000		

建筑物

12月1日	60 000		
余额	60 000		

累计折旧——建筑物

		250	12月31日
		250	余额

办公设备

12月2日	18 000		
余额	18 000		

累计折旧——办公设备

		300	12月31日
		300	余额

负债

应付账款

11月21日	300	500	12月3日
		200	余额

水电费用

		100	12月15日
		100	余额

工资费用

		1 200	12月31日
		1 200	余额

应付利息

		100	12月31日
		100	余额

预收收入

12月31日	200	600	12月21日
		400	余额

应付票据

		60 000	12月1日
		60 000	余额

所有者权益

\+ 布莱特，资本 − 布莱特，提款 + 服务收入 − 费用

布莱特，资本

		30 000	11月1日
		18 000	12月2日
		48 000	余额

布莱特，提款

11月25日	5 000		
余额	5 000		

服务收入

		5 500	11月8日
		3 000	11月10日
		8 000	12月28日
		200	12月31日
		800	12月31日
		17 500	余额

租赁费用

11月15日	2 000		
12月31日	1 000		
余额	3 000		

工资费用

11月15日	1 200		
12月1日	1 200		
12月15日	1 200		
12月31日	1 200		
余额	4 800		

办公用品费用

12月31日	400		
余额	400		

水电费用

12月15日	100		
余额	100		

折旧费用——建筑物

12月31日	250		
余额	250		

折旧费用——办公设备

12月31日	300		
余额	300		

利息费用

12月31日	100		
余额	100		

$113 550 = $62 000 + $51 550

3.4 编制调整后试算平衡表的意义是什么以及如何编制

本章开始讨论的是未经调整的试算平衡表。在调整分录过账后，账户余额就会更新，并且通过列出各账户及调整后余额，可以编制**调整后试算平衡表**（adjusted trial balance）。要记住：试算平衡的目的是保证借方总额等于贷方总额。即使试算平衡，错误也在所难免，调整分录的金额有时会有错或遗漏，试算平衡表只能保证每一笔过账的交易的借方和贷方金额相同。

图表 3-5 展示了 STL 公司的调整后试算平衡表。

图表 3-5 调整后试算平衡表

STL 公司
调整后试算平衡表
2018 年 12 月 31 日

账户名称	余额	
	借方	贷方
现金	$ 12 200	
应收账款	1 800	
办公用品	100	
预付租金	2 000	
土地	20 000	
建筑物	60 000	
累计折旧——建筑物		$ 250
办公设备	18 000	
累计折旧——办公设备		300
应付账款		200
应付水电费		100
应付职工薪酬		1 200
应付利息		100
预收收入		400
应付票据		60 000
布莱特，资本		48 000
布莱特，提款	5 000	
服务收入		17 500
租赁费用	3 000	
工资费用	4 800	
办公用品费用	400	
水电费用	100	
折旧费用——建筑物	250	
折旧费用——办公设备	300	
利息费用	100	
总计	128 050	128 050

3.5 调整分录对财务报表的影响是什么

调整后试算平衡表是用来编制财务报表的，如果没有录入调整分录，总账就不会反映正确的余额，调整后的试算平衡表也是错误的。要记住：调整分录的编制是为了保证录入会计期间内所有的收入和费用。另外，调整分录更新了资产负债表账户，所以所有的科目被正确估值。图表3-6总结了不编制调整分录对财务报表的影响。

图表3-6 调整分录对财务报表的影响

调整分录类型	描述	调整分录	不编制调整分录对财务报表的影响
递延费用	提前支付费用	借：费用 贷：资产*	利润表：低估费用 高估净利润 资产负债表：高估资产 高估所有者权益
递延收入	提前获取现金收入	借：负债 贷：收入	利润表：低估收入 低估净利润 资产负债表：高估负债 低估所有者权益
应计费用	已发生但未支付的费用	借：费用 贷：负债	利润表：低估费用 高估净利润 资产负债表：低估负债 高估所有者权益
应计收入	已获得但未得到现金的收入	借：资产 贷：收入	利润表：低估收入 低估净利润 资产负债表：低估资产 低估所有者权益

*如果记录折旧，则抵减资产账户，即累计折旧是贷方。

3.6 工作底稿如何帮助编制调整分录和调整后试算平衡表

编制调整分录和试算平衡表很有用的一步是创建工作底稿。**工作底稿**（worksheet）是编制财务报表时统计数据的一个内部文件，不是日记账，不是分类账，也不是财务报表，只是一个能够帮助解释需调整账目的总结性工具，通常是Excel表格形式。

图表3-7是STL公司的部分工作底稿。

图表3-7 STL公司的部分工作底稿

STL公司
工作底稿
2018年12月31日

账户名称	未调整的试算余额 借方	未调整的试算余额 贷方	调整额 借方	调整额 贷方	调整后的试算余额 借方	调整后的试算余额 贷方	利润表 借方	利润表 贷方	资产负债表 借方	资产负债表 贷方
现金	$12 200				$12 200					
应收账款	1 000		(h) $800		$1 800					
办公用品	500			$400 (b)	100					

续表

账户名称	未调整的试算余额		调整额		调整后的试算余额		利润表		资产负债表	
	借方	贷方	借方	贷方	借方	贷方	借方	贷方	借方	贷方
预付租金	3 000			1 000 (a)	2 000					
土地	20 000				20 000					
建筑物	60 000				60 000					
累计折旧——建筑物				250 (d)		$ 250				
办公设备	18 000				18 000					
累计折旧——办公设备				300 (c)		300				
应付账款		$ 200				200				
应付水电费		100				100				
应付职工薪酬				1 200 (f)		1 200				
应付利息				100 (g)		100				
预收收入		600	(e) 200			400				
应付票据		60 000				60 000				
布莱特，资本		48 000				48 000				
布莱特，提款	5 000				5 000					
服务收入		16 500		1 000 (e，h)		17 500				
租赁费用	2 000		(a) 1 000		3 000					
工资费用	3 600		(f) 1 200		4 800					
办公用品费用			(b) 400		400					
水电费用	100				100					
折旧费用——建筑物			(d) 250		250					
折旧费用——办公设备			(c) 300		300					
利息费用			(g) 100		100					
总计	$ 125 400	$ 125 400	$ 4 250	$ 4 250	$ 128 050	$ 128 050				

本节我们完成了工作底稿的一部分，现在讨论一下表格的前四个模块：

- **模块 1：账户名称**。账户名称与会计报表的顺序和内容保持一致。（首先是现金，然后是应收账款等。）
- **模块 2：未调整的试算余额**。未调整的试算余额直接复制未编制调整分录的分类账，借方总额等于贷方总额。
- **模块 3：调整额**。录入在 12 月 31 日编制的调整分录。
- **模块 4：调整后的试算余额**。给出调整后的试算余额。每个栏目的数额是未调整的余额加上或减去调整额。比如，应收账款最初为借方余额 1 000 美元，加上调整分录中的应收账款借方发生额 800 美元，得到借方余额 1 800 美元。最初服务收入为贷方余额 16 500 美元，加上调整分录中的服务收入贷方发生额 1 000 美元，最终得到调整后的贷方余额 17 500 美元。与调整前的试算平衡表一样，借方总额和贷方总额是一致的。

利润表和资产负债表部分的工作底稿将会在下一章完成。

3.7　附录 3A：记录递延费用和递延收入的其他方法

第 1～3 章阐述了记录递延费用和递延收入最普遍的方法，本附录将讲述其他方法。

□ 递延费用

递延费用是提前支付的未发生的花费，比如保险费、租金和广告费。办公用品也记为递延费用。

当企业提前支付费用，比如租金的时候，可记作资产的借方（预付租金）。比如，STL公司在2018年12月1日预付了3个月的租金3 000美元，记录如下：

日期	科目及摘要	借方	贷方
12月1日	预付租金	3 000	
	现金		3 000
	（提前支付租金）		

递延费用最初可记为一项费用

提前支付费用创造了资产，然而资产可能寿命很短，会在当前会计期间（一年之内或更短）到期，所以会计可以在付款时将其记为一项费用，分录如下：

日期	科目及摘要	借方	贷方
12月1日	租赁费用	3 000	
	现金		3 000
	（提前支付租金）		

12月31日，一个月的预付租金已经到期，剩余两个月仍属于预付，会计需要将全部租金的2/3，即2 000美元转为资产类的预付租金。在2018年12月31日，企业仍可享受随后两个月即2019年1月1日到2月28日预付费用的益处。12月31日的调整分录如下：

日期	科目及摘要	借方	贷方
12月31日	预付租金	2 000	
	租赁费用		2 000
	（记录预付租金）		

过账后，这两个账户显示为：

预付租金

12月31日	2 000		
余额	2 000		

租赁费用

12月1日	3 000	2 000	12月31日
余额	1 000		

12月31日，不论企业初始将预付款项记为资产类还是费用类账户的借方，3 000美元的预付资金都分为2 000美元的预付租金和1 000美元的租赁费用。

□ 递延收入

递延收入又称预收收入，是指企业在尚未赚得收入的情况下收取的现金，是一种负债，因为企业没有给客户提供商品或服务而提前取得了收入。

在尚未提供服务的情况下取得收入就产生了负债。假设一家律师事务所聘请STL公司每月为其提供在线学习服务，并同意为此提前支付600美元。12月21日，STL公司收到了接下来30天服务的现金收入 600 美元，公司记录收到现金和负债的分录如下所示：

日期	科目及摘要	借方	贷方
12月21日	现金 　预收收入 （为未来的服务预先收到收入）	600	 600

递延收入最初可记为一项收入

另一种记录所收到现金的方法是当企业收到现金时贷记收入。

日期	科目及摘要	借方	贷方
12月21日	现金 　服务收入 （为未来的服务预先收到收入）	600	 600

如果企业在同一会计期间获得所有的收入，最终就不必编制调整分录。然而，如果企业只取得部分收入，就必须编制调整分录。假设 STL 公司在 2018 年 12 月 31 日只得到 1/3 的收入，即 1/3×600＝200 美元，会计人员就必须编制调整分录，将剩余的 2/3，即 400 美元从收入转为负债：

日期	科目及摘要	借方	贷方
12月31日	服务收入 　预收收入 （记录未实现的收入）	400	 400

调整分录将服务收入的未实现部分转为负债，因为 STL 公司还没有完成下一年的在线学习服务。过账后，总数 600 美元分为负债 400 美元和收入 200 美元两部分：

预收收入

		400	12月31日
		400	余额

←

服务收入

12月31日	400	600	12月21日
		200	余额

12 月 31 日，不论企业最初借记负债账户还是收入账户，600 美元的现金收入都分为 400 美元的预收收入和 200 美元的服务收入。

习题

P3－33A 将调整分录及后续日常分录记入日记账

以下是与 Laughter 景观美化公司 12 月 31 日编制调整分录相关的数据信息：

a. 每周五公司向员工支付本周 5 天的周薪，总额为 8 000 美元。本期会计期末 12 月 31 日恰巧是周二，公司将于 1 月 3 日支付员工薪酬。

b. 公司于今年的 1 月 1 日购买了一份价值 8 000 美元的保险，保险期限为 2 年。

c. 办公用品的期初余额为 4 300 美元，本年公司购买的办公用品价值 5 600 美元，12 月 31 日库存办公用品为 1 500 美元。

d. 公司设计了一套景观美化方案，客户为此在项目开始时预先支付了 6 500 美元，公司将其记为预收收入。这个项目将持续几个月才能完成，公司估计本年已实现总收入中的 40%。

e. 在12月31日，公司为T家电公司设计了一套景观美化方案，赚取收入3 000美元，T公司承诺将于1月10日支付服务费用。

f. 本年的折旧费用包括：机器设备3 000美元、卡车2 200美元。

g. 本期总共产生250美元的利息费用，另有300美元的利息将于1月15日到期。

要求：

1. 对于影响Laughter景观美化公司的重要项目，在12月31日编制调整分录并记入日记账。假设Laughter景观美化公司仅在每年年末编制调整分录。

2. 将调整分录a，d和g的后续日常分录记入日记账。

P3-34A 将调整分录记入日记账，识别其对财务报表的影响

下面是与格里芬渔业特许公司12月31日编制调整分录相关的数据信息：

a. 公司于12月31日收到电费账单375美元，承诺于1月5日支付（使用应付水电费账户）。

b. 公司于11月1日花费1 200美元购买了一份船舶保险，保险期限为3个月，公司将其借记预付保险费账户。

c. 12月31日，公司赚取收入3 000美元，尚未收到也未进行记录。

d. 公司于1月1日以33 500美元的价格购买了一艘渔船。该渔船预计使用10年，预计残值为3 500美元。假设公司对此艘渔船采取直线法计提折旧。

e. 10月1日，公司承诺于12月为客户提供一项深海捕捞作业，收到预付款9 000美元。12月31日，公司全部完成了此项作业。

要求：

1. 请于12月31日编制每笔交易的调整分录。假设格里芬渔业特许公司只在年末编制调整分录。

2. 如果格里芬渔业特许公司尚未编制调整分录，请指出财务报表中哪些特定种类的账户科目会被错误披露（高估或低估），并填写下表：

调整分录	资产负债表中受影响的科目名称	高估/低估	利润表中受影响的科目名称	高估/低估

P3-35A 将调整事项记入日记账，并过账至T形账户，编制调整后试算平衡表

Anniston空气净化公司2018年12月31日未调整的试算平衡表如下所示，月末需要调整的资料如下。

Anniston空气净化公司
未调整的试算平衡表
2018年12月31日

账户名称	金额	
	借方	贷方
现金	$7 600	
应收账款	19 700	
预付租金	2 900	
办公用品	1 800	
设备	22 000	
累计折旧——设备		$3 900
应付账款		2 900
应付职工薪酬		0
预收收入		3 100

续表

账户名称	金额	
	借方	贷方
安妮斯顿，资本		43 800
安妮斯顿，提款	9 900	
服务收入		15 300
工资费用	3 300	
租赁费用	0	
折旧费用——设备	0	
广告费用	1 800	
办公用品费用	0	
总计	$ 69 000	$ 69 000

12 月 31 日的调整事项有：

a. 12 月 15 日，Anniston 空气净化公司提前收取客户支付的未实现服务收入——现金 3 100 美元。该公司将这笔现金确认为预收收入。截至 12 月 31 日，Anniston 空气净化公司已提供价值 2 100 美元的服务。

b. 12 月 1 日，Anniston 空气净化公司预付两个月的租金。（假设未调整的试算平衡表中显示的预付租金余额代表 12 月 1 日预付的两个月租金。）

c. 本月耗用的办公用品价值 750 美元。

d. 本期设备折旧为 850 美元。

e. 12 月的应计广告费用为 1 100 美元，Anniston 空气净化公司将于 1 月支付此笔费用（贷记应付账款）。

f. Anniston 空气净化公司在每周一向其员工支付上周工资。其员工每周工作 5 天，可获得报酬 3 500 美元（2018 年 12 月 31 日是周三）。

g. 10 月 1 日，Anniston 空气净化公司同意为某客户提供为期 4 个月（从 10 月 1 日开始）的空气净化系统检查服务，服务费用共计 3 400 美元。Anniston 空气净化公司每个月都向客户提供检查服务，但是尚未收到客户支付的服务费用，也未编制日记账分录。

要求：

1. 将 12 月 31 日的调整分录记入日记账。
2. 使用未调整的试算平衡表，开设 T 形账户，将调整分录过账至 T 形账户。
3. 编制调整后试算平衡表。
4. Anniston 空气净化公司将如何使用调整后试算平衡表？

P3-36A　编制调整分录，并过账至四栏式账户；编制调整后试算平衡表

格思里旅馆 2018 年 12 月 31 日的试算平衡表如下所示，月末需要调整的资料如下。

格思里旅馆
未调整的试算平衡表
2018 年 12 月 31 日

账户名称	金额	
	借方	贷方
现金	$ 13 500	
应收账款	15 100	
预付保险费	4 600	
办公用品	800	
建筑物	530 000	

续表

账户名称	金额	
	借方	贷方
累计折旧——建筑物		$ 260 000
应付账款		1 710
应付职工薪酬		0
预收收入		3 600
格思里，资本		288 950
格思里，提款	2 340	
服务收入		15 500
工资费用	2 800	
保险费用	0	
折旧费用——建筑物	0	
广告费用	620	
办公用品费用	0	
总计	$ 569 760	$ 569 760

12 月 31 日的调整事项有：

a. 12 月 31 日，仍有预付保险费 700 美元。

b. 本月月末，办公用品价值为 500 美元。

c. 本月建筑物折旧为 1 200 美元。

d. 格思里旅馆于每周五向其员工支付工资，其员工每周工作 5 天，可获得报酬 1 800 美元（2018 年 12 月 31 日是周三）。

e. 11 月 20 日，格思里宾馆同意为某客户提供服务，并提前收取现金 3 600 美元，记入预收收入。截至 12 月 31 日，格思里宾馆还有 1 600 美元的未实现收入。

要求：

1. 将 12 月 31 日的调整分录记入日记账。

2. 将未调整的余额记入四栏式分类账的账户，将调整分录过账至分类账。

3. 编制调整后试算平衡表。

4. 假设调整后试算平衡表的借方总额和贷方总额相等，这是否意味着调整分录已被正确记录？试解释原因。

P3-37A 使用工作底稿记录调整分录

Greavy 电影制作公司 2018 年 12 月 31 日部分已完成的工作底稿如下所示。

Greavy 电影制作公司
工作底稿
2018 年 12 月 31 日

科目名称	调整前试算余额		调整分录		调整后试算余额	
	借方	贷方	借方	贷方	借方	贷方
现金	$ 4 300					
应收账款	5 900					
办公用品	1 900					
预付保险费	4 550					
设备	30 000					

续表

科目名称	调整前试算余额		调整分录		调整后试算余额	
	借方	贷方	借方	贷方	借方	贷方
累计折旧——设备		$7 600				
应付账款		3600				
应付职工薪酬						
格里维，资本		21 950				
格里维，提款	30 500					
服务收入		77 000				
折旧费用——设备						
办公用品费用						
水电费用	5 500					
工资费用	27 500					
保险费用						
总计	$110 150	$110 150				

12 月 31 日的调整事项有：

a. 12 月 31 日，Greavy 电影制作公司实现服务收入 500 美元，但还没有向客户开出账单。

b. 本月月末，办公用品价值为 700 美元。

c. 仍然有效的预付保险费为 3 900 美元。

d. 折旧费用为 4 000 美元。

e. 有 200 美元的应付职工薪酬尚未支付。

要求：

1. 完成此工作底稿，使用字母 a～e 来标明 5 个调整项。
2. 编制调整分录并记入日记账。

P3 - 38A 理解待摊费用和预收收入的替代处理方法

RW 邮政公司在 2018 年完成了以下交易活动：

11 月 1 日	支付商店租金 9 600 美元，租期为 6 个月，截至 2019 年 4 月 30 日。
11 月 1 日	支付保险费用 6 000 美元，保险期限为 5 个月，截至 2019 年 3 月 31 日。
12 月 1 日	收取客户预先支付的现金 9 000 美元，将其作为服务收入分摊到 5 个月中（截至 2019 年 4 月 30 日），每个月确认服务收入 1 800 美元。
12 月 1 日	收取客户预先支付的现金 7 200 美元，将其作为服务收入分摊到 3 个月中（截至 2019 年 2 月 28 日），每个月确认服务收入 2 400 美元。

要求：

1. 假设 RW 邮政公司将待摊费用借记为资产项目，将预收收入贷记为负债项目，编制日记账分录以记录交易活动。
2. 在 2018 年 12 月 31 日编制相关的调整分录。
3. 将日常和调整分录过账至 T 形账户，列示 2018 年 12 月 31 日的账户余额（不考虑现金账户）。
4. 重复要求 1～3。此次将待摊费用借记为费用类账户，将预收收入贷记为收入类账户。
5. 比较要求 3 和要求 4 的账户余额，二者应该相等。

第 4 章

完成会计循环

- 4.1　如何编制财务报表
- 4.2　如何运用工作底稿协助编制财务报表
- 4.3　结账流程是什么，如何对账户结账
- 4.4　如何编制结账后试算平衡表
- 4.5　会计循环是什么
- 4.6　如何运用流动比率评价企业业绩
- 4.7　附录 4A：转回分录——一个备选步骤

年末了，该做些什么？会发生什么？

克里斯蒂娜·梅尔修厄是一家小旅馆的所有人，这家名为Bear Paw的小旅馆刚刚举办完周年庆。克里斯蒂娜对今年旅馆的成功经营略感兴奋。尽管之前度假村经理的工作经验对她与客户打交道大有裨益，她仍然需要学习一些会计方面的知识。克里斯蒂娜把她第一年经营的成功归结于她总是向客户提供高质量和个性化的服务。除此之外，克里斯蒂娜还发掘了一名能帮助她处理账务的杰出会计师。

起初，克里斯蒂娜依赖会计师的建议来记录旅馆全年的交易活动。既然第一年的经营已接近尾声，她准备完成今年最后的会计工作。克里斯蒂娜的会计师建议她编制财务报表，以帮助其计算旅馆今年的利润，并评价旅馆的财务状况。克里斯蒂娜将使用这些财务报表来评估旅馆过去一年的经营业绩。同时，她已开始为下一年的经营活动做准备，为了达到这一目的，克里斯蒂娜现在必须通过结账分录来为下年的账务记录做准备。

年末会发生什么？

正如我们在克里斯蒂娜和她所经营的旅馆这个例子中所见到的，企业往往需要在会计循环的终点完成一些特殊作业。这些作业有助于企业评价过去一年的经营状况和准备下一年新业务的开展。例如，凯悦酒店必须编制能够报告公司当年盈亏数额与年末财务状况的年度财务报表。此外，凯悦酒店必须为下一年账簿的编制做好准备——这一过程称为结账，包括将结账分录记入日记账并更新当年所有者权益账户的数额。在本章你将学习这些会计循环中最后的业务。

学习目的

1. 编制包括分类资产负债表在内的财务报表。
2. 运用工作底稿来编制财务报表。
3. 了解日记账与结账的目的。
4. 编制结账后试算平衡表。
5. 描述会计循环。
6. 运用流动比率来评价企业业绩。
7. 了解将转回分录记入日记账的目的（附录4A）。

在第3章，我们虚构的STL公司已经做出必要的调整分录来正确反映利润表中的净利润和资产负债表中的资产与负债。既然其所有账户的数额已经更新，STL公司准备进行会计循环中的下一步——编制财务报表。在本章中，通过审阅你已经熟悉的财务报表，你将学会如何编制更为完备的资产负债表。此外，你将学习如何结账来完成会计循环。

4.1 如何编制财务报表

正如第3章所描述的，STL公司的财务报表来自调整后试算平衡表。图表4-1列示了STL公司的调整后试算平衡表。在该图表的右侧，能够看到账户如何列示在财务报表中。

图表 4－1　调整后试算平衡表

STL 公司 调整后试算平衡表 2018 年 12 月 31 日		
账户名称	余额	
	借方	贷方
现金	$ 12 200	
应收账款	1 800	
办公用品	100	
预付租金	2 000	
土地	20 000	
建筑物	60 000	
累计折旧——建筑物		$ 250
办公设备	18 000	
累计折旧——办公设备		300
应付账款		200
应付水电费		100
应付职工薪酬		1 200
应付利息		100
预收收入		400
应付票据		60 000
布莱特，资本		48 000
布莱特，提款	5 000	
服务收入		17 500
租赁费用	3 000	
工资费用	4 800	
办公用品费用	400	
水电费用	100	
折旧费用——建筑物	250	
折旧费用——办公设备	300	
利息费用	100	
总计	$ 128 050	$ 128 050

3. 资产负债表账户（现金至应付票据）

2. 所有者权益变动表账户（布莱特，资本；布莱特，提款）

1. 利润表账户（服务收入至利息费用）

一般来说，财务报表应该按照下列顺序编制：

（1）利润表——报告当期的收入与费用并计算当期损益。

（2）所有者权益变动表——列示由所有者出资、净利润（或者净损失）以及所有者提款导致的当期资本数额的变化。

（3）资产负债表——报告当期期末资产、负债与所有者权益的数额。

STL 公司的财务报表列示在图表 4－2 中。

图表 4 - 2　STL 公司财务报表

STL 公司
利润表
截至 2018 年 12 月 31 日的两个月

收入：		
服务收入		$ 17 500
费用：		
工资费用	$ 4 800	
租赁费用	3 000	
办公用品费用	400	
折旧费用——办公设备	300	
折旧费用——建筑物	250	
水电费用	100	
利息费用	100	
费用总额		8 950
净利润		$ 8 550

STL 公司
所有者权益变动表
截至 2018 年 12 月 31 日的两个月

2018 年 11 月 1 日的所有者权益总额	$ 0
所有者出资	48 000
两个月的净利润	8 550
	56 550
所有者提款	(5 000)
2018 年 12 月 31 日的所有者权益总额	$ 51 550

STL 公司
资产负债表
2018 年 12 月 31 日

资产			负债	
现金		$ 12 200	应付账款	$ 200
应收账款		1 800	应付水电费	100
办公用品		100	应付职工薪酬	1 200
预付租金		2 000	应付利息	100
土地		20 000	预收收入	400
建筑物	60 000		应付票据	60 000
减：累计折旧——建筑物	(250)	59 750	负债总额	62 000
办公设备	18 000			
减：累计折旧——办公设备	(300)	17 700		
			所有者权益	
			布莱特，资本	51 550
资产总额		$ 113 550	负债与所有者权益总额	$ 113 550

（图中箭头①：利润表净利润 $8 550 → 所有者权益变动表"两个月的净利润"；箭头②：2018 年 12 月 31 日的所有者权益总额 $51 550 → 资产负债表"布莱特，资本"）

□ 财务报表之间的关系

图表 4 - 2 中的箭头表示了财务报表之间的相互关系。

(1) 利润表中的净利润增加了所有者权益变动表中的所有者权益数额，同理，净损失减少了所有者权益数额。

(2) 所有者权益变动表中的期末所有者权益总额填列在资产负债表中，使得总负债加所有者权益等于总资产，即满足会计恒等式的要求。

为了巩固对这些关系的理解，我们将利润表中的净利润追溯至所有者权益变动表，再将期末所有者权益总额追溯至资产负债表。你也许会注意到，这些报表是在第 1 章中学到的三张主要财务报表。其编制顺序也正如前面所描述的那样：首先是利润表，其次是所有者权益变动表，最后是资产负债表。

□ 分类资产负债表

至此，我们已经看到STL公司的未分类资产负债表。现在，我们将要准备编制在实务中运用的资产负债表——**分类资产负债表**（classified balance sheet）。在分类资产负债表中，每一项资产和负债均按照某一特定类别来列示。

在分类资产负债表中，资产和负债被归类为流动（一年之内）和长期（一年以上）两大类。相对而言，这样的分类能够表明它们流动性的强弱。**流动性**（liquidity）可以衡量某一资产转化为现金的快慢和难易（因为现金是流动性最强的资产）。应收账款的流动性比较强，因为其能够很快被收回；办公用品的流动性比较弱；建筑物和办公设备的流动性则更弱，因为其转化为现金需要更长的时间。

资产

资产负债表按照流动性的强弱来列示资产。分类资产负债表列报两大类资产：流动资产和长期资产。

在企业的运营周期大于一年的情况下，**流动资产**（current asset）是指将在未来12个月之内或转化为现金，或被售出，或使用寿命到期的资产。**运营周期**（operating cycle）是指下列业务发生的区间：

（1）现金用来购买货物或者服务。

（2）企业销售货物或者提供服务给消费者。

（3）企业从客户收回现金。

对于大多数企业来说，运营周期往往为几个月。现金、应收账款、办公设备、待摊费用都是流动资产。

长期资产（long-term asset）是指企业在一年或者一个运营周期（二者孰长）之内无法转化为现金或者使用寿命未到期的资产。长期资产通常有三类：长期投资、生产设备和无形资产。

长期投资 期限较长的应收票据和其他投资都被视为**长期投资**（long-term investment）。同时，公司持有期限在一年以上的股权投资和债券投资也是长期投资。

生产设备 另一类长期资产是**生产设备**（property，plant and equipment）（也称为固定资产或生产性资产）。土地、建筑物和设备都可归为此类。生产设备也往往按照流动性的强弱列示，例如，土地列示在前，建筑物随后，设备和其他账户列示在最后。

无形资产 **无形资产**（intangible asset）是指没有物理形态的资产。无形资产往往包括专利、版权和商标。作为长期资产，无形资产往往赋予企业某些特定权利，例如，独家生产或者销售某项发明或者书籍（专利权和版权）和展现某一特定品牌（商标）。

负债

资产负债表按照负债偿付的先后顺序来列示各项负债。资产负债表中的负债分为两大类：流动负债和长期负债。

流动负债（current liability）是指在一年或者大于一年的营业周期之内以现金、商品和劳务偿还的负债。在一年以内到期的应付账款、应付票据、应付职工薪酬、应付利息和预收收入都是流动负债。长期负债将在未来一年内到期的部分也视为流动负债。流动负债按照到期顺序的先后予以列示。

长期负债（long-term liability）是指无须在未来一年或者一个运营周期（二者孰长）内予以偿付的负债。许多应付票据都是长期的，例如STL公司对建筑物的抵押。

所有者权益

所有者权益代表了所有者对于企业资产的索取权。在资产负债表中，所有者权益的数额来源于所有者权益变动表的期末余额。所有者权益的余额反映了所有者投入的本金、企业的净利润和净损失，以及所有者的提款，代表了公司在清偿完所有负债之后剩余的财产金额。

图表4-3为STL公司的分类资产负债表。要注意：公司将每一项资产和负债划分为流动和长期两大

类，同时资产总额 113 550 美元与图表 4－2 中未分类资产负债表中的资产总额相一致。

图表 4－3　分类资产负债表

STL 公司 资产负债表 2018 年 12 月 31 日			
资产			
流动资产：			
现金		$12 200	
应收账款		1 800	
办公用品		100	
预付租金		2 000	
流动资产总额			$16 100
固定资产：			
土地		20 000	
建筑物	$60 000		
减：累计折旧——建筑物	(250)	59 750	
办公设备	18 000		
减：累计折旧——办公设备	(300)	17 700	
固定资产总额			97 450
资产总额			$113 550
负债			
流动负债：			
应付账款		$200	
应付水电费		100	
应付职工薪酬		1 200	
应付利息		100	
预收收入		400	
流动负债总额			$2 000
长期负债：			
应付票据			60 000
负债总额			62 000
所有者权益			
布莱特，资本			51 550
负债与所有者权益总额			$113 550

对比图表 4－3 和图表 4－2 中的资产负债表，你会注意到两个不同之处。图表 4－3 中分类资产负债表的列报形式与图表 4－2 不同。图表 4－3 中分类资产负债表的各项是以报告式列示的，其中资产类项目在上面，负债和所有者权益项目在下面；图表 4－2 中 STL 公司的资产负债表将资产列示在左边，将负债和所有者权益列示在右边，这种排列方式称为账户式。尽管两种模式都为人们所接受，但报告式更为普遍。

4.2　如何运用工作底稿协助编制财务报表

在前面你已经学习如何运用工作底稿来编制调整分录。现在你将要学习如何运用工作底稿来编制财务报表。图表 4－4 列示了 STL 公司完整的工作底稿。在这张工作底稿中，模块 1～4 已经在第 3 章完成。现在，你需要完成剩下的部分来编制财务报表。

图表 4－4 完整的工作底稿

	A	B	C	D	E	F	G	H	I	J	K	L	M
1	STL公司												
2	工作底稿									模块5		模块6	
3	2018年12月31日												
4	账户名称	未调整的试算平衡表			调整项目			调整后试算平衡表		利润表		资产负债表	
5		借方	贷方		借方	贷方		借方	贷方	借方	贷方	借方	贷方
6	现金	$12 200						$12 200				$12 200	
7	应收账款	1 000		(h)	$800			1 800				1 800	
8	办公用品	500				$400	(b)	100				100	
9	预付租金	3 000				1 000	(a)	2 000				2 000	
10	土地	20 000						20 000				20 000	
11	建筑物	60 000						60 000				60 000	
12	累计折旧——建筑物					250	(d)		$250				$250
13	办公设备	18 000						18 000				18 000	
14	累计折旧——办公设备					300	(c)		300				300
15	应付账款		$200						200				200
16	应付水电费		100						100				100
17	应付职工薪酬					1 200	(f)		1 200				1 200
18	应付利息					100	(g)		100				100
19	预收收入		600	(e)	200				400				400
20	应付票据		60 000						60 000				60 000
21	布莱特，资本		48 000						48 000				48 000
22	布莱特，提款	5 000						5 000				5 000	
23	服务收入		16 500			1 000	(e,h)		17 500		$17 500		
24	租赁费用	2 000		(a)	1 000			3 000		$3 000			
25	工资费用	3 600		(f)	1 200			4 800		4 800			
26	办公用品费用			(b)	400			400		400			
27	水电费用	100						100		100			
28	折旧费用——建筑物			(d)	250			250		250			
29	折旧费用——办公设备			(c)	300			300		300			
30	利息费用			(g)	100			100		100			
31	总计	$125 400	$125 400		$4 250	$4 250		$128 050	$128 050	$8 950	$17 500	$119 100	$110 550
32									净利润	8 550			8 550
33	总计									$17 500	$17 500	$119 100	$119 100
34													

模块1~4　　净利润=$17 500−$8 950　　模块7（第32~33行）

□ 模块 5——利润表

利润表部分只包括收入和费用账户。来自调整后试算平衡表部分的收入和费用将被填列在利润表部分中合适的列。例如，在调整后试算平衡表部分，提供服务获取的收入有贷方余额 17 500 美元，其将被填列在利润表部分贷方这一列。这一步完成之后，加总各列的数额。

□ 模块 6——资产负债表

资产负债表部分包括资产、负债和所有者权益账户。在工作底稿中，这些账户的余额将由调整后试算平衡表这一部分转填至资产负债表这一部分中合适的列。例如，在调整后试算平衡表部分，作为资产类的抵减账户，累计折旧——办公设备有贷方余额 300 美元。这一数额将在资产负债表部分列示为贷方余额 300 美元。这一步完成之后，加总各列的数额。

□ 模块 7——确定净利润或者净损失

用总收入减去总费用（17 500 美元－8 950 美元）得到净利润或者净损失。将净利润（净损失）作为结余数额填列在利润表和资产负债表部分。如果是净利润，余额将填列在利润表部分的借方一列和资产负债表部分的贷方一列。例如，STL 公司拥有净利润 8 550 美元。这一数额将填列在利润表部分的借方和资产负债表部分的贷方。

如果费用大于收入，则会出现净损失。在这种情况下，将净损失列示在工作底稿的底端。净损失的数额将列示在利润表的贷方一列（用以抵销借方余额）和资产负债表的借方一列（用以抵销贷方余额）。需要注意的是，净利润或者净损失是工作底稿中的结余数额，对于这一数额的记录应当确保借贷两列平衡。

STL 公司已经完成 12 月 31 日工作底稿的编制。要记住的是，工作底稿是用来记录调整分录和编制财务报表的内部工具。调整分录还需记录在日记账中并过账至分类账（如第 3 章所描述的那样），财务报表也仍需要编制（如图表 4－2 和图表 4－3 中列示的那样）。

4.3　结账流程是什么，如何对账户结账

在会计循环的终点，STL 公司编制完财务报表之后准备结账。通常所指的结账流程包括将结账分录记入日记账并过账，从而使会计账户能够在下一期间进行更为准确的记录。在**结账流程**（closing process）中，将所有收入账户和费用账户清零，从而将每一期间的净利润与其他期间的净利润区别开。同时，由于当期出现净利润和净亏损以及所有者提款，还要更新资本总额账户的余额。结账流程通过将收入、费用和所存者提款这些账户清零为下一期间的会计记录做好准备。整个结账过程正是企业遵循会计分期假设的体现。企业将其经营活动分解在若干时间段内并且在这些特定期间内编制财务报表。

如前所述，利润表报告某一特定期间的净利润。例如，企业在截至 2018 年 12 月 31 日的两个月的净利润专指 2018 年 11 月和 12 月的净利润。在 2018 年 12 月 31 日，STL 公司对其在本年最后两个月的收入和费用账户进行了结账。因此，收入和费用账户称为**暂时性账户**（temporary account，也称为名义账户）。例如，STL 公司的服务收入账户在 2018 年 12 月 31 日的余额为 17 500 美元。这一数额特指 2018 年最后两个月的数额，且在公司记录下一年的收入之前，其必须被清零。与此类似，仅与 2018 年相关的所有费用类账户余额在当年年末必须被清零。

所有者提款这一账户同样是暂时性的，在当期期末也必须进行结账。原因在于它衡量的是所有者在这一期间的提款数额。所有的暂时性账户（所存者提款、收入和费用）都需要进行结账（清零）。所有暂时性账户的余额都不能被带至下一期间。企业在新会计期间的所有暂时性账户的期初余额均为零。

与暂时性账户相对应的是**永久性账户**（permanent account，也称为实账户）——资产、负债和所有者权益——这些账户无须在期末结账。永久性账户的余额会被带入下一期间。所有的资产负债表账户均为永久性账户。

结账分录（closing entries）将收入、费用和所有者提款的余额转入所有者资本账户，从而利于公司在下一期间进行会计记录。

作为一个承上启下的步骤，收入与费用首先转入**损益汇总**（income summary）账户。损益汇总账户通过加总所有的费用（在借方）和所有的收入（在贷方）计算当期的净利润（或者净亏损）。损益汇总账户就像一个暂时性的"储存罐"，能够展示出当期的净利润或者净损失。其余额——净利润或者净损失——将被结转（结账）至所有者资本账户（结账流程中的最后一个账户）。图表 4－5 对结账流程进行了总结。

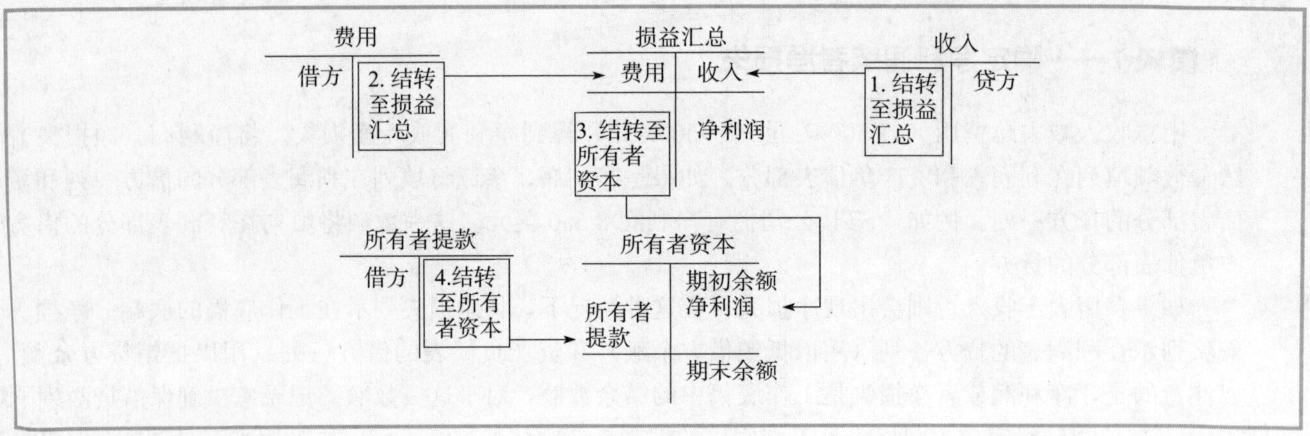

图表 4－5 结账流程

□ 结转暂时性账户——净利润

如前所述，所有的暂时性账户在结账过程中都被结转（清零）。暂时性账户并不是永久的，只有资产负债表账户才是永久的。账簿结转总共有如下四步（列示在图表 4－6 中）。

步骤 1：通过损益汇总账户，结转收入账户余额。这一结账分录将所有的收入结转至损益汇总账户的贷方。

例如，STL 公司在服务收入这一账户中有 17 500 美元的贷方余额。为了结转这一账户，我们需要借记服务收入，贷记损益汇总。

服务收入

	借方	贷方	
		17 500	调整前余额
结转 1	17 500		
		0	余额

损益汇总

借方	贷方	
	17 500	结转 1

日期	科目及摘要	借方	贷方
12 月 31 日	服务收入	17 500	
	损益汇总		17 500
	（结转收入）		

步骤 2：通过损益汇总账户，结转费用账户余额。这一结账分录将所有的费用结转至损益汇总账户的借方。

例如，STL 公司在租赁费用这一账户中有 3 000 美元的借方余额。为了结转这一账户，我们需要贷记租赁费用。

租赁费用

	借方	贷方	
调整前余额	3 000		
		3 000	结转 2
余额	0		

按照这一方法，STL 公司将结转所有的费用类账户。这一过程往往由复合结账分录完成。贷记每一个费用类账户，同时按照费用总额借记损益汇总账户。

日期	科目及摘要	借方	贷方
12 月 31 日	损益汇总	8 950	
	租赁费用		3 000
	工资费用		4 800
	办公用品费用		400
	水电费用		100
	折旧费用——建筑物		250
	折旧费用——办公设备		300
	利息费用		100
	（结转费用）		

现在损益汇总账户中有当期净利润 8 550 美元。结转完收入和费用之后的损益汇总 T 形账户如下：

损益汇总

结转 2	8 950	17 500	结转 1
		8 550	余额

步骤 3：通过所有者资本账户，结转损益汇总账户。这一结账分录将净利润（或者净损失）结转至所有者资本账户。

STL 公司的损益汇总账户中有 8 550 美元的贷方余额。这代表了本期的净利润。该笔净利润将被结转至所有者资本账户。我们应该借记损益汇总，贷记布莱特，资本。可以看到，在这笔结账分录中，本期的净利润增加了所有者资本账户的余额。

损益汇总

结转 2	8 950	17 500	结转 1
		8 550	余额 ← 净利润
结转 3	8 550		
		0	余额

布莱特，资本

		48 000	调整前余额
		8 550	结转 3

日期	科目及摘要	借方	贷方
12 月 31 日	损益汇总	8 550	
	布莱特，资本		8 550
	（结转损益汇总）		

步骤 4：通过所有者资本账户，结转损益汇总账户。该笔分录将所有者提款的数额结转。

STL 公司的布莱特，提款账户有借方余额 5 000 美元。通过借记布莱特，资本和贷记布莱特，提款来结算该账户。

布莱特，资本

		48 000	调整前余额
结转 4	5 000	8 550	结转 3
		51 550	余额

资产负债表中布莱特，资本的余额

布莱特，提款

调整前余额	5 000		
		5 000	结转 4
余额	0		

日期	科目及摘要	借方	贷方
12 月 31 日	布莱特，资本	5 000	
	布莱特，提款		5 000
	（结转所有者提款）		

□ 结转暂时性账户——净损失

如果企业在当期出现了净损失，其结账分录 1，2 和 4 与净利润的结账分录类似。然而，结转损益汇总账户的结账分录存在差异。来考虑下面这个例子。假设企业存在 2 000 美元的净亏损。损益汇总的 T 形账户将有借方余额而非贷方余额。因此，结转损益汇总账户的结账分录应当是借记所有者资本，贷记损益汇总。

损益汇总

	借方	贷方	
结转 2	5 000	3 000	结转 1
余额（净损失）	2 000		
		2 000	结转 3
		0	余额

所有者资本

	借方	贷方	
结转 3	2 000	48 000	调整前余额

日期	科目及摘要	借方	贷方
12 月 31 日	所有者资本	2 000	
	损益汇总		2 000
	（结转损益汇总）		

注意：该笔结账分录减少了所有者资本的数额。这是因为净亏损减少了所有者资本账户的余额。

□ 结转暂时性账户——总结

图表 4－6 展示了 STL 公司完整的结账流程。A 部分列示了结账分录，B 部分列示了过账后的账户。结账之后，布莱特，资本账户的最终余额为 51 550 美元。追溯该笔余额至图表 4－2 中的所有者权益变动表和资产负债表。

图表 4－6　将结账分录记入日记账并过账

A 部分：记入日记账

日期	科目及摘要	借方	贷方
12 月 31 日	服务收入	17 500	
	损益汇总		17 500
	（结转收入）		
31 日	损益汇总	8 950	
	租赁费用		3 000
	工资费用		4 800
	办公用品费用		400
	水电费用		100
	折旧费用——建筑物		250
	折旧费用——办公设备		300
	利息费用		100
	（结转费用）		

续表

日期	科目及摘要	借方	贷方
31 日	损益汇总	8 550	
	布莱特，资本		8 550
	(结转损益汇总)		
31 日	布莱特，资本	5 000	
	布莱特，提款		5 000
	(结转所有者提款)		

B 部分：过账

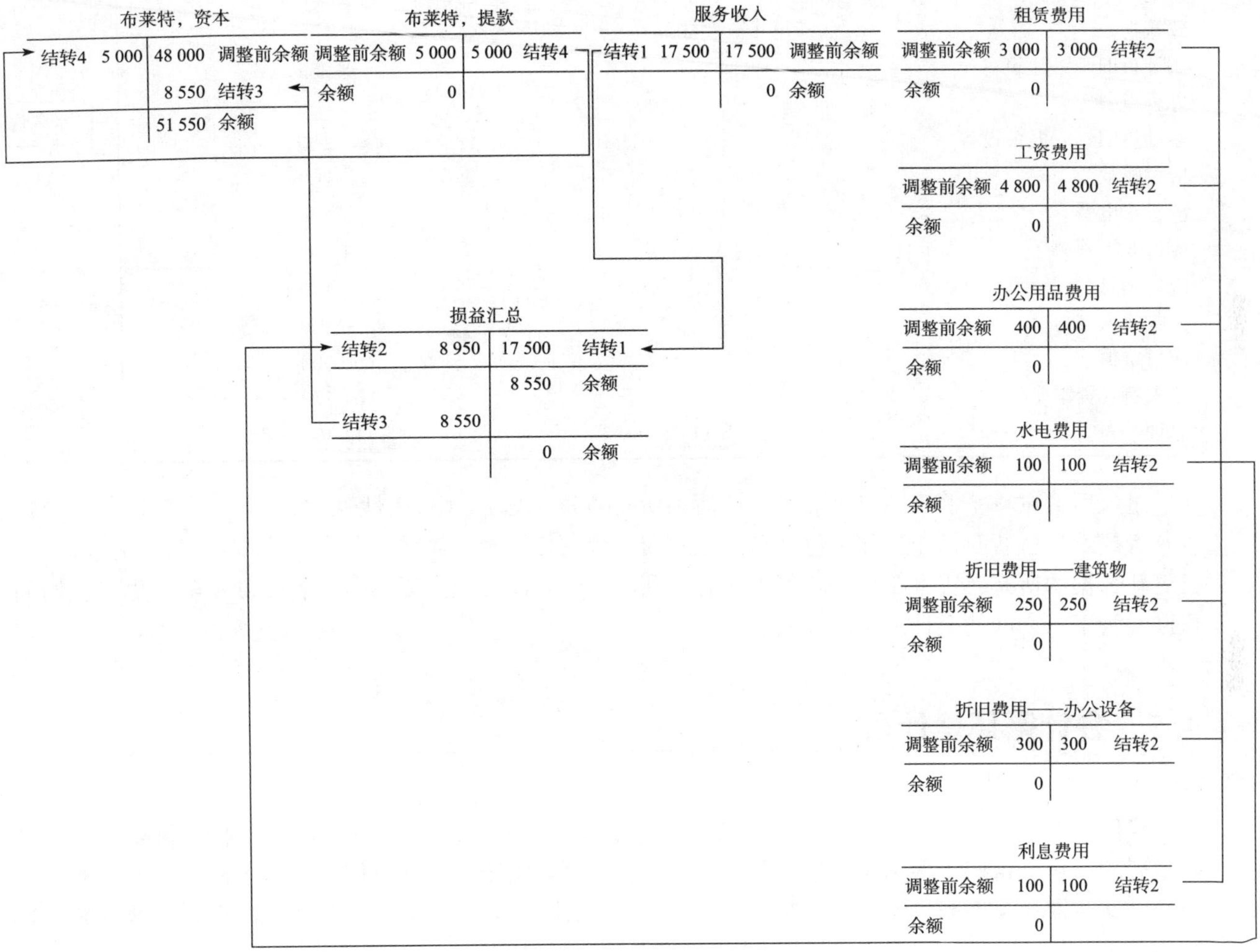

4.4 如何编制结账后试算平衡表

在记录结账分录并将其过账之后，会计循环以一张结账后试算平衡表结束（详见图表 4－7）。这一步骤列示了各个账户在过账后的余额。

图表 4－7 结账后试算平衡表

STL 公司 结账后试算平衡表 2018 年 12 月 31 日		
账户名称	余额	
	借方	贷方
现金	$ 12 200	
应收账款	1 800	
办公用品	100	
预付租金	2 000	
土地	20 000	
建筑物	60 000	
累计折旧——建筑物		$ 250
办公设备	18 000	
累计折旧——办公设备		300
应付账款		200
应付水电费		100
应付职工薪酬		1 200
应付利息		100
预收收入		400
应付票据		60 000
布莱特，资本		51 550
总计	$ 114 100	$ 114 100

（现金至布莱特，资本：永久性账户）

过账后的试算平衡表中只有资产、负债和所有者资本账户（永久性账户）。收入、费用、损益汇总和所有者提款这些暂时性账户并不包括在内，原因在于它们已经被结转（其余额为零）。另外需要注意的是，已更新数据的所有者资本账户反映了当期的净利润（或者净亏损）以及所有者提款数额。更新完毕的分类账已经为下一期间的会计记录做好准备。

4.5 会计循环是什么

我们现在已经完成 STL 公司的会计循环。**会计循环**（accounting cycle）是企业编制某一特定期间财务报表的流程。这些步骤贯穿于整个会计期间。会计循环始于资产、负债和所有者权益账户在本期的期初余额，这些期初余额来自上一会计期间。图表 4－8 描述了 STL 公司的整个会计循环和其他业务。其开始于步骤 1 并按顺时针方向逐步结转。

整个会计循环可以划分为两个时间段：

- 本期期间（步骤 1～3）——将交易记入日记账并过账至账户。
- 本期期末（步骤 4～10）——调整账户余额、编制财务报表并结账。

4.6 如何运用流动比率评价企业业绩

会计的初衷在于为企业所有者、管理者和债权人提供信息，以便其做出决策。考虑是否贷款给企业的

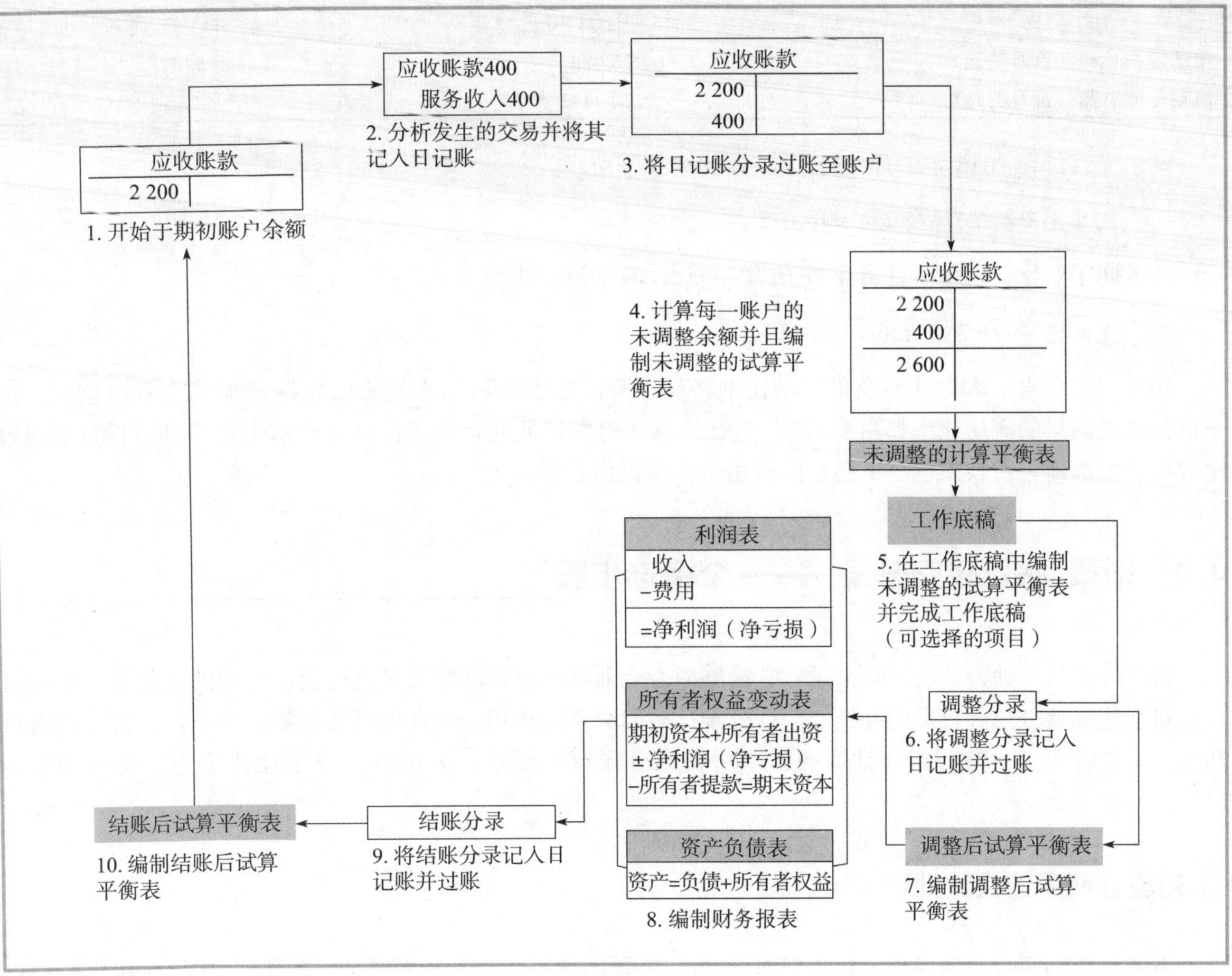

图表 4－8　会计循环

银行必须预测企业能否偿还该笔贷款。如果企业已经存在大量负债，那么在没有足够多现金的情况下，其能够偿还贷款的可能性并不大。在本章，我们将会介绍另一个可以用来衡量企业财务状况的比率，即流动比率。

流动比率（current ratio）衡量企业运用流动资产偿还流动负债的能力。该比率的计算公式如下：

流动比率＝流动资产总额/流动负债总额

公司倾向于拥有较高的流动比率，因为这意味着其拥有足够的流动资产来偿付流动负债。自上一期间就开始升高的流动比率意味着公司短期偿债能力的提高，而自上一期间就开始降低的流动比率低意味着公司短期偿债能力的下降。

经验法则认为：比较高的流动比率为 1.50，这意味着公司对于每 1.00 美元的流动负债都有 1.50 美元的流动资产来支撑。1.00 的流动比率则被认为是较低的，且其存在一定的风险。

回到科尔士百货的例子，我们现在可以评价科尔士百货的流动比率。它的流动资产总额和流动负债总额如下所示，这些数字来源于该公司的资产负债表。访问 http://www.pearsonhighered.com/Horngren 可查阅科尔士百货的年报。

	2016 年 1 月 30 日	2015 年 1 月 31 日
流动资产总额（百万美元）	$5 076	$5 580
流动负债总额（百万美元）	2 714	2 859

科尔士百货在 2016 年 1 月 30 日的流动比率如下所示：

流动比率＝5 076/2 714≈1.87

为了便于对比，科尔士百货在 2015 年 1 月 31 日的流动比率为：

流动比率＝5 580/2 859≈1.95

2015—2016 年，科尔士百货的流动比率略有下降。这表明科尔士百货的短期偿债能力有所削弱。由于该公司这两年的流动比率都高于 1.5，与其他流动比率较低的企业相比，对科尔士百货进行投资的风险比较小。类似地，债权人也会更愿意向科尔士百货提供贷款。

4.7 附录 4A：转回分录——一个备选步骤

转回分录是一种特殊的日常分录，它能够减少企业在未来期间对交易进行会计处理的工作量。转回分录是对某些调整分录进行反向冲销的会计分录。转回分录往往用于应计项目的调整，例如，计提工资费用和计提服务收入。一般公认会计原则并未对转回分录提出要求。采用转回分录往往是为了简便和节约时间。

□ 对应计费用的会计处理

为了分析转回分录的原理，让我们回到 STL 公司的例子。在其未调整的试算平衡表中，用于支付 11 月和 12 月工资的工资费用科目的借方余额为 3 600 美元，同时公司仍应支付其职工最后半个月的工资 1 200 美元，故公司做如下调整分录：

日期	科目及摘要	借方	贷方
12 月 31 日	工资费用	1 200	
	应付职工薪酬		1 200
	（计提工资费用）		

过账后，12 月 31 日相应账户更新如下：

应付职工薪酬

借方	贷方	
	1 200	调整数额
	1 200	调整后余额

工资费用

	借方	贷方
11 月 15 日	1 200	
12 月 1 日	1 200	
12 月 15 日	1 200	
调整数额	1 200	
调整后余额	4 800	

调整分录之后，有如下项目需要注意：

- 利润表中列报的工资费用为 4 800 美元。

- 资产负债表中列报的应付职工薪酬为 1 200 美元。

工资费用的借方余额 4 800 美元在 2018 年 12 月 31 日被结转，结账分录如下所示：

日期	科目及摘要	借方	贷方
12 月 31 日	损益汇总	4 800	
	工资费用		4 800
	（结转工资费用）		

在将结账分录过账后，工资费用的余额如下所示，数额为零：

工资费用

11 月 15 日	1 200		
12 月 1 日	1 200		
12 月 15 日	1 200		
调整数额	1 200		
调整后余额	4 800		
		4 800	结转
余额	0		

□ 无转回分录的会计处理

如果 STL 公司将在 2019 年 1 月 15 日即 2019 年 1 月的上半月支付员工 2018 年 12 月下半月的工资，则在 1 月 15 日，公司应做如下日常分录：

日期	科目及摘要	借方	贷方
2019 年 1 月 15 日	应付职工薪酬	1 200	
	工资费用	1 200	
	现金		2 400
	（记录工资的支付）		

在用现金支付工资之后，应付职工薪酬和工资费用的账户余额如下所示：

应付职工薪酬

		1 200	2019 年 1 月 1 日余额
1 月 15 日	1 200		
		0	余额

工资费用

1 月 15 日	1 200		

此处，用以记录现金支付的方法是正确的。然而，这种方法比较浪费时间，因为公司需要追溯至上年 12 月 31 日的调整。另外，企业并不知道借记应付职工薪酬的数额（本例中为 1 200 美元），这种情况下再去追溯 12 月的调整分录费时费力。为了节省时间，会计人员往往运用转回分录。

□ 有转回分录的会计处理

转回分录（reversing entry）将先前分录的借方与贷方进行反向冲销。可以说，转回分录是对先前调整分录做相反方向的转销。转回分录往往在新期间的第一天记录。

为了解释转回分录，让我们回到12月31日，STL公司做如下调整分录来计提工资费用：

日期	科目及摘要	借方	贷方
12月31日	工资费用	1 200	
	应付职工薪酬		1 200
	（计提工资费用）		

转回分录对该笔调整分录的借方与贷方进行了反向冲销。

日期	科目及摘要	借方	贷方
2019年1月1日	应付职工薪酬	1 200	
	工资费用		1 200
	（反冲工资调整分录）		

注意：转回分录是在新期间的第一天做出的，其借贷方向与调整分录相反。一般来说，编制转回分录的会计人员同时负责转回分录的编制。STL公司在1月1日编制转回分录使得其只对新期间产生影响。请注意会计人员将转回分录过账之后相关账户的数额。

应付职工薪酬

		1 200	调整数额
		1 200	2019年1月1日余额
1月1日转销	1 200		
		0	余额

工资费用

2019年1月1日余额	0		
		1 200	1月1日转销

T形账户之间的箭头表示将应付职工薪酬账户中的1 200美元转至工资费用账户。这里贷记工资费用并不表示工资费用为负，这与你所想的可能不同。事实上，这一工资费用账户的反常贷方数额仅仅是转回分录所产生的一个暂时性结果。当STL公司在1月15日支付工资并借记工资费用时，该笔贷方数额将会被转销。

日期	科目及摘要	借方	贷方
1月15日	工资费用	2 400	
	现金		2 400
	（记录工资的支付）		

该笔现金支付被过账至工资费用账户，如下所示：

工资费用

2019年1月1日余额	0		
1月15日	2 400	1 200	1月1日转销
余额	1 200		

现在工资费用账户的借方余额为1 200美元。该笔正确的数额仅仅代表1月的工资。该笔工资的支付跨越了两个区间：与上期相关的1 200美元和与本期相关的1 200美元。工资费用账户仅包含与本期相关的数额。

习题

P4-29A　以报告式编制包括分类资产负债表在内的财务报表，编制结账分录并将其过账，然后编制结账后试算平衡表

Erickson 房地产评估公司在 2018 年 6 月 30 日的调整后试算平衡表如下所示：

Erickson 房地产评估公司 调整后试算平衡表 2018 年 6 月 30 日		
账户名称	金额	
	借方	贷方
现金	$4 600	
应收账款	5 300	
办公用品	1 500	
预付保险费	1 700	
土地	13 000	
建筑物	82 000	
累计折旧——建筑物		$25 200
应付账款		18 700
应付利息		8 500
应付职工薪酬		2 400
预收收入		7 600
应付票据（长期）		40 000
埃里克森，资本		42 500
埃里克森，提款	27 300	
服务收入		48 100
保险费用	4 400	
工资费用	33 500	
办公用品费用	300	
利息费用	8 500	
水电费用	2 700	
折旧费用——建筑物	8 200	
总计	$193 000	$193 000

要求：

1. 编制该公司 2018 年 6 月 30 日的利润表。
2. 编制该公司 2018 年 6 月 30 日的所有者权益变动表。假设本年度没有所有者投入资本。
3. 以报告式编制该公司在 2018 年 6 月 30 日的分类资产负债表。
4. 将结账分录记入日记账。
5. 根据调整后试算平衡表中的余额开设 T 形账户，并将结账分录过账至 T 形账户。
6. 编制该公司在 2018 年 6 月 30 日的结账后试算平衡表。

P4-30A　以报告式编制包括分类资产负债表在内的财务报表，编制结账分录，运用流动比率来评价公司业绩

Boston 灌溉机械公司在 2018 年 12 月 31 日的调整后试算平衡表如下所示：

Boston 灌溉机械公司 调整后试算平衡表 2018 年 12 月 31 日		
账户名称	金额	
	借方	贷方
现金	$ 11 800	
应收账款	46 000	
办公用品	29 500	
预付保险费	6 300	
建筑物	63 000	
累计折旧——建筑物		$ 25 000
设备	28 000	
累计折旧——设备		7 700
应付账款		32 100
应付利息		2 200
应付职工薪酬		2 600
预收收入		2 100
应付票据（长期）		32 700
波士顿，资本		33 000
波士顿，提款	2 200	
服务收入		74 500
保险费用	1 100	
工资费用	16 400	
办公用品费用	1 100	
利息费用	2 200	
折旧费用——设备	2 500	
折旧费用——建筑物	1 800	
总计	$ 211 900	$ 211 900

要求：

1. 编制该公司 2018 年 12 月 31 日的利润表。

2. 编制该公司 2018 年 12 月 31 日的所有者权益变动表。假设本年度没有所有者投入资本。

3. 以报告式编制该公司在 2018 年 12 月 31 日的分类资产负债表。

4. 将该公司的结账分录记入日记账。

5. 计算该公司在 2018 年 12 月 31 日的流动比率。在 2017 年 12 月 31 日，该公司的流动比率为 2.3。该公司的短期偿债能力是上升、下降，还是没有变化？

P4-31A 编制工作底稿、财务报表和结账分录

Farish 投资咨询公司在 2018 年 12 月 31 日未调整的试算平衡表如下所示：

Farish 投资咨询公司 未调整的试算平衡表 2018 年 12 月 31 日		
账户名称	金额	
	借方	贷方
现金	$ 30 000	
应收账款	51 000	
办公用品	7 000	
设备	28 000	
累计折旧——设备		$ 9 000

续表

账户名称	金额	
	借方	贷方
应付账款		13 000
应付职工薪酬		0
预收收入		5 500
应付票据（长期）		21 000
法里什，资本		56 500
法里什，提款	29 000	
服务收入		93 000
保险费用	2 500	
工资费用	40 000	
办公用品费用	0	
利息费用	5 500	
租赁费用	5 000	
折旧费用——设备	0	
总计	$198 000	$198 000

2018 年 12 月 31 日的调整数据为：

a. 本年度预收收入中实现了 800 美元的收入。

b. 发生办公用品费用 4 500 美元。

c. 本年度折旧费用为 4 500 美元。

d. 应计工资费用为 5 000 美元。

e. 应计服务收入为 6 500 美元。

要求：

1. 编制 Farish 投资咨询公司在 2018 年 12 月 31 日的工作底稿。

2. 以账户式编制该公司的利润表、所有者权益变动表和分类资产负债表。假设本年度没有所有者投入资本。

3. 编制结账分录。

P4-32A 运用工作底稿完成从调整分录至结账后试算平衡表的完整会计循环

Walton Anvils 公司在 2018 年 12 月 31 日未调整的试算平衡表和调整数据如下所示：

Walton Anvils 公司
未调整的试算平衡表
2018 年 12 月 31 日

账户名称	金额	
	借方	贷方
现金	$13 480	
应收账款	14 500	
预付租金	2 320	
办公用品	1 700	
设备	23 000	
累计折旧——设备		$1 000
应付账款		7 100
应付职工薪酬		0
预收收入		6 000
沃尔顿，资本		28 500
沃尔顿，提款	4 600	

续表

账户名称	金额	
	借方	贷方
服务收入		19 500
工资费用	2 500	
租赁费用	0	
折旧费用——设备	0	
办公用品费用	0	
总计	$ 62 100	$ 62 100

调整数据如下：

a. 预收收入在12月31日的余额为1 800美元。

b. 预付租金在12月31日的余额为2 100美元。

c. 本期使用的办公用品价值为1 500美元。

d. 折旧费用为390美元。

e. 计提的工资费用在12月31日的余额为200美元。

要求：

1. 根据未调整的试算平衡表中的余额开设T形账户。
2. 完成2018年度的工作底稿（部分）。
3. 编制调整分录并将其过账。
4. 编制调整后试算平衡表。
5. 以报告式编制该公司的利润表、所有者权益变动表和分类资产负债表。假设本年度没有所有者投入资本。
6. 编制结账分录并过账。
7. 编制结账后试算平衡表。
8. 计算该公司的流动比率。

P4-33A 运用工作底稿完成从调整分录至结账后试算平衡表的完整会计循环

12月1日，鲍勃·沃尔多开设了一家汽车修理厂，该汽车修理厂在12月发生了如下交易：

12月1日	沃尔多投入70 000美元现金，并获得企业资本。
1日	支付12 000美元购买设备。
1日	支付1 750美元购买期限为5个月的保险，保险开始时间为12月1日。
9日	支付20 000美元购买用于经营的土地。
10日	赊购2 800美元的办公用品。
19日	从银行借款15 000美元供经营使用。沃尔多以公司的名义向银行签发了一张应付票据，票据在5年内到期。
22日	支付1 300美元的广告费用。
26日	支付900美元的赊购费用。
28日	收到应在1月支付的水电费账单280美元。
31日	本月获得的收入包括16 000美元的现金和3 600美元的应收账款。
31日	支付职工工资3 800美元和建筑物租金1 200美元。以复合分录记录此次交易。
31日	收到汽车检测服务收入1 440美元，该项服务将在下月提供。
31日	沃尔多撤回资本5 500美元。

该公司采用如下账户：现金；应收账款；办公用品；预付保险费；土地；设备；累计折旧——设备；应付

账款；应付水电费；应付利息；预收收入；应付票据；沃尔多，资本；沃尔多，提款；损益汇总；服务收入；工资费用；租赁费用；水电费用；广告费用；办公用品费用；保险费用；利息费用；折旧费用——设备。

调整数据如下：

a. 本月耗用的办公用品价值 1 800 美元。

b. 本月的折旧费用为 200 美元。

c. 已经摊销一个月的保险费用。

d. 应计利息费用为 75 美元。

要求：

1. 编制日常分录并将其过账至 T 形账户。
2. 编制未调整的试算平衡表。
3. 完成 2018 年度的工作底稿（部分）。
4. 编制调整分录并将其过账至 T 形账户。
5. 编制调整后试算平衡表。
6. 以报告式编制利润表、所有者权益变动表和分类资产负债表。
7. 编制结账分录并将其过账至 T 形账户。
8. 编制结账后试算平衡表。

P4A - 34A　编制调整分录和转回分录

Martha 汽车公司在 2018 年 12 月 31 日未调整的试算平衡表和调整数据如下所示：

Martha 汽车公司
未调整的试算平衡表
2018 年 12 月 31 日

账户名称	金额	
	借方	贷方
现金	$ 4 200	
应收账款	27 200	
办公用品	1 000	
预付保险费	2 400	
设备	52 400	
累计折旧——设备		$ 34 600
应付账款		15 000
应付职工薪酬		0
预收收入		7 900
伊格林，资本		18 500
伊格林，提款	3 100	
服务收入		17 200
折旧费用——设备	0	
工资费用	1 600	
保险费用	0	
水电费用	1 300	
办公用品费用	0	
总计	$ 93 200	$ 93 200

2018 年 12 月 31 日的调整数据如下：

a. 设备的折旧费用为 2 100 美元。

b. 应计工资费用为 1 100 美元。

c. 库存办公用品余额为 500 美元。

d. 预付保险费在 12 月摊销 600 美元。

e. 在预收收入中确认 12 月的收入 4 800 美元。

f. 应计服务收入为 1 300 美元。

2019 年发生的交易如下：

a. 在 1 月 4 日，Martha 汽车公司支付了 1 900 美元的工资费用。其中，1 100 美元是 12 月 31 日所记录的应计工资。

b. 在 1 月 10 日，Martha 汽车公司收到了 1 500 美元的服务收入。其中，1 300 美元是 12 月 31 日所记录的应计服务收入。

要求：

1. 将调整分录记入日记账。
2. 为恰当的调整分录编制转回分录并记入日记账。
3. 参考 2019 年的数据，将 2019 年收到的现金和支付的现金记入日记账。

第5章

商业企业运营

他们会买吗?

朱莉·雷斯基最近在观察那些身穿最新款春装走着“猫步”的模特。作为一家美国高端品牌店的零售批发商，朱莉负责挑选将在美国销售的服装款式和类型。这不仅要求朱莉要有一双能够洞察最新时尚风格和季节风向标的慧眼，更要求她能敏锐地探察到顾客的需求。朱莉喜欢出席各类时尚秀和其他定位于时尚的促销活动，但是她明白自己的任务并不仅仅是挑选出最新的春款服装。

在朱莉观察模特以决定是否应该为品牌店的春季销售活动采购存货时，她明白自己必须时刻将商店的毛利记在心上。朱莉要确保她采购的存货会为顾客所喜爱并购买，还必须确保商品定价合理以尽可能地实现利润最大化。除此之外，她还需确保所采购的存货能够达到商店设定的销售量目标以及最终的财务目标。从长远来看，朱莉应该为存货在商店销售这一过程的方方面面负责。她必须清楚存货在财务报表中是如何列示的，在会计账簿中是如何记录的，以及商店如何确定毛利（原始成本与零售价格的差额）。朱莉所做出的采购决定和她所具备的专业知识对于企业的毛利而言起着至关重要的作用。朱莉的定价决策会最终影响商店的净利润，是影响商店盈亏的一个主要组成部分。

商业企业如何核算存货

在本章中，我们将开始研究那些向客户销售货物（或称为存货）的企业。尽管之前你所学到的与服务业企业相关的许多会计概念仍然适用，但是商业企业（销售存货的企业）仍然存在很多特有的概念和会计记录方法需要学习。梅西百货是一家在美国闻名的大型零售商，其在45个州拥有超过900家店铺和家具城。该公司必须采取一种能够准确跟踪、记录存货采购和销售情况的会计方法。除此之外，梅西百货需要决定是否以合理的价格销售存货，以确保利润最大化目标的实现。本章对存货的流通与运营以及如何记录存货进行探讨。

学习目的

1. 描述商业企业运营和两种存货管理系统。
2. 利用永续盘存制核算存货的采购。
3. 利用永续盘存制核算存货的销售。
4. 为商业企业调账和结账。
5. 编制商业企业的财务报表。
6. 使用毛利率评价企业经营情况。
7. 使用永续盘存制核算应履行的多项义务（附录5A）。
8. 使用定期盘存制核算存货的采购和销售（附录5B）。

5.1 商业企业的运营是什么

前四章我们研究了STL公司——一家专门提供远程学习服务的公司，所涉及的课程包括会计、经济学、市场营销以及管理学。在本章中，你将学习商业企业的相关会计知识。**商业企业**（merchandiser）是指向顾客销售商品或货物的公司。这种类型的公司所销售的商品或货物称为**存货**（merchandise inventory）。商业企业或为批发商，或为零售商。**批发商**（wholesaler）指的是从制造商购买货物然后转手卖给零售商的企业。**零售商**（retailer）指的是从制造商或者批发商购买货物然后销售给顾客的企业。

□ 商业企业的营业循环

图表 5－1 反映了商业企业的营业循环：

（1）企业从**供货商**（vendor）采购存货，循环开始。

（2）然后，企业把存货销售给顾客。

（3）最后，企业向顾客收取现金。

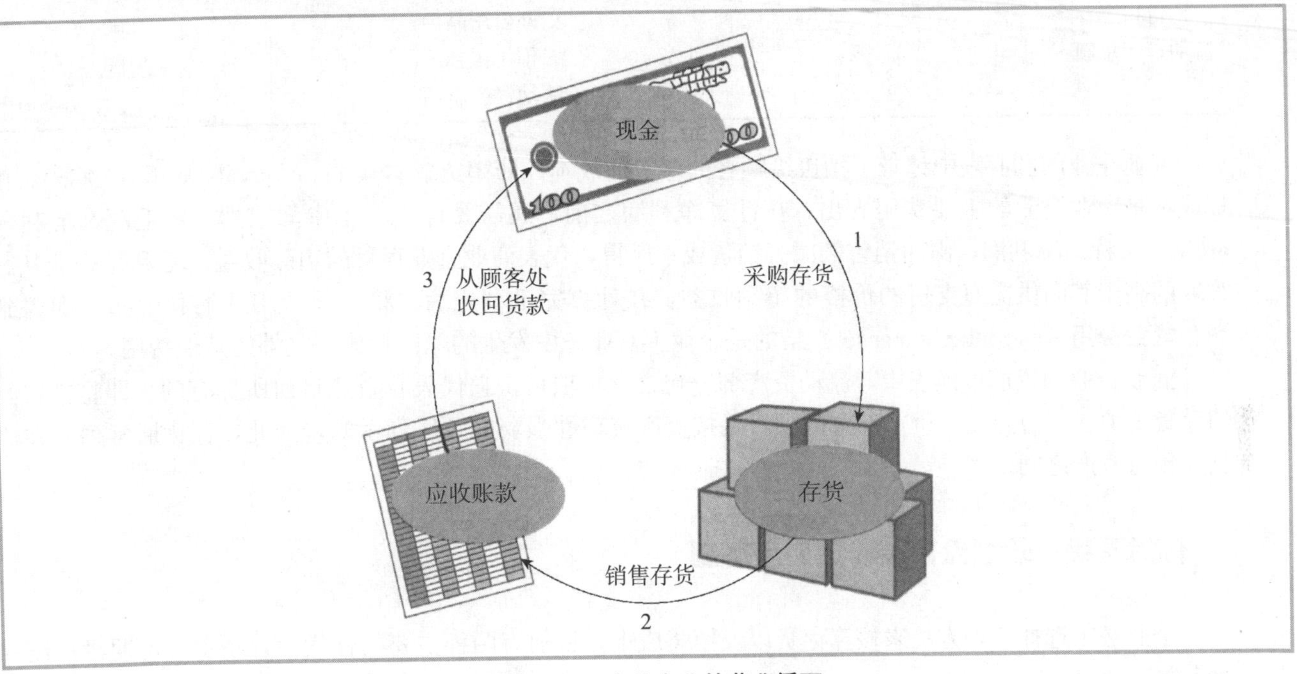

图表 5－1　商业企业的营业循环

因为服务业企业与商业企业的营业循环存在差异，所以其财务报表也略有不同。图表 5－2 列示了服务业企业（左边）和商业企业（右边）财务报表的区别。如你所见，商业企业拥有一些特有的资产负债表和利润表项目。

图表 5－2　服务业企业和商业企业的财务报表

服务业企业
利润表
2018 年度（截至 2018 年 12 月 31 日）

服务收入		$ 230 000
营业费用：		
工资费用	$ 80 000	
租赁费用	24 000	
折旧费用——办公设备	9 000	
水电费用	3 000	
营业费用总额		116 000
净利润		$ 114 000

服务收入－营业费用=净利润

商业企业
利润表
2018 年度（截至 2018 年 12 月 31 日）

销售收入		$ 230 000
销货成本		100 000
毛利		130 000
营业费用：		
工资费用	$ 80 000	
租赁费用	24 000	
折旧费用——办公设备	9 000	
水电费用	3 000	
营业费用总额		116 000
净利润		$ 14 000

商业企业报告收入使用销售收入而非服务收入

销售收入－销货成本=毛利

毛利－营业费用=净利润

服务业企业 资产负债表（部分） 2018 年 12 月 31 日		
资产		
流动资产：		
现金	$ 34 000	
应收账款	10 800	
办公用品	800	
预付租金	2 100	
流动资产总额		$ 47 700

商业企业 资产负债表（部分） 2018 年 12 月 31 日		
资产		
流动资产：		
现金	$ 34 000	
应收账款	10 800	
存货	60 000	
办公用品	800	
预付租金	2 100	
流动资产总额		$ 107 700

在商业企业中，存货列示在流动资产下

商业企业的利润表中记录了销售给顾客的存货的成本，即**销货成本**（cost of goods sold，COGS）。由于销货成本是商业企业的主要费用支出，在计算净利润之前，还需要计算一个中间数据——毛利。**毛利**（gross profit）又称边际利润，由净销售额减去销货成本所得，代表商业企业存货的边际收益。毛利是企业从顾客处收取的高于其向供应商支付的价格的超额收益。在计算完毛利之后，将营业费用从毛利中扣除即得到净利润。**营业费用**（operating expenses）指的是企业主营业务中发生的除销货成本之外的其他费用。

商业企业的资产负债表中，流动资产部分包含存货项目，它代表着企业目前所拥有的、即将销售给顾客的存货价值。注意：流动资产部分的项目是按资产流动性强弱的顺序列示的，因此，存货通常列示在应收账款和预付资产之间。

存货系统：永续盘存制和定期盘存制

企业必须选择一种方法来核算存货以及销货成本。目前有两种主要的存货会计系统：定期盘存制和永续盘存制。

定期盘存制（periodic inventory system）要求企业对存货进行实物盘点，以确定存货的数量，一般用于核算相对不太贵重的商品。例如，一个没有激光收银机的当地小杂货店不可能每天都对其出售的每一块面包和每一个钥匙扣进行动态跟踪记录。饭店和小零售商店也采用定期盘存制。附录 5B 将介绍定期盘存制。随着计算机在企业中的广泛运用，定期盘存制正在失去它的重要性。

在**永续盘存制**（perpetual inventory system）下，企业对存货进行计算机跟踪记录，即存货数量和金额的记录是持续更新的。这种方法能对商品进行更好的控制。现代的永续盘存制系统记录以下内容：

- 采购数量及采购成本；
- 销售量及销货成本；
- 实有存货数量及库存成本。

在永续盘存制下，存货和采购系统通常与应收账款和销售结合在一起。例如，大型商场的计算机系统使用条形码来随时更新存货记录，随时可以显示当前存货信息。

在永续盘存制下，商店的“现金收款员”是一台能同时记录销售状况和更新存货信息的电脑终端。用激光扫描条形码，以记录每一项存货的成本数据信息。值得注意的是，即使采用了永续盘存制，企业也必须至少每年盘点一次现有的存货。实物盘点会发现在信息系统中无法识别的交易，比如放置错误的、被盗的或者毁损的存货。盘点能够确定财务报表中期末存货的正确数量，也是对永续盘存记录的一个检验。

5.2　永续盘存制下如何记录与存货采购相关的交易

正如前面所述，商业企业的营业循环从购买存货开始。这一节我们将追踪虚构的 STL 公司的存货核算步骤。STL 公司计划停止其服务业务，转为销售已安装其远程教育课程软件的触摸式平板电脑。STL 公司将从 SED 公司采购这些平板电脑。假设 STL 公司使用永续盘存制。

卖方公司（SED 公司）将平板电脑和发票在同一天邮寄给 STL 公司。**发票**（invoice）是销售方（SED 公司）要求购买方（STL 公司）付款的请求，又称账单。图表 5－3 是 STL 公司从 SED 公司收到的采购发票。收到货物以后，STL 公司向 SED 公司付款。

①
SED公司
邮政编码：101010
休斯敦，TX77212

③

发票	
日期	号码
2019.06.01	410

②
运送给：STL公司
湖街227号
波普顿普莱恩斯，IL07444

⑥ Pd.6/15/19

④

信用条件
3/15,n/30

	摘要	数量	单价	总价
	触摸式平板电脑	100	$350	$35 000
		小计		$35 000
		运费		—
		税（3%）		—
		合计		$35 000

⑤

到期日/到期应付金额	
2019.06.16	2019.07.01
$33 950	$35 000

⑦

摘要：
①卖方为SED公司。
②买方为STL公司。
③发票日期用来确定当买方提前付款时，是否给予买方折扣（见④）。
④信用条件：如果STL公司在发票开具日期以后15天以内付款，可以获得3%的折扣。否则必须在到期日（发票日期以后30天以内）全额付款。
⑤发票总额为35 000美元。
⑥STL公司的付款日期。STL公司实际需要支付多少金额?（见⑦）。
⑦在发票日期14天之后付款（在折扣期内），所以STL公司应支付33 950美元（35 000美元–3%的折扣）。

图表 5－3　采购发票

□ 购买存货

我们以图表 5－3 所示的真实发票为例说明购买过程。假定 STL 公司在 2019 年 6 月 3 日收到货物，并且于当天支付了货款（不考虑发票上的赊销条款）。关于此交易的会计记录如下。

日期	科目及摘要	借方	贷方
6月3日	存货	35 000	
	现金		35 000
	（用现金采购存货）		

存货账户是一种资产账户，只限于记录STL公司采购的打算将来转售给顾客的商品。办公用品、设备和其他资产记录在它们各自的账户中。

假设STL公司在6月3日并没有支付现金，而是赊购了这些存货。相关的会计记录如下所示：

日期	科目及摘要	借方	贷方
6月3日	存货	35 000	
	应付账款		35 000
	（赊购存货）		

□ 购货折扣

许多企业给尽早付款的客户提供折扣，这称为**购货折扣**（purchase discount）。SED公司的**信用条件**（credit terms）是“3/15，n/30”，即如果STL公司在15天内付款，可以享受3%的折扣优惠（不包括运费）。否则，必须在30天内按照购货净额全额付款。

如果信用条件仅仅是“n/30”，则表明公司不提供任何优惠，且必须在发票日期以后30天内付款。大部分信用条件都包括折扣比例、折扣期限以及最后付款期限。有时，信用条件会用EOM（end of month）来表示，这通常意味着必须在当月的月末付款。

如果STL公司在2019年6月15日（折扣期内）付款，现金付款会计记录如下：

日期	科目及摘要	借方	贷方
6月15日	应付账款	35 000	
	现金（$35 000−$1 050）		33 950
	存货（$35 000×0.03）		1 050
	（在折扣期限内偿付赊购款项）		

折扣额贷记存货账户，因为折扣减少了公司的销货成本，存货T形账户结构如下所示：

存货

6月3日	35 000	1 050	6月15日
余额	33 950		

应付账款

6月15日	35 000	35 000	6月3日
余额		0	

存货账户的余额为33 950美元，恰好是2019年6月15日支付存货货款的数额。同时应付账款账户的余额为0，表明公司已经全额支付发票所列金额。

但是如果STL公司在2019年6月24日（折扣期限以外）支付货款，则必须全额支付，即支付35 000美元。在这种情况下，付款分录如下：

日期	科目及摘要	借方	贷方
6月24日	应付账款	35 000	
	现金		35 000
	（在折扣期限后偿付赊购款项）		

□ 购货退回和折让

大多数企业允许顾客退回有质量问题、毁损或其他不符合顾客需求的产品，这称为**购货退回**（purchase return）。或者卖方给予顾客价格上的一部分折让，这称为**购货折让**（purchase allowance）。购货折让是卖方给买方提供的优惠，以使买方在其收到的货物与订购要求不符时仍有保留货物的动机。总之，购货退回和购货折让都减少了顾客的购货成本。

假设 STL 公司还未对 6 月 1 日的账单付款，其购买的 20 台平板电脑在运输途中损坏了。于是 STL 公司在 6 月 4 日将价值 7 000 美元的 20 台平板电脑退回 SED 公司。购货退回的分录如下：

日期	科目及摘要	借方	贷方
6 月 4 日	应付账款	7 000	
	存货（$350×20）		7 000
	（将存货退回销售方）		

这与购货折让的处理是相同的分录，退回和折让的区别仅仅在于：如果发生购货折让，STL 公司仍然留有存货。

有时企业也会在付款之前退回所购商品，或者享受卖方所提供的购货折让的优惠。在这种情况下，如果企业是在折扣期内付款，那么应该以扣减购货退回之后的采购成本为基础计算购货折扣。让我们再来看一个例子。假设 6 月 10 日，STL 公司以赊购的方式从 SED 公司购买了 15 台平板电脑，价值为 5 250 美元，信用条件为“3/15，n/30”。5 天后，STL 公司向 SED 公司退回 5 台损坏的平板电脑，并取得购货退回 1 750 美元。当 STL 公司在 6 月 20 日（折扣期内）付款的时候，它将以扣减购货退回后的采购成本 3 500 美元（5 250－1 750）为基数计算购货折扣。STL 公司所能享受的购货折扣为 105 美元（3 500×0.03）。STL 公司所发生的这些交易的会计分录如下所示：

日期	科目及摘要	借方	贷方
6 月 10 日	存货	5 250	
	应付账款		5 250
	（赊购存货）		
15 日	应付账款	1 750	
	存货		1 750
	（将存货退回销售方）		
20 日	应付账款（$5 250－$1 750）	3 500	
	现金（$3 500－$105）		3 395
	存货（$3 500×0.03）		105
	（在折扣期限内偿付赊购款项）		

□ 运输成本

将货物从销售方运送至购买方的运输费用必须由一方来承担。购货合同上的 FOB（free on board）条款指明了：(1) 货物的所有权什么时候从销售方转移至购买方；(2) 谁支付运费。图表 5-4 概要地介绍了 FOB 条款。

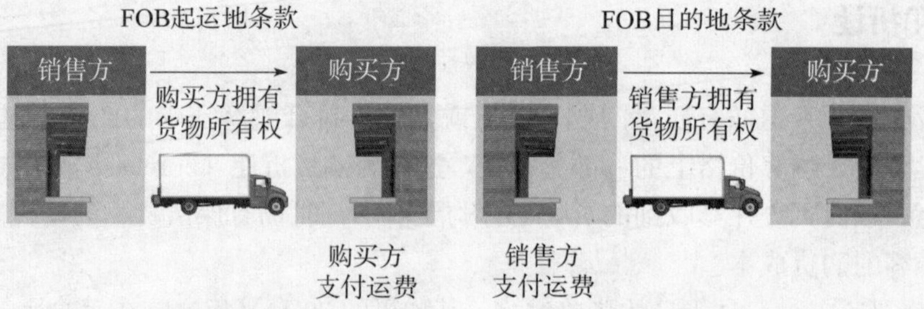

图表 5－4　FOB 条款决定谁支付运费

- **FOB 起运地条款**（FOB shipping point）：在货物运离销售方的营业场所后，购买方即取得货物的所有权，购买方支付运费。
- **FOB 目的地条款**（FOB destination）：购买方在目的地取得货物的所有权，通常由销售方支付运费。

运输费用通常指运入运费或运出运费。

- **运入运费**（freight in）是将货物运至购买方仓库的运费，因此，运费加在购货成本中。
- **运出运费**（freight out）是将货物运出销售方仓库的运费，因此，运费加在销货成本中。

运入运费

最常见的形式就是 FOB 起运地条款，在运输中所有权属于购买方，所以购买方支付运费。由于为购入存货所支付的运费是必须发生的一项成本，运费构成了存货成本的一部分。因此，运入运费借记至存货科目。假设 STL 公司在 6 月 3 日支付了 60 美元运费，记录该笔运费的会计分录为：

日期	科目及摘要	借方	贷方
6 月 3 日	存货	60	
	现金		60
	（支付运费）		

在折扣期内支付运入运费

折扣只能按应付给销售方的货款金额计算，不能将运输成本包括在内，因为运输费用是没有折扣的。

在 FOB 起运地条款中，销售方有时出于便利而预付费用并将该笔款项列在销售发票上。假设 STL 公司在 6 月 20 日采购了价值 5 000 美元的货物，加上有关的运输费用 400 美元，信用条件为“3/5，n/30”，销售方事先垫付了运费。则这笔采购交易的会计记录如下：

日期	科目及摘要	借方	贷方
6 月 20 日	存货（＄5 000＋＄400）	5 400	
	应付账款		5 400
	（赊购存货并支付运费）		

如果购买方 STL 公司在信用期内支付货款，折扣应该以 5 000 美元为基数计算，而不是以 5 400 美元为基数计算。运费 400 美元并不能享受折扣。所以，3％的折扣额应为 150 美元（5 000×0.03）。STL 公司在 6 月 25 日付款时，这笔分录记录如下：

日期	科目及摘要	借方	贷方
6 月 25 日	应付账款	5 400	
	现金（＄5 400－＄150）		5 250
	存货（＄5 000×0.03）		150
	（在折扣期内付款，包括运费）		

存货的采购成本

所采购存货的净成本是用采购成本扣减购货退回和折让、购货折扣，再加上运入运费得到。净成本数据可以使企业了解所购买存货的实际成本，计算公式如下：

所采购存货的净成本＝采购成本－购货退回和折让－购货折扣＋运入运费

假设 STL 公司在本年度购买了价值 281 750 美元的货物，购货退回和折让的价值为 61 250 美元，同时还享受到因提前付款而获得的 4 410 美元的购货折扣。STL 公司还支付了 14 700 美元的运入运费，下面汇总了 STL 公司关于这批存货的净成本。

支付的买价	＄281 750
减：购货退回和折让	61 250
购货折扣	4 410
加：运入运费	14 700
所采购存货的净成本	＄230 790

5.3 永续盘存制下如何记录与存货销售相关的交易

企业购买存货以后，营业循环的下一步就是销售货物。现在我们的讨论转向销售方，并继续以 STL 公司为例追踪其一系列的销售活动流程。

现金和信用卡销售

零售商，如 STL 公司，多采用现金销售的形式。信用卡销售通常被记录为现金交易，与之相关的费用将在第 8 章中讨论。假设 STL 公司在 2019 年 6 月 19 日销售了两台触摸式平板电脑，并向顾客开具了销售发票（如图表 5－5 所示）。销售发票是用来表明顾客应该支付的货物金额的凭证。

图表 5－5 销售发票

STL 公司
湖街 227 号
波普顿普莱恩斯，IL07444

日期：2019－06－19　　　　发票号码：＃582

数量	摘要	单价	总价
2	触摸式平板电脑	＄500	＄1 000
合计			＄1 000

企业销售存货得到的收入称为**销售收入**（sales revenue，通常简称收入）。销售活动发生时，在永续盘存制下要记录两笔会计分录：一笔是借记现金或者应收账款，贷记销售收入；另一笔是借记费用类账户的销货成本，贷记资产类账户的存货。注意：商品销售成本（通常简称销货成本）是企业将存货销售给顾客时发生的成本，它是费用类账户。

为了记录 STL 公司所发生的销售交易，必须做两笔会计分录。第一笔是借记现金，贷记销售收入，双方各 1 000 美元。第二笔是借记费用账户，贷记存货，以减少存货余额。第二笔会计分录将 700 美元从存货账户转到销货成本账户，如下所示：

日期	科目及摘要	借方	贷方
6 月 19 日	现金	1 000	
	销售收入		1 000
	（现销货物）		
19 日	销货成本	700	
	存货		700
	（记录销货成本）		

此分录记录了销售收入

此分录记录了销货成本以及存货的减少

永续盘存制下，销货成本账户在整个会计期间保持着这个余额。在该例中，商品销货成本是 700 美元，不是 1 000 美元，因为 1 000 美元是商品的销售价格。销货成本总是建立在企业的成本基础上，而不是在销售价格的基础上。

存货

余额	×××××	700	6 月 19 日

→

销货成本

6 月 19 日	700	

□ 赊销

大多数销售都采用赊销而非现销的方式。假设 STL 公司在 6 月 15 日赊销了 5 台平板电脑，每台价值 500 美元，总价值为 2 500 美元（5×500），销货成本为 1 750 美元。STL 公司应该做如下会计分录：

日期	科目及摘要	借方	贷方
6 月 15 日	应收账款	2 500	
	销售收入		2 500
	（赊销货物）		
15 日	销货成本	1 750	
	存货		1 750
	（记录货物销售成本）		

□ 销售折扣

很多企业会为尽早付款的客户提供一定的销售折扣。我们已经知道购货折扣会减少存货的购货成本，同样，**销售折扣**（sales discount）也会减少销售所获取的收入净额。根据新的收入确认标准（在第 3 章介绍），应当按照销售总额或净额扣除销售折扣确认销售商品收入金额。

例如，假设 STL 公司在 6 月 21 日赊销了 10 台平板电脑，每台价值 500 美元，信用条件为“2/10，n/30”。销货成本为 3 500 美元。在这种情况下，STL 公司应按照 4 900 美元（5 000 美元减去 2%的折扣 100 美元

（5 000×0.02）的余额）确认商品销售收入。应做的会计分录如下：

日期	科目及摘要	借方	贷方
6 月 21 日	应收账款	4 900	
	销售收入（$5 000－（$5 000×0.02））		4 900
	（赊销收入减去折扣）		
21 日	销货成本	3 500	
	存货		3 500
	（记录货物销售成本）		

当顾客在折扣期内付款时，STL 公司应确认收到的现金并按照 4 900 美元减记应收账款，所做的会计分录如下：

日期	科目及摘要	借方	贷方
6 月 30 日	现金	4 900	
	应收账款		4 900
	（在折扣期内收回现金）		

如果由于一些原因顾客没有在折扣期内付款，顾客将不再享受 100 美元的折扣，并且必须按照 5 000 美元全额付款。STL 公司将使用放弃的销售折扣账户来记录折扣的失去。放弃的销售折扣账户增加了利润表中的其他业务收入和费用。

日期	科目及摘要	借方	贷方
7 月 10 日	现金	5 000	
	应收账款		4 900
	放弃的销售折扣		100
	（在折扣期后收回现金）		

注意：无论顾客在折扣期内还是折扣期后支付货款，STL 公司都要按照销售发票上列示的净额对应收账款进行全额贷记。如下 T 形账户所示，通过以上记录，STL 公司的应收账款余额为 0，这表明销售发票已全额支付。

应收账款

6 月 21 日	4 900	4 900	支付
余额	0		

□ 销售退回和销售折让

STL 公司在销售货物后，可能会收到客户退回的货物，要求退款或提供信用折扣。或者公司将会给予顾客一定的销售折让，以说服顾客接受不符合标准的产品。这样的销售折让将减少公司未来从客户处收回的现金数额。货物的退回或者提供的一定价格的折让，称为**销售退回和销售折让**（sales returns and allowances）。

预计销售退回

根据新的收入确认标准，公司应当仅按照它认为最终能实现的数额确认销售收入。因此，公司必须将销售收入扣除预计销售退回的数额。借助历史数据，公司可以估计出与一定时期商品销售收入相关的销售退回的数量。例如，假设 STL 公司在 2019 年实现的销售额为 1 000 000 美元，相关的销货成本为 600 000 美元。STL 公司预计大约 4%的已销售货物将被退回，即应当减少 40 000 美元（1 000 000×4%）的销售收入，并且增加24 000美元（600 000×4%）的存货。STL公司需要在12月31日编制如下两笔调整分录来记录预计销售退回：

日期	科目及摘要	借方	贷方
12月31日	销售收入	40 000	
	应付退款		40 000
	（记录该年预计的销售退款）		
31日	预计退回存货	24 000	
	销货成本		24 000
	（记录该年预计退回存货的成本）		

第一笔调整分录借记销售收入，按照预计退回货物的数量减记该年的销售收入，因此记录的销售收入净额是公司预计最终能收回的金额。应付退款账户是一个负债账户，它在资产负债表中得到反映。

在第二笔调整分录中，STL公司借记了一个资产账户——预计退回存货，表示公司认为在销售退回中将收回的存货的成本。相应贷记的销货成本减少了费用。

实际销售退回

当顾客实际退回货物时，公司需要确认现金退款（或贷记应收账款）和存货返还。例如，假设在2020年1月20日，一名顾客退回了其现金购买的货物，销售价格为2 000美元。销货成本为800美元。STL公司把现金退还给顾客并编制如下分录：

日期	科目及摘要	借方	贷方
1月20日	应付退款	2 000	
	现金		2 000
	（记录退款）		
20日	存货	800	
	预计退回存货		800
	（记录退回存货的成本）		

在编制前一个分录时，STL公司减少了预计的应付退款数额。另外，由于公司收到了退回的货物，存货账户应该增加。相应地，预计退回存货账户应该减少。

销售折让

在销售折让的情况下，顾客会要求一部分的退款，但是并不退还货物。当卖家给予销售折让时，卖方公司会开具贷项通知单，表明公司会减少客户的应收账款或返还现金退款。同时，公司也会减少预计应付退款。因为没有退回货物，公司不需要编制第二笔分录来调整存货账户。假设在2020年1月28日，STL公司因为运输造成的货物损坏给予100美元的销售折让。这批货物属于赊销且顾客还没有支付货款。公司应当编制下列分录：

日期	科目及摘要	借方	贷方
1月28日	应付退款	100	
	应收账款		100
	（因为货物损坏给予销售折让）		

□ 运输费用——运出运费

运出费用指的是销售方支付的将货物运抵顾客的运费。运输费用是一项营业费用，需要借记运输费用账户。例如，假设STL公司在2019年6月21日支付运费30美元，将货物运抵顾客。相关的会计分录如下所示：

日期	科目及摘要	借方	贷方
6月21日	运输费用	30	
	现金		30
	（支付运费）		

5.4　商业企业的调账与结账分录是什么

商业企业期末的调账、结账过程与服务业企业完全相同。如果使用工作底稿，首先是过入未调整的试算平衡表的余额，然后在工作底稿中完成企业净利润或净损失的计算。除了按本章前面说明的方法调整预计销售退回，商业企业还需要调整存货损耗。

□ 根据实地盘点结果调整存货余额

在永续盘存制下，存货账户无论何时都应反映存货的现时余额。但是，实地存货盘点的结果可能会与账面记录不同。偷盗损失、毁损以及会计差错等是产生差异的原因，统称为**存货损耗**（inventory shrinkage）。也正是由于差异的存在，几乎所有的企业每年都至少进行一次存货的实地盘点与清查。存货盘点的时间一般选择在会计年度结束时，企业根据实地盘点的结果将存货的记录调整至正确的金额。STL公司必须做一笔调整分录，来记录和处理已损失的存货。

STL公司存货账户未调整的余额为31 530美元。如果没有存货损耗，即没有任何盗窃或者差错，公司应该有价值31 530美元的存货。但是在12月31日，盘点存货的结果表明公司年末存货只有30 000美元。

$$
\begin{aligned}
\text{存货账户的调整分录金额} &= \text{调整前报表中的存货余额} - \text{实际盘存的存货} \\
&= 31\,530 - 30\,000 \\
&= 1\,530(\text{美元})
\end{aligned}
$$

STL公司因此需要编制反映存货减少的调整分录：

日期	科目及摘要	借方	贷方
12月31日	销货成本	1 530	
	存货		1 530
	（对存货损耗额进行调整）		

这笔分录使得存货账户显示了正确的金额，并且按照已损失存货的成本数额增加了销货成本。

存货

未调整的余额	31 530	1 530	12月31日调整
调整后余额	30 000		

□ 编制商业企业的结账分录

图表5-6为STL公司的调整后试算平衡表以及本年的结账分录，与我们已经学过的结账分录基本相

同，但有一些新的账户（用黑体标出）。结账仍然意味着所有的暂时性账户（不在资产负债表上列示的账户）余额都归为零。

对于商业企业，结平账户有四个步骤：

第一步，通过损益汇总账户结平收入账户。

第二步，通过损益汇总账户结平费用账户。

第三步，通过所有者资本账户结平损益汇总账户。这笔结账分录将净利润或净损失结转至所有者资本账户。

第四步，通过所有者资本账户结平所有者提款账户。

图表 5－6　调整后试算平衡表和结账分录

STL 公司
调整后试算平衡表
2019 年 12 月 31 日

账户名称	余额	
	借方	贷方
现金	＄88 810	
应收账款	4 400	
存货	**30 000**	
预计退回存货	**1 290**	
办公用品	100	
预付租金	4 000	
土地	20 000	
建筑物	60 000	
累计折旧——建筑物		＄1 750
办公设备	18 000	
累计折旧——办公设备		2 100
应付账款		10 000
应付退款		**800**
应付水电费		2 500
应付职工薪酬		5 280
应付利息		300
预收收入		900
应付票据		60 000
布莱特，资本		51 550
布莱特，提款	10 000	
销售收入		**920 000**
放弃的销售折扣		**2 000**
销货成本	**540 000**	
工资费用	92 580	
租赁费用	63 800	
水电费用	55 500	
保险费用	31 900	
折旧费用——建筑物	1 500	
折旧费用——办公设备	1 800	
广告费用	11 800	
利息费用	11 000	
运输费用	**7 800**	
办公用品费用	2 900	
总计	＄1 057 180	＄1 057 180

临时性账户被结转

日期	科目及摘要	借方	贷方
12 月 31 日	**销售收入**	**920 000**	
	放弃的销售折扣	**2 000**	
	损益汇总		922 000
	（结转收入类账户）		
31 日	损益汇总	820 580	
	销货成本		**540 000**
	工资费用		92 580
	租赁费用		63 800
	水电费用		55 500
	保险费用		31 900
	折旧费用——建筑物		1 500
	折旧费用——办公设备		1 800
	广告费用		11 800
	利息费用		11 000
	运输费用		**7 800**
	办公用品费用		2 900
	（结转费用类账户）		
31 日	损益汇总	101 420	
	布莱特，资本		101 420
	（结转损益汇总账户）		
31 日	布莱特，资本	10 000	
	布莱特，提款		10 000
	（结转提款账户）		

损益汇总

结转分录 2	820 580	922 000	结转分录 1
		101 420	余额
结转分录 3	101 420		
		0	余额

布莱特，资本

		51 550	调整后余额
结转分录 4	10 000	101 420	结转分录 3
		142 970	余额

布莱特，提款

调整后余额	10 000		
		10 000	结转分录 4
余额	0		

5.5 如何编制商业企业的财务报表

之前学过的服务业企业的财务报表对于商业企业同样适用。然而，商业企业的财务报表增加了一些本章所介绍的新账户。让我们来观察一下商业企业的财务报表有何不同之处。

□ 利润表

在之前的章节中，你学习了如何按照单步式编制利润表。在本章，我们将介绍另一种格式——多步式。

单步式利润表

单步式利润表（single-step income statement）先将所有的收入列示在一起，然后列示所有的费用，最后计算出净利润。在单步式利润表中没有小计金额。很多公司采用这种格式的利润表。单步式利润表能将收入与费用清晰地区分开来，比较适用于服务性企业，因为这类企业不报告毛利。图表5－7为STL公司的单步式利润表。

图表5－7　单步式利润表

STL公司
利润表
2019年度（截至2019年12月31日）

收入：		
净销售额		$920 000
放弃的销售折扣		2 000
收入总额		922 000
费用：		
销货成本	$540 000	
工资费用	92 580	
租赁费用	63 800	
水电费用	55 500	
保险费用	31 900	
折旧费用——建筑物	1 500	
折旧费用——办公设备	1 800	
广告费用	11 800	
利息费用	11 000	
运输费用	7 800	
办公用品费用	2 900	
费用总额		820 580
净利润		$101 420

销售收入按折扣后净销售额记录，因此利润表中项目为净销售额

多步式利润表

多步式利润表（multi-step income statement）列示出一些重要的小计。除了净利润以外，还有毛利、营业利润等。图表5－8为STL公司的多步式利润表。

利润表的编制始于计算毛利。毛利是存货成本的加成，由净销售额减去销货成本得到。净销售额等于销售收入减去销售折扣、预计销售退回和销售折让。毛利和净利润是判断一个企业是否成功的指标。足够高的毛利对于商业企业来说至关重要。然后是营业费用，营业费用是企业除了销货成本以外的费用。

商业企业和服务业企业都将营业费用分为两类。

- 一类是**销售费用**（selling expenses），即与销售商品有关的各种费用，如销售人员工资、销售佣金、广告费用、商场建筑物和设备的折旧费用、租金、水电费用、零售店建筑物的房产税和运输费用。
- 一类是**管理费用**（administrative expenses），即与销售商品无关的各种费用，包括办公费用，例如，公司经理和员工的工资；建筑物和设备的折旧费用；租金（比如用于管理的办公楼的租金）；水电费用

图表 5-8　多步式利润表

STL 公司
利润表
2019 年度（截至 2019 年 12 月 31 日）

毛利	净销售额		$ 920 000
	销货成本		540 000
	毛利		380 000
营业利润	营业费用：		
	销售费用：		
	工资费用	$ 53 650	
	租赁费用	38 280	
	广告费用	11 800	
	折旧费用——建筑物	1 500	
	运输费用	7 800	
	销售费用总额	113 030	
	管理费用：		
	水电费用	55 500	
	工资费用	38 930	
	保险费用	31 900	
	租赁费用	25 520	
	折旧费用——办公设备	1 800	
	办公用品费用	2 900	
	管理费用总额	156 550	
	营业费用总额		269 580
	营业利润		110 420
其他收入和费用及净利润	其他收入和费用：		
	放弃的销售折扣	2 000	
	利息费用	(11 000)	
	其他收入和费用总额		(9 000)
	净利润		$ 101 420

（比如用于管理的办公楼的水电费用）；管理性办公用房的房产税等。

毛利减去营业费用就是**营业利润**（operating income）。该指标是企业主要经营活动（正常经营）结果的反映。

利润表的最后一部分是**其他收入和费用**（other income and expenses）。这部分是企业其他业务活动（非经常性、偶发性经营）的结果。例如，利息收入、放弃的销售折扣、利息费用、企业出售固定资产的利得或损失等。这些都与公司的经常性主营业务无关，所以归入其他项目。

□ 所有者权益变动表和资产负债表

商业企业的所有者权益变动表与服务业企业的完全相同。资产负债表也与服务业企业的大致相同，除增加了流动资产项目——存货和预计退回存货外，商业企业也增加了一个流动负债项目——应付退款，显示企业预计支付的退款数额。

5.6 如何使用毛利率评估企业运营状况

商业企业通常运用一些财务比率来评价公司的经营情况，毛利率就是其中之一。**毛利率**（gross profit percentage）表示每一元销售收入扣除销货成本后所具有的盈利能力。毛利率计算公式如下：

毛利率＝毛利/净销售额

毛利率是评价企业获利能力的基本指标，它代表企业从存货销售中获取盈利的能力。毛利率必须足够高，以足额支付营业费用并赚取利润。毛利率的轻微上升可能会导致企业净利润的大幅增加，反之亦然。各行业的毛利率有所差别，但是总体而言，毛利率越高越好。

以科尔士百货为例，计算其毛利率。我们可以从科尔士百货2015年度（截至2016年1月30日）的利润表中，得到净销售额和销货成本的数据。

单位：百万美元

	2015年度（截至2016年1月30日）	2014年度（截至2015年1月31日）
净销售额	$19 204	$19 023
销货成本	12 265	12 098

毛利等于净销售额减去销货成本，毛利率等于毛利除以净销售额。2015年度该公司的毛利率计算如下：

毛利率＝(19 204－12 265)/19 204＝0.361＝36.1%

与之相对比，2014年度该公司的毛利率计算如下：

毛利率＝(19 023－12 098)/19 023＝0.364＝36.4%

2014—2015年度，科尔士百货的毛利率稍稍降低，表明毛利占销售收入的比例在下降。然而，与行业平均毛利率35%相比，科尔士百货的毛利率稍高于平均水平。科尔士百货应该监控其从存货获取的利润数额，如果所占比例继续降低就要采取一定行动。

5.7 附录5A：多项履约义务的会计处理

根据新的收入确认标准，企业需要识别每个合同规定的应履行的义务。记住：应履行的义务是企业对顾客做出的提供特定商品或服务的承诺，并受到合同约束。一些与顾客签订的合同可能规定了多项义务。比如，假设STL公司销售平板电脑时经常与顾客签订两年期的服务合同。在这种情况下就有两项不同的义务：两年的服务合同和平板电脑。

当合同规定了多项应履行的义务时，企业需要将交易金额分配给每一项义务。比如，假设在11月1日STL公司销售了一台平板电脑（成本为350美元），同时与顾客签订了两年期服务合同，其收取620美元。顾客在销售实现时即以现金形式完成支付。620美元的销售额需要按一定方式在不同义务间进行分配：STL公司将500美元分配给平板电脑，将120美元分配给两年期服务合同。

在记录这笔交易时，STL公司应该仅在履行每一项义务时确认收入。与平板电脑相关的500美元应当确认为销售收入，因为平板电脑已经运送至客户处。而与两年期服务合同相关的120美元应当确认为预收收入，因为公司还没有履行服务义务或执行服务合同。

STL 公司在 11 月 1 日应编制以下分录记录这笔交易：

日期	科目及摘要	借方	贷方
11 月 1 日	现金	620	
	销售收入		500
	预收收入		120
	（包括两年期服务合同的现金销售）		
1 日	销货成本	350	
	存货		350
	（记录销货成本）		

当 STL 公司履行服务合同时，公司应当确认这部分收入。比如，在 12 月 31 日 STL 公司已经提供两个月的服务，其可以确认 10 美元的服务收入（120/24×2）。

日期	科目及摘要	借方	贷方
12 月 31 日	预收收入	10	
	服务收入		10
	（实现的服务收入）		

5.8 附录 5B：定期盘存制下商业企业对存货的会计处理

实行永续盘存制对于一些小型企业来说，成本过高，因此它们大多采用定期盘存制。定期盘存制下，企业必须定期对存货实地盘点，以确定实有存货的数量。

□ 采购存货

所有的盘存制度都会涉及存货账户。但是在定期盘存制下，购货成本、购货折扣、购货退回和折让以及运入运费都记录在单独的账户中，在结账时对存货账户的数据进行更新。我们将通过 STL 公司从 SED 公司购买平板电脑这一案例进行相关说明（见图表 5-3）。

以下是在定期盘存制下，公司于 6 月 3 日赊购存货以及于 6 月 15 日支付货款（在折扣期内）所应做的相关会计分录。

日期	科目及摘要	借方	贷方
6 月 3 日	材料采购	35 000	
	应付账款		35 000
	（赊购存货）		
15 日	应付账款	35 000	
	现金（＄35 000－＄1 050）		33 950
	购货折扣（＄35 000×0.03）		1 050
	（在折扣期内付款）		

说明：存货的采购并不直接记入存货账户，而是记入一个独立的账户——材料采购账户（费用类账

户）。类似地，当STL公司支付货款时，购货折扣也记入一个独立的账户——购货折扣账户（费用抵减类账户）。

记录购货退回和折让

假设在STL公司付款之前，6月4日STL公司向供应商退回其购买的20台平板电脑，价值7 000美元。STL公司相关的会计处理如下：

日期	科目及摘要	借方	贷方
6月4日	应付账款	7 000	
	购货退回和折让		7 000
	（将所购货物退给供应商）		

在定期盘存制下，购货退回并不记入存货账户，而是记入一个单独的账户——购货退回和折让。购货退回和折让与购货折扣账户都属于费用抵减类账户，与材料采购账户相关联。

在经营期内，企业将所有采购货物的成本都记入材料采购账户。材料采购的账户余额是购货总额，因为其尚未扣减相关的购货折扣、购货退回和折让。将这些扣减账户从材料采购账户中减除，就得到了购货净额。

材料采购
—购货退回和折让
—购货折扣
———————
＝购货净额

记录运输费用

在定期盘存制下，运入运费借记在一个独立账户——运入运费账户（费用类账户）中，而不是借记在存货账户。例如，假设STL公司在6月3日支付了60美元的运费，相关的会计处理如下：

日期	科目及摘要	借方	贷方
6月3日	运入运费	60	
	现金		60
	（支付运费）		

□ 销售存货

在定期盘存制下，存货销售的记录得以简化。由于不需要对存货进行流水记录，因此没有必要做一笔会计分录，记入存货和销货成本账户，而只需记入销售收入账户即可。假设STL公司在6月21日共赊销10台平板电脑，价值总额为5 000美元，信用条件为“2/10，n/30”。相关的会计分录如下：

日期	科目及摘要	借方	贷方
6月21日	应收账款	4 900	
	销售收入（＄5 000－（＄5 000×0.02））		4 900
	（以折扣金额赊销货物）		

在定期盘存制下，对销售折扣、销售退回和折让的会计处理与永续盘存制下的处理方式相同，唯一的区别在于企业不需要做关于存货的会计分录。

编制财务报表

定期盘存制与永续盘存制下的财务报表非常类似。但是在定期盘存制下，需要计算的一个数额是货物的销售成本。在永续盘存制下，货物的销售成本就是被过账到销货成本账户的总额，而在定期盘存制下，货物的销售成本还需要单独计算。在每期期末，企业都需要将若干账户的数额综合考虑，以计算出本期的销货成本。这个计算过程就体现在利润表中。STL 公司的销货成本的计算过程如下所示：

期初存货		\$0
材料采购	\$695 000	
减：购货退回和折让	150 600	
购货折扣	9 510	
购货净额	534 890	
加：运入运费	36 400	
购货净成本		571 290
可供出售的存货		571 290
减：期末存货*		31 290
销货成本		\$540 000

*包括 1 290 美元的预计退回存货。

调整和结账分录

在定期盘存制下，没有必要对存货损耗做调整分录，这是因为企业并没有对存货账户逐笔结计余额，而是通过实地盘点来确定存货项目的期末余额。STL 公司的存货实盘期末余额为 30 000 美元，记录为期末存货。预计退回存货为 1 290 美元。

登记期末余额的程序完全在结账过程中完成。让我们来研究一下在定期盘存制下 STL 公司本年的调整后试算平衡表和结账分录，如图表 5B－1 所示。在定期盘存制下使用的账户用黑体字加以标记。

图表 5B－1　调整后试算平衡表和结账分录

STL 公司
调整后试算平衡表
2019 年 12 月 31 日

账户名称	余额	
	借方	贷方
现金	\$88 810	
应收账款	4 400	
存货（期初余额）	**0**	
办公用品	100	
预付租金	4 000	
土地	20 000	
建筑物	60 000	
累计折旧——建筑物		\$1 750

续表

账户名称	余额	
	借方	贷方
办公设备	18 000	
累计折旧——办公设备		2 100
应付账款		10 000
应付退款		800
应付水电费		2 500
应付职工薪酬		5 280
应付利息		300
预收收入		900
应付票据		60 000
布莱特，资本		51 550
布莱特，提款	10 000	
销售收入		920 000
放弃的销售折扣		2 000
材料采购	**695 000**	
购货退回和折让		**150 600**
购货折扣		**9 510**
运入运费	**36 400**	
工资费用	92 580	
租赁费用	63 800	
水电费用	55 500	
保险费用	31 900	
折旧费用——建筑物	1 500	
折旧费用——办公设备	1 800	
广告费用	11 800	
利息费用	11 000	
运输费用	7 800	
办公用品费用	2 900	
总计	$ 1 217 290	$ 1 217 290

需结账的临时性账户（布莱特，提款 至 办公用品费用）

日期	科目及摘要	借方	贷方
12 月 31 日	销售收入	920 000	
	放弃的销售折扣	**2 000**	
	购货退回和折让	**150 600**	
	购货折扣	**9 510**	
	存货（期末余额）	**30 000**	
	预计退回存货	**1 290**	
	损益汇总		1 113 400
	（结转收入类及其他贷方账户，并记录存货的期末余额）		
31 日	损益汇总	1 011 980	
	材料采购		**695 000**
	运入运费		**36 400**
	存货（期初余额）		**0**

续表

日期	科目及摘要	借方	贷方
	工资费用		92 580
	租赁费用		63 800
	水电费用		55 500
	保险费用		31 900
	折旧费用——建筑物		1 500
	折旧费用——办公设备		1 800
	广告费用		11 800
	利息费用		11 000
	运输费用		7 800
	办公用品费用		2 900
	（结转费用类及其他借方账户，结转存货的期初余额）		
31 日	损益汇总	101 420	
	布莱特，资本		101 420
	（结转损益汇总账户）		
31 日	布莱特，资本	10 000	
	布莱特，提款		10 000
	（结转提款账户）		

损益汇总

结转分录 2	1 011 980	1 113 400	结转分录 1
		101 420	余额
结转分录 3	101 420		
		0	余额

布莱特，资本

		51 550	调整后余额
结转分录 4	10 000	101 420	结转分录 3
		142 970	余额

布莱特，提款

调整后余额	10 000		
		10 000	结转分录 4
余额	0		

定期盘存制的结账四步骤与永续盘存制非常相似，我们着重来看一下它们的不同之处：

第一步，在定期盘存制下，通过损益汇总账户使销售收入、放弃的销售折扣的期末余额为零。除此之外，还需结平所有存在贷方余额的暂时性账户（购货退回和折让、购货折扣等），以及借记存货的期末余额（通过实地盘点可得）和预计退回存货。

第二步，通过损益汇总账户结平费用账户和其他有借方余额的暂时性账户。除此之外，存货的期初余额、材料采购、运入运费等也通过损益汇总账户结平。注意：如下的存货 T 形账户中记录了一个借方分录，期初余额在结账过程中以贷方分录结转。

存货

调整后余额	0		
结转分录 1	30 000	0	结转分录 2
余额	30 000		

第三步和第四步，结平损益汇总账户和所有者提款账户，与永续盘存制下处理方式相同。

习题

P5-34A 将采购和销售交易记入日记账

请将下列 Aquamarines 公司 2018 年 9 月发生的相关交易记入日记账，无须做摘要说明，为每一个供货商或者顾客分别登记应收账款和应付账款明细账账户。该公司于每月末估计销售退回。

9月3日	从批发商 Sharpner 处赊购了存货 5 500 美元，信用条件为“2/15，n/EOM”，FOB 起运地。
4日	支付 9 月 3 日采购存货时发生的运费 85 美元。
4日	使用现金 1 600 美元购买存货。
6日	退回 9 月 3 日购买的存货 1 300 美元。
8日	向 Herman 公司赊销存货 5 700 美元，信用条件为“2/15，n/35”，销货成本为 2 565 美元。
9日	从批发商 Tucker 处采购存货 6 000 美元，信用条件为“3/10，n/30”，FOB 目的地。
10日	支付 9 月 3 日的货款（扣除购货退回和购货折扣）。
12日	收到 9 月 8 日的客户付款（扣除销售折扣）。
13日	谈判过后，从批发商 Tucker 处取得 500 美元的购货折让。
15日	向 Jerome 公司赊销存货 2 800 美元，信用条件为“n/EOM”，销货成本为 1 200 美元。
22日	支付 9 月 9 日采购存货的货款（扣除购货折让）。
23日	Jerome 公司退回 9 月 15 日购买的存货 200 美元，购货成本为 80 美元。
25日	向 Small 公司赊销存货 1 800 美元，成本为 738 美元，信用条件为“3/10，n/30”，FOB 起运地。作为对客户的优惠措施，40 美元的运输费用由本公司支付。
29日	收到 Small 公司支付的货款（扣除销售折扣）。
30日	收到 Jerome 公司支付的货款（扣除销售退回）。

P5-35A 将采购和销售交易记入日记账

请将下列 Julie 娱乐公司 2018 年 11 月发生的相关交易记入日记账，无须做摘要说明，为每一个供应商或者顾客分别登记应收账款和应付账款明细账账户。该公司于每月末估计销售退回。

11月4日	从 Vera 公司处赊购存货 5 000 美元，信用条件为“3/10，n/EOM”，FOB 起运地。
6日	支付 11 月 4 日采购存货时发生的运费 100 美元。
8日	退回 11 月 4 日从 Vera 公司购买的一半存货。
10日	销售存货，收取现金 1 100 美元，成本为 400 美元，FOB 目的地。
11日	向 Geary 公司赊销存货 11 000 美元，信用条件为“2/10，n/EOM”，成本为 6 105 美元，FOB 起运地。
12日	支付 11 月 10 日销售存货时发生的运费 20 美元。
13日	向 Caldwell 公司赊销存货 9 500 美元，信用条件为“n/45”，成本为 5 225 美元，FOB 起运地。
14日	支付 11 月 4 日采购存货的货款（扣除购货退回和购货折扣）。
17日	收回 11 月 13 日销售的有瑕疵的存货，发生销售退回 500 美元，成本为 275 美元。
18日	从 Rainman 公司处赊购存货 3 600 美元，信用条件为“2/10，n/30”，FOB 目的地。
20日	收到 Geary 公司支付的货款（扣除销售折扣）。
26日	支付 11 月 18 日因采购存货所欠的货款（扣除购货折扣）。
28日	收到 Caldwell 公司支付的货款（扣除销售退回）。
29日	从 Sandra 公司处购买存货 12 300 美元，现金支付，FOB 起运地。向运输公司支付运入运费 170 美元。

P5-36A 编制多步式利润表，做结账分录，并编制结账后试算平衡表

Rachael Rey 音乐公司 2018 年 6 月 30 日的调整后试算平衡表如下：

Rachael Rey 音乐公司 调整后试算平衡表 2018 年 6 月 30 日		
账户名称	余额	
	借方	贷方
现金	$4 000	
应收账款	38 400	
存货	18 100	
办公用品	300	
办公设备	39 900	
累计折旧——办公设备		$8 200
应付账款		13 800
应付职工薪酬		850
预收收入		7 500
长期应付票据		17 000
雷伊，资本		27 350
雷伊，提款	40 000	
销售收入		184 000
销货成本	85 500	
销售费用	18 600	
管理费用	12 000	
利息费用	1 900	
总计	$258 700	$258 700

要求：

1. 编制 Rachael Rey 音乐公司的多步式利润表（截至 2018 年 6 月 30 日的财年）。
2. 将 Rachael Rey 音乐公司的结账分录记入日记账。
3. 编制 Rachael Rey 音乐公司的结账后试算平衡表（截至 2018 年 6 月 30 日）。

P5-37A 将调整分录记入日记账，编制调整后试算平衡表，并编制多步式利润表

Trudel 电子公司 2018 年 3 月 31 日未调整的试算平衡表如下所示：

Trudel 电子公司 未调整的试算平衡表 2018 年 3 月 31 日		
账户名称	余额	
	借方	贷方
现金	$4 000	
应收账款	38 800	
存货	45 500	
办公用品	6 500	
设备	130 000	
累计折旧——设备		$36 800
应付账款		17 400
预收收入		13 200
长期应付票据		48 000
特鲁德尔，资本		60 100
特鲁德尔，提款	20 000	
销售收入		282 500

续表

账户名称	余额	
	借方	贷方
销货成本	160 600	
工资费用（销售部门）	20 000	
租赁费用（销售部门）	15 800	
工资费用（管理部门）	5 700	
水电费用（管理部门）	11 100	
总计	$ 458 000	$ 458 000

要求：

1. 使用下列数据，将调整分录记入日记账：
   a. 应计利息收入 200 美元。
   b. 应计工资费用（销售部门）2 300 美元。
   c. 折旧费用——设备（管理部门）1 300 美元。
   d. 应计利息费用 1 500 美元。
   e. 对存货进行实地盘点，期末存货余额应为 45 200 美元。
   f. 预计将有 6 000 美元的存货被退回，成本为 1 200 美元。
2. 编制 Trudel 电子公司的调整后试算平衡表（截至 2018 年 3 月 31 日）。
3. 编制 Trudel 电子公司的多步式利润表（截至 2018 年 3 月 31 日的财年）。

P5-38A 编制单步式利润表以及多步式利润表，并计算毛利率

Farm Quality 牛排店 2018 年 4 月 30 日某些账户的余额如下所示：

利息收入	$ 400	应付账款	$ 17 700
存货	45 000	应收账款	38 200
长期应付票据	54 000	累计折旧——设备	37 700
应付职工薪酬	2 800	菲舍尔，资本	35 380
净销售额	298 000	菲舍尔，提款	25 000
租赁费用（销售部门）	15 100	现金	7 100
工资费用（管理部门）	2 000	销货成本	154 960
办公用品	6 500	设备	132 000
预收收入	13 100	应付利息	1 700
利息费用	2 100	租赁费用（管理部门）	7 100
折旧费用——设备（管理部门）	1 320	工资费用（销售部门）	6 000
水电费用（管理部门）	4 600	水电费用（销售部门）	10 000
运输费用（销售部门）	3 800		

要求：

1. 编制公司单步式利润表。
2. 编制公司多步式利润表。
3. 公司经理菲舍尔想将毛利率至少提高到 50%，公司是否达到了这个目标？列示你的计算过程。

P5B-39A 定期盘存制下，将采购和销售交易记入日记账

Double 公司 2018 年 3 月的交易如下。假设公司采用定期盘存制，无须做摘要说明，为每一个供货商或者顾客分别登记应收账款和应付账款明细账账户。该公司于每月末估计销售退回。

3月3日	从 Sidecki 批发商处赊购存货，价值 5 500 美元，信用条件为“2/15，n/EOM”，FOB起运地。
4日	支付3月3日采购货物的运费70美元。
4日	用现金采购货物，价值1 100美元。
6日	退回3月3日购买的价值900美元的存货。
8日	向 Herrick 公司赊销存货，价值3 400美元，信用条件为“1/15，n/35”。
9日	从 Tex 批发商处赊购存货，价值5 600美元，信用条件为“2/10，n/30”，FOB目的地。
10日	向 Sidecki 批发商支付3月3日所购货物的价款（扣除购货退回和折扣）。
12日	收到 Herrick 公司支付的货款（扣除销售折扣）。
13日	谈判后，从 Tex 批发商处获得500美元的购货折让。
15日	向 Jesper 公司赊销存货，价值1 700美元，信用条件为“n/EOM”。
22日	向 Tex 批发商支付3月9日所购货物的价款（扣除购货折让）。
23日	Jesper 公司退回3月15日购买的价值300美元的存货。
25日	向 Salter 公司赊销存货，价值1 000美元，信用条件为“1/10，n/30”，FOB起运地。
29日	收到 Salter 公司支付的货款（扣除购货折扣）。
30日	收到 Jesper 公司支付的货款（扣除购货退回）。

P5B-40A 编制多步式利润表，并编制结账分录，记入日记账

Triton 商场采用定期盘存制。Triton 商场的调整后试算平衡表（截至2018年12月31日）如下所示：

Triton 商场
调整后试算平衡表
2018年12月31日

账户名称	余额 借方	余额 贷方
现金	$ 8 200	
应收账款	84 600	
存货（期初余额）	37 800	
办公用品	850	
办公设备	86 000	
累计折旧——办公设备		$ 18 500
应付账款		29 400
应付职工薪酬		2 300
预收收入		14 900
长期应付票据		36 000
特里顿，资本		82 850
特里顿，提款	88 600	
销售收入		374 000
购货成本	295 000	
购货退回和折让		109 000
购货折扣		6 400
运入运费	300	
销售费用	41 700	
管理费用	26 600	
利息费用	3 700	
总计	$ 673 350	$ 673 350

要求：

1. 编制 Triton 商场的多步式利润表（截至2018年12月31日的财年），假设期末存货为36 300美元。
2. 编制 Triton 商场的结账分录，并记入日记账。

第 6 章

存　货

什么是存货的成本?

乔韦尔对最近新一批存货的运抵感到非常兴奋。作为一家经营颇为成功的体育用品店的老板，他打算通过销售户外烹饪用具，譬如烧烤架、炉灶及其他配件来拓宽其存货供应链。他相信新一批存货将会吸引更多的顾客前来光顾，给商店带来更多的利润。

在乔韦尔为即将销售的存货做准备时，他必须先确定采取何种计价方法来追踪每件产品的成本。例如，如果该店打算销售其在不同时刻以不同价格购买的500个完全相同的烧烤架，那么它该如何确定每个烧烤架的销货成本？是否应该对其销售的每一个烧烤架都进行详细的记录？抑或应该采取与存货实物流转相一致的存货计价方法？例如，该店可能打算将先购入的存货成本转入销货成本，或者可能将最后购入的存货成本转入销货成本。

乔韦尔明白目前存在多种存货计价方法可供其选择。他想选择一种相对容易实行的方法。乔韦尔明白通过选择最适合该店的存货计价方法，他将能够轻而易举地计算销货成本以及毛利。

什么是存货的成本?

在本章中，我们将讨论与存货相关的内容，学习如何确定存货成本。当迪克体育用品商店——一家销售体育用品、服装及鞋类的零售商店在采购和销售存货时，必须对存货成本进行恰当的记录。迪克体育用品商店必须确定销货成本以计算毛利。如果企业的存货种类较少，单独辨认每一个存货项目的成本可能比较容易。但是，对于大型企业（譬如迪克体育用品商店）而言，其拥有数以百万计的存货项目，这使追踪单个存货项目的成本变得极为困难。通过本章的学习，你将明白每家公司都必须选择一种存货计价方法，以追踪成本，确定销货成本，计算毛利和确定期末存货的价值。

学习目的

1. 定义与存货相关的会计原则与内部控制。
2. 对永续盘存制下的存货成本进行会计核算。
3. 比较使用不同存货成本计价方法对财务报表的影响。
4. 应用成本与市价孰低法记录存货。
5. 评估存货的计算差错对财务报表产生的影响。
6. 运用存货周转率和存货周转天数来评估企业的运营情况。
7. 对定期盘存制下的存货成本进行会计核算（附录6A）。

6.1 与存货相关的会计原则与内部控制是什么

第5章解释了商业企业存货的会计处理方法，介绍了STL这家销售安装在线学习软件的平板电脑的公司如何记录存货的采购和销售。本章将完成对存货的会计处理过程。

□ 会计原则

有几项会计原则与存货存在特别的相关关系。其中包括一致性原则、公开披露原则、重要性原则和谨慎性原则。

一致性原则

一致性原则（consistency principle）是指企业在不同的会计期间应使用同样的会计方法和程序。一致性原则有助于投资者和债权人比较公司不同会计期间的财务报表。

假定你正在分析某公司两年的净利润情况，在这两年间公司的净利润有所增长。通过分析利润表得知，这两年的销售收入持平，但是销货成本大幅下降，导致毛利和营业利润大幅上升。如果没有其他的额外信息，你可能得出这样的结论：公司在第二年能够以较低的成本采购存货，并且公司的利润在将来还会持续增长。然而，改变存货成本计价方法仅仅能够导致利润的一时变动，而不会影响到未来利润。所以，公司在使用会计方法和程序方面，必须保持不同会计期间的一致性。如果会计方法变更，公司必须予以报告和披露。投资者和债权人需要利用这些信息做出明智的决策。

公开披露原则

公开披露原则（disclosure principle）是指公司的财务报表应列报足够多的信息以便外界能够据此对公司做出合理的判断。简而言之，公司应就其经济事项提供相关、可靠和可比的信息。对存货而言，公开披露原则意味着揭示其所使用的计价方法。所有主要的会计方法和程序都应在财务报表的附注中有所披露。假设银行正在比较两家公司的业绩，一家公司采用A存货计价方法，另一家公司采用B存货计价方法。采用B存货计价方法的公司报告了较高的净利润，然而这仅仅因为其采用了B存货计价方法。如果不了解公司所使用的存货计价方法，银行很可能会做出错误的贷款决策。

重要性原则

重要性原则（materiality concept）是指公司仅就那些对财务报表有重要影响的项目和交易进行严格适当的会计处理。凡是对财务报表使用者的决策产生重要影响的信息均是重要的信息，用会计术语来讲即有重要性。重要性原则使得会计人员不必对每个细小问题都严格依照一般公认会计原则进行报告。例如，10 000美元对于一家年销售收入为100 000美元的小型企业而言具有重要性，然而对于一家年销售收入可达100 000 000美元的大型企业而言就显得不那么重要。因此，小型企业对10 000美元的存货成本使用的会计处理方法可能与大型企业有所不同。

谨慎性原则

会计上的**谨慎性**（conservatism）是指在财务报表中报告项目时要实行谨慎原则。谨慎性体现在以下会计指导方法中：

- 不预计利得，但对所有可能的损失做准备。
- 如有疑虑，按合理的最低金额记录资产和按合理的最高金额记录负债。
- 如果存在问题，记录一项费用而不是一项资产。
- 当有两种方案可供选择时，应该选择低估而非高估企业价值的方案。

谨慎性原则的目的是在财务报表中报告真实的数据，避免高估资产或者净利润。

□ 对存货的控制

对存货进行严格的控制，对于一家企业而言非常重要。严格的存货控制可以保证存货的采购和销售都已得到会计系统的充分授权和记录。企业可以通过采取以下措施，实现存货的管理目标：

- 保证存货的采购都已获得充分授权，包括从经认可的供应商处采购和在可接受的价格范围内采购。
- 存货采购完毕以后，需要对订单进行追踪并在收到存货时进行合理记录。交货时，企业需要仔细清点收到的存货，并检查存货是否存在毁损情况。

- 企业需要对存货毁损情况进行恰当的记录，这部分存货或被耗用，或被处理，或被退回给供应商。
- 企业应当至少每年一次对存货进行实地盘点，以追踪偷窃、毁坏或者错误记录所导致的存货损耗情况。
- 销售存货时，企业需要对销售的存货成本进行充分记录，并将其从存货盘点总数中扣除。这有助于防止公司出现存货供应不足的情况，俗称缺货。

6.2 永续盘存制下如何计量存货成本

正如我们之前所学，期末存货和销货成本的计算公式如下：

期末存货＝存货盘存数量×单位存货成本

销货成本＝商品销售数量×单位商品成本

公司通过由盘点支撑的永续盘存记录确定存货数量。图表6-1列示了STL公司产品TAB0503（某一种型号的平板电脑）的存货记录。

图表6-1 永续盘存记录——存货数量

项目：TAB0503

日期	购买数量	销售数量	单位成本	实有数量
8月1日			$350	2
5日	4		$350	6 ← 2+4
15日		4		2 ← 6–4
26日	12		$350	14
31日		10		4
合计	16	14		4

如图表6-1所示，STL公司8月1日的存货数量是2台平板电脑TAB0503。8月5日，STL公司又购买了4台，平板电脑的存货数量变为6台（2＋4）。8月15日，STL公司销售了4台平板电脑，存货数量变为2台（6－4）。STL公司于8月26日购买了12台，于8月31日销售了10台。在8月末STL公司的平板电脑TAB0503存货数量为4台（2＋12－10）。STL公司每一台平板电脑TAB0503的售价为500美元。

当价格保持不变时，计算存货的成本比较容易。例如，如图表6-1所示，STL公司的产品TAB0503的单位成本稳定在350美元。因此，公司的期末存货和销货成本很容易计算得出：

期末存货＝存货盘存数量×单位存货成本

＝4×350

＝1 400(美元)

销货成本＝商品销售数量×单位商品成本

＝14×350

＝4 900(美元)

但是，单位存货的价格经常变动。假设STL公司的产品TAB0503的单位成本在8月5日为360美元，在8月26日又变为380美元，如图表6-2所示。当STL公司在8月31日销售平板电脑时，有多少存货的单位销货成本是350美元？有多少存货的单位销货成本是360美元？而有多少是380美元？为了计算期末存货和销货成本，STL公司必须将销货成本分配至各个存货项目。四种可选的存货计价方法是：(1) 个别计价法；(2) 先进先出法（FIFO）；(3) 后进先出法（LIFO）；(4) 加权平均法。

图表6-2　永续盘存记录——单位存货成本变动

项目：TAB0503

日期	购买数量	销售数量	单位成本	实有数量
8月1日			$350	2
5日	4		$360	6
15日		4		2
26日	12		$380	14
31日		10		4
合计	16	14		4

除了个别计价法之外，每一种**存货成本计价方法**（inventory costing method）都与实际的存货实物流转方式相一致，可以用来计算存货销货成本和期末存货成本。

□ 个别计价法

个别计价法（specific identification method）使用每种存货的个别成本计价。在此方法下，企业对于销售的各个存货项目及其对应的成本了如指掌。这种成本计价方法适用于销售不能替代使用、容易识别的存货项目的企业，如汽车（通过车辆识别码对车辆进行识别）、珠宝（独一无二的钻石戒指）和房地产（通过地址进行识别）。例如，假设STL公司在8月15日销售4台平板电脑，其中1台的成本为350美元，另外3台的成本为360美元；在8月31日销售10台平板电脑，其中1台的成本为350美元，另外9台的成本为380美元。存货的销货成本与期末存货的成本计算方法如图表6-3所示。

图表6-3　永续盘存记录：个别计价法

日期	采购成本			销货成本				库存存货			
	数量	单位成本	总成本	数量	单位成本	总成本		数量	单位成本	总成本	
8月1日								2	×$350	=$700	$700
5日	4	×$360	=$1 440					2 4	×$350 ×$360	=$700 =$1 440	$2 140
15日				1 3	×$350 ×$360	=$350 =$1 080	$1 430	1 1	×$350 ×$360	=$350 =$360	$710
26日	12	×$380	=$4 560					1 1 12	×$350 ×$360 ×$380	=$350 =$360 =$4 560	$5 270
31日				1 9	×$350 ×$380	=$350 =$3 420	$3 770	1 3	×$360 ×$380	=$360 =$1 140	$1 500
合计	16		$6 000	14			$5 200	4			$1 500

注意：在个别计价法下，当销售存货时，分别按其购入或生产时确定的单位成本计算各批发出存货和期末存货的成本。例如，8月15日STL公司销售了一台成本为350美元的平板电脑和3台成本为360美

元的平板电脑。期末剩余存货数量为 2 台，成本分别为 350 美元和 360 美元。这种存货计价方法要求企业必须有详细的存货买卖记录，并且能够识别销售的各存货项目。

□ 先进先出法

在**先进先出法**（first-in，first-out，FIFO）下，商品销货成本建立在最早购进的存货基础上，即最先入库的存货最早发货出库。如图表 6-4 所示，STL 公司每一会计期间先购入的存货成本先转入销货成本（从 8 月 1 日购入的期初存货开始结转）。对于大部分企业而言，先进先出法下的存货成本同存货的实物流转是一致的，即企业会先出售储存最久的存货。

图表 6-4 永续盘存记录：先进先出法

日期	采购成本			销货成本				库存存货			
	数量	单位成本	总成本	数量	单位成本	总成本		数量	单位成本	总成本	
8月1日								2	×$350	=$ 700	$ 700
5日	4	×$360	=$1 440					2 4	×$350 ×$360	=$ 700 =$1 440	$2 140
15日				2 2	×$350 ×$360	=$ 700 =$ 720	$1 420	2	×$360	=$ 720	$ 720
26日	12	×$380	=$4 560					2 12	×$360 ×$380	=$ 720 =$4 560	$5 280
31日				2 8	×$350 ×$380	=$ 720 =$3 040	$3 760	4	×$380	=$1 520	$1 520
合计	16		$6 000	14			$5 180	4			$1 520

STL 公司 8 月初有 2 台 TAB0503，成本为每台 350 美元。8 月 5 日购进一批存货后，存货数量为 6 台（2+4）。8 月 15 日，公司售出 4 台存货。在先进先出法下，前 2 台售出存货的成本为 350 美元（以最先入库的存货的单价计算），其余 2 台均来自成本为 360 美元的那批存货，售出后存货余额为 2 台，每台成本 360 美元。后面的存货记录思路也是一样的。考虑 8 月 31 日销售的 10 台存货，最早的来自 8 月 5 日（2 台，每台成本为 360 美元），其次是在 8 月 26 日以每台 380 美元的价格采购的 8 台存货，所以 8 月 31 日剩余存货 4 台，每台成本为 380 美元。

先进先出法下，8 月 31 日的月末小结为：

- 销货成本：14 台，总成本为 5 180 美元。
- 期末存货：4 台，总成本为 1 520 美元。

注意：STL 公司总的存货销货成本 5 180 美元加上期末存货成本 1 520 美元等于 8 月**可供销售的存货总成本**（cost of goods available for sale）6 700 美元（2×350+4×360+12×380）。可供销售的存货总成本代表着本期可以供企业销售的各项存货的总成本之和。STL 公司就是用这种方法计算销货成本和存货成本，并编制财务报表。

先进先出法下的日常分录

先进先出法下的日常分录如下所示。假设所有的购买都是赊购，销售都是赊销。用先进先出法计算的金额用黑体字进行强调。所有其他账户金额在四种存货计价法下相同。

日期	科目及摘要	借方	贷方
8月5日	存货（4×＄360）	1 440	
	应付账款		1 440
	（赊购货物）		
15日	应收账款（4×＄500）	2 000	
	销售收入		2 000
	（赊销货物）		
15日	销货成本（(2×＄350)＋(2×＄360)）	**1 420**	
	存货		**1 420**
	（记录存货的销货成本）		
26日	存货（12×＄380）	4 560	
	应付账款		4 560
	（赊购存货）		
31日	应收账款（10×＄500）	5 000	
	销售收入		5 000
	（赊销存货）		
31日	销货成本（(2×＄360)＋(8×＄380)）	**3 760**	
	存货		**3 760**
	（记录存货的销货成本）		

例如，8月5日，STL公司采购存货1 440美元，并编制第一笔分录。在8月15日，公司销售了4台TAB0503，销售单价为500美元。STL公司记录销售收入2 000美元、商品销货成本1 420美元（如图表6-4所示，2×350＋2×360）。其余的分录（8月26日和8月31日）也是根据图表6-4中的存货数据计算得到的。

□ 后进先出法

后进先出法与先进先出法的计价方式正好相反。在**后进先出法**（last-in，first-out，LIFO）下，期末存货来自最先采购的存货成本（期初存货和最早的采购存货），商品销货成本以最近的购货为基础，所以最晚入库的最早发货出库。如图表6-5所示，8月31日销售存货的销货成本以8月26日所采购存货的价格为基础计算确定。在后进先出法下，企业会最先出售其最新采购的存货。

图表6-5　永续盘存记录：后进先出法

日期	采购成本			销货成本			库存存货		
	数量	单位成本	总成本	数量	单位成本	总成本	数量	单位成本	总成本
8月1日							2	×＄350	＝＄700 } ＄700
5日	4	×＄360	＝＄1 440				2 4	×＄350 ×＄360	＝＄700 ＝＄1 440 } ＄2 140
15日				4	×＄360	＝＄1 440 } ＄1 440	2	×＄350	＝＄700 } ＄700
26日	12	×＄380	＝＄4 560				2 12	×＄350 ×＄380	＝＄700 ＝＄4 560 } ＄5 260
31日				10	×＄380	＝＄3 800 } ＄3 800	2 2	×＄350 ×＄380	＝＄700 ＝＄760 } ＄1 460
合计	16		＄6 000	14		＄5 240	4		＄1 460

STL公司在8月初有2台TAB0503存货。8月5日购进4台存货后，公司有6台存货（2台成本为350美元，4台成本为360美元），然后，公司在8月15日销售了4台。在后进先出法下，商品销货成本总是由最近的购货成本（4×360美元）结转而来。8月15日尚有存货2台（成本为350美元）。

8月26日，公司又购买了12台产品，每台成本为380美元。现在存货为14台。

所以，8月31日销售的10台产品是按后进先出法的顺序计价的（10×380美元）。后进先出法下，8月31日的月末小结为：

- 销货成本：14台，总成本为5 240美元。
- 期末存货：4台，总成本为1 460美元。

如果STL公司采用后进先出法记录存货，它就会采用这种方法计算商品销货成本和存货成本，并据此编制财务报表。

后进先出法下的日常分录

后进先出法下的日常分录如下所示。假设所有的购买都是赊购，销售都是赊销。用后进先出法计算的特殊金额用黑体字表示。

日期	科目及摘要	借方	贷方
8月5日	存货（4×＄360）	1 440	
	应付账款		1 440
	（赊购货物）		
15日	应收账款（4×＄500）	2 000	
	销售收入		2 000
	（赊销货物）		
15日	销货成本（4×＄360）	**1 440**	
	存货		**1 440**
	（记录存货的销货成本）		
26日	存货（12×＄380）	4 560	
	应付账款		4 560
	（赊购存货）		
31日	应收账款（10×＄500）	5 000	
	销售收入		5 000
	（赊销存货）		
31日	销货成本（10×＄380）	**3 800**	
	存货		**3 800**
	（记录存货的销货成本）		

8月5日，STL公司采购存货1 440美元。8月15日，销售收入为2 000美元（4×500），销货成本为1 440美元（4×360）。其余的分录（8月26日和8月31日）也是根据图表6－5的存货数据计算得来的。

□ 加权平均法

在**加权平均法**（weighted-average method）下，企业在每次采购之后都重新计算一次新的平均成本，期末存货和销货成本都以相同的存货加权平均值为基础计算。在8月5日STL公司进行第一次采购之后，存货的加权平均成本就大致落在期初存货成本350美元和最近存货采购成本360美元之间。

图表6－6列示了加权平均法下的永续盘存记录，这里将加权平均成本的数据都四舍五入。

图表 6-6　永续盘存记录：加权平均法

日期	采购成本			销货成本			库存存货			
	数量	单位成本	总成本	数量	单位成本	总成本	数量	单位成本	总成本	
8月1日							2	×＄350	＝＄ 700	
5日	4	×＄360	＝＄1 440				6	×＄356.67	＝＄2 140	（＄2 140/6 ＝＄356.67）
15日				4	×＄356.67	＝＄1 427	2	×＄356.67	＝＄ 713	
26日	12	×＄380	＝＄4 560				14	×＄376.64	＝＄5 273	（＄5 273/14 ＝＄376.64）
31日				10	×＄376.64	＝＄3 766	4	×＄376.64	＝＄1 507	
合计	16		＄6 000	14		＄5 193	4		＄1 507	

如前所述，每一次购货之后，STL公司都要计算存货的加权平均成本。8月5日的加权平均成本为：

可供销售的存货总成本/存货数量＝(700＋1 440)/(2＋4)＝2 140/6≈356.67(美元)

所以，8月15日售出商品的单位成本为356.67美元。在8月26日购进新的存货后，公司重新计算加权平均成本。

可供销售的存货总成本/存货数量＝(713＋4 560)/(2＋12)＝5 273/14≈376.64(美元)

加权平均法下，8月31日的月末小结为：

- 销货成本：14台，总成本为5 193美元。
- 期末存货：4台，总成本为1 507美元。

如果STL公司采用加权平均法，就应采用以上数据编制财务报表。

加权平均法下的日常分录

加权平均法下的日常分录如下所示，假设所有的购买都是赊购，销售都是赊销。用加权平均法计算的特殊金额用黑体字表示。

日期	科目及摘要	借方	贷方
8月5日	存货（4×＄360）	1 440	
	应付账款		1 440
	（赊购货物）		
15日	应收账款（4×＄500）	2 000	
	销售收入		2 000
	（赊销货物）		
15日	销货成本（4×＄356.67）	**1 427**	
	存货		**1 427**
	（记录存货的销货成本）		
26日	存货（12×＄380）	4 560	
	应付账款		4 560
	（赊购存货）		
31日	应收账款（10×＄500）	5 000	
	销售收入		5 000
	（赊销存货）		
31日	销货成本（10×＄376.64）	**3 766**	
	存货		**3 766**
	（记录存货的销货成本）		

8 月 5 日，STL 公司采购存货 1 440 美元，编制第一笔会计分录。8 月 15 日，STL 公司售出 4 台 TAB0503，单价为 500 美元，销售收入为 2 000 美元（4×500），销货成本为 1 427 美元（4×356.67）。其余的分录（8 月 26 日和 8 月 31 日）也是按照相同的方法编制的。

6.3 不同存货计价方法如何影响财务报表

STL 公司究竟应采取何种存货计价方法——个别计价法、先进先出法、后进先出法还是加权平均法？不同的存货计价方法有各自的优缺点。

□ 利润表

图表 6－7 列示了四种不同的存货计价方法对 STL 公司经营成果的影响，主要包括净销售额、销货成本、毛利等项目。

图表 6－7 个别计价法、先进先出法、后进先出法和加权平均法的比较——利润表

	个别计价法	先进先出法	后进先出法	加权平均法
净销售额（14×＄500）	＄7 000	＄7 000	＄7 000	＄7 000
减：销货成本	5 200	5 180	5 240	5 193
毛利	＄1 800	＄1 820	＄1 760	＄1 807

从图表 6－7 可以看出，先进先出法计算出的销货成本最低，毛利最高。因为营业费用相等，所以不管企业采取何种存货计价方法，当存货价格上升的时候，按先进先出法计算的净利润最高。许多公司希望报告较高的净利润，从而吸引投资者和取得带有优惠条款的贷款。当存货价格上升时，利用先进先出法可以达到这个目的。

当存货价格上升的时候，后进先出法计算出的销货成本最高，毛利最低。毛利最低意味着公司可以少缴所得税。少缴所得税会减少公司现金的流出，这是采取后进先出法的优势，但不利的一面是公司不得不报告较低的净利润。

加权平均法下计算的毛利、应交所得税、净利润结果介于先进先出法和后进先出法之间。当公司寻求一种“中间”状态时，会选择加权平均法。

□ 资产负债表

结合 STL 公司 8 月的采购情况，其存货总额如下所示：

8 月 1 日	2×＄350	＄700
8 月 5 日	4×＄360	1 440
8 月 26 日	12×＄380	4 560
可供销售的存货总成本		＄6 700

平板电脑或者被卖掉（销货成本），或者继续储存在仓库中（期末存货）。期初存货加上本期采购存货成本，再扣除存货的销货成本，即可以得到期末存货的成本。图表 6－8 列示了在各存货计价方法下 STL

公司8月的期末存货数额。

图表 6-8 个别计价法、先进先出法、后进先出法和加权平均法的比较——资产负债表

	个别计价法	先进先出法	后进先出法	加权平均法
期初存货	$700	$700	$700	$700
加：购货净成本	6 000	6 000	6 000	6 000
可供销售的存货总成本	6 700	6 700	6 700	6 700
减：销货成本	5 200	5 180	5 240	5 193
期末存货	$1 500	$1 520	$1 460	$1 507

当存货价格上升时，使用先进先出法计算出的期末存货成本最高，使用后进先出法计算出的期末存货成本最低，使用加权平均法计算的值则介于二者之间。

到目前为止，我们尚未提及使用个别计价法对利润表和资产负债表的影响。这是因为在个别计价法下，计算结果将根据分配到已销售存货的成本的变动而变动。除非企业想按照其购入的每一件存货的准确成本来匹配存货项目，否则绝大部分企业在实务中不会选择个别计价法。

我们已经观察在存货价格上涨的情况下，各种存货计价方法对财务报表所产生的影响。当存货价格持续下跌时，正好与之前讨论的情形相反。图表6-9总结了存货价格上涨和下跌时各种存货计价方法对财务报表产生的影响。

图表 6-9 存货价格上涨和下跌时各种存货计价方法对财务报表产生的影响

存货价格上涨时				
	个别计价法	先进先出法	后进先出法	加权平均法
利润表：				
销货成本	变动	最低	最高	中间
净利润	变动	最高	最低	中间
资产负债表：				
期末存货	变动	最高	最低	中间
存货价格下跌时				
	个别计价法	先进先出法	后进先出法	加权平均法
利润表：				
销货成本	变动	最高	最低	中间
净利润	变动	最低	最高	中间
资产负债表：				
期末存货	变动	最低	最高	中间

6.4 如何使用成本与市价孰低法确定存货价值

除了个别计价法、先进先出法、后进先出法和加权平均法，会计人员还需要解决其他存货问题，比如**成本与市价孰低法**（lower-of-cost-or-market rule，LCM）的运用。成本与市价孰低法体现了会计的谨慎

性原则，它要求存货在财务报表中应按历史成本和市场价值中较低者列报。

成本与市价孰低法的计算过程

对于存货，市场价值通常是指现行重置成本（即重购现存存货的成本）。如果存货的重置成本低于历史成本，企业必须冲销其存货的价值。通过调低存货价值（贷记存货科目），资产负债表中的资产价值——存货，将以其正确的价值（市场价格）而非其高估价值（成本）列示。如果存货的重置成本高于历史成本，那么根据谨慎性原则，无须调整存货科目。

存货调整的日常调整分录

假设STL公司购买了价值3 000美元的存货TAB0503。到12月31日，重置成本变为2 200美元，并且存货价值的下跌是持续的。市价低于按先进先出法确定的成本，按成本与市价孰低法冲销存货的分录如下：

日期	科目及摘要	借方	贷方
12月31日	销货成本	800	
	存货（$3 000－$2 200）		800
	（调低存货价值至市场价格）		

在本例中，该公司资产负债表中的存货列示为：

STL公司 资产负债表（部分） 2019年12月31日	
流动资产：	
存货	$2 200

公司通常在财务报表附注中披露成本与市价孰低法的应用，如STL公司的附注：

附注2：重要会计政策的说明

存货：存货采用成本与市价孰低法列示。成本按先进先出法计算。

6.5 存货记录差错对财务报表有什么影响

企业要于期末进行实地盘点以确定其存货金额。为了使财务报表更加准确，获取准确的期末存货金额是非常重要的。这对于一家业务广泛的企业来说是有困难的。

期末存货金额的错误可能导致一连串的错误。假设STL公司不经意间多记了期末存货5 000美元。资产负债表中的期末存货将被高估5 000美元。下面的表格说明了期末存货的高估是如何影响商品销货成本、毛利和净利润的。

	期末存货高估 5 000 美元
净销售额	正确
销货成本：	
期初存货	正确
购货净成本	正确
可供销售的存货总成本	正确
减：期末存货	错误：高估 5 000 美元
销货成本	低估 5 000 美元
毛利	高估 5 000 美元
营业费用	正确
净利润	高估 5 000 美元

低估期末存货，即披露的存货成本太低，将会产生相反的影响。如果 STL 公司低估存货 1 200 美元，则相应的影响如下：

	期末存货低估 1 200 美元
净销售额	正确
销货成本：	
期初存货	正确
购货净成本	正确
可供销售的存货总成本	正确
减：期末存货	错误：低估 1 200 美元
销货成本	高估 1 200 美元
毛利	低估 1 200 美元
营业费用	正确
净利润	低估 1 200 美元

第一期期末的存货将会变为下一期期初存货。所以，期末存货的错误将递延到下一期。图表 6 - 10 说明了存货错误的影响，假定利润表中其他项目在这三期内都没有改变。第一期的期末存货高估了 5 000 美元，那么第一期期末存货将变为 10 000 美元，错误将会影响第二期，第三期是正确的。事实上，第一期、第二期均应像第三期一样。

图表 6 - 10　存货记录差错

Sample 公司
利润表
第一期、第二期、第三期的年度

	第一期		第二期		第三期	
	期末存货高估 5 000 美元		期初存货高估 5 000 美元		正确	
净销售额		$ 100 000		$ 100 000		$ 100 000
销货成本：						
期初存货	$ 10 000		$ 15 000		$ 10 000	
购货净成本	50 000		50 000		50 000	
可供销售的存货总成本	60 000		65 000		60 000	
减：期末存货	15 000		10 000		10 000	
销货成本		45 000		55 000		50 000
毛利		$ 55 000		$ 45 000		$ 50 000

$100 000

正确的毛利是每一期均为 50 000 美元。

由于在计算当期销货成本时要减掉期末存货数，而这一期末存货数在计算下期销货成本时要作为期初存货加上，因此存货错误的影响在第二期期末得以抵销。第二期高估的销货成本冲销了第一期低估的销货成本，所以两期的毛利总数是正确的，其影响汇总于图表 6-11。

图表 6-11 存货记录差错的影响

Sample 公司 利润表 第一期、第二期的年度				
	第一期		第二期	
	销货成本	毛利和净利润	销货成本	毛利和净利润
第一期期末存货高估	低估	高估	高估	低估
第一期期末存货低估	高估	低估	低估	高估

6.6 如何利用存货周转率和周转天数评估企业经营业绩

所有者和管理者都企图尽快销售存货，因为产品只有在销售之后才会给企业带来利润。进一步而言，存货销售速度快还意味着：存货废弃的可能性小，与存货管理相关的高额库存费用和保险费用少。所有者和管理者可以使用以下两个指标来监控存货管理水平：存货周转率和存货周转天数。

□ 存货周转率

企业都力图将自身的存货管理保持在这样一个水平上：既保证企业有足够的存货来满足客户需求，同时又不会造成过多的资金占用和浪费。**存货周转率**（inventory turnover）可用来衡量存货的销售速度，计算公式如下：

存货周转率＝销货成本/平均存货余额

平均存货余额＝(期初存货＋期末存货)/2

存货周转率高意味着存货变现能力强，反之则意味着变现能力弱。例如，存货周转率为 4 意味着企业的存货在一年之内周转了 4 次——每 3 个月一次。存货周转率因行业性质而异，所以企业需要与自身所处行业的平均水平做比较。

□ 存货周转天数

另一个关键的衡量存货管理水平的指标是**存货周转天数**（days' sales in inventory）。存货周转天数是指企业从取得存货开始，至消耗、销售为止所经历的天数，其计算公式如下：

存货周转天数＝365/存货周转率

存货周转天数也因行业性质而异。通常而言，存货周转天数越少越好，因为这意味着企业销售存货的速度快，存货的储存和保险费用低，同时有助于降低存货毁损变质的风险。

让我们再回到科尔士百货的例子，并用上面所提到的这两个指标来评估其存货管理水平。访问

http://www.pearsonhighered.com/Horngren 可查看科尔士百货的年报。以下是从科尔士百货 2015 年度（截至 2016 年 1 月 30 日）的利润表和资产负债表中获取的相关数据（单位：百万美元）。

销货成本	12 265
期初存货	3 814
期末存货	4 038

科尔士百货的存货周转率为一年 3.12 次，计算过程如下：

存货周转率＝销货成本/平均存货余额
＝12 265/[(3 814＋4 038)/2]
＝3.12(次/年)

科尔士百货的存货周转天数为 117 天，计算过程如下：

存货周转天数＝365/存货周转率
＝365/3.12
≈117.0(天)

由此可知，科尔士百货的存货在一年之内周转了 3.12 次。通常而言，存货周转率越高越好，因为这意味着更高的利润。除此之外，科尔士百货的存货周转天数则表明企业平均周转一次存货的天数为 117 天。这似乎对于一家零售企业而言偏高，但究竟是否如此应该与行业平均水平相比较。

6.7 附录 6A：定期盘存制下的存货成本计量

在上一章我们简单地介绍了定期盘存制，定期盘存制下的会计核算比较简单，因为公司不需要保持存货的连续记录。确定存货和销货成本的方法只是定期对存货进行实物盘点——通常是在会计年度末。相对来说，定期盘存制更适合小规模企业，因为雇主可以通过巡视检查控制存货。也就是说，这种盘存方法不适用于经营规模或者资本规模较大的公司。

定期盘存制下应用不同的存货计价方法（个别计价法、先进先出法、后进先出法、加权平均法）与前面介绍的永续盘存制下应用不同存货计价方法的思路是一样的。我们仍然采用永续盘存制下 STL 公司的数据来说明定期盘存制的应用，如图表 6A－1 所示。

图表 6A－1　永续盘存记录——单位存货成本变动

项目：TAB0503

日期	购买数量	销售数量	单位成本	实有数量
8月1日			$350	2
5日	4		$360	6
15日		4		2
26日	12		$380	14
31日		10		4
合计	16	14		4

我们使用这些数据来说明先进先出法、后进先出法、加权平均法这三种方法下的存货计价成本。因为个别计价法在永续盘存制和定期盘存制下的计算结果完全相同，所以此处不再赘述。

在四种存货计价方法下，可供销售的存货总成本总是等于期初存货加上购货净成本。

期初存货（2×＄350）	＄700
加：购货净成本（4×＄360＋12×＄380）	6 000
可供销售的存货总成本	＄6 700

这四种不同的方法——个别计价法、先进先出法、后进先出法和加权平均法——对于期末存货和销货成本有着不同的计算结果，换句话说，这 6 700 美元可供销售的存货总成本也许在资产负债表的存货项目，也许在利润表的销货成本项目。资产负债表中的金额是尚未销售的 4 台平板电脑的成本，而利润表上的金额为已经销售的 14 台平板电脑的成本。

□ 先进先出法

在先进先出法下，期末存货来自最后（最近）采购的存货，在本例中是单价为 380 美元的商品，如下所示：

期初存货（2×＄350）	＄700
购货净成本（4×＄360＋12×＄380）	6 000
可供销售的存货总成本	6 700
减：期末存货（4×＄380）	(1 520)
销货成本	＄5 180

注意：定期盘存制下采用先进先出法计算的销货成本为 5 180 美元。这些计算结果与永续盘存制是一样的。永续盘存制和定期盘存制对于先进先出法相同，因为先进先出法总是先销售已有库存。因此，当使用先进先出法进行核算时，盘存方法毫无影响。不管我们使用销售日期（永续盘存制）还是期末日期（定期盘存制）作为计算销货成本的起点，第一次购买都会是一样的。

□ 后进先出法

在后进先出法下，期末存货来自最早购进的存货——期初单价为 350 美元的 2 件加上单价为 360 美元的 2 件，计算过程如下：

期初存货（2×＄350）	＄700
购货净成本（4×＄360＋12×＄380）	6 000
可供销售的存货总成本	6 700
减：期末存货（2×＄350＋2×＄360）	(1 420)
销货成本	＄5 280

□ 加权平均法

当采用定期盘存制下的加权平均法时，我们对整个会计期间的存货计算一个加权平均成本。如下所示：

可供销售的存货总成本（整个会计期间）/可供销售的商品数量＝6 700/18≈372.22（美元/件）

然后就可以利用这个加权平均成本计算期末存货和销货成本，如下所示：

期初存货（2×＄350）	＄700
购货净成本（4×＄360+12×＄380）	6 000
可供销售的存货总成本	6 700
减：期末存货（4×＄372.22）	(1 489)
销货成本	＄5 211

注意：定期盘存制下采用后进先出法和加权平均法计算出的商品销货成本和期末存货成本与永续盘存制下的计算结果大相径庭。这是因为永续盘存制保持存货的连续记录，而定期盘存制并不如此。在定期盘存制下，期末存货成本的确定并不考虑存货的销售日期。

习题

以下所有问题，除非有特殊说明，都假定企业采取永续盘存制。

P6-28A 在永续盘存制下，利用先进先出法、后进先出法、加权平均法对存货进行会计处理

Fit Gym公司1月初有维生素保健品存货78箱，总成本为4 290美元。1月，该公司存货买卖业务记录如下：

		数量	单位成本
1月5日	购货	156	＄64
13日	销货	180	＄100
18日	购货	114	＄75
26日	销货	150	＄116

要求：

1. 按先进先出法编制永续盘存记录，计算公司1月的销货成本、期末存货和毛利。

2. 按后进先出法编制永续盘存记录，计算公司1月的销货成本、期末存货和毛利。

3. 按加权平均法编制永续盘存记录，计算公司1月的销货成本、期末存货和毛利（存货的单位成本精确到美分，其他数据精确到美元）。

4. 如果公司希望少缴所得税，应该采取何种存货计价方法？

P6-29A 在永续盘存制下，利用先进先出法、后进先出法、加权平均法对存货进行会计处理

Steel Mill公司8月初有存货50件，每件成本为35美元。8月，该公司存货业务记录如下：

		数量	单位成本	单位售价
8月3日	销货	45		＄85
8日	购货	90	＄54	
21日	销货	85		88
30日	购货	15	58	

要求：

1. 按先进先出法编制存货永续盘存记录。

2. 按后进先出法编制存货永续盘存记录。

3. 按加权平均法编制存货永续盘存记录。

4. 使用先进先出法、后进先出法和加权平均法计算公司8月的销货成本。

5. 使用先进先出法、后进先出法和加权平均法计算公司8月的毛利。

6. 如果该公司希望实现毛利最大化，应该选择何种存货计价方法？

P6-30A 解释与存货相关的会计原则，并应用成本与市价孰低法

M&C 电子公司的一些存货堆在角落里很久了。现在是 2018 年 12 月 31 日，期末存货的重置成本为 24 000 美元，而该批存货的成本为 97 000 美元。在进行期末调整之前，公司销货成本账户的余额为 380 000 美元。

要求：

1. 编制必要的会计分录，并登记日记账。
2. 资产负债表中存货的金额应为多少？
3. 利润表中销货成本项目的金额应为多少？
4. 哪个会计原则与这种情况最为相关？

P6-31A 纠正存货在三个会计年度的错误，并计算存货周转率和存货周转天数

ESC 书店的账簿列示了如下数据。2020 年初，公司审计人员发现 2017 年的期末存货被低估了 8 000 美元，2019 年的期末存货被高估了 9 000 美元。2018 年 12 月 31 日的期末存货是正确的。

	2019 年		2018 年		2017 年	
净销售额		$ 220 000		$ 162 000		$ 176 000
销货成本：						
期初存货	$ 22 000		$ 29 000		$ 46 000	
购货净成本	132 000		90 000		76 000	
可供销售的存货总成本	154 000		119 000		122 000	
减：期末存货	32 000		22 000		29 000	
销货成本		122 000		97 000		93 000
毛利		98 000		65 000		83 000
营业费用		72 000		38 000		48 000
净利润		$ 26 000		$ 27 000		$ 35 000

要求：

1. 编制上述三年正确的利润表。
2. 说明纠正之前各年的净利润是低估还是高估了，并指出每个错误数据被低估或高估的金额。
3. 使用利润表中三年的数据，计算存货周转率和存货周转天数（所有计算结果四舍五入到小数点后两位）。

P6A-32A 在定期盘存制下，利用先进先出法、后进先出法、加权平均法对存货进行会计处理

Futuristic 电子公司 10 月初有存货 65 件，每件成本为 82 美元。10 月，该商店存货采购业务记录如下：

	数量	单位成本
10 月 3 日	25	$ 90
12 日	30	$ 90
18 日	35	$ 96

Futuristic 电子公司采用定期盘存制，10 月 31 日的存货盘点数量为 80 件。

要求：

1. 分别计算先进先出法、后进先出法和加权平均法下该公司 10 月的销货成本和期末存货成本。

2. 10 月存货的净销售额总计 28 000 美元。分别计算先进先出法、后进先出法和加权平均法下该公司 10 月的毛利。

3. 如果公司希望少缴所得税，应该采取何种存货计价方法？为什么？如果该公司希望实现净利润最大化，应该选择何种存货计价方法？为什么？

第 7 章

会计信息系统

我应该如何处理这些纸质作业?

萨拉·法拉第正盯着桌子上的一摞纸质文件发呆。1月初，会计人员打电话提醒她需要提交公司的财务信息以便编制纳税申报单。萨拉拥有并经营着一家成功的商店，出售特色食物以及厨房用具，同时提供烹饪课程和美食研讨会。萨拉喜欢与顾客进行交流，帮助他们挑选合适的厨房用具，或者教给他们新的烹饪技巧。她唯一不喜欢的是企业需要完成大量的纸质会计记录。刚开业时，她在一个笔记本上记录下销售给顾客商品所赚取的收入以及应付的账单费用。然而，随着企业规模的扩大，再用这种方式进行会计记录就变得非常低效。

萨拉正考虑请她的会计人员帮她建立一个更为有效的企业会计信息系统，这样既节省时间又可以简化记账流程。除此之外，她还想将企业所有的交易活动都输入电脑，实现企业会计信息的即时获得。萨拉还需要一个可以生成各种报告（譬如企业财务报表）的系统，以便其做出会计决策。她知道目前存在更为简便的记录交易活动的方法。

有更有效的方式吗?

在计算机时代到来之前，企业不得不手工处理会计信息——使用纸和笔来编制会计分录。随着计算机技术的进步，越来越多的会计信息实现了自动化处理。目前，大多数企业使用各种形式的会计软件，或是只处理会计信息的基础系统，或是不仅处理会计信息还附带人事管理、生产排程和客户服务的高级系统。比如，味可美公司设立之初致力于调制出世界上最受欢迎的辣椒酱，但是在成长为一家跨国企业以后，公司的所有者不得不寻找一种记录企业所有会计信息的新方法。味可美公司使用一种特制的计算机系统，将其所从事的全部业务线都整合在一起。在本章中，我们将研究企业的会计信息系统。味可美公司所采用的会计信息系统可以帮助公司提高经营效率和效果。

学习目的

1. 描述有效的会计信息系统。
2. 在手工会计系统下，用特种日记账和明细分类账来登记销售和现金收取的日记账并过账。
3. 在手工会计系统下，用特种日记账和明细分类账来登记采购、现金支付，以及其他交易活动的日记账并过账。
4. 描述在计算机会计信息系统下，如何对交易活动进行处理。

7.1 会计信息系统是什么

会计信息系统（accounting information system，AIS）对各种会计数据进行收集、记录、存储、处理，以向决策者提供所需的会计信息。企业必须采用某种方式，收集和存储大量交易产生的会计数据，并用这些数据来编制财务报告，以辅助投资者、债权人和管理者做出决策。图表7-1举例说明了企业发生的各项商业交易在会计信息系统中是如何处理的。

图表 7-1 商业交易及对应的会计信息系统活动

商业交易	会计信息系统活动
销售存货	接受客户订单 审批信用条件 检查是否有足够存货可供销售 将存货运送给客户 开具销售发票 收到客户支付的货款
购买货物或者服务	申请购买货物或者服务 确定供应商 收到货物或者接受服务 处理供应商开具给企业的发票 支付所购货物或者服务的费用
发放工资	招聘新员工 收集工时记录数据 编制工资单，支付工资 编制工资纳税单，支付雇员个人所得税

有效的会计信息系统

一个有效的会计信息系统必须具备以下几个特征：

- 控制性；
- 兼容性；
- 灵活性；
- 相关性；
- 符合成本效益原则。

控制性

会计信息系统必须对企业的资产和数据进行严密的控制。内部控制可以保证企业资产的安全性，减少数据虚假或者错误的可能性。例如，企业需要建立一套支付货款的严格程序。会计信息系统建立的构架最好与管理程序相一致。

兼容性

一个具有兼容性的系统应该与企业的雇员和组织结构相匹配。一家小规模的公司并不需要大型的会计信息系统，它可以采用一套入门级别的软件包（如 QuickBooks 或者 Sage 50 Accounting（即原来的 Peachtree））。大型公司需要的会计系统则必须能够控制多个分支机构，并且能够追踪企业所有部门的收入和费用。

灵活性

会计信息系统必须足够灵活，能适应企业内部发生的各种变化。企业可能会销售新产品或者扩大销售区域，这意味着企业需要一个更为复杂的会计信息系统。

相关性

有效的会计信息系统所提供的信息必须具有相关性。换句话说，它所提供的信息必须能够帮助信息使用者有效提高决策能力，减少未来的不确定性，辅助企业实现总体战略目标。

符合成本效益原则

为实现会计信息系统的控制性、兼容性、灵活性和相关性，企业所投入的相关成本可能非常高。企业需要的会计信息系统必须能够做到以最低的成本获取最高的收益。一个相对而言不太昂贵的系统（例如 QuickBooks），也许是某家企业用来处理会计数据的最为有效的方式。但对于其他企业而言，也许更有必要投入大量金钱获得一个更复杂的系统。除此之外，企业必须考虑组织员工学习使用系统的培训成本，以及将数据输入系统的时间成本。企业只能投资那些带来的收益超过其所耗费成本的会计信息系统。

会计信息系统可以是手工系统（完全依赖纸和笔），或是计算机系统。不管是哪种系统，都应具备上面所提及的所有特征。

□ 会计信息系统的组成部分

会计信息系统有三大基本组成部分：

- 原始凭证和输入设备；
- 处理和存储；
- 输出。

原始凭证和输入设备

所有的数据都来源于**原始凭证**（source document）。原始凭证为会计交易活动提供了相关证据，包括购买发票、银行支票、销售发票等。许多企业使用纸质原始凭证，需要雇员将纸质原始凭证上的相关数据输入会计信息系统。这也可以通过数据输入程序，并使用键盘和电脑或者使用计算机化的扫描设备来实现。

现在大多数企业使用计算机会计信息系统，开发电子化的原始凭证，以电子格式捕捉数据，譬如电子发票和电子验收单。

原始凭证也增强了会计信息系统的控制性和可靠性。标准化的原始凭证要求将具体的数据输入系统，以确保每笔交易都得以准确、完整地记录。除此之外，通过为每笔新交易自动生成序号，使用预先编制号码的原始凭证还可以为系统提供必要的控制。

处理和存储

一旦数据输入系统，系统就需要对其进行处理。在手工会计信息系统下，处理程序包括将交易记入日记账，以及过账到各分类账户。然而在计算机会计信息系统下，通常使用软件对交易进行处理。软件对数据进行读取和编辑，使得企业不必再要求雇员登记日记账和过账。

企业的数据还需要存储。在手工系统下，数据通常以纸质的形式存储在档案柜以及离线文件库中。计算机化的系统允许企业将数据存储在一台主要计算机上（通常称为**服务器**（server））中，企业的员工能够从世界各地接触到这些信息。企业数据的维护和安全工作日益重要，必须注意黑客攻击（未授权访问）和恶意软件（病毒和间谍程序）对数据的威胁。企业正逐步增加资金投入以确保相关数据和信息的安全。

输出

输出指的是用来辅助信息使用者做出决策的各类报告，包括财务报表。在手工系统下，通常使用 Word 文档、Excel 表格或者 PowerPoint 幻灯片等来编制报告和财务报表。在计算机化的系统下，软件能够即刻生成报表，来辅助商业决策，并且容易控制。

7.2　手工会计信息系统下如何进行销售和现金收取的记录

我们现在来回顾在手工会计信息系统中，销售和现金收取是如何记录的。你也许会感到疑惑：既然大部分企业都使用计算机会计信息系统，我们何必花费精力来研究手工会计信息系统呢？下面给出三个主要理由：

（1）学习手工会计信息系统可以使你同时掌握手工和计算机系统的处理方法。不管采用什么系统，会计处理是相同的。

（2）很少有小型企业将其会计信息全部计算机化。即使是使用 QuickBooks 或者 Sage 50（两种最流行的入门级会计信息系统）的企业，也会有一些手工会计记录。

（3）学习手工会计信息系统有助于你更好地掌握会计知识。

□ 特种日记账

在手工会计系统下，交易活动通常会被分类。将所有的交易都登记在普通日记账中是非常低效的，所以企业通常使用特种日记账。**特种日记账**（special journal）是专门用来记录某一特定种类经济交易发生情况的日记账。赊销、现金收取、赊购、现金支付这四种类型交易对应产生了四类特种日记账。例如：

- 赊销活动记录在销货日记账中。
- 现金收取记录在现金收入日记账中。
- 赊购存货及其他资产记录在购货日记账中。
- 现金支付记录在现金支出日记账中。
- 不符合任何一种特种日记账的交易活动，譬如调整分录，记录在普通日记账（起兜底功能的日记账）中。

手工会计信息系统下这五种类型的交易活动，以及与其相关的日记账、过账索引，可参照图表 7-2 的总结。

图表 7-2 手工会计信息系统

交易活动	日记账	过账索引
赊销	销货日记账	S
现金收取	现金收入日记账	CR
赊购	购货日记账	P
现金支付	现金支出日记账	CP
其他	普通日记账	J

□ 明细分类账

除了特种日记账，会计信息系统还使用明细分类账。**明细分类账**（subsidiary ledger）在有关总账科目下设置，有两种较为常见：应收账款明细分类账和应付账款明细分类账。

应收账款明细分类账

应收账款明细分类账（accounts receivable subsidiary ledger）包含每一个客户的应收账款账户项目，详细记录了应收账款的客户名称和账户余额。除此之外，应收账款明细分类账还包含其他详细信息，如每个客户的采购总额、已支付款项及尚欠公司的款项等。应收账款明细分类账中所有账户的余额加总必须等同于总分类账中应收账款账户的金额，如图表 7-3 所示。总分类账中应收账款的账户余额 4 319 美元等于应收账款明细分类账中所有账户的余额加总（935＋907＋694＋1 783）。

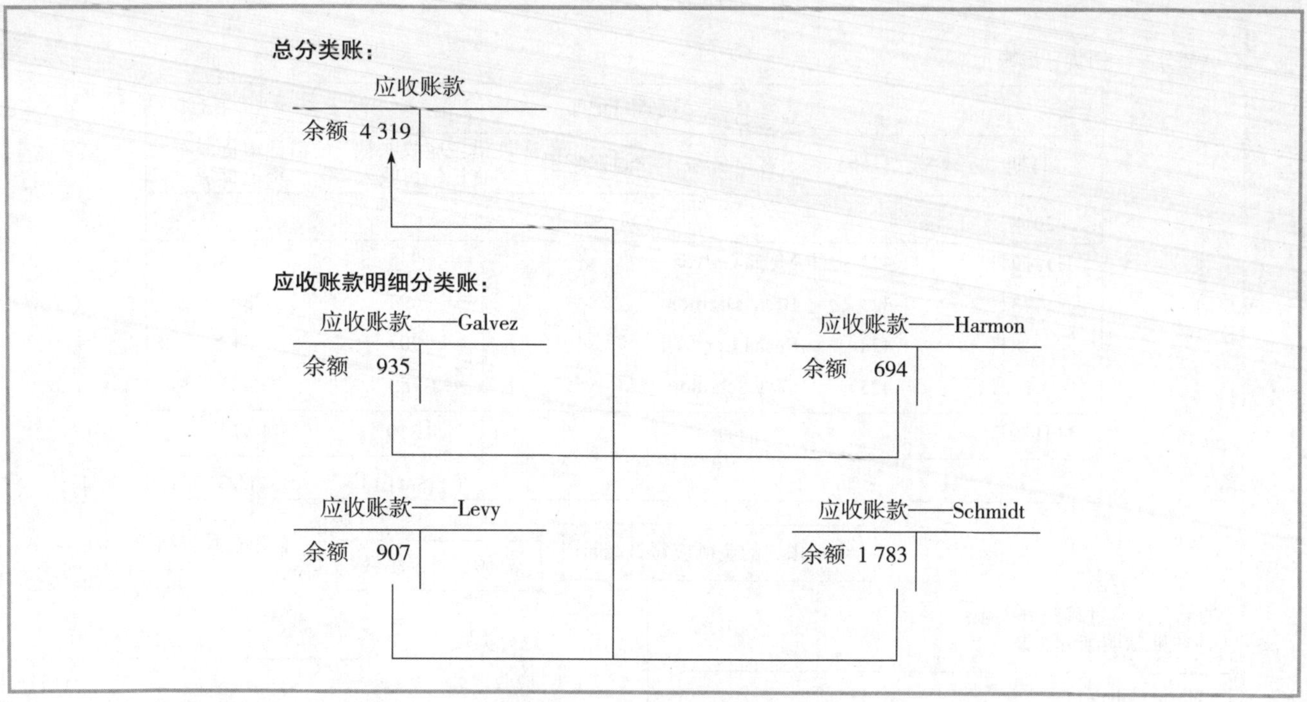

图表 7-3　应收账款明细分类账

总分类账中的应收账款账户称为**统驭账户**（control account），此账户的余额应等于明细分类账中所有账户的余额之和。

应付账款明细分类账

为了保证及时付款，企业必须对其所欠每个供应商的货款数目都了如指掌。总分类账中的应付账款仅仅列示了所欠供应商货款的总额，并没有列示企业对每个供应商的欠款数额。因此，企业开设了与应收账款明细分类账非常类似的应付账款明细分类账。

在**应付账款明细分类账**（accounts payable subsidiary ledger）中，企业以字母顺序列示了所有供应商的名字，并详细记录了对每一个供应商的已支付款项及尚未支付款项。应付账款明细分类账中所有账户的余额总和与总分类账中的应付账款（统驭账户）的余额相等。

□ 销货日记账

大部分商品流通企业赊销货物，这些赊销交易记录在销货日记账中。**销货日记账**（sales journal）只记录赊销交易，而不记录现销交易（现销交易记录在现金收入日记账中）。除存货以外的其他资产的赊销，譬如建筑物的赊销等，由于不经常发生，也不记录在销货日记账中，而是记录在总分类账中。

记录交易

图表 7-4 列示了销货日记账（A 部分）以及与其相关的向分类账过账的过程（B 部分）。当一家企业完成一笔销售交易时，会计人员将下列信息输入销货日记账：

- 日期；
- 发票号码；
- 客户名称；
- 交易金额。

A部分——销货日记账

销货日记账					第3页
日期	发票号码	客户名称	过账索引	借记应收账款 贷记销售收入	借记销货成本 贷记存货
2018					
11月2日	422	Maria Galvez	√	935	505
13日	423	Brent Harmon	√	694	361
18日	424	Susan Levy	√	907	517
27日	425	Clay Schmidt	√	1 783	431
11月30日		合计		4 319	1 814
				（115/410）	（511/131）

个别账户的金额应每日结转

总额在月末结转

总额在月末结转

B部分——过账到分类账：
应收账款明细分类账

Maria Galvez

日期	过账索引	借方	贷方	余额 借方	余额 贷方
11月2日	S.3	935		935	

Brent Harmon

日期	过账索引	借方	贷方	余额 借方	余额 贷方
11月13日	S.3	694		694	

Susan Levy

日期	过账索引	借方	贷方	余额 借方	余额 贷方
11月18日	S.3	907		907	

Clay Schmidt

日期	过账索引	借方	贷方	余额 借方	余额 贷方
11月27日	S.3	1 783		1 783	

总分类账

应收账款 115号

日期	过账索引	借方	贷方	余额 借方	余额 贷方
11月30日	S.3	4 319		4 319	

存货 131号

日期	过账索引	借方	贷方	余额 借方	余额 贷方
11月1日	余额			3 885	
30日	S.3		1 814	2 071	

销售收入 410号

日期	过账索引	借方	贷方	余额 借方	余额 贷方
11月30日	S.3		4 319		4 319

销货成本 511号

日期	过账索引	借方	贷方	余额 借方	余额 贷方
11月30日	S.3	1 814		1 814	

图表7-4 销货日记账及过账

仔细考虑 A 部分中的第一笔交易。在 11 月 2 日，企业向客户 Maria Galvez 公司赊销了价值 1 100 美元（折扣条件为“15/20，n/30”）的货物，成本为 505 美元，发票号码为 422。在第 5 章，你已经学会在总分类账中记录此项交易，所做的会计分录如下：

日期	科目及摘要	借方	贷方
11 月 2 日	应收账款	935	
	销售收入（$1 100−($1 100×0.15)）		935
	（扣除折扣赊销货物）		
2 日	销货成本	505	
	存货		505
	（记录销货成本）		

当使用特种日记账时，企业将这笔交易记录在销货日记账中，而不是普通日记账中。销货日记账中与此笔销售交易相关的所有信息只有一行，如下所示：

销货日记账　　第 3 页

日期	发票号码	客户名称	过账索引	借记应收账款 贷记销售收入	借记销货成本 贷记存货
2018 年					
11 月 2 日	422	Maria Galvez		935	505

（过账索引）直到过账后才使用此栏。

（借记应收账款/贷记销售收入）日记账的一部分，记录销售收入和对应的应收款项。

（借记销货成本/贷记存货）日记账的一部分，记录费用和存货的减少。

这笔会计分录通过借记应收账款，贷记销售收入各 935 美元，记录了此交易活动产生的销售收入和对应的应收账款；同时，通过借记销货成本，贷记存货各 505 美元，记录了该交易所耗费的成本费用以及存货的减少额。使用销货日记账对销售交易进行流水账记录，大大节省了时间。

像大多数企业一样，该企业也采用永续盘存制（本章我们只以永续盘存制为例）。永续盘存制下记录一笔销售交易时，企业必须记录销售成本和存货的减少。而在定期盘存制下，销货日记账则不需要最后一栏（借记销货成本，贷记存货），因为在销售发生时并没有做有关销货成本和存货的会计分录。

在我们所举的例子中，销货日记账仅有两栏需要填写金额：一栏记录销售收入和应收账款，另一栏则记录与销售相关的成本费用。需要缴纳销售税的企业则需要对销货日记账进行相应的修改，增加“应交销售税”一栏。修改过的销货日记账如下所示：

销货日记账　　第 3 页

日期	发票号码	客户名称	过账索引	借记应收账款	贷记应交销售税	贷记销售收入	借记销货成本 贷记存货

每家企业都会根据其自身的销售业务类型，对销货日记账进行相应的修改。尽管如此，仍应注意销货日记账只记录赊销交易。

过账

销货日记账中的分录要过账到应收账款明细分类账和总分类账。

过账到应收账款明细分类账 对于应收账款的个人账户，企业应从销货日记账逐日结转到应收账款明细分类账中。例如，在11月2日，会计师将935美元的应收账款过账到应收账款个人账户——Maria Galvez账户中。从销货日记账逐日过账到明细分类账，可以使企业对每一名顾客的应收款项进行动态记录。

在过账到明细分类账以后，会计人员会在销货日记账的过账索引一栏内做核对标记（见图表7-4），来提醒企业此笔交易已经过账到Galvez的账户。

过账到总分类账 在每月月末，会计人员分别加总（通常称为“合计”）应收账款、销售收入、销货成本、存货各栏，然后将这些科目的总额从销货日记账过账到总分类账。

在图表7-4（A部分）中，11月的贷方销售额合计为4 319美元，需将其过账到总分类账中的应收账款和销售收入科目，还需将每一笔科目的科目编号打印在销货日记账的合计数下面。在图表7-4（B部分）中，应收账款的科目编号为115，销售收入的科目编号为410。将这些科目编号写在销货日记账上，表明已经将4 319美元过账到这两个科目中。

销货成本的借方合计额1 814美元和存货的贷方合计额1 814美元，也需要在每月月末进行过账。过账后，这两个科目的科目编号也要写在销货日记账对应合计数的下方，以表明已完成对这两个科目的过账。

当会计人员过账时，日记账页码和名称简写也要登记在分类账中，以表明数据来源。图表7-4中的所有交易数据都来自第3页的销货日记账，因此“过账索引”一栏应填写“S.3”（S代表销货日记账）。过账后，总分类账中应收账款的余额应与明细分类账中各个顾客的应收账款汇总数相等。

在图表7-4中可以追踪到所有的过账过程。学习会计信息系统的方式就是研究数据流动，箭头标明了信息流动的方向。

□ 现金收入日记账

所有的企业都会发生很多现金交易，所以**现金收入日记账**（cash receipts journal）可以派上用场。现金收入日记账是用来记录现金收取情况的特种日记账。

图表7-5列示了现金收入日记账，此日记账所记录的每一笔交易都是现金收入。

现金的主要来源是应收账款的回收和现销交易：应收账款的回收需要借记现金，贷记应收账款；现销交易需要借记现金，贷记销售收入，同时借记销货成本，贷记存货。现金收入日记账还包含其他科目（贷方）一栏，用来记录其他杂项现金收取交易，以及放弃的销售折扣（贷方）一栏，用来记录放弃的销售折扣。

记录交易活动

在图表7-5中，第一笔现金收入发生在11月6日，现销交易收取现金517美元（销货成本为290美元）。如果在总分类账中记录这项交易活动，则相应的会计分录如下：

A部分——现金收入日记账：

现金收入日记账								第5页
日期	贷方账户	过账索引	现金（借方）	应收账款（贷方）	销售收入（贷方）	放弃的销售折扣（贷方）	其他科目（贷方）	销售成本（借方）存货（贷方）
2018								
11月6日			517		517			290
11日	应付票据——第一银行	221	1 000				1 000	
14日	Maria Galvez	√	935	935				
19日			853		853			426
22日	Brent Harmon	√	700	694				
25日	利息收入	460	762			6	762	
28日			1 802		1 802			991
11月30日	合计		6 569	1 629	3 172	6	1 762	1 707
			(101)	(115)	(410)	(420)	(×)	(511/131)

总额在月末结转　应收账户逐个逐日结转　总额不过账　总额在月末结转

各个账户的变动额在月末结转

B部分——过账到分类账：

应收账款明细分类账

Maria Galvez

日期	过账索引	借方	贷方	余额 借方	余额 贷方
11月2日	S.3	935		935	
14日	CR.5		935	0	

Brent Harmon

日期	过账索引	借方	贷方	余额 借方	余额 贷方
11月13日	S.3	694		694	
22日	CR.5		694	0	

Susan Levy

日期	过账索引	借方	贷方	余额 借方	余额 贷方
11月18日	S.3	907		907	

Clay Schmidt

日期	过账索引	借方	贷方	余额 借方	余额 贷方
11月27日	S.3	1 783		1 783	

总分类账

现金　101号

日期	过账索引	借方	贷方	余额 借方	余额 贷方
11月3日	CR.5	6 569		6 569	

应收账款　115号

日期	过账索引	借方	贷方	余额 借方	余额 贷方
11月3日	S.3	4 319		4 319	
30日	CR.5		1 629	2 690	

存货　131号

日期	过账索引	借方	贷方	余额 借方	余额 贷方
11月1日	余额			3 885	
30日	S.3		1 814	2 071	
30日	CR.5		1 707	364	

应付票据——第一银行　221号

日期	过账索引	借方	贷方	余额 借方	余额 贷方
11月11日	CR.5		1 000		1 000

销售收入					410号
				余额	
日期	过账索引	借方	贷方	借方	贷方
11月30日	S.3		4 319		4 319
30日	CR.5		3 172		3 172

放弃的销售折扣					420号
				余额	
日期	过账索引	借方	贷方	借方	贷方
11月30日	CR.5		6		6

利息收入					460号
				余额	
日期	过账索引	借方	贷方	借方	贷方
11月25日	CR.5		762		762

销售成本					511号
				余额	
日期	过账索引	借方	贷方	借方	贷方
11月30日	S.3	1 814		1 814	
30日	CR.5	1 707		3 521	

图表 7－5　现金收入日记账及过账

日期	科目及摘要	借方	贷方
11月6日	现金	517	
	销售收入		517
	（现销货物）		
6日	销货成本	290	
	存货		290
	（记录销货成本）		

然而，在现金收入日记账中记录此项交易活动时，只需要做一行记录。借记现金，贷记销售收入各517美元，同时借记销货成本，贷记存货各290美元。

11月11日，企业从第一银行借款1 000美元。如果在总分类账记录这项交易活动，则相应的会计分录如下：

日期	科目及摘要	借方	贷方
11月11日	现金	1 000	
	应付票据——第一银行		1 000
	（收取现金，以应付票据做交换）		

在现金收入日记账中记录此项交易活动时，会计人员将在“现金（借方）”一栏中记录1 000美元。

“其他科目（贷方）”一栏则用来记录应付票据的贷方发生额，因为现金收入日记账中没有为借款开设专门的贷方栏目。对本笔交易而言，还需要将科目名称“应付票据——第一银行”写入“贷方账户”一栏。当现金收入日记账没有列示一笔交易活动所涉及的贷方科目时，使用“其他科目（贷方）”一栏。另举一例：11月25日，企业收到一笔现金流入——利息收入762美元。现金收入日记账中没有为利息收入开设专门的贷方科目，所以使用“其他科目（贷方）”一栏来记录，并且将贷方科目名称写入“贷方账户”一栏。

11月14日，企业从Maria Galvez处回收应收账款935美元。回到11月2日，企业向Maria Galvez赊销货物1 100美元（折扣条件为“15/20，n/30”），并将此笔赊销交易记录在销货日记账上。该赊销交易规定：如果客户及时付款，企业将给予165美元的销售折扣，而Galvez恰在折扣期内支付了货款。企业将此笔现金收入登记在现金收入日记账上，借记现金935美元，贷记应收账款935美元。客户的名字出现在“贷方账户”一栏中。

企业不需要处理与Galvez的交易有关的销售折扣，因为在销售发生时这笔交易活动就按照扣除折扣的净额予以记录。只有当顾客没有利用销售折扣时，企业才会使用“放弃的销售折扣（贷方）”一栏。以Brent Harmon为例，11月22日，企业从Brent Harmon处收回应收账款700美元（包括欠企业的694美元加上放弃的销售折扣6美元）。因为Brent Harmon没有在折扣期限内付款，其必须支付比应收账款更多的款项。企业将此笔现金收入登记在现金收入日记账上，借记现金700美元，贷记应收账款694美元，贷记放弃的销售折扣6美元。

过账

像销货日记账一样，现金收入日记账中的分录也需要逐日结转到应收账款明细分类账中，以及逐月结转到总分类账中。

过账到应收账款明细分类账 企业应将现金收入日记账的发生额逐日结转到应收账款明细分类账中，过账必须贷记有关账户。将935美元过账到Maria Galvez账户的贷方，其账户余额减至0。Brent Harmon账户余额减至0。过账后，会计人员会在现金收入日记账的“过账索引”一栏内做核对标记，并在明细分类账中列示过账依据——CR. 5（表明过账来源是现金收入日记账第5页）。

过账到总分类账 在每月月末，现金收入日记账的每一栏均被加总。通过比较借方科目总额和贷方科目总额，可以验证借方和贷方是否相等。

借方栏		贷方栏	
现金	$6 569	应收账款	$1 629
销货成本	1 707	销售收入	3 172
		放弃的销售折扣	6
		其他账户	1 762
		存货	1 707
合计	$8 276		$8 276

除“其他账户（贷方）”一栏的其他所有栏目，均以其总额过账到总分类账。例如，现金总额6 569美元过账到总分类账中的现金账户借方。过账后，将科目编号写在现金收入日记账对应合计数的下方。现金的科目编号为101，写在“现金（借方）”一栏合计数的下方，其他科目以此类推。总分类账中还

需列示出日记账（CR）以及页码数（5），作为过账索引。通过图表7-5中的箭头指示，追踪过账的数额。

对于“其他科目（贷方）”一栏，并不以其总额过账，而是以各个科目的金额分别过账。在图表7-5中，11月11日发生的交易活动记入应付票据——第一银行。1 000美元的贷方金额需要单独过账到总分类账中的应付票据——第一银行账户。在“过账索引”一栏列示的科目编号（221），表明此笔交易金额已被单独过账。此栏目下方的符号“×”则表示该栏目的合计数并没有被过账。

过账后，应收账款明细分类账中各余额之和与总分类账中应收账款账户的余额相等，如下所示：

总分类账	
应收账款借方余额	$2 690
明细分类账：客户应收账款	
客户名称	**余额**
Maria Galvez	$0
Brent Harmon	0
Susan Levy	907
Clay Schmidt	1 783
应收账款总额	$2 690

两者必须相等

7.3 手工会计信息系统下如何进行采购、现金支付和其他交易活动的记录

之前你已经学过，在手工会计信息系统下，赊销交易记录在销货日记账中，而现金收取登记在现金收入日记账中。现在我们把注意力转移到采购和现金支付上。

□ 购货日记账

商业企业需要赊购存货以及其他商品（譬如办公用品、机器设备、办公设备等）。**购货日记账**（purchases journal）用来记录此类交易以及其他赊购交易活动。现购交易并不记录在购货日记账中，而是登记在现金支出日记账中。

图表7-6列示了购货日记账（A部分）及过账过程（B部分）。购货日记账有以下特殊栏目：

- 应付账款（贷方）；
- 存货（借方）、办公用品（借方）、其他账户（借方）。

赊购除存货和办公用品以外的其他商品时，需登记在“其他科目（借方）”一栏。该企业采用的是永续盘存制。在定期盘存制下，“存货（借方）”这一栏将被“材料采购（借方）”所代替。

记录交易

我们先来看第一笔交易。11月2日，企业从Hanes纺织品公司采购存货，花费700美元。如果在总分类账中记录这项交易活动，则相应的会计分录如下：

A部分——购货日记账：

购货日记账　　第8页

日期	供应商账户（贷方）	采购条款	过账索引	应收账款（贷方）	存货（借方）	办公用品（借方）	其他科目（借方）科目名称	过账索引	金额
2018									
11月2日	Hanes纺织品公司	3/15,n/30	√	700	700				
5日	先锋塑料制品公司	n/30	√	319	319				
9日	城市办公用品供应处	2/10,n/30	√	440			机器设备	191	440
12日	高级影印公司	n/30	√	236	236				
13日	Hanes纺织品公司	3/15,n/30	√	451	451				
19日	城市办公用品供应处	2/10,n/30	√	103		103			
23日	O'Leary设备公司	n/60	√	627			办公设备	181	627
11月30日	合计			2 876	1 706	103			1 067
				(210)	(131)	(161)			(×)

应付账款账户逐个逐日过账

总额每月月末过账

总额不过账

个别账户每月月末过账

B部分——过账到分类账：

应付账款明细分类账

高级影印公司

日期	过账索引	借方	贷方	余额 借方	余额 贷方
11月12日	P.8		236		236

城市办公用品供应处

日期	过账索引	借方	贷方	余额 借方	余额 贷方
11月9日	P.8		440		440
19日	P.8		103		543

Hanes纺织公司

日期	过账索引	借方	贷方	余额 借方	余额 贷方
11月2日	P.8		700		700
13日	P.8		451		1 151

O'Leary设备公司

日期	过账索引	借方	贷方	余额 借方	余额 贷方
11月23日	P.8		627		627

先锋塑料制品公司

日期	过账索引	借方	贷方	余额 借方	余额 贷方
11月5日	P.8		319		319

总分类账

存货　　第131号

日期	过账索引	借方	贷方	余额 借方	余额 贷方
11月1日	余额			3 885	
30日	S.3		1 814	2 071	
30日	CR.5		1 707	364	
30日	P.8	1 706		2 070	

办公用品　　第161号

日期	过账索引	借方	贷方	余额 借方	余额 贷方
11月3日	P.8	103		103	

办公设备　　第181号

日期	过账索引	借方	贷方	余额 借方	余额 贷方
11月23日	P.8	627		627	

机器设备　　第191号

日期	过账索引	借方	贷方	余额 借方	余额 贷方
11月9日	P.8	440		440	

应付账款　　第210号

日期	过账索引	借方	贷方	余额 借方	余额 贷方
11月30日	P.8		2 876		2 876

图表7-6　购货日记账及过账

日期	科目及摘要	借方	贷方
11月2日	存货	700	
	应付账款		700
	（赊购货物）		

在购货日记账中记录此项交易活动时，只需要做一行记录。这家供应商的名称（Hanes 纺织品公司）登记在“供应商账户（贷方）”一栏。采购条款“3/15，n/30”也要进行记录，以表明付款的截止日期和可获得的折扣。同时还要贷记应付账款，借记存货。

11月9日，企业从城市办公用品供应处采购机器设备。购货日记账没有为机器设备专门设置一栏，所以需登记在“其他科目（借方）”一栏中。因为这是一笔赊购交易，所以会计人员还要将供应商的名称（城市办公设备供应处）登记在“供应商账户（贷方）”一栏，将“机器设备”登记在“科目名称”一栏。

过账

购货日记账中的分录需要逐日结转到应付账款明细分类账中，以及逐月结转到总分类账中。

过账到应付账款明细分类账　对于应付账款的个人账户，企业应从购货日记账逐日结转到应付账款明细分类账中，这可以使企业对每一名供应商的应付款项进行动态记录。例如，在11月2日，会计人员将700美元的应付账款过账到应付账款明细分类账中的 Hanes 纺织品公司账户。过账后，会计人员会在购货日记账的“过账索引”一栏内做核对标记，表明金额已被过入明细分类账。除此之外，还需要在明细分类账上标明过账索引（P. 8）。

过账到总分类账　从购货日记账过账到总分类账的方法与从其他特种日记账过账到总分类账的方法类似。图表7-6（B部分）阐明了过账过程。在每月月末，会计人员分别加总各栏金额。除了“其他科目（借方）”之外，所有栏目的总额均要过账到总分类账中。例如，“应付账款（贷方）”一栏的总额为2 876美元，需将其过账到总分类账中应付账款账户的贷方。过账后，科目编号需列示在购货日记账上，过账索引需标明在总分类账上。对于“其他科目（借方）”一栏，并不以其总额过账，而是以各个科目的金额分别过账（与在现金收入日记账的过账方式相同）。当所有过账结束以后，总分类账中应付账款账户的余额应该与明细分类账中企业对各个供应商的应付账款的汇总数相等。

□ 现金支出日记账

大多数情况下企业用支票来付款，所有的支票都要登记于**现金支出日记账**（cash payment journal），也称为支票登记簿（check register）。图表7-7列示了现金支出日记账（A部分）及过账过程（B部分）。

现金支出日记账有两个借方栏——“其他科目”和“应付账款”，有两个贷方栏——“存货（购货折扣）”和“现金”。此外，还包括每笔现金支付的日期、支票号码以及要借记的对方科目等各栏。

记录交易

我们先来观察现金支出日记账中所列示的第一笔交易。11月3日，企业支付现金1 200美元来偿付租金。现金支出日记账通过借记其他科目、贷记现金来记录这笔现金的支付活动。“其他科目（借方）”一栏作为兜底栏，用来登记没有专门栏目的会计科目。企业将其他科目的名称——此例中的“租赁费用”，写在“其他科目（借方）”一栏中。在11月8日企业使用现金购买办公用品，以及11月26日使用现金购买存货时，也要用到“其他科目（借方）”一栏。

A部分——现金支出日记账：

现金支出日记账							第6页
日期	支票号码	借方科目	过账索引	其他科目（借方）	应付账款（借方）	存货（贷方）	现金（贷方）
2018							
11月3日	101	租赁费用	541	1 200			1 200
8日	102	办公用品	161	61			61
15日	103	Hanes纺织品公司	√		700	21	679
20日	104	先锋塑料制品公司	√		119		119
26日	105	存货	131	2 200			2 200
11月30日		合计		3 461	819	21	4 259
				（×）	（210）	（131）	（101）

总额不过账

总额每月月末过账

个别应付账户逐日过账

个别应付账户月末过账

B部分——过账到分类账：
应付账款明细分类账

高级影印公司					
				余额	
日期	过账索引	借方	贷方	借方	贷方
11月12日	P.8		236		236

城市办公用品供应处					
				余额	
日期	过账索引	借方	贷方	借方	贷方
11月9日	P.8		440		440
19日	P.8		103		543

Hanes纺织品公司					
				余额	
日期	过账索引	借方	贷方	借方	贷方
11月2日	P.8		700		700
13日	P.8		451		1 151
15日	CP.6	700			451

O Leary’设备公司					
				余额	
日期	过账索引	借方	贷方	借方	贷方
11月23日	P.8		627		627

先锋塑料制品公司					
				余额	
日期	过账索引	借方	贷方	借方	贷方
11月5日	P.8		319		319
20日	CP.6	119			200

总分类账

现金					第101号
				余额	
日期	过账索引	借方	贷方	借方	贷方
11月30日	CR.5	6 569		6 569	
30日	CR.6		4 259	2 310	

存货					第131号
				余额	
日期	过账索引	借方	贷方	借方	贷方
11月1日	余额			3 885	
26日	CP.6	2 200		6 085	
30日	S.3		1 814	4 271	
30日	CR.5		1 707	2 564	
30日	P.8	1 706		4 270	
30日	CP.6		21	4 249	

办公设备					第161号
				余额	
日期	过账索引	借方	贷方	借方	贷方
11月8日	CP.6	61		61	
30日	P.8	103		164	

应付账款					第210号
				余额	
日期	过账索引	借方	贷方	借方	贷方
11月30日	P.8		2 876		2 876
30日	CP.6	819			2 057

租赁费用					第541号
				余额	
日期	过账索引	借方	贷方	借方	贷方
11月3日	CP.6	1 200		1 200	

图表 7－7　现金支出日记账及过账

在11月15日，企业向供应商Hanes纺织品公司支付之前赊购的款项，信用条件为“3/15，n/30”（细节可参照图表7-6中购货日记账的第一笔交易）。在折扣期内付款可以获得3%的购货折扣（21美元），企业只需支付剩余的679美元（700−21）。如果在总分类账中记录这项交易活动，则相应的会计分录如下：

日期	科目及摘要	借方	贷方
11月15日	应付账款	700	
	现金		679
	存货		21
	（在折扣期内付款）		

然而在现金支出日记账中记录此项交易活动时，只需要做一行记录。在“现金（贷方）”一栏登记679美元，在“应付账款（借方）”一栏登记700美元，同时将购货折扣数额21美元登记在“存货（贷方）”一栏。所有包含现金支付的交易活动都要登记在现金支出日记账中。

过账

现金支出日记账中的分录也需要逐日结转到应付账款明细分类账中，以及逐月结转到总分类账中。

过账到应付账款明细分类账 从现金支出日记账过账到明细分类账的过程类似于从现金收入日记账过账到明细分类账的过程。企业对每个供应商的应付账款数额，都需逐日结转到应付账款明细分类账中的借方，减少应付账款的余额。例如，企业向Hanes纺织品公司偿付了应付账款700美元，需将700美元过账到Hanes纺织品公司明细分类账账户的借方，其账户余额减至451美元。过账后，会计人员会在现金支出日记账的“过账索引”一栏内做核对标记，并在明细分类账中列示过账依据——CP.6（表明过账来源是现金支出日记账第6页）。

过账到总分类账 在每月月末，现金支出日记账的每一栏均要被加总。除了“其他科目（借方）”之外，所有栏目的总额均应过到总分类账中。过账后，科目编号需列示在现金支出日记账对应合计数的下方，过账索引需标明在总分类账上。

对于“其他科目（借方）”一栏，并不以其总额过账，而是以各个科目的金额分别过账（例如，租赁费用——借记1 200美元）。当“其他科目（借方）”一栏中的各个数额均过账到总分类账以后，企业需在“过账索引”一栏列示科目编号。此栏目下方的符号“×”则表示该栏目的合计数并没有过账。

在所有过账结束以后，总分类账中应付账款账户的余额应该与明细分类账中企业对各个供应商的应付账款的汇总数相等。

总分类账	
应付账款贷方余额	$2 057
明细分类账：应付账款	
客户名称	**余额**
高级影印公司	$236
城市办公用品供应处	543
Hanes纺织品公司	451
O'Leary设备公司	627
先锋塑料制品公司	200
应付账款总额	$2 057

两者必须相等

□ 总分类账

在记录重复性的交易时，特种日记账可以节约时间。但是有些交易并不适合登记在特种日记账中，例如，折旧的调整分录、预付保险费的到期摊销以及应计的应付职工薪酬等。企业也常常使用总分类账来记录销售退回和折让、购货退回和折让。所有的会计信息系统都需要总分类账。调整分录、结账分录，以及其他非常规的交易，都需要登记在总分类账中。

如我们所知，手工会计信息系统包含五种日记账：销货日记账、现金收入日记账、购货日记账、现金支付日记账以及总分类账。要牢记，任何一种交易活动，要么登记在其中一种特种日记账上，要么登记在总分类账上，而并非两者都要登记。在手工会计信息系统下记录某笔交易活动时，图表 7－8 所提供的对五种日记账的总结可以帮助你决定究竟应该使用哪种日记账。

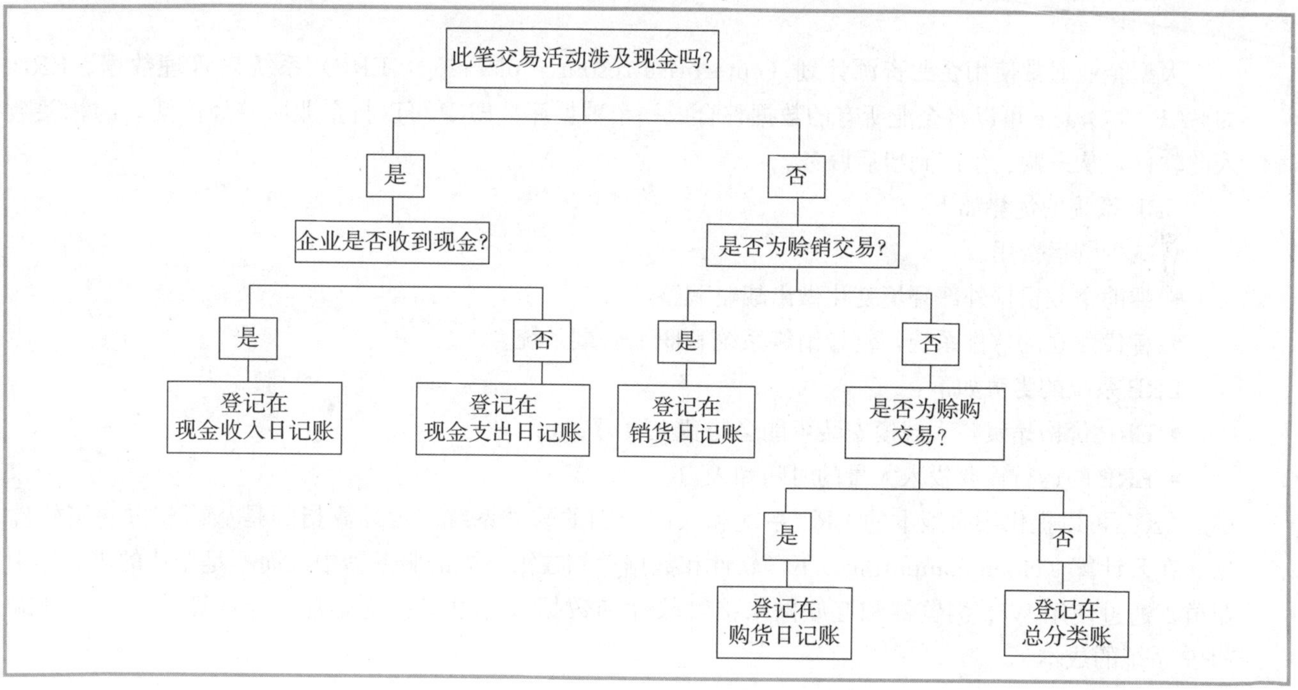

图表 7－8　在特种日记账中记录交易活动

7.4　计算机会计信息系统下如何进行交易的记录

计算机会计信息系统有两大基本组成部分：

- 硬件；
- 软件。

硬件（hardware）指的是电子设备，包括计算机、显示器、打印机以及连接这些设备的网络。大部分系统需要**网络**（network）连接计算机。在联网系统中，服务器存储程序和数据。

软件（software）指的是驱动计算机运行的一系列程序。会计软件读取、编辑和存储交易数据，同时生成用来辅助企业决策的财务报告。很多软件包具有极大的灵活性。譬如，一家小型清洁公司的会计信息系统可能只部分计算机化，使用计算机生成员工工资单，其他部分则手工处理。

□ 入门级别的软件

随着可获得的计算机会计信息系统的增加，越来越多的企业开始使用计算机处理其所有的会计业务。两个最常用的入门级别的软件包是 QuickBooks 和 Sage 50 Accounting。这两个系统使得企业可以记录商品销售和存货信息。除此之外，系统还可以记录费用并生成财务报表。这些计算机会计信息系统操作起来非常方便，并不需要知晓太多的会计知识或者一般会计准则。它使得企业能够规划财务，追踪收入和费用，并完成记账工作。尽管 QuickBooks 和 Sage 50 Accounting 对于小规模企业来说非常合适，但是随着规模的不断扩大，企业迫切需要可以处理更复杂的流程和交易的软件系统。

□ 企业资源计划系统

大型企业通常使用**企业资源计划**（enterprise resource planning，ERP）系统来管理数据。ERP 系统如 SAP 和 Oracle 可以将企业所有的数据整合成一个数据库。ERP 可以将企业所有经济活动的相关数据输入此软件，从采购、生产到售后服务。

ERP 系统的优势如下：

- 减少营运费用。
- 帮助企业根据外部环境变化做出战略调整。
- 替代独立的软件系统，例如销售系统和职工薪酬系统。

ERP 系统的劣势如下：

- ERP 价格昂贵，大规模安装可能会花费上百万美元。
- ERP 的运行需要投入大量的时间和人力。

“云”可以提供很多版本的 ERP 系统和入门级别的软件系统。云计算指的是从第三方购买软件和数据。在**云计算**（cloud computing）下，软件和数据存储在第三方的服务器中，而不是企业的服务器中。企业员工通过使用 Web 浏览器和互联网来接触软件和数据。对很多企业而言，云计算可以大大削减使用 ERP 系统的成本。

□ QuickBooks

我们可以通过观察软件系统如何处理经济业务，来了解计算机会计信息系统的运行。下面我们将介绍一种入门级别的软件系统——QuickBooks。尽管老师也许并没有要求你们使用 QuickBooks 来完成作业，但对你们而言，研究学习 QuickBooks 软件如何处理常见会计分录仍然非常有益。

大多数计算机会计信息系统是以功能或者任务组合在一起的。用户可以从菜单中选择任何一种功能，譬如开发票。（菜单是用来选择计算机功能的选项列表。）QuickBooks 软件使用位于屏幕左侧的导航面板，允许用户从客户、供应商、员工、交易和报告等选项菜单中进行选择。导航面板上的选项卡（客户、供应商、员工、交易和报告）用来处理公司将用到的所有事务。涉及客户的交易，包括发票（应收账款）、付款收据和销售退货，将被记录在客户选项卡中。供应商选项卡处理涉及供应商的交易，包括输入账单（应付账款）、支付账单和处理退款。企业的财务报告，如利润表和资产负债表，也可以从导航面板访问。

开具销售发票

假设6月23日，STL公司为理查德·米丘拉提供了3 000美元的服务，客户尚未支付此项服务费用。在QuickBooks软件系统中记录此笔交易活动时，STL公司需要为理查德开具销售发票。图表7-9是公司所开具的发票，注意发票上没有借方和贷方项目。在计算机会计信息系统下，企业并不必要以借贷的格式来记录交易。通过开具这张发票，软件系统自动借记应收账款——理查德，贷记销售收入。在开完发票以后，软件系统将此项交易过账到相应的总分类账中，无须手工过账。

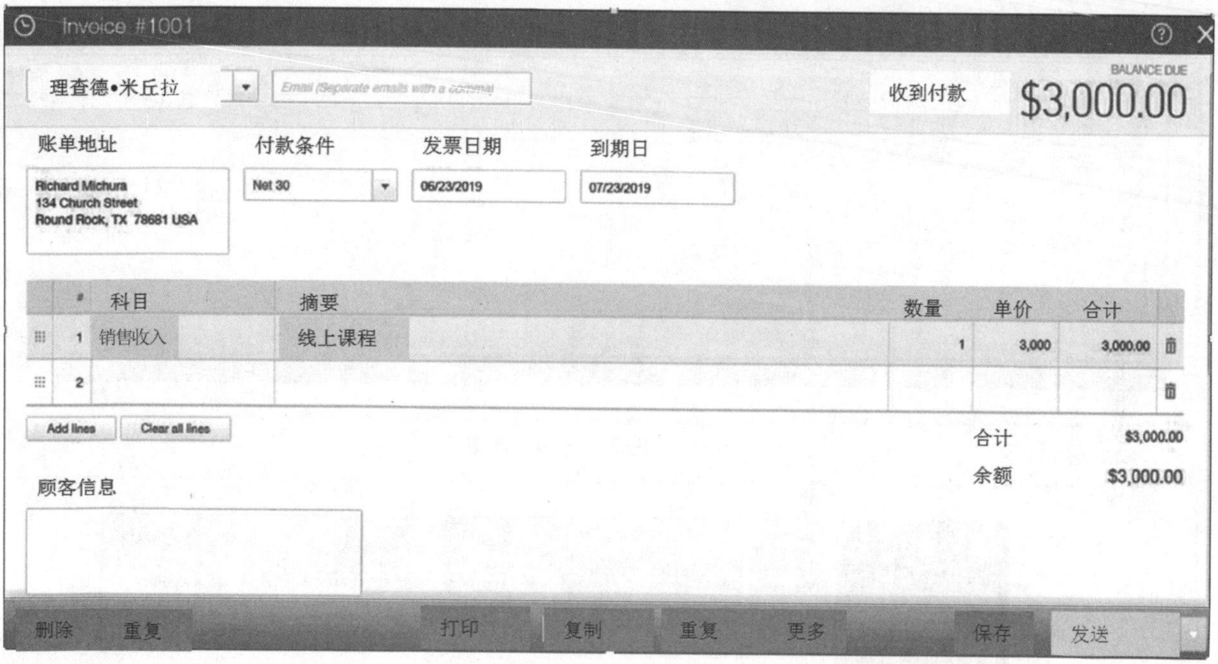

图表7-9 发票

当STL公司从顾客处收回应收账款3 000美元时，会计人员将此笔交易输入QuickBooks软件的客户模块，并选择与此项现金流入相关的发票。通过进行上面的处理，QuickBooks软件确认发票金额已经支付，理查德账户已没有未清余额。

输入账单

当企业记录所收到的账单时，需要使用QuickBooks软件的供应商模块。假设6月25日，STL公司收到一张580美元的水电费账单。图表7-10是企业需要输入QuickBooks软件的账单。当STL公司保存此账单时，软件系统将自动借记水电费用，贷记应付账款——Smart能源公司。

当STL公司在7月5日偿付此账单时，系统会将此笔现金支付输入QuickBooks软件的支付账单模块。会计人员将选择即将支付的账单，并在现金账户记录需支付金额。同样，软件系统负责记录日记账并过账到分类账。

查看财务报表

QuickBooks软件可以生成无数种财务报告，譬如利润表、资产负债表、现金流量表等。QuickBooks软件还可以生成应收账款账龄分析表和应付账款账龄分析表。图表7-11是STL公司的利润表。

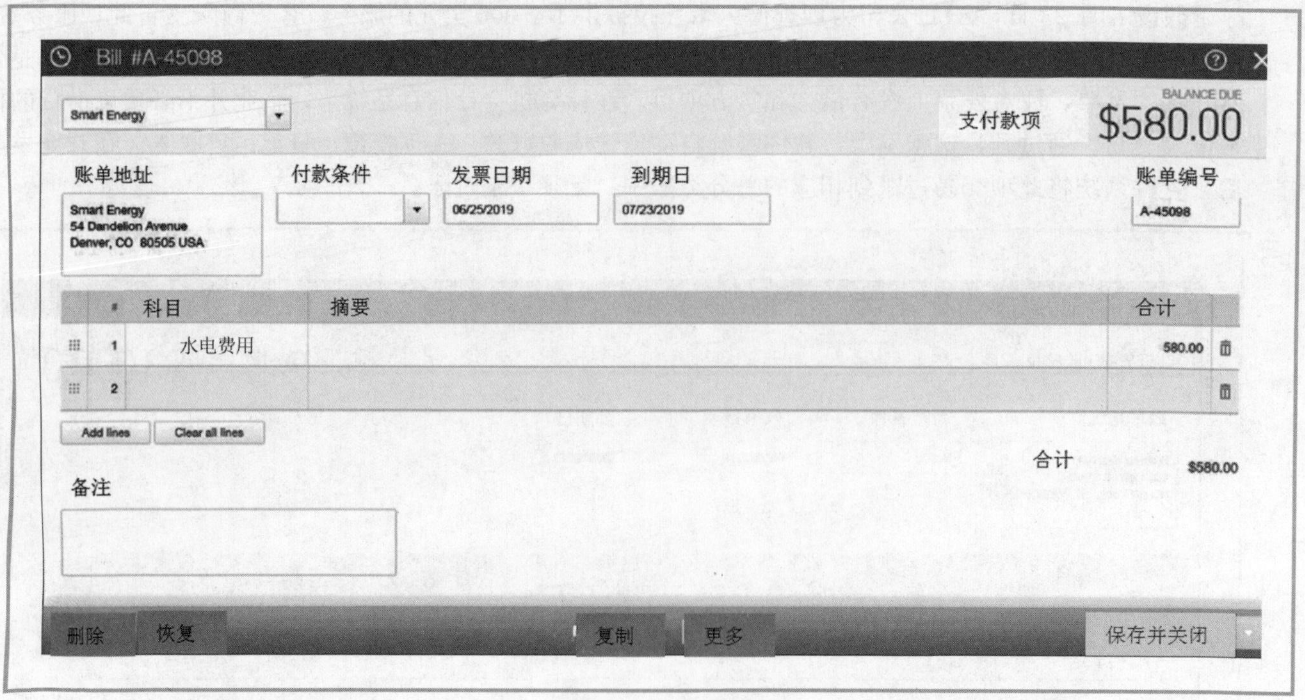

图表 7-10 账单

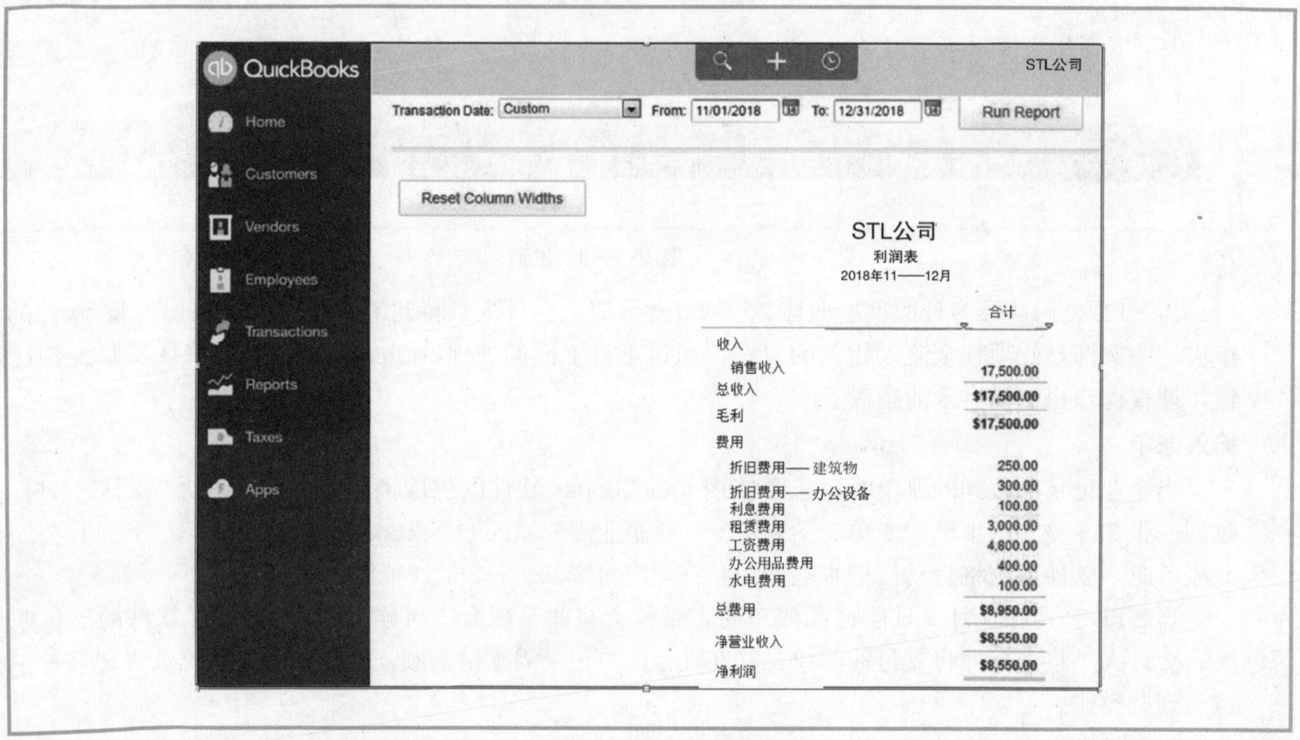

图表 7-11 利润表

使用计算机会计信息系统的优势之一在于生成财务报告的便利性。对于企业所需要的大多数报表，软件都可以重建可供使用的模板。除此之外，软件还可以自动将金额从总分类账过账到财务报表中。会计人员所需要做的唯一一件事就是设置正确的会计期间以及检验财务报表的准确性。

习题

P7－24A　学会使用销货日记账、现金收入日记账和普通日记账

假设Sparkling弹簧玻璃公司采用永续盘存制。其总分类账包括下列所选账户。

账户编号	账户	账户编号	账户
11	现金	18	机器设备
12	应收账款	19	土地
13	应收票据	41	销售收入
15	存货	51	销货成本
16	办公用品		

7月公司发生的销售和现金收入交易如下所示：

7月2日	向Intel公司赊销存货，价值1 500美元，销货成本为200美元。
3日	以成本价80美元向一名雇员销售办公用品，收取现金。
7日	一周的销售交易收取现金2 300美元，成本为1 500美元。
9日	向A. B. Miller公司赊销存货7 700美元，成本为5 200美元，信用条件为“n/30”。
10日	销售价值10 000美元的土地，收取现金10 000美元。
11日	向Speedy电气公司赊销存货5 400美元，成本为3 350美元，信用条件为“n/30”。
12日	从Intel公司处收回7月2日发生的全部应收账款。
14日	一周的销售交易收取现金2 600美元，成本为1 700美元。
15日	向William & Bill公司赊销存货3 400美元，成本为2 400美元，信用条件为“n/30”。
20日	向Speedy电气公司赊销存货500美元，成本为250美元，信用条件为“n/30”。
21日	一周的销售交易收取现金980美元，成本为640美元。
22日	从A. B. Miller公司处收回7月9日发生的部分应收账款4 000美元。
25日	从William & Bill公司处收回7月15日发生的全部应收账款。
25日	向Oscar公司赊销存货1 520美元，成本为1 000美元，信用条件为“n/30”。
27日	收到应收票据5 000美元（无利息）。
28日	一周的销售交易收取现金3 710美元，成本为2 450美元。
29日	向R. O. Bart公司赊销存货200美元，成本为100美元，信用条件为“n/30”。
31日	从A. B. Miller公司处收回应收账款2 700美元。

要求：

1. 将上述交易记入合适的日记账，如销货日记账（省略“发票编号”一栏）、现金收入日记账（省略“放弃的销售折扣”一栏）。

2. 计算出销货日记账和现金收入日记账中每一栏的合计数，检验借方总额和贷方总额是否相等。

3. 通过在日记账中对应的位置标记账户编号和核对符号，完成过账。

P7－25A　学会使用购货日记账、现金支出日记账和普通日记账

Shiny Lake高尔夫店的总分类账包括下列所选账户。

账户编号	账户	账户编号	账户
111	现金	181	机器设备
131	存货	211	应付账款
161	预付保险费	564	租赁费用
171	办公用品	583	水电费用

12月公司发生的购货和现金支出交易如下所示：

12 月 2 日	从 Tomas 公司处赊购存货，价值 4 500 美元，信用条件为“1/10，n/30”。
3 日	支付月租金 2 300 美元，借记租赁费用账户。
5 日	从 Right 供应商处赊购办公用品，价值 440 美元，信用条件为“1/10，n/30”。
8 日	收到并支付水电费账单 580 美元。
9 日	从 Ace 设备公司赊购机器设备，价值 6 600 美元，付款方式为 30 天内付款（无折扣）。
10 日	退回从 Ace 设备公司购买的机器设备，设备已损坏。
11 日	向 Tomas 公司支付 12 月 2 日赊购存货应支付的货款。
12 日	从 Callahan 高尔夫店赊购存货，价值 4 000 美元，信用条件为“3/10，n/30”。
13 日	购买存货，支付现金 600 美元。
14 日	支付半年的保险金，借记预付保险费 1 400 美元。
16 日	清偿 12 月 5 日发生的对 Right 供应商的应付账款。
18 日	收到并支付天然气费和水电费账单 200 美元。
21 日	从 Dormer 公司处赊购存货，价值 3 400 美元，信用条件为“2/10，n/45”。
21 日	清偿 12 月 12 日发生的对 Callahan 高尔夫店的应付账款。
22 日	从 Office World 公司处赊购办公用品，价值 600 美元，付款方式为 30 天内付款（无折扣）。
26 日	退回 12 月 21 日从 Dormer 公司处所购买的存货，价值 1 000 美元。
31 日	清偿 12 月 21 日发生的对 Dormer 公司的应付账款（扣减 26 日所发生的购货退回）。

要求：

1. 将上述交易记入合适的日记账：购货日记账、现金支出日记账（“支票号码”一栏可省略）或普通日记账。该高尔夫店使用永续盘存制，将购货退回和折让记入普通日记账。

2. 计算出特种日记账每一栏的合计数，检验借方总额和贷方总额是否相等。

3. 通过在日记账中对应的位置标记账户编号和核对符号，完成过账。

P7-26A 学会正确使用各类日记账，过账以及结算分类账账户余额

Tulsa 计算机安全公司采用永续盘存制，赊销交易的信用条件均为“n/30”。5 月公司发生的交易如下：

5 月 2 日	向 K. D. King 公司赊销存货，价值 2 200 美元，销货成本为 1 500 美元，所开具的发票号码为 913。
3 日	从 Henderson 公司赊购存货，价值 2 900 美元，信用条件为“3/10，n/60”。
5 日	销售存货收取现金 1 800 美元，成本为 350 美元。
5 日	购买办公设备，支付现金 2 950 美元，所开具的支票号码为 532。
8 日	收取利息收入 1 350 美元。
9 日	向 Berkner 公司赊销存货，价值 5 700 美元，销货成本为 2 000 美元，所开具的支票号码为 914。
10 日	购买存货，支付现金 1 000 美元，所开具的支票号码为 533。
12 日	从 K. D. King 公司处收回 5 月 2 日发生的全部应收账款。
13 日	开具支票 534 号，清偿 5 月 3 日发生的对 Henderson 公司的应付款项（四舍五入到个位）。
13 日	从 Magyar 公司赊购办公用品，价值 500 美元，信用条件为“n/EOM”。
15 日	向 M. O. Small 公司赊销存货 850 美元，销货成本为 400 美元，开具的发票号码为 915。
18 日	向 K. D. King 公司赊销存货，价值 300 美元，销货成本为 150 美元，所开具的发票号码为 916。
19 日	从 Berkner 公司处收回 5 月 9 日发生的全部应收账款（由于提前付款，Berkner 公司享受到一定的现金折扣）。
20 日	从 Silva 公司赊购存货 2 100 美元，信用条件为“n/30”。
22 日	从 Henderson 公司赊购办公设备，价值 500 美元，信用条件为“3/10，n/60”。
22 日	开具支票 535 号，支付保险费 1 400 美元，借记预付保险费账户。
24 日	向一名雇员出售办公用品，收取现金 125 美元，所出售办公用品的成本也为 125 美元。

25日	开具支票536号，支付水电费账单550美元。
28日	从Magyar公司赊购办公用品，价值575美元，信用条件为“2/10，n/30”。
29日	退回从Magyar公司赊购的已受损办公用品，开具红字发票575美元。
29日	向Berkner公司赊销存货，价值2 400美元，销货成本为1 400美元，所开具的支票号码为917。
30日	开具支票537号，清偿5月13日发生的对Magyar公司的应付款项。
31日	从K. D. King公司全额收回5月18日发生的应收账款（无折扣）。
31日	开具支票538号，支付每月职工工资2 250美元。

要求：

1. 借助Tulsa公司的账户编号和2018年5月1日的账户余额，开设四栏式总分类账，所有的账户余额均为正常余额。

账户编号	账户	账户余额
111	现金	$15 000
112	应收账款	1 700
114	存货	7 000
116	办公用品	600
117	预付保险费	0
151	办公设备	2 200
211	应付账款	900
311	奥沙，资本	21 400
411	销售收入	7 800
419	利息收入	1 300
511	销货成本	2 800
531	工资费用	1 900
541	水电费用	200

2. 以2018年5月1日的账户余额作为期初余额，开设四栏式明细分类账：

应收账款——Balakrishnan公司，1 700美元；Berkner公司，0美元；M. O. Small公司，0美元；K. D. King公司，0美元。

应付账款——Henderson公司，0美元；Magyar公司，0美元；Silva Distributing公司，0美元；White公司，900美元。

3. 将上述交易记入合适的日记账：销货日记账（第7页）、现金收入日记账（第5页，省略“放弃的销售折扣”一栏）、购货日记账（第10页）、现金支出日记账（第8页）或普通日记账（第6页）。

4. 逐日过账至应收账款明细分类账和应付账款明细分类账。

5. 计算出特种日记账每一栏的合计数，检验借方总额和贷方总额是否相等。5月31日，过账到总分类账。

6. 编制2018年5月31日的试算平衡表，检验总分类账借贷方数额是否相等。检验应收账款明细分类账的各客户余额合计数与总分类账中的应收账款账户余额是否相等。检验应付账款明细分类账的各账户余额合计数与总分类账中的应付账款账户余额是否相等。

第 8 章

内部控制与现金管理

8.1 内部控制是什么，其如何保护公司资产
8.2 与现金收入相关的内部控制流程是什么
8.3 与现金支出相关的内部控制流程是什么
8.4 如何利用备用金实现内部控制的目标
8.5 如何记录信用卡交易
8.6 如何将银行账户作为一种控制手段
8.7 如何使用现金比率评估企业经营业绩

现金去哪儿了?

安德鲁·戈德是一家坐落于加利福尼亚州布伦特伍德的体育主题餐厅的所有者。他正在研究桌子上的一份银行对账单。由于客流量增加，菜品和酒水供应日益多样化，餐厅最近的收入屡创佳绩。安德鲁知道与此同时餐厅的费用也在大幅增加，不过他期望餐厅的现金有所增加而非减少，正如他面前的这份银行对账单所示。

安德鲁怀疑他的某个雇员从现金柜台窃取了现金。尽管他非常尊重每一个雇员，并不认为他们中会有人偷窃企业的现金，但是银行对账单上列示的企业从销售收入所得的存款数目并不合理。鉴于销售收入大幅增加，现金存款也应该数额更大才对。

作为餐厅的所有者，安德鲁明白他有义务确保企业各项流程合理、程序适当，以保证现金和其他资产的安全。他原本以为完善雇员背景的审核程序完全可以防止盗窃企业资产行为的发生，但是现在他怀疑仅仅这样做还远远不够。安德鲁开始核对银行对账单并将其与现金实有数做对比。不久他就发现现金的确被负责每天去银行存钱的雇员私吞了。然而，安德鲁意识到仅仅将偷窃现金的雇员解雇并不能触及问题的实质，他需要想方设法采取各种安全措施，以减少类似的现金盗窃行为。

什么是内部控制?

保护和保全资产是所有企业（无论其规模大小）都应该考虑的一件事。企业为了保全资产而采取的程序称为内部控制，这是管理层的一项重要职责。例如，布法罗鸡翅烧烤吧是一家纽约风格的连锁餐厅，体育主题氛围浓郁，提供包括从沙拉到鸡翅的丰盛菜品。企业必须能够使投资者和所有者相信其内部控制非常有效，以实现保全企业资产、提高经营效率和效果、保证会计记录可靠准确的目标。在本章中，我们将对企业为实现这一目标所采取的政策和程序进行说明。

学习目的

1. 明确内部控制的含义，列出并说明内部控制的要素和必要程序。
2. 利用内部控制系统控制现金收入。
3. 利用内部控制系统控制现金支出。
4. 解释并记录零星、小额现金交易。
5. 解释并记录信用卡交易。
6. 说明如何将银行账户作为控制手段，编制银行存款余额调节表与相应的日记账分录。
7. 使用现金比率来评价企业经营业绩。

8.1 内部控制是什么，其如何保护公司资产

管理人员的主要职责之一是控制企业的经营。企业的所有者设立目标，管理人员发挥领导职能，员工执行计划。**内部控制**（internal control）就是为了实现下列目标所采取的组织计划和相关措施：

（1）保全资产。公司必须保护自己的资产，否则就会失去经营资源。如果没能保全现金——这项流动性最强的资产，现金将很快流失。

（2）鼓励员工遵循公司政策。公司里每一个员工都需要为同一个目标工作。公司需要制定一些政策来确保实现其目标，这点很重要。同时这些政策还可以确保平等对待所有顾客，并且有效地度量经营成果。

（3）提高经营效率。公司难以承受资源的浪费。公司所有者和雇员为了增加销售收入都非常努力地工作，他们不想浪费任何有利资源。提高经营效率意味着降低费用，从而增加企业利润。

（4）确保准确可靠的会计记录。准确可靠的会计记录是至关重要的。没有可靠的会计记录，经理无法知道企业的哪项业务是盈利的，哪项业务需要提高。如果公司不能可靠地记录产品的成本，那么其所销售的每一件产品都可能会发生亏损，并且企业自身毫无察觉。

□ 内部控制和《萨班斯-奥克斯利法案》

内部控制对所有公司都至关重要。一些组织和法律帮助公司塑造实施内部控制的方式。例如，**美国反虚假财务报告委员会**（Committee of Sponsoring Organizations，COSO）提供了与企业风险管理、内部控制和欺诈威慑相关的指导思想。COSO的任务是制定框架和指导，以帮助公司改善内部控制和减少组织中的欺诈。**上市公司**（public company）即向公众出售股票的公司，是美国国会要求其维持内部控制系统的公司。

21世纪初，安然公司和世通公司的会计丑闻震惊了整个美国。安然公司夸大利润，几乎在一夜之间破产。世通公司将费用列为资产，同时高估了利润和资产。关键的是，两家公司的报表都是由安达信会计师事务所（Arthur Anderson）来审计的。安达信会计师事务所在成立近90年后，于2002年主动倒闭。

对于被揭露的会计丑闻，很多人质疑："这怎么会发生呢？审计师都到哪里去了？"为了打消公众的担忧，美国国会通过了《**萨班斯-奥克斯利法案**》（Sarbanes-Oxley Act，SOX）。这一法案要求公司必须对其内部控制进行评价，并且为其所出具的财务报告的真实性和完整性负责。SOX弥补了美国的公司治理漏洞，并影响到会计职业界。下面是一些SOX的条款：

（1）上市公司必须公布**内部控制报告**（internal control report），内部控制报告是描述管理层对所出具的财务报告的真实性和完整性负责的报告。除此之外，外部审计师必须评估审计客户的内部控制，并将对内部控制评价的报告作为审计报告的一部分。

（2）成立美国公众公司会计监督委员会（PCAOB），监督审计师对上市公司的审计工作。

（3）会计师事务所不可以既审计上市公司，又为同一家客户公司提供相关的内部控制咨询服务。

（4）对违反者予以严厉处罚，管理层欺诈入狱可达25年，编制虚假报表入狱可达20年。

《萨班斯-奥克斯利法案》改变了审计行业的行业规则，对审计师所能提供的除审计业务之外的其他服务类型进行了限制，并要求审计师对其审计的每一家上市公司的内部控制都必须出具一份报告。公司如何才能建立良好的内部控制制度呢？下面将会介绍内部控制的构成要素。

□ 内部控制的要素

企业可以通过五个要素来达到内部控制的目标：

- 控制活动（control procedures）；
- 风险评估（risk assessment）；
- 信息系统（information system）；
- 对控制的监督（monitoring of controls）；
- 控制环境（environment）。

控制活动

控制活动是为了确保实现企业目标。后面将更细致地讨论内部控制的控制活动。

风险评估

企业必须识别风险。例如，食品生产商要面临食品可能会对人体产生危害的风险；航空公司的飞机要面临撞机的可能性；音像品公司要面临侵权的风险；所有公司都面临破产的风险。遇到困难的公司都倾向于编制虚假的财务报表，以使企业业绩比真实的情况要好。作为企业内部控制系统的一部分，企业所面临的个别账户风险以及总经营风险都必须加以评估。风险越高，越需要企业加大控制投入以保全资产和会计记录。

信息系统

如我们所见，信息系统是非常关键的。适当的内部控制应该能够确保只有被授权的用户才可以接触会计信息系统的各部分。除此之外，还应该能够确保对所记录的各项交易进行恰当的审批。决策制定者需要准确的信息来记录资产，衡量利润和损失。

对控制的监督

公司雇用审计师来监督其控制。企业中的**内部审计师**（internal auditor）是企业的员工，其主要职责是确保员工遵循公司政策，且经营活动有效地进行。这些内部审计师也要评估公司是否遵循了与内部控制相关的法律要求以达到保全资产的目的。**外部审计师**（external auditor）是完全独立于企业的外部审计人员。他们评估内部控制，以确保财务报表公允地反映了一般会计准则的要求。

控制环境

控制环境指“高层基调”或者企业文化。从首席财务官、首席执行官和高级经理开始，他们必须为员工做出表率。如果期望员工认真对待内部控制，那么这些高管必须说明内部控制的重要性。

□ 内部控制活动

无论是年销售收入仅有 1 万美元的小型企业，还是年销售收入高达 100 亿美元的大型公司，所有的公司都需要以下控制活动。

胜任工作、值得信赖并遵守职业道德的员工

企业员工应该是胜任工作、可以信赖并遵守职业道德的。支付高薪以吸引高素质的员工，训练员工使其做好本职工作，以及对员工的工作进行监督，都有助于公司建立一支有能力胜任工作的员工队伍。

职责授权

在具有良好内部控制系统的公司，任何一项重要职责都不会被忽视。每一个员工都被赋予特定的、明确的责任。举例而言，在一家大型企业中，负责现金支票的是出纳（treasurer），主管会计工作的是主计长（controller）。即便是只负责准确记录交易活动的初级记账员，也要承担特定的责任。明确的职责分工可以带来工作上的责任感，从而确保所有重大任务都顺利完成。

职责分离

明智的管理方法是将业务责任在两个或更多的人或者部门之间分配。**职责分离**（separation of duties）限制了舞弊的机会，提高了会计记录的准确性。职责分离可以分为以下两部分内容：

（1）业务经营与会计核算相分离。会计职能应该完全独立于经营部门，如制造和销售等业务部门。如果销售人员掌管着公司的收入记录，会怎么样呢？销售数字可能被夸大，高层管理人员将很难得知公司真实的销售额是多少。

（2）资产保管与会计核算相分离。会计不能兼管现金，出纳不能接近会计记录。如果一个员工既管理现金又负责会计记录，这个人就可以贪污现金并通过在账簿上做一笔假分录来掩盖这一行为。出纳掌管现金，而主计长负责现金的会计处理。任何一个人都不能同时对这两件事负责。这一控制原则适合所有的资产管理，并非仅仅适用于现金管理。

审计

为了评价会计记录的准确性和完整性，大多数公司都既进行内部审计，又进行外部审计。审计是指受过培训的专业人士——审计师对公司财务报表和会计系统进行的审查。内部审计由企业内部员工进行，外部审计由企业外部的独立审计师进行。

为了评价公司的会计系统，审计师要审查公司的内部控制，以确保其恰当运行。举例而言，一项内部控制可能要求企业50美元以上的支付请求需要经过经理授权，那么审计师需要检查企业超过50美元的交易的样本是否都经过经理审批。

凭证

凭证提供了企业交易的详细信息。凭证包括发票和订货单（纸质的或者电子版的）。为了预防盗窃和低效，凭证应预先编号，如果序号不连续就能够引起注意。

例如，STL公司的销售发票就是一项重要的凭证。经理可以将发票上记录的销售金额和企业收到并存入银行的现金数额进行对比。

电子设备

会计系统现在越来越少依赖纸质凭证，而越来越多地依靠电子凭证和数字存储设备。例如，零售商通过在其商品上附上电子传感器来控制存货。当商品售出时去掉传感器。如果顾客试图把附有传感器的商品带出商店，就会触发警报。类似电子传感器这样的设备可以减少盗窃损失。

电子商务

电子商务有其特有的风险。黑客有可能获取机密信息，比如盗取账户和密码，或者传播计算机病毒和木马程序，或者网络钓鱼。为了应对电子商务带来的风险，许多公司都实施了多种安全措施。保护电子商务数据的一项技术就是加密。**加密**（encryption）是对文本信息按某种数学程式进行重新编排，而任何不知道这一程式的人都不能够阅读已经加密的信息。一个会计加密的实例就是对顾客的账号使用总和校验数字。每个账号都把最后一个数字设置成前面数字之和。例如客户账号是2237，即2＋2＋3＝7。任何不能通过这项测试的账号都会引发错误信息。

另一项保护数据的措施是**防火墙**（firewall），它限制了进入局域网的路径，防火墙允许局域网的成员进入互联网，但是不允许非成员进入局域网。在局域网内通常建有几道防火墙。在入口处，密码口令、PIN（个人认证号码）和签名等其他安全措施都要用到。为了更加安全，还会在网络中使用更复杂的防火墙以保护更为敏感的数据信息。

其他控制手段

因为存在多种类型的企业，所以控制手段也是多种多样的。其他常见的控制有：

- 将重要的公司文件存放在防火储藏室里；
- 设置防盗警报、防火警报和监控摄像头；
- 由预防损失领域的专家来培训员工，以发现可疑活动；
- 建立员工忠诚保险契约，补偿公司由雇员自盗引起的损失；
- 实施强制休假与工作轮换。

□ 内部控制的局限性——成本与效益

遗憾的是，绝大多数内部控制方法都可以被规避。**串通**（collusion）——两个或者更多的雇员合谋的时候，内部控制系统就会失效。例如 Galaxy 剧院的这起丑闻：Galaxy 剧院的拉尔夫和拉娜共同密谋，售票员拉尔夫贪污 10 位观众交来的票款，而检票员拉娜则允许这些观众入场但并不收取入场券，拉尔夫和拉娜就可以私分这些票款。为了避免这种情形发生，经理必须采取额外的控制措施，如比较剧院里的人数和所保存的剧票存根，但是这要占用其大量的工作时间。设计控制来防止合谋，不仅困难，而且成本很高。

内部控制系统越严密，成本就越高。过于复杂的内部控制系统会使经营陷于繁文缛节的公事程序从而拖累公司。内部控制究竟应该严格到什么程度呢？对内部控制的投入程度必须基于成本效益分析的判断。下面是效益高于成本的一个很好的例子。超市每个安保人员的年薪为 28 000 美元，平均每个安保人员可以预防 50 000 美元的盗窃损失，那么对于超市来说，内部控制的净结余为 22 000 美元。但是如果同样支付每个安保人员 28 000 美元，而只能预防 1 000 美元的现金损失，那么成本将比效益高 27 000 美元。

到目前为止，我们已经讨论过何为内部控制以及如何利用内部控制来保全企业资产。在本章剩余的内容中，我们将把精力集中在对现金的内部控制上，因为现金最容易失窃。然而，需要牢记的是内部控制原则应该应用于所有的资产，并不仅仅是现金。

8.2　与现金收入相关的内部控制流程是什么

现金收入主要发生在企业销售存货或者提供服务时。在收到现金之后，应立即将其存入银行以安全储存。企业可以通过柜台、邮寄或电子转账等方式收取现金，每种方式都有其相应的保护措施。之前我们已经讨论过电子商务的内部控制程序，所以这一部分将着重讨论如何对通过柜台或邮寄方式收取现金进行内部控制。

□ 通过柜台收取现金

在商店柜台收取现金需要一台销售网点终端（收银机），它对商店收到的现金进行管理控制。这里以零售商店为例。对每一笔交易活动都要出具收据以确保每笔销售都通过收银机记录。现金抽屉仅在销售人员在键盘上输入每一笔交易活动时才能打开，同时机器（收银机）在纸带上对此笔交易活动进行记录。每天下班的时候管理人员要将现金抽屉里的现金和记录的数额相核对。这一步骤有助于防止员工盗窃。

在每天下班时，将现金送存银行（如果企业的交易活动较为频繁，也可以一天数次）。机器纸带交由会计部门作为编制与现金收取和销售收入有关的会计分录的依据。这些安全措施连同管理人员的定期现场检查可以防止收款员贪污现金。

□ 通过邮寄方式收取现金

许多公司通过邮寄方式（邮寄支票等）收取现金。图表 8-1 说明了公司如何对这种方式进行控制。

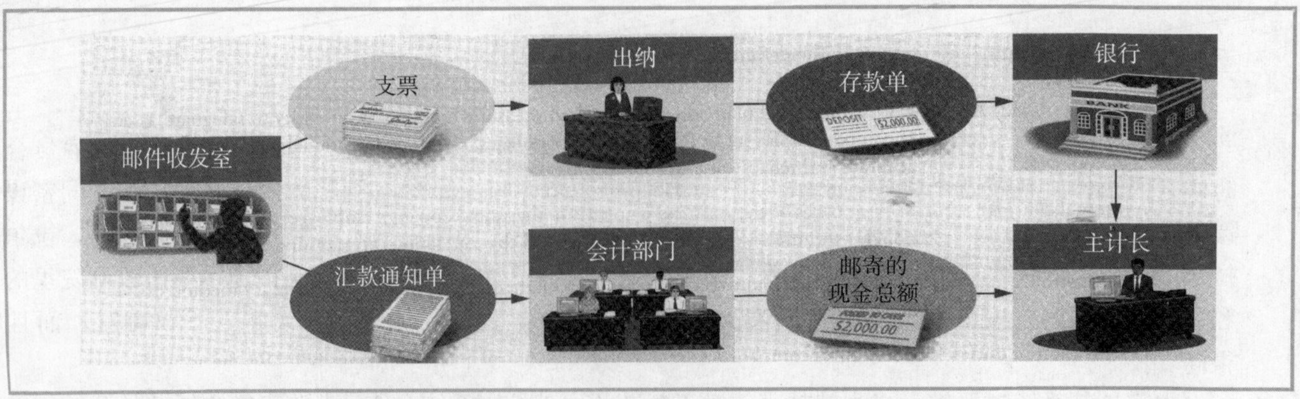

图表 8-1　通过邮寄方式收取现金

通过邮寄方式收取现金的流程如下所示。

步骤一，所有的邮寄收入都应该由专人开启。邮件收发室将所有的顾客支票送给出纳，汇款通知单交由会计部门。**汇款通知单**（remittance advice）可附于支票后，告知企业付款缘由。

步骤二，出纳将现金存入银行，从银行处收取存款收据。

步骤三，会计部门（或记账员）借助汇款通知单来登记现金日记账和客户账户。

步骤四，主计长核对当天的记录：

- 出纳记录的银行存款金额；
- 会计部门编制的现金借方记录。

这种核对可以确保现金账户借方记录的金额等于存入银行的金额。如果确定，就证明所有的现金收入都已安全地存在银行中，并且公司的账簿记录得到了及时更新。

许多公司使用**锁箱制度**（lock-box system）来替代柜台或邮寄方式收取现金。在锁箱制度下，顾客将他们的支票直接投递到某银行指定的邮政信箱。银行雇员每天清空箱子，并将收到的现金存款记录在公司在这家银行开设的银行账户上。由于公司员工不会接触现金收入，内部控制得到了加强。锁箱制度使公司收取现金的速度加快。

8.3　与现金支出相关的内部控制流程是什么

公司的现金支出大多是支票方式，也有少部分零星现金是通过备用金支付的，备用金将在后面介绍。我们先介绍支票付款。

□ 对支票付款的控制

企业需要将现金支付的实际操作和签发支票进行职责分离。用支票付款是对现金支出的一项重要控制，原因如下：

- 支票提供了付款的原始凭证和记账依据。
- 支票必须由经过授权的管理人员签发。
- 在签发支票之前，管理人员应该审查付款理由（包括发票和其他原始凭证）。

购买和付款的控制

为了说明对支票付款的内部控制情况，我们假设 STL 公司正在从一家电子产品制造商处购买存货。

购买和付款过程的步骤如图表8-2所示。

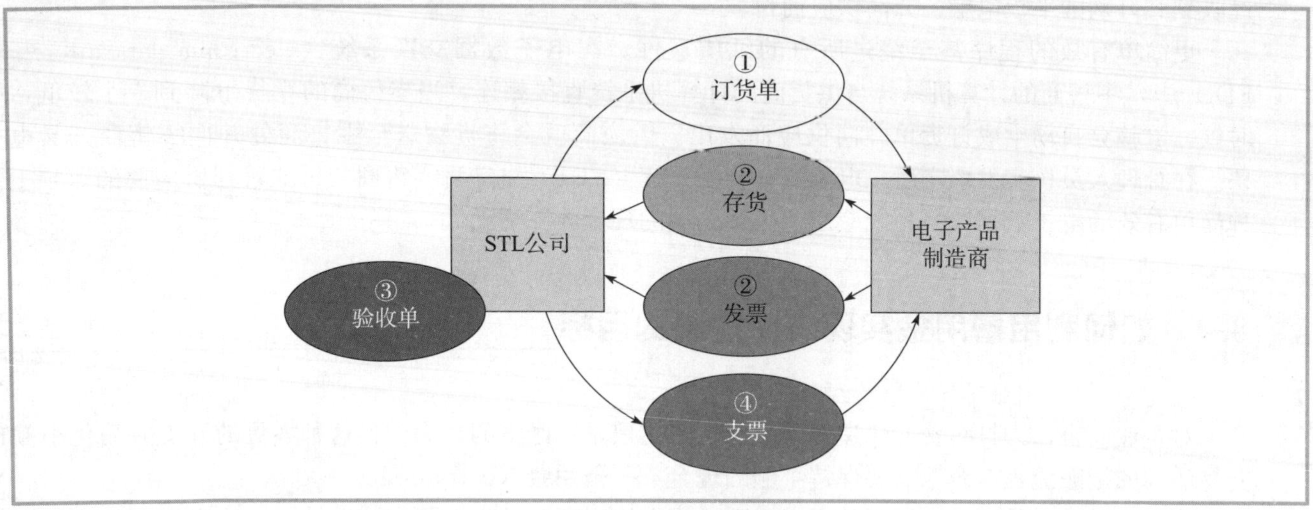

图表8-2 支票付款

步骤一：STL公司向电子产品制造商传真一份订货单，包含所需产品的型号和数量。

步骤二：电子产品制造商发出存货，同时向STL公司传真一份发票。

步骤三：STL公司收到货物，并编制验收单。

步骤四：STL公司在收集完上述所有的凭证后，向这家电子产品制造商签发支票。

在良好的内部控制下，采购部门（准备订货单的部门）既不能接收货物，也不能审批付款。如果这些职责没有分离，那么采购人员可以自行购买货物，并将货物运回自己家中。或者，采购人员会在购买货物时抬高进价，并批准付款，然后从供货商获取回扣。

图表8-3是STL公司的付款凭证袋（纸质或电子格式均可）。在签发付款支票之前，出纳或者主计长应该检查付款凭证袋，以确认所有文件的一致性，只有这样公司才能确保：

（1）确实收到了所订购的货物。

（2）仅为已收到且已授权的货物付款。

（3）付款金额无差错。

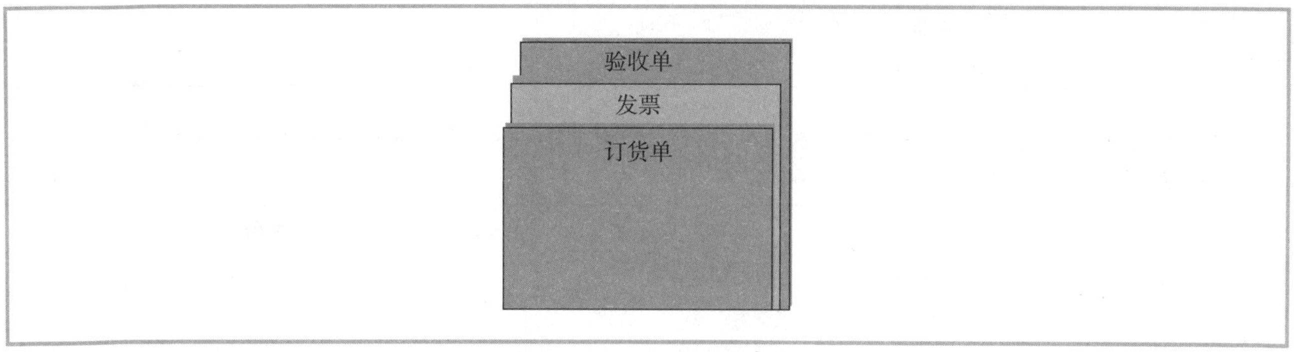

图表8-3 付款凭证袋

付款后，支票签发者在付款凭证袋上打孔，以避免对这些凭证重复付款。在大多数会计信息系统中，通常对已付款的发票自动标记“已付款”标识。

简单有效的程序

信息技术的发展使得现金付款的程序更加简单有效。**已评估收据结算**（evaluated receipts settlement，

ERS）把批准付款程序压缩到只有一步：比较验收单和订货单。如果两项凭证相符，则表明 STL 公司已经收到其订购的平板电脑，并向供应商付款。

更简单有效的程序甚至绕过所有的纸质文件。在**电子数据交换系统**（electronic data interchange，EDI）中，零售商的计算机系统与供货商的计算机系统直接相连。当零售商的存货下降到一个较低水平的时候，电脑会自动生成订货单并向供应商发出。供应商就会将货物送至零售商处并向零售商开具电子发票。在管理人员核实发票之后，电子资金转账系统（EFT）自动将零售商的付款转到供应商的账户上。这种简单有效的电子数据交换系统应用于很多公司的现金收支活动。

8.4 如何利用备用金实现内部控制的目标

对企业而言，为打车费或快递费单独开一张支票是不经济的。为应付这种零星的开支并简化小额现金交易活动的记账流程，企业需要保持小额的现金——**备用金**（petty cash）。

我们知道现金是流动性最强的资产，而备用金比银行中的现金更具流动性，因为它不存在任何银行管制。因此，企业需要对备用金建立如下控制措施：

- 指定备用金的保管人。保管人是公司指派的、需要对备用金负责的人员。
- 保持某一特定数额的现金作为备用金。
- 使用备用金票支付所有的零用现金支出。备用金票事先按顺序编号，可以作为已授权的凭证和摘要说明。

□ 设立备用金

当一笔预定金额的支票被批准并签发给备用金账户时，备用金就设立了。企业签发支票，作为备用金。假设 STL 公司在 8 月 1 日决定设立一笔金额为 200 美元的备用金。保管人员用支票提取 200 美元的现金作为备用金，并将其放入备用金账户。对应的会计分录如下所示：

日期	科目及摘要	借方	贷方
8月1日	备用金	200	
	现金		200
	（设立备用金）		

对于每一笔备用金开支，保管人员都要开立一张如图表 8－4 所示的备用金票。

备用金票 **#101**

日期 2019年8月25日

金额 $60

事项 印有信头的发票

借记 办公用品

收款人 （签名） 备用金保管人（签名）

图表 8－4 备用金票

备用金票上的签名（或者姓名的开头字母）确认了备用金的收款人和备用金保管人。保管人在备用金箱中保存所有的备用金票。现金与备用金票数额之和在任何时候都与设立备用金时的金额相等，在本例中是 200 美元。

备用金账户保持开立时的 200 美元金额是**定额备用金制度**（imprest system）的一个特征。定额备用金制度要求在任何时候备用金账户的现金与备用金票数额之和都等同于预付款的余额。它清楚地说明保管人员所负责的现金金额。这是系统主要的内部控制方式。

□ 补充备用金

由于开支减少了备用金中现金的数额，因此需要定期补充备用金。假设在 8 月 31 日，备用金中有 118 美元的现金和 80 美元备用金票（一张编号＃101 的 60 美元的备用金票用于购买办公用品，一张编号＃102 的 20 美元的备用金票用于支付运费）。

你可以看到现金少了 2 美元：

备用金余额		＄200
实有现金	＄118	
备用金票	80	
总计		198
现金缺少额		＄2

为了补充备用金，需要使实有现金恢复到 200 美元。公司签发了一张 82 美元的支票，支付给备用金（预付款余额 200 美元减去实有现金 118 美元）。备用金保管人员将这张支票兑现并将此 82 美元放入备用金账户，现在备用金中实有现金为它应有的 200 美元。

备用金票明确了需要借记的账户，支票数额明确了需要贷记的账户和金额，关于补足备用金的会计分录如下所示：

日期	科目及摘要	借方	贷方
8 月 31 日	办公用品	60	
	运输费用	20	
	现金溢缺	2	
	现金		82
	（补足备用金）		

缺少的现金借记或贷记一个新的账户——现金溢缺。在本例中，现金缺少 2 美元，所以借记现金溢缺。另一种理解这一问题的思路是：我们需要另外借记 2 美元来平衡借贷方金额。

备用金账户始终保持 200 美元的余额。只有在设立备用金的时候（见 8 月 1 日的分录）或者备用金数额需要变动的时候，才会用到备用金账户。例如，如果公司要把备用金的数额从 200 美元提高到 250 美元，就需要签发支票取现 50 美元，并在备用金账户中借记 50 美元。当补足备用金时，公司需要借记使用备用金所支付的相关费用的账户或者所购买的相关资产的账户。

有时，实有现金与备用金票之和会超过备用金限额。在前面的例子中，假设备用金票＃102 的运输费用为 30 美元，而不是 20 美元。由于我们知道备用金票的数额和手头所拥有的现金金额，可以计算现金溢缺数：

备用金余额		$200
实有现金	$118	
备用金票	90	
总计		208
现金溢余额		$8

在此例中，现金金额与备用金票数额的合计数208美元超过备用金余额200美元，产生了现金溢余。相关的会计分录如下所示：

日期	科目及摘要	借方	贷方
8月31日	办公用品	60	
	运输费用	30	
	现金溢缺		8
	现金		82
	（补足备用金）		

借方总额为90美元（60+30），用于补充备用金的支票金额仍为82美元（贷记现金82美元），因为备用金余额合计数需要达到200美元，而其中现存数仅为118美元。在这种情况下，我们需要贷记8美元来平衡借贷方金额，因此贷记现金溢缺8美元。

□ 改变备用金金额

假设9月1日，STL公司决定把备用金的数额从200美元提高到300美元。这就需要STL公司签发支票100美元并取现，然后将其放入备用金账户。因为备用金账户的金额发生了改变，公司必须做如下一笔会计分录以反映这种改变：

日期	科目及摘要	借方	贷方
9月1日	备用金	100	
	现金		100
	（增加备用金）		

注意：当减少备用金金额时，需要借记现金，贷记备用金。记住：只有在设立备用金、增加或减少备用金数额的时候，才会用到备用金账户。

8.5 如何记录信用卡交易

除了通过商店柜台收取来自顾客的现金外，大多数公司也采用信用卡和借记卡这两种支付方式。通过接受信用卡和借记卡，例如威士卡（Visa）、万事达卡（MasterCard）和美国运通卡（America Express），商家能够吸引更多的顾客。一方面，信用卡使顾客不需要立即支付现金就能买到东西；另一方面，借记卡使得顾客使用电子支付代替使用现金或填写支票。

公司一般会和第三方合作，让第三方来处理信用卡和借记卡交易。交易通常会在公司从第三方购买或租用的电子终端（卡片扫描器）上进行。第三方向公司收取的费用根据卡的类型和与公司签订的特殊协议决定，协议会详细说明费用是如何支付给第三方的。下面是两种常见的销售收入计算方法。

- 净收入法（net）：通常在销售完成后的几天内，用总的销售收入减去估计的第三方处理费用就等于暂存在第三方的净现金收入。
- 总收入法（gross）：在实际销售日后的几天内，所有的收入都会被存放起来，形成总的收入。第三方收取的费用在每个月的最后一天按月从公司的银行账户中扣除，这项工作通常由第三方完成。

通过信用卡和借记卡交易获得的收入通常在销售完成后的几天内就会被存放起来，因此信用卡和借记卡销售采用与现金销售相同的方法记入日记账。例如，STL 公司在 8 月 15 日向顾客卖出了价格为 3 000 美元的产品（不考虑销货成本），顾客使用信用卡支付。假定第三方收取 4%的服务费用，采用净收入法，则 STL 公司将采用如下方法进行账务处理：

日期	科目及摘要	借方	贷方
8 月 15 日	现金	2 880	
	信用卡费用（$3 000×0.04）	120	
	销售收入		3 000
	（采用净收入法记录信用卡销售）		

若第三方采用总收入法，则在销售日 STL 公司账务处理如下：

日期	科目及摘要	借方	贷方
8 月 15 日	现金	3 000	
	销售收入		3 000
	（采用总收入法记录信用卡销售）		

8 月底，第三方会收取当月的费用（假定当月只有一笔信用卡销售交易）。

日期	科目及摘要	借方	贷方
8 月 31 日	信用卡费用	120	
	现金		120
	（向第三方支付费用）		

8.6 如何将银行账户作为一种控制手段

作为一种最重要的交换媒介，现金是资产负债表中最具流动性的资产。现金易于藏匿和移送，相应地也就容易失窃，所以大多数公司将现金存入银行。银行在保护现金方面采取了许多切实可行的措施。这一部分将介绍几种最常用的对银行账户的控制手段。

签字样卡

银行要求每个被授权通过银行账户经办业务的人都必须留有**签字样卡**（signature card）。使用签字样卡可以防止伪造签名，银行员工会定期核对检查签字样卡，以鉴定企业签发的支票或者存入的存款是否真实。

□ 存款单

银行提供标准格式的**存款单**（deposit ticket）。客户在存款单上填入存款的金额。顾客保留存款收据作为经办业务的凭据。

□ 支票

为了从银行账户上提取现金，存款人需填写一张**支票**（check）。支票事先连续编号，是委托银行向指定的个人或企业支付一定数额款项的凭证。图表 8－5 是 STL 公司所签发的一张支票。它涉及三方面的关系人：出票人、收款人以及银行。**出票人**（maker）指的是签发支票的人（在此例中指的是 STL 公司），**收款人**（payee）（加利福尼亚办公用品公司）指的是 STL 公司签发支票所要支付的个人或企业。

这张支票有两部分：支票本身和汇款通知单。除此之外，支票还包括银行代码和账户编号。**银行代码**（routing number）是用来标识提取支票存款的银行名称的九位数。**账户编号**（account number）用来标识提取存款的账户名称。

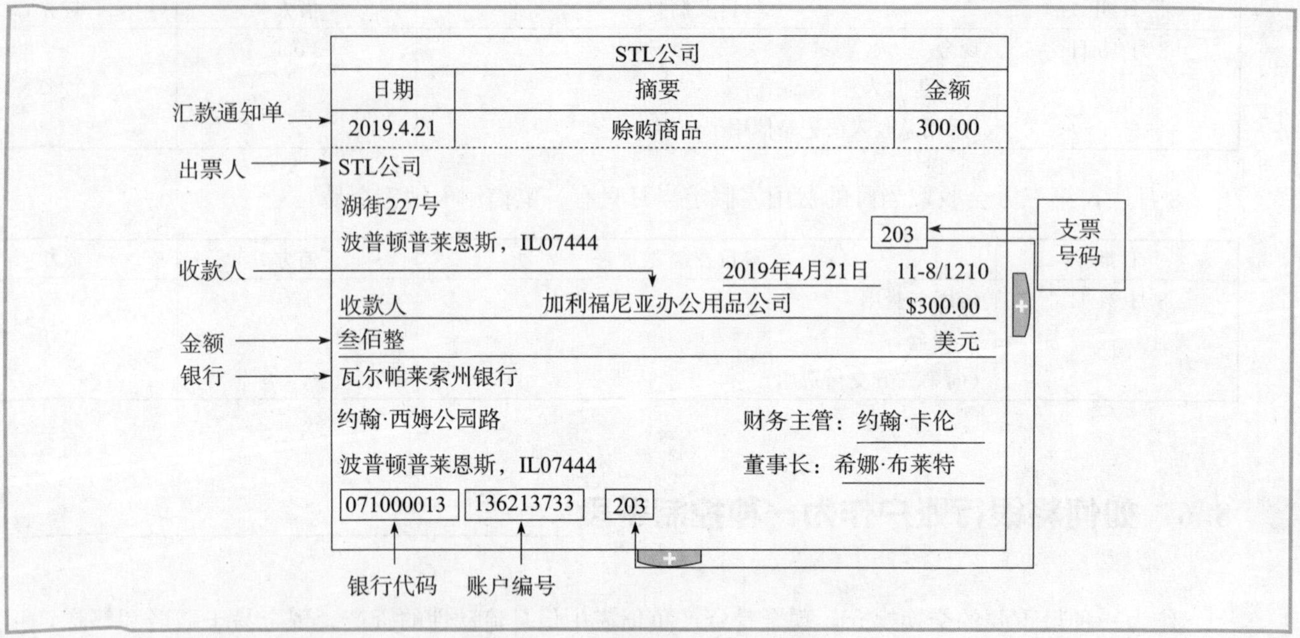

图表 8－5　带有汇款通知单的支票

□ 银行对账单

银行每月以电子或邮件形式向其客户提供银行对账单。**银行对账单**（bank statement）是银行用来汇报客户账户活动情况的单据。银行对账单上列示期初和期末该账户的现金余额，以及本月所有的现金收入和现金支出交易。银行对账单中还包括那些**被取消的支票**（canceled checks）和已支付支票的原件或扫描件。图表 8－6 是 STL 公司 2019 年 4 月收到的当月的银行对账单。

银行对账单

瓦尔帕莱索州银行

约翰·西姆公园路，波普顿普莱恩斯，IL07444

STL公司　　支票账户：136-213733

湖街227号

波普顿普莱恩斯，IL07444　　2019年4月30日

期初余额	存款总额	取款总额	手续费	期末余额
$12 470	27 080	26 810	20	$12 720

业务往来

存款	日期	金额
存	4月1日	19 450
存	4月10日	5 500
存	4月22日	2 000
电子资金转账	4月27日	100
利息	4月30日	30

手续费	日期	金额
服务费	4月30日	20

支票

号码	金额	号码	金额	号码	金额
202	3 200	203	300		
201	20 000	205	150		
200	1 920				

其他扣减项	日期	金额
电子资金转账	4月20日	40
空头支票	4月25日	1 200

图表 8-6　银行对账单

□ 电子资金转账

电子资金转账（electronic funds transfer，EFT）是一种依靠电子通信来结转现金的系统。企业的各类账单和其他现金支付活动，譬如工资、租金、水电费用和保险费用等，都可通过 EFT 来支付。对于公司来说，通过 EFT 来支付这些项目比较经济方便，不必邮寄支票。借记卡交易和直接存款也会使用 EFT。

□ 银行存款余额调节表

通过某一日期的**银行存款余额调节表**（bank reconciliation），可比较和分析企业银行存款日记账与银行对账单中现金数额的差异。企业的现金有两种记录：

（1）企业总分类账中的现金账户。4月STL公司的现金T形账户如下所示：

现金

期初余额	10 550	20 000	4月2日
4月1日	19 450	3 200	4月15日
4月8日	5 500	300	4月21日
4月22日	2 000	2 000	4月30日
4月30日	9 000	150	4月30日
期末余额	20 850		

（2）银行对账单记录通过银行的现金收入和支取。在图表8-6所示的银行对账单中，STL公司的现金期末余额为12 720美元。

现金日记账与银行对账单的余额经常不一致，差异的产生是由于企业和银行记录业务存在时间滞后，称为**时间差异**（timing difference），以下是三个关于时间差异的例子。

- 当公司签发支票时，公司会立即从支票账簿中扣除这部分金额，但是只有在银行实际支付的几天后，银行才会从公司的账户中扣除这部分金额。
- 对于所有存款，公司会立即在支票账簿和现金账户中增加这部分金额，但是可能一两天后银行才会将存款增加到公司的账户中。
- 银行通常更早地记录电子资金转账的现金支付和收入。

为了确保现金记录的准确，企业需要在收到银行对账单之后，及时更新支票账簿和现金科目，这就要求企业必须编制银行存款余额调节表。银行存款余额调节表解释了现金日记账与银行对账单之间有差异的原因。编制银行存款余额调节表的员工不应再从事其他有关现金的工作。这意味着编制银行存款余额调节表的员工无权接触现金，无权登记现金日记账。否则，他有可能会盗用现金，操纵银行存款余额调节表，以掩盖盗窃行为。

银行存款余额调节表中的银行方面

下面是银行存款余额调节表中一些常见的调节项目，它们通常导致银行存款余额与企业的账面余额不相等。

银行方面的调节项目包括企业已记录但银行未记录或者错误记录的项目，主要有以下几类。

在途存款（deposit in transit）　企业已经记录这些存款，但是银行尚未记录。银行方面需要在表中列示为“增加：在途存款”，因为当银行记录这些存款时，将会增加现金余额。

未清偿的支票（outstanding check）　这些支票已经由企业签发并在账簿上进行登记，从企业的账面余额中予以扣除，但银行尚未付款。银行需要在表中列示为“扣减：未清偿支票”，因为当银行记录这些支票时，将会减少现金余额。

银行错误（bank errors）　银行错误指的是银行在过账过程中错误地对企业的银行账户余额进行了增减。银行应通过对错误做相反的处理，来更正银行存款余额调节表中的所有银行错误。

说明：差错更正通常应记录在造成错误的那一方。如果错误是由银行造成的，那么应记录在银行存款余额调节表的银行一方；如果错误是由企业造成的，那么应记录在企业账户一方。

银行存款余额调节表中的企业账户方面

企业账户方面包含那些银行已做记录但企业内部账簿未做记录或者错误记录的项目。这些项目包括：

银行收款（bank collections） 银行已对企业的银行账户做了现金收入记录，但企业账簿中未做记录，这部分现金收入即为银行收款。例如，当企业采取锁箱制度时，就会产生银行收款。另一个例子是，银行为储户接收应收票据的现金时，也会产生银行收款。银行收款也称为**贷项通知单**（credit memorandum），它表示顾客账户余额的增加。银行收款在银行存款余额调节表中的企业账户方面都将列示为"增加：银行收款"，因为它代表了企业还未记录的现金收入。

电子资金转账（electronic funds transfer） 银行可以用这种方式为储户收付现金。电子资金转账可能是一项现金收入或现金支出。如果是企业未增加的现金，现金收入将在银行存款余额调节表企业账户方面列示为"增加：电子资金转账"；如果是企业未扣除的现金，现金支出将列示为"扣减：电子资金转账"。

服务费（service charge） 这是银行经办储户业务所收取的手续费，除此之外还包括打印支票的费用及其他银行收费。服务费通常称为**借项通知单**（debit memorandum），代表顾客账户余额的减少。在银行存款余额调节表中企业账户方面列示为"扣减：服务费"，因为这是企业还未记录的、还未从企业的现金余额中扣除的现金支出。

支票账户的利息收入（interest revenue on a checking account） 储户的账户上如果有足够的现金，就可以得到利息。银行会通过银行对账单来通知储户这笔利息，在银行存款余额调节表中企业账户方面列示为"增加：利息收入"，因为这是企业还未增加的现金收入。

空头支票（nonsufficient funds check，NSF check） 空头支票是指企业因向顾客销售货物或者提供服务，而从顾客那里收到的没有价值的支票，有时又称为热票（hot checks）或坏票（bad checks），应该从银行存款余额调节表中扣除。空头支票指的是支票持有人请求付款时，出票人在付款人处实有的存款不足以支付票据金额的支票。在银行存款余额调节表中企业账户方面列示为"扣减：空头支票"，因为企业之前记录了现金收入，而实际上并未收到，需要将之扣除。

记账错误（book errors） 企业账簿中的记录错误不正确地增加或减少了企业总账中的现金余额。通过对错误做相反的处理，在银行存款余额调节表中的企业账户一方更正所有的记账差错。

完成银行存款余额调节表

图表 8-6 中的银行对账单显示，4 月 30 日 STL 公司的银行存款余额是 12 720 美元（右上角处），然而，公司现金账户的余额是 20 850 美元，这种情况就需要进行银行存款调节。在编制银行存款余额调节表的过程中，STL 公司会再次审查银行对账单和公司的现金账户，以发现并调整时间差异。图表 8-7 的 A 部分列示了调节项目，B 部分是完整的调节过程。

□ 检查银行存款余额调节表

让我们以 STL 公司为例，来说明如何对银行存款余额调节表的每一方进行调整。

银行存款余额调节表中的银行方面

我们可以从银行对账单中得到 STL 公司 2019 年 4 月 30 日的银行账户余额为 12 720 美元。企业需要检查一下是否存在影响银行账户余额的以下加减项：

(1) 在途存款。STL 公司检查银行对账单和现金账户，以便查看是否存在企业已经记录但银行尚未记录的在途存款。STL 公司发现 4 月 30 日的存款 9 000 美元尚未被银行记录，因此应该在银行存款余额上增加此笔款项。

图表 8－7　银行存款余额调节表

A部分——调节项目

银行方面：	企业账户方面：
1. 4月30日在途存款：$9 000。	3. 从顾客处获得的电子资金转账收入：$100。
2. 未清偿的支票：第204号，$2 000。	4. 银行存款利息收入：$30。
	5. 银行服务费：$20。
	6. 电子资金转账支付的水费：$40。
	7. 空头支票：$1 200。

B部分——银行存款余额调节表

STL公司
银行存款余额调节表
2019年4月30日

银行		企业账面		
2019年4月30日余额	$12 720	2019年4月30日余额		$20 850
加：		加：		
1. 在途存款	9 000	3. 从顾客处获得的电子资金转账收入	$100	
		4. 银行存款利息收入	30	130
	21 720			20 980
减：		减：		
2. 未清偿的支票		5. 服务费	20	
204号	2 000	6. 电子资金转账支付的水费	40	
		7. 空头支票	1 200	1 260
调整后银行余额，2019年4月30日	$19 720	调整后账面余额，2019年4月30日		$19 720

金额应该一致

处理不同调节项目的总结：

银行余额应该：

- 加上在途存款；
- 减去未清偿的支票；
- 加上或者减去对银行错误的更正。

企业账面余额应该：

- 加上银行收款、利息收入和电子资金转账收入；
- 减去服务费、空头支票和电子资金转账付款；
- 加上或者减去对账簿错误的更正。

（2）未清偿的支票。这些支票已经由企业签发并在账簿上进行登记，从企业的账面余额中予以扣除，但银行尚未付款。STL公司发现支票号码为204的支票银行方面尚未清偿，金额为2 000美元，因此应该将此笔款项从银行账户余额中予以扣减。

在所有影响银行一方账户余额的项目被调整后，即可得到调整后的银行余额。

银行存款余额调节表中的企业账户方面

我们可以从企业的总分类账中得到STL公司2019年4月30日的现金账户余额为20 850美元。企业需要检查一下是否存在影响企业现金账户余额的以下加减项：

（1）电子资金转账。在检查银行对账单时，STL公司发现一笔从客户处收取的电子资金转账收款，金额为100美元。企业尚未将此笔收款记入其现金账户，因此需要调增账户余额。

（2）利息收入。STL 公司发现一笔 30 美元的存款利息尚未记入企业的现金账户，因此需要调增账户余额。

（3）服务费。银行对账单中有一笔 20 美元的服务费。STL 公司尚未将此笔支出记入企业的现金账户，因此需要调减账户余额。

（4）电子资金转账。在检查银行对账单时，STL 公司在“其他各项扣除”部分发现一笔支付给客户（自来水厂）的 EFT 付款，金额为 40 美元。企业尚未将此笔收款记入企业的现金账户，因此需要调减账户余额。

（5）空头支票。在检查银行对账单时，STL 公司发现一张来自客户的空头支票。起初公司在收到此支票时已经将其记录为企业现金账户的增加。银行现在告知企业客户并未清偿此支票，因此客户的存款也尚未被转入企业的账户。STL 公司需要调减账户余额。

在所有影响企业一方账户余额的项目被调整后，即可得到调整后的企业账户余额，并且与调整后的银行账户余额相等。这一数额代表着 2019 年 4 月 30 日企业准确的现金余额。

□ 从银行存款余额调节表出发，将交易活动记入日记账

银行存款余额调节表独立于公司账簿，并没有在日记账中进行记录。为了将交易活动记入账簿，我们必须编制日记账分录并过账至分类账。银行存款余额调节表中所有公司账簿方面的调节项目都要编制调整分录。对于银行方面无须编制调整分录，因为我们无法接触到银行的总分类账。

依据图表 8－7 中的银行存款余额调节表，STL 公司需要编制调整分录以便及时更新现金账户。以下分录中的日记账分录序号，与图表 8－7 中 A 部分调整项目的序号，以及 B 部分企业账面调节项目的序号都是一致的。注意：我们在此处编制了 5 个单独分录，在实际操作中可以仅编制一个复合分录。

日期	科目及摘要	借方	贷方
3：4 月 30 日	现金	100	
	应收账款		100
	（记录银行已回收的应收账款）		
4：4 月 30 日	现金	30	
	利息收入		30
	（记录银行账户已确认的利息收入）		
5：4 月 30 日	银行费用	20	
	现金		20
	（记录应支付给银行的服务费）		
6：4 月 30 日	水电费用	40	
	现金		40
	（记录通过电子资金转账支付的水费）		
7：4 月 30 日	应收账款	1 200	
	现金		1 200
	（被银行退回的空头支票）		

上述调整分录可以转化为下面及时更新的现金账户：

现金			
期初余额	10 550	20 000	4月2日
4月1日	19 450	3 200	4月15日
4月8日	5 500	300	4月21日
4月22日	2 000	2 000	4月30日
4月30日	9 000	150	4月30日
余额	20 850		
4月30日	100	20	4月30日
4月30日	30	40	4月30日
		1 200	4月30日
期末余额	19 720		

注意：现金T形账户的期末余额等于调整后的账面余额和2019年4月30日银行存款余额调节表中调整后的银行余额。

8.7 如何使用现金比率评估企业经营业绩

对于每家企业来言，现金都是最重要的资产。如果没有充裕的现金，企业无法继续正常经营。因此，企业需要仔细对现金进行监控。用来衡量企业流动性的比率之一是**现金比率**（cash ratio），可以度量企业偿还短期负债的能力。

现金比率＝(现金＋现金等价物)/流动负债总额

注意：现金比率计算公式中的分子包含现金和现金等价物。**现金等价物**（cash equivalent）指的是可在3个月或更短的时间内转换为现金的流动性非常强的投资，譬如货币基金以及美国政府国库券等。

回到科尔士百货的例子，让我们通过计算其现金比率来评估其流动性。科尔士百货的现金、现金等价物以及流动负债总额可以在该公司资产负债表（访问 http://www.pearsonhighered.com/Horngren 查看科尔士百货年报）中找到，数据如下（单位：百万美元）：

	2016年1月30日	2015年1月31日
现金及现金等价物	＄707	＄1 407
流动负债总额	2 714	2 859

科尔士百货2016年1月30日的现金比率计算如下：

现金比率＝707/2 714＝0.26

相比而言，2015年1月31日的现金比率则为：

现金比率＝1 407/2 859＝0.49

由于现金和现金等价物的减少，现金比率2015—2016年明显下降。现金比率是评估流动性最保守的比率，因为它只考虑了现金和现金等价物，将其他流动资产（如存货和应收账款）排除在外。注意：在这两年间，现金比率均在1.0以下，这对于企业而言是一件好事。现金比率大于1可能预示着企业拥有大额的闲置资金。这部分资金本可以用来产生更高的利润或者给股东分红。然而，现金比率过低可能使企业的投资者和债权人对企业偿还短期负债的能力存疑。

习题

P8－23A 识别与现金收入相关的内部控制漏洞

SP 公司所有的销售都以赊销方式进行。现金收入通过邮件送达。由邮件收发室员工贾斯汀·布罗德韦打开信封并分开支票和附带的汇款通知单。布罗德韦把支票交给另一个雇员，由他负责每日送存银行，但是这个人不能接触会计记录。布罗德韦把列示收到现金的汇款通知单交给会计部门登账。他仅有的另一个任务是审批提供给顾客的销售折让（销售折让会减少应收账款金额）。当布罗德韦收到顾客扣除 30 美元销售折让的价值为 600 美元的支票时，他对销售折让进行记录，然后把此文档交给会计部门。

要求：

1. 指出在这种情形下公司内部控制的漏洞。
2. 谁应该负责记录销售折让？
3. 应该在现金收入分类账中列示的金额是多少？

P8－24A 纠正内部控制的缺陷

下列情形中的每一项都具有内部控制缺陷：

a. UD 应用软件公司根据客户的要求开发并销售软件。最近，由于程序员正在重新设计 UD 会计软件系统，新程序的开发停滞。UD 公司的会计人员本来有可能承接此项业务。

b. 诺尔玛·罗特勒作为企业忠实的雇员已经工作 24 年。她一直承担着现金收支和会计的工作。诺尔玛刚刚购买了雷克萨斯轿车，并在地价较高的郊区购买了一栋新的别墅。作为公司的所有人，你可能会怀疑她怎么能够买得起这些奢侈品，因为她每年的薪水为 30 000 美元，而且没有其他收入来源。

c. IH 是一家私人公司，为了能够获得银行借款，虚构了销售和存货数据。IH 公司借款成功，但是不久后就破产了，无法偿还银行借款。

d. 一家办公用品公司发现最近从 PG 商店购买货物后收到的发票没有事先编号，PG 商店的老板霍华德·穆斯特罗回应说他从来没有使用过发票编号。

e. 像 Cusco 这样的折扣店会有许多现金销售，而剩下的较多通过信用卡销售。为了减少费用，商店的经理取消了出纳的忠诚保险。

f. Cornelius's Corndogs 公司将一周之内收到的所有现金都放在一个空箱子里，公司老板喜欢在周二去银行存款，因为那天正好乔安娜值班。

要求：

1. 识别每种情形下的内部控制缺陷。
2. 识别内部控制缺陷可能带来的问题。
3. 对于每个控制缺陷提出一个解决办法。

P8－25A 备用金交易的会计处理

FS 服装公司 6 月 1 日设立了一笔预付余额为 300 美元的备用金账户。备用金款项的保管人阿尔·富兰克林在 6 月开立的备用金票如下：

备用金票号码	项目	金额
101	办公用品	\$30
102	管理人员出租车费用	20
103	同城包裹运输费用	50
104	业务招待费	40
105	存货	90

在6月30日补足备用金之前，备用金账户包括这些备用金票和90美元现金。备用金支付可能影响的账户包括办公用品、差旅费、运输费用、招待费用和存货。

要求：

1. 阐述预付备用金的特征和内部控制特征。
2. 在6月30日补足备用金之前，备用金账户应该持有的现金数额是多少？
3. 编制设立备用金和补足备用金的日记账分录（含摘要）。
4. 编制7月1日把备用金余额增加到375美元的分录（含摘要），并简要说明保管人所做的工作。

P8-26A 备用金交易的会计处理

假设RG公司于6月1日设立了一笔预付余额为300美元的备用金账户。备用金的保管人迈克尔·马特尔在6月签发的备用金票如下：

备用金票号码	项目	金额
1	收到包裹的邮费	$30
2	办公室聚会费用	25
3	两盒文具	20
4	打印机色带盒	15
5	业务招待费	65

在6月30日备用金补足之前，备用金账户包括这些备用金票和140美元现金。备用金支付可能影响的账户包括办公用品、招待费用和邮费。

要求：

1. 在6月30日补足备用金之前，备用金账户应该持有的现金数额是多少？
2. 编制设立备用金和补足备用金的日记账分录（含摘要）。
3. 编制7月1日把备用金余额增加到325美元的分录（含摘要）。

P8-27A 编制银行存款余额调节表和相关会计分录

D公司12月的现金记录如下所示：

现金收入		现金支出	
日期	借记现金	支票号码	贷记现金
12月4日	$4 240	1416	$810
9日	550	1417	180
14日	600	1418	630
17日	1 900	1419	1 390
31日	1 860	1420	1 490
		1421	700
		1422	600

D公司12月31日的现金账户余额为17 450美元，在12月31日，D公司收到的银行对账单如下：

12月银行对账单			
期初余额			$14 100
存款和其他贷项：			
12月1日	电子资金转账	$350	
12月5日		4 240	

续表

12 月银行对账单			
12 月 10 日		550	
12 月 15 日		600	
12 月 18 日		1 900	
12 月 22 日	银行收款	1 400	9 040
支票和其他借项：			
12 月 8 日	空头支票	400	
12 月 11 日（支票号 1416）		810	
12 月 19 日	电子资金转账	225	
12 月 22 日（支票号 1417）		180	
12 月 29 日（支票号 1418）		630	
12 月 31 日（支票号 1419）		1 930	
12 月 31 日	服务费	10	（4 185）
期末余额			$ 18 955

编制银行存款余额调节表需要的其他数据如下：

a. 电子资金转账贷方是租金收入。电子资金转账借方是保险费支出。

b. 空头支票是从一名顾客处收到的。

c. 1 400 美元的银行收款是应收票据。

d. 号码为 1419 的支票的正确金额是 1 930 美元，D 公司的主计长错记为 1 390 美元。

要求：

1. 编制 D 公司 2018 年 12 月 31 日的银行存款余额调节表。
2. 编制与调节银行存款余额相关的会计分录。

P8－28A　编制银行存款余额调节表和相关会计分录

Well 保健公司刚刚从联邦银行收到 8 月 31 日的银行对账单。为了编制银行存款余额调节表，你收集了以下信息：

a. 8 月 31 日银行账户余额是 4 540 美元。

b. 银行对账单包括两笔对来自顾客的空头支票的收费。一张是金额为 380 美元（1 号）的支票，另一张是金额为 180 美元（2 号）的支票。

c. Well 保健公司的下列支票在 8 月 31 日尚未清偿：

支票号码	金额
237	$ 80
288	190
291	570
294	600
295	30
296	70

d. Well 保健公司通过电子资金转账从一些顾客处收回部分现金。8 月银行对账单包括 1 200 美元通过电子资金转账收回的账款。

e. 银行对账单中有两笔存款 Well 保健公司没有入账，其中 800 美元是一笔股利收入，120 美元是 Well 保健公司 8 月存款的利息收入。

f. 银行对账单列示有50美元的银行服务费作为减项。

g. 在8月31日，Well保健公司存入银行260美元，但是这笔存款没有反映在银行对账单中。

h. 银行对账单中包括1 050美元的扣减项，为签发给MS运输公司的支票。Well保健公司注意到了银行的这一记录错误。

i. 8月31日，Well保健公司的现金账户余额为2 800美元。

要求：

1. 编制Well保健公司在2018年8月31日的银行存款余额调节表。
2. 编制与调节银行存款余额相关的会计分录，并给出每一笔分录的摘要。

第 9 章

应收项目

信用期是否应该延长？

詹姆斯·赫尔西是一家大型百货公司的信用部经理。他的主要职责就是处理所有会产生应收账款的赊销交易。詹姆斯必须评估每一位要求赊销的顾客的情况，并决定允许哪些顾客可以以赊销的方式购买商品。他通过检查顾客的信用记录以及信用得分对顾客做出评价。这是一项很重要的决策工作，他明白允许赊销会增加百货公司的销售额，但也存在缺陷。

缺陷之一就是百货公司需要等待一段时间才能收到现金。但是，对于詹姆斯来说，最大的风险也是他的工作中最让人沮丧的部分，就是顾客不付钱。当顾客不付钱的情况发生时，百货公司就会蒙受损失，因为公司永远都不能收回与那笔销售相关的现金了。百货公司必须想办法将那些不会付钱的顾客的账户从账簿中移除，这称为销账。另外，詹姆斯必须帮助百货公司估计无法收回的应收账款的金额，这一点非常重要，因为百货公司只有掌握能够收回的应收账款的金额才能预测未来的现金流量。

应收账款如何处理？

在本章中，我们会确定企业如何处理应收账款。应收账款代表从现在的交易中未来收取现金的权利。我们首先将关注 STL 公司如何处理应收账款，包括无法收回的应收账款，学习应收账款的会计处理。然后学习应收票据的处理，它比应收账款的时间更长，并且通常是带有利息的应收款项。最后，我们将了解公司或者投资者如何运用财务比率去评估企业从应收账款中收回现金的能力。

学习目的

1. 定义并解释应收项目的常见类型。
2. 应用直接注销法对坏账进行会计处理。
3. 应用备抵法对坏账进行会计处理，根据销售百分比法、应收账款百分比法和应收账款账龄分析法估计坏账。
4. 对应收票据进行会计处理，包括计算利息、记录已付和拒付的票据。
5. 利用酸性测试比率、应收账款周转率和应收账款周转天数评价企业业绩。

9.1 应收项目的常见类型有哪些及如何记录赊销

当一家企业以赊销方式向另一家企业出售商品或提供劳务时，就会产生**应收项目**（receivable）。它是卖方对买方就交易金额的一种要求权。当一家企业给另一家企业提供贷款时，也会产生应收项目。应收项目是由于当前业务而在未来收取现金的一种权利。这是企业拥有的，所以应收项目是资产。每笔赊销业务至少包括两类关系人：

- **债权人**（creditor），收取应收项目（资产）的一方。债权人将从顾客或借款人处收取现金。
- **债务人**（debtor），在信贷交易中承担债务或应付债务的一方。债务人将在以后支付现金。

应收项目的类型

应收项目主要有三种类型：

- 应收账款；
- 应收票据；
- 其他应收款。

应收账款

应收账款（accounts receivable），也称**应收贸易款项**（trade receivable），是企业向顾客出售商品或提供服务而在未来收取现金的权利。应收账款通常是在短时间内进行回收的项目，比如 30 天或者 60 天，因此在资产负债表中属于流动资产。

应收票据

应收票据（notes receivable）通常比应收账款的时间长一些。应收票据，有时称为**本票**（promissory date），是一种书面承诺，指顾客（或其他个人或企业）在未来某一特定日期，即**到期日**（maturity date）支付固定金额的本金加利息。被称为期票的书面文件是应收项目的证据，它由债务人签字认可。在 12 个月或一个正常营业周期（如果周期超过一年）内到期的应收票据是流动资产，期限超过一年的应收票据是长期资产。

其他应收款

其他应收款（other receivable）是一些杂项，包括在未来有权收取现金的其他类型的应收项目。常见的项目包括应收股息、应收利息和应收税款。其他应收款可以是流动资产，也可以是长期资产，取决于收款期是否超过一年或一个正常营业周期。

应收项目的内部控制

赊销商品或服务的企业，其大部分现金是以邮寄或者在线支付的方式收取的，因此应收账款收回的内部控制非常重要。正如我们在前一章中所讨论的，内部控制中一个关键要素是现金经管和现金会计的职责相分离。

大多数公司设有信贷管理部门去评价顾客的信用状况，评价他们是否符合公司的信用政策标准。赊销的范围需要权衡。公司不希望丧失信用良好的顾客，与此同时也要避免产生坏账。应收款项收回的内部控制制度是否有效，关键在于是否能做到职责分离。借贷部门不应使用现金，管理现金的人不应向客户提供信贷。如果信贷部门的某雇员同时经管现金，那么他可以把从顾客处收回的款项放入自己腰包，然后注明该款项是坏账，会计部门就会把应收账款注销，该顾客的应收账款明细账就不再纳入公司账务。在这种情况下该雇员掩饰了侵吞公司财物的行为。

记录赊销收入

前面已经提到，当以赊销方式向另一方出售商品或提供劳务时，会产生应收账款。企业应当为每一位顾客的每笔应收账款设置分类账，以便核算从顾客处收到的金额和仍旧拖欠的金额。

例如，8 月 8 日，STL 公司以赊销的方式向布朗提供了价值 5 000 美元的服务，向史密斯销售了价格为 10 000 美元的商品，收入的会计处理如下：

日期	科目及摘要	借方	贷方
8 月 8 日	应收账款——布朗	5 000	
	服务收入		
	（已提供的赊销服务）		5 000
8 日	应收账款——史密斯	10 000	
	销售收入		
	（已卖出的赊销商品）		10 000

顾客的应收账款分类账（如应收账款——布朗），称为**明细分类账**（subsidiary account）。应收账款明细分类账的总和等于**统驭账户**（control account），它汇总了所有顾客的应收账款总额。

统驭账户
应收账款

余额	15 000	

明细分类账
应收账款——布朗

余额	5 000	

应收账款——史密斯

余额	10 000	

明细账合计＝15 000 美元

统驭账户应收账款的余额为 15 000 美元。明细分类账中单个顾客账户（应收账款——布朗 5 000 美元＋应收账款——史密斯 10 000 美元）合计为 15 000 美元。

8 月 29 日，STL 公司从布朗处收回现金 4 000 美元，从史密斯处收回现金 8 000 美元，STL 公司的账务处理如下：

日期	科目及摘要	借方	贷方
8 月 29 日	现金	12 000	
	应收账款——布朗		4 000
	应收账款——史密斯		8 000
	（收回赊销现金）		

统驭账户
应收账款

余额	15 000	12 000	8 月 29 日
余额	3 000		

明细分类账
应收账款——布朗

余额	5 000	4 000	8 月 29 日
余额	1 000		

应收账款——史密斯

余额	10 000	8 000	8 月 29 日
余额	2 000		

明细账合计＝3 000 美元

□ 缩短回收期和减少信用风险

接受赊销的一个弊端就是企业必须等待现金的支付。有时这个时期可能会长达 60～90 天。另外，企业也有收不回账款的风险。企业可以通过以下几种途径在缩减现金回收期的同时将坏账风险转移给第三方。

信用卡和借记卡销售

除了采用赊销方式以外，大部分企业还采用信用卡和借记卡这两种支付方式。通过接受信用卡和借记卡，例如，威士卡和万事达卡，企业可以吸引更多的顾客。信用卡使顾客不需要立即支付现金就能买到东西，借记卡使顾客使用电子支付代替使用现金或者填写支票。

企业也可以从信用卡和借记卡销售中获益。它们不需要检查每个顾客的信用评级，也不需要担心是否有应收账款记录，甚至不需要从顾客处收款，因为发卡机构有责任从顾客处收款。因此，企业不是从顾客处而是从信用卡发行商处收取现金。尽管企业需要向发卡机构支付一定费用，但大多数企业认为将无法从顾客处收款的风险转移以及减少赊销成本所带来的好处大于所需支付的成本。

应收账款的保理和抵押

当企业对它的应收账款进行保理时，会把应收账款卖给金融公司或者银行（通常称为代理人），企业会立刻从代理人处收到扣除申请费用后的现金。现在是代理人而不是企业需要收回应收账款的资金，企业直接从代理人处收到应收回的现金。

对应收账款进行抵押是急需现金的企业的另一个选择。在进行抵押时，企业把应收账款作为贷款的担保，从银行借款。企业仍对应收账款的收回负责，但这笔钱应该用来偿还贷款和利息。如果贷款并未偿还，那么银行有权收回应收账款。

在这两种情况下，企业都会立刻拿到现金而不是等待收回应收账款。

9.2 如何对直接注销法下的不可收回账款进行会计处理

赊销既会产生收益又会产生成本：

- **收益**：赊销扩大了销售的范围，从而增加了企业的收入和利润。
- **成本**：某些顾客的赊销货款可能收不回来，产生不可收回账款。

顾客的应收账款是一项资产。不可收回账款必须从账面冲销，因为企业认为在未来应收账款已经无法收回。同时，企业必须记录一笔与不可收回账款相对应的费用。这笔费用就称为**坏账费用**（bad debts expense），坏账费用有时也称为**可疑账款费用**（doubtful account expense）或**不可收回账款费用**（uncollectible account expense）。

对于不可收回账款和坏账费用，有两种会计处理方法：

- 直接注销法；
- 备抵法。

□ 记录和注销不可收回账款——直接注销法

直接注销法（direct write-off method）主要用于小型非上市公司。在直接注销法下，当企业认为无法从一个特定顾客处收回应收账款时，这笔应收账款会被注销，同时记录相应的坏账费用。

例如，假设在8月9日STL公司认定将无法从顾客丹·金处收回5月5日卖出存货的应收账款200美元。公司将会注销顾客的应收账款，同时借记坏账费用，贷记应收账款，账务处理如下：

日期	科目及摘要	借方	贷方
8月9日	坏账费用	200	
	应收账款——丹·金		200
	（直接注销不可收回账款）		

一项应收账款一旦被注销，企业就会停止跟踪应收账款收回。有些企业可能会将拖欠的账款交给律师

或者代理机构催收从而收回部分款项，但通常情况下企业不会期望在未来能够收回任何款项。

□ 前期已注销坏账的转回——直接注销法

有时，企业注销一项应收账款后顾客又支付了款项。为了处理这笔收回的账款，企业必须把前期的应收账款注销转回。例如，9月10日，STL公司出乎意料地从丹·金收到了200美元，公司将会按照下面的方法来处理：

日期	科目及摘要	借方	贷方
9月10日	应收账款——丹·金	200	
	坏账费用		200
	（转回前期注销的账款）		
10日	现金	200	
	应收账款——丹·金		200
	（收回现金）		

□ 直接注销法的不足

如前面提到的，直接注销法主要用于小型非上市公司，这是因为直接注销法违反了配比原则。配比原则要求不可收回账款的费用应该和相关利润配比。例如，使用直接注销法时，一家公司可能在2017年就记录销售收入，但直到2018年才记录坏账费用。销售收入和坏账费用在不同的年度记录，使得公司高估了2017年的净收入，低估了2018年的净收入。另外，在2017年12月31日的资产负债表中，应收账款会被高估，因为公司将会有一部分应收账款无法收回，但没有在当期注销。直接注销法只有在坏账金额很小的公司中才能使用。大多数公司必须使用一种更好的方法来将相关的销售收入和费用进行配比。这种方法称为**备抵法**（allowance method），这种方法也是一般公认会计原则所要求的。

9.3 如何对备抵法下的不可收回账款进行会计处理

大多数企业使用备抵法计量坏账。**备抵法**基于配比原则，因此关键点是在销售收入入账的同时记录坏账费用。企业设立应收账款的抵减账户——**坏账准备**（allowance for bad debts）或**可疑账款准备**（allowance for doubtful accounts）。企业不用等到确定不能从顾客处收回账款时才记录坏账损失。相反，企业可依据过去的经验估计坏账费用，并计提坏账准备来对潜在无法付款的债务人进行管理。

□ 坏账费用的处理——备抵法

在使用备抵法时，企业在期末估计坏账费用，然后编制调整分录。假设2019年12月31日，STL公司估计它的4 400美元应收账款中有80美元无法收回。调整分录处理如下：

日期	科目及摘要	借方	贷方
2019年12月31日	坏账费用	80	
	坏账准备		80
	（记录当期坏账费用）		

编制调整分录后，STL 公司的账户余额如下：

应收账款				坏账准备				坏账费用			
12 月 31 日	4 400					80	12 月 31 日	12 月 31 日	80		

应收账款会在资产负债表中反映，但它反映的是可变现净值。**可变现净值**（net realizable value）是企业希望从应收账款收回的净值（应收账款减去坏账准备），STL 公司在资产负债表中将会这样报告：

STL 公司 资产负债表（部分） 2019 年 12 月 31 日		
	资产	
流动资产：		
应收账款	$4 400	
减：坏账准备	(80)	$4 320

资产负债表中报告 STL 公司预期能够收回的应收账款金额：4 320 美元。备抵账户坏账准备是从应收账款账户中减掉的金额。它表示虽然属于 STL 公司的应收账款有 4 400 美元，但公司估计其中的 80 美元无法收回。

□ 注销不可收回账款——备抵法

在使用备抵法时，企业仍需要注销不可收回的应收账款。但是，不像在使用直接注销法时贷记坏账费用，在备抵法下，企业将会把这笔不能收回的款项贷记坏账准备。坏账费用的借方不会变化，因为企业在核销应收账款时已经对坏账费用进行了确认。因此，在备抵法下注销不可收回账款的会计处理对净收入没有影响。

例如，在 2020 年 1 月 10 日，STL 公司认定其无法从顾客肖恩·克拉克处收回 25 美元的应收账款，注销此项应收账款的会计处理如下：

日期	科目及摘要	借方	贷方
2020 年 1 月 10 日	坏账准备	25	
	应收账款——克拉克		25
	（注销不可收回账款）		

注销后 STL 公司的 T 形账户如下：

应收账款				坏账准备			
2020 年 1 月 1 日	4 400					80	2020 年 1 月 1 日
		25	2020 年 1 月 10 日	2020 年 1 月 10 日	25		
余额	4 375					55	余额

注销应收账款的分录减少了坏账准备账户余额和应收账款账户余额，但没有影响资产负债表中的应收账款净额。这是因为注销金额的同时减少了坏账准备（备抵账户）和应收账款（资产类账户）。另外，注销一项应收账款没有影响净收入是因为这个注销分录不包括收入或费用。

	注销前	注销后
应收账款	$4 400	$4 375
减：坏账准备	(80)	(55)
可变现净值	$4 320	$4 320

□ 前期已注销坏账的转回——备抵法

一项应收账款被注销以后，企业就会停止试图收回应收账款。有时，顾客也可能会支付已经注销的应收账款，因此企业需要转回已注销的坏账，并记录此项现金收入。在这个过程中，企业需要重新建立应收账款账户并将坏账准备账户转回。

2020年1月10日，STL公司注销了肖恩·克拉克25美元的应收账款。2020年3月4日，STL公司出乎意料地从克拉克处收到了25美元，转回已注销坏账和记录现金收入的账务处理如下：

日期	科目及摘要	借方	贷方
2020年3月4日	应收账款——克拉克	25	
	坏账准备		25
	（转回前期注销坏账）		
4日	现金	25	
	应收账款——克拉克		25
	（赊销收回现金）		

□ 估计和记录坏账费用——备抵法

那么如何估计无法收回的应收账款呢？企业需要考虑过去的经验、经济形势、所在行业以及其他因素。简而言之，企业做出预测，称为估计。估计坏账准备有三种基本方法：

- 销售百分比法；
- 应收账款百分比法；
- 应收账款账龄分析法。

销售百分比法

销售百分比法（percent-of-sales method）是按赊销净额的一定百分比来计算坏账费用的方法（一些企业使用销售总额，而不是赊销净额）。这种方法的重点集中在利润表中的费用金额上，所以也称**利润表估计坏账费用法**（income-statement approach）。

让我们回到STL公司的例子，公司的坏账费用通常是赊销净额的0.5%，本年度金额为60 000美元。会计人员使用销售百分比法计算坏账费用的方法如下：

坏账费用＝赊销净额×坏账百分比
＝60 000×0.005
＝300（美元）

12月31日，STL公司使用下列调整账项来对坏账费用进行账务处理：

日期	科目及摘要	借方	贷方
2020年12月31日	坏账费用	300	
	坏账准备		300
	（记录当期坏账费用）		

调整账项以后，忽略前期已注销坏账的转回和本年度58 000美元的应收账款，STL公司在资产负债

表和利润表账户中的账务处理如下：

资产负债表账户：

应收账款

2020 年 1 月 1 日余额	4 400		
赊销净额	60 000	25	注销
		58 000	收回
未调整余额	6 375		
2020 年 12 月 31 日余额	6 375		

坏账准备

		80	2020 年 1 月 1 日余额
注销	25		
		55	未调整余额
		300	调整金额
		355	2020 年 12 月 31 日余额

利润表账户：

坏账费用

2020 年 1 月 1 日余额	0	
调整金额	300	
2020 年 12 年 31 日余额	300	

应收账款百分比法

应收账款百分比法和应收账款账龄分析法是根据应收账款的余额确定的，也称为**资产负债表估计坏账费用法**（balance-sheet approach），因为它们关注应收账款账户（资产负债表账户），并且根据应收账款百分比来确定目标账户余额。

在**应收账款百分比法**（percent-of-receivables method）下，企业仍根据过去的经验来确定不可收回账款的比例。这个方法和销售百分比法不同，因为它依据的是应收账款账户最终的未调整余额，而不是赊销净额。

在应收账款百分比法下计算坏账费用分为两步。企业要先确定坏账准备账户的目标余额，接着用这个目标余额来确定坏账费用。

第一步：确定坏账准备账户的目标余额。

目标余额＝应收账款最终余额×坏账百分比

第二步：通过对备抵账户估值来确定坏账费用。

坏账费用＝目标余额－未调整坏账准备账户贷方余额

或　　＝目标余额＋未调整坏账准备账户借方余额

让我们来看一下 STL 公司的例子。假设 2020 年 12 月 31 日，STL 公司的未调整应收账款账户余额是 6 375 美元。STL 公司估计应收账款的 4%将无法收回。在第一步中，公司确定坏账准备账户的目标余额是 255 美元（6 375×0.04），接下来，会计人员认定坏账费用调整金额为：255－55＝200 美元。

坏账准备

		80	2020 年 1 月 1 日余额
注销	25		
		55	未调整余额
		200	调整金额
		255	2020 年 12 月 31 日余额

第二步：基于目标余额计算坏账费用调整余额。255−55=200（美元）

第一步：确定目标余额，通常作为贷方余额报告。6 375 × 0.04=255（美元）

STL 公司在 12 月 31 日记录了下列调整账项来确认当年的坏账费用：

日期	科目及摘要	借方	贷方
2020年12月31日	坏账费用	200	
	坏账准备		200
	（记录当期坏账费用）		

调整账项以后，STL公司在资产负债表和利润表账户中的账务处理如下：资产负债表账户：

应收账款

	借方	贷方	
2020年1月1日余额	4 400		
赊销净额	60 000	25	注销
		58 000	收回
未调整余额	6 375		
2020年12月31日余额	6 375		

坏账准备

	借方	贷方	
		80	2020年1月1日余额
注销	25		
		55	未调整余额
		200	调整金额
		255	2020年12月31日余额

利润表账户：

坏账费用

	借方	贷方
2020年1月1日余额	0	
调整金额	200	
2020年12年31日余额	200	

在前面的例子中，STL公司在备抵账户中有未调整的贷方余额。如果一家企业在调整前有借方余额，那么计算坏账费用会有所不同。在这种情况下，未调整的余额将会加到目标余额中，而不是从目标余额中减去坏账准备账户未调整余额。

我们来看一个例子。假设马丁音乐公司在坏账准备账户中有借方余额150美元，估计无法收回账款是应收账款40 000美元的2%。马丁音乐公司的坏账费用调整金额应按照如下方法计算：

坏账准备

	借方	贷方	
未调整余额	150		
		950	调整金额
		800	余额

第二步：基于目标余额计算坏账费用调整金额。800+150=950（美元）

第一步：确定目标余额，通常作为贷方余额报告。40 000×0.02=800（美元）

注意：当备抵账户有未调整借方余额时，目标余额必须被加到坏账准备账户的未调整余额中以确定坏账费用的调整金额。马丁音乐公司将会编制如下调整分录来确认坏账费用。

日期	科目及摘要	借方	贷方
12月31日	坏账费用	950	
	坏账准备		950
	（记录当期坏账费用）		

应收账款账龄分析法

应收账款账龄分析法（aging-of-receivables method）和应收账款百分比法类似。但是，在账龄分析法下，每个应收账款账户按照其成为应收账款的时间长短分组（如布罗克森、安德鲁斯等），然后对每一组应用不同的不可收回账款比例。图表9-1说明了STL公司是如何对应收账款进行分组的。

图表 9-1 STL 公司应收账款账龄

顾客名称	2020 年 12 月 31 日账户账龄				
	1～30 天	31～60 天	61～90 天	90 天以上	余额合计
布罗克森	$800				$800
Phi Chi 互助会	2 100				2 100
安德鲁斯		$350			350
琼斯		480			480
佩雷斯	1 345				1 345
汤普森			$1 200		1 200
克拉克				$100	100
合计	$4 245	$830	$1 200	$100	$6 375
估计坏账百分比	×1%	×2%	×3%	×9%	
估计坏账准备额	$42	$17	$36	$90	$185 ← 目标余额

年末，STL 公司需要编制调整分录来确认坏账费用。步骤与应收账款百分比法类似。

第一步：根据每个账户时间长短确定坏账准备账户的目标余额。

第二步：通过对备抵账户估值来确定坏账费用。

坏账费用＝目标余额－未调整坏账准备账户贷方余额

或　　　＝目标余额＋未调整坏账准备账户借方余额

STL 公司从目标余额 185 美元中减去坏账准备账户的未调整贷方余额 55 美元，以确定它的坏账费用。

坏账准备

		80	2020 年 1 月 1 日余额
注销	25		
		55	未调整余额
		130	调整金额
		185	2020 年 12 月 31 日余额

第二步：基于目标余额计算坏账费用调整金额。185-55=130（美元）

第一步：通过账龄分析表计算目标余额，通常作为贷方余额报告。

STL 公司在 12 月 31 日编制如下调整分录来确认当年的坏账费用。

日期	科目及摘要	借方	贷方
2020 年 12 月 31 日	坏账费用	130	
	坏账准备		130
	（记录当期坏账费用）		

调整账项以后，STL 公司在资产负债表和利润表账户中的账务处理如下：

资产负债表账户：

应收账款

2020 年 1 月 1 日余额	4 400		
赊销净额	60 000	25	注销
		58 000	收回
未调整余额	6 375		
2020 年 12 月 31 日余额	6 375		

坏账准备

		80	2020 年 1 月 1 日余额
注销	25		
		55	未调整余额
		130	调整金额
		185	2020 年 12 月 31 日余额

利润表账户：

坏账费用		
2020年1月1日余额	0	
调整金额	130	
2020年12月31日余额	130	

无法收回账款会计处理方法的比较

图表9-2给出了在使用直接注销法和备抵法时需要编制的日记账分录。让我们花一点时间来回顾这两种方法的区别。注意：在使用直接注销法时，企业是不使用备抵账户的，这种方法与一般公认会计原则的要求不一致。

图表9-2　直接注销法和备抵法的比较

直接注销法			备抵法		
注销无法收回账款：					
坏账费用	25		坏账准备	25	
应收账款——顾客姓名		25	应收账款——顾客姓名		25
（注销无法收回账款）			（注销无法收回账款）		
以前已注销账户的转回：					
应收账款——顾客姓名	25		应收账款——顾客姓名	25	
坏账费用		25	坏账准备		25
（恢复以前已注销账户）			（恢复以前已注销账户）		
现金	25		现金	25	
应收账款——顾客姓名		25	应收账款——顾客姓名		25
（收回现金）			（收回现金）		
调整分录确认坏账：					
不需要做调整分录			坏账费用	300	
			坏账准备		300
			（记录当期坏账费用）		

在使用备抵法对不可收回账款进行处理时，企业必须使用下面三种方法之一在会计期末估计坏账费用：销售百分比法、应收账款百分比法和应收账款账龄分析法。图表9-3总结了这三种方法的不同。

图表9-3　销售百分比法、应收账款百分比法和应收账款账龄分析法的区别

备抵法	
利润表估计坏账费用法：	资产负债表估计坏账费用法：
销售百分比法	应收账款百分比法　　应收账款龄分析法
坏账费用＝赊销净额×坏账百分比	第一步：
	目标余额＝应收账款最终余额×坏账百分比
	第二步：
	坏账费用＝目标余额－未调整坏账准备账户贷方余额
	或
	坏账费用＝目标余额＋未调整坏账准备账户借方余额

9.4　如何对应收票据进行会计处理

应收票据比应收账款更加正式。借款人签发期票，作为债务的证据。在开始有关的账务处理之前，我们首先定义所涉及的专有名词。

- **期票**（promissory date）：约定在未来某一特定日期支付特定金额（含利息）的书面凭证。
- **期票的出票人（债务人）**（maker of the note（debtor））：签发期票并许诺支付期票所要求金额的企业或个人，即债务人。
- **期票的收款人（债权人）**（payee of the note（creditor））：出票人许诺未来支付款项的企业或个人，即债权人。
- **本金**（principal）：收款人贷出、出票人借入的款项金额。
- **利息**（interest）：向收款人提供贷款的收入。利息是债务人的费用和债权人的收入。
- **计息期**（interest period）：计算利息的期间，指票据签发日至到期日，也称票据期间。
- **利息率**（interest rate）：票据规定的利润，通常指年利息率。
- **到期日**：期票最后付款的日期。
- **到期价值**（maturity value）：本金与至到期日的利息之和，是要偿还的总金额。

图表 9－4 列示了一张期票。

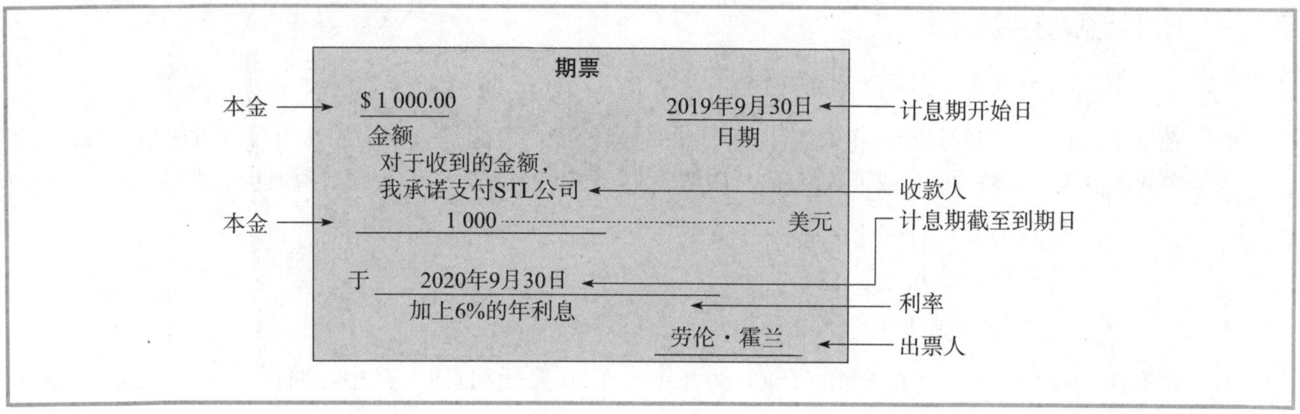

图表 9－4　期票的格式

在图表 9－4 中我们可以看到 STL 公司在 2019 年 9 月 30 日借给了劳伦・霍兰 1 000 美元，期限为 1 年，年利率是 6％。会计人员将进行如下账务处理：

日期	科目及摘要	借方	贷方
2019 年 9 月 30 日	应收票据——霍兰	1 000	
	现金		1 000
	（接受换取现金的票据）		

□ 明确期票的到期日

一些期票标明了到期日，如图表 9－4 中期票到期日为 2020 年 9 月 30 日。一些票据以日或月注明票据的期限。当期限以月注明时，票据的到期日是到期月份与出票日相同的对应日。例如，2019 年 2 月 16 日签发的 6 个月的票据，其到期日为 2019 年 8 月 16 日。

当期限以日注明时，到期日按出票日起的实际天数计算确定。2019 年 2 月 16 日签发的 180 天的票据的到期日为 2019 年 8 月 15 日。

月份	天数	累计天数
2019年2月	28－16＝12	12
2019年3月	31	43
2019年4月	30	73
2019年5月	31	104
2019年6月	30	134
2019年7月	31	165
2019年8月	15	180

在计算票据剩余天数时，注意：

- 只计算到期日；
- 出票日不计算在内。

□ 计算票据利息

计算利息的公式为：

利息额＝本金×利率×时间

在这个公式中，时间是指一年中应计算利息的时间长度，可能是一年中的几个月（月份数/12），也可能是一年中的多少天（天数/360，或天数/365）。用图表9－4中的数据，STL公司计算其应收票据一年的利息为：

利息额＝本金×利率×时间
＝1 000×0.06×12/12
＝60(美元)

票据的到期价值为1 060美元（1 000美元本金＋60美元利息）。其中，时间为12/12或1，因为计算的是一年的利息。

当票据的计息期用月表示时，一年按12个月计算。利率为10%，面值为2 000美元的票据9个月的利息为：

利息额＝本金×利率×时间
＝2 000×0.10×9/12
＝150(美元)

当票据的计息期用天数表示时，我们多以一年360天而不是365天来计算利息。使用360天计算在过去较为频繁，但在使用计算机计算利率时，以365天为基数更为普遍，本章将使用365天。利率为12%，面值为5 000美元的票据60天的利息为：

利息额＝本金×利率×时间
＝5 000×0.12×60/365
≈98.63(美元)

牢记利率是年利率，因此，利息计算公式中的计息期都应该用年表示。

□ 应计利息收入和记录应收票据

应收票据可能在会计期末尚未得到清偿。截至会计期末的利息收入是当期收益的一部分。请回想前面所讨论的利息收入已经实现，但现金尚未收到的情况。基于配比原则，我们要在实际取得利息收入的当年记录利息收入。

让我们继续前面图表 9-4 中 STL 公司收到应收票据的例子。STL 公司的会计年度结束日为 12 月 31 日。

- STL 公司在 2019 年赚取了多少利息收入？（从 9 月 30 日到 12 月 31 日）STL 公司赚取了 3 个月（10 月、11 月、12 月）的利息。

1 000×0.06×3/12=15(美元)

STL 公司在 2019 年 12 月 31 日的调整分录如下：

日期	科目及摘要	借方	贷方
2019 年 12 月 31 日	应收利息	15	
	利息收入		15
	（应计利息收入）		

- STL 公司在 2020 年（从 1 月 1 日到 9 月 30 日）赚取了多少利息收入？STL 公司赚取了 9 个月（1—9 月）的利息。

1 000×0.6×9/12=45(美元)

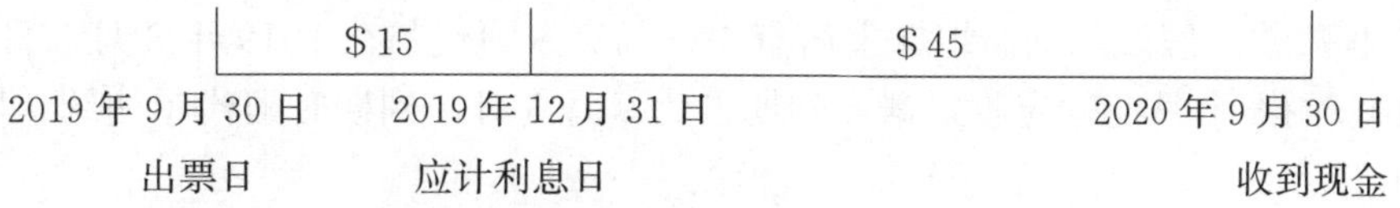

到期日，STL 公司将会收到本金和利息。公司计算了支付的票据并做了如下分录：

日期	科目及摘要	借方	贷方
2020 年 9 月 30 日	现金（$1 000+($1 000×0.06×12/12))	1 060	
	应收票据——霍兰		1 000
	应收利息		15
	利息收入		45
	（收到应收票据和应收利息）		

某些公司出售商品时会取得应收票据。假设 2019 年 6 月 1 日，Rosa 电气公司向多尔曼·彼德出售了 2 000 美元的家用电器。多尔曼签发了一张利率为 10%，期限为 9 个月的期票。Rosa 电气公司记录销售业务、利息收入和从多尔曼处收款的分录为：

日期	科目及摘要	借方	贷方
2019 年 6 月 1 日	应收票据——多尔曼·彼德	2 000	
	销售收入		2 000
12 月 31 日	应收利息（$2 000×0.10×6/12)	100	
	利息收入		100
2020 年 3 月 1 日	现金（$2 000+($2 000×0.10×9/12))	2 150	
	应收票据——多尔曼·彼德		2 000
	应收利息		100
	利息收入（$2 000×0.10×3/12)		50

公司可以接受不能支付应收账款的客户签发的应收票据。顾客签发了期票，并把它交给债权人。假设运动俱乐部无力支付布兰丁服务公司的款项。布兰丁服务公司可以接受运动俱乐部2019年11月19日签发的一张期限为60天，利率为12%，面值为5 000美元的应收票据。布兰丁服务公司应编制的分录为：

日期	科目及摘要	借方	贷方
2019年11月19日	应收票据——运动俱乐部	5 000	
	应收账款——运动俱乐部		5 000
12月31日	应收利息（$5 000×0.12×42/365）	69	
	利息收入		69
2020年1月18日	现金（$5 000+（$5 000×0.12×60/365））	5 099	
	应收票据——运动俱乐部		5 000
	应收利息		69
	利息收入（$5 000×0.12×18/360）		30

□ 记录没有兑现的应收票据

如果票据的出票人于到期日不偿付票据，则称为**拒付票据**（dishonor a note）或票据违约。由于票据的期限已满，因此票据协议不再生效。然而，收款人仍对出票人有债权要求。在这种情况下，收款人会将应收票据转为应收账款。假设罗勃斯坦珠宝店有一张马克·阿代尔在2019年3月3日签发的面值为1 200美元，利率为10%的6个月期的应收票据，到期日为9月3日，到期时阿代尔违约。罗勃斯坦珠宝店记录其违约的分录如下：

日期	科目及摘要	借方	贷方
2019年9月3日	应收账款——阿代尔	1 260	
	应收票据——阿代尔		1 200
	利息收入（$1 200×0.10×6/12）		60

罗勃斯坦珠宝店将此款项作为应收账款向阿代尔催收。如果罗勃斯坦珠宝店在今后的一段时期内仍不能收回这笔账款，那么最后它会用直接注销法或者备抵法注销这笔应收账款。

9.5 如何使用酸性测试比率、应收账款周转率和应收账款周转天数评价企业经营状况

如前所述，资产负债表按流动性顺序（变现能力）列示资产，我们可以通过分析企业的流动资产来评价其流动性，图表9-5所示的科尔士百货的部分资产负债表仅仅列示了三项流动资产：现金和现金等价物、存货和其他流动资产。科尔士百货在资产负债表中并未列示任何应收项目，尽管公司推广并接受带有其标志的信用卡，但这类信用卡是由独立的第三方签发的，其销售额的计算方法与其他信用卡（如万事达卡、威士卡等）类似，都是将收回现金的风险转嫁给了第三方。

资产负债表因列示了资产、负债和收入之间的关系而变得更加有用。下面让我们通过科尔士百货的例子来检验三个涉及应收项目的重要比率。

图表 9-5 科尔士百货资产负债表

单位：百万美元

科尔士百货 资产负债表（部分） 2016 年 1 月 30 日和 2015 年 1 月 31 日		
资产	2016 年 1 月 30 日	2015 年 1 月 31 日
流动资产：		
现金及现金等价物	$707	$1 407
存货	4 038	3 814
其他流动资产	331	359
流动资产合计	$5 076	$5 580
流动负债：		
流动负债合计	$2 714	$2 859

资产负债表中的数据是有用的，它显示了资产、负债和收入之间的关系。由于科尔士百货没有在资产负债表中列示出应收款项，因此我们将使用其竞争对手之一来检查在计算中包含应收款项的三个重要比率。以下是西尔斯控股公司的部分财务信息。

（单位：百万美元）	2016 年 1 月 30 日	2015 年 1 月 31 日
资产负债表——部分		
流动资产：		
现金及现金等价物	$238	$250
应收账款	419	429
存货	5 172	4 943
预付费用及其他流动资产	216	241
流动资产合计	6 045	5 863
流动负债：		
流动负债合计	5 438	5 593
利润表——部分		
销售收入和服务收入	$25 146	$31 198

□ 酸性测试（速动）比率

前面我们讨论了流动比率，它表明了用流动资产偿还流动负债的能力；还讨论了现金比率，它衡量了一家企业用现金及现金等价物偿还短期负债的能力。我们现在引入**酸性测试比率**（acid-test ratio）或者称为**速动比率**（quick ratio），它用来衡量一家企业偿还流动负债的能力。酸性测试比率比流动比率更严格，但比现金比率宽松。速动资产包括现金及现金等价物、短期投资和净流动性应收款。酸性测试比率揭示了在流动负债马上就要到期的情况下，企业是否可以偿还其所有的流动负债。

酸性测试比率越高，企业偿还流动负债的能力就越强。科尔士百货在 2016 年 1 月 30 日的酸性测试比率是 0.12，表明每 1 美元的流动负债有 0.12 美元的流动资产来偿还。

$$
\begin{aligned}
\text{酸性测试比率} &= (\text{现金及现金等价物}+\text{短期投资}+\text{流动应收款项净额})/\text{总流动负债} \\
&= (238+419)/5\,438 \\
&\approx 0.12
\end{aligned}
$$

那么可接受的酸性测试比率是多少呢？它取决于企业所处的行业。一般来说，速动比率为 1.00 或更高比较安全。然而，西尔斯控股公司等零售企业的酸性测试比率较低并不少见。

□ 应收账款周转率

应收账款周转率（accounts receivable turnover ratio）衡量企业在一年中收回应收账款余额的次数。比率越高，表明现金回收越快。以下为西尔斯控股公司的应收账款周转率，表明公司每年应收账款大约周转59.31次。

应收账款周转率＝赊销净额/平均应收账款净额
＝25 146/[(419＋429)/2]
≈59.31(次)

□ 应收账款周转天数

企业在赊销以后，下一步就是收回应收账款。**应收账款周转天数**（days'sales in receivables），也称**收账期**（collection period），表明平均要花多少天收回应收账款。应收账款周转天数应接近信用证延期时允许顾客付款的天数。收账期越短，企业越能迅速地将现金投入经营；收账期越长，企业可用于经营的现金就越少。应收账款周转天数可按如下方法计算：

应收账款周转天数＝365/应收账款周转率
＝365/59.31
≈6(天)

平均来看，西尔斯控股公司需要6天才能收回应收账款。然而，这个数字有点误导，在计算应收账款周转率时，我们使用的是销售净额而不是赊销净额。因此，计算中包含现金和赊销额。

收账期的长短取决于企业的信用政策。例如，信用条件为30天内全额付清的，应收账款应在大约30天内收回；当有折扣时，比如30天内全额付款，若10天付款可享受2%的折扣的，其收账期可能会短于30天；而信用条件为45天内全额付款会导致更长的收账期。

习题

P9-28A 对于应收款项，使用备抵法（销售百分比法）和直接注销法进行会计处理，并在资产负债表上列报应收款项

2018年8月31日，BFS公司应收账款账户借方余额为140 000美元，坏账准备账户余额为5 600美元。9月份的其他数据包括：

- 赊销额：550 000美元，不考虑销货成本。
- 应收账款：584 000美元。
- 核销坏账：4 000美元。

要求：

1. 采用备抵法编制9月份的分录。坏账费用估计为赊销额的2%。列示9月份所有与应收账款、坏账准备和坏账费用有关的事项（记入相关的T形账户）。

2. 在同样的情况下，假设公司采用直接注销法进行坏账的账务处理，然后采用直接注销法记录9月份的坏账费用。将其记入应收账款和坏账费用账户，并指出它们在2018年9月30日的余额。

3. 在两种方法下，BFS公司2018年9月的利润表中列报的坏账费用的金额各为多少？哪个金额与收入更加匹配？说明理由。

4. 在两种方法下，BFS公司2018年9月30日资产负债表中列报的应收账款净额各为多少？哪个金额更真实？说明理由。

P9-29A 对于应收款项，使用备抵法（应收账款账龄分析法）进行会计处理，并在资产负债表上列报应收款项

2018年9月30日，GTMC公司的资产负债表列报如下：

应收账款	$145 000
坏账准备（贷方余额）	3 500

2018年最后一个季度，GTMC公司完成了下列业务：

- 赊销：450 000美元，不考虑销货成本。
- 应收账款：427 100美元。
- 核销下列坏账：R公司，1 400美元；OR公司，800美元；P公司，700美元。
- 依据应收账款账龄分析法，记录坏账费用。

	应收账款账龄			
	1～30天	**31～60天**	**61～90天**	**90天以上**
应收账款	$104 000	$39 000	$14 000	$8 000
估计坏账百分比	0.3%	3%	30%	35%

要求：

1. 设立应收账款和坏账准备的T形账户。在日记账中记录上述业务（省略摘要）并记入这两个账户。

2. 说明GTMC公司如何在2018年12月31日的资产负债表中列报应收账款净额。

P9-30A 对于应收款项，使用备抵法（销售百分比法）进行会计处理，并在资产负债表上列报应收款项

DW公司2018—2019年的部分业务如下：

2018年：	
12月31日	估计本年坏账费用为赊销额450 000美元的2%，并将这个金额记为坏账费用。公司使用备抵法。
31日	编制坏账费用的结账分录。
2019年：	
1月17日	向麦克·史密斯赊销货物400美元，不考虑销货成本。
6月29日	通过反复努力向麦克·史密斯收款失败，将他的账户作为坏账核销。
8月6日	收到麦克·史密斯付来的400美元，同时收到一封表明他延迟支付欠款的道歉信。全额恢复他的账户额度并记录现金收据。
12月31日	编制复合分录将下列应收账款作为坏账核销：CC，1 400美元；MV，1 200美元；RR，400美元。
31日	估计本年坏账费用为赊销额510 000美元的2%，将这个金额记为费用。
31日	编制坏账费用的结账分录。

要求：

1. 设立坏账准备和坏账费用的T形账户，假定账户的期初余额为0。在普通日记账中记录以上业务（省略摘要），并记入上述两个T形账户。

2. 假定2019年12月31日应收账款的余额为136 000美元。说明如何在12月31日的资产负债表中列报应收账款净额。

P9－31A 坏账（应收账款账龄分析法）、应收票据和应计利息收入的会计处理

SRC公司完成了下列业务：

2018年：	
7月1日	向SM公司销售货物，收到一张期限为9个月，利率为8%，金额为41 000美元的票据。不考虑销货成本。
10月31日	记录现金收入24 000美元，不考虑销货成本。
12月31日	编制调整分录记录SM公司票据的应计利息收入。
31日	依据应收账款账龄分析法编制调整分录记录坏账费用。账龄分析表明应收账款中有13 800美元无法收回。编制调整分录之前，坏账准备贷方余额为11 800美元。
2019年：	
4月1日	从SM公司处收回应收票据的到期值。
6月23日	向A公司销售货物，收到一张期限为60天，利率为6%，金额为7 000美元的票据。不考虑销货成本。
8月22日	A公司拒付到期票据。将票据到期值转入应收账款账户。
11月16日	借款17 000美元现金给C公司。收到一张期限为90天，利率为16%的票据。
12月5日	从A公司全额收回账款。
31日	记录C公司票据的应计利息收入。

要求：

在SRC公司的日记账中记录上述业务。（省略摘要并将结果保留到整数。）

P9－32A 应收票据和应计利息收入的会计处理

CR公司2018年提供了贷款并收到如下票据：

票据	日期	本金	利率	计息期
(1)	8月1日	$6 000	7%	1年
(2)	9月30日	12 000	6%	6个月
(3)	9月19日	18 000	8%	90天

要求：

1. 确定每张票据的到期日和到期值。

2. 编制获得三张票据的分录，并在到期时记录本金和利息的收取情况。在2018年12月31日，即会计年度结束日，做一笔简单的调整分录以记录每张票据的应计利息收入。（省略摘要并将结果保留到整数。）

P9－33A 应收票据、拒付票据和应计利息收入的会计处理

CCP公司有下列交易：

2018年：	
12月6日	从GGP公司处收到一张期限为90天，利率为6%，金额为18 000美元的未兑现票据。
31日	编制调整分录记录GGP公司票据的应计利息收入。
31日	编制利息收入的结账分录。
2019年：	
3月6日	从GGP公司处收回应收票据的到期值。
6月30日	借款11 000美元现金给LM公司，收到一张期限为6个月，利率为20%的票据。
10月2日	向TM公司出售商品，收到一张期限为60天，利率为20%，金额为2 400美元的票据。不考虑销货成本。
12月1日	TM公司无法支付到期票据。
1日	将TM公司的票据注销（使用备抵法）。
30日	从LM公司处收回应收票据的到期值。

要求：

编制 CCP 公司所有交易的日记账分录。将结果保留到整数。

P9 - 34A　使用比率分析法评估公司的财务状况

NCS 公司 2016 年、2017 年和 2018 年的比较财务报表包含下列数据。

	2018 年	2017 年	2016 年
资产负债表——部分			
流动资产：			
现金	$ 70 000	$ 60 000	$ 50 000
短期投资	140 000	170 000	120 000
应收账款净值	280 000	240 000	260 000
存货	35 5 000	330 000	310 000
预付费用	70 000	35 000	35 000
流动资产合计	915 000	835 000	775 000
流动负债合计	560 000	630 000	640 000
利润表——部分			
销售净额（都是赊销）	5 890 000	5 130 000	421 000

要求：

1. 计算 2018 年和 2017 年的下列比率：

a. 酸性测试比率（结果保留两位小数）；

b. 应收账款周转率（结果保留两位小数）；

c. 应收账款周转天数（精确到天）。

2. 仔细思考每一个比率，指出哪些比率在 2017—2018 年有所提高，哪些比率有所下降。讨论这些趋势对公司有利还是不利。

第 10 章

固定资产、自然资源与无形资产

我需要如何处理这些设备？

杰里·德雷克已经在新的园林公司努力工作了几个月，一切都进展得很顺利——每个月销售额都在增长，顾客群也在扩大。目前为止，杰里一直在租园艺设备或者从朋友那里借。杰里现在正在考虑购买几台新的割草机、修剪机和吹叶机。

杰里试图搞清楚如何在账簿上记录购买的这些设备。他应该把这些设备都计入费用还是为每一个项目设立资产账户？杰里也在考虑在购买新设备以前，现有的设备能够用多久。他知道他的会计师会问他折旧的事情。会计师告诉过杰里几种可以考虑的方法。杰里知道他想采用一种能将设备的成本与企业的利润匹配起来的折旧方法。

另外，杰里计划尽可能长时间地使用设备，这意味着他需要维修和保养设备。他想知道需要记录多少维修成本，以及他最终卖掉设备时会发生什么。杰里知道他的会计师会帮他回答这些问题，这样他就可以正确地记录设备的成本以及任何未来的附带成本。

固定资产、自然资源和无形资产是如何核算的？

固定资产、自然资源和无形资产是资产负债表中最重要的资产，这些资产能帮助企业创造利润。例如，纯即——一家致力于提供草坪和园林服务的公司，如果没有为顾客的草坪提供服务的园艺设备，那么它就不会盈利；埃克森美孚公司如果没有自然资源——石油储备，也就不会在 2015 年有 162 亿美元的盈利；除此之外，我们对麦当劳的标识“金拱门”也很熟悉。在本章中，我们将会讨论如何记录这些资产的购买、成本分配和处置。

学习目的

1. 确定固定资产的成本。
2. 使用直线法、产量法和双倍余额递减法计提折旧的会计处理。
3. 固定资产处置的会计处理。
4. 自然资源的会计处理。
5. 无形资产的会计处理。
6. 使用资产周转率评价企业状况。
7. 固定资产交换的会计处理（附录 10A）。

10.1　如何衡量固定资产的成本

财产、设备和装备（property，plant，and equipment，PP&E）是企业在运营过程中使用的长期的、有形的资产，包括土地、建筑物、设备、家具和汽车。通常情况下，财产、设备和装备在财务报表中统称为**设备资产**（plant assets）、**经营资产**（operational assets）或**固定资产**（fixed assets）。

固定资产与其他资产（比如办公用品）是不同的，因为固定资产是长期的（存续多年），需要企业在固定资产预期使用期间内分配成本。在固定资产使用期间内分配成本称为**折旧**（depreciation），折旧需要遵循配比原则。配比原则要确保所有的费用和当期的利润相匹配。因为固定资产会使用多年，因此企业会将固定资产成本分配到若干年中。除了土地以外的所有固定资产都要计提折旧。我们对土地不计提折旧，是因为它没有一个确定的或可精确估计的使用寿命，分配土地的成本是困难的。

固定资产在企业的经营过程中被使用，这意味着取得它们不是为了转售，相反，它们被用来为企业创造价值。例如，一家企业有一栋空的大楼目前还没有使用，这栋大楼将会被认定为长期投资而不是固定资产，因为这栋楼是闲置的，在企业的日常经营中没有使用。

图表 10-1 总结了一家企业中固定资产的使用周期。一开始，企业取得固定资产并将其记入资产账户，包括确定在资产负债表中反映的资产成本。在企业使用资产时，必须记录折旧费用。另外，企业也要承担与资产相关的额外费用，如修理费、保养费。最后，当资产使用寿命达到极限时，企业就会处置这项资产。固定资产使用周期的每个阶段都必须记录在企业的账簿中。

1.取得资产　　2.使用资产　　3.处置资产

图表 10-1　一项固定资产的生命周期

固定资产是用历史成本计量的，也就是在取得资产时支付的价格。因为**成本原则**（cost principle）要求在取得资产（服务）时应当按照实际取得成本入账。固定资产的实际成本是它的购买价格加上相关税费、购买佣金和其他为使固定资产达到预定可使用状态所付出的资金。让我们首先回顾固定资产的不同类别。

土地和土地改良物

土地的成本包括购买者支付的以下资金：

- 购买价格；
- 地产经纪人佣金；
- 调查费用和法律费用；
- 应交财产税；
- 土地所有权转让税；
- 清理土地和拆除不需要的建筑物所发生的支出。

土地的成本不包括下列支出的成本：

- 修建栅栏；
- 铺路；
- 安装洒水装置；
- 安装照明设施；
- 安装标识设施。

这些不同的固定资产，如栅栏、道路等称为**土地改良物**（land improvement）。与土地不同，土地改良物需要计提折旧。

假定 STL 公司在 2019 年 8 月 1 日签发了一张 50 000 美元的应付票据来购买土地，同时支付了 4 000

美元的应交财产税、2 000 美元的转让税、5 000 美元的建筑物拆除费、1 000 美元的调查费。那么这块土地的成本应该是多少呢？图表 10－2 显示了使土地达到预定可使用状态前发生的所有成本。

图表 10－2　土地成本

土地购买价格		$ 50 000
加上相关的成本：		
财产税	$ 4 000	
转让税	2 000	
建筑物拆除费	5 000	
调查费	1 000	12 000
土地成本合计		$ 62 000

2019 年 8 月 1 日，STL 公司购买土地的会计分录如下：

日期	科目及摘要	借方	贷方
8 月 1 日	土地	62 000	
	应付票据		50 000
	现金		12 000
	（记录使用现金和应付票据购买土地）		

STL 公司将土地成本资本化为 62 000 美元。**资本化**（capitalize）意味着公司取得了一项资产，资产账户的借方增加。因此，在我们的例子中，STL 公司将在资产账户（土地）的借方增加 62 000 美元，即将土地成本资本化。

假设 2019 年 8 月 15 日 STL 公司又支付了 20 000 美元用于修建栅栏、铺路、安装照明和标识设施。以下分录记录了这些土地改良物的成本。

日期	科目及摘要	借方	贷方
8 月 15 日	土地改良物	20 000	
	现金		20 000
	（记录使用现金购买土地改良物）		

土地和土地改良物是两种完全不同的资产类账户。土地不计提折旧，但土地改良物的成本将在它们的使用期限内摊销。

□ 建筑物

建筑物的成本取决于企业是自行建造还是购买现成的建筑物。成本如下：

自行建造的建筑物	购买现成的建筑物
• 建筑费用 • 房屋许可费 • 合同手续费 • 材料、人工和杂项费用	• 购买价格 • 为使固定资产达到预定可使用状态的翻修改良的支出，可能包括“建造建筑物”栏下列示的所有费用

□ 机器和设备

机器和设备的成本包括：

- 购买价格（减去所有折扣）；
- 运输费；
- 运输途中的保险费；
- 销售税和其他税金；
- 购买佣金；
- 安装费；
- 检验费（资产使用前）。

当机器和设备开始运转时，企业会停止将这些成本资本化，不再将保险费、税金、普通修理费和维修费记入设备账户。以后，保险费、税金和维修费都将作为费用处理。

□ 家具和附属设备

家具和附属设备包括桌子、椅子、文件柜、陈列架和搁板等。家具和附属设备的成本为每项资产的基本成本（减去所有折扣）加上所有其他使资产达到预定可使用状态的成本。以桌子为例，它包括将桌子运输到工作场所的运输成本和将桌子组装好的人工成本。

□ 资产的整批购置

企业可以用一个价格把许多资产作为一个整体购买即整批购置（有时也称一揽子购买）。例如，STL公司可以支付一笔款项购买土地和建筑物。为方便会计记录，企业必须区分每项资产的成本。总成本按资产的相对市场价格在各项资产之间进行分配。这种分配方法称为**相对销售价值法**（relative-market-value-method）。

假设STL公司在2019年8月1日购买了土地和建筑物。土地和建筑物的合并购买价格是100 000美元。评估结果表明土地的市场价格是30 000美元，建筑物的市场价格是90 000美元。很明显STL公司以低于市场价格120 000美元的成本获得了这一合并资产，但是STL公司怎样把这100 000美元分配到两项资产中呢？

首先，计算每种资产的市场价格相对于总市场价格的比率。资产的估价总额是120 000美元。

总市场价格＝土地市场价格＋建筑物市场价格
＝30 000＋90 000
＝120 000(美元)

土地占总市场价格的25%，建筑物占总市场价格的75%。每项资产的成本按照如下方法确定：

占总价格的百分比＝土地市场价格/总市场价格
＝30 000/120 000
＝25%

占总价格的百分比＝建筑物市场价格/总市场价格
＝90 000/120 000
＝75%

对于 STL 公司，土地成本分配了 25 000 美元，建筑物成本分配了 75 000 美元，计算过程如下：

资产	市场价格	占总价格的百分比	×总购买价格	＝每项资产的分配成本
土地	$ 30 000	$ 30 000/ $ 120 000＝ 25%	× $ 100 000	＝ $ 25 000
建筑物	90 000	$ 90 000/ $ 120 000＝ 75%	× $ 100 000	＝ $ 75 000
合计	$ 120 000	100%		$ 100 000

假设 STL 公司使用应付票据付款，购买土地和建筑物的会计分录如下：

日期	科目及摘要	借方	贷方
8 月 1 日	土地	25 000	
	建筑物	75 000	
	应付票据		100 000
	（记录使用应付票据购买土地和建筑物）		

□ 资本和收益支出

会计人员将在固定资产上的支出划分为两类：

- **资本性支出**（capital expenditures）；
- **收益性支出**（revenue expenditure）。

资本性支出应该记在借方，因为它们能够增加资产的盈利性和效率，或者延长资产的使用寿命。资本性支出也称为**资产负债表支出**（balance sheet expenditure），因为支出成本反映在资产负债表的资产账户中。

正如前面讨论的，资本性支出包括购买价格和使资产达到预定可使用状态前发生的其他成本。另外，增强资产的生产能力或延长使用寿命的**非常修理**（extraordinary repair）费用也是资本性支出。例如，为一辆使用了 5 年的卡车重新安装发动机，支出了 3 000 美元的非常修理费用。非常修理使资产的寿命超出了一般预期寿命。因此，卡车的非常修理费用应该借记卡车账户：

日期	科目及摘要	借方	贷方
	卡车	3 000	
	现金		3 000
	（记录重新安装卡车发动机的成本）		

仅保持资产良好工作状态的支出，不记入资产借方账户。例如，修理卡车空调设备、改装燃油过滤器、更换安全带等维修和保养费，这些日常修理成本被称为收益性支出，应借记修理和维护费用账户。收益性支出通常称为**利润表支出**（income statement expenditure），不会提高资产的生产能力和效率或者延长资产的使用寿命，在资产负债表中作为当期费用反映。

假设 STL 公司支付了 500 美元更换卡车的安全带。这笔支出并没有延长卡车的使用寿命或者提高它的生产能力。企业会计人员把这笔交易记为收益性支出：

日期	科目及摘要	借方	贷方
	修理和维护费用	500	
	现金		500
	（记录修理和维护费用）		

图表 10－3 用运输卡车的几个支出项目说明了资本性支出和收益性支出的区别。

图表 10－3　运输卡车的支出——资本性支出和收益性支出

资本性支出：借记资产账户	收益性支出：借记费用账户
非常修理：	日常修理：
发动机或传动系统的大修理	传动系统或发动机的修理
改变卡车用途	更换汽油、润滑油等
增加载重量	更换汽车轮胎、挡风玻璃等
任何延长资产使用寿命的支出	喷漆工作

将资本性支出列为收益性支出或相反，都会引起会计错误。假定卡车更换了发动机，这是非常修理，因为它延长了卡车的使用期限，如果公司将这项费用借记了修理和维护费用，而没有资本化（借记资产账户），这是一种会计错误。这个会计错误会：

- 高估利润表中的修理和维护费用；
- 低估利润表中的净收入；
- 低估所有者变动权益表和资产负债表中的所有者权益；
- 低估资产负债表中的卡车（资产）项目。

错误地资本化一项费用会有相反的结果。假定一项日常修理，如更换卡车上的水泵，被错误地借记到资产账户。这个错误将会导致利润表上费用被低估而净收入被高估。另外，由于这一笔维修费用，将会高估资产负债表上卡车的成本。

10.2　什么是折旧及如何计算

如前所述，折旧就是将一项固定资产的成本在其使用期限内分摊到费用里。折旧将资产的成本与资产所带来的收入匹配起来。

除了土地以外，所有的资产都会消耗殆尽。例如，企业的运输卡车在报废以前只能行驶固定的里程。当它在行驶中，其使用就会产生折旧。此外，物理因素，如年限和天气，也会引起资产的折旧。

诸如计算机、软件等资产在报废之前可能已经过时了。当其他资产能更好或更有效率地达到同一目的时，一项资产就过时了。因此，一项资产的使用年限可能大大短于其实际耐用年限。在所有情况下，资产成本均需在其预计的使用年限内摊销。既然要讨论折旧的原因，现在让我们来对比一下哪些不是折旧。

1. 折旧不是一个增加价值的过程。企业不会依据资产的市场价格来计提折旧。

2. 折旧并不意味着企业要存续现金来更换报废的资产。折旧和现金没有什么关系。

计算折旧的因素

一项固定资产的折旧基于与其有关的三个主要因素：

（1）成本；

（2）预计使用寿命；

（3）预计残值。

成本是个确定的数额，如前所述，包括资产达到预定可使用状态前所发生的一切费用。折旧还有其他两个因素需要估计。

预计使用寿命（estimated useful life）是指企业预计的资产服务年限。使用寿命可以用月或年、产量、工时、里程或其他方法来表示。企业对资产估计的使用时间可能会比实际可使用时间短。例如，企业可能会估计一辆运输卡车的使用寿命是 5 年，因为有规定，5 年以后卡车会被出售换成新的交通工具。企业知道卡车能够使用比 5 年更长的时间，但仍确定卡车的使用寿命只有 5 年，因为这是企业希望能够使用这项资产的年限。

使用寿命是企业根据经验和判断来估计的。针对每一项资产，目标是通过一些方法来确定资产的预计使用寿命，这些方法能够很好地与资产价值的下降或使用相匹配。在确定使用寿命时，企业会考虑使用这项资产的时间和这项资产报废的时间。

预计残值（estimated residual value），也称残余价值，是指一项资产在其使用期末预计可收回的现金价值。当企业决定处置一项资产时，会将其卖掉或作为废品处理。预计残值就是企业在处置资产时预计可收回的金额。残值可能为零，因为在处置资产时企业可能没有获得任何利益。如果企业打算用这项资产换一项新的资产，预计残值则是期望的交换价值。预计残值不提折旧，因为这是企业预计在最后收到的价值。固定资产的成本减去其预计残值的金额称为**应计折旧成本**（depreciable cost）。

应计折旧成本＝成本－预计残值

□ 折旧方法

固定资产有多种折旧方法，三种常见的折旧方法是：

- 直线法；
- 产量法；
- 双倍余额递减法。

这些方法在计算年折旧额时各不相同，但它们最终会产生相同的总折旧额。图表 10－4 给出了一些数据，我们用这些数据来说明 STL 公司在 2019 年 1 月 1 日购买卡车，并立即投入使用的折旧计算。

图表 10－4　卡车的有关数据

数据项目	金额
卡车成本	$ 41 000
减：预计残值	1 000
应计折旧成本	$ 40 000
预计使用寿命	5 年
预计行驶里程	100 000 英里

直线法

在**直线法**（straight-line method）下，折旧费用被平均分配到资产使用的各年中，计算方法如下：

直线法折旧＝(成本－残值)/使用寿命
＝(41 000－1 000)/5
＝8 000(美元/年)

因为资产是在当年的第一天投入使用的，记录每年折旧费用的调整分录如下：

日期	科目及摘要	借方	贷方
12月31日	折旧费用——卡车	8 000	
	累计折旧——卡车		8 000
	（记录卡车折旧）		

折旧费用在利润表中反映，累计折旧是资产备抵账户，在资产负债表中的卡车账户下反映。固定资产的**账面价值**（book value）等于成本减去累计折旧，就是2019年12月31日要在资产负债表中反映的金额：

固定资产	
卡车	$41 000
减：累计折旧——卡车	(8 000)
卡车（净值）	$33 000

图表10-5给出的是直线法下的卡车折旧计算表。表中最后一栏给出的是资产的账面价值，等于资产的购置成本减去累计折旧。注意：每年的折旧额都是相同的，累计折旧是直到当日累计计提的折旧额。

图表10-5 直线法折旧计算表

日期	资产成本	每年折旧 应计折旧成本	每年折旧 使用寿命		每年折旧 折旧费用	累计折旧	资产账面价值
2019年1月1日	$41 000						$41 000
2019年12月31日		($41 000－$1 000)	/5年	＝	$8 000	$8 000	33 000
2020年12月31日		($41 000－$1 000)	/5年	＝	8 000	16 000	25 000
2021年12月31日		($41 000－$1 000)	/5年	＝	8 000	24 000	17 000
2022年12月31日		($41 000－$1 000)	/5年	＝	8 000	32 000	9 000
2023年12月31日		($41 000－$1 000)	/5年	＝	8 000	40 000	1 000 ←残值

资产在使用过程中，累计折旧会逐渐增加，账面价值会逐渐减少（参照图表10-5）。在资产的预计使用寿命的期末，我们认为资产已经提足了折旧。资产最终的账面价值就是资产的残值（在这个例子中是1 000美元）。

产量法

产量法（units-of-production method）是指根据资产的使用情况来计提每年的折旧。产量法是依据产量而不是年数来折旧。与我们上面提到的情况一样，每一单位的产出可以使用英里、单位、小时、产量来表示，取决于使用哪种类型来定义资产最合适。当固定资产每年使用情况有变动时，产量法会更好地将费用和收入配比在一起。

公司期望这辆卡车在第一年行驶20 000英里，第二年行驶30 000英里，第三年行驶25 000英里，第四年行驶15 000英里，第五年行驶10 000英里（总使用寿命是100 000英里）。产量法下每年的折旧额随着资产生产的产品数量的不同而不同。在产量法下计算折旧方法如下：

第一步：

单位产量折旧额＝(成本－残值)/使用寿命里的总产量
＝(41 000－1 000)/100 000
＝0.40(美元/英里)

第二步：

产量法折旧＝单位产量折旧额×当年产量
＝0.40×20 000
＝8 000(美元)(第一年)

图表 10－6 给出了在产量法下卡车的折旧。

图表 10－6　产量法折旧计算表

日期	资产成本	每年折旧 单位产量折旧额×产量＝折旧费用	累计折旧	资产账面价值
2019 年 1 月 1 日	$41 000			$41 000
2019 年 12 月 31 日		$0.40 × 20 000 ＝ $8 000	$8 000	33 000
2020 年 12 月 31 日		0.40 × 30 000 ＝ 12 000	20 000	21 000
2021 年 12 月 31 日		0.40 × 25 000 ＝ 10 000	30 000	11 000
2022 年 12 月 31 日		0.40 × 15 000 ＝ 6 000	36 000	5 000
2023 年 12 月 31 日		0.40 × 10 000 ＝ 4 000	40 000	1 000←残值

双倍余额递减法

加速折旧法（accelerated depreciation method）会在资产刚开始使用时计提更多的折旧，在使用期末计提更少的折旧。主要的加速折旧法是**双倍余额递减法**（double-declining-balance method）。双倍余额递减法的折旧率是直线法下的两倍，这就加快了资产账面价值减少的速度。直线法下的折旧率是用（1/使用寿命）来计算的，因此双倍余额递减法下的折旧率就是 2×(1/使用寿命)。双倍余额递减法的折旧可按如下方法计算：

双倍余额递减法折旧＝(成本－累计折旧)×2×(1/使用寿命)

对于卡车使用的第一年，计算如下：

双倍余额递减法折旧＝(41 000－0)×2×(1/5)＝16 400(美元)

第二年，由于资产累计折旧（第一年 16 400 美元），折旧的金额将会下降。因此，第二年卡车的折旧计算如下：

双倍余额递减法折旧＝(41 000－16 400)×2×(1/5)＝9 840(美元)

注意：残值没有包含在计算过程中，除了最后一年外，不考虑资产的残值。最后一年需要将资产的残值考虑到折旧计算中去。在卡车的例子中，假设残值为 1 000 美元。如图表 10－7 所示，4 年后（2022 年 12 月 31 日），卡车的账面价值是 5 314 美元。从定义来看，卡车的使用寿命是 5 年，寿命期将会在 2023 年 12 月 31 日终止。在资产寿命终结时，它的账面价值为残值。因此，在最后一年，折旧是账面价值 5 314 美元减去残值 1 000 美元，最后一年的折旧费用是 4 314 美元。

图表 10－7　双倍余额递减法折旧计算表

日期	资产成本	每年折旧：账面价值	折旧率	折旧费用	累计折旧	资产账面价值
2019 年 1 月 1 日	$41 000					$41 000
2019 年 12 月 31 日		$41 000	× 2 × (1/5 年) ＝	$16 400	$16 400	24 600
2020 年 12 月 31 日		24 600	× 2 × (1/5 年) ＝	9 840	26 240	14 760
2021 年 12 月 31 日		14 760	× 2 × (1/5 年) ＝	5 904	32 144	8 856
2022 年 12 月 31 日		8 856	× 2 × (1/5 年) ＝	3 542	35 686	5 314
2023 年 12 月 31 日				4 314*	40 000	1 000←残值

* 最后一年的折旧是资产的账面价值减去残值的金额（5 314－1 000＝4 314 美元）。

折旧方法的比较

让我们来比较一下所讨论的几种折旧方法。每种方法下的年折旧额各不相同，但总折旧额是相同的——40 000 美元。

每年折旧额			
年份	直线法	产量法	双倍余额递减法
1	$8 000	$8 000	$16 400
2	8 000	12 000	9 840
3	8 000	10 000	5 904
4	8 000	6 000	3 542
5	8 000	4 000	4 314
总计	$40 000	$40 000	$40 000

哪种方法最好有赖于资产的情况。企业应该将资产产生的费用与带来的收入相配比。以下是一些基本原则：

方法	资产特征	对折旧的影响	资产示例
直线法	每期产生相等收入	每期折旧额相等	建筑物
产量法	因实际使用而损耗，而不因过时而损耗	产量越多，折旧越多	车辆（英里）、机器（机器运转时间）
双倍余额递减法	在早期能产生较高收益	早期折旧多，后期折旧少	电脑

图表 10－8 展现了三种方法的年折旧额。直线法的折旧线是水平的，这是因为每年的折旧额相等。双倍余额递减法生成的是一条递减的直线。产量法的折旧线会根据资产使用情况而变化。

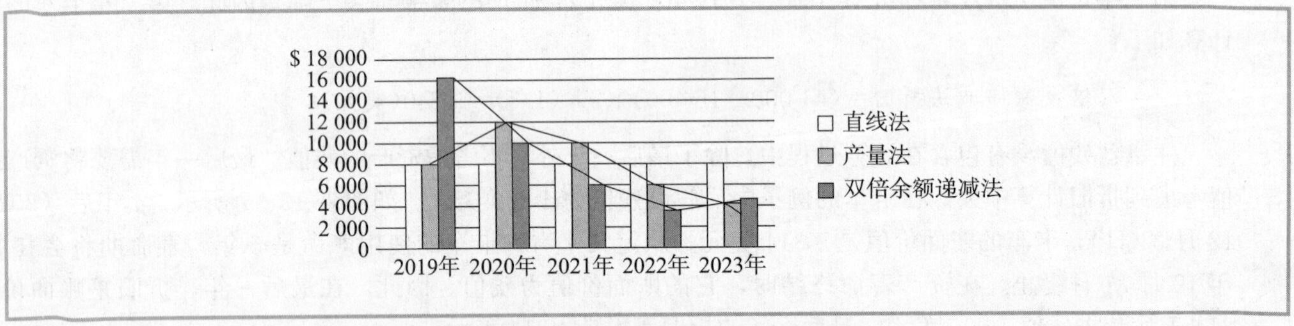

图表 10－8　三种方法的年折旧额

□ 所得税目的的折旧

美国国税局（IRS）要求企业因所得税目的使用一种特殊的折旧方法，即**修正的快速成本回收法**（modified accelerated cost recovery system，MACRS）。

在修正的快速成本回收法下，资产根据使用寿命如 3 年、5 年、7 年和 39 年等被分成了几类。企业不需要选择资产的使用寿命，而是美国国税局根据特定的分类来确定使用寿命。例如，办公家具因所得税目的有 7 年的寿命，但为了账面目的可能仅仅会在 5 年内计提折旧。

另外，修正的快速成本回收法忽略了残值。因所得税目的，一项资产会计提全部的折旧直到账面价值为 0。修正的快速成本回收法不被一般公认会计原则接受，这就要求企业使用两种方法记录固定资产折旧——账面价值法（直线法、产量法或双倍余额递减法）和所得税法（修正的快速成本回收法）。

□ 不满一年的折旧

在前面的例子中，我们计算了全年的折旧。如果企业在 2019 年 7 月 1 日而不是 1 月 1 日开始使用卡车，会发生什么呢？不同折旧法下计提的折旧是否会变化？答案是会发生变化，但只有根据时间长短计算折旧的方法，也就是直线法和双倍余额递减法才会发生改变。产量法在计算的过程中没有考虑年度，因此计算结果保持不变。

当企业在年中的某一天（不是 1 月 1 日）购买资产时，只需对该资产在为企业提供服务的期间计提折旧。折旧期间应精确到天，但不是必要的。本书采用修正的直线法，这意味着对于在当月 15 日之前购入的资产，当月计提折旧，否则，下月开始计提折旧。

假设卡车在 2019 年 7 月 1 日投入使用。因此，卡车在 2019 年的服务期限为 6 个月，即从 7 月 1 日到 12 月 31 日。在改变了卡车开始使用时间的情况下，修正的直线法下折旧计算如下：

直线法折旧＝[(成本－残值)/使用寿命]×(使用月数/12)
＝[(41 000－1 000)/5]×(6/12)
＝4 000(美元)

因为企业在当年只有 6 个月使用了这项资产，所以 2019 年在直线法下记录折旧费用时我们只记录了 6 个月，也就是 4 000 美元。

不满一年的折旧也适用于资产处置。如果资产在一年内被处置，则企业必须仅计算资产处置前使用期间的折旧，而不是全年的折旧。

□ 折旧资产估计的变更

预计一项固定资产的使用寿命和残值是一个会计难题。在资产投入使用后，企业可能会改变资产估计的使用寿命和预计残值。如果出现了这种情况，企业必须重新计算折旧费用。例如，公司可能发现卡车的使用寿命不是 5 年，而是 8 年，这一变化是会计估计变更，像这样的会计变更是很正常的，因为它们是估计得出的，不能准确预测。当一个企业进行了会计估计变更，一般公认会计原则会要求企业重新计算资产在变更当年和未来的折旧费用。以前年度财务报表不需要披露这次变更。

资产使用寿命或残值发生变更时，资产的剩余账面价值在资产的剩余使用寿命中分配。假设 STL 公司在 2019 年 1 月 1 日购买了卡车，使用了 2 年，按照直线法折旧，累计折旧 16 000 美元（可参考图表 10－5）。

直线法折旧＝(成本－残值)/使用寿命
＝(41 000－1 000)/5
＝8 000(美元)
累计折旧＝8 000×2
＝16 000(美元)

此时资产的剩余账面价值（成本减去累计折旧）是 25 000 美元（41 000－16 000）。假设 STL 公司认为卡车还可以使用 6 年（总共 8 年），残值不变。在 2021 年年初，公司将会重新计算折旧，具体方法如下：

修正的直线法折旧＝(账面价值－修正的残值)/修正的剩余使用寿命
＝(25 000－1 000)/6
＝4 000(美元/年)

在2021—2026年，在新的使用寿命内，年折旧费用的计提分录为：

日期	科目及摘要	借方	贷方
12月31日	折旧费用——卡车	4 000	
	累计折旧——卡车		4 000
	（记录卡车折旧）		

□ 报告固定资产

固定资产在资产负债表中是按账面价值反映的。企业可能会选择只单独披露资产价值，并在报表附注中给出具体的信息或直接在报表中反映具体的信息。资产的成本和相关的累计折旧必须披露。图表10－9给出了两种在报表中披露固定资产的方法。

图表10－9 报告固定资产

STL公司 资产负债表中的固定资产（12月31日）			
方法一：			
固定资产：			
土地			$20 000
建筑物	$60 000		
减：累计折旧——建筑物	(250)		59 750
家具	18 000		
减：累计折旧——家具	(300)		17 700
固定资产（净值）			$97 450
方法二：			
固定资产（净值）（见附注8）		$97 450	

10.3 如何处置固定资产

最终，资产都会因为用坏或过时而停止使用。企业有三种选择：

- 弃置固定资产；
- 出售固定资产；
- 与其他资产交换。

在这一部分，我们讨论前两种方法。与其他资产交换将在本章附录中介绍（见附录10A）。

固定资产会一直在企业的账面上，直到它们被处置。例如，一项提足折旧的资产，虽然已经达到预期使用寿命的期末，但仍在使用，此时它将继续在资产负债表中作为一项资产反映。如果这项资产仍有使用价值，企业可能会继续使用，即使它不会再继续计提折旧。如果这项资产已经没有使用价值，则它会被处置。这需要企业将账面上的资产和累计折旧销账。另外，企业可能会确认一项利得或损失。

无论哪种类型的处置，均可以按以下四步进行处理：

第一步：截至目前，将折旧提足。

第二步：将过时的、丢弃的资产和累计折旧销账。

第三步：记录在处置资产的过程中收到或支付的所有现金。

第四步：确定利得或损失的金额。利得或损失是通过比较企业收到的现金和取得的其他资产之和与处置资产的账面价值得到的。

□ 弃置固定资产

弃置固定资产包括处置资产但没有收到现金的情况。如果一项资产在已经提足折旧和没有残值的情况下被处置，企业只需要将资产和备抵账户——累计折旧销账即可（第二步），不需要将折旧一直计提到当期（第一步），因为资产已经提足折旧。另外，此时企业没有收到现金或者没有确认利得或损失（第三和第四步）。

例如，假设 STL 公司在 7 月 1 日弃置了一台设备，设备成本是 10 000 美元，累计折旧是 10 000 美元。处置前资产和备抵账户如下：

设备	
10 000	

累计折旧——设备	
	10 000

在处置设备的过程中，STL 公司需要贷记设备（资产账户），借记累计折旧——设备。账务处理如下：

日期	科目及摘要	借方	贷方
7月1日	累计折旧——设备	10 000	
	设备		10 000
	（弃置已提足折旧的设备）		

	设备		
	10 000	10 000	7月1日
余额	0		

	累计折旧——设备		
7月1日	10 000	10 000	
		0	余额

假设 7 月 1 日 STL 公司弃置设备时，成本是 10 000 美元，没有提足折旧。在上一年的 12 月 31 日，累计折旧是 8 000 美元。每年的折旧费用是 1 000 美元。记录处置资产的第一步就是截至目前，将折旧提足。因为 STL 公司是在 7 月 1 日处置资产，且自上次计提折旧以来，该资产从 1 月 1 日到 7 月 1 日一直在使用，半年的折旧费用按如下方法记录（1 000×1/2＝500 美元）：

日期	科目及摘要	借方	贷方
7月1日	折旧费用——设备	500	
	累计折旧——设备		500
	（记录设备折旧）		

从第二步到第四步包括记录设备的处置和将累计折旧销账并计算利得或损失。在本例中，有 1 500 美元的损失，计算过程如下：

取得资产的市场价值		＄0
减：资产处置成本的账面价值	＄10 000	
减：累计折旧（＄8 000＋＄500）	(8 500)	1 500
利润（或损失）		＄(1 500)

处置损失账户将会被使用，这个账户的正常余额在借方，并在利润表中的其他收入和费用部分反映，包括出售固定资产的利得或损失。

STL 公司在处置设备时的分录如下：

日期	科目及摘要	借方	贷方
7月1日	累计折旧——设备	8 500	
	处置损失	1 500	
	设备		10 000
	（报废账面价值为＄1 500 的设备）		

设备

	借方	贷方	
	10 000	10 000	7月1日
余额	0		

累计折旧——设备

	借方	贷方	
		8 000	
7月1日	8 500	500	7月1日
		0	余额

处置损失

	借方	贷方
7月1日	1 500	

出售固定资产

一家企业通常会为了获得现金而出售固定资产。在此我们依然使用 STL 公司作为例子。在 7 月 1 日，公司卖掉了一台设备，历史成本为 10 000 美元，直到上一年 12 月 31 日，累计折旧为 8 000 美元。每年折旧为 1 000 美元。第一步就是提足从上一年 12 月 31 日到固定资产处置日 6 个月的折旧。

日期	科目及摘要	借方	贷方
7月1日	折旧费用——设备	500	
	累计折旧——设备		500
	（记录设备折旧）		

这个分录将累计折旧增加到了 8 500 美元（8 000＋500）。设备目前的账面价值是 1 500 美元（10 000－8 500）。现在已经记录了第一步，让我们来看一下在不同情况下第二到第四步是如何进行的。

按照账面价值出售固定资产

假设 STL 公司把设备卖了 1 500 美元。注意：收到的现金等于资产的账面价值。当一家企业按照账面价值卖出设备时，不需要确认利得或损失，这是因为收到的现金等于卖掉资产的账面价值。

取得资产的市场价值		＄1 500
减：资产处置成本的账面价值	＄10 000	
减：累计折旧（8 000＋500）	(8 500)	1 500
利得（或损失）		＄0

在记录日记账分录时，STL 公司会借记现金账户 1 500 美元，然后将设备和累计折旧销账，分录如下：

日期	科目及摘要	借方	贷方
7月1日	现金	1 500	
	累计折旧——设备	8 500	
	设备		10 000
	（出售设备取得现金）		

现金

7月1日	1 500		

设备

	10 000	10 000	7月1日
余额	0		

累计折旧——设备

		8 000	
7月1日	8 500	500	7月1日
		0	余额

以高于账面价值的价格出售固定资产

如果STL公司以4 000美元出售设备，此时公司要记录出售设备的利润。注意：收到的现金比资产的账面价值高。当公司出售资产的价格高于账面价值时，就需要确认利得。

取得资产的市场价值		$4 000
减：资产处置成本的账面价值	$10 000	
减：累计折旧（$8 000＋$5 000）	(8 500)	1 500
利得（或损失）		$2 500

处置利得账户将会被使用，这个账户的正常余额在贷方，并在利润表的其他收入和费用部分反映。

在编制日记账分录时，STL公司会把旧设备和累计折旧销账（第二步），借记现金账户4 000美元（第三步），并按照如下方法贷记处置利得账户（第四步）：

日期	会计科目及明细	借方	贷方
7月1日	现金	4 000	
	累计折旧——设备	8 500	
	设备		10 000
	处置利得		2 500
	（出售资产取得现金）		

现金

7月1日	500		

设备

	10 000	10 000	7月1日
余额	0		

累计折旧——设备

		8 000	
7月1日	8 500	500	7月1日
		0	余额

处置利得

		2 500	7月1日

以低于账面价值的价格出售固定资产

如果STL公司以500美元出售设备，公司会记录一项设备出售损失。注意：收到的现金低于资产的账面价值。当企业以低于账面价值的价格出售一项资产时，需要记录一项损失。

取得资产的市场价值		\$500
减：资产处置成本的账面价值	\$10 000	
减：累计折旧	(8 500)	1 500
利得（或损失）		\$1 000

在记录日记账分录时，STL公司将会把旧设备和累计折旧销账（第二步），借记现金账户500美元（第三步），然后借记处置损失账户（第四步），方法如下：

日期	科目及摘要	借方	贷方
7月1日	现金	500	
	累计折旧——设备	8 500	
	处置损失	1 000	
	设备		10 000
	（出售设备取得现金）		

现金

7月1日	500		

设备

	10 000	10 000	7月1日
余额	0		

累计折旧——设备

		8 000	
7月1日	8 500	500	7月1日
		0	余额

处置损失

7月1日	1 000		

小结

在处置资产之前，企业已经通过资产使用年限内折旧的计提对资产价值进行了摊销。在企业进行资产处置时，可能会记录相应的利得或损失，分别会增加或减少资产的处置净损益。在资产的使用年限内，公司记录的处置净损益等于资产处置成本。资产处置成本为购买时支付的金额减去处置时收到的现金。让我们来比较一下不同情境对于资产处置成本的影响：

	报废固定资产		出售固定资产		
	提足折旧	未提足折旧	等于账面价值	高于账面价值	低于账面价值
累计折旧	\$10 000	\$8 500	\$8 500	\$8 500	\$8 500
加：处置损失	0	1 500	0	0	1 000
减：处置利得	0	0	0	2 500	0
处置净损益	\$10 000	\$10 000	\$8 500	\$6 500	\$9 500
固定资产成本	\$10 000	\$10 000	\$10 000	\$10 000	\$10 000
减：处置收到的现金	0	0	1 500	4 000	500
资产处置成本	\$10 000	\$10 000	\$8 500	\$6 000	\$9 500

注意：在任何情况下，处置净损益都等于资产处置成本。实际上，我们已经将资产处置成本费用化。

在这一部分，我们复习报废和出售固定资产日记账的分录处理方法。图表 10－10 总结了这部分内容。在开始新的内容以前，先来复习一下。

图表 10－10 处置固定资产

弃置已经提足折旧的固定资产：

日期	科目及摘要	借方	贷方
	累计折旧	10 000	
	固定资产		10 000

弃置没有提足折旧的固定资产：

日期	科目及摘要	借方	贷方
	累计折旧	8 500	
	处置损失	1 500	
	固定资产		10 000

按照账面价值出售固定资产：

日期	科目及摘要	借方	贷方
	现金	1 500	
	累计折旧	8 500	
	固定资产		10 000

以高于账面价值的价格出售固定资产：

日期	科目及摘要	借方	贷方
	现金	4 000	
	累计折旧	8 500	
	固定资产		10 000
	处置利得		2 500

以低于账面价值的价格出售固定资产：

日期	科目及摘要	借方	贷方
	现金	500	
	累计折旧	8 500	
	处置损失	1 000	
	固定资产		10 000

10.4 如何对自然资源进行会计处理

自然资源（natural resource）是指从地球上得到的资产，比如，铁矿石、石油、天然气、宝石、黄金、煤炭和木材。自然资源要通过计提折耗费用化。**折耗费用**（depletion）是自然资源在使用时间内已耗尽的部分。它被称为折耗费用，是因为企业会折耗一项自然资源直到资源被用尽。折耗费用是通过产量法计算的。

例如，一口油井耗用的成本是 700 000 美元，估计大约能产出 70 000 桶石油，没有残值。如果已经开采了 3 000 桶石油并在当年被卖出，那么折耗费用的计算方法如下：

第一步：

每单位产量折耗费用＝(成本－残值)/估计总产量
＝(700 000－0)/70 000
＝10(美元/桶)

第二步：

折耗费用＝每单位产量折耗费用×产量
＝10×3 000
＝30 000(美元)(第一年)

当年的折耗费用分录为：

日期	科目及摘要	借方	贷方
12月31日	折耗费用——石油储量	30 000	
	累计折耗——石油储量		30 000
	（记录折耗）		

累计折耗是与累计折旧类似的抵减账户。自然资源可在资产负债表中按照如下方式列报：

石油储量	$ 700 000	
减：累计折耗——石油储量	(30 000)	$ 670 000

10.5 如何对无形资产进行会计处理

无形资产（intangible asset）是一类没有实物形态的长期资产。这些资产是一种特殊的权利，来自专利、版权、商标和其他创造性的工作。

在当今的技术经济时代，无形资产是非常重要的。企业的知识产权很难计量。但是，当一家企业兼并另一家企业时，我们可大约估计被并购企业的知识产权价值。例如，2006年谷歌收购Youtube，谷歌声称它以16.5亿美元收购了Youtube，即使其从来没有盈利。为什么呢？因为Youtube的无形资产价值极高。企业的市场价值中无形资产占到了大部分，所以企业应该寻求合理的方法来核算无形资产，就像核算存货和设备一样。

无形资产的会计处理

购买的无形资产是按照成本入账的。如果一项无形资产不是购买的，那么只有一些限制的成本才能资本化。大部分购买的无形资产通过**摊销**（amortization）费用化，一项无形资产的成本要在它的使用期限内摊销。摊销适用于无形资产就像折旧适用于设备，折耗适用于石油和木材。

无形资产可能有确定的使用期限，也可能没有。使用期限不确定的无形资产没有限制无形资产使用的因素（如法律和合同义务等）。只有使用期限确定的无形资产才会摊销。有明确使用期限的无形资产每年都会进行减值测试。当一项资产的公允价值低于账面价值时会发生**减值**（impairment）。换句话说，资产的价值一直在下降。如果出现资产减值，那么企业在当期就会确认一项损失。

□ 特殊的无形资产

如前所述，专利、版权和商标都是无形资产。购买和摊销的会计处理方法是一样的。

专利（patent）是指联邦政府授予的具有排他性的年限为 20 年的生产和销售一项发明的权利。这项发明可能是工艺流程、产品或者准则，例如，杜比降噪系统或者处方药的配方。取得专利的成本在专利账户的借方反映。

与其他资产一样，专利也可以购买。假设 STL 公司 1 月 1 日支付 200 000 美元购买了一项专利，在取得专利时的会计分录如下：

日期	科目及摘要	借方	贷方
1 月 1 日	专利 　现金 （记录购买专利）	200 000	 200 000

STL 公司认为其预计的使用期限为 5 年，因为它在这 5 年中很可能是领先的，而且是更有效率的。使用直线法计算摊销费用如下：

摊销费用＝(成本－残值)/使用期限
＝(200 000－0)/5
＝40 000(美元/年)

摊销的会计分录如下：

日期	科目及摘要	借方	贷方
12 月 31 日	摊销费用——专利 　专利 （记录专利摊销）	40 000	 40 000

注意：STL 公司直接将摊销贷记无形资产——专利账户，而不是使用累计摊销账户。当一家企业记录摊销费用时可能会直接贷记无形资产账户，或者使用累计摊销账户。企业通常选择直接贷记无形资产账户的原因是无形资产的残值一般为 0，并且在使用寿命结束时没有实物资产可供处置，因此无形资产实质上是通过摊销过程从账户中移除。

在第一年年末，STL 公司将会以 160 000 美元（成本 200 000 美元－第一年摊销 40 000 美元）披露这项专利，下一年是 120 000 美元，依次类推。5 年中的每一年，专利的价值都会减少，直到 5 年的使用期限结束，此时它的账面价值是 0。

版权和商标

版权（copyright）是生产和销售图书、音乐制品、电影和其他形式的艺术作品的独占权。版权还保护计算机软件程序，比如，微软的 Windows 操作系统和 Excel 工作表。根据联邦政府的规定，版权有效期可以延长到创作者去世后 70 年。

企业可能需要支付一大笔费用去购买现有的版权。例如，Simon & Schuster 出版社可能要支付 1 000 000 美元来购买一本流行小说的版权，因为它认为出售这本小说会带来更大的利润。即使版权有很长的法律期限（创作者的寿命再加上 70 年），但是大多数版权的有效期非常短。版权在其法律寿命或使用期限内摊销，以较短者为准。

商标（trademark）也称**品牌**（brand name），是用来代表产品或服务特有标志的一项资产。例如，耐克的“对钩”、麦当劳的“金拱门”。一些广告用语也受法律的保护，如雪佛龙公司的“像一块石头”和戴比尔斯公司的“钻石恒久远，一颗永流传”。商标或品牌的成本应在其使用期限内摊销。

特许经营权和许可证

特许经营权（franchise）是由企业授予的在特定情形下销售某项产品或服务的特权。比如，达拉斯牛仔橄榄球组织在美国国家橄榄球联盟的特许下经营，麦当劳和赛百味是常见的特许经营。**许可证**（license）是由政府授予的在提供服务时使用公共财产的特权。一个电台需得到联邦政府的许可才能使用广播频道来广播音乐。特许经营权或许可证的取得成本要在其使用期限内摊销。

商誉

在会计中，**商誉**（goodwill）被定义为取得某企业而花费的超过其净资产（资产减负债）的市场价值的那部分支出。商誉是超过企业的资产和负债净值的那部分价值。

假定2018年1月1日White公司以1 000万美元的价格收购Mocha公司，Mocha公司资产的市场价值之和为900万美元，其负债为100万美元，该公司的净资产则为800万美元。在这个案例中，White公司支付的价格高于Mocha公司净资产的市场价值支付了200万美元。因此，这200万美元是商誉，其计算如下：

向Mocha公司支付的买价		＄10 000 000
Mocha公司资产的市场价值	＄9 000 000	
减：Mocha公司负债的市场价值	(1 000 000)	
减：Mocha公司净资产的市场价值		8 000 000
商誉		＄2 000 000

White公司记录其取得Mocha公司连同商誉的会计分录为：

日期	科目及摘要	借方	贷方
1月1日	资产	9 000 000	
	商誉	2 000 000	
	负债		1 000 000
	现金		10 000 000
	(记录并购Mocha公司)		

商誉有如下特征：

1. 公司只有在购买另一家公司并为该公司支付的收购金额高于所收购公司净资产的账面价值时才记录商誉（如上面的会计分录，White公司以比Mocha公司净资产的账面价值高出200万美元的价格购买了Mocha公司）。良好的声誉可能为公司创造商誉，但是公司从来不为自己记录商誉。相反，商誉只能由购买该公司的公司记录。

2. 根据一般公认会计原则，商誉不进行摊销，而是由公司每年对其所购买的商誉的当前价值进行计量。如果商誉的价值增加了，就不做记录；如果商誉的价值降低了，公司就记录减值损失并通过借记（增加）商誉账户的减值损失和贷记（减少）商誉账户来减少商誉。

□ 列报无形资产

与固定资产类似，无形资产在资产负债表中列报。如果企业使用了备抵账户——累计摊销，这个账户不会在资产负债表中单独列示。相反，无形资产仅仅按照它们的账面净值列报。累计摊销作为经营的一部分在利润表中列示。

图表10-11总结了固定资产、自然资源和无形资产的范围。固定资产是企业在运营过程中使用的长期、有形的资产；自然资源是来自地球的资源，并且能够用尽；无形资产是那些并不从物质实体中获取价值的资源。

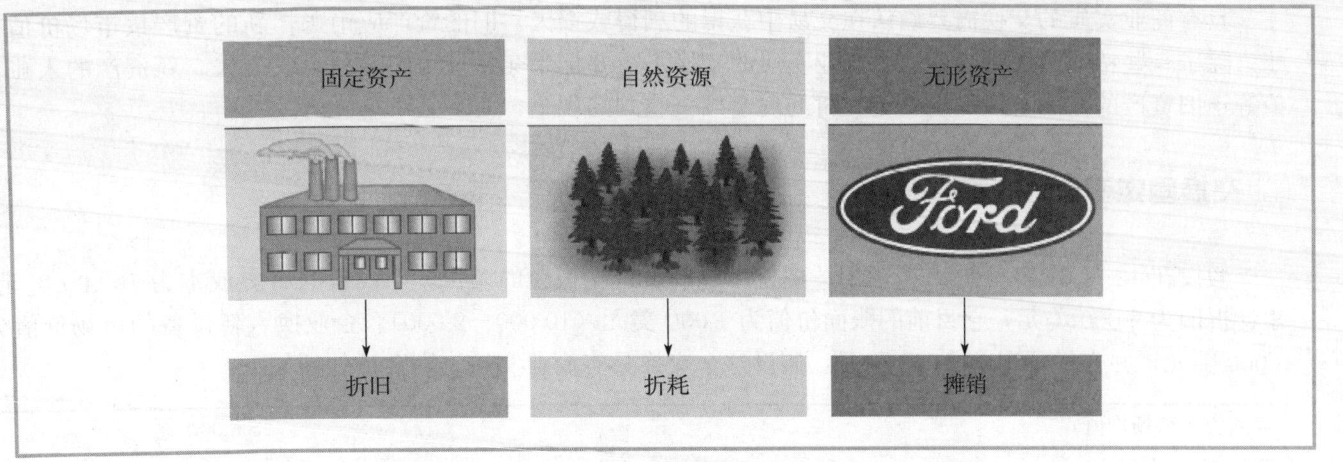

图表 10－11　资产和相关费用

10.6　如何使用资产周转率评价企业经营状况

资产周转率（asset turnover ratio）衡量了企业投资总资产每一美元能够带来的净收入。这个比率衡量了一家企业使用资产创造销售净额的能力。为了计算这个比率，我们使用销售净额除以平均总资产。使用 2015 年科尔士百货的年度报表中的销售净额和总资产（单位：百万美元），计算资产周转率的方法如下：

	2016 年 1 月 30 日	2015 年 1 月 31 日
销售净额	$ 19 204	$ 19 023
总资产	13 606	14 333

资产周转率＝销售净额/平均总资产
　　　　　＝19 204/［(13 606＋14 333)/2］
　　　　　≈1.37(次)

假设整个产业的资产周转率是 1.9 次，科尔士百货的资产周转率 1.37 次明显低于行业平均水平。这意味着科尔士百货投资的每一美元资产会带来 1.37 美元的销售收入，这个行业的一般公司投资的每一美元资产会带来 1.90 美元的销售收入。科尔士百货应该考虑提高资产周转率的方法，如增加销售净额或者减少平均总资产。资产周转率越高越好。

10.7　附录 10A：交换固定资产

在本章的前半部分，我们讨论了企业处置固定资产的方式。其中一种方法就是用固定资产交换另一项固定资产。在这一部分，我们将学习如何处理具有商业实质的资产交换。一项交换具有**商业实质**（commercial substance）是指这项交换会对未来的现金流产生影响。也就是说，如果由于这项交换，企业未来的现金流（收入或支出的票据）将会变动，那么这项交换就具有商业实质。例如，将一项旧的资产换成新的资产将会增加产量，也就是为企业带来了更多的利润。因此，这项交换具有商业实质。

具有商业实质的交换需要确认在交易中获得的利得或损失。旧的资产应销账，新的资产按市场价值入账。除了一些特殊情况外，不具有商业实质的交换不需要记录交易过程中的利得或损失。新资产的入账价值等于旧资产的账面价值加上企业支付的现金减去收到的现金，而不是市场价值。

□ 交换固定资产——获益情形

假设在 12 月 31 日，STL 公司用一项使用过的设备交换新的设备。旧设备的历史成本为 10 000 美元，累计折旧为 9 000 美元，它目前的账面价值为 1 000 美元（10 000－9 000）。企业换入新设备的市场价值为 8 000 美元，并支付了现金 2 000 美元。假设这个交换具有商业实质，则会计处理如下：

换入资产市场价值		$8 000
减：		
换出资产账面价值	$1 000	
支付现金	2 000	3 000
利得（或损失）		$5 000

会计分录如下：

日期	科目及摘要	借方	贷方
12 月 31 日	换入设备（新）	8 000	
	累计折旧——设备	9 000	
	换出设备（旧）		10 000
	现金		2 000
	处置利得		5 000
	（用旧设备和现金交换新设备）		

现金

		20 000	12 月 31 日

换入设备（新）

12 月 31 日	8 000		

换出设备（旧）

	10 000	10 000	12 月 31 日
余额	0		

累计折旧——设备

		9 000	
12 月 31 日	9 000		
		0	余额

处置利得

		5 000	12 月 31 日

□ 交换固定资产——损失情形

假设在 12 月 31 日，STL 公司用一项使用过的设备交换新的设备。旧设备的历史成本为 10 000 美元，累计折旧为 9 000 美元，它目前的账面价值为 1 000 美元（10 000－9 000）。企业换入新设备的市场价值为 3 000 美元，并支付了现金 2 500 美元。假设这个交换具有商业实质，则会计处理如下：

换入资产市场价值		$ 3 000
减：		
换出资产账面价值	$ 1 000	
支付现金	2 500	3 500
利得（或损失）		$ (500)

会计分录如下：

日期	科目及摘要	借方	贷方
12 月 31 日	换入设备（新）	3 000	
	累计折旧——设备	9 000	
	处置损失	500	
	换出设备（旧）		10 000
	现金		2 500
	（用旧设备和现金交换新设备）		

现金

		2 500	12 月 31 日

换入设备（新）

12 月 31 日	3 000		

换出设备（旧）

	10 000	10 000	12 月 31 日
余额	0		

累计折旧——设备

		9 000	
12 月 31 日	9 000		
		0	余额

处置损失

12 月 31 日	500		

习题

P10 - 30A 确定资产成本以及用直线法计提不满一年的折旧

机场附近的 DP 公司在收购一片土地、对土地进行改良和建造并装修一栋办公大楼时发生了以下费用：

a. 3 英亩土地的购买价格	$ 80 000
b. 支付的房地产所有权税	6 300
c. 土地清扫	9 000
d. 取得土地的所有权保险费	3 200
e. 在土地的边界上围上篱笆	9 600
f. 办公大楼的施工许可证	1 000
g. 支付给建筑师的办公大楼设计费用	20 700
h. 通往公司地点的道路上的公司标志	9 300
i. 建造办公大楼所需原料	215 000
j. 建造办公大楼所需的劳动力	175 000
k. 建造办公大楼借款发生的利息费用	9 400
l. 停车场	28 500
m. 停车场的照明费用	11 200
n. 工程建造监察人的薪酬（办公大楼占 80%，停车场和混凝土道路占 20%）	50 000
o. 办公大楼的装修	11 200
p. 将装修设施从销售商那里运到施工地点	2 200
q. 附加的栅栏	6 600

公司确认办公大楼的折旧期限为15年，建筑物的折旧期限为40年，家具的折旧期限为10年，都采用直线法折旧，残值都为0。

要求：

1. 设置土地、土地改良物、办公大楼和设施账户。通过将成本列示于正确的账户展示如何核算每一项成本。确认每项资产的总成本。

2. 10月1日，所有的工程都完工，资产也交付使用。编制以12月31日为结束日的该年计提折旧的会计分录。结果保留至整数。

P10-31A 确定资产成本编制折旧计算表（3种方法），以及在满足管理层目标的前提下制定折旧方案

2018年1月3日，RDS公司以100 000美元的价格购入一辆卡车。这辆卡车在投入使用之前，公司花费了3000美元粉刷了该车，600美元更换了轮胎，10 400美元翻修了发动机。RDS公司的管理层估计该卡车的预计使用寿命为5年，预计残值为12 000美元。该卡车前四年预计每年里程为32 000英里，在接下来的第五年里程为8 000英里，总行驶里程为136 000英里。在决定采用的折旧方法时，公司总经理安迪·萨金特要求提供每种折旧方法下的折旧计算表（直线法、产量法和双倍余额递减法）。

要求：

1. 编制每种方法下的折旧计算表，列出资产成本、折旧费用、累计折旧和资产账面价值。

2. 公司在财务报表中采用的折旧方法使得资产在使用早期披露的净收入最大化。考虑公司使用卡车的第一年，请确定哪种折旧方法可以满足公司管理层的目标。

P10-32A 整批资产的购置、折旧和处置

EJA公司是一家调查美国人饮食习惯的公司。公司的账户包括土地、建筑物、办公设备、通信设备，每项资产都有独立的累计折旧账户。在2018年间，EJA公司完成了下列交易：

1月1日	购买办公设备，成本为113 000美元，支付现金80 000美元，并将剩余金额确认为应付票据。
4月1日	公司以整体的形式购买了土地和通信设备，并以现金方式支付了全部成本310 000美元。一个独立的评估人对土地的估值为244 125美元，对通信设备的估值为81 375美元。
9月1日	销售了一幢成本为520 000美元的旧大楼（截至2017年12月31日，累计折旧为285 000美元），EJA公司收到了现金420 000美元。折旧采用直线法，大楼的折旧年限为40年，预计残值为25 000美元。
12月31日	记录下列折旧： 通信设备在5年的折旧期限内采用直线法计提折旧，没有残值。 办公设备在5年的折旧期限内采用双倍余额递减法计提折旧，残值为1 000美元。

要求：

编制EJA公司所有的交易分录。

P10-33A 自然资源的会计处理

CO公司经营天然气和石油，公司支付6 600 000美元购买预计储量为1 000 000桶的油田。假设公司支付570 000美元用于油田的地质勘探，450 000美元用于钻井平台。在生产的第一年，公司开采了72 000桶石油并出售。

要求：

记录CO公司所有的交易，包括第一年折耗的会计分录。

P10-34A 无形资产的会计处理

MST公司为艾奥瓦州、内布拉斯加州、达科他州、蒙大拿州提供电信服务。公司的资产负债表披露了合并SW公司时取得的商誉的成本，相关金额如下：

资产账面价值	$ 900 000
资产市场价值	1 400 000
负债市场价值	530 000

要求：

1. 编制公司以 440 000 美元的现金和 660 000 美元的应付票据并购 SW 公司的会计分录。
2. MST 公司在合并 SW 公司后，哪些资产需要确认？如何进行会计处理？详细解释。

P10－35A　将不满一年的折旧、资产处置以及交换记入企业分类账

2018 年，M 公司完成了下列交易：

1 月 1 日	用账面价值为 55 000 美元（成本为 127 000 美元，累计折旧为 72 000 美元）的旧办公设备，换入新办公设备。M 公司还支付了现金 70 000 美元。新设备的公允价值为 133 000 美元。假设交换有商业实质。
4 月 1 日	销售成本为 18 000 美元的设备（截至 2017 年 12 月 31 日，累计折旧为 8 000 美元）。M 公司出售设备收到现金 6 100 美元。使用直线法计提折旧。设备的使用寿命为 5 年，残值为 0。
12 月 31 日	记录折旧如下： 办公设备使用双倍余额递减法计提折旧，使用寿命为 4 年，残值为 9 000 美元。

要求：

在 M 公司的分类账中记录上述交易。

第 11 章

流动负债和职工薪酬

- 11.1 如何对金额已知的流动负债进行会计处理
- 11.2 如何对职工薪酬进行会计处理和记录
- 11.3 如何对金额需要估计的流动负债进行会计处理
- 11.4 如何对或有负债进行会计处理
- 11.5 如何使用利息保障倍数评价企业业绩

一个雇员需要多少费用?

玛丽·格林医学博士最近开了一家医疗保健诊所——家庭医药（Family Medicine），为那些低收入家庭和没有投保的个人提供服务。她为自己在保证低成本的前提下仍能为病人提供优质的医疗保健服务而感到自豪。当玛丽开这家诊所的时候，她只雇用了一名兼职护士。现在，随着诊所规模不断扩大，玛丽正在考虑多雇用几名护士和一名医生。

玛丽知道雇用员工是很昂贵的，因为诊所不仅需要支付员工的工资，还需要支付额外的税费。在玛丽决定向新员工支付多少报酬时，她必须考虑这些额外的费用。她知道如果支付给新医生的工资是 100 000 美元，那么最后诊所需支付的会超过 100 000 美元。这是因为需要支付额外的税费，如社会保险费和失业救济金。另外，家庭医药诊所需要为每一位员工支付医疗保险费和退休福利。所有这些额外的费用都需要金钱——玛丽原本能够节省下来的金钱。但玛丽知道，为了提供病人所期待的服务，她必须支付雇用这些新员工的费用。

企业如何核算流动负债和职工薪酬?

我们现在开始关注企业的负债。职工薪酬是负债的一部分，像联合健康集团（United Health Group Incorporated），一家具有领导地位的保健公司，为超过 8 500 万名客户服务，非常看重雇用聪明、忠诚且有能力的员工。联合健康集团雇用员工需要给员工支付工资。另外，联合健康集团也提供休假、医疗保险和退休福利等福利来奖励员工。职工薪酬和员工福利通常在资产负债表的流动负债表中反映，直到企业支付了这笔资金。在本章中，我们将研究像联合健康集团这样的企业是如何对职工薪酬和其他流动负债进行会计处理和记录的。

学习目的

1. 对金额已知的流动负债进行会计处理。
2. 对基本的职工薪酬进行计算并编制日记账。
3. 对金额需要估计的流动负债进行会计处理。
4. 对或有负债进行会计处理。
5. 使用利息保障倍数评价企业业绩。

到现在为止，我们一直在关注一家企业拥有的所有资产，但企业所欠的债务呢？企业必须知道它的欠款（债务）和偿还这笔资金的最后期限。这是为了确保手头的现金能够支付这些债务。在本章中，我们会关注企业可能会欠的常见的流动负债。为了保持章节的连贯性，我们仍然关注 STL 公司，看看它是怎么处理流动负债的。

11.1　如何对金额已知的流动负债进行会计处理

负债（liabilities）是欠债权人的债务。负债有三个主要的特征：

1. 负债是由过去的交易或事项产生的。
2. 负债产生了现时的债务，并需要在未来支付现金或提供服务。
3. 负债是不可避免的义务。

负债可以分成两种主要的类别：流动负债和长期负债。在本章中，我们主要讨论流动负债。**流动负债**（current liability）必须以现金、货物或服务在一年内或者如果企业的运营周期超过一年则在一个运营周期内支付。

需要在一年内或一个运营周期内支付的应付账款、应付票据、应付职工薪酬、应付利息和预收收入都是流动负债。长期负债中任何应在一年内支付的部分也要按照流动负债披露。流动负债在资产负债表中按照到期日的顺序列示。

长期负债（long-term liability）是指那些不需要在一年内或者企业的一个经营周期内支付的负债，它的支付周期更长。许多应付票据都是长期负债，如建筑物的抵押。我们在下一章会深入研究长期负债的相关内容。

大多数流动负债的金额是已知的。例如，一家公司收到要在30天内支付的账单，或者公司从银行取得时间为90天的贷款。我们从金额已知的流动负债开始研究。

□ 应付账款

赊购商品或服务应支付给供应商的金额就是**应付账款**（accounts payable）。由于它们通常是在30天之内产生的，因此都是流动负债，前面几章已经有许多应付账款的例子。企业购买商品或者接受服务的同时可以记录应付账款。应付账款的出现是因为企业在支付相关金额前就已经收到商品或者接受服务。

□ 应交销售税

许多州都对零售业务征收销售税。零售商向其顾客收取所售商品价格之外的销售税。**应交销售税**（sales tax payable）属于流动负债，因为零售商需要在一年内将其上缴州政府。销售税通常按照销售额的百分比计算。

例如，假设STL公司12月的应税销售总额是10 000美元，且应另外收取6%的销售税，也就是600美元（10 000×0.06）。公司销售的会计分录如下：

日期	科目及摘要	借方	贷方
12月31日	现金	10 600	
	销售收入		10 000
	应交销售税（10 000×0.06）		600
	（记录现金销售和相关销售税）		

销售税并不是企业的费用，它是一项流动负债。企业将销售税归集到一起，然后定期缴纳至州政府，一般会按月上缴，但是根据州政府的规定和税费的数额，也会有其他间隔期。企业上缴销售税时借记应交销售税，贷记现金。

日期	科目及摘要	借方	贷方
1月20日	应交销售税	600	
	现金		600
	（记录现金支付应交销售税）		

□ 预收收入

预收收入（unearned revenue）也称**递延收入**（deferred revenue）。企业在提供商品或者服务之前就已经从顾客处收到了现金，因而企业在未来负有向顾客提供商品或服务的义务。预收收入在企业提供商品或服务以前属于流动负债。

假设 STL 公司从 5 月 21 日开始为一个顾客提供 1 个月的服务，但是在当日就提前收到了 900 美元的现金。在 5 月 21 日，由于在实现收入之前已收取现金，STL 公司就产生了为顾客提供未来服务的负债，这项负债称为预收收入。STL 公司在 5 月 21 日的会计分录应为：

日期	科目及摘要	借方	贷方
5 月 21 日	现金	900	
	预收收入		900
	（因未来服务收到现金）		

在 5 月，STL 公司提供了 1/3 的服务，实现了 300 美元（900×1/3）的收入。在 5 月 31 日公司应该记录下列调整分录，表明一些工作已经完成，一些收入已经实现。

日期	科目及摘要	借方	贷方
5 月 31 日	预收收入	300	
	服务收入		300
	（记录提前收到的现金中实现的服务收入）		

截至当前，STL 公司已经获得了 300 美元的收入，还欠顾客 600 美元的服务，T 形账户如下：

预收收入

5 月 31 日	300	900	5 月 21 日
		600	余额

服务收入

		300	5 月 31 日

□ 短期应付票据

短期应付票据（short-term note payable）是一种常见的融资方式。短期应付票据代表了企业偿还负债的承诺，通常包括偿还时间在一年内或者更短期间的利息。假设在 5 月 1 日，STL 公司购买了存货，并以 90 天到期，利率为 10%，账面金额为 8 000 美元的应付票据支付。公司使用永续盘存制。记录票据和购买存货的会计分录如下：

日期	科目及摘要	借方	贷方
5 月 1 日	存货	8 000	
	应付票据		8 000
	（以 90 天到期，利率为 10%的票据购买存货）		

7 月 30 日，票据到期时，STL 公司要支付票据账面金额和利息，会计分录如下：

日期	科目及摘要	借方	贷方
7 月 30 日	应付票据	8 000	
	利息费用（8 000×0.10×90/365）	197	
	现金		8 197
	（在到期日支付票据和利息）		

企业偶尔会从银行借入现金，此时银行需要企业签署一张**本票**（promissory note），表明企业会在指定的到期日支付本金和利息。例如，假设在 2018 年 11 月 1 日，STL 公司从第一银行借入 10 000 美元现

金，5个月到期，利率为6%，会计分录如下：

日期	科目及摘要	借方	贷方
2018年11月1日	现金	10 000	
	应付票据		10 000
	（收到现金，需要支付5个月到期，利率为6%的应付票据）		

年末，根据配比原则要求，公司应确认11—12月两个月的利息费用，会计分录如下：

日期	科目及摘要	借方	贷方
2018年12月31日	利息费用（10 000×0.06×2/12）	100	
	应付利息		100
	（年末确认利息费用）		

2018年12月31日的应计利息，即这张票据的利息中应分配给2018年的金额为100美元。2019年，这张票据在到期日前3个月的利息费用是150美元。当STL公司记录偿还的票据款项时，也会记录剩下的利息费用，并在账面中扣除应付利息和应付票据，会计分录如下：

日期	科目及摘要	借方	贷方
2019年4月1日	应付票据	10 000	
	利息费用（10 000×0.06×3/12）	150	
	应付利息	100	
	现金		10 250
	（在到期日支付票据和利息）		

□ 长期应付票据的流动部分

长期应付票据通常在资产负债表中的长期负债部分反映。但是，如果长期负债是以分期付款的方式偿还的，那么企业会将应付票据的流动部分作为流动负债反映。**应付票据的流动部分**（current portion of notes payable）是指需要在一年内支付的金额，长期应付票据的剩余部分计入长期负债。

让我们考虑一张账面金额为20 000美元的应付票据，这张票据在4年内分期还款，每期偿还5 000美元。在一年内必须支付的部分——5 000美元是流动的，剩余的15 000美元将会被归类到长期负债。流动部分不需要使用日记账分录进行重分类，仅仅是以在资产负债表中报告为目的，分类为流动负债或者长期负债。注意：重分类并没有改变负债总额，它仅仅是将债务总额中的5 000美元由长期负债重分类为流动负债。

11.2 如何对职工薪酬进行会计处理和记录

工薪（payroll），又称**职工薪酬**（employee compensation），对于企业来说也会产生负债。对于服务型组织，如会计师事务所和旅行社，职工薪酬是一项主要的费用。对于许多公司来说，人力成本十分重要，因此它们采用特别的工资系统。

雇员的薪酬有很多不同的名称：

- **薪金**（salary）是按年、月或周发放的，例如，每年 62 400 美元、每月 5 200 美元、每周 1 200 美元。
- **工资**（wages）是按小时支付的，例如，每小时 15 美元。
- **佣金**（commission）是按销售量支付的，例如，销售额的 5%，一个佣金为 5%的房地产经纪人销售 100 000 美元的房地产可以获得 5 000 美元（100 000×5%）的佣金。
- **奖金**（bonus）高于基本薪金（工资或佣金），奖金通常根据额外绩效发放，一般是在年末一次性发放。
- **福利**（benefits）是另一种形式的薪酬，它并不直接支付给雇员。福利涉及医疗、养老和残疾人保费。雇主向保险公司支付保费，而保险公司面向全体员工提供保障。退休金是另一种福利类型，为雇员未来的退休提供备用金。

企业一般在规定的时间内，即固定时间内按照一个基本的工资率支付雇员薪酬。在雇员额外的工作时间，即加班时间内按更高的工资率支付雇员薪酬。

假设瑞安·帕克受雇于 STL 公司。他的薪酬结构如下：

- 瑞安在规定的时间（40 小时）内每小时挣 15 美元，那么他每周挣 600 美元（15×40)。
- 加班时间公司支付 1.5 倍的工资，即工资率是规定时间的 150%。这样瑞安每小时的加班费用是 22.5 美元（15×1.5)。
- 如果他一周工作 42 小时，那么他的收入为 645 美元。其计算如下：

40 小时规定工作时间的工资	$600
2 小时加班工资（22.5×2）	45
职工薪酬总额	$645

职工薪酬总额和净工薪

两个支付金额对于会计目的来说很重要。**职工薪酬总额**（gross pay）是指一定时期内，雇员可以获得的扣除税金和其他扣除额之前的所有薪金、工资、佣金和奖金等的总和。职工薪酬总额对雇主来说是一项费用。在前面的例子中，瑞安·帕克的职工薪酬总额为 645 美元。**净工薪**（net pay）是雇员实际获得的金额，净工薪也被称为“拿回家的薪酬”。它等于职工薪酬总额减去所有扣除额，如扣除应缴所得税。雇主会为每一个雇员“拿回家的薪酬”开一张支票，或者直接把薪酬存入雇员的银行账户。

职工薪酬扣除额

联邦政府、大部分的州政府以及很多市政当局都要求雇主从雇员的薪酬中代扣税金。保险公司和投资公司也可能得到职工薪酬的一部分。从雇员支票中扣减的金额称为**扣除额**（withholding deduction）。职工薪酬扣除额是职工薪酬总额与净工薪的差额，这些扣除额是从职工薪酬中扣除的，并直接交给政府、保险公司或者其他组织。职工薪酬扣除额分为两类：

- **强制性扣除额**（required deductions），例如，雇员向联邦政府和州政府缴纳的所得税和社会保障税以及联邦、州或地方法律要求的其他扣除额。雇员缴纳所得税和社会保障税的方式是从薪酬中扣除。
- **选择性扣除额**（optional deductions），包括保险费、退休金计划、慈善捐款和其他根据雇员的需要扣除的项目。

扣除以后，职工薪酬扣除额就成为雇主的一项负债，雇主需将其支付给外部团体，例如，税金给政府、慈善捐助款给慈善团体。

职工代扣所得税扣除额

美国法律以及一些州、城市和县要求雇主从雇员的薪金和工资中代扣所得税。从职工薪酬总额中扣除的所得税额称为**代扣所得税**（income tax withholding）。扣缴的数额根据雇员的职工薪酬总额和雇员要求的补贴数目而定。

对于代扣联邦税，雇员需要向雇主提交 W-4 表，以说明代扣所得税要求的补贴数。每项补贴都减少了应扣缴的税额。

- 未婚纳税可以申请一项补贴；
- 没有孩子的已婚夫妇可以申请两项补贴；
- 有一个孩子的已婚夫妇可以申请三项补贴，依次类推。

图表 11－1 是瑞安・帕克的 W-4 表，他已结婚并申请了三项补贴。

W-4 美国财政部 美国国税局	**职工预提补贴证明** 无论你是否获得补贴或者是否可以从代扣中减免， 都必须将此证明递交美国国税局	行政管理和预算局 编号：1545-0074 2016
1.名 瑞安	姓 帕克	2.社会保障号 123-45-6789
家庭住址 路斯特大道305	3.□单身 ☑已婚 □未婚，但长期保持单身 注意：如果已婚，但合法分居，或者配偶是目前不居住在本州的外国人，请选择“单身”选项。	
州、城市或城镇,邮编 新泽西州波普顿普莱恩斯城，07444	4.如果姓与社会保障卡的姓不同，请在此选择，你必须拨打1-800-772-1213，申请新卡□	
5.申请的补贴总额（H行以上或第二页的申请表上的数额）		5　3
6.如果有的话，你愿意在每张支票上预提的额外补贴		6　$
7.我申请2016年的预提额免税，我保证我的情况符合免税的两个条件 ・上年度我有权要求退还所有代扣的联邦所得税，因为我没有税务负债 ・本年度我期望退还所有代扣的联邦所得税，因为我预计没有税务负债 如果你符合以上两个条件，请在此填写“免税” ……→ 7		
在理解对伪证的惩罚后，我宣誓我已检查过这张申请表，且基于我本人的学识及信仰，所填写的内容是真实、正确及完整的。 雇员签名　（本表签名有效）		日期：11/15/2016
8.雇主名称和地址（雇主：如果只送到美国国税局，请完成第8和10行） STL公司；波普顿普莱恩斯城，雷克街227，IL 07444	9.办公室代码 （可选）	10.雇主身份证号码 20-1234567

图表 11－1　W-4 表

职工社会保险税扣除额

联邦保险捐赠法（The Federal Insurance Contributions Act，FICA），也称社会保障法，要求缴纳社会保障税。社会保障计划提供退休、残疾和医疗福利。法律要求雇主从雇员薪酬中代扣社会保障税。社会保障税由两部分组成：

- 老人、遗属和残疾人保险税（OASDI）；
- 健康保险税（医疗保险税）。

OASDI 根据年龄向个人发放退休金，向符合资格的个人发放津贴，根据健康状况向失去工作能力的人发放残疾人保险金。各年从职工薪酬中扣除的税额不一样，因为工资基数是根据 OASDI 每年调整的。2016 年，OASDI 适用于雇员一年收入中 118 500 美元以下的部分。应纳税所得额每年调整一次。OASDI 的税率在写作本书时是 6.2%。因此，2012 年一个雇员缴纳的 OASDI 的最大金额是 7 347 美元（118 500×0.062）。

社会保障税的医疗保险部分是为老人和残疾人提供健康保险。医疗保险部分适用于雇员的全部收入，意味着没有税额上限。在写作本书时，收入 200 000 美元适用的税率是 1.45%。那么雇员年收入中 118 500 美元以下的部分按照合并社会保障税税率 7.65%（6.2%+1.45%）计算税金，118 500～200 000 美元的部分按照 1.45%计算税金，高于 200 000 美元的部分按照 2.35%计算税金。

假设 STL 公司的另一位雇员詹姆斯·科龙 12 月以前获得的收入为 114 200 美元，12 月的收入为 10 000 美元。那么雇主应该从他的薪酬中扣除的社会保障税计算如下：

	OASDI	医疗保险税
职工的应纳税所得额	$118 500	没有上限
本期以前职工所得	−114 200	
本期应纳税所得额	$4 300	$10 000
社会保障税税率	×0.062	×0.014 5
从本期职工薪酬中扣除的社会保障税	$267	$145
社会保障税合计（$267+$145）	$412	

注意：科龙 10 000 美元的工资中只有 4 300 美元是适用于 OASDI 的。这是因为在 12 月科龙的收入达到了适用于 OASDI 的最大收入。一旦一个雇员的收入达到了 118 500 美元，那么当年这位雇员不需要就任何其他收入缴纳 OASDI。

另一方面，医疗保险税没有上限，所有的收入都适用于医疗保险税。科龙在 12 月需要就全部收入 10 000 美元缴纳医疗保险税。

选择性职工薪酬扣除额

为方便雇员，许多公司按照雇员委托计算扣除额并支付现金，保险费、退休金存款、工会经费和慈善捐款都是此类例子。

下面的表格总结了詹姆斯·科龙在 12 月 31 日最终的薪酬额，假设他支付健康保险 180 美元，并向联合劝募基金捐赠了 20 美元。假设雇员的所得税税率为职工薪酬总额的 20%。

职工薪酬总额		$10 000
扣除额：		
职工所得税（20%）	$2 000	
职工 OASDI（6.2%）	267	
职工医疗保险税（1.45%）	145	
职工健康保险	180	
职工捐赠给联合劝募基金	20	
总扣除额		2 612
净工薪		$7 388

□ 职工薪酬记录

很多公司用**职工薪酬记录**（payroll register）来帮助汇总每一位雇员的收入、扣除额和净工薪。图表 11－2 就是 STL 公司 12 月的职工薪酬记录。

图表 11-2 职工薪酬记录

雇员姓名	收入			扣除项						净工薪	支票编号	薪金和工资费用
	期初累计收入	本期收入	期末累计收入	OASDI	医疗保险税	所得税	健康保险	其他	总扣除额			
詹姆斯·科龙	$114 200	$10 000	$124 200	$267	$145	$2 000	$180	$20	$2 612	$7 388	530	$10 000
贝托尼·穆内斯	62 100	5 500	67 600	341	80	465	110	0	1 356	4 144	531	5 500
瑞安·帕克	37 400	2 580	39 980	160	37	825	110	0	772	1 808	532	2 580
莉萨·斯马特	0	4 000	4 000	248	58	1 400	65	0	1 771	2 229	533	4 000
莎伦·扎帕	71 500	6 500	78 000	403	94	1 625	180	40	2 342	4 158	534	6 500
合计	$285 200	$28 580	$313 780	$1 419	$414	$6 315	$645	$60	$8 853	$19 727		$28 580

一个公司的职工薪酬记录主要包括下列几项：

1. 雇员姓名；
2. 期初累计收入——雇员在上一期获得的薪酬；
3. 本期收入——雇员在当期获得的薪酬（包括标准和加班工资、佣金和奖金）；
4. 期末累计收入——期初累计收入加上本期收入；
5. OASDI——雇员收入中118 500美元以下部分，税率是6.2%；
6. 医疗保险税——雇员收入中200 000美元以下部分，税率是1.45%，200 000美元以上部分的税率是2.35%；
7. 所得税——包括联邦政府、州政府和任何当地政府扣减的所得税，根据申报状况和扣除额而有所不同；
8. 健康保险——雇员支付的健康保险的扣除额；
9. 其他——雇员的自愿扣除项目，如慈善捐款和工会经费；
10. 总扣除额——所有扣除额的合计；
11. 净工薪——本期薪酬总额减总扣除额，这是需要支付给每一个雇员的金额；
12. 支票编号——为雇员支付薪酬的支票编号；
13. 薪金和工资费用——当期借记的薪金和工资费用。

□ 用日记账记录职工薪酬

职工薪酬记录用来编制职工薪酬的日记账分录。职工薪酬和薪酬扣除额记为负债，直到支付为止。职工薪酬记录的总计数额将被用来编制STL公司的日记账分录。

日期	科目及摘要	借方	贷方
12月31日	薪金和工资费用	28 580	
	FICA——应交OASDI		1 419
	FICA——应交医疗保险税		414
	职工应交所得税		6 315
	职工应付健康保险		645
	联合劝募基金应付账款		60
	薪金和工资费用		19 727
	（记录薪金和工资费用以及薪酬扣除额）		

在前面的日记账分录中，薪金和工资费用（28 580美元）代表了应该向所有雇员支付的总额。职工薪酬总额包括欠雇员的薪金和工资费用（19 727美元）以及总薪酬扣除额（1 419美元+414美元+6 315美元+645美元+60美元）。

在支付当日，STL 公司将向它的雇员支付 19 727 美元，并做如下会计分录：

日期	科目及摘要	借方	贷方
1 月 5 日	应付薪金和工资	19 727	
	现金		19 727
	（记录支付薪酬）		

其他的应付会计科目——社会保障税、应交所得税、健康保险和其他慈善捐款，这些特定的应付账款在支付时会从账面移除，借记负债账户，贷记现金。

□ 雇主工薪税

除了雇员必须负担的所得税和社会保障税，雇主必须承担至少三种工薪税，这些税金不是来自雇员的薪酬，而是由雇主支付：

1. 雇主社会保障税（OASDI 和医疗保险税）；
2. 州失业救济税（SUTA）；
3. 联邦失业救济税（FUTA）。

雇主社会保障税

除了代扣雇员的社会保障税之外，雇主也必须支付社会保障税。雇主承担的 OASDI 部分是对每个雇员年收入中 118 500 美元以下部分按 6.2%的税率计算的税金。雇主的医疗保险税是对每个雇员的年度总收入按 1.45%的税率计算的税金。（雇主不支付年收入超过 200 000 美元按额外的 0.9%的税率计算的医疗保险税。）因此，雇主和雇员对社会保障基金制度做出了同样的贡献。

州和联邦失业救济税

联邦和州失业救济税是为失业人员提供的资助。这些**失业救济税**（unemployment compensation taxes）是由雇主支付的，而不是从雇员的总收入中扣除。（一些州要求雇员对州失业救济税做出贡献，这里我们假设失业救济税仅由雇主支付。）近年来，雇主对每个雇员年收入中 7 000 美元以下部分按 6.0%的税率计算税金，其中上缴给州政府的比例取决于各州的情况，但大部分是 5.4%给州政府，0.6%给联邦政府。雇主使用两个负债账户来核算上述两种税收：

- **应交联邦失业税**（FUTA payable）；
- **应交州失业税**（SUTA payable）。

图表 11－3 给出的是一位获得 1 000 美元薪资的雇员的薪酬分配情况，假设这位雇员没有达到工薪税的限额。

图表 11－3　薪酬成本

雇员应交税费和其他扣除项目				雇主应交税费			
净工薪（拿回家的收入）	OASDI（年收入中 $118 500 以下部分，税率为 6.2%）	医疗保险税（年收入中 $200 000 以下部分，税率为 1.45%，其余部分税率为 2.35%）	所得税（假设税率为 20%）	OASDI（年收入中 $118 500 以下部分，税率为 6.2%）	医疗保险税（所有收入，税率为 1.45%）	FUTA（年收入中 $7 000 以下部分，税率为 0.6%）	SUTA（年收入中 $7 000 以下部分，税率为 5.4%）
$723	+ $62	+ $15	+ $200	$62	+ $15	+ $6	+ $54
		= $1 000			= $137		
雇主总共需要支付 $1 137							

用日记账记录雇主工薪税

STL 公司 12 月的雇主工薪税的计算方法如下：

雇员姓名	收入			雇主工薪税				总税费
	期初累计收入	本期收入	期末累计收入	OASDI (6.2%)	医疗保险税 (1.45%)	FUTA (0.6%)	SUTA (5.4%)	
詹姆斯·科龙	$ 11 4200	$ 10 000	$ 124 200	$ 267	$ 145	$ 0	$ 0	$ 412
贝托尼·穆内斯	62 100	5 500	67 600	341	80	0	0	421
瑞安·帕克	37 400	2 580	39 980	160	37	0	0	197
莉萨·斯马特	0	4 000	4 000	248	58	24	216	554
莎伦·扎帕	71 500	6 500	78 000	403	94	0	0	497
合计	$ 285 200	$ 28 580	$ 313 780	$ 1 419	$ 414	$ 24	$ 216	$ 2 073

雇员的贡献，即联邦政府的 FICA——OASDI 税是由每一个雇员的年收入中 118 500 美元以下部分的 6.2%决定的。STL 公司必须为所有雇员支付 OASDI，但是，为詹姆斯·科龙支付的金额受到年收入 118 500 美元((118 500－114 200)×6.2%＝267 美元）的限制。FICA——医疗保险税对于所有收入的税率为 1.45%。

FUTA（0.6%）和 SUTA（5.4%）仅就每一个雇员年收入中 7 000 美元以下部分征收。STL 公司仅需要为莉萨·斯马特支付失业救济税，因为到 12 月工资支付之前其他雇员的收入都已高于 7 000 美元。

STL 公司在工薪税费用账户中借记工薪税费用，并贷记各种应付款账户。

日期	科目及摘要	借方	贷方
12 月 31 日	工薪税费用	2 073	
	FICA——应交 OASDI		1 419
	FICA——应交医疗保险税		414
	应交联邦失业税		24
	应交州失业税		216
	（记录雇主的工薪税费用）		

□ 支付雇主工薪税和雇员扣除额

在支付日或不久之后，STL 公司必须向政府以及相应的机构组织缴纳雇员的扣除额以及履行自身的纳税义务。注意：FICA——应交 OASDI 和 FICA——应交医疗保险税是包含在职工薪酬和雇主工薪税的记账分录中的，这是因为 FICA 是雇员和雇主两者均需缴纳的。STL 公司在 1 月 15 日实际支付时的会计分录如下：

日期	科目及摘要	借方	贷方
1 月 15 日	FICA——应交 OASDI	2 838	
	FICA——应交医疗保险税	828	
	职工应交所得税	6 315	
	职工应付健康保险	645	
	联合劝募基金应付账款	60	
	应交联邦失业税	24	
	应交州失业税	216	
	现金		10 926
	（记录工薪负债的支付）		

□ 职工薪酬的内部控制

职工薪酬的内部控制主要有两种：

- 效率控制；
- 职工薪酬发放安全性控制。

效率控制

职工薪酬业务非常适合用计算机处理。雇员工资数据存储在文件里，计算机就能自动进行所有的计算、打印职工薪酬登记册和支票，并更新雇员所得记录。另外，为了避免要给每一个雇员写纸质的支票，企业可能需要直接保存每一个人的薪酬。这样也能够提高效率，因为减少了对未兑现支票的调整。

职工薪酬发放安全性控制

小企业的管理者可以通过与雇员的个人接触来监督职工薪酬的发放，大企业则无法这样做。大企业一个特有的危险是职工薪酬支票可能开给一个虚构的雇员并由不诚实的雇员兑现。为防止这种犯罪行为，大企业都制定了严格的内部控制政策。

雇用和解雇雇员的职责应该与发放以及传送职工薪酬支票的职责相分离，只给提供带有照片的身份证明的雇员签发工资支票，从而确保只有真正的雇员才能得到薪酬。让雇员在上下班时打卡，能证明他们上班以及工作的时间。

良好内部控制的基础在于职责分明。这就是为什么除了最小的企业之外，其余企业对于下列活动都有互相独立的部门：

- 人事部门雇用和解雇雇员；
- 职工薪酬部门保存雇员的收入记录；
- 会计部门记录所有的业务；
- 财务人员给雇员发放支票。

11.3　如何对金额需要估计的流动负债进行会计处理

企业可能知道存在一项负债，但不知道其确切金额。这种负债不能简单地忽略，必须估计金额并列示在资产负债表上。最常见的需估计的负债的例子就是企业的奖金计划、假期工资、健康和退休金福利以及质量保证费用。

□ 奖金计划

很多企业除了给雇员发放正常的工资以外，还会发放奖金。发放奖金的前提通常是达到了一个特定的目标，例如，雇员完成了期望的销售量或者企业达到目标收益。一家企业在年末通常不知道会有多少年底奖金，因此会根据固定比率计算奖金的金额。例如，假设 STL 公司估计会将年度净利润的 5%作为奖金发放，计算奖金前企业报告的净利润为 315 000 美元。会计部门计算奖金的方法如下：

奖金＝(奖金比例×在发放奖金前企业的净利润)/(1＋奖金比例)
　　＝(0.05×315 000)/(1＋0.05)
　　＝15 000(美元)

假设 STL 公司直到下一年才发放奖金，那么就必须将奖金记录为一项欠雇员的负债，会计分录如下：

日期	科目及摘要	借方	贷方
12年31日	职工奖金费用	15 000	
	应付职工奖金费		15 000
	（记录职工资金费用开支）		

当 STL 公司支付奖金时，将会借记应付职工奖金费，贷记现金。

□ 休假、健康和退休金福利

企业通常会向雇员提供休假、健康和退休金福利。**退休金计划**（pension plan）是指向已经退休的雇员提供福利。企业需要对这些事项的金额做出估计并按照负债入账。假设 STL 公司的雇员在一年中有两周的休假时间，公司估计提供休假的成本为每个月 1 000 美元，那么每个月的日记账分录如下：

日期	科目及摘要	借方	贷方
	休假福利费用	1 000	
	应付休假福利费		1 000
	（记录雇员休假福利费用开支）		

当雇员收到企业支付的福利时，STL 公司会减少负债——借记应付休假福利费，贷记现金。其他的福利，像健康和退休金福利也按照同样的方式记录。

□ 质量保证费用

许多商业企业通过签署质量保证协议来保证产品没有缺陷。质量保证时间的长短是不同的，配比原则要求企业在确认销售收入的同时记录质量保证费用。因此企业需要在实现销售，而不是支付质量保证费用时记录这笔费用。企业实现销售时，并不知道质量保证费用的确切数字，但能够估计出这笔费用。

假设 STL 公司在 6 月 10 日取得销售额 50 000 美元（销售的存货成本为 35 000 美元），假设质量保证期内的质量保证费用为销售额的 3%。企业记录销售收入、销货成本和估计质量保证费用的会计分录如下：

日期	科目及摘要	借方	贷方
6月10日	应收账款	50 000	
	销售收入		50 000
	（记录赊销收入）		
10日	销货成本	35 000	
	存货		35 000
	（记录销货成本）		
10日	质量保证费用	1 500	
	预估应付质量保证费用		1 500
	（确认应付质量保证费用）		

假设 STL 公司的一些顾客声明根据质量保证协议，公司必须兑现。6 月 27 日 STL 公司支付了质量保证费用，总计为 800 美元。公司对有缺陷的产品做出更换并做如下日记账分录：

日期	科目及摘要	借方	贷方
6 月 27 日	预估应付质量保证费用	800	
	存货		800
	（在质量保证范围内更换商品）		

STL 公司在利润表中记录的费用为 1 500 美元，这是一个估计的金额，而不是实际兑现的 800 美元。在履行质量保证义务后，公司的负债账户有贷方余额 700 美元。这 700 美元的余额代表了 STL 公司预期未来会支付的质量保证费用，是一个估计数值。700 美元对于 STL 公司来说是一项负债。

预估应付质量保证费用

6 月 27 日	800	1 500	7 月 10 日
		700	余额

11.4　如何对或有负债进行会计处理

或有负债（contingent liability）不是实际的负债，而是依赖于未来某一事项的潜在负债。如果一项或有负债需要支付，那么在未来必须发生某一事项。例如，假设 STL 公司的网上学习视频由于涉嫌专利侵权而引起关于专利权的诉讼，因此面临一项或有负债，而这项负债无法确定是否能成为一项真正的负债。如果这次诉讼的结果对 STL 公司不利，那么它就会增加公司的负债。因此，公司向股东和债权人隐瞒此诉讼案件的消息是不道德的。

另一种或有负债发生在一个公司为另一个公司提供应付票据担保（co-signs a note payable）的情况下。例如，一个公司要为另一个公司的应付票据提供担保，公司的担保就是一项或有负债，直到应付票据到期并且偿还，这项预计负债才会消除。如果另一个公司偿还了票据，那么或有负债就会消除；如果另一个公司没有兑现票据，那么担保公司必须为这个公司支付这项负债。一个公司如何记录或者是否需要记录或有负债，是根据未来事项的下列三种可能性之一确定的：

- 极小可能；
- 比较可能；
- 可能。

极小可能的或有负债

如果一项或有负债的期限很长，那么这项负债未来出现的可能性很小。如果一项或有负债是长期的，那么企业就不需要记录这项负债，也不需要在财务报表附注中披露。一个长期或有负债的例子就是无理诉讼。

比较可能的或有负债

比较可能的或有负债意味着这项负债出现的可能性较大，但并不是很有可能出现。一项比较可能的或有负债必须在资产负债表附注中披露。例如，假设一个公司在一起重大诉讼中是被告，如果法律顾问告诉公司比较可能败诉，那么这起诉讼要在资产负债表附注中披露。

可能的或有负债

如果一项或有负债是可能的，那么这意味着未来事项很有可能发生。只有可能出现的或有负债才能估计金额，并作为负债记录，同时也会出现一项费用。可能的或有负债的例子之一就是质量保证费用。

可能出现但不能估计金额的或有负债在资产负债表附注中披露。由于金额不能估计，不会记录为一项负债。图表 11－4 总结了或有负债的处理原则。

图表 11-4 或有负债

未来事项发生的可能性	如何报告或有负债
极小可能	不需要披露
比较可能	在财务报表附注中加以说明
可能，并且损失的金额无法估计	在财务报表附注中加以说明
可能，并且损失的金额可以估计	用估计的金额记录一项费用（或者损失）和一项负债

11.5 如何使用利息保障倍数评价企业业绩

投资者可以使用**利息保障倍数**（times-interest-earned ratio）来评价一家企业支付利息费用的能力。这个比率衡量的是息税前利润（EBIT）能够支付多少次利息费用。利息保障倍数也称为利息支付率（interest-coverage ratio）。较高的利息支付率意味着企业能够很轻松地支付利息费用，较低的利息支付率则意味着企业支付利息费用会很艰难。利息保障倍数通过 EBIT（净利润＋所得税费用＋利息费用）除以利息费用来计算。

让我们来评价一下科尔士百货支付利息费用的能力。下表是从科尔士百货的利润表中节选的。

单位：百万美元

	截至 2016 年 1 月 30 日的会计年度	截至 2015 年 1 月 31 日的会计年度
净利润	$673	$867
所得税费用	384	482
利息费用	327	340

科尔士百货在分别截至 2016 年 9 月 24 日（2015 财年）和 2015 年 1 月 31 日（2014 财年）的会计年度的利息保障倍数计算方法如下：

利息保障倍数＝(净利润＋所得税费用＋利息费用)/利息费用

2015 年度利息保障倍数＝(673＋384＋327)/327

≈4.23

2014 年度利息保障倍数＝(867＋482＋340)/340

≈4.97

2014—2015 年，科尔士百货的利息保障倍数有些许下降。这是因为科尔士百货产生的利息费用略有减少，但净利润的减少却要大得多。这使得科尔士百货的利息保障倍数从 4.97 减少到了 4.23，但科尔士百货仍然能够支付它的利息费用。

习题

P11-25A 有关负债的会计处理和列报

SNS 公司 2018 年 6 月 30 日即公司的财务年度截止日编制调整分录前的总分类账包括下列账户：

应付账款	$114 000
应付利息	0
应付职工薪酬	0

职工应交所得税	0
FICA——应交 OASDI	0
FICA——应交医疗保险税	0
应交联邦失业税	0
应交州失业税	0
预收租金收入	7 200
长期应付票据	210 000

6 月 30 日为了编制调整分录所需的其他数据如下：

a. 长期负债每年的分期付款额为 42 000 美元，下一个分期付款日期为 7 月 31 日。7 月 31 日，SNS 公司还要支付一年的利息，利率为 9%。公司上一年支付利息的日期为 7 月 31 日。编制调整分录记录利息费用。

b. 在上一个支付工资的会计年度，未支付的薪酬总额为 4 700 美元。假设代扣的职工所得税为 910 美元，所有收入适用于 OASDI。

c. 记录上一个支付工资的会计年度应付的相关的雇主工薪税为 4 700 美元。假定所有收入不适用于失业救济税。

d. 2 月 1 日，公司预收一年的租金共计 7 200 美元。

要求：

1. 使用 T 形账户，开立上述账户，并将 6 月 30 日未调整前的余额填入账户。
2. 编制 6 月 30 日的调整分录并过入上述账户。用字母标上调整分录的顺序。结果保留至整数。
3. 编制 2018 年 6 月 30 日资产负债表的流动负债部分。

P11－26A　应付职工薪酬的计算及会计处理

洛根·怀特是 VS 公司的总经理。2018 年，他每月的工资为 13 600 美元。年底他还可以获得总工资 15% 的年终奖金。

2018 年，怀特扣除的联邦所得税为每月 1 360 美元，年终奖金扣除的联邦所得税为 4 876 美元；扣除的州所得税为每月 150 美元，年终奖金扣除的州所得税为 60 美元。他的社会保障税从年度收入中扣除。怀特还授权公司代扣下列款项：占总收入 1% 的慈善基金捐款和每月 40 美元的人寿保险。

公司向怀特收取工薪税是为了支付他的社会保障税。公司还需要支付州失业税和联邦失业税。

要求：

1. 计算怀特在 2018 年的职工薪酬总额、扣除额和净工薪。结果保留至整数。
2. 计算 VS 公司在 2018 年为怀特支付的工薪税费用。
3. 编制会计分录记录 VS 公司发生的下列费用：怀特在这一年的职工薪酬总额、扣除额和净工薪。借记职工薪酬费用账户和奖金费用账户；贷记负债类账户来核算扣除额，贷记现金账户核算净工薪。不需要摘要。
4. 编制怀特总收入中 VS 公司工薪税费用应计额的会计分录。
5. 编制支付工薪扣除额和税款的会计分录。

P11－27A　有关负债的会计处理

PP 公司在 2017 年和 2018 年发生以下业务：

2017 年	
1 月 9 日	签发一张 6 个月期，利率为 9% 的应付票据，购入价值 12 000 美元的电脑设备。
29 日	记录本周销售额 63 000 美元，其中 3/4 为赊销，1/4 为现销。按销售收入的 6% 收取州销售税。忽略销货成本。
2 月 5 日	将上周的销售税上缴州政府。
7 月 9 日	支付到期票据的本金和利息，票据为 6 个月期，利率为 9%。
8 月 31 日	签发一张 6 个月期，利率为 10% 的应付票据，购入价值 9 000 美元的商品。公司使用永续盘存制。
12 月 31 日	确认质量保证费用，估计是销售额 609 000 美元的 4%。
31 日	确认应付票据的应付利息。
2018 年	
2 月 28 日	支付 6 个月期，利率为 10% 的票据本金和利息。

要求：

在公司的普通日记账中记录上述业务，不必给出业务的摘要，结果保留至整数。

P11-28A 有关负债的会计处理

JR公司在2018年发生如下业务：

4月30日	JR公司是一起专利侵权诉讼的当事人，诉讼金额为190 000美元。公司律师确信JR公司败诉的可能性很小。
6月30日	JR公司估计的质量保证费用是销售额350 000美元的2%。
7月28日	支付质量保证费用5 500美元。
9月30日	JR公司是一起版权侵权诉讼的当事人，诉讼金额为80 000美元。JR公司的律师认为公司有可能会败诉，估计的损失额为80 000美元。
12月31日	JR公司估计质量保证费用为下半年销售额510 000美元的2%。

要求：

1. 在公司的日记账中记录上述业务，如果有必要，在JR公司的普通日记账中记录。不需要摘要。
2. 假设期初余额为0，公司估计的质量保证费用余额是多少？

P11-29A 计算利息保障倍数

CC公司的利润表如下。假设CC公司在2018年1月1日签发了一张票面金额为3 000美元，3个月到期，利率为9%的票据，这并不是公司唯一的应付票据。

CC公司 利润表 截至2018年7月31日的会计年度		
销售净额		$21 800
销货成本		14 000
毛利润		7 800
营业费用：		
销售费用	720	
管理费用	1 650	
营业费用合计		2 370
营业利润		5 430
其他收入和费用：		
利息费用	?	
其他收入和费用合计		?
税前净利润		?
所得税费用		1 080
净利润		$?

要求：

1. 将CC公司在2018年7月31日利润表的空缺信息补充完整。结果保留至整数。
2. 计算公司的利息保障倍数。结果保留两位小数。

第 12 章

合伙企业

- 12.1　合伙企业的特征和类型包括什么
- 12.2　合伙企业如何组建
- 12.3　合伙企业如何分配损益
- 12.4　如何对新合伙人加入进行会计处理
- 12.5　如何对合伙人退出进行会计处理
- 12.6　如何对合伙企业清算进行会计处理

企业是否应该实行合伙制?

克里斯蒂娜·怀特和丹尼丝·卡瓦利正在考虑在科罗拉多州的格兰特公园建一个微型高尔夫球场。这个高尔夫球场有18个洞，包括恐龙、风车、水景等在内的不同景观。克里斯蒂娜已经仔细评估了当地的旅游观光业。她相信这个高尔夫球场在夏天直到接近冬天的月份都会很忙碌，这让克里斯蒂娜和丹尼丝有大量的时间可以在淡季尽情滑雪。

克里斯蒂娜和丹尼丝正在考虑将企业建成合伙企业。克里斯蒂娜愿意贡献在格兰特公园的一块地产。她对管理公司的日常经营也很感兴趣。丹尼丝在会计方面有较高的造诣，她同意为这个高尔夫球场处理会计和商业方面的事务。

现在克里斯蒂娜和丹尼丝需要决定如何组建合伙企业。她们要考虑的问题包括：每个合伙人特定的职责是什么？利润和损失如何在合伙人之间分配？如果未来一个合伙人想要离开合伙企业要怎么做？合伙企业吸收新的合伙人时要怎么做？克里斯蒂娜和丹尼丝让她们的会计师和律师对所有这些和其他问题列出具体的答案。她们已经做好准备打开新企业的大门了。

什么是合伙企业?

很多小企业决定作为合伙企业经营。由于合伙企业的经营模式允许个人投入才智和资源来为顾客提供更好的产品和服务，因此产生了很多合伙企业。另外，合伙企业很容易建立，并且享受实质性的税收红利。合伙企业允许企业主体将收益分配给股东，而不需要在企业层面缴纳联邦税。很多合伙企业都是不向公众投资者开放的私人企业。但是也有一些合伙企业，像Cedar Fair——一个拥有11个游乐园、3个户外水上公园、1个室内水上公园和5个旅馆的地区性游乐园运营商，就对公众投资者开放。截至2011年12月31日，Cedar Fair赚了112 222 000美元，总共向合伙人分配了172 614 000美元。在本章中，你会学到合伙企业的特征和类型，合伙企业的利润是如何分配的，以及如何对分配进行会计处理。

学习目的

1. 辨识合伙企业的特征和类型。
2. 合伙企业成立的核算，编制合伙企业财务报表。
3. 向合伙人分配损益。
4. 新加入合伙人的核算。
5. 合伙人退出的核算。
6. 合伙企业清算的核算。

12.1 合伙企业的特征和类型包括什么

希娜·布莱特是STL公司的所有者，她正在考虑和她的朋友马丁·冈萨雷斯一起设立一家软件企业。他们已经讨论了企业的产品开发、市场和销售目标，现在他们只需要最后确定企业如何运营即可。他们最终决定采用合伙企业的方式——企业有两个或者更多的合伙人，而不是采用公司制的方式，布莱特和冈萨雷斯认为合伙企业能够最好地满足他们的需要，并决定为布莱特＆冈萨雷斯合伙企业起草一份计划书。

设立一家合伙企业意味着更容易遇到新的商业机遇，因为希娜·布莱特和马丁·冈萨雷斯投入了他们的才智和资源。布莱特 & 冈萨雷斯合伙企业与他们每个人单独相比能够提供更广泛的产品和服务。合伙企业规模不定，一些合伙企业的只有两个合伙人，一些合伙企业的规模很大。

你已经学过如何核算个人独资企业。但是，合伙企业的核算是不同的。在本章中，我们用布莱特和冈萨雷斯的新合伙企业作为例子来说明两者的不同之处。

□ 合伙企业的特征

许多企业采用合伙企业形式，是因为与个人独资企业和公司制企业相比，合伙企业具有一些特征，这些特征具有独特的优势和不足。让我们来看看合伙企业具有哪些特征。

书面协议

一个合伙企业就像一场婚姻。要想成功，合伙人必须合作。但商业合伙人并不是必须许诺终生都在一起。为了增加合伙人对企业如何运行的理解，他们需要签订一份**合伙协议**（partnership agreement），也称合伙契约（articles of partnership）。这个协议是合伙人之间的合同，并受合同法规范。合伙协议是合伙企业规章制度的概述。合伙企业的合约应该明确以下几点：

- 企业的名称、地址和经营性质；
- 每个合伙人的姓名、投入资本和责任；
- 新合伙人入伙的程序；
- 合伙人分配损益的方法；
- 合伙人撤资的程序；
- 合伙人从合伙企业中退出的程序；
- 合伙企业的清算程序，包括出售资产、清偿债务以及向合伙人支付剩余现金。

有限存续期

合伙企业的存续期是有限的，现有的合伙人发生任何变动，无论是合伙人退出或者死亡还是新合伙人加入，都会导致原有合伙关系的解散。**解散**（dissolution）是一个合伙企业的结束，新合伙人的加入使原合伙企业解散和新合伙企业建立。

互为代理

互为代理（mutual agency）意味着每个合伙人都是企业的共同代理人。任何一个合伙人都有权在企业常规经营范围内代表企业签订合同。如果希娜·布莱特——布莱特 & 冈萨雷斯合伙企业的合伙人之一，签订了一份借款的合同，就意味着布莱特 & 冈萨雷斯合伙企业，而不仅仅是布莱特欠了这笔负债。如果布莱特签订了一份为她自己购买轿车的合同（不在合伙企业中使用），合伙企业就不需要对这笔债务负责，因为这是布莱特的私人事项。

无限责任

每个合伙人都对合伙企业的债务负有**无限个人责任**（unlimited personal liability），当合伙企业不能清偿债务时，合伙人必须用其个人财产清偿债务。

例如，布莱特 & 冈萨雷斯合伙企业无法支付 20 000 美元的负债。那么布莱特和冈萨雷斯都必须对这 20 000 美元负责，因为每个合伙人都对企业的债务承担无限责任。如果某个合伙人无法清偿他的那部分债务，则其他的合伙人必须代为清偿。假设希娜·布莱特只能偿还 5 000 美元的债务，那么马丁·冈萨雷斯必须偿还 15 000 美元（20 000－5 000）。假设希娜·布莱特根本无法偿还债务，那么马丁·冈萨雷斯必须偿还全部的 20 000 美元。

共有财产

合伙人投入合伙企业的任何财产，如现金、存货、计算机等，都是企业合伙人的共同财产。投资的合伙人不再是这项财产唯一的拥有者。另外，合伙企业购买的任何新的财产由合伙人共有。

无须缴纳所得税

合伙企业不需要缴纳所得税，合伙企业的净利润被分配后成为每个合伙人的应税收入。假设布莱特 & 冈萨雷斯合伙企业的净利润为 200 000 美元，由合伙人平均分配。合伙企业作为一个企业主体不缴纳所得税，但是希娜・布莱特和马丁・冈萨雷斯需要就他们每个人从合伙企业分配的收入 100 000 美元（200 000/2）缴纳个人所得税。

所有者权益账户

合伙企业的会计处理与个人独资企业的会计处理很相似，但是，因为合伙企业有一个以上的合伙人（所有者），所以必须设置一个以上的所有者权益账户。例如，希娜・布莱特的所有者权益账户就是“布莱特，资本”。类似地，每个所有者还有一个提款账户，如“布莱特，提款”。

图表 12－1 列出了与个人独资企业和公司制企业相比合伙企业的优点和缺点。（下一章将介绍公司制企业。）你可以看到，大多数个人独资企业的特点也适用于合伙企业。

- 有限存续期；
- 无限责任；
- 无须缴纳所得税。

图表 12－1　合伙企业的优点和缺点

合伙企业的优点	合伙企业的缺点
与个人独资企业相比： 1. 可以筹集更多资本。 2. 聚集超过多人的能力。 3. 合伙人合作得好可以获得比各自单独工作更大的成绩。 与公司制企业相比： 1. 由于不需要政府的批准，其组建企业的开支低于公司制企业。 2. 合伙企业的所得不需要缴纳所得税，但合伙人作为个人需缴纳个人所得税。	1. 合伙协议可能很难明确表述。每次新合伙人加入或原合伙人退出，企业都需要订立新的合伙协议。 2. 合伙人之间的关系脆弱。 3. 互为代理和无限责任使每个合伙人增加了个人义务。

合伙企业的类型

合伙企业有两种基本的合伙类型：普通合伙企业与有限合伙企业。

普通合伙企业

普通合伙企业（general partnership）是合伙企业的基本形式。每个合伙人都是企业的所有者，拥有股东所有的权利并承担所有的风险。普通合伙企业的收益和损失归每个合伙人，合伙人就他们的个人收入缴纳个人所得税。我们刚才介绍的所有特征都适用于普通合伙企业。

有限合伙企业

有限合伙企业（limited partnership）至少有两种级别的合伙人，必须至少有一个承担企业主要责任和负责企业经营管理的**普通合伙人**（general partner）。普通合伙人承担无限个人责任，因此承担了合伙企业绝大部分的破产风险。通常，普通合伙人是最后分享有限合伙企业盈亏的，但是他们可以获得满足有限合伙人收益需求之后的所有超额利润。

有限合伙人（limited partner）通常是指不参与合伙企业日常经营的投资者，并且对合伙企业的债务承担有限个人责任。有限合伙人不需要对企业债务承担超过他们对企业投入部分的责任。他们通常最先分享企业的盈亏，但是有限的。由于承担有限责任，他们的潜在收益通常也是有限的。

有限合伙企业的一种形式是**有限责任合伙企业**（limited liability partnership，LLP）。这种形式的合伙企业是为了避免合伙人受其他合伙人玩忽职守或者粗心大意的影响，在 LLP 中，每个合伙人并不为其他合伙人的玩忽职守承担责任。但是在大多数州，每个合伙人仍然为其他的企业债务承担个人责任。LLP 必须购买较大额度的保险来保护公众利益，以防止合伙企业被发现有罪或者不法行为。医疗、会计、法律以及其他专业性较强的企业常采用 LLP 形式。

□ 其他企业形式

一些其他形式的企业具有与合伙企业相似的特征。这些企业主体与合伙企业相似，但是又有一些独有的特征将它们和合伙企业区分开来。

有限责任公司

有限责任公司（limited liability company，LLC）有自己的公司组织形式——既不是合伙企业也不是公司制企业，而是将两者的优势结合在一起。LLC 可能是设立一家公司最灵活的形式，因为所有者，又称为成员，有很多种选择。

有限责任公司和公司制企业相似的特征包括：

- LLC 是一个法人实体，需要与州签订与组织有关的文件。
- 公司的名称必须包括“有限责任公司”或者类似字样，以向公众表明所有者的有限责任。
- 公司所有者对公司的债务不承担个人责任，这是有限责任公司与个人独资企业以及合伙企业相比主要的优点。

有限责任公司和合伙企业相似的特征包括：

- LLC 可以选择不缴纳企业所得税。LLC 的收入向所有者征税，因为他们是合伙人。这是 LLC 与公司制企业相比最大的优点。公司制企业需要缴纳企业所得税；同时，股东从公司收到的任何股利都需要缴纳个人所得税。这是我们说公司制企业面临双重征税的原因。
- LLC 的所有者可以主动参与公司的经营。
- LLC 的会计处理和合伙企业的会计处理通常是一致的。

S 公司

S 公司（S corporation）是与合伙企业有相同征税方式的公司，股东人数等于或者少于 100 人。这种公司组织形式的名称来源于《美国国内收入法典》的第 S 章。S 公司为它的所有者（也称股东）提供了公司制企业的好处——个人不用对公司债务承担责任，也提供了合伙企业的好处——不存在双重征税。普通公司（C 公司）是要双重征税的。

S 公司不需要缴纳企业所得税。公司的收入全部直接分配给股东，由股东按分享到的 S 公司收入份额缴纳个人所得税。图表 12－2 总结了不同的企业组织类型。

图表 12-2 不同的企业组织类型

组织类型	法人主体	所有者个人责任	缴纳企业所得税
个人独资企业	否	无限责任	否
合伙企业	否		否
一般合伙企业		无限责任	
有限合伙企业		有限责任	
有限责任公司	是	有限责任	否*
S公司	是	有限责任	否
C公司	是	有限责任	是

*在有些州，有限责任公司可以选择缴纳企业所得税。

12.2 合伙企业如何组建

设立一个合伙企业很简单。它不需要政府的许可和外部的法律帮助，但是寻求律师的帮助草拟合伙企业协议通常是一个明智的选择。合伙企业整合了合伙人投入的资产和才能。让我们来看一下布莱特和冈萨雷斯是如何创立他们的合伙企业的。

□ 合伙企业的创立

当一个合伙企业创立时，合伙人会在企业中投入资产和负债。这些投资是以与个人独资企业同样的记录方式记入账簿的，借记资产，贷记负债。资产减去负债后的净额衡量了每个合伙人的资本贡献情况。

假设布莱特和冈萨雷斯在 2019 年 6 月 1 日设立了一家销售电脑软件的合伙企业。合伙人双方都认可下列价值。

布莱特的投入

- 现金：15 000 美元；存货：40 000 美元；应付账款：80 000 美元（这些项目的现行市场价值与布莱特记录的价格相等）。
- 计算机设备：成本 80 000 美元，累计折旧 20 000 美元，现行市场价值为 55 000 美元。

冈萨雷斯的投入

- 现金：2 000 美元。
- 办公设备：成本 20 000 美元，累计折旧 1 500 美元，现行市场价值为 18 000 美元。

合伙企业以现行市场价值记录合伙人的投资。为什么呢？因为合伙企业是以现行市场价值接收资产并承担负债。合伙企业的日记账分录如下：

日期	科目及摘要	借方	贷方
2019 年 6 月 1 日	现金	15 000	
	存货	40 000	
	计算机设备	55 000	
	应付账款		80 000
	布莱特，资本（15 000＋40 000＋55 000－80 000）		30 000
	（记录布莱特的投入）		
1 日	现金	2 000	
	办公设备	18 000	
	冈萨雷斯，资本（2 000＋18 000）		20 000
	（记录冈萨雷斯的投入）		

合伙企业财务报表

合伙企业财务报表和个人独资企业报表类似，但是存在下列不同：

● 合伙企业的所有者权益变动表称为合伙人权益表，有时也称为合伙人资本表。合伙人权益表列示了在特定的时间段内每个合伙人资本账户的变化。

● 合伙企业的资产负债表对每个合伙人的资本账户分别列示。布莱特 & 冈萨雷斯合伙企业在 2019 年 6 月 1 日的资产负债表如图表 12－3 所示。

图表 12－3　资产负债表

布莱特 & 冈萨雷斯 资产负债表 2019 年 6 月 1 日			
资产		**负债**	
现金（15 000＋2 000）	$ 17 000	应付账款	$ 80 000
存货	40 000		
计算机设备	55 000	**合伙人权益**	
办公设备	18 000	布莱特，资本	30 000
		冈萨雷斯，资本	20 000
		合伙人权益合计	50 000
资产总计	$ 130 000	负债和合伙人权益总计	$ 130 000

12.3　合伙企业如何分配损益

如何在合伙人之间分配损益，是合伙企业管理中最具挑战性的一个方面。合伙人可以就他们所希望的任何损益分配方式达成协议。合伙人之间典型的损益分配协议包括下列项目：

● 以每个合伙人确定的比率为基础进行分配，例如，两个合伙人以 50/50，或者三个合伙人以 4∶3∶3（这意味着 4/10 给合伙人 A，3/10 给合伙人 B，3/10 给合伙人 C）分配；

● 以每个合伙人的资本余额为基础进行分配；

● 以每个合伙人提供的服务为基础进行分配；

● 以每个合伙人确定的比率、资本余额以及提供的服务相结合为基础进行分配。

如果合伙人之间没有签订协议或协议中没有规定合伙人如何分配损益，则平均分配。如果合伙协议中规定了利润的分配方式，而未规定损失的分配方式，则损失按照与利润分配相同的比例进行分配。例如，一个分配到 75%利润的合伙人同样要承担 75%的损失。

下面我们来看这些损益分配计划是如何实行的。

按照确定的比率分配

合伙协议可以为每个合伙人确定一个分享损益的比率。假设布莱特和冈萨雷斯的合伙协议规定将企业损益的 2/3 分配给布莱特，1/3 分配给冈萨雷斯，这个分配比率也可以表达为 2∶1。如果某年的净利润为 60 000 美元，那么，布莱特和冈萨雷斯将按照如下方法分配净利润：

根据确定的比率分配净利润＝净利润×确定的比率

＝60 000×2/3

＝40 000(美元)(布莱特)

＝60 000×1/3

＝20 000(美元)(冈萨雷斯)

根据合伙人的资本账户对净利润账户结账，损益汇总账户将有贷方余额，具体的会计分录如下：

日期	科目及摘要	借方	贷方
12月31日	损益汇总	60 000	
	布莱特，资本		40 000
	冈萨雷斯，资本		20 000
	（结清损益汇总账户）		

过账以后，具体的账户情况如下：

损益汇总

结清 3	60 000	60 000	余额
		0	余额

布莱特，资本

		30 000	6月1日
		40 000	结清 3
		70 000	余额

冈萨雷斯，资本

		20 000	6月1日
		20 000	结清 3
		40 000	余额

相反，如果合伙企业在某年的净损失为 18 000 美元，那么损益汇总账户将有借方余额 18 000 美元，具体分录如下：

损益汇总

余额	18 000		

在这种情况下，合伙人的资本账户将会按照他们所占的损失比例减少。结账分录如下：

日期	科目及摘要	借方	贷方
12月31日	布莱特，资本（18 000×2/3）	12 000	
	冈萨雷斯，资本（18 000×1/3）	6 000	
	损益汇总		18 000
	（结清损益汇总账户）		

过账后，账户余额如下：

损益汇总

余额	18 000	18 000	结清 3
		0	余额

布莱特，资本

		30 000	6月1日
结清 3	12 000		
		18 000	余额

冈萨雷斯，资本

		20 000	6月1日
结清 3	6 000		
		14 000	余额

□ 按照资本余额分配

在一个合伙企业中，一个合伙人可能投入更多的资本。因此，利润和损失可能根据合伙人投入的资本来分配，而不是按照确定的比率分配。

让我们来重新考虑布莱特 & 冈萨雷斯合伙企业的原合伙协议。布莱特投入 30 000 美元，冈萨雷斯只投入 20 000 美元。基于资本余额的分配是用合伙人的资本余额除以总资本。

假设布莱特 & 冈萨雷斯合伙企业有净利润 60 000 美元。净利润的分配计算方法如下。将净利润过入每个合伙人资本账户的日记账分录与前面所示的格式类似。

根据资本余额对净利润进行分配＝净利润×(资本余额/总资本)
＝60 000×[30 000/(30 000＋20 000)]
＝36 000(美元)(布莱特)

＝60 000×[20 000/(30 000＋20 000)]
＝24 000(美元)(冈萨雷斯)

□ 按照提供的服务、资本余额和确定的比率分配

我们可以看到，对净利润可以根据确定的比率或者资本余额进行分配，也可以根据提供的服务、资本余额以及确定的比率的组合进行分配。当一个合伙人投入了更多资本而另一个合伙人通过管理企业的日常经营或者处理会计事务投入了更多的时间时，合伙企业可能会使用这种方法。奖励合伙人的方式之一是在资本余额分配的基础上，为提供服务的合伙人提供工资津贴。在这种分配方法下，利润和损失的分配可以根据合伙人的资本余额、提供的服务和确定比率的组合进行。

假设布莱特和冈萨雷斯同意按照如下方法对利润和损失进行分配：

1. 第一次分配是工资津贴，布莱特收到 16 000 美元，冈萨雷斯收到 24 000 美元。
2. 第二次分配是根据合伙人资本余额的 10%。
3. 任何剩余的利润或损失平均分配。

因为合伙协议专门列出了上述三步，因此无论企业分配的是利润还是损失，上述三步都要进行。第一年合伙企业的净利润仍然是 60 000 美元，合伙人按照下列方法分配利润：

	布莱特	冈萨雷斯	合计
净利润（损失）			$ 60 000
工资津贴：			
布莱特	$ 16 000		
冈萨雷斯		$ 24 000	
资本分配：			
布莱特（30 000×10%）	3 000		
冈萨雷斯（20 000×10%）		2 000	
工资和资本分配总额	19 000	26 000	(45 000)
剩余需要分配的净利润（损失）			15 000
剩余的平均分配：			
布莱特（15 000×1/2）	7 500		
冈萨雷斯（15 000×1/2）		7 500	
分配总额			(15 000)
剩余需要分配的净利润（损失）			$ 0
每个合伙人分配的净利润（损失）	$ 26 500	$ 33 500	

在这种分配方式下，结账分录如下：

日期	科目及摘要	借方	贷方
12月31日	损益汇总	60 000	
	布莱特，资本		26 500
	冈萨雷斯，资本		33 500
	（结清损益汇总账户）		

如果有同样的收入分配协议，但是布莱特 & 冈萨雷斯合伙企业有净损失18 000美元，这时该怎么办呢？因为合伙企业分配协议有三步，所以净损失的分配也要经过这三步，方法如下：

	布莱特	冈萨雷斯	合计
净利润（损失）			\$(18 000)
工资津贴：			
布莱特	\$16 000		
冈萨雷斯		\$24 000	
资本分配：			
布莱特（30 000×10%）	3 000		
冈萨雷斯（20 000×10%）		2 000	
工资和资本分配总额	19 000	26 000	(45 000)
剩余需要分配的净利润（损失）			(63 000)
剩余的平均分配：			
布莱特（63 000×1/2）	(31 500)		
冈萨雷斯（63 000×1/2）		(31 500)	
分配总额			63 000
剩余需要分配的净利润（损失）			\$0
每个合伙人分配的净利润（损失）	\$(12 500)	\$(5 500)	

在这种三步分配协议下，分配18 000美元损失的结账分录如下：

日期	科目及摘要	借方	贷方
12月31日	布莱特，资本	12 500	
	冈萨雷斯，资本	5 500	
	损益合计		18 000
	（结清损益汇总账户）		

□ 合伙人提取现金和其他资产

根据合伙协议的内容，合伙人可以从合伙企业中提取现金或其他资产。从合伙企业中提款记录在权益类账户中，如布莱特，提款。假设布莱特和冈萨雷斯每人提款3 000美元，那么12月31日的会计分录如下：

日期	科目及摘要	借方	贷方
12月31日	布莱特，提款	3 000	
	冈萨雷斯，提款	3 000	
	现金		6 000
	（合伙人提取现金）		

提款账户在当期期末结清，就像个人独资企业一样。贷记每个合伙人的提款账户，借记资本账户。

日期	科目及摘要	借方	贷方
12 月 31 日	布莱特，资本	3 000	
	冈萨雷斯，资本	3 000	
	布莱特，提款		3 000
	冈萨雷斯，提款		3 000
	（结清提款账户）		

布莱特和冈萨雷斯的资本账户如下，假设 60 000 美元的净利润根据提供的服务、资本余额和确定的比率进行分配：

布莱特，资本

		30 000	6 月 1 日
结清 4	3 000	26 500	结清 3
		53 500	余额

冈萨雷斯，资本

		20 000	6 月 1 日
结清 4	3 000	33 500	结清 3
		50 500	余额

□ 合伙人权益表

既然我们已经知道合伙企业的利润和损失是如何分配的，现在让我们来看一下布莱特 & 冈萨雷斯合伙企业当年的合伙人权益表。记住：合伙人权益表披露的是在一段特定的时期内每个合伙人资本账户的变化。不同于个人独资企业的所有者权益变动表，合伙人权益表将会分别给出每个合伙人的资本账户，包括合伙人的投入、净利润的分配和合伙人提款。图表 12-4 是布莱特 & 冈萨雷斯合伙企业的合伙人权益表，假设 60 000 美元的净利润根据提供的服务、资本余额和确定的比率进行分配。

图表 12-4 合伙人权益表

布莱特 & 冈萨雷斯
合伙人权益表
截至 2019 年 12 月 31 日的前 7 个月

	布莱特	冈萨雷斯	合计
资本，2019 年 6 月 1 日	$0	$0	$0
合伙人投资	30 000	$20 000	$50 000
7 个月的净利润	26 500	33 500	60 000
	56 500	53 500	110 000
合伙人提款	(3 000)	(3 000)	(6 000)
资本，2019 年 12 月 31 日	$53 500	$50 500	$104 000

12.4 如何对新合伙人加入进行会计处理

新成员的加入会导致原合伙企业的解散以及新合伙企业的成立。合伙人组合发生任何变化都会导致原合伙企业的解散以及新合伙企业的诞生。通常，外部人员不会注意到这个变化——企业仍然按照同样的模式经营，但是所有者不同了。让我们看看新成员加入现有合伙企业的方式。

通过购买原合伙人的权益入伙

一个人可以通过购买原合伙人的权益成为合伙人。但是，新成员必须取得合伙企业其他合伙人的入伙许可。购买现有合伙人的权益是两个人之间的交易，与合伙企业没有关系。

例如，假设在 2020 年 1 月 1 日，布莱特想要将她在企业中一半的权益（53 500×1/2＝26 750 美元）卖给一个外部人员——谢丽尔·卡斯卡。冈萨雷斯接受卡斯卡作为新合伙人，布莱特同意接受 30 000 美元的价格。那么，合伙企业记录资本权益转移的会计分录如下：

日期	科目及摘要	借方	贷方
2020 年 1 月 1 日	布莱特，资本 　卡斯卡，资本 （将布莱特的资本转移给卡斯卡）	26 750	 26 750

借方减少了布莱特的资本账户，贷方建立了卡斯卡的资本账户。入账金额是布莱特资本余额的一半——26 750 美元，而不是卡斯卡支付给布莱特的 30 000 美元。合伙企业并没有收到现金，因为交易是在卡斯卡和布莱特之间进行的，而不是卡斯卡和合伙企业之间。30 000 美元全部给了布莱特，而不是合伙企业。合伙企业编制的唯一的分录就是合伙人资本的转移。

原合伙企业布莱特 & 冈萨雷斯合伙企业已经解散。布莱特、冈萨雷斯和卡斯卡起草了一份新的合伙协议，有了新的利润和损失分配方法，并将企业持续经营下去。新合伙人加入后资本账户如下：

布莱特，资本（借方）	布莱特，资本（贷方）
	53 500 余额
1 月 1 日 26 750	
	26 750 1 月 1 日

冈萨雷斯，资本（借方）	冈萨雷斯，资本（贷方）
	50 500 余额

卡斯卡，资本（借方）	卡斯卡，资本（贷方）
	26 750 1 月 1 日

允许一个合伙人通过购买原合伙人的权益加入合伙企业有两个很重要的特征：

- 合伙企业编制的唯一日记账分录就是转移合伙人的资本。不需要记录新合伙人和原合伙人之间现金的转移。
- 允许合伙人的加入不会影响总资产、负债和所有者权益。它仅仅是资本从一个合伙人账户转移到另一个合伙人账户。

通过向合伙企业投资入伙

一个人可以通过直接向合伙企业投资加入合伙企业（这与前面提到的购买原合伙人的权益不同）。在这种情况下，新合伙人会向企业投入资产，如现金或设备。让我们来考虑几种增加新合伙人可行的方法。

以账面价值向合伙企业投资入伙——任何合伙人都没有额外津贴

谢丽尔·卡斯卡想在 2020 年 1 月 1 日加入布莱特 & 冈萨雷斯合伙企业。卡斯卡可以投入一块市价为 52 000 美元的土地。布莱特和冈萨雷斯同意解散他们的合伙企业并建立新的合伙企业，给予卡斯卡 1/3 的权益作为对她 52 000 美元投入资产的交换，具体如下：

新合伙人加入前合伙企业资本（53 500＋50 500）	$ 104 000
新合伙人投资	52 000
新合伙人加入后合伙企业资本	$ 156 000
新合伙人资本（156 000×1/3）	$ 52 000

注意：卡斯卡是以面值在合伙企业中入股，因为她投入的 52 000 美元等于新合伙企业总资本 156 000 美元的 1/3。合伙企业记录卡斯卡投资的会计分录如下：

日期	科目及摘要	借方	贷方
2020 年 1 月 1 日	土地	52 000	
	卡斯卡，资本		52 000
	（记录卡斯卡的投资）		

在接受卡斯卡作为新合伙人后，合伙企业的资产和权益增加了 52 000 美元。卡斯卡拥有 1/3 的权益并不一定代表她会得到利润的 1/3。记住：利润和损失的分配与合伙企业的建立是相互独立的事项。

向合伙企业投资入伙——向原合伙人支付额外津贴

合伙企业越成功，合伙人对将要入伙的人要求支付的金额就越高。经营良好的合伙企业的合伙人可能要求新加入者向他们支付额外津贴，额外津贴将增加原合伙人的资本账户。

假设布莱特和冈萨雷斯同意接受卡斯卡以 100 000 美元的现金投资入伙，并获得合伙企业 1/4 的权益。在新的合伙企业账面上，卡斯卡只有 51 000 美元，具体如下：

新合伙人加入前合伙企业资本（53 500＋50 500）	$ 104 000
新合伙人投资	100 000
新合伙人加入后合伙企业资本	$ 204 000
新合伙人资本（204 000×1/4）	$ 51 000

事实上，卡斯卡以 100 000 美元的投资加入合伙企业，投资金额高于她取得的 1/4 权益的账面价值——51 000 美元。卡斯卡高于账面价值的投资是对布莱特和冈萨雷斯的额外津贴：

新合伙人投资	$ 100 000
新合伙人资本	(51 000)
原合伙人额外津贴	$ 49 000

假设布莱特和冈萨雷斯最初的合伙协议规定平均分配利润和损失，那么合伙企业记录接受卡斯卡投资的会计分录如下：

日期	科目及摘要	借方	贷方
2020 年 1 月 1 日	现金	100 000	
	卡斯卡，资本		51 000
	布莱特，资本（49 000×1/2）		24 500
	冈萨雷斯，资本（49 000×1/2）		24 500
	（记录卡斯卡的投资以及原合伙人的额外津贴）		

卡斯卡的资本账户要贷记她在新合伙企业 1/4 的权益。额外津贴按照布莱特和冈萨雷斯最初的利润和损失分配比率进行分配。

向合伙企业投资入伙——向新合伙人支付额外津贴

新合伙人也许非常重要，使原合伙人愿意向他提供包括一定额外津贴在内的合伙企业份额。

让我们回到卡斯卡入伙的时候。2020 年 1 月 1 日，卡斯卡支付给布莱特和冈萨雷斯 98 000 美元，并在新的合伙企业中获得 60％的权益。卡斯卡在新的合伙企业中 60％权益的计算方法如下：

新合伙人加入前合伙企业资本（53 500＋50 500）	＄104 000
新合伙人投资	98 000
新合伙人加入后合伙企业资本	202 000
新合伙人资本（202 000×60％）	＄121 200
新合伙人资本	＄121 200
新合伙人投资	（98 000）
新合伙人额外津贴	＄23 200

在本例中，卡斯卡以低于她权益的账面价值121 200美元的价格投资于合伙企业。差额23 200美元从其他合伙人处转移到卡斯卡那里，因此要借记他们的资本账户。原合伙人分担这些资本的减少，并将其看作损失，按他们的损益分配率进行分配。记录卡斯卡投资的会计分录如下：

日期	科目及摘要	借方	贷方
2020年1月1日	现金	98 000	
	布莱特，资本（23 200×1/2）	11 600	
	冈萨雷斯，资本（23 200×1/2）	11 600	
	卡斯卡，资本		121 200
	（记录卡斯卡的投资和额外津贴）		

12.5 如何对合伙人退出进行会计处理

合伙人可能会由于各种原因退出企业，包括退休、死亡，或与其他合伙人有争议。合伙人的退出使原合伙企业解散。合伙协议中应包括用以规范如何处理合伙人退出的条款。任何时候合伙人的组合发生变动，均会导致原合伙企业解散，新的合伙企业建立。

举个简单的例子，一个合伙人可能将他的权益通过个人交易卖给另一个人。这是允许购买原合伙人权益的新合伙人加入，就像前面我们看到的。日记账分录只需要借记原合伙人资本账户，贷记新合伙人资本账户，金额是退出的合伙人的资本余额。但是，通常情况下，退伙更复杂，因为现金或者其他资产是在合伙企业结算合伙人权益的时候撤出的。

以账面价值从合伙企业退伙——任何合伙人都没有额外津贴

假设布莱特、冈萨雷斯＆卡斯卡合伙企业的资本余额如下，并且合伙协议中分配利润和损失的规定是：1/6分配给布莱特，2/6分配给冈萨雷斯，3/6分配给卡斯卡（或者是1：2：3）。

布莱特、冈萨雷斯＆卡斯卡合伙企业
合伙人权益表
2020年1月1日

布莱特，资本	＄53 500
冈萨雷斯，资本	50 500
卡斯卡，资本	52 000
合伙人权益合计	＄156 000

如果在 2020 年 1 月 2 日，布莱特通过收回与其资本账面价值相等的现金退伙，其会计分录为：

日期	科目及摘要	借方	贷方
2020 年 1 月 2 日	布莱特，资本	53 500	
	现金		53 500
	（记录布莱特从合伙企业退出）		

现在布莱特的资本账户已经结清。冈萨雷斯和卡斯卡有可能会把新合伙企业冈萨雷斯 & 卡斯卡合伙企业继续经营下去，也有可能不会。如果他们继续经营下去，则需要起草一份新的合伙协议，并确定新的损益分配率。

□ 从合伙企业退出——向原合伙人提供额外津贴

退出合伙人可能非常迫切地想离开企业，于是他愿意取得少于其权益的补偿。假设布莱特从合伙企业中退出，并同意只收回 47 200 美元的现金。这 47 200 美元的补偿比她在企业中的资本余额 53 500 美元少 6 300 美元。其他合伙人以他们的原损益分配率分享 6 300 美元的差额，差额也可以看作给他们的额外津贴。这意味着之前的分配比率 1∶2∶3 已经变成了 2∶3（只有冈萨雷斯和卡斯卡的部分）。

记录布莱特以低于其权益账面价值退伙的会计分录为：

日期	科目及摘要	借方	贷方
2020 年 1 月 2 日	布莱特，资本	53 500	
	现金		47 200
	冈萨雷斯，资本（6 300×2/5）		2 520
	卡斯卡，资本（6 300×3/5）		3 780
	（记录布莱特从合伙企业退出）		

□ 从合伙企业退出——向退出合伙人提供额外津贴

退出合伙人可能会收到高于其权益账面价值的资产。这种情况下会：

- 给退出合伙人提供额外津贴；
- 减少其他合伙人的资本余额和他们的损益分配率。

让我们假设布莱特收到 57 200 美元的现金，布莱特的资本账户为 53 500 美元，差额为 3 700 美元（57 200－53 500）。其他合伙人——冈萨雷斯和卡斯卡会分配这 3 700 美元的差额，对于他们来说这是资本的减少，并根据原损益分配率进行分配（2∶3）。

在新的假设条件下，布莱特从合伙企业退出的会计分录如下：

日期	科目及摘要	借方	贷方
2020 年 1 月 2 日	布莱特，资本	53 500	
	冈萨雷斯，资本（3 700×2/5）	1 480	
	卡斯卡，资本（3 700×3/5）	2 220	
	现金		57 200
	（记录布莱特从合伙企业退出）		

□ 合伙人死亡

合伙人死亡使合伙企业解散。在合伙人死亡时，合伙企业停止存续，已故合伙人的资产将拥有合伙人在合伙企业中的权益。合伙协议应该说明合伙人权益将如何换取财产。这包括将合伙人权益出售给其他人或者分配合伙企业财产。

12.6 如何对合伙企业清算进行会计处理

正如前面看到的，合伙人的加入或者退出都会导致合伙企业的解散。然而，企业仍然可以继续经营，在外界看来，可能并无明显变化。相比之下，**清算**（liquidation）则是通过出售企业整体财产并清偿债务来结束经营的过程。企业清算的最后步骤是基于权益余额向合伙人分配剩余现金。企业清算之前，其账簿就应该调整并结清。合伙企业清算包括三个基本步骤：

第一步：出售资产。按合伙人的损益分配率来分配出售的利润或损失。

第二步：偿还合伙企业债务。

第三步：以合伙人的资本余额为依据向合伙人分配剩余现金，而不是依据损益分配协议。

清算的关键之处就是企业账户都要结清。企业清算一般持续几个星期或几个月，对于大企业来说可能需要一年或者更长的时间。为了避免过分烦琐，我们的举例中仅涉及两个资产项目和一个负债项目——现金和非现金资产以及应付账款。我们在例子中假设企业在一笔交易中出售了非现金资产，并立刻偿还了负债。

□ 出售资产并取得收益

假设布莱特、冈萨雷斯和卡斯卡决定在 11 月 30 日对企业进行清算。布莱特、冈萨雷斯和卡斯卡的损益分配率为 1∶2∶3（这个比率分别与 1/6，2/6，3/6 相等）。图表 12－5 展示了企业在清算前，账簿调整和结清以后的合伙企业资产负债表。

图表 12－5 清算前资产负债表

布莱特、冈萨雷斯 & 卡斯卡 资产负债表 2020 年 11 月 30 日			
资产		负债	
现金	$ 10 000	应付账款	$ 30 000
非现金资产	90 000		
		合伙人权益	
		布莱特，资本	40 000
		冈萨雷斯，资本	20 000
		卡斯卡，资本	10 000
		合伙人权益合计	70 000
资产总计	$ 100 000	负债和合伙人权益总计	$ 100 000

第一步：合伙企业出售非现金资产，收到 150 000 美元（账面价值为 90 000 美元）。合伙企业获得收

益 60 000 美元（150 000－90 000），根据损益分配率分配给合伙人。记录销售和分配的会计分录如下：

日期	科目及摘要	借方	贷方
2020 年 11 月 30 日	现金	150 000	
	非现金资产		90 000
	处置利得		60 000
	（清算时出售非现金资产）		
30 日	处置利得	60 000	
	布莱特，资本（60 000×1/6）		10 000
	冈萨雷斯，资本（60 000×2/6）		20 000
	卡斯卡，资本（60 000×3/6）		30 000
	（分配资产清算利得）		

第二步：合伙企业偿还负债：

日期	科目及摘要	借方	贷方
2020 年 11 月 30 日	应付账款	30 000	
	现金		30 000
	（偿还负债）		

第三步：偿还负债后，合伙企业账户余额如下：

	资产		=	负债	+	权益		
	现金	+ 非现金资产	=	应付账款	+	布莱特，资产	+ 冈萨雷斯，资本	+ 卡斯卡，资本
清算前余额	$ 10 000	$ 90 000		$ 30 000		$ 40 000	$ 20 000	$ 10 000
第一步：								
出售资产并分配利得或损失	150 000	(90 000)				10 000	20 000	30 000
第二步：								
偿还企业所有债务	(30 000)			(30 000)				
分配余额	$ 130 000	$ 0		$ 0		$ 50 000	$ 40 000	$ 40 000

现金

借方		贷方	
11 月 30 日	10 000		
清算 1	150 000	30 000	清算 2
余额	130 000		

非现金资产

借方		贷方	
11 月 30 日	90 000		
		90 000	清算 1
余额	0		

应付账款

借方		贷方	
		30 000	11 月 30 日
清算 2	30 000		
		0	余额

布莱特，资本

借方		贷方	
		40 000	11 月 30 日
		10 000	清算 1
		50 000	余额

冈萨雷斯，资本

借方		贷方	
		20 000	11 月 30 日
		20 000	清算 1
		40 000	余额

卡斯卡，资本

借方		贷方	
		10 000	11 月 30 日
		30 000	清算 1
		40 000	余额

因为在合伙企业中还有剩余的现金，最后的清算交易就是根据合伙人资本余额，将所有剩余的现金支付给合伙人，会计分录如下：

日期	科目及摘要	借方	贷方
2020 年 11 月 30 日	布莱特，资本	50 000	
	冈萨雷斯，资本	40 000	
	卡斯卡，资本	40 000	
	现金		130 000
	（根据合伙人资本余额分配剩余现金）		

布莱特、冈萨雷斯 & 卡斯卡合伙企业的清算总结如下。注意：企业一旦清算，资产销售产生的利得和损失要根据损益分配率进行分配，最后的现金支付根据资本余额进行分配。

	资产		= 负债	+	权益	
	现金	+ 非现金资产	= 应付账款	+ 布莱特，资产	+ 冈萨雷斯，资本	+ 卡斯卡，资本
清算前余额	$10 000	$90 000	$30 000	$40 000	$20 000	$10 000
第一步：						
出售资产并分配利得或损失	150 000	(90 000)		10 000	20 000	30 000
第二步：						
偿还企业所有债务	(30 000)		(30 000)			
分配余额	130 000	0	0	50 000	40 000	40 000
第三步：						
支付剩余现金	(130 000)			(50 000)	(40 000)	(40 000)
清算后余额	$0	$0	$0	$0	$0	$0

现金

11 月 30 日	10 000		
清算	150 000	30 000	清算 2
余额	130 000		
		130 000	清算 3
余额	0		

非现金资产

11 月 30 日	90 000		
		90 000	清算 1
余额	0		

应付账款

		30 000	11 月 30 日
清算	230 000		
		0	余额

布莱特，资本

		40 000	11 月 30 日
		10 000	清算 1
		50 000	余额
清算 3	50 000		
		0	余额

冈萨雷斯，资本

		20 000	11 月 30 日
		20 000	清算 1
		40 000	余额
清算 3	40 000		
		0	余额

卡斯卡，资本

		10 000	11 月 30 日
		30 000	清算 1
		40 000	余额
清算 3	40 000		
		0	余额

□ 出售资产并产生损失

企业清算中常常有出售资产产生损失的情况。在这种情况下，必须依照合伙人的损益分配率将损失分配至合伙人的资金账户。

第一步：假设布莱特、冈萨雷斯和卡斯卡决定在 11 月 30 日对企业进行清算，并以 60 000 美元的价格出售非现金资产。合伙企业产生了 30 000 美元（60 000－90 000）的损失。这笔损失根据损益分配率分配给合伙人，会计分录如下：

日期	科目及摘要	借方	贷方
2020 年 11 月 30 日	现金	60 000	
	处置损失	30 000	
	非现金资产		90 000
	(清算时出售资产)		
30 日	布莱特，资本（30 000×1/6）	5 000	
	冈萨雷斯，资本（30 000×2/6）	10 000	
	卡斯卡，资本（20 000×3/6）	15 000	
	处置损失		30 000
	(分配资产清算损失)		

第二步：布莱特、冈萨雷斯和卡斯卡用剩余的 70 000 美元（10 000+60 000）现金来偿还债务。合伙企业的会计分录如下：

日期	科目及摘要	借方	贷方
2020 年 11 月 30 日	应付账款	30 000	
	现金		30 000
	(偿还债务)		

在本例中，合伙企业有足够的现金偿还债务。但是，如果企业没有足够的现金，那么将会产生现金短缺，此时每个合伙人（在他们的资本账户中有借方余额）需要根据他们的资本余额来投入现金。注意：合伙人对企业的债务承担个人责任。

第三步：在负债偿还以后，每个合伙人的资本账户如下：

布莱特，资本

		40 000	11 月 30 日
清算 1	5 000		
		35 000	余额

冈萨雷斯，资本

		20 000	11 月 30 日
清算 1	10 000		
		10 000	余额

卡斯卡，资本

		10 000	11 月 30 日
清算 1	15 000		
余额	5 000		

注意到卡斯卡的资本账户有借方余额，这代表**资本亏欠**（capital deficiency），合伙企业有权要求合伙人支付这笔金额。卡斯卡必须支付这笔亏欠金额，会计分录如下：

日期	科目及摘要	借方	贷方
2020 年 11 月 30 日	现金	5 000	
	卡斯卡，资本		5 000
	(收到卡斯卡投入的亏欠现金)		

合伙企业中剩余的现金以及合伙人资本账户余额如下：

	资产		= 负债	+ 权益		
	现金	+ 非现金资产	= 应付账款	+ 布莱特，资产	+ 冈萨雷斯，资本	+ 卡斯卡，资本
清算前余额	$10 000	$90 000	$30 000	$40 000	$20 000	$10 000
第一步：						
出售资产并分配利得或损失	60 000	(90 000)		(5 000)	(10 000)	(15 000)
第二步：						
偿还企业所有债务	(30 000)		(30 000)			
分配余额	40 000	0	0	35 000	10 000	(5 000)
第三步：						
收到亏欠现金	5 000					5 000
清算后余额	$45 000	$0	$0	$35 000	$10 000	$0

现金

11 月 30 日	10 000		
清算	160 000	30 000	清算 2
余额	40 000		
清算 3	5 000		
余额	45 000		

非现金资产

11 月 30 日	90 000		
		90 000	清算 1
余额	0		

应付账款

		30 000	11 月 30 日
30 000	清算 2		
		0	余额

布莱特，资本

		40 000	11 月 30 日
清算 1	5 000		
		35 000	余额

冈萨雷斯，资本

		20 000	11 月 30 日
清算 1	10 000		
		10 000	余额

卡斯卡，资本

		10 000	11 月 30 日
清算 1	15 000		
余额	5 000		
		5 000	清算 3
		0	余额

合伙人根据他们的资本余额分配剩余的现金。注意：只有布莱特和冈萨雷斯收到了分配的现金，因为卡斯卡在合伙企业中没有剩余的资本了。

日期	科目及摘要	借方	贷方
2020 年 11 月 30 日	布莱特，资本	35 000	
	冈萨雷斯，资本	10 000	
	现金		45 000
	（根据合伙人资本余额分配剩余现金）		

合伙企业存在资本亏欠时清算出现损失的情况总结如下：

	资产		= 负债	+ 权益		
	现金	+ 非现金资产	= 应付账款	+ 布莱特，资产	+ 冈萨雷斯，资本	+ 卡斯卡，资本
清算前余额	$10 000	$90 000	$30 000	$40 000	$20 000	$10 000
第一步：						
出售资产并分配利得或损失	60 000	(90 000)		(5 000)	(10 000)	(15 000)
第二步：						
偿还企业所有债务	(30 000)		(30 000)			
分配余额	$40 000	0	0	35 000	10 000	(5 000)
第三步：						
收到亏欠现金	5 000					5 000
分配余额	45 000	0	0	35 000	10 000	0
支付剩余现金	(45 000)			(35 000)	(10 000)	
清算后余额	$0	$0	$0	$0	$0	$0

现金

11 月 30 日	10 000		
清算 1	60 000	30 000	清算 2
余额	40 000		
清算 3	5 000		
余额 4	5 000		
		45 000	清算 3
余额	0		

非现金资产

11 月 30 日	90 000		
		清算 1	90 000
余额	0		

应付账款

		30 000	11 月 30 日
清算 2	30 000		
		0	余额

布莱特，资本

		40 000	11 月 30 日
清算 1	5 000		
		35 000	余额
清算 3	35 000		
		0	余额

冈萨雷斯，资本

		20 000	11 月 30 日
清算 1	10 000		
		10 000	余额
清算 3	10 000		
		0	余额

卡斯卡，资本

		10 000	11 月 30 日
清算 1	15 000		
余额	5 000		
		5 000	清算 3
		0	余额

习题

P12-23A　确定合伙企业的特征，以及合伙人投资的会计处理

斯通和汤姆斯正在组建一家合伙企业——SLG，这家企业从西班牙进口货物。斯通非常有艺术气质，将到西班牙购买商品。汤姆斯是一个出色的商人，已经建立了几家百货公司来销售皮革制品。

要求：

1. 合伙协议的目的是什么？
2. 如果合伙协议没有规定损益分配率，利润或损失应该如何分配？
3. 斯通投入了 175 000 美元现金以及 25 000 美元应付账款。汤姆斯投入一栋建筑物，成本为 65 000 美元，建筑物的现行市场价值为 90 000 美元。编制日记账分录记录两位合伙人的出资。

P12-24A　对合伙人的投资进行会计处理，向合伙人分配利润和损失，编制合伙企业财务报表

洛伊斯和兰德尔在 2018 年 3 月 15 日建立了一家合伙企业。双方同意投入相同数额的资本。洛伊斯投入了她的个人独资企业的资本和负债（圆括号中的贷方余额），具体如下：

	洛伊斯的企业	
	账面价值	现行市场价值
应收账款	$12 700	$10 400
存货	44 000	30 000
预付费用	3 200	2 700
储藏设备（净值）	44 000	24 000
应付账款	(24 000)	(24 000)

3 月 15 日，兰德尔投入了总额等于洛伊斯的合伙企业资本现行市场价值的现金。双方决定洛伊斯获得合伙企业 60%的利润，因为将由她来管理企业。兰德尔同意获得利润的 40%。截至 12 月 31 日，合伙企业获得净利润 79 000 美元。洛伊斯提款 41 000 美元，兰德尔提款 29 000 美元。

要求：

1. 记录合伙人最初的投资。
2. 编制 2018 年 3 月 15 日的合伙企业资产负债表。
3. 编制损益汇总账户的结账分录以及合伙人在 2018 年 12 月 31 日的提款账户。

P12-25A　向合伙人分配利润和损失并编制合伙企业财务报表

2018 年 10 月 1 日，阿特、布赖斯和查德建立了一家 ABC 合伙企业。阿特投入了 20 000 美元，布赖斯投入了 32 000 美元，查德投入了 48 000 美元。阿特将管理企业，布赖斯在企业工作 3/4 的时间，查德不参与企业的工作。

要求：

1. 计算在下列每一个计划下合伙人对利润和损失的分配：

a. 截至2019年9月30日，年度净损失为45 000美元。合伙协议将利润的50%分配给阿特，40%分配给布赖斯，10%分配给查德。合伙协议并没有讨论损失的分配问题。

b. 截至2019年9月30日，年度净利润为98 000美元。第一笔35 000美元根据合伙人资本余额比例分配。第二笔27 000美元根据提供的服务分配——17 000美元分配给阿特，10 000美元分配给布赖斯。剩下的部分平均分配。

2. 假设阿特、布赖斯和查德每人当年从合伙企业中提款6 000美元。使用b计划，编制合伙企业的合伙人权益表。

P12-26A 新合伙人加入的会计处理

一家合伙企业——GMJ正在考虑接受索顿作为新合伙人加入企业。2018年7月31日，三个原合伙人的资本账户和他们的损益分配率如下：

	资本	损益分配率
乔治	$43 500	20%
墨菲	87 000	25%
林肯	130 500	55%

要求：

根据下列情况，分别对在7月31日接受索顿作为新合伙人编制会计分录：

1. 索顿支付给林肯174 000美元现金购买其在合伙企业中的权益。
2. 索顿向合伙企业投资87 000美元，获得合伙企业权益的1/4。
3. 索顿向合伙企业投资87 000美元，获得合伙企业权益的1/6。
4. 索顿向合伙企业投资87 000美元，获得合伙企业权益的1/3。

P12-27A 合伙人退出的会计处理

Ho-Kim-Ling是一家由三人拥有的合伙企业。合伙人的损益分配率为：30%分配给Ho，40%分配给Kim，30%分配给Ling。2018年12月31日，企业的资产负债表如下。12月31日，Ho从企业中退出。

Ho-Kim-Ling企业
资产负债表
2018年12月31日

资产		负债	
现金	$10 000	应付账款	$ 87 000
应收账款（净额）	12 000		
存货	94 000	合伙人权益	
设备（净值）	95 000	Ho，资本	35 000
		Kim，资本	47 000
		Ling，资本	42 000
		合伙人权益合计	124 000
资产合计	$211 000	负债和合伙人权益总计	$211 000

要求：

根据下列计划，分别记录Ho的退伙。

1. 在一项个人交易中，Ho将她的权益出售给Wei，Wei支付给Ho 120 000美元。Kim和Ling同意接受Wei作为合伙人。

2. 合伙企业支付给Ho 10 000美元现金，并向她支付剩余账面价值的应付票据，以了结其合伙权益。

3. 针对 Ho 的权益账面价值，合伙企业向其支付 65 000 美元。

4. 针对 Ho 的权益账面价值，合伙企业向其支付 25 000 美元。

P12-28A　合伙企业清算的会计处理

合伙企业 SPM 在三年的经营期内都出现了经营损失。以西摩，15%；帕卡德，60%；马洛尼，25%作为损益分配率的合伙人正在清算企业。他们想让你来分析清算的影响。他们展示了 2018 年 12 月 31 日合伙企业简化的资产负债表：

SPM 企业 资产负债表 2018 年 12 月 31 日			
资产		负债	
现金	$ 28 000	应付账款	$ 59 000
非现金资产	120 000		
		合伙人权益	
		西摩，资本	25 000
		帕卡德，资本	41 000
		马洛尼，资本	23 000
		合伙人权益合计	89 000
资产总计	$ 148 000	负债和合伙人权益总计	$ 148 000

要求：

1. 假设出售非现金资产得到 150 000 美元，编制清算交易的会计分录。

2. 假设出售非现金资产得到 100 000 美元，编制清算交易的会计分录。

P12-29A　将利润和损失分配给合伙人，并对合伙企业清算进行会计处理

ABC 是一家由安格斯、布莱克和坎皮尼所有的合伙企业，并按照 2∶1∶1 的比例分配利润和损失。2018 年 6 月 30 日，合伙企业的调整试算余额表如下：

ABC 企业 调整试算余额表 2018 年 6 月 30 日		
	余额	
账户名称	借方	贷方
现金	$ 35 000	
非现金资产	110 000	
应付票据		$ 32 000
安格斯，资本		23 000
布莱克，资本		44 000
坎皮尼，资本		50 000
安格斯，提款	9 000	
布莱克，提款	31 000	
坎皮尼，提款	46 000	
服务收入		166 000
薪资费用	69 000	
租赁费用	15 000	
合计	$ 315 000	$ 315 000

要求：

1. 编制在6月30日结清收入、费用、损益汇总和提款账户的分录。

2. 用调整后余额作为每个合伙人T形账户最初的金额，将结账分录过入他们的账户中，然后确定每个合伙人最后的资本余额。

3. 假设出售非现金资产获得111 000美元，编制6月30日对合伙企业进行清算的分录。

P12-30A 将利润和损失分配给合伙人，对合伙人退出、合伙企业清算进行会计处理，并编制合伙企业财务报表

LOT是由朗、奥利弗和塔克所有的合伙企业。合伙人的损益分配率为2：2：1。2018年11月30日，合伙企业的调整试算余额表如下：

LOT企业
调整试算余额表
2018年11月30日

	余额	
账户名称	借方	贷方
现金	$ 10 000	
存货	8 000	
建筑物	225 000	
累计折旧——建筑物		$ 45 000
应付账款		13 000
应付抵押款		60 000
朗，资本		65 000
奥利弗，资本		45 000
塔克，资本		60 000
朗，提款	10 000	
奥利弗，提款	10 000	
塔克，提款	8 000	
销售收入		68 000
销货成本	48 000	
薪资费用	27 000	
租赁费用	10 000	
合计	$ 356 000	$ 356 000

要求：

1. 编制2018年11月30日合伙企业的合伙人权益表。在合伙人权益表中每个合伙人单独用一列。假设在11月没有新的资本投入。

2. 编制2018年11月30日的四个结账分录。

3. 塔克决定在2018年12月1日从合伙企业退出。她的结算包括所有的存货和所有的现金以作为她在合伙企业中权益的交换。

4. 在塔克退伙以后，郎和奥利弗立刻决定将合伙企业清算。他们出售建筑物获得150 000美元。然后，他们偿还了负债并用剩余的现金完成清算。假设损益分配率保持不变，编制这些清算分录。

第 13 章

公　　司

- 13.1　什么是公司
- 13.2　如何对股票发行进行会计处理
- 13.3　如何对库存股进行会计处理
- 13.4　如何对股利和股票分割进行会计处理
- 13.5　如何编制完整的公司利润表
- 13.6　公司如何报告权益
- 13.7　如何使用股东权益比率评价企业经营状况

我们如何筹集更多的现金?

莱西·斯奈德和艾莉森·梅森是Sharemymovie.com网站的所有者，正在审阅公司最新的财务报表。Sharemymovie.com是一个视频分享网站，使用者可以上传、分享和观看视频，这个网站是5年前依靠所有者提供的现金和一家小银行的贷款创立的。在过去的5年中，网站的成长速度很快，每天都有高于100万人次的视频观看量。莱西和艾莉森对于公司的成功很开心，但是公司最近正在经历成长的瓶颈。

随着每天浏览网站和上传新视频的人数的增加，莱西和艾莉森知道他们需要投资一个新的网站设计并购买更新的软件。但是这些扩张需要钱，他们对于从银行借更多的钱很不情愿。莱西和艾莉森正在考虑说服朋友和家人投资公司，但是他们意识到为了满足公司成长的需要，他们需要注入一大笔现金。在与会计师讨论以后，他们考虑设立一家公司制企业并将他们的公司上市。换句话说，这家公司将（通过股票）为任何愿意投资的人提供所有权。

通过提供在公司中拥有股票的机会，Sharemymovie.com可以很快地筹集现金来满足它的扩张需要。另外，公司制为所有者提供了债务保护。但是公司制形式也存在不足，如存在双重课税和政府监管的增强。随着莱西和艾莉森决定的不断深入，他们需要明白公司制的利弊并仔细地评估这个决定的影响。

这家公司值多少钱?

2012年2月1日，著名的社交网站——脸书（Facebook）宣布计划在股票市场上发行股票，股票代码为FB。5月18日，马克·扎克伯格——脸书背后的策划者敲响了股票交易开始的锣声，股票开始以每股42.05美元的价格销售。当天，就卖出了超过5亿股股票，市场交易资金量估计超过了1 040亿美元，这是迄今为止最大的IPO。有趣的是，在IPO以后不到一个月，脸书的股票价格下跌了超过1/4，并且还在持续波动。

为什么脸书决定发行股票？公司制的优点和缺点是什么？股票在财务报表中如何披露？股票市场价格的下跌对脸书来说意味着什么？在本章中，我们将探索这些以及更多问题的答案。你会学到为什么企业决定采取公司制，以及如何对公司独有的交易进行会计处理。

学习目的

1. 说明公司的特征。
2. 记录股票的发行。
3. 解释库存股的回购和卖出。
4. 解释现金股利、股票股利和股票分割。
5. 编制包括每股收益在内的公司利润表。
6. 解释公司的权益是如何报告的。
7. 使用每股收益、普通股回报率和市盈率评价企业的经营状况。

13.1 什么是公司

公司（corporation）是遵循各州法律成立的经营实体。在美国，公司是居主导地位的企业组织形式。大多数知名的企业都是大公司，往往是大型跨国公司。

□ 公司的特征

公司有很多独有的特征：

● 独立的法律实体——公司是独立的法律实体，完全独立于其所有者。

● 所有者的数量——公司有一个或者更多的所有者（称为股东）。上市公司的股票可以在证券交易市场上购买，如纽约证券交易所或者纳斯达克证券市场。上市公司通常有上千名股东。一些公司是私人控股的，这意味着股票不能在证券市场上交易，这种公司通常只有很少的股东。

● 对于公司债务无个人责任——股东不需要对公司的债务承担个人责任。

● 不存在互为代理——不同于个人独资企业和合伙企业，公司的股东不是公司的代理人。股东不能代表公司签订合约。

● 无限存续——公司的存续期是无限的，可以一直持续到公司决定终止经营。股东的退出或者死亡都不会影响公司的持续存在。

● 税负——公司是独立纳税主体。联邦政府和许多州政府要求公司为其净收入缴纳所得税。向联邦政府缴纳的所得税是根据公司的纳税申报表计算的，称为表格1120。公司已缴纳的所得税作为所得税费用列示在利润表上。任何应支付但尚未支付的税款都归类为应交税费并作为一项流动负债列示在资产负债表上。

● 双重征税——当公司向股东支付现金（称为股利）时便发生了双重征税。这些款项作为公司的收益时会被征税，随后作为股利被股东收到时又再一次被征税。公司首先在其企业所得税纳税申报表上计算所得税并缴纳税款，支付的股利作为股东的收入也将在股东的个人所得税纳税申报表上计算所得税并缴纳税款。

● 资本积累——相比个人独资企业和合伙企业，公司能够筹集更多的资金。这完全是通过IPO实现的，同时也代表向公众提供公司股份。

图表13-1综合了公司的优点和缺点。

图表13-1 公司的优点和缺点

优点	缺点
1. 能比个人独资企业和合伙企业筹集到更多的资金	1. 所有权和管理职能相分离
2. 持久生命	2. 公司的收益会双重课税
3. 易于转让所有权	3. 政府监管成本较高
4. 股东和公司并非互为代理	4. 组建成本高于其他企业形式
5. 股东承担有限责任	

□ 股东权益的会计处理原则

当公司创办人从州政府取得营业执照，公司组建的过程就开始了。州政府授权以公司制的形式创办企业，并颁发许可证或者签署必要的文件。公司创办人还要制定出一套公司章程管理和规范公司行为。

公司的许可证上说明了公司可以发行的股票最大数量，这称为**额定股本**（authorized stock）。许可证表明州政府对这家公司经营的许可。额定股本可以是已发行或未发行的。**已发行股票**（issued stock）必定是由公司发行的，但是不一定为股东所持有。当他们购买股票时，公司向所有者签发**股权凭证**（stock certificate）。由于股票代表公司的资本，它也常称为**股本**（capital stock）。股本的基本单位为1股。一家公司可以发行任意数量的股票。现在，很多公司都发行电子股票而不是打印纸质股票。图表 13－2 展示了考特尼·爱德华持有的 STL 公司 288 股股权凭证。

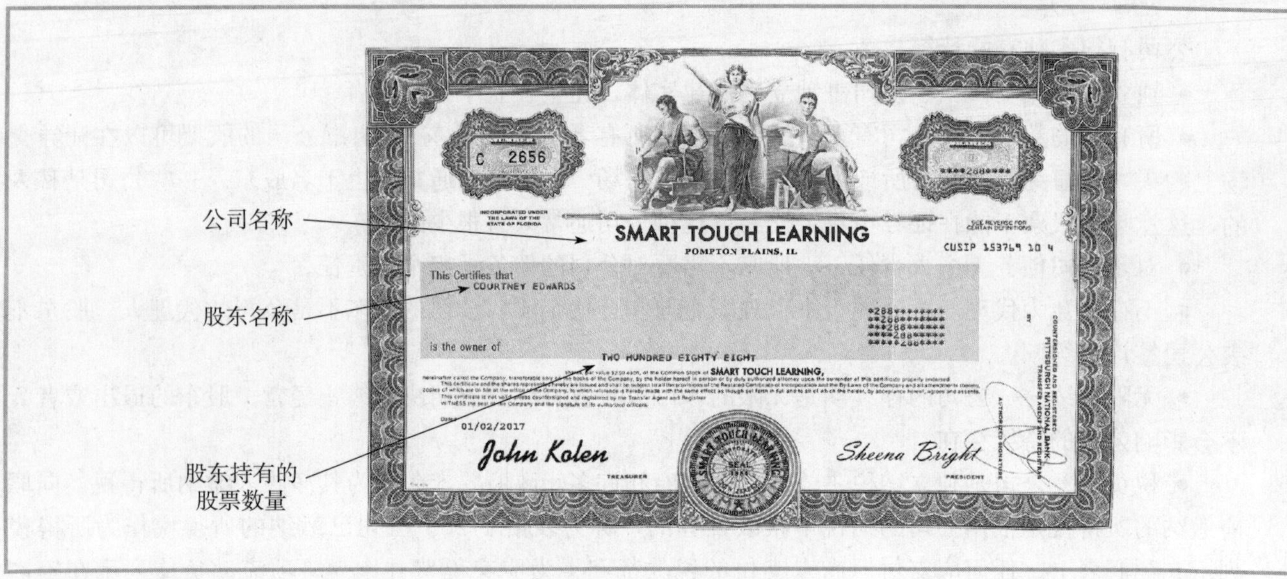

图表 13－2　股权凭证

股权凭证上显示了以下内容：

- 公司名称；
- 股东名称；
- 股东持有的股票数量。

股东手中持有的股票称为**流通在外股票**（outstanding stock），流通在外股票的股份总额代表公司的全部所有权。额定股本、已发行股票和流通在外股票很有可能数量不一致。图表 13－3 说明了这些不同种类的股票。

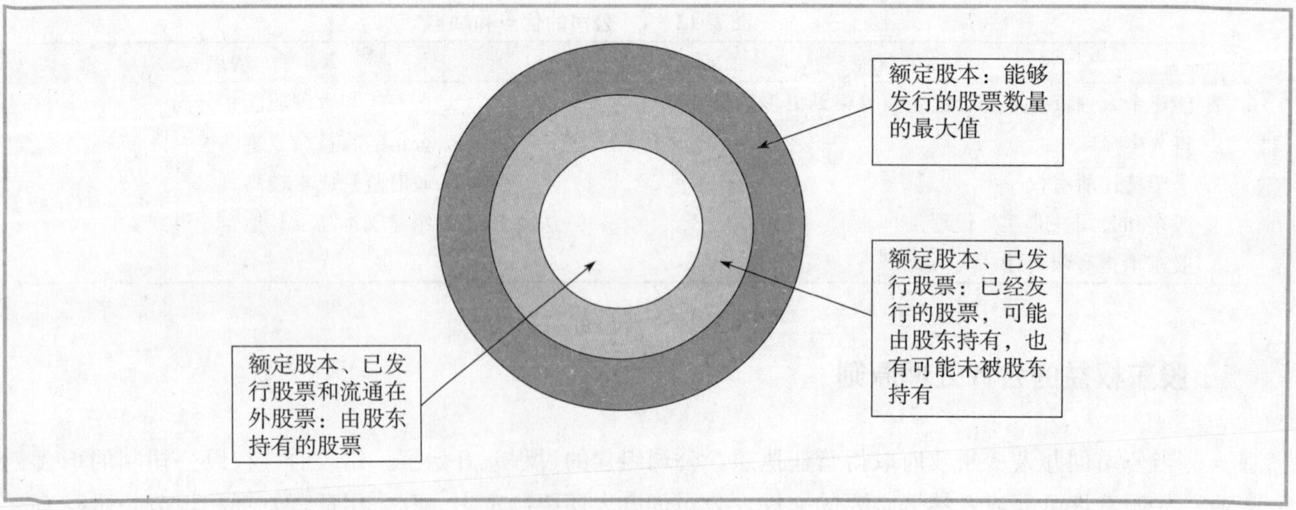

图表 13－3　股票的种类

股东的权利

股东享有四项基本权利，除非合同限制了股东的某些特定权利。

1. **投票表决权**（vote）。股东在股东大会上通过投票表决间接参与公司经营（有时通过邮件或电子投票)。这是股东管理公司的唯一方式。通常来说，股东持有几股股票就享有几票表决权。

2. **股利享有权**（dividend)。股东从公司宣布并发放的股利中获取相应比例的股利，股利是公司的收益对股东的分配。同类股每股所得股利相等。例如，股东拥有所有股票的1%，也就拥有1%的股利。

3. **清算求偿权**（liquidation)。公司清算（结束经营）时，股东有权按比例获取公司偿债后剩余的任何资产。

4. **优先认购权**（preemptive right)。股东的优先认购权可以保持他们在公司中的股权比例。假设一个股东拥有一家公司5%的股份，如果该公司发行100 000股新股，就会给该股东提供购买5%新股（5 000股）的机会。这项权利称为优先认购权，但是在大多数公司中经常通过合同的形式放弃。

股本

公司可发行不同种类的股票，如普通股和优先股。每个公司都发行**普通股**（common stock)，这是股票最基本的形式，公司的所有者就是普通股股东。有些公司发行A类普通股，这种股票通常具有投票表决权；还可以发行B类普通股，此类股票没有投票表决权。对于公司发行各类股票的数量，法律没有限制。每一类普通股设置单独账户，实行独立核算。

优先股（preferred stock）股东比普通股股东享有某些优先权利，其中最为重要的是先于普通股股东获得股利，以及在公司清算时先于普通股股东获得财产清偿。当宣告股利时，公司向优先股股东支付固定金额的股利，优先股股利的金额印在优先股凭证的正面，投资者购买优先股通常就是为了获得固定股利。正是基于以上优点，优先股要比普通股的投资风险小。

优先股股东也享有四项基本权利，除非某项权利受到特别限制。例如，优先股股东通常没有投票表决权。公司可以发行不同种类的优先股（如A类和B类)，每一类设置独立账户核算。优先股比人们想象的要少，很多公司都有权发行优先股，但很少有公司会真的发行。

股票可以有面值，也可以无面值。**面值**（par value）是公司人为设定的每股股票代表的金额。多数公司为其普通股设定的面值非常低，目的是避免以低于面值的价格发行股票时可能遇到的法律困难。股票的面值和市值之间不存在联系，市值是指股票在市场上买卖的价格。

优先股面值可能会比普通股面值更高，当公司与州政府商议许可证时，面值的确定通常是武断的，所以没有什么合适的原因可以解释面值的多样性，这只是公司创始人的一个选择。

一些州允许发行无面值股票，**无面值股票**（no-par stock）没有面值。无面值股票有一个优势，那就是在面值和市值之间不存在混淆。**设定价值股票**（stated value stock）是无面值股票，但是有些无面值股票有一个设定价值，这使它与面值股票相类似。设定价值代表公司可以发行股票的最低金额。通常公司所在的州将会决定股票是面值股票还是设定价值股票。面值和设定价值的会计处理是一样的。

股东权益

公司所有者权益称为**股东权益**（stockholders' equity)。州法律要求公司披露其股东权益的来源，因为一些资金必须由公司保留。股东权益的两种基础来源如下：

- **实收资本**（paid-in capital)（也称投入资本)，代表公司从股东那里收到的资金。普通股是实收资本的主要来源。实收资本是外部资金来源，是与外部人员进行交易的结果。
- **留存收益**（retained earnings）是经营活动产生的收益中没有分配给股东的部分。留存收益是内部资金来源，它取决于公司决定从净利润中留存多少金额供其未来经营或者扩张使用。

13.2 如何对股票发行进行会计处理

大型公司，如英特尔、耐克等需要巨额经营资金，它们不能期望这些资金全部通过借债来解决，所以需要发行股票筹资。公司可以将股票直接出售给股东，也可以通过如美林证券、摩根士丹利、摩根大通之类的**证券包销商**（underwriter）代为销售。证券包销商通常承担发行股票的部分风险，即同意购买所有未销售出去的剩余股票。上市公司的股票可以在证券市场上买卖，如纽约证券交易所或者纳斯达克证券市场。

公司从发行股票中获得的价格称为**发行价**（issue price）。发行价一般远高于股票面值，因为面值非常低。

□ 以面值发行普通股

在本章中，我们将继续以 STL 公司为例进行讲解。不过，我们现在假设 STL 公司是一个发行股票的公司，其普通股每股面值为 1 美元，并且公司按照章程规定发行了 200 万股普通股。公司按面值发行 15 000 股普通股的日记账分录如下：

日期	科目及摘要	借方	贷方
	现金	15 000	
	普通股——面值 1 美元（1×15 000）		15 000
	（以面值发行普通股）		

□ 溢价发行普通股

很多公司为普通股设定一个低面值，而发行价往往高于面值，高于面值的部分称为**溢价**（premium）。假设 STL 公司以每股 5 美元的发行价增发 3 000 股，发行价 5 美元与面值 1 美元的差额 4 美元就是溢价。

股票发行的溢价不是公司的利得、收入或利润，因为这是对公司股东业务的处理。这种情况说明了会计的一个基本原理，即一个公司向它的股东发行股票或回购股票既不会产生利润也不会发生损失。所以，溢价部分也是另一种**超面值缴入资本**（paid-in capital in excess of par），一般也可称为附加缴入资本。超面值缴入资本属于资产负债表中披露的权益类账户。

在每股面值 1 美元的情况下，STL 公司以每股 5 美元的价格发行 3 000 股股票的会计分录如下：

日期	科目及摘要	借方	贷方
	现金（5×3 000）	15 000	
	普通股——面值 1 美元（1×3 000）		3 000
	超面值缴入资本——普通股（4×3 000）		12 000
	（溢价发行普通股）		

STL 公司将在资产负债表上按如图表 13－4 所示的方式报告其股东权益部分。假设公司经特许核准可发行 18 000 股普通股，留存收益为 3 550 美元。

图表 13 - 4　股东权益

STL 公司 资产负债表（部分） 2018 年 12 月 31 日	
股东权益	
实收资本：	
普通股——面值＄1；授权发行 20 000 000 股，已发行和流通在外 18 000 股	＄18 000
超面值缴入资本——普通股	12 000
实收资本总额	30 000
留存收益	3 550
股东权益总额	＄33 550

□ 发行无面值普通股

当公司发行无面值股票时，借记所收到的资产，贷记股本账户。无面值股票不会出现折价或溢价现象，因为它根本没有票面价值，其发行价格随公司实收资本的增减而增减。

假如 STL 公司不是以 1 美元的面值，而是以无面值的形式发行普通股。那么以 1 美元发行的 15 000 股普通股和以 5 美元发行的 3 000 股普通股的会计分录将如何调整？股票发行的会计分录如下：

日期	科目及摘要	借方	贷方
	现金（1×15 000）	15 000	
	普通股——无面值		15 000
	（发行无面值普通股）		
	现金（5×3 000）	15 000	
	普通股——无面值		15 000
	（发行无面值普通股）		

无论股票发行价是多少，现金账户和普通股账户总是以收到的现金数额分别借记和贷记。因此，虽然总的 30 000 美元实收资本保持不变，但差别在于普通股账户中是 18 000 美元的有面值普通股，还是 30 000 美元的无面值普通股。

公司将在资产负债表中对股东权益做出以下调整（见图表 13 - 5）。

图表 13 - 5　股东权益——无面值股票

STL 公司 资产负债表（部分） 2018 年 12 月 31 日	
股东权益	
实收资本：	
普通股——无面值；授权发行 20 000 000 股，已发行和流通在外 18 000 股	＄30 000
留存收益	3 550
股东权益总额	＄33 550

发行有设定价值的普通股

对有设定价值的普通股的核算与有面值股票的核算相同，唯一的区别在于有设定价值的普通股用超设定价值缴入资本这个账户记录收到的超过设定价值的金额。

例如，假设STL公司不是以每股1美元的面值，而是以每股5美元的设定价值发行普通股，那么STL公司的会计分录如下：

日期	科目及摘要	借方	贷方
	现金（5×3 000）	15 000	
	普通股——设定价值1美元（1×3 000）		3 000
	超设定价值缴入资本——普通股（4×3 000）		12 000
	（溢价发行普通股）		

发行普通股换取非现金资产

当公司发行普通股交换现金以外的其他资产时，选择发行股票的市场价值或者所得资产的市场价值中可决定性较强者进行账务处理。让我们再考虑一下STL公司的分录。假如STL公司以每股1美元的面值发行了5 000股普通股，换得市场价值为18 000美元的家具。如何进行账务处理呢？

日期	科目及摘要	借方	贷方
	家具	18 000	
	普通股——面值1美元（1×5 000）		5 000
	超面值缴入资本——普通股（18 000－5 000）		13 000
	（发行普通股交换家具）		

正如你所看到的，普通股以每股1美元的面值入账，家具的市场价值与面值之间的差额记入超面值缴入资本账户。该项资产以现行市场价值入账。

发行优先股

优先股的核算与前面已举例说明的普通股的核算相同。假设州政府授权STL公司发行2 000股优先股。STL公司以每股55美元的价格发行了面值为50美元，利率为6%的优先股1 000股（优先股描述中的6%指与该股票相关的设定股息，本章后面将对此进行解释）。其发行的会计分录如下：

日期	科目及摘要	借方	贷方
1月3日	现金（55×1 000）	55 000	
	优先股——面值50美元（50×1 000）		50 000
	超面值缴入资本——优先股（5×1 000）		5 000
	（溢价发行优先股）		

优先股列示在资产负债表中的股东权益部分，并且通常最先列示。接下来列示优先股的超面值缴入资本，然后是普通股和普通股的超面值缴入资本。图表13－6展示了STL公司资产负债表的股东权益部分，假设两种股票都具有面值。

图表 13－6　股东权益

STL 公司 资产负债表（部分） 2019 年 1 月 3 日 股东权益	
实收资本：	
优先股——面值 $50；授权发行 2 000 股，已发行和流通在外 1 000 股	$ 50 000
超面值缴入资本——优先股	5 000
普通股——面值 $1；授权发行 20 000 000 股，已发行和流通在外 23 000 股	23 000
超面值缴入资本——普通股	25 000
实收资本总额	103 000
留存收益	3 550
股东权益总额	$ 106 550

13.3　如何对库存股进行会计处理

公司拥有的以前发行并回购的股票称为**库存股**（treasury stock）。实际上，公司持有其库存股。像 STL 这样的公司，可能会出于以下几个原因购买库存股：

1. 管理层希望通过低买高卖来增加净资产。
2. 管理层希望支持公司的股价。
3. 管理层希望通过减少发行在外的有投票权的股票来避免外部收购。
4. 管理层希望用股票奖励有价值的雇员。

库存股的会计处理原则

下面是库存股的会计处理原则：

- 库存股账户通常有借方余额，这和其他股东权益类账户是相反的。因此，库存股账户是备抵权益账户。
- 库存股按照成本价（企业在回购股票时支付的金额）入账，与面值没有关系。（由于库存股的成本法应用最为广泛，因此本书对库存股的成本法进行了说明。）
- 库存股账户在资产负债表中的留存收益账户下披露，作为股东权益总额的减少。

库存股减少了股东持有的公司发行的股票数量。因此，已发行的流通在外的股票数量就等于总发行股票数量减去库存股数量。只有流通在外的股票才有投票权，并能收到现金股利或者股票股利。库存股没有投票权，也不会收到现金股利或股票股利。现在来说明如何对库存股进行会计处理，我们将继续使用 STL 公司的例子。

库存股的购买

在购买库存股之前，回顾一下 STL 公司的股东权益，如图表 13－6 所示。

假设在 3 月 31 日，STL 公司购买了 1 000 股以前发行的普通股，每股支付 5 美元，为了记录这一购买行为，公司需要借记库存股——普通股，贷记现金。

日期	科目及摘要	借方	贷方
3 月 31 日	库存股——普通股（5×1 000）	5 000	
	现金		5 000
	（购买库存股）		

□ 库存股的销售

公司购买它们的库存股，最后会重新卖出或者注销。公司可能会以等于、低于或者高于成本价再次销售库存股（库存股的成本价是指公司为获得股票支付的金额）。

以成本价销售库存股

如果公司以成本价销售库存股，那么在日记账中，每股的成本和售价并没有区别。假设在 4 月 1 日 STL 公司卖出了 100 股库存股，每股价格为 5 美元。会计分录如下：

日期	科目及摘要	借方	贷方
4 月 1 日	现金	500	
	库存股——普通股（5×100）		500
	（以成本价销售库存股）		

库存股——普通股

	借	贷	
3 月 31 日	5 000		
		500	4 月 1 日
余额	4 500		

以高于成本价销售库存股

如果库存股以高于成本价销售，那么两者的差异需要贷记新的股东权益账户——来自库存股交易的实收资本。这个超额需要记入实收资本，因为它来自公司的股东。它对净利润并没有影响。假设在 4 月 2 日 STL 公司销售了 200 股库存股，每股价格为 6 美元（成本价为每股 5 美元）。以高于成本价销售库存股的会计分录如下：

日期	科目及摘要	借方	贷方
4 月 2 日	现金（6×200）	1 200	
	库存股——普通股（5×200）		1 000
	来自库存股交易的实收资本（1×200）		200
	（以高于成本价销售库存股）		

库存股——普通股

	借	贷	
3 月 31 日	5 000		
		500	4 月 1 日
		1 000	4 月 2 日
余额	3 500		

来自库存股交易的实收资本

借	贷	
	200	4 月 2 日

来自库存股交易的实收资本在资产负债表的其他实收资本项目中披露，列示在普通股和实收资本下面。

以低于成本价销售库存股

库存股销售的价格可能会低于成本价。低于的部分首先需要借记来自库存股交易的实收资本账户。但是，该账户只能借记金额为0的账户（不能有借方余额）。如果这个账户的余额太小，那么需要就剩下的金额借记留存收益账户。为了说明这个问题，我们假设STL公司有两笔额外的库存股销售。第一笔在4月3日，公司销售了200股库存股，每股价格为4.3美元。会计分录如下：

日期	科目及摘要	借方	贷方
4月3日	现金（4.3×200）	860	
	来自库存股交易的实收资本（0.7×200）	140	
	库存股——普通股（5×200）		1 000
	（以低于成本价销售库存股）		

库存股——普通股

3月31日	5 000		
		500	4月1日
		1 000	4月2日
		1 000	4月3日
余额	2 500		

来自库存股交易的实收资本

4月3日	140	200	4月2日
		60	余额

库存股以低于成本价140美元的价格出售。STL公司曾经以高于成本价的200美元的价格销售库存股，因此来自库存股交易的实收资本账户的200美元的贷方余额足够抵减140美元的借方余额。

现在，如果STL公司在4月4日以每股4.5美元的价格再销售额外的200股库存股，会发生什么呢？STL公司的会计分录如下：

日期	科目及摘要	借方	贷方
4月4日	现金（4.5×200）	900	
	来自库存股交易的实收资本	60	
	留存收益（1 000－900－60）	40	
	库存股——普通股（5×200）		1 000
	（以低于成本价销售库存股）		

库存股——普通股

3月31日	5 000		
		500	4月1日
		1 000	4月2日
		1 000	4月3日
		1 000	4月4日
余额	1 500		

来自库存股交易的实收资本

4月3日	140	200	4月2日
4月4日	60		
		0	余额

留存收益

		3 550	余额
4月4日	40		
		3 510	余额

200股库存股以低于成本价100美元（(4.5－5)×200)）的价格出售。但是，来自库存股交易的实收资本账户中只有60美元的余额。40美元（100－60）的差额需要借记留存收益账户，因为实收资本账户不能有借方余额。

现在我们可以看看修订后的 STL 公司的股东权益，如图表 13－7 所示。

图表 13－7 库存股交易后的股东权益

STL 公司 资产负债表（部分） 2019 年 4 月 4 日 股东权益	
实收资本	
优先股——面值＄50；授权发行 2 000 股，已发行和流通在外 1 000 股	＄50 000
超面值缴入资本——优先股	5 000
普通股——面值＄1，授权发行 20 000 000 股，已发行 23 000 股，流通在外 22 700 股	23 000
超面值缴入资本——普通股	25 000
实收资本总额	103 000
留存收益	3 510
库存股——普通股；以成本价销售 300 股	(1 500)
股东权益总额	＄105 010

那么，4 月 4 日有多少流通在外的普通股呢？原本已经发行的 23 000 股减去 300 股库存股等于 22 700 股流通在外的普通股。

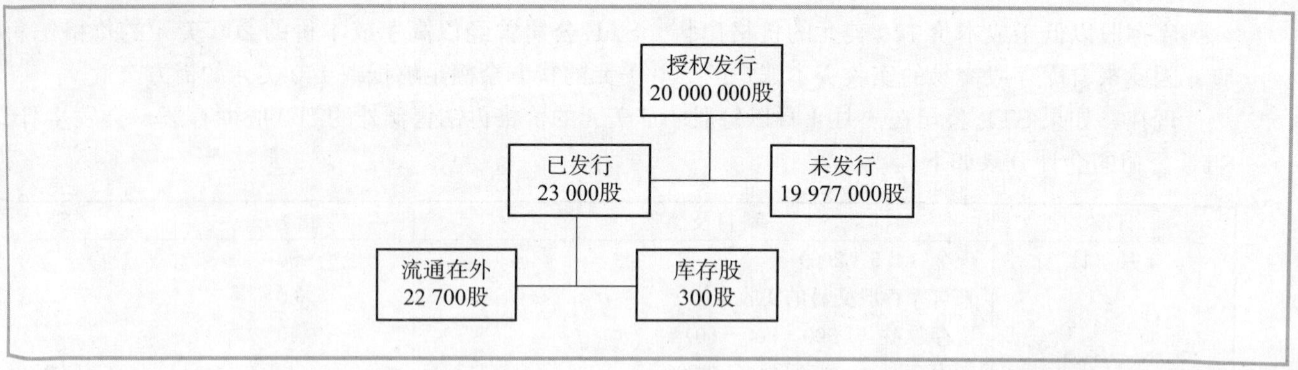

□ 股票的注销

并非所有的公司都会将前期发行的股票回购储存起来。一些公司可能会通过注销股票凭证对股票进行回收。已经注销的股票不能再发行。

优先股的注销很常见，因为公司会设法避免支付优先股股利。对前期发行的股票回购后进行注销，要借记股票账户，如优先股账户和超面值缴入资本——优先股账户，贷记现金账户。这样就把回收的股票从公司的账户中移除了，公司的资产总额和股东权益总额会相应地减少。

13.4 如何对股利和股票分割进行会计处理

营利性公司可能会以**股利**（dividend）的形式向股东分配财富。股利可以用现金、股票或者其他财产的形式支付。

□ 现金股利

现金股利的支付会带来资产（现金）和权益（留存收益）的减少。大多数州禁止使用实收资本来发放股利。因此，会计人员通常使用**法定资本**（legal capital）这一术语来指代不能用于发放股利的股东权益部分。

公司在支付股利之前必须先宣告发放股利，与股利相关的三个日期是：

1. **宣告日**（declaration date）。在宣告日，比如5月1日，董事会宣告股利发放计划。宣告发放现金股利会使公司产生负债。

2. **登记日**（date of record）。那些在登记日结束时持有股票的股东将收到支付的股利，登记日是在宣告日后的1～2周，比如5月15日。登记日是公司记录股东收到股利支票的日子。

3. **发放日**（payment date）。股利发放日通常在登记日后1～2周。比如，5月30日。

宣告并支付股利——普通股

假设在5月1日，STL公司宣告对22 700股流通在外的普通股每股发放0.05美元的现金股利（已经发行的23 000股减去300股库存股）。在宣告日，STL公司借记现金股利，贷记应付股利——普通股（流动负债），会计分录如下：

日期	科目及摘要	借方	贷方
5月1日	现金股利（0.05×22 700）	1 135	
	应付股利——普通股		1 135
	（宣告发放现金股利）		

在登记日5月15日，不需要做会计分录。这仅是确定谁拥有股票并将会收到支付的现金股利。

在5月30日股利发放日，STL公司借记应付股利——普通股，贷记现金，会计分录如下：

日期	科目及摘要	借方	贷方
5月30日	应付股利——普通股	1 135	
	现金		1 135
	（支付现金股利）		

在会计期末时，STL公司将对现金股利账户进行结账，转入留存收益，会计分录如下：

日期	科目及摘要	借方	贷方
12月31日	留存收益	1 135	
	现金股利		1 135
	（结转现金股利）		

宣告并支付股利——优先股

优先股的现金股利通常表现为优先股面值的百分比，如6%。但是有时，优先股的现金股利可能会表现为每股的美元数，如每股3美元。因此，优先股的现金股利有两种计算方法，而这都依赖于优先股现金股利在优先股凭证上的规定。为了说明这个问题，假设有一家虚构的公司——GG公司有1 000股流通在外的利率为6%的优先股，每股面值为50美元。股利计算过程如下：

优先股股利＝流通在外的股数×面值×优先股利率
＝1 000×50×6%
＝3 000(美元)

优先股现金股利宣告和支付的会计分录类似于普通股，唯一的区别就是应付股利——普通股应该改为应付股利——优先股。

在前面我们提到了优先股股东获得的股利优先权。当一家公司同时发行优先股和普通股时，优先股股东最先收到股利。普通股股东只有在股利总额能够满足优先股股利需要的前提下才能收到股利。也就是说，普通股股东收到的是剩余的股利——支付优先股股利之后剩余的金额。

例如，假设GG公司有1 000股利率为6%的优先股，每股面值为50美元，以及2 000 000股面值为1美元的流通在外的普通股，优先股股东将会收到宣告发放的3 000美元的现金股利。因此，只有当宣告发放的股利总额超过3 000美元时，普通股股东才有可能收到股利。

如果年度股利等于或者少于年度优先股股利，那么优先股股东会收到股利，而普通股股东不会收到股利。但是，如果GG公司的股利总额足够支付优先股股利，那么优先股股东就会收到3 000美元约定的股利，而普通股股东会收到剩余的股利。

请记住，优先股的股利优先权并不保证公司将按约定支付优先股股利。例如，一个公司很可能因为现金短缺而无法支付优先股股利，这称为过期未分配股利（passing the dividend），这样的股利则称为**拖欠股利**（dividend in arrears）。也就是说，如果公司没有在当年支付股利，那么优先股股利就成为拖欠股利。

优先股也分两种类型：累积优先股和非累积优先股。除非专门指出是非累积优先股，优先股一般是指累积优先股。**累积优先股**（cumulative preferred stock）持有者一定会收到所有的拖欠股利加上当年的股利，并且是在普通股股东之前收到股利。如果优先股是**非累积优先股**（noncumulative preferred stock），那么股东不会收到任何拖欠股利，因为公司不需要支付过期未分配股利。

假设GG公司发行的是累积优先股，在2018年没有支付任何现金股利。2019年公司在向普通股股东支付股利之前，必须先支付2018年3 000美元的优先股股利和2019年3 000美元的优先股股利，总额为6 000美元。假设在2019年9月6日公司宣告发放50 000美元的股利，这些股利中有多少分配给优先股股东，有多少分配给普通股股东呢？如下所示：

股利总额		$ 50 000
优先股股东股利：		
拖欠股利（2018年）	$ 3 000	
本年度股利（2019年）	3 000	
优先股股东股利总额		(6 000)
普通股股东股利		$ 44 000

GG公司在2019年9月6日，股利宣告时的会计分录如下：

日期	科目及摘要	借方	贷方
2019年9月6日	现金股利	50 000	
	应付股利——普通股		44 000
	应付股利——优先股		6 000
	(宣告发放现金股利)		

拖欠的累积优先股股利并不是公司的一项债务，只有当董事会宣告股利发放时股利负债才出现，但是公司对拖欠的累积优先股股利必须报告说明。这项信息可以提醒普通股股东注意，在他们得到任何股利之前有多少优先股股利需要先行支付。

如果优先股是非累积优先股，则公司没有义务支付拖欠股利。记住，当投资者投资非累积优先股时是需要承担此风险的。假设 GG 公司的优先股是非累积的，且公司未支付 2018 年的优先股股利，则优先股股东将永远拿不到 2018 年 3 000 美元的股利。2019 年公司在支付普通股股利前，只需要支付 2019 年的优先股股利 3 000 美元，剩下的 47 000 美元用来支付普通股股利，如下所示：

股利总额		＄50 000
优先股股东股利：		
本年度股利（2019 年）	＄3 000	
优先股股东股利总额		(3 000)
普通股股东股利		＄47 000

□ 股票股利

股票股利（stock dividend）是指公司将自己的股票分配给股东。与现金股利不同，股票股利并没有给股东任何公司的资产，如现金。股票股利有如下特征：

- 它们只会影响股东权益账户（包括留存收益、股票股利、普通股和超面值缴入资本）。
- 它们不会影响股东权益总额。
- 它们不会影响资产或者负债。

公司根据股东持有的股份按比例分配股票股利。假设一个股东持有 GG 公司 1 000 股普通股，如果 GG 公司发放 10%的股票股利，那么股东将会收到 100 股（1 000×10%）额外股票，股东现在拥有 1 100 股股票。公司所有的其他股东也会收到额外的他们持有股票 10%的股份，所以在收到股票股利以后，所有股东在公司的地位是不变的。发放股票股利会导致发行股票的总数上升和流通在外的股票增加，但是个人股东的持股比例并没有发生变化。

为什么要发放股票股利

一个公司可能出于以下几种原因发放股票股利：

- 为了持续发放股利并保留现金。一个公司可能希望持续发放股利来取悦股东，但是又希望保留现金来维持公司的经营。股票股利是一种很好的方法，并且不需要占用经营所用的现金。
- 为了降低股票的每股市场价值。由于股票供给的增加，股票股利可能会导致公司股票每股市场价值下降。假设 GG 公司的股票最近以每股 50 美元的价格交易，通过发放股票股利来加倍发行股票可能会使 GG 公司股票的市场价值下降到接近每股 25 美元。发行股票股利的一个目的可能是让股票的价格不那么高，对投资者来说更易获得和更有吸引力。
- 为了奖励投资者。当投资者收到股票股利时，他们通常会觉得收到了有价值的东西。

记录股票股利

与现金股利一样，与股票股利相关的三个日期是：

- 宣告日；
- 登记日；
- 发放日。

在宣告日，董事会宣告股票股利发放计划，然后是登记日和发放日。董事会宣告发放股票股利时并不会产生负债，因为公司没有义务支付资产。宣告发放股票股利意味着公司有意向分配它的股票。发放日类似于现金股利的发放日。但是股票股利并不支付现金，只是分配股票。

记录股票股利的分录取决于股票股利的规模，一般公认会计原则使用下面的方式区分小比例股票股利和大比例股票股利：

- 小比例股票股利——少于发行和流通在外股票的 20%～25%；
- 大比例股票股利——多于发行和流通在外股票的 20%～25%。

小比例股票股利——少于 20%～25% 小比例股票股利使用股票的市场价值来核算。下面是在宣告日各种账户的变动情况：

- 按股票股利的市场价值借记股票股利账户；
- 按股票股利的账面价值贷记普通股股利分配账户；
- 超出部分贷记超面值缴入资本账户。

例如，假设 GG 公司对 2 000 000 股普通股发放 5%的股票股利，此时 GG 公司普通股的市场价值为 50 美元，每股面值为 1 美元。那么 GG 公司将会分配 100 000 股（2 000 000×0.05）股票给股东。下面的分录说明了在宣告日 2 月 1 日，公司对这 5%的股票股利进行的会计处理。

日期	科目及摘要	借方	贷方
2 月 1 日	股票股利（50×2 000 000×0.05）	5 000 000	
	普通股股利分配（1×2 000 000×0.05）		10 0000
	超面值缴入资本——普通股（5 000 000－100 000）		4 900 000
	（宣告 5%的股票股利）		

注意：要按普通股的账面价值贷记普通股股利分配账户，普通股股利分配账户是权益类账户，而不是负债类账户，它是作为额外的实收资本在股东权益中报告的，直到股利被支付给股东。在 2 月 25 日，GG 公司分配普通股时的会计分录如下：

日期	科目及摘要	借方	贷方
2 月 25 日	普通股股利分配	10 0000	
	普通股——面值 1 美元		10 0000
	（发放 5%的股票股利）		

在对普通股股利的宣告和发放进行会计处理以及对超面值缴入资本账户结账以后，GG 公司的账户如下：

普通股——面值 1 美元

		2 000 000	余额
		100 000	2 月 25 日
		2 100 000	余额

超面值缴入资本——普通股

		19 000 000	余额
		4 900 000	2 月 1 日
		23 900 000	余额

普通股股利分配

		100 000	2 月 1 日
2 月 25 日	100 000		
		0	余额

留存收益

		9 000 000	余额
12 月 31 日	5 000 000		
		4 000 000	余额

股票股利不会影响资产、负债和股东权益的总额。股票股利仅仅对股东权益账户的余额进行了调

整，但是股东权益总额并没有发生改变。图表 13－8 展示了 GG 公司在发放 5%的普通股股利前后的股东权益。

图表 13－8　股东权益——小比例股票股利

GG 公司
资产负债表（部分）
2019 年 2 月 25 日

小比例股票股利发放前：股东权益		小比例股票股利发放后：股东权益	
实收资本：		实收资本：	
优先股——面值＄50；授权发行 2 000 股，		优先股——面值＄50；授权发行 2 000 股，	
已发行和流通在外 1 000 股	＄50 000	已发行和流通在外 1 000 股	＄50 000
超面值缴入资本——优先股	5 000	超面值缴入资本——优先股	5 000
普通股——面值＄1；授权发行 20 000 000 股，		普通股——面值＄1，授权发行 20 000 000 股，	
已发行和流通在外 2 000 000 股	2 000 000	已发行和流通在外 2 100 000 股	2 100 000
超面值缴入资本——普通股	19 000 000	超面值缴入资本——普通股	23 900 000
实收资本总额	21 055 000	实收资本总额	26 055 000
留存收益	9 000 000	留存收益	4 000 000
股东权益总额	＄30 055 000	股东权益总额	＄30 055 000

注意：股东权益账户总额保持在 30 055 000 美元。实收资本总额增加了 5 000 000 美元，留存收益减少了 5 000 000 美元。

大比例股票股利——多于 20%～25%　大比例股票股利很少见，但是当宣告发放时，通常按照股票的面值入账，而不是股票的市场价值。使用面值是因为发放大比例股票股利会减少股票的每股市值，导致每股市值不能准确衡量股票股利的价值。例如，假设在 3 月 2 日，GG 公司宣布发放 50%的第二次普通股股利，此时 GG 公司普通股的每股市值为 50 美元。宣告日（3 月 2 日）和发放日（3 月 30 日）的会计分录如下：

日期	科目及摘要	借方	贷方
3 月 2 日	留存收益（1×2 100 000×0.5）	1 050 000	
	普通股股利分配（1×2 100 000×0.5）		1 050 000
	（宣告 50%的股票股利）		
30 日	普通股股利分配	1 050 000	
	普通股——面值 1 美元		1 050 000
	（发放 50%的股票股利）		

注意：发放大比例股票股利也不会改变股东权益总额。在留存收益和股票股利账户结账后，实收资本总额增加 1 050 000 美元，留存收益减少 1 050 000 美元。

股票分割

股票分割完全不同于股票股利。**股票分割**（stock split）增加了已发行和流通在外的股票数量，也会减少每股面值，但是股票股利并不会影响每股面值。例如，如果 GG 公司将普通股一股分割成两股，那么公司已发行和流通在外的股票数量就会翻倍，股票每股面值则会减半。股票分割也会降低股票的每股市值，将一股分割成两股会导致面值为 2 美元，市场价值为 20 美元的股票变成两股每股面值为 1 美元，市场价值为 10 美元的股票。

GG 公司普通股的每股市值大概为 50 美元，假设 GG 公司希望每股市值降低到 25 美元，那么公司可以将普通股一股分割成两股。这意味着 GG 公司将股票分割以后，公司已发行和流通在外的股票数量将会变成原来的两倍，同时每股面值会减少一半。假设GG公司在股票分割前发行了3 150 000股股票，每股面值为1美元，在股票分割以后，GG公司将会有6 300 000股（3 150 000×2）股票，每股面值为0.50美元（1/2）。

股票分割前普通股		股票分割后普通股	
普通股——每股面值$1;		普通股——每股面值$0.50;	
已发行和流通在外3 150 000股	$3 150 000	已发行和流通在外6 300 000股	$3 150 000

因为股票分割不会影响任何账户的余额，不需要做会计分录，而是要记录在**备查分录**（memorandum entry）中，备查分录是日记账中用来记录重大事项的分录，但是没有借方或贷方数额。

现金股利、股票股利和股票分割的比较

现金股利、股票股利和股票分割有一些相似和不同的地方。图表13-9总结了它们对会计等式的影响。

图表13-9　股利和股票分割对会计等式的影响

影响账户	现金股利	小比例股票股利	大比例股票股利	股票分割
资产总额	下降	没有影响	没有影响	没有影响
负债总额	没有影响	没有影响	没有影响	没有影响
普通股	没有影响	提高	提高	没有影响
超面值缴入资本	没有影响	提高	没有影响	没有影响
留存收益	下降	下降	下降	没有影响
股东权益总额	下降	没有影响	没有影响	没有影响

13.5　如何编制完整的公司利润表

与个人独资企业和合伙企业相比，公司的利润表中有一些独有的项目，主要的区别之一便是公司需要缴纳**所得税费用**（income tax expense）。因此，公司的利润表中有单独的一部分用以反映其应缴纳的各项税费。所得税费用的计算较为复杂，后面的课程会涉及，此处只做简单列示。我们可以看一下KVG公司截至2018年12月31日的利润表。

持续经营

在图表13-10中，利润表的第一个部分反映了持续经营活动，包括毛利润和营业利润，也包括其他收入和费用以及所得税费用。这一部分是公司连年反映的，持续性经营收入可帮助投资者预测未来的收益，根据上表的数据，我们可以预测出KVG公司下一年的利润大约为54 000美元。

KVG公司的持续性经营收入包含以下两项内容：

- KVG公司有一项销售设备利得，这并不属于其主营业务之列，因此未将其归为营业利润，而是列入其他收入和费用，利息收入和利息费用也包含在此部分中。
- 所得税费用36 000美元是持续性经营收入的减项，KVG适用的所得税税率为40%（9 000×0.40=36 000美元）。

图表 13－10　KVG 公司利润表

KVG 公司 利润表 截至 2018 年 12 月 31 日的会计年度		
销售净额	$ 500 000	持续经营
销货成本	240 000	
毛利润	260 000	
营业费用	181 000	
营业利润	79 000	
其他收入和费用：		
销售设备利得	11 000	
税前利润	90 000	
所得税费用	36 000	
持续性经营收入	54 000	
非持续性经营净收益（减去 $ 14 000 应交税费）	21 000	特殊事项
净利润	$ 75 000	
普通股每股收益（20 000 股流通在外）：		
持续性经营收入	$ 2.70	每股收益
非持续性经营收入	1.05	
净利润	$ 3.75	

□ 非持续经营

在持续性经营收入之后，利润表中还可能包括非持续性经营的利得和损失。当公司出售或处置可识别的部分（有时称为业务的一部分）时，就会产生这些利得和损失。由于此类处置不经常发生，因此非持续性经营收入与持续性经营收入应该分开列报。公司将在利润表非持续性经营部分报告有关已出售部分的信息。在 KVG 公司的例子中，35 000 美元的非持续性经营收入按 40％征税，并列报其扣除所得税影响后的净额，明细如下所示：

非持续性经营收入	$ 35 000
减：所得税费用（40％）	(14 000)
非持续性经营净收益	$ 21 000

将此项目追溯至图表 13－10 中的利润表。非持续性经营的亏损也以类似的方式列报，但要减去亏损的所得税节省（税收节省减少了亏损）。

正常出售设备发生的频率较高，故其处置的利得或损失并不作为非持续性经营净损益列报，而是在持续性经营中作为“其他收入和费用”列示。

□ 每股收益

公司利润表的最后一部分报告了公司的**每股收益**（earnings per share，EPS）。每股收益在公司所有数据中是最常用的。每股收益反映了公司发行在外的普通股每股承担的净利润（损失）。每股收益等于净利润减去优先股股利，然后除以发行在外的普通股加权平均数。优先股股利要从净利润中减去，因为优先股股东优先分配股利。因此，普通股股东无法获得该部分公司收益，也不包括在普通股每股收益的计算中。简单来说，我们将用发行在外的股票平均数来确定每股收益（期初余额加上期末余额再除以 2）。

公司发生的非持续性经营收入在利润表主表（如图表 13－10 所示）或附注中报告相应的每股收益。持续性经营收入的每股收益必须在利润表主表中反映。

13.6 公司如何报告权益

公司的权益报告也不同于个人独资企业和合伙企业。现在让我们来研究一下公司如何报告股东权益。

留存收益表

留存收益表报告了公司的留存收益账户余额从期初到期末是如何变化的。留存收益是指那些通过营利性经营活动得到的、没有分配给股东的部分。留存收益因净利润而增加，因宣告股利而减少。图表 13－11 展现了 2018 年 STL 公司的留存收益表。

图表 13－11 留存收益表

STL 公司 留存收益表 截至 2018 年 12 月 31 日的两个月	
留存收益，2018 年 11 月 1 日	$0
两个月净利润	8 550
	8 550
宣告股利	(5 000)
留存收益，2018 年 12 月 31 日	$3 550

公司可以在留存收益账户中报告负的金额，这称为**赤字**（deficit），并反映在留存收益账户的借方。当一个公司重新出现亏损或者宣告了超过留存收益的股利时，就会出现赤字，此时，大多数州都会禁止公司支付股利。

留存收益分配

现金股利和库存股购买都需要支付现金。这些现金费用导致可用于偿付负债的资源变少。例如，只有当公司通过限制宣告股利和库存股购买来保持最低水平的股东权益时，一家银行才会同意给该公司贷款 500 000 美元。限制条件通常会关注留存收益的余额，公司通常会在财务报表附注中注明留存收益受到的限制。

留存收益分配（appropriations of retained earnings）是由日记账分录记录的留存收益限制。一个公司可能会因为一些特定的用途，分配一部分留存收益。例如，董事会可能会为了扩张或者一些突发事件（如与诉讼相关的预计负债）而分配一部分留存收益。

前期调整

有时，企业可能由于数学错误、错误应用会计准则或者忽视那些没有发现的事项直到下个期间等原因而导致会计错误。一旦发现，这些错误就必须更正，因为留存收益账户的余额是错误的。这个错误可以通过调整发现错误当期的留存收益账户期初余额来更正。对前期留存收益账户错误的更正称为**前期调整**（prior-period adjustment）。前期调整会增加或者减少留存收益账户的期初余额，并在留存收益表中体现。

为了说明这个问题，假设有一个虚构的公司——MH 公司，记录了 2018 年 30 000 美元的工资费用，但正确的工资费用金额是 40 000 美元。这个错误会产生下列影响：

- 低估工资费用 10 000 美元；
- 高估净利润 10 000 美元。

2019 年，MH 公司为上一年支付了额外的 10 000 美元的工资费用。如图表 13－12 所示，MH 公司前期调整会减少留存收益账户金额。

图表 13－12 留存收益表——前期调整

MH 公司 留存收益表 截至 2019 年 12 月 31 日的会计年度	
最初报告的留存收益，2019 年 1 月 1 日	$ 140 000
前期调整	(10 000)
调整后留存收益，2019 年 1 月 1 日	130 000
年度净利润	63 000
	193 000
宣告股利	(23 000)
留存收益，2019 年 12 月 31 日	$ 170 000

□ 股东权益变动表

股东权益变动表（所有者权益变动表）是公司报告股东权益变动状况的另一个选择。股东权益变动表比留存收益表提供的信息更多，因为它报告了全部股东权益类账户的变动状况，而不仅仅是留存收益账户。股东权益变动表披露了期初余额、账户金额的增加或者减少以及期末余额。另外，股东权益账户也报告了股票数以及当年优先股、普通股和库存股的变动情况。图表 13－13 展现了 MH 公司的股东权益变动表。

图表 13－13 股东权益变动表

MH 公司
股东权益变动表
截至 2018 年 12 月 31 日的会计年度

	普通股		超面值缴入股本	留存收益	股东权益总额
	股数	金额			
最初报告的余额，2019 年 1 月 1 日	20 000	$ 20 000	$ 80 000	$ 140 000	$ 240 000
前期调整				(10 000)	(10 000)
调整后余额，2019 年 1 月 1 日	20 000	20 000	80 000	130 000	230 000
本年净利润				63 000	63 000
宣告股利				(23 000)	(23 000)
余额，2018 年 12 月 31 日	20 000	$ 20 000	$ 80 000	$ 170 000	$ 270 000

13.7 如何使用股东权益比率评价企业经营状况

投资者经常需要比较企业的盈利能力。为了对不同规模的企业进行比较，我们需要使用一些标准的盈利能力衡量指标，最重要的三个比率就是每股收益、市盈率和普通股股东权益报酬率。

□ 每股收益

如前所述，公司利润表的最后一部分披露了公司的每股收益。每股收益反映了公司发行在外的普通股每股承担的净利润（损失）。每股收益等于净利润减去优先股股利的余额除以发行在外的普通股加权平均数。优先股股利要从净利润中减去，因为优先股股东优先分配股利。发行在外的普通股加权平均数的计算将在高级会计学课程中提到。简单来说，我们将用发行在外的股票平均数来确定每股收益（期初余额加上期末余额再除以2）。

例如，科尔士百货2015年度披露了下列数据（单位：百万）：

	2016年1月30日（2015财年）	2015年1月31日（2014财年）
净利润	$673	$867
优先股股利	0	0
股东权益总额	5 491	5 991
分配给优先股的股东权益	0	0
发行在外的普通股股数	186	201

科尔士百货2015财年的每股收益计算如下：

每股收益＝(净利润－优先股股利)/发行在外的普通股平均数
＝(673－0)/[(186＋201)/2]
＝3.48(美元/股)

财务会计准则委员会要求在利润表中披露每股收益。

□ 市盈率

市盈率（price/earnings ratio）是普通股每股市价与每股收益的比率。市盈率反映了每一美元收益对应的市场价格。假设科尔士百货普通股每股市价为37.00美元，那么科尔士百货2015财年市盈率的计算过程如下：

市盈率＝普通股每股市价/每股收益
＝37.00/3.48
＝10.63

市盈率表明科尔士百货的股票以一年的每股收益的10.63倍出售。投资者通常用这个比率来评价股票获得投资回报的能力，它告诉投资者他们应该愿意为公司1美元的收益支付多少钱。较高的市盈率意味着较高的投资回报。与其他比率相比，在将一家企业与另一家相比较时，市盈率是最有用的。

□ 普通股股东权益报酬率

普通股股东权益报酬率（rate of return on common stockholders'equity），通常称为**权益报酬率**（return on equity），用以反映普通股股东可获得的净利润与普通股股东权益平均额之间的关系。分子等于净利润减去优先股股利。减去优先股股利是因为优先股股东对公司净利润具有优先要求权。分母是普通股股东权益平均数，即用股东权益总额减去优先股股东权益。

让我们回到科尔士百货，2015 财年公司普通股股东权益报酬率计算如下：

$$
\begin{aligned}
\text{普通股股东权益报酬率} &= (\text{净利润}-\text{优先股股利})/\text{普通股股东权益平均数} \\
&= (673-0)/[(5\,491+5\,991)/2] \\
&= 0.12 = 12\%
\end{aligned}
$$

科尔士百货普通股股东投资的平均额中每一美元获得的收益为 0.12 美元。在大多数行业中，普通股股东权益报酬率为 15%～20%。科尔士百货股东权益报酬率为 12%，但它更应该与同一行业中的公司比较。

习题

P13-39A 组建公司与发行股票

蒙特尔和杰里夫在筹建一个油漆店。目前在这个地区没有油漆店。他们必须决定如何组建企业。他们期望在第一年能够获得 350 000 美元的利润，并且希望在将来能够获得特许经营权，尽管他们目前作为合伙企业有足够的资金开设公司，但是随着业务的逐步开展，现金流将会是一个问题。他们认为公司制的运营形式适合其长期的发展。他们非常希望能够获得建议。

要求：

1. 选择公司制形式，主要的优点是什么？

2. 刚开始你建议发行优先股还是普通股？为什么？

3. 如果决定发行面值为 5 美元的普通股，并且期望初始的市场价格是每股 30 美元，他们现在需要发行多少股，才能募集 2 750 000 美元？

P13-40A 区分权益来源、股票发行和股利

VCS 公司 2018 年 6 月 30 日资产负债表反映的股东权益如下：

股东权益	
实收资本：	
优先股——利率 5%，面值为？授权发行 650 000 股，已发行和流通在外 280 000 股	$1 400 000
普通股——面值 $1；授权发行 5 000 000 股，已发行和流通在外 1 350 000 股	1 340 000
超面值缴入资本——普通股	2 900 000
实收资本总额	5 640 000
留存收益	12 000 000
股东权益总额	$17 640 000

要求：

1. 区分 VCS 公司发行股票的不同方式。

2. VCS 公司的优先股每股面值是多少？

3. 编制两笔汇总会计分录反映公司发行股票的业务，假设所有股票的发行都收到现金。不要求给出摘要。

4. 假设公司没有拖欠的优先股股利，编制 2018 年 6 月 30 日宣布分配股利 500 000 美元，并在 2018 年 7 月 20 日支付股利的会计分录。要求在应付股利账户下分别设置优先股和普通股明细科目进行核算。不要求给出摘要。

P13-41A 编制公司发行股票和发放现金股利的会计分录，并编制资产负债表的股东权益部分

DM 公司目前需要追加资本以开拓新市场。因此，公司重组并成立了有限公司。佐治亚州的法定授权的资本为：发行利率为 8%，面值为 50 美元的累积优先股 50 000 股和面值为 4 美元的普通股 160 000 股。在第一个月，DM 公司发生了如下业务：

10月2日	为建造建筑物发行普通股19 000股，市值为240 000美元。
6日	发行优先股600股，每股140美元。
9日	发行11 000股普通股，收到现金55 000美元。
10日	宣告向有记录的股东发放现金股利19 000美元，登记日为20日。优先股和普通股分别设置应付股利账户核算。
25日	支付现金股利。

要求：

1. 将以上业务记入日记账中。

2. 编制DM公司2018年12月31日资产负债表的股东权益部分。假设当月DM公司的净利润为94 000美元。

P13-42A 编制股利和库存股交易的会计分录，并编制资产负债表的股东权益部分

DM公司在2018年完成了下列交易：

1月16日	宣告利率为6%，面值为103美元的非累积优先股（流通在外1 050股）的现金股利，宣告发行在外的每股面值为2美元的100 000股普通股每股股利为0.20美元。登记日为1月31日，发放日为2月15日。
2月15日	支付现金股利。
6月10日	将普通股一股拆分成两股。
7月30日	对普通股宣告30%的股票股利。普通股的每股市价为9美元。
8月15日	发放股票股利。
10月26日	以每股8美元价格购买1 000股库存股。
11月8日	以每股10美元价格卖出500股库存股。
30日	以每股4美元价格卖出300股库存股。

要求：

1. 将以上业务记入日记账中。

2. 编制DM公司2018年12月31日资产负债表的股东权益部分。假设DM公司被授权发行2 600股优先股和400 000股普通股。优先股和普通股都以面值发行。2018年12月31日留存收益的余额为2 060 000美元。

P13-44A 编制股利和库存股交易的会计分录，并编制留存收益表和资产负债表的股东权益部分

GMC公司2017年12月31日的资产负债表报告了下列股东权益：

股东权益	
实收资本：	
优先股——面值＄10；授权发行350 000股，已发行和流通在外32 000股	＄320 000
超面值缴入资本——普通股	330 000
实收资本总额	650 000
留存收益	160 000
股东权益总额	＄810 000

GMC公司在2018年完成了下列交易：

2月6日	宣告普通股发放15%的股票股利。GMC普通股的每股市价为25美元。
15日	发放股票股利。
7月29日	以每股25美元的价格购买2 300股库存股。
11月27日	发行在外的普通股宣告每股0.10美元的现金股利。

要求：

1. 将以上业务记入日记账中。

2. 编制截至2018年12月31日的留存收益表。假设当年GMC公司的净利润为90 000美元。

3. 编制公司2018年12月31日资产负债表的股东权益部分。

P13-45A 计算每股收益、市盈率、普通股股东权益报酬率

B公司在2017年和2018年报告了下列数据：

	2018年	2017年
利润表（部分）：		
净利润	$ 34 380	$ 18 000
	2018年12月31日	**2017年12月31日**
资产负债表（部分）：		
资产总额	$ 285 000	$ 280 000
实收资本：		
优先股——利率11%，面值$9；授权发行60 000股，已发行和流通在外12 000股	$ 108 000	$ 108 000
普通股——面值$2；授权发行60 000股，已发行和流通在外50 000股	100 000	100 000
超面值缴入资本——普通股	14 000	14 000
留存收益	60 500	38 000
股东权益总额	$ 282 500	$ 260 000

要求：

1. 计算B公司2018年的每股收益。假设公司在2018年支付了最少的优先股股利。结果保留一位小数。
2. 计算B公司2018年的市盈率。假设公司普通股每股市价为9美元。结果保留两位小数。
3. 计算B公司2018年的普通股股东权益报酬率。假设公司在2018年支付了最少的优先股股利。

第 14 章

长期负债

企业是否应该承担额外的债务?

索菲动画工作室致力于为儿童和青少年制作电影。公司由史蒂夫·拉塞特和李·伯德创办，制作过很多著名的电影。公司的股票最近在国际证券市场上销售，每年公司都会由于收益持续增长而被广泛地看好。

公司决定通过在加拿大新建一家工作室来拓展业务，这家工作室将制作电影短片和电视特辑。为了给扩张提供资金支持，公司正在考虑几个可行的选择：一个选择是通过增发股票来提供所需的资金；另一个选择是公司承担额外的债务。作为大股东，史蒂夫和李表达了他们对增发股票的担忧。股东们担心增发股票会降低他们在公司中的股份占比，也会导致股票市场价值的下跌。由于这些担忧，公司认为最好的选择就是通过承担额外的债务来寻求扩张所需的资金。

索菲动画工作室正在评估不同类型的长期负债，例如，长期应付票据和应付抵押款。这些负债很有可能用公司的大楼作抵押，并提供合理的利率和偿还期。另外，索菲动画工作室正在考虑长期负债的一种特殊形式，即应付债券。应付债券在债券市场发行，能提供比长期应付票据和应付抵押款更多的现金流入量。除此之外，应付债券也有更长的偿还期限，有的甚至长达 100 年。这些长期负债都很独特，也都提供了索菲动画工作室在开始扩张前需要考虑的有利和不利条件。

为什么发行 100 年期的应付债券?

1993 年 7 月 21 日，迪士尼公司发行了一只将在 100 年以后支付的长期债券，具体称为应付债券。这些债券的年利率为 7.55%，大约 3 亿美元的本金计划在 2093 年归还。迪士尼公司因其国际性的家庭娱乐和包括网络直播、公园和度假村、迪士尼工作室、消费品以及交互技术和游戏而闻名。为什么迪士尼公司要发行 100 年以后才会偿还的债券呢？这些类型的长期负债如何进行会计处理？如何在资产负债表中披露？在本章中，你将学到为什么企业会发行应付债券以及如何对其他长期负债进行会计处理，例如，长期应付票据和应付抵押款。

学习目的

1. 对长期应付票据和应付抵押款交易进行账务处理。
2. 描述应付债券。
3. 使用直线摊销法对应付债券和利息费用进行账务处理。
4. 对注销应付债券进行账务处理。
5. 在资产负债表中披露负债。
6. 使用权益负债率评估企业的经营状况。
7. 使用货币的时间价值计算现值和终值（附录 14A）。
8. 使用实际利率摊销法对应付债券和利息费用进行账务处理。

14.1　如何对长期应付票据和应付抵押款进行会计处理

你已经了解到长期负债是不需要在一年内或者企业一个经营周期内偿还的负债，它的付款期更长。长期应付票据和应付抵押款都是常见的长期负债。

□ 长期应付票据

长期应付票据通常在资产负债表的**长期负债**（long-term liability）部分披露。之前的章节涉及长期应付票据中的流动部分。现在，让我们来研究一下应付票据的长期部分以及根据票据合同进行的偿还。

大部分长期应付票据都是分期付款的，应付票据的流动部分（current portion of notes payable）是那些需要在一年内偿还的部分——流动负债，剩下的部分就是长期负债。例如，STL 公司在 2018 年 12 月 31 日签发一张本金为 20 000 美元的应付票据。这张应付票据将会在今后的 4 年偿还，每年 12 月 31 日需要支付 5 000 美元和 6%的利息。票据的流动部分，即 2019 年 12 月 31 日到期的 5 000 美元是流动负债。我们用如下方法记录 2018 年 12 月 31 日票据的签发。

日期	科目及摘要	借方	贷方
12 月 31 日	现金	20 000	
	应付票据		20 000
	（签发 4 年期、利率为 6%的票据收到现金）		

在 2019 年 12 月 31 日，STL 公司将会归还 5 000 美元本金加上利息。图表 14－1 给出了应付票据的**分期摊销时间表**（amortization schedule）。摊销时间表详细说明了每一笔偿还金额在本金和利息之间的分配以及欠款的期初和期末余额。STL 公司将会用期初余额×利率×时间来计算利息费用。总的现金支付金额为本金加上利息费用。注意到第四年年末，STL 公司将会总共支付 3 000 美元的利息费用。还要注意利息费用每年都在减少，因为这个费用是基于本金的，而本金会随着每次分期付款的减少而减少。

图表 14－1 长期应付票据摊销时间表

	期初余额	应付本金	利息费用	支付总额	期末余额
2018 年 12 月 31 日					$ 20 000
2019 年 12 月 31 日	$ 20 000	$ 5 000	$ 1 200	$ 6 200	15 000
2020 年 12 月 31 日	15 000	5 000	900	5 900	10 000
2021 年 12 月 31 日	10 000	5 000	600	5 600	5 000
2022 年 12 月 31 日	5 000	5 000	300	5 300	0
合计		$ 20 000	$ 3 000	$ 23 000	

期初余额–应付本金
=$ 20 000–$ 5 000=$ 15 000

期初余额×利率×时间
=$ 20 000×0.06×1=$ 1 200

应付本金+利息费用
=$ 5 000+$ 1 200=$ 6 200

假设现在是 2019 年 12 月 31 日，STL 公司必须支付它的第一笔分期应付款：5 000 美元的本金加上利息。公司的会计人员编制的会计分录如下：

日期	科目及摘要	借方	贷方
2019 年 12 月 31 日	应付票据	5 000	
	利息费用	1 200	
	现金		6 200
	（支付本金和应付利息）		

在编制完 2019 年 12 月 31 日的分录之后，STL 公司还欠 15 000 美元（20 000 美元的最初票面金额减去 2019 年 12 月 31 日支付的 5 000 美元本金）。公司将会使用同样的分录以及在摊销时间表中计算的数据

来对剩下的三次支付进行账务处理。

□ 应付抵押款

应付抵押款（mortgages payable）是用特定的财产作为保证的一种长期负债。抵押表明借款人承诺如果抵押款没有按时归还，那么将会对特定财产的法定权利进行转移。与长期应付票据类似，应付抵押款有一部分需要在一年内支付（流动），有一部分需要从资产负债表日起在长于一年的期限内支付。

通常情况下，应付抵押款需要向贷方（通常是银行）按月支付本金和利息。最常见的抵押物就是不动产——例如，对你的房子进行抵押。让我们一起来回顾一个例子。

假设在 2018 年 12 月 31 日，STL 公司购买了一栋建筑物，金额为 150 000 美元。STL 公司用现金支付了 49 925 美元并签发了一份 30 年的抵押贷款 100 075 美元，利率为 6%，从 2019 年 1 月 31 日开始，每月支付包括本金和利息在内的 600 美元。取得资产的会计分录如下：

日期	科目及摘要	借方	贷方
2018 年 12 月 31 日	建筑物	150 000	
	应付抵押款		100 075
	现金		49 925
	（使用现金和应付抵押款购买建筑物）		

2018 年和 2019 年的部分摊销时间表如图表 14－2 所示。

图表 14－2　应付抵押款摊销时间表

	期初余额	应付本金	利息费用	支付总额	期末余额
2018 年 12 月 31 日					$10 075.00
2019 年 1 月 31 日	$100 075.00	$99.62	$500.38	$600.00	99 975.38
2019 年 2 月 31 日	99 975.38	100.12	499.88	600.00	99 875.26
2019 年 3 月 31 日	99 875.26	100.62	499.38	600.00	99 774.64
2019 年 4 月 31 日	99 774.64	101.13	498.87	600.00	99 673.51
2019 年 5 月 31 日	99 673.51	101.63	498.37	600.00	99 571.88
2019 年 6 月 31 日	99 571.88	102.14	497.86	600.00	99 469.74
2019 年 7 月 31 日	99 469.74	102.65	497.35	600.00	99 367.09
2019 年 8 月 31 日	99 367.09	103.16	496.84	600.00	99 263.93
2019 年 9 月 31 日	99 263.93	103.68	496.32	600.00	99 160.25
2019 年 10 月 31 日	99 160.25	104.20	495.80	600.00	99 056.05
2019 年 11 月 31 日	99 056.05	104.72	495.28	600.00	98 951.33
2019 年 12 月 31 日	98 951.33	105.24	494.76	600.00	98 846.09
合计		$1 228.91	$5 971.09	$7 200.00	

期初余额×利率×时间=$ 100 075×0.06×1/12=$ 500.38

期初余额–应付本金=$ 100 075.00–$ 99.62=$ 99 975.38

支付总额–利息费用=$ 600.00–$ 500.38=$ 99.62

我们可以参照摊销时间表中提供的利息计算方法。因此，对于 2019 年 1 月 31 日第一次支付来说，利息费用的计算方法是：100 075.00 美元×6%×1/12 或者 500.38 美元。本金的 99.62 美元是月度支付的 600.00 美元和利息费用 500.38 美元之间的差额（600.00－500.38＝99.62 美元）。99.62 美元使应付抵押款从 10 075.00 美元减少到 99 975.38 美元（10 075.00－99.62）。因此，在查看过摊销时间表以后，STL

公司第一次支付应付抵押款的会计分录如下：

日期	科目及摘要	借方	贷方
2019年1月31日	应付抵押款	99.62	
	利息费用	500.38	
	现金		600.00
	（支付本金和应付利息）		

每一次偿还应付抵押款后都会编制相似的日记账分录，使用的是摊销时间表中的金额。

我们花一点时间来回顾一下图表14-1和图表14-2。在图表14-1中，支付的本金数额一直保持不变，但是支付的总额在发生变化。在图表14-2中，支付的本金数额发生了变化，但是支付的总额一直保持不变。长期负债可以采用以上任何一种方法——相等的本金支付额或者相等的支付总金额。但是有一项一直在变化，那就是每期的利息费用。利息费用通常用贷款的期初余额进行计算，因为贷款的期初余额在减少，所以利息费用的金额也在减少。

14.2 什么是债券

大型公司需要筹集巨额资金来支持它们的正常经营。它们可能会从银行获得长期贷款，也可能发行债券从公众那里募集资金。**应付债券**（bond payable）是公司向众多债权人——债券持有者发行的长期负债，一般面值为1 000美元。例如，一家公司可以从一个债权人（银行）那里借款100 000美元，或者可以发行100张应付债券，每张面值为1 000美元，发行给100个不同的债权人。通过发行债券，公司能够从上千名投资者那里借到几百万美元，而不是仅仅依靠从一家银行或者一个债权人那里取得贷款。每一个投资者都可以购买公司向公众发行的债券。

债券的购买者会获得一份债券凭证，上面记录有发行公司的名称，这一点与应付票据完全相同。同时，凭证上还标明面值，即发行债券的金额。该金额又可称为债券到期价值、本金或面值。公司在未来特定的日期必须向每一位债券持有者支付债券到期价值，这个日期称为到期日。

债券持有人购买债券的目的是赚取利息。因此债券凭证上会注明利息率以及支付利息的日期，一般是半年一次（一年两次）。例如，在2018年1月1日发行5年期，利率9%，面值100 000美元的债券，除了在到期日应偿还的面值外，会支付10次半年度利息，每次4 500美元（100 000×0.09×6/12）。债券的现金流模式如下：

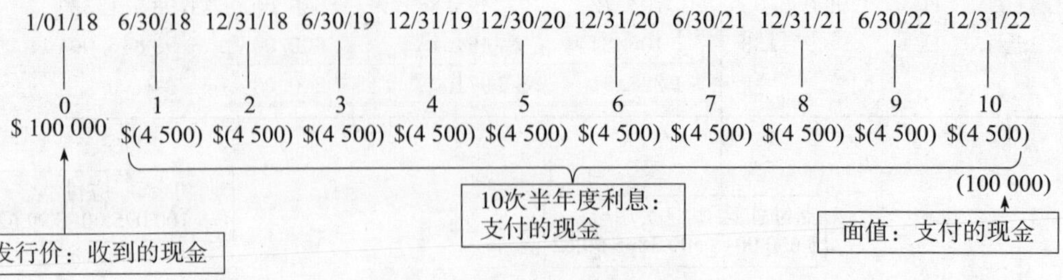

图表14-3展示了STL公司所发行的债券凭证，从中我们可以发现债券的基本组成要素：

- 面值，又称为到期价值或本金，即借款人必须在到期日偿还债券持有人的金额。
- 到期日，即借款人偿还债券持有人本金的日期。
- **票面利率**（stated interest rate），即决定每年借款人支付的和投资者收到的金额的利息率。

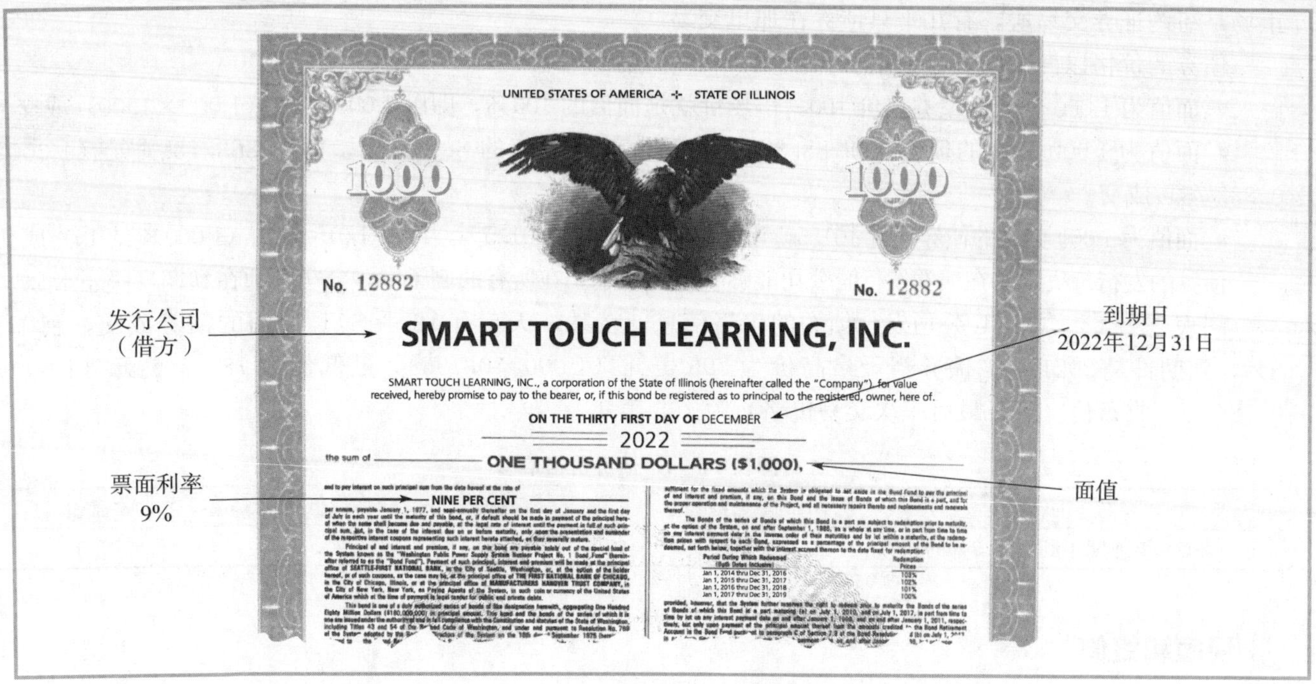

图表 14-3 债券凭证

□ 债券的种类

债券的种类有很多，包括以下几种：

- **定期债券**（term bonds）。所有债券都在一个特定日期到期的称为定期债券。例如，100 000 美元的定期债券都在 5 年后到期。
- **分期还本债券**（serial bonds）。在一段时期内分批到期的债券称为分期还本债券。例如，5 年期 500 000 美元的分期还本债券每年都会有 100 000 美元到期。
- **担保或不动产抵押债券**（secured bonds）。这种债券赋予债券持有人一项权利，即如果公司不能还本或付息，债券持有人有权取得公司的抵押资产。
- **无担保债券**（debentures）。这是一种没有资产进行抵押的债券，只能凭借款人的良好信用来保证。

□ 债券价格

对于债券，发行方可以和投资人以任何价格成交，因此，债券价格有以下三种：

- **面值**（face value）。债券的发行价与面值相同，例如，面值为 1 000 美元的债券发行价为 1 000 美元。
- **折价**（discount）。债券的发行价低于面值称为折价发行，例如，面值为 1 000 美元的债券发行价为 980 美元，折价为 20 美元（1 000−980）。
- **溢价**（premium）。债券的发行价高于面值称为溢价发行，例如，面值为 1 000 美元的债券发行价为 1 015 美元，溢价为 15 美元（1 015−1 000）。

债券的发行价不影响到期日本金的偿还。在上述例子中，当债券到期时，公司必须偿还债券的本金。

债券发行后，投资者可以通过债券市场买卖债券，就如同通过股票市场买卖股票一样。最著名的债券市场是纽约证券交易所，有几千只债券在那里交易。

债券的价格以面值的百分数报价。例如：

- 面值为 1 000 美元的债券报价 100，市场价就是面值的 100%，即以 1 000 美元（1 000×1.00）成交。
- 面值为 1 000 美元的债券报价 88.375，市场价就是面值的 88.375%，即以 883.75 美元（1 000×0.883 75）成交。
- 面值为 1 000 美元的债券报价 101.5，市场价就是面值的 101.5%，即以 1 015 美元（1 000×1.015）成交。

债券的发行价决定了在债券发行时公司能够收到的现金。在所有的例子中，公司必须在到期日偿还本金。

图表 14-4 包含 STL 公司发行债券的价格信息。在某一天，有 12 手 STL 公司的债券成交，利率为 9%，到期日是 2021 年。债券当天最高价为 795 美元（1 000×0.795），最低价为 784.5 美元（1 000×0.784 5），收盘价（当日最后一次交易价格）为 795 美元。

图表 14-4　债券价格信息

债券	数量	最高价	最低价	收盘价
2021 年到期年利率为 9%的债券	12	79.5	78.45	79.5

□ 现值和终值

货币随时间的变化而增加的价值称为**货币的时间价值**（time value of money）。本章的附录 14A 将详细介绍货币的时间价值。

下面分析货币的时间价值怎样影响债券的价格。假设有一张面值为 1 000 美元的 3 年期不带息债券。你会支付 1 000 美元去购买这张债券吗？不会，因为你现在支付 1 000 美元未来会得到同等金额的货币，这项投资没给你带来任何收入。那么为了在 3 年后得到 1 000 美元，你现在应付多少钱呢？答案是比 1 000 美元少。假定你觉得 750 美元是合适的价格。现在投资 750 美元，以后收回 1 000 美元，这 3 年里你获得了 250 美元的利息。下面的图表解释了债券价格（现值）和到期值（终值）的关系。

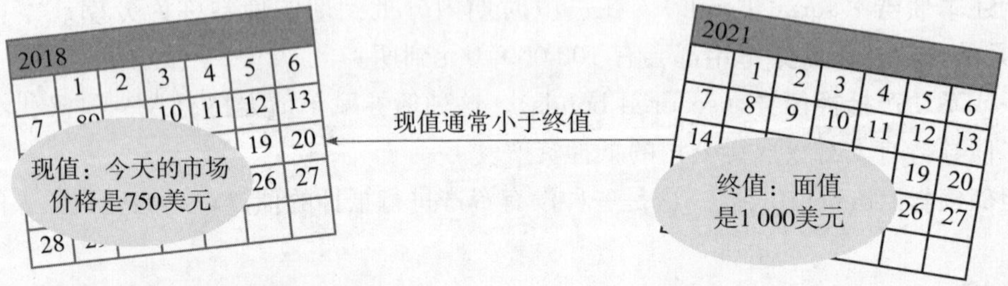

人们现在愿意投资的金额称为**现值**（present value）。现值就是债券的市场价格。在这个例子里，750 美元是现值（债券的市场价格），3 年后将要得到的 1 000 美元是终值，终值是在未来某一特定日期的投资价值。我们将在附录 14A 中展示现值的计算过程。

□ 债券利率

债券以投资者在给定时间愿意支付的最高价——市场价格（债券第一次出售的价格）出售。市场价格是债券的现值，等于支付本金的现值加上支付票面利息的现值。两种利率共同确定债券的价格：

- 票面利率决定借款人每年支付现金利息的金额。票面利率印制在债券凭证上，不能改变。例如，STL 公司发行票面利率为 9%的债券（见图表 14-3），因此每 1 000 美元的债券每年必须支付 90 美元的利息，利息支付的金额不会随着债券市场买卖价格的变化而变化。

- **市场利率**（market interest rate）（即实际利率）是投资者出借货币所要求的利率。市场利率每天都在变动。由于票面利率的确定与债券发行有时间间隔，公司可以发行票面利率与现行市场利率不同的债券。

STL 公司发行票面利率为 9%的债券，而此时市场利率涨到 10%。STL 公司的债券能在市场上吸引到投资者吗？不能，因为投资者冒同样的风险投资其他债券能得到 10%的利率。因此，投资者只会以低于面值的价格购买 STL 公司的债券。低价和面值之间的差价是折价，折价将使投资者获得 10%的收益率，即使 STL 公司的票面利率是 9%。而实际支付的价格（低于 1 000 美元）与面值的差额将会弥补 9%和 10%之间的利率差。

相反，如果市场利率是 8%，STL 公司利率为 9%的债券就会具有吸引力，投资者会支付高于面值的价格购买，因为投资者将得到比预期更多的利息。高价和面值之间的差价就是溢价。图表 14－5 说明了票面利率和市场利率如何共同决定债券价格。

图表 14－5　票面利率、市场利率和债券价格之间的相互作用

票面利率为 9%的债券			
债券票面利率		市场利率	应付债券发行价格
9%	=	9%	债券面值
9%	<	10%	折价（低于面值）
9%	>	8%	溢价（高于面值）

□ 发行债券与发行股票的比较

通过发行应付债券融资，公司可能面临无法偿还债券和相关利息的风险。那么，为什么公司不通过发行股票进行融资呢？债务比起股票来说是成本相对较低的资本来源，债券也不会影响股东在公司股份中所占的比重。公司面临如下决定：应该如何为一个新项目融资——债券还是股票？

假设 STL 公司在新项目开始前有 300 000 美元净利润，同时有发行在外的普通股 100 000 股。STL 公司的新项目需要 500 000 美元，公司正在考虑下面两个计划：

- 计划一：以 10%的利率借款 500 000 美元（发行利率为 10%，面值为 500 000 美元的应付债券）；
- 计划二：发行 50 000 股普通股筹资 500 000 美元。

STL 公司的管理层相信，新的资金可以每年增加息税前收入 200 000 美元。公司估计所得税费用为 40%。图表 14－6 展示了借款的优点，因为它与每股收益有关。

图表 14－6　发行应付债券与发行普通股的比较

	计划一：发行利率为 10%* 面值为 $ 500 000 的应付债券		计划二：发行面值为 $ 500 000 的普通股	
新项目前的净利润		$ 300 000		$ 300 000
希望从新项目中获得的息税前收入	$ 200 000		$ 200 000	
减：利息费用（500 000×0.10）	50 000		0	
所得税前的项目收入	150 000		200 000	
减：所得税费用	60 000		80 000	
项目净利润		90 000		120 000
新项目后的净利润		$ 390 000		$ 420 000
新项目后的每股收益				
计划一（390 000/100 000）		$ 3.90		
计划二（420 000/150 000）				$ 2.80

如果STL公司发行债券，那么每股收益就会上升。如果一切顺利的话，与支付的债券利息（50 000美元）相比，公司可以从新项目中获得更多的收益（90 000美元）。从借来的钱中得到比相关的利息费用更多的收入称为**财务杠杆**（financial leverage），它被广泛地用来增加普通股的每股收益。注意：虽然在计划二下净利润更高，但是每股收益更低，因为收益必须分配给增加的50 000股股票。

借款可以增加每股收益，但是也有它的不足之处。债务必须偿还，无论是盈利的年份还是亏损的年份。一家公司可能没有足够的现金流来支付利息，因此就会拖欠债务。现金股利可以有选择地支付给股东，而应付债券的利息费用必须支付。没有足够的现金用来支付利息费用，一家公司可能会宣告破产。

14.3 如何使用直线摊销法对应付债券进行会计处理

发行应付债券业务的基本会计分录为借记现金，贷记应付债券。前面已经提到过，公司可以以面值、折价或者溢价发行债券和长期负债。我们从最简单的例子——以面值发行债券入手，讨论其账务处理。

□ 以面值发行应付债券

假设STL公司发行面值为100 000美元，利率为9%，5年期的债券。如果STL公司在2018年1月1日以面值发行债券，发行业务的会计分录是：

日期	科目及摘要	借方	贷方
2018年1月31日	现金	100 000	
	应付债券		100 000
	（以面值发行债券）		

借款人STL公司编制了一个类似上面例子的分录来记录收到现金和发行债券。STL公司每年在6月30日和12月31日支付利息，下面的分录记录了STL公司第一个半年期利息的支付。

日期	科目及摘要	借方	贷方
2018年6月30日	利息费用（100 000×0.09×6/12）	4 500	
	现金		4 500
	（支付半年利息）		

每半年支付利息的会计处理和上面的方法类似。

□ 折价发行应付债券

下面我们来看如何对折价发行的应付债券进行会计处理，折价发行应付债券是一种很常见的情形。

我们知道市场情况可能迫使公司折价发行债券。例如，假设STL公司发行面值为100 000美元，利率为9%，5年期的债券。此时，市场利率为10%，债券的市场价值降至96.149，即面值的96.149%。STL公司发行债券收到96 149美元（100 000×0.961 49）现金的会计分录如下：

日期	科目及摘要	借方	贷方
2018年1月1日	现金	96 149	
	应付债券折价（100 000－96 149）	3 851	
	应付债券		100 000
	（折价发行债券）		

过账后，债券账户余额如下：

主账户 → 应付债券

备抵账户 → 应付债券折价

应付债券			应付债券折价	
	100 000	1月1日	1月1日	3 851

债券账面价值=$ 100 000−$ 3 851=$ 96 149

应付债券折价账户是应付债券账户的备抵账户。从应付债券账户减去应付债券折价的余额等于**债券的账面价值**（carrying amount of bonds）。发行后，STL 公司将在资产负债表中对应付债券做如下披露：

长期负债：		
应付债券	$ 100 000	
减：应付债券折价	(3 851)	$ 96 149

折价发行债券的利息费用

我们前面讨论过票面利率与市场利率可能不同。假设市场利率是 10%，而 STL 公司发行的债券利率为 9%，1%的利率差则产生了 3 851 美元的债券折价。STL 公司不得不提供这个折价，因为当投资者能从其他债券中获得 10%的收益时，他们只愿意付出 96 149 美元来购买利率为 9%的面值为 100 000 美元的债券。

因此 STL 公司借到了 96 149 美元，但必须在 5 年后到期时偿还 100 000 美元。3 851 美元的折价会怎样变化呢？3 851 美元实际上是 STL 公司的附加利息费用，它把债券的利率提高到市场利率（10%）。在债券存续的每个会计期间，折价通过摊销分配到利息费用中。摊销是在一定期间内对会计项目的逐渐抵减。

债券折价的直线摊销法

我们可以将债券折价等额摊销到每个付息期，这种方法叫**直线摊销法**（straight-line amortization method）。它与固定资产中的直线折旧法非常相似。在这个例子里，初始折价是 3 851 美元，债券的 5 年期中有 10 个半年期的付息期。因此，每个付息期摊销债券折价 3 851 美元的 1/10（大约 385 美元）。STL 公司支付第一个半年期利息的会计分录如下：

日期	科目及摘要	借方	贷方
2018 年 6 月 30 日	利息费用（4 500+385）	4 885	
	应付债券折价（3 851×1/10）		385
	现金（100 000×0.09×6/12）		4 500
	（支付半年利息费用和折价摊销）		

每 6 个月 4 885 美元的利息费用等于：

- 票面利息（用现金支付的 4 500 美元）；
- 加上折价摊销 385 美元。

2018 年 12 月 31 日将会编制同样的分录，因此，在 2018 年 12 月 31 日应付债券折价账户的余额为 3 081 美元。

应付债券

借方	贷方	
	100 000	1月1日

应付债券折价

	借方	贷方	
1月1日	3 851	385	6月30日
		385	12月31日
余额	3 081		

那么，在2018年12月31日，资产负债表中应付债券折价项目的余额是多少？

长期负债：		
应付债券	$ 100 000	
减：应付债券折价	(3 081)	$ 96 919

应付债券折价账户有一个贷方余额，因此贷记应付债券折价，摊销（减少）该账户的借方余额。10个摊销分录将把这个折价余额减到零，意味着应付债券的账面价值在到期日将增加到面值100 000美元。它是由应付债券账户的100 000美元减去应付债券折价账户的0美元得出的。图表14－7就是债券的摊销时间表。

图表14－7　应付债券——折价摊销时间表

	支付现金	利息费用	折价摊销	账面价值
2018年1月1日				$ 96 149
2018年6月30日	$ 4 500	$ 4 885	$ 385	96 534
2018年12月31日	4 500	4 885	385	96 919
2019年6月30日	4 500	4 885	385	97 304
2019年12月31日	4 500	4 885	385	97 689
2020年6月30日	4 500	4 885	385	98 074
2020年12月31日	4 500	4 885	385	98 459
2021年6月30日	4 500	4 885	385	98 844
2021年12月31日	4 500	4 885	385	99 229
2022年6月30日	4 500	4 885	385	99 614
2022年12月31日	4 500	4 885	386	100 000
合计	$ 45 000	$ 48 851	$ 3 851	

账面价值+折价摊销
=$ 96 149+$ 385
=$ 96 534

面值×票面利率×时间
=$ 100 000×0.09×6/12
=$ 4 500

支付现金+折价摊销
=$ 4 500+$ 385
=$ 4 885

折价摊销
=$ 3 851/10
=$ 385

□ 溢价发行应付债券

为了说明溢价发行债券，我们把STL公司的例子变动一下。如果市场利率是8%而公司发行利率为9%的5年期债券。因为利率为9%的债券在利率为8%的市场上很有吸引力，投资者必须以溢价才能购得债券。如果债券标价为104.1（面值的104.1%），在此案例中，STL公司发行债券会得到104 100美元。STL公司借钱和发行这些债券的会计分录如下：

日期	科目及摘要	借方	贷方
2018年1月1日	现金	104 100	
	应付债券溢价（104 100－100 000）		4 100
	应付债券		100 000
	（溢价发行债券）		

过账后，债券账户余额如下：

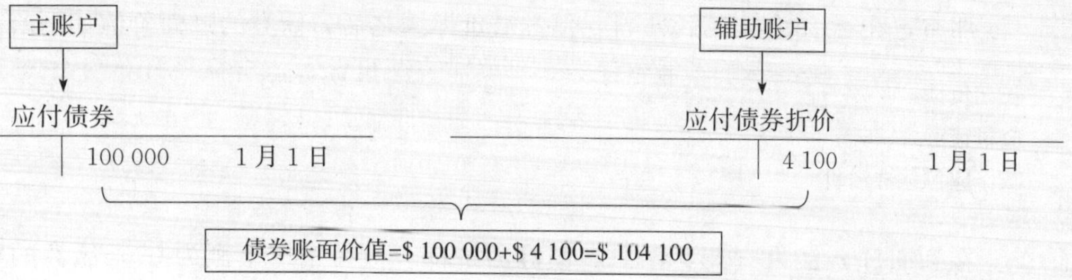

应付债券账户与应付债券溢价账户都有贷方余额。应付债券溢价是应付债券的辅助账户。**辅助账户**（adjunct account）与有相同正常余额的账户相关，并在资产负债表中被加到相关账户上。辅助账户与备抵账户的作用类似——唯一的区别在于辅助账户与主账户有相同类型的余额，备抵账户与主账户的余额类型相反。因此，我们将应付债券溢价账户与应付债券账户的合计数作为债券的账面价值。STL 公司在发行债券后，将在资产负债表上披露应付债券，如下所示：

长期负债：		
应付债券	$ 100 000	
加：应付债券溢价	4 100	$ 104 100

溢价发行债券的利息费用

债券票面利率 9%与市场利率 8%之间 1%的差异产生 4 100 美元（104 100－100 000）的溢价。STL 公司借到 104 100 美元现金，但在到期日只需偿还 100 000 美元。我们把溢价看作 STL 公司利息费用的节约。溢价降低了 STL 公司借款的成本，把利息费用降到了 8%（市场利率）。STL 公司把溢价作为利息费用减少，摊销到债券的整个存续期。

债券溢价的直线摊销法

在这个例子里，债券溢价是 4 100 美元，债券的 5 年期内有 10 个半年期的付息期。因此，每个付息期摊销债券溢价 4 100 美元的 1/10（410 美元）。STL 公司支付第一个半年期利息的会计分录如下：

日期	科目及摘要	借方	贷方
2018 年 6 月 30 日	利息费用（4 500－410）	4 090	
	应付债券溢价（4 100×1/10）	410	
	现金（100 000×0.09×6/12）		4 500
	（支付半年利息费用和溢价摊销）		

利息费用 4 090 美元等于：

- 票面利息（用现金支付的 4 500 美元）；
- 减去溢价摊销 410 美元。

2018 年 12 月 31 日将会编制同样的会计分录，因此，在 2018 年 12 月 31 日应付债券溢价账户的余额为 3 280 美元。

应付债券

		100 000	1月1日

应付债券溢价

6 月 30 日	410	4 100	1月1日
12 月 31 日	410		
		3 280	余额

那么，在 2018 年 12 月 31 日，债券溢价摊销之后，债券的账面价值如下所示：

长期负债：		
应付债券	$ 100 000	
减：应付债券溢价	3 280	$ 103 280

在到期日 2022 年 12 月 31 日，债券溢价都会被摊销（余额为 0），债券的账面价值为 100 000 美元。图表 14－8 就是债券的摊销时间表。

图表 14－8　应付债券——溢价摊销时间表

	支付现金	利息费用	溢价摊销	账面价值
2018 年 1 月 1 日				$ 104 100
2018 年 6 月 30 日	$ 4 500	$ 4 090	$ 410	103 690
2018 年 12 月 31 日	4 500	4 090	410	103 280
2019 年 6 月 30 日	4 500	4 090	410	102 870
2019 年 12 月 31 日	4 500	4 090	410	102 460
2020 年 6 月 30 日	4 500	4 090	410	102 050
2020 年 12 月 31 日	4 500	4 090	410	101 640
2021 年 6 月 30 日	4 500	4 090	410	101 230
2021 年 12 月 31 日	4 500	4 090	410	100 820
2022 年 6 月 30 日	4 500	4 090	410	100 410
2022 年 12 月 31 日	4 500	4 090	410	100 000
合计	$ 45 000	$ 40 900	$ 4 100	

账面价值－溢价摊销
=$ 104 100－$ 410
=$ 103 690

面值 × 票面利率 × 时间
=$ 100 000 × 0.09 × 6/12
=$ 4 500

支付现金－溢价摊销
=$ 4 500－$ 410
=$ 4 090

溢价摊销
=$ 4 100/10
=$ 410

14.4　如何对应付债券注销进行会计处理

应付债券的注销包括支付债券的面值。债券可以在到期日或者到期日之前注销。

□ 在到期日注销债券

债券到期时，账面价值通常等于面值。在 STL 公司折价以及溢价发行债券的例子中，在 2022 年 12 月 31 日，账面价值和面值都是 100 000 美元。假设上次支付的利息已经记录，则注销债券的会计分录如下：

日期	科目及摘要	借方	贷方
2022 年 12 月 31 日	应付债券	100 000	
	现金		100 000
	（在到期日注销应付债券）		

□ 在到期日前注销债券

通常企业会等到到期日赎回或者注销债券，但有时会在到期日前就注销债券，主要是为了减轻偿还利息的压力。

有些债券是**可赎回的**（callable），意味着企业可以特定价格赎回或者注销债券。赎回价格通常是 100，或者稍高于面值——可能是 101 或者 102，以激励债券持有者。可赎回债券给予了发行者赎回债券的灵活性。赎回债券的一种方法是以债券当前的市场价值在开放的市场中购买债券，不管债券是被赎回的还是在开放市场中购买的，在日记账分录中使用的是相同的账户。

假设在 2018 年 12 月 31 日，STL 公司有发行在外的价值 100 000 美元的应付债券，账户余额为 3 081 美元（2018 年 1 月 1 日最初账户金额为 3 851 美元（100 000－96 149））减去 6 月和 12 月用直线法摊销的 385 美元（3 851－385－385）。

较低的利率保证管理层现在可以赎回这些债券。这些债券以 100 美元的价格赎回。如果债券的市场价值为 95 美元，STL 公司应该以 100 美元的价格赎回债券，还是在公开市场上以 95 美元的价格购买债券？市场价值比债券的赎回价格低，因此 STL 公司应该以市场价值在公开市场上购买债券。在 2018 年 12 月 31 日注销债券，将会有 1 919 美元的利得，计算过程如下：

注销的债券面值	$100 000
减：折价	(3 081)
应付债券的账面价值	96 919
减：注销债券支付的市价（100 000×0.95）	(95 000)
注销应付债券利得	$1 919

在 2018 年 12 月 31 日，下面的会计分录记录了债券的注销：

日期	科目及摘要	借方	贷方
2018 年 12 月 31 日	应付债券	100 000	
	应付债券折价		3 081
	注销应付债券利得		1 919
	现金		95 000
	（在到期日前注销应付债券）		

过账后，债券账户的余额为 0。

应付债券

借方日期	借方金额	贷方金额	贷方日期
		100 000	1 月 1 日
12 月 31 日	100 000		
		0	余额

应付债券折价

借方日期	借方金额	贷方金额	贷方日期
1 月 1 日	3 851	385	1 月 30 日
		385	12 月 31 日
		3 081	12 月 31 日
余额	0		

日记账分录将债券从账簿中移除，并在债券注销账户中记录利得。如果被注销的债券有溢价而不是折价，则任何存在的溢价将会用债务来注销。如果 STL 公司将这些债券的一半注销，那么它只需要将折价或者溢价的一半从账簿中注销。

到期日前注销债券的步骤如下：

第一步：如果注销日不与利息支付日重合，那么需要记录一定期间的折价或者溢价摊销。

第二步：注销与债券相关的未摊销折价或溢价账户中的部分。

第三步：以面值借记应付债券。

第四步：借记注销债券利得或贷记注销债券损失。

第五步：借记注销债券支付的现金。

14.5 如何在资产负债表上列报负债

每个期末，公司都会在资产负债表中列报自己的流动负债和长期负债，正如我们所观察到的，负债分为两种类型：流动负债和长期负债。图表 14－9 中呈现的是本章中 STL 公司资产负债表中的部分负债数据。

图表 14－9　负债

STL 公司
资产负债表（部分）
2018 年 12 月 31 日

负债			
流动负债：			
应付账款		$ 12 620	
应付职工薪酬		2 000	
应交 OASDI		1 158	
应交医疗保险税		855	
应付健康保险		180	
联合劝募基金应付账款		20	
应交联邦失业税		15	
应交州失业税		60	
应付职工福利		1 000	
应付休假福利费		800	
应交所得税		3 780	
应交销售税		600	
预估应付质量保证费用		700	
应付票据（短期）		400	
应付抵押款的流动部分		1 305	
长期应付票据的流动部分		5 000	
流动负债合计			$ 30 493
长期负债：			
应付票据		15 000	
应付抵押款		97 541	
应付债券	$ 100 000		
减：应付债券折价	(3 081)	96 919	
长期负债合计			209 460
负债合计			$ 239 953

14.6 如何使用权益负债率评价企业经营状况

负债总额和权益总额之间的关系称为**权益负债率**（debt to equity ratio），这个比率表明负债总额占权益总额的比例。因此，权益负债率衡量的是财务杠杆。如果权益负债率大于1，那么与权益相比，企业使用了更多的负债为资产融资；如果比率小于1，那么与负债相比，企业使用了更多的权益为资产融资。权益负债率越高，企业面临的财务风险越高。

科尔士百货在2015年度财务报告中的负债总额和权益总额如下（单位：百万美元）：

	2016年1月30日	2015年1月31日
负债总额	$8 115	$8 342
权益总额	5 491	5 991

科尔士百货在2016年1月30日（2015财年）和2015年1月31日（2014财年）的权益负债率计算如下：

权益负债率＝负债总额/权益总额
＝8 115/5 491
＝1.48(2015财年)
＝8 342/5 991
＝1.39(2014财年)

科尔士百货在2016年1月30日的权益负债率大于1，表明公司更多地使用负债为资产融资。注意：它的权益负债率自2015年1月31日没有提高，这时科尔士百货的权益负债率为1.39。这是由于科尔士百货发行普通股带来的所有者权益的增长。两年的权益负债率表明公司在2015年期间负债的减少幅度小于权益的减少幅度。两个年度的权益负债率都表明该公司正在利用财务杠杆，但风险高于以更少的债务和更多的权益为资产融资的公司。

14.7 附录14A：货币的时间价值

现在收到的一美元比未来收到的一美元更值钱，因为你可以用现在收到的一美元进行投资以获得额外的收入，这样明年你就会有更多的现金。对现金进行投资并随着时间的推移获得利息称为货币的时间价值。这个概念解释了为什么比起以后收到现金，我们更想立刻就收到现金。货币的时间价值被用来确定债券的现值——也就是债券的市场价值。

□ 货币的时间价值概念

货币的时间价值取决于三个因素：

1. 本金（p）；
2. 期限长短（n）；
3. 利率（i）。

本金指的是投资或者借款的金额。本金要么一次付清，要么作为年金分期支付。例如，如果你中了彩票，那么你有机会选择现在一次性收到奖金（一次性付清总额），还是在未来一定期限内收到等额款项（年金）。**年金**（annuity）是指在相同的时间间隔内收到或支付的相等的现金流。例如，12 个月内每个月都收到的 100 美元就是年金。

期限长短就是指从投资或者借款开始到结束经过的时间长短。在其他要素都一样的情况下，投资或者借款期限越短，能够得到或支付的利息就越少。如果你在 4 年而不是 5 年后就撤回你的投资，那么你能得到的利息就会减少。对于债券来说，期限长短就是需要支付利息的期限。例如，如果 5 年期的债券每半年支付一次利息，那么期限长短就是 10（5 年×每年支付 2 次）。

利率是指通过投资或者借款能够得到或支付的比例，利率可以是日利率、月利率或季度利率。利率必须反映当年的期限长短。5 年的半年付息债券的年市场利率为 10%，这表明债券的半年度利率为 5%（每年 10%/每年 2 期）。利率可以用单利或者复利计算。

单利与复利的比较

单利（simple interest）意味着利息仅根据本金计算。**复利**（compound interest）意味着利息根据本金和以前收到的利息计算。复利假设所有收到的利息将会被投资并以同样的利率获得利息。图表 14A-1 就是对 5 年期，利率为 6%，金额为 10 000 美元的投资进行的单利和复利的比较（结果精确到整数）。可以看到，随着计算金额的增加（本金加上累计到期的利息），每年收到的复利利息也在增加。在这笔投资的期限内，复利收到的利息要比单利收到的利息多。大部分投资为复利，因此我们在本章中假设利息均为复利，而不是单利。

图表 14A-1　单利与复利的比较——5 年期，利率为 6%，金额为 10 000 美元

年份	计算单利	单利	计算复利	复利
1	＄10 000×6%	＄600	＄10 000×6%	＄600
2	＄10 000×6%	600	(＄10 000+＄600)×6%	636
3	＄10 000×6%	600	(＄10 000+＄600+＄636)×6%	674
4	＄10 000×6%	600	(＄10 000+＄600+＄636+＄674)×6%	715
5	＄10 000×6%	600	(＄10 000+＄600+＄636+＄674+＄715)×6%	758
	利息总额	＄3 000	利息总额	＄3 383

终值和现值要素

投资的终值或现值仅仅是指投资在不同时点上的价值。我们可以通过前面列出的三个要素来计算任何投资的终值或现值：(1) 本金；(2) 期限长短；(3) 利率。例如，在图表 14A-1 中：(1) 本金为 10 000 美元；(2) 投资期限为 5 年；(3) 利率为 6%。投资终值也就是它在 5 年末到期时的价值——期初的本金加上获得的利息。在我们的例子中，投资终值的计算如下：

终值＝本金＋获得的利息
＝10 000＋3 383
＝13 383(美元)

如果现在投资 10 000 美元，那么它的现值就是 10 000 美元。现值就是投资当日的价值。因此计算终值的另一种方法就是：

终值＝现值＋获得的利息

如果我们知道终值，想要得到现值可以用如下方法变换等式：

现值=终值-获得的利息

10 000 美元=13 383 美元-3 383 美元

现值和终值唯一的区别就在于在间隔的时间段内获得的利息金额。

计算每期的复利，就像我们在图表 14A-1 中做的那样，然后把利息加到现值上来确定终值（或者从终值中减去利息来确定现值），这是一种很复杂的方法。幸运的是，已经有数学公式可以用来计算终值和现值，并且对利率和期限的组合没有限制。对于一次性结清投资和年金有不同的计算公式。

在大部分商业计算图表中都有这些公式，因此使用者只需要更改输入的本金金额、利率和期限长短即可得到现值或者终值。微软的 Excel 电子数据表中也包含这些公式。在本章中，我们使用现值表。现值表包括不同利率和期限组合计算出的结果。

公式和结果表在本书末附录 A 中：

1. 1 美元的现值（见附录 A 表 A-1）——用来计算未来 1 美元的现值（一次性结清）。
2. 普通年金 1 美元的现值（见附录 A 表 A-2）——用来计算未来一系列等额现金流的现值（年金）。
3. 1 美元的终值（见附录 A 表 A-3）——用来计算今天 1 美元的终值（一次性结清）。
4. 普通年金 1 美元的终值（见附录 A 表 A-4）——用来计算未来一系列等额现金流的终值（年金）。

花一点时间看一下这些表格，因为我们会在接下来的附录中用到它们。注意：表格中列表示的是利率（i），行表示的是期限（n）。

每张表中的数据——现值系数（PV）和终值系数（FV）都是针对 1 美元的投资（或者贷款）。例如，在附录 A 表 A-1 中，5 年期（$n=5$），利率为 6%（$i=6\%$）的现值系数是 0.747。为了计算除了 1 美元以外的其他金额的现值，需要用现值系数乘以终值。

年金表是根据一次性结清金额的表格得到的。例如，年金现值系数（在 1 美元的年金现值表格中）是在确定的时期，在金额为 1 美元的现值表格中找到的现值系数的总和。年金表让我们可以一步就计算出结果，而不需要分别计算每年支付金额的现值再相加。

□ 一次性结清金额现值

计算现值的过程通常称为**未来现金流贴现**（discounting future cash flows），因为未来的金额会被贴现（去掉利息）为现值。让我们来考虑一下图表 14A-1 中的投资。投资终值是 13 383 美元。因此问题是：在利率为 6%的条件下，如果希望 5 年后能够得到 13 383 美元，那么今天要投资多少？让我们使用现值系数来计算现值。

现值=终值×现值系数($i=6\%$，$n=5$)

我们从 1 美元现值表中获得现值系数的数据（见附录 A 表 A-1）。我们使用该表中的数据计算一次性结清金额。利率为 6%、5 年期、1 美元投资的现值系数为 0.747，即利率 6%的列和期限 5 的行的交叉点，计算过程如下：

现值=终值×现值系数($i=6\%$，$n=5$)
=13 383×0.747
=9 997(美元)

注意：由于四舍五入，现值减少了 3 美元（10 000-9 997）。由于现值系数是精确到小数点后三位的，计算会不精确。同样，在图表 14A-1 中计算利息的时候也是精确到个位数的，因此，在这次计算中有两次凑整数。但是，我们的确已经有了问题的答案：在今天，投资大概 10 000 美元，利率为 6%，期限为

5 年，在第 5 年年末投资者将得到 13 383 美元。或者，如果我们希望在 5 年后收到 13 383 美元，那么在今天它的现值（贴现）大约为 10 000 美元。换一种说法，我们今天需要投资 10 000 美元，5 年后才会得到 13 383 美元。

□ 年金现值

现在我们假设不是在第 5 年年末收到一次性结清金额，而是在每年年末都会收到 2 000 美元。在相同的间隔期限（年）内收到相同的现金（2 000 美元），就是年金。如果假设利率为 6%，那么今天需要投资多少来获得这些现金呢？

我们在普通年金 1 美元现值表中找到年金现值系数（见附录 A 表 A-2），使用该表对年金进行计算。利率为 6%、5 年期、1 美元投资的年金现值系数为 4.212，是利率 6%的列和期限 5 的行的交叉点，计算过程如下：

现值＝现金流量×年金现值系数(i＝6%，n＝5)
＝2 000×4.212
＝8 424(美元)

这意味着在利率为 6%的情况下，现在投资 8 424 美元，未来 5 年的年收益为 2 000 美元，或者说在 5 年后将会得到总额为 10 000 美元（每年 2 000 美元×5 年）的收益。原因是从本金中得到的利息每年都会被再投资。让我们重新核实一下计算过程。

年度	[1] 期初余额	[2] 利息	[3] 收回	[4] 期末余额
	上期 [4]	[1]×6%	$ 2 000	[1]+[2]-[3]
0				$ 8 424
1	$ 8 424	$ 505	$ 2 000	6 929
2	6 929	416	2 000	5 345
3	5 345	321	2 000	3 666
4	3 666	220	2 000	1 886
5	1 886	114	2 000	0

表格表明最初投资的 8 424 美元第 1 年获得的利息为 505 美元，在第 1 期期末，收回的金额为 2 000 美元，余额为 6 929 美元（8 424＋505－2 000）。在第 5 年年末，余额为 0，表明年金 2 000 美元的现值为 8 424 美元。

□ 应付债券现值

我们可以用刚学到的关于一次性结清金额的现值和年金现值来计算应付债券的现值。债券现值，即其市场价格等于：

- 到期日本金的现值，一笔金额（一次性结清金额的现值）；
- 加上未来支付票面利息的现值之和，利息是一项年金，因为它是定期等额发生的（年金的现值）。

应付债券折价现值

让我们来计算 STL 公司利率为 9%的 5 年期债券的现值，债券的面值为 100 000 美元，每半年按 4.5%的票面利率支付票面利息。发行时，每年的市场利率为 10%（但计算时按照半年期 5%）。因此，10 个半年付息期的市场利率均为 5%。我们用 5%来计算到期时本金和利息的现值。债券的现值为 96 149 美元，推导过程如下。

本金现值：

现值＝终值×现值系数(i=5%，n=10)
＝100 000×0.164
＝61 400(美元)

利息现值：

现值＝现金流量×年金现值系数(i=5%，n=10)
＝(100 000×0.09×6/12)×7.722
＝34 749(美元)

应付债券现值：

现值＝本金现值＋利息现值
＝61 400＋34 749
＝96 149(美元)

应付债券溢价现值

我们再来考虑STL公司债券溢价的情况，假设债券发行时市场利率为8%（10个半年期中每期市场利率为4%），我们可以通过以下方式计算债券的到期价格。

本金现值：

现值＝终值×现值系数(i=4%，n=10)
＝100 000×0.676
＝67 600(美元)

利息现值：

现值＝现金流量×年金现值系数(i=4%，n=10)
＝(100 000×0.09×6/12)×8.111
＝36 500(美元)

应付债券现值：

现值＝本金现值＋利息现值
＝67 600＋36 500
＝104 100(美元)

□ 一次性结清金额终值

我们可以考虑使用图表14A-1中的数据来计算一次性结清金额的终值，因此问题变成了：在利率为6%的情况下，如果今天投资10 000美元，那么5年后能得到多少？让我们使用终值系数来计算终值。

终值＝现值×终值系数(i=6%，n=5)

我们从1美元终值表中可获得终值系数（见附录A表A-3），使用该表中的数据计算一次性结清金额。利率为6%、5年期、1美元投资的终值系数为1.338，即利率6%的列和期限5的行的交叉点，计算过程如下：

终值＝现值×终值系数(i＝6%，n＝5)
＝10 000×1.338
＝13 380(美元)

注意：由于四舍五入，终值减少了3美元（13 380－13 383）。由于终值系数是精确到小数后三位的，计算会不精确。同样，在图表14A－1中利息也是精确到个位的，因此在这次计算中有两次凑整数。但是，我们已经有了问题的答案：如果今天投资10 000美元，利率为6%，期限为5年，那么在第5年年末，其价值是13 380美元。

□ 年金终值

现在我们来计算年金终值，假设你每年年末能收到2 000美元。在相同的期限（年）内收到相同的现金（2 000美元），就是年金。如果假设利率为6%，那么这一系列年金在5年后的终值是多少呢？

我们从1美元普通年金终值表中可获得年金终值系数（见附录A表A－4），使用该表中的数据计算年金。利率为6%、5年期、1美元投资的普通年金终值系数为5.637，即利率6%的列和期限5的行的交叉点，计算过程如下：

终值＝现值×年金终值系数(i＝6%，n＝5)
＝2 000×5.637
＝11 274(美元)

这意味着在利率为6%的情况下，每年投资2 000美元，5年后将收到11 274美元，这是由于从本金中得到的利息每年都会被再投资。

14.8 附录14B：实际利率摊销法

本章正文中解释了直线摊销法，引入了债券摊销的概念，但在实际工作中，有一种更为精确的债券摊销方法，那就是**实际利率摊销法**（effective-interest amortization method）。这种方法是根据债券当期的账面价值和发行时的市场利率计算利息费用，然后将支付的现金利息和计算的利息费用之间的差额摊销为折价或溢价的减少额。本附录解释了用实际利率法对债券折价和溢价进行摊销的现值概念。

一般公认会计原则要求运用实际利率法计量利息费用。如果直线摊销法和实际利率摊销法的差异可以忽略，则两种方法都是允许的。在债券整个存续期中，使用两种方法计算的利息费用总额是相同的，但是，每年的利息费用是不同的。下面我们介绍实际利率摊销法的运用。

□ 实际利率摊销法下债券折价的会计处理

假设STL公司发行利率为9%，面值为100 000美元的债券，此时市场利率为10%。债券5年到期，每半年付息一次，因此有10个付息期。正如你在附录14A中看到的，债券的发行价是96 149美元，债券折价是3 851美元（10 000－96 149）。

在使用实际利率摊销法时，利息费用的金额需要用债券的账面价值和市场利率来计算。支付的利息用债券面值和票面利率来计算。折价摊销金额就是利息费用超过支付利息的部分。图表 14B-1 说明了如何在实际利率摊销法下计算利息费用。

图表 14B-1　应付票据——折价摊销时间表；实际利率摊销法

	支付现金	利息费用	折价摊销	账面价值
2018 年 1 月 1 日				$ 96 149
2018 年 6 月 30 日	$ 4 500	$ 4 807	$ 307	96 456
2018 年 12 月 31 日	4 500	4 823	323	96 779
2019 年 6 月 30 日	4 500	4 839	339	97 118
2019 年 12 月 31 日	4 500	4 856	356	97 474
2020 年 6 月 30 日	4 500	4 874	374	97 848
2020 年 12 月 31 日	4 500	4 892	392	98 240
2021 年 6 月 30 日	4 500	4 912	412	98 652
2021 年 12 月 31 日	4 500	4 933	433	99 085
2022 年 6 月 30 日	4 500	4 954	454	99 539
2022 年 12 月 31 日	4 500	4 961	461	100 000
总计	$ 45 000	$ 48 851	$ 3 851	

账面价值+折价摊销
=$ 96 149+$ 307
=$ 96 456

面值 × 票面利率 × 时间
=$ 100 000 × 0.09 × 6/12
=$ 4 500

账面价值 × 市场利率 × 时间
=$ 96 149 × 0.10 × 6/12
=$ 4 807

利息费用−支付现金
=$ 4 807−$ 4 500
=$ 307

当记录支付应付债券利息时，在实际利率摊销法和直线摊销法下借记和贷记的账户是相同的，只是金额不同。STL 公司在 6 月 30 日时记录第一次支付利息的会计分录如下：

日期	科目及摘要	借方	贷方
2018 年 6 月 30 日	利息费用（96 149×0.10×6/12）	4 807	
	应付债券折价（4 807−4 500）		307
	现金（100 000×0.09×6/12）		4 500
	（支付半年利息和折价摊销）		

不管使用哪种方法，支付现金的总额和利息费用总额是相同的。你可以通过图表 14-7 和图表 14B-1 中的总额进行核对。

□ 实际利率摊销法下债券溢价的会计处理

STL 公司也可能溢价发行应付债券。假设 STL 公司发行 5 年期，利率为 9%，价值 100 000 美元的债券。如果债券发行的市场利率是 8%，发行价是 104 100 美元，则债券溢价是 4 100 美元，正如附录 14A 中计算的那样。当溢价发行债券时，使用实际利率摊销法计算利息费用，采用的是在债券折价中提到的账面价值和市场利率。通过计算支付现金和利息费用之间的差额来确定溢价摊销的金额。图表 14B-2 提供了在实际利率摊销法下 STL 公司的摊销时间表。

图表 14B－2　应付债券——溢价摊销时间表；实际利率摊销法

	支付现金	利息费用	溢价摊销	账面价值
2018 年 1 月 1 日				$ 104 100
2018 年 6 月 30 日	$ 4 500	$ 4 164	$ 336	103 764
2018 年 12 月 31 日	4 500	4 151	349	103 415
2019 年 6 月 30 日	4 500	4 137	363	103 052
2019 年 12 月 31 日	4 500	4 122	378	102 674
2020 年 6 月 30 日	4 500	4 107	393	102 281
2020 年 12 月 31 日	4 500	4 091	409	101 872
2021 年 6 月 30 日	4 500	4 075	425	101 447
2021 年 12 月 31 日	4 500	4 058	442	101 005
2022 年 6 月 30 日	4 500	4 040	460	100 545
2022 年 12 月 31 日	4 500	3 955	545	100 000
总计	$ 45 000	$ 40 900	$ 4 100	

账面价值－折价摊销
=$ 104 100－$ 336
=$ 103 764

面值×票面利率×时间
=$ 100 000×0.09×6/12
=$ 4 500

账面价值×市场利率×时间
=$ 104 100×0.08×6/12
=$ 4 164

支付现金－利息费用
=$ 4 500－$ 4 164
=$ 336

STL 公司在 6 月 30 日记录第一次支付利息的会计分录如下：

日期	科目及摘要	借方	贷方
2018 年 6 月 30 日	利息费用（104 100×0.08×6/12）	4 164	
	应付债券溢价（4 500－4 164）	336	
	现金（100 000×0.09×6/12）		4 500
	（支付半年利息和溢价摊销）		

不管使用哪种方法，支付现金的总额和利息费用总额是相同的。你可以通过图表 14－8 和图表 14B－2 中的总额进行核对。

习题

P14－32A　将负债交易记入日记账并在资产负债表中反映

JP 公司在 2018 年和 2019 年发生的业务如下：

2018 年

3 月 1 日　从椰溪银行借款 450 000 美元。签发一张利率为 5%的 15 年期票据，需要在每年的 3 月 1 日支付。每次支付 30 000 美元的本金和一年的利息。

12 月 1 日　向萨普托银行抵押仓库获得 250 000 美元现金。抵押需要每月支付 8 000 美元。票据的利率为 12%，按月付息。第一次支付在 2019 年 1 月 1 日。

31 日　记录萨普托银行票据应计利息。

31 日　记录椰溪银行票据应计利息。

2019 年

1 月 1 日　支付萨普托银行月度抵押应付款。

2 月 1 日　支付萨普托银行月度抵押应付款。

3 月 1 日　支付萨普托银行月度抵押应付款。

3 月 1 日　支付椰溪银行首笔到期分期付款额。

要求：

1. 在公司的普通日记账中记录上述业务，结果保留到整数，不需要给出摘要。

2. 在所有日记账记录完成后，编制2019年3月1日JP公司资产负债表的负债部分。

P14-33A 债券交易的分析、入账和列报

DH公司在2018年12月31日以90美元的价格发行了利率为5%的10年期长期债券，在2018年12月31日DH公司列报的应付债券如下：

长期负债：		
应付债券	\$600 000	
减：应付债券折价	(48 000)	\$552 000

DH公司在6月30日和12月31日每半年支付一次利息。

要求：

1. 回答下列关于DH公司应付债券的问题：

a. 债券的到期值是多少？

b. 2020年12月31债券的账面价值是多少？

c. 债券半年支付的利息是多少？

d. 公司每年列报的利息费用是多少？

2. 编制2020年6月30日支付半年利息和折价摊销的会计分录。

P14-34A 债券交易的分析与入账

2018年1月1日，NCU公司发行了面值为600 000美元，利率为8%的20年期应付债券，债券付息日为每年6月30日和12月31日。

要求：

1. 如果该公司发行债券时，市场利率为7%，那么债券是按面值发行、溢价发行还是折价发行？解释原因。

2. 如果该公司发行债券时，市场利率为9%，那么债券是按面值发行、溢价发行还是折价发行？解释原因。

3. 假定债券发行价为92美元。编制如下债券交易的会计分录：

a. 2018年1月1日发行债券；

b. 2018年6月30日支付利息和摊销；

c. 2018年12月31日支付利息和摊销；

d. 2037年12月31日到期注销债券，假设上次支付的利息已经记录。

P14-35A 债券交易的分析与入账

2018年1月1日，ECU公司发行了面值为1 000 000美元，利率为8%的20年期应付债券，债券的付息日为每年6月30日和12月31日。假设债券发行价为102美元。

编制如下债券交易的会计分录：

a. 2018年1月1日发行债券；

b. 2018年6月30日支付利息和摊销；

c. 2018年12月31日支付利息和摊销；

d. 2037年12月31日到期注销债券，假设上次支付的利息已经记录。

P14-36A 在资产负债表中列报负债以及计算权益负债率

2018年12月31日PLW公司的会计记录包括如下项目：

应付账款	$77 000	应付职工薪酬	$7 500
应付抵押票据（长期）	73 000	应付债券（流动部分）	25 000
应付利息	18 000	应付债券溢价	10 000
应付债券（长期）	63 000	预收收入（短期）	2 700
股东权益总额	140 000		

要求：

1. 在PLW公司的资产负债表中列报负债，包括流动负债和长期负债的账户名称和金额。
2. 计算PLW公司在2018年12月31日的权益负债率。

P14-37A 确定应付债券现值并使用实际利率摊销法记入日记账

BN公司在2018年1月1日发行了面值为600 000美元，利率为7%的6年期应付债券。发行日市场利率为6%，债券每半年付息一次。

要求：

1. 通过发行应付债券募集了多少现金？结果保留到整数。
2. 编制前两个利息支付日按实际利率摊销法计算的债券摊销表。结果保留到整数。
3. 编制公司2018年1月1日发行债券以及2018年6月30日和12月31日支付半年利息及债券摊销的日记账分录。不需要给出摘要。

P14AB-38A 确定应付债券现值并使用实际利率摊销法记入日记账

R公司被授权发行利率为7%的10年期应付债券。在2018年1月1日，市场利率为12%时，公司发行了面值为300 000美元的债券。债券每半年付息一次。

要求：

1. 通过发行应付债券募集了多少现金？结果保留到整数。
2. 编制前两个利息支付日按实际利率摊销法计算的债券摊销表。结果保留到整数。
3. 编制公司2018年1月1日发行债券以及2018年6月30日和12月31日支付半年利息及债券摊销的日记账分录。不需要给出摘要。

第 15 章 投　资

企业如何用超额现金进行投资?

GMP投资公司的投资组合顾问多纳文·吉尔，刚刚结束了和他的新顾客萨拉·米勒的会议。萨拉是MC公司的CEO，MC公司是一家营利性建筑公司，在全美国都有办公室。萨拉要求和多纳文开会讨论公司的投资计划。MC公司对使用它的富余资金进行投资很感兴趣，作为CEO，萨拉有很多问题要问多纳文。

在会议中，多纳文和萨拉分享了公司可以考虑的不同的投资机会。一个机会是MC公司投资其他公司的股票（股本证券）；另一个就是投资债券（债务证券）。他也和萨拉谈论了为什么公司可以投资这两种证券。多纳文知道为MC公司提供一种定制的方法满足其盈余的需要是他的责任。

萨拉也对MC公司如何在财务报表中对这些投资进行披露很感兴趣。她知道对债务和股权的投资都是在资产负债表的资产部分披露，但是她担心可能还会有额外的披露要求。多纳文很高兴萨拉考虑了这些问题并且愿意帮助她。他和萨拉分享了证券的种类（债券或股票）以及证券持有的时间长度（短期和长期）决定了它是如何在资产负债表中披露的。多纳文也建议萨拉在决定公司的投资计划前与公司的会计人员交流，他知道在决定如何用超额现金进行投资时有很多选择可以考虑。

企业为什么要进行投资?

很多人都非常熟悉作为商人的沃伦·巴菲特，但是你可能不知道他也是伯克希尔·哈撒韦第一大股东和CEO。伯克希尔·哈撒韦是一家控股公司，拥有很多子公司，包括著名的汽车保险公司——GEICO，以及铁路系统运营商——伯灵顿北方铁路。除了拥有子公司以外，伯克希尔·哈撒韦也对其他公司的股票进行投资，如可口可乐（9.3%的所有权）、沃尔玛（2.0%的所有权）和菲利普斯66（12.6%的所有权）。将超额现金投资公司股票和债券是一种很常见的行为，许多公司（个人）都会这样做。在本章中，你将学习为什么公司会投资证券以及这些投资如何在财务报表中披露。

学习目的

1. 确认为什么公司会投资债务证券和股本证券，并对投资进行分类。
2. 对债务证券投资进行会计处理。
3. 对股本证券投资进行会计处理。
4. 描述并说明如何披露债务证券和股本证券。
5. 使用总资产报酬率评价企业的经营业绩。

15.1 企业为什么要进行投资

就像个人会投资不同公司的股票和债券一样，公司也需要投资。投资股票或者债券的规模可以从一家公司的部分证券到获得整个公司。在本章，我们将研究投资者购买债券和股权的会计处理。

□ 债务证券与股本证券的比较

一家公司的债券或者股票的拥有者称为**投资者**（investor），发行债券或者股票的公司称为**接受投资者**

(investee)。例如，如果你拥有STL公司的股票，你就是投资者，STL公司就是接受投资者。

投资者可以投资债务证券，也可以投资股本证券。**证券**（security）代表了金融价值的股份或者利息。证券由证书（像股权证书）代表，并且通常在交易所（如纽约证券交易所）交易。**债务证券**（debt security）代表了与其他公司或者政府主体的贷方关系，并且在固定的期限内支付利息，期末支付面值的最后一笔款项。债券包括美国政府债券（国库券）、地方政府公债以及公司债券。**股本证券**（equity security）代表在其他公司的股票所有权，有时会支付现金股利或发放股票股利。股本证券包括普通股和优先股。

□ 投资的理由

为什么一家公司会投资债券或者股票？让我们来看一下常见的理由：

1. 公司有短期的超额现金，在日常经营活动中用不到。这些超额现金可能是暂时或者季节性的经济波动导致的，或者为长期项目准备的。公司希望能够最好地利用它的超额现金，所以会投资债券或者股票来获得投资收益。这个投资收益可能是从债务投资中得到的利息、从股票投资中得到的股利，以及增加的证券市场价值。

2. 公司可能会投资其他公司的债券或者股票来开展公司特定的战略。例如，公司可能会投资关键供应商的债券或者股票，以加强与供应商的商业关系。

当然，公司也会出于别的原因投资其他公司的债券或者股票，但我们上面所说的原因是最常见的。现在，让我们来看一看债务投资和股权投资的基本原理。

□ 投资的分类和披露

投资首先根据投资者想要持有投资的时间长短来分类。两种分类与前面学到的资产负债表分类法相似。

- **短期投资**（short-term investment）是指投资者打算在一年或更短的时间内出售的债券和股票。短期投资列报为流动资产。
- **长期投资**（long-term investment）是除短期投资之外的所有投资。长期投资包括投资者希望持有的超过一年的债券和股票，以及不能马上出售的债券或者股票。例如，不在任何交易市场上交易的、对一家小公司或者私有企业的股票投资。

债务证券

根据投资者持有投资的时间长短，债务证券可进一步分为三类。

- **交易性债务投资**（trading debt investment）是投资者计划在不久的将来——几天、几周或者几个月后出售的债务证券，他们希望通过快速销售来获得利润。交易性债务投资属于流动资产。
- **持有至到期债务投资**（held-to-maturity debt investment）是投资者打算一直持有至到期日的债务证券。根据到期日，持有至到期债务投资在资产负债表中分类为流动资产或者长期资产。
- **可供出售债务投资**（available-for-sale debt investment）包括不属于交易性债务投资和持有至到期债务投资的所有债务证券。可供出售债务投资在资产负债表中按照流动资产或者长期资产披露。如果公司希望在一年内出售，那么可供出售投资在流动资产中反映；其他所有准备持有超过一年的，按照长期资产反映。

股本证券

根据投资者对被投资公司的影响程度，股本证券也可以分为三种类型。

- **无重大影响的股权投资**（no significant influence equity investment）。投资者不具备参与被投资单位决策能力的投资，视为无重大影响的股权投资。一般而言，投资者持有被投资单位有表决权的股份少于20%。根据投资者打算持有证券时间的长短，这些股权投资在资产负债表上列示为流动资产或长期资产。

- **有重大影响的股权投资**（significant influence equity investment），是投资者有能力对被投资单位的经营和财务决策施加影响的股本证券。一般而言，投资者持有被投资单位20%～50%的有表决权的股票。有重大影响的股权投资在资产负债表上列示为长期资产。
- **有控制性影响的股权投资**（controlling interest equity investment），是投资者持有多于50%的有表决权的股票的投资。有控制性影响的股权投资要合并进投资者的财务报表中，我们将在本章的后半部分对此进行讨论。

图表15-1总结了投资的不同类型。

图表15-1 投资类型

投资类型	定义
债务证券——根据投资者计划持有投资的时间长短分类	
交易性债务投资	投资者计划在不久的将来出售的证券。
持有至到期债务投资	投资者打算持有至到期日的证券。
可供出售债务投资	不属于交易性债务投资和持有至到期债务投资的证券。
股本证券——根据投资者对被投资公司的影响程度分类	
无重大影响的股权投资	投资者不具备参与被投资单位决策能力的投资。
有重大影响的股权投资	投资者有能力对被投资单位的经营和财务决策施加影响的投资。
有控制性影响的股权投资	投资者持有多于50%的有表决权的股票的投资。

15.2 如何对债务证券投资进行会计处理

下面我们讨论如何对债务证券进行会计处理，包括购买、获得利息收入以及证券的处置。

□ 购买债务证券

假设STL公司用超额现金进行投资，在2018年7月1日支付100 000美元，购买面值为100 000美元，利率为9%，5年期的N公司的债券。这些债券是在2018年7月1日发行的，并在6月30日和12月31日支付利息。STL公司打算持有这些债券直至到期日，因此将会把它们记为持有至到期债务投资。STL公司的会计人员以成本价在债务证券账户中记录，包括所有的手续费，会计分录如下：

日期	科目及摘要	借方	贷方
2018年7月1日	持有至到期债务投资	100 000	
	现金		100 000
	（购买债券进行投资）		

□ 利息收入

2018年12月31日，STL公司收到债务投资支付的第一笔利息。STL公司在2018年12月31日收到利息的会计分录如下：

日期	科目及摘要	借方	贷方
2018年12月31日	现金	4 500	
	利息收入（100 000×0.09×6/12）		4 500
	（收到现金利息）		

STL 公司在接下来的 5 年中每 6 个月将会重复做这个会计分录——每次收到支付的利息时。

□ 到期日处置

当 STL 公司在到期日处置债券时（2023 年 6 月 30 日），将会收到债券的面值，假设最后一次收到支付的利息已经记录，那么 STL 公司处置债券时的会计分录如下：

日期	科目及摘要	借方	贷方
2023 年 6 月 30 日	现金	100 000	
	持有至到期债务投资		100 000
	（到期日处置债券）		

在这个例子中，我们说明了持有至到期债务投资的会计处理。债务证券也可以是交易性债务投资和可供出售债务投资。它们的会计处理和上面所说明的相同，唯一的区别是使用的账户名称不同。除此之外，债务证券可以以面值、折价或者溢价购买。在上面的例子中，我们是以面值购买证券。如果债务证券以折价或者溢价购买，那么在获得利息收入时，折价或者溢价必须进行摊销。摊销可以使用直线摊销法或者实际利率摊销法，与应付债券折价和溢价的摊销相似。

15.3 如何对股本证券投资进行会计处理

根据投资者对被投资公司的影响程度，股本证券的会计处理必须分成三类。

□ 无重大影响的股本证券

投资者缺乏参与被投资公司决策能力的股本证券，最初按照成本核算。

购买股本证券

假设 STL 公司用超额现金进行投资，在 2018 年 3 月 1 日购买了 Y 公司 1 000 股股票，每股 26.16 美元。STL 公司没有能力参与 Y 公司的决策。STL 公司购买股票时的会计分录如下：

日期	科目及摘要	借方	贷方
2018 年 3 月 1 日	股权投资（26.16×1 000）	26 160	
	现金		26 160
	（购买股票进行投资）		

股利收入

Y 公司宣告每股发放 0.16 美元的现金股利，并在 2018 年 6 月 9 日支付。STL 公司在 6 月 9 日收到现金股利，会计分录如下：

日期	科目及摘要	借方	贷方
2018 年 6 月 9 日	现金	160	
	股利收入（0.16×1 000）		160
	（收到现金股利）		

处置

假设在2018年7月15日，STL公司卖掉了Y公司800股股票，收到25 000美元现金。STL将收到的现金和处置股票成本进行比较，然后对处置的利得或损失进行记录：

收到现金	$25 000
减：处置股票成本（800×26.16）	20 928
利得（或损失）	$4 072

STL公司的日记账分录如下：

日期	科目及摘要	借方	贷方
2018年7月15日	现金	25 000	
	股权投资		20 928
	处置利得		4 072
	（处置股票投资）		

□ 有重大影响的股本证券（权益法）

当一家公司投资股本证券，并持有被投资单位有投票权股票多于20%但少于50%时，投资者可以对被投资者的决策产生重大影响。如果投资者和被投资者的经营有一些关联，那么这一重大影响可能会有所帮助。这种类型的投资应该用权益法进行会计处理。

购买

使用权益法进行会计处理的投资按照购买时的成本入账。假设STL公司支付400 000美元购买了K公司40%的普通股，那么K公司就成为STL公司的关联公司。STL公司在2018年1月6日记录购买这笔投资的会计分录如下。注意：投资者的账户中包含被投资者的名称，以表示STL公司对K公司有重大影响。

日期	科目及摘要	借方	贷方
2018年1月6日	股权投资——K公司	400 000	
	现金		400 000
	（购买股票进行投资（权益法））		

收到股利和净利润份额

当STL公司从K公司收到它所持有的股份的现金股利时会进行记录。假设K公司在2018年6月30日宣布并支付50 000美元的现金股利。因为STL公司拥有40%的股票，所以会收到20 000美元的股利。STL公司收到股利时做如下会计分录：

日期	科目及摘要	借方	贷方
2018年6月30日	现金（50 000×0.40）	20 000	
	股权投资——K公司		20 000
	（收到现金股利（权益法））		

在收到股利时贷记股权投资账户，因为分配股利会减少接受投资者的投资。换句话说，股利会被看成资金的返还而不是利得。

在权益法下，投资者也需要记录被投资者净利润中每年它所占的份额。当被投资者报告收入时，投资者借记股权投资，贷记投资收入。就像STL公司在K公司的权益增加一样，在投资者账簿中的股权投资账户也会增加。

假设K公司2018年报告净利润为125 000美元，那么STL公司将会在投资账户中记录增加这笔金额的40%，会计分录如下：

日期	科目及摘要	借方	贷方
2018年12月31日	股权投资——K公司	50 000	
	投资收入（125 000×0.40）		50 000
	（记录投资收入（权益法））		

在上述分录过账后，STL公司的股权投资T形账户显示它在K公司净资产中的权益如下：

股权投资——K公司

1月6日	400 000	20 000	6月30日
12月31日	50 000		
余额	430 000		

STL公司将会在资产负债表中披露股权投资，在利润表中披露投资收入。

处置

当STL公司打算卖出在K公司的投资时，它需要确定是否存在利得或损失。假设STL公司在2019年1月1日卖出K公司普通股的10%，价格为40 000美元，那么STL公司计算利得或损失的方法及日记账分录如下：

收到现金	\$40 000
减：处置日面值（430 000×0.10）	43 000
利得（或损失）	\$(3 000)

日期	科目及摘要	借方	贷方
2019年1月1日	现金	40 000	
	处置损失	3 000	
	股权投资——K公司		43 000
	（处置部分股票投资（权益法））		

□ 有控制性影响的股本证券（合并）

很多大公司对其他公司有控制性影响。当一个投资者持有接受投资者有投票权股票的50%或者更多时，它就有控制性影响。这种类型的投资让投资者可以选举大多数董事会成员，因此可以控制被投资公司。控制其他公司的公司称为**母公司**（parent company），由其他公司控制的公司称为**子公司**（subsidiary company）。

在持有多于50%或者更多有投票权股票时，母公司通常需要编制合并财务报表。**合并会计**（consolidation accounting）是合并具有相同所有者的两家或者两家以上公司财务报表的方法。**合并报表**（consolidated statements）合并了母公司和有控制性影响子公司的资产负债表、利润表和现金流量表。最终的结果是形成单一报表，就像母公司和子公司是一家公司一样。这个主题将在高级会计课程中讲解。

15.4 如何对债务证券和股本证券进行披露

公司的债务证券和股本证券都在资产负债表的流动资产或者长期资产中反映。但是，它们如何披露需要根据投资的类型而定。

□ 交易性债务投资

投资者计划在不久的将来卖出的交易性债务投资最初是按照成本记录的。但是，在每个期末，交易性债务证券必须按照公允价值进行调整和披露。**公允价值**（fair value）是公司在市场上出售时的价格。公司将会对交易性债务投资做一次年末调整，将账户调整为市场价值。这一调整按照未实现持有利得或损失记录，并在利润表的其他收入和费用中反映。

假设在 2018 年 12 月 31 日，STL 公司披露的交易性债务投资为 26 160 美元。经过仔细计算，STL 公司认为交易性债务投资的市场价值已经减少到 24 000 美元。公司有一笔未实现损失 2 160 美元（24 000－26 160）。在年末，STL 公司的调整分录如下：

日期	科目及摘要	借方	贷方
2018 年 12 月 31 日	未实现持有损失——交易性投资	2 160	
	公允价值调整——交易性投资		2 160
	（将交易性债务投资调整为市场价值）		

调整后，投资的 T 形账户如下：

交易性债务投资

余额	26 160	

公允价值调整——交易性投资

	2 160	12 月 31 日

$ 26 160-$ 2 160=$ 24 000

合并的 T 形账户表明，交易性债务投资还有 24 000 美元的余额。在 2018 年 12 月 31 日，STL 公司将会在资产负债表中披露它的交易性债务投资 24 000 美元，以及在利润表中披露 2 160 美元的交易性债务投资未实现持有损失。

STL 公司
资产负债表（部分）
2018 年 12 月 31 日

流动资产：	
交易性债务投资（公允价值；成本为 $ 26 160）	$ 24 000

STL 公司
利润表（部分）
截至 2018 年 12 月 31 日的会计年度

其他收入和费用	
未实现持有损失——交易性投资	$ (2 160)

处置

当交易性债务投资被处置时，在计算利得或损失时忽略公允价值的调整，正如我们在本章前面所展示的那样。利得或损失金额为收到的现金与出售股票的成本之间的差额。年末，公司将评估剩余的交易性债务投资，并对其当前的市场价值进行调整。

□ 可供出售债务投资

如果投资者希望在一年内出售，那么可供出售债务投资在资产负债表中就作为流动资产披露。所有计划持有超过一年的可供出售债务投资在资产负债表中作为长期资产反映。公允价值法也用来对可供出售债务投资进行处理。

可供出售债务投资在资产负债表中按照目前的市场价值披露，这就需要对可供出售债务投资进行年末调整——调整为当前的市场价值，就像对交易性债务投资的处理一样。但是，可供出售债务投资的未实现持有利得和损失不在利润表中披露。它们作为未实现持有利得的调整加以记录——可供出售账户或者未实现持有损失——可供出售账户，这些账户包括在综合收益表的其他综合收益中，并作为资产负债表股东权益部分的累计其他综合收益的组成部分。

假设在 2018 年 12 月 31 日，STL 公司披露了长期可供出售债务投资 60 000 美元，经过仔细检查，公司认为可供出售债务投资的市场价值增长到了 64 000 美元。STL 公司有未实现持有利得 4 000 美元（64 000－60 000）。在年末，STL 公司将会做如下调整：

日期	科目及摘要	借方	贷方
2018 年 12 月 31 日	公允价值调整——可供出售债务投资	4 000	
	未实现持有利得——可供出售债务投资		4 000
	（将可供出售债务投资调整为市场价值）		

在对 2018 年 12 月 31 日的调整过账以后，投资的 T 形账户如下：

可供出售债务投资

余额	60 000	

公允价值调整——可供出售债务投资

12 月 31 日	4 000	

$ 60 000+$ 4 000=$ 64 000

合并的 T 形账户表明，可供出售债务投资还有 64 000 美元的余额。在 2018 年 12 月 31 日，STL 公司将会在资产负债表中披露它的可供出售债务投资 64 000 美元，4 000 美元的未实现持有利得——可供出售债务投资将在资产负债表的股东权益部分披露，作为累计其他综合收益，如下所示：

STL 公司
资产负债表（部分）
2018 年 12 月 31 日

资产	
长期资产：	
可供出售债务投资（公允价值；成本为 $ 60 000）	$ 64 000
股东权益	
累计其他综合收益：	
未实现持有利得——可供出售债务投资	$ 4 000

可供出售债务投资的未实现持有利得或损失不包括在净利润中，而是包括在其他综合收益中，通过对净利润的调整来确定综合收益。**综合收益**（comprehensive income）是公司所有来源的股东权益总额的调

整，而不是所有者的投资和股利。综合收益包括净利润加上一些特殊的利得和损失，如下所示：

- 可供出售债务投资的未实现持有利得或损失；
- 外币折算调整；
- 退休后福利计划的利得或损失；
- 衍生品递延利得或损失。

这些项目的计算将在高级会计课程中解释。现在，你只需要知道净利润不包括这些项目，这些项目在其他综合收益中反映。

综合收益可以用下面两种方法进行披露：作为利润表的第二项或者与传统的利润表结合，生成综合收益表。图表15-2就是展示如何披露综合收益的例子。

图表15-2 综合收益

STL公司 综合收益表 2018年12月31日	
净利润	$100 000
其他综合收益：	
未实现持有利得——可供出售债务投资	4 000
综合收益	$104 000

处置

值得注意的是：可供出售债务投资与交易性债务投资的处置方式相同。在计算利得或损失金额时，忽略任何前期的公允价值调整。利得或损失金额为收到的金额与投资成本之间的差额。年末，公司将评估剩余的可供出售债务投资，并对其当前的市场价值进行调整。

□ 持有至到期债务投资

持有至到期债务投资通常按照摊销成本披露，这在高级会计课程中有具体的解释。根据到期日，持有至到期债务投资将会在资产负债表中按照流动资产或者长期资产披露。当到期日与资产负债表日在同一年时，持有至到期债务投资将按照流动资产披露；否则，按照长期资产披露。持有至到期债务投资获得的利息收入在利润表的其他收入和费用中反映。

□ 无重大影响的股权投资

不具有重大影响的股权投资需要在年末进行调整并以公允价值反映。类似于交易性债务投资，公司在年末对股权投资进行公允价值调整，计入未实现持有利得或损失，在利润表的其他收入和费用中反映。

图表15-3总结了对债务证券和股本证券的会计处理方法以及对财务报表的影响。

图表15-3 债务证券和股本证券——会计方法和财务报表影响

投资类型	会计方法	财务报表影响	
		资产负债表	利润表
交易性债务投资	公允价值：未实现持有利得或损失包括在净利润中	投资在资产负债表中作为流动资产披露	利息收入在利润表中披露
持有至到期债务投资	摊销成本	根据到期日，投资在资产负债表中作为流动资产或者长期资产披露	利息收入在利润表中披露

续表

投资类型	会计方法	财务报表影响	
		资产负债表	利润表
可供出售债务投资	公允价值：未实现持有利得或损失包括在其他综合收益中，并作为股东权益的独立组成部分	根据管理层的目的，投资在资产负债表中作为流动资产或长期资产披露	利息收入在利润表中披露
无重大影响的股权投资	公允价值：未实现持有利得或损失包括在利润表中	根据管理层的目的，投资在资产负债表中作为流动资产或长期资产披露	股利收入在利润表中披露
有重大影响的股权投资	股权	投资在资产负债表中作为长期资产披露	被投资者净利润的部分在利润表中披露
有控制性影响的股权投资	合并	合并母公司和子公司的资产负债表	合并母公司和子公司的利润表

15.5 如何使用总资产报酬率评价企业经营状况

总资产报酬率（rate of return on total assets）简单地说就是资产回报率，衡量的是企业使用资产来赚取利润的成功程度。企业可以使用两种方法为资产融资：

- 债务——一家企业可以从贷方借钱来购买资产。贷方可以通过借钱来获得利息收入。
- 股权——一家企业可以从股东那里收到现金或者其他资产。股东向企业投资并希望获得投资回报。

总资产报酬率通过将利息费用和净利润相加然后除以平均总资产来计算。不管企业的筹资选择（债务或股权），利息费用需要加回净利润来确定资产的实际回报。

使用科尔士百货2015财务年度报告中的数据，我们可以确定它的总资产回报率。净利润和利息费用的数据都来自公司的利润表，总资产来自资产负债表，具体如下（单位：百万美元）：

总资产，2016年1月30日	$13 606
总资产，2015年1月31日	14 333
截至2016年1月30日的会计年度：	
利息费用	327
净利润	673

总资产报酬率的计算过程如下：

总资产报酬率＝(净利润＋利息费用)/平均总资产
＝(673＋327)/[(13 606＋14 333)/2]
＝0.07＝7%

科尔士百货的总资产报酬率为7%，这意味着在公司的平均资产中每投资1.00美元，公司在支付利息费用前会获得0.07美元的利润。那么比较好的总资产报酬率是多少呢？这个问题没有唯一的答案，因为不同行业的报酬率有很大不同。假设在零售行业，12%的总资产报酬率是好的。在这种情况下，科尔士百货7%的资产报酬率就比较差，因为它低于行业平均水平。

习题

P15-18A 对债务投资进行会计处理

假设所罗门在2018年1月1日以面值购买M公司500 000美元的债券，年利率为6%。这些债券在每年6月30日和12月31日支付利息，在2022年12月31日到期。所罗门打算持有债券直至到期日。

要求：

1. 将所罗门在2018年与债券有关的交易记入日记账。
2. 编制M公司债券到期日的日记账分录（假设最后一次支付利息已经记录）。

P15-19A 对债务投资和股权投资分类并进行会计处理

J公司有超额现金并投资有价证券，具体如下：

2018年	
7月2日	以每股12美元的价格购买P公司4 200股普通股。J公司计划在3个月内当公司的日常经营需要现金的时候卖出。J公司对P公司无重大影响。
8月21日	收到来自P公司股票投资的每股现金股利0.80美元。
9月16日	以每股13.40美元的价格卖出P公司股票。
10月1日	以面值购买20 000美元的V债券，J公司将其分类为交易性债务投资和短期投资。
12月31日	收到来自V债券的应付利息100美元。
31日	调整V债券至市场价值22 000美元。

要求：

1. 对2018年所做的投资进行分类。（假设投资均少于被投资方发行在外有投票权股票的20%。）
2. 在日记账中记录2018年的交易，不需要给出摘要。
3. 为投资资产编制T形账户，并展示如何在2018年12月31日J公司的资产负债表中披露投资。
4. 与交易性债务投资相关的未实现持有利得或损失在哪里披露？

P15-20A 对股权投资进行会计处理

WS公司的期初资产负债表包括对E公司股票的400 000美元投资（20%所有权，WS公司对E公司有重大影响），在当年，WS公司完成了如下投资交易：

3月3日	以每股11美元的价格购买LS公司4 000股股票，作为长期债权投资，代表对LS公司7%的所有权，无重大影响。
5月15日	收到LS公司发放的每股0.40美元的现金股利。
12月15日	从E公司的投资中收到70 000美元的现金股利。
31日	收到的E公司的年度报告披露了300 000美元的净利润。
31日	收到的LS公司的年度报告披露了当年120 000美元的净利润。
31日	E公司的股票在年末的公允价值为390 000美元。
31日	LS公司的普通股在年末的公允价值为每股10美元。

要求：

1. 在日记账中记录WS公司当年的交易。
2. 将交易过到T形账户中，确定投资和投资收入账户在2018年12月31日的余额。
3. 根据要求2的答案编制WS公司的部分资产负债表。
4. 与L公司股票相关的未实现持有利得或损失在哪里披露？

第 16 章

现金流量表

为什么企业没有现金了？

戴维一脸困惑地检查着公司的利润表。利润表中报告了上季度有20 000美元的净利润。戴维知道他的小运动装备零售店的销售额一直在增长，他希望这个趋势可以持续到年底。但是，戴维不明白为什么利润表会显示盈利，因为公司负责支付工资的员工在当天早些时候找过他，告诉他在银行没有足够的现金支付员工本月的工资。

戴维不理解为什么公司的利润表中报告了20 000美元的利润却没有足够的现金支付工资。他认为新雇用的会计师马克·马洛尼一定是搞错了。

戴维拿起电话打给马克，问了他几个问题：为什么公司在银行没有现金了？公司是如何使用现金的？为什么公司报告了20 000美元的利润但是在银行里没有这些现金？从顾客处收到的现金都到哪里去了？

经过和会计师的交谈，戴维知道了在利润表中披露的利润并不代表现金，检查公司的现金流量表非常重要。马克告诉他，现金流量表报告公司收到和支付的现金，它展示了现金的来源以及现金的使用，现金流量表能够帮助回答"现金去哪了"这个问题。

为什么现金如此重要？

你可以根据自己的经验来回答这个问题。支付账单需要现金，为公司未来创造收入也需要现金。例如亚马逊，一个销售从运动设备到家庭用品的全品类零售网站会密切地关注现金。亚马逊对它的现金是从哪里来的（收到）以及是如何花费的（支付）很感兴趣。亚马逊关注现金收支的一种方法就是编制现金流量表。例如，亚马逊2015年的现金流量表披露公司支付了450万美元购买不动产和设备，支付了2.73亿美元的所得税（扣除退税）。它也披露了虽然净利润为5.96亿美元，但是2014—2015年现金增加了13.33亿美元。在本章中，你将学到什么是现金流量表，为什么它对一家公司如此重要。另外，你也将学到如何编制现金流量表，并理解为什么公司和投资者会密切关注现金流量表。

学习目的

1. 确定现金流量表的目的并区分经营活动、投资活动、筹资活动产生的现金流量。
2. 用间接法编制现金流量表。
3. 使用自由现金流来评价企业业绩。
4. 用直接法编制现金流量表（附录16A）。
5. 通过电子数据表用间接法编制现金流量表（附录16B）。

16.1 什么是现金流量表

到目前为止，你已经学习了三种财务报表——利润表、留存收益表和资产负债表。这些财务报表分别反映了一家公司某些特定的项目。利润表反映公司当期的净利润或者净损失；留存收益表反映了公司当期留存收益的变动情况；资产负债表反映了公司的财务状况。这些财务报表没有专门披露现金变动。

当比较连续两期的资产负债表时，就可以知道现金是增加还是减少了。但是，资产负债表并没有显示为什么现金会增加或者减少。因此，我们需要现金流量表。**现金流量表**（statement of cash flows）反映了公司特定时期的现金收支情况，包括：

- 反映了公司的**现金流量**（cash flows）——现金流入和现金流出的来源。
- 反映了为什么现金会在本期增加或减少。
- 涉及的时间范围、截止时间点与利润表相同，例如，均是截至 2018 年 12 月 31 日的会计年度。

□ 现金流量表的目的

现金流量表可以说明利润表中反映的净利润与现金余额的变化不同的原因，实质上说，现金流量表是利润表上应计项目和资产负债表现金科目的桥梁。

人们如何使用现金流量信息？现金流量表可以满足以下目的：

- 预测未来现金流量。过去的现金收支能够很好地预测未来的现金流量。
- 评价管理层决策。正确的投资决策帮助公司繁荣，错误的决策则可能导致公司产生许多问题。投资者和债权人利用现金流量信息评价管理层的决策。
- 预测偿债和付息的能力。债权人希望按时收到本息，而股东希望投资能获得股利。现金流量表有助于预测公司能否进行这些支付。

□ 现金流的类型

现金流活动有三种基本类型，针对这三种类型，现金流量表也各有一个部分相对应：

- 经营活动；
- 投资活动；
- 筹资活动。

每个部分都根据这三种类型报告现金流入和现金流出。

经营活动

经营活动是现金流量表的第一部分，通常是这三类业务活动中最重要的一类。现金流量表中的**经营活动**（operating activities）反映了实体企业产生利润或者费用的活动。它反映了企业日复一日的经营活动，如通过销售存货和提供服务从顾客那里收到现金（现金流入），或者通过购买存货或者支付经营费用带来现金流出。经营活动现金流也包括利息收入和股利收入等现金流入，以及利息费用和所得税费用等现金流出。

投资活动

投资活动（investing activities）是现金流量表的第二部分，这部分反映了现金收入和现金支出导致的资产，如不动产、厂房、设备、应收票据和投资的增加或减少。它包括销售获得的现金流入以及购买这些长期资产带来的现金流出。另外，它也包括长期应收票据带来的现金流出和现金流入。

筹资活动

现金流量表的最后一部分就是**筹资活动**（financing activities）。筹资活动反映了长期负债和权益的现金流入和现金流出。它包括发行股票、支付股利、回购和销售库存股，也包括借入现金和偿还长期负债，如应付票据、应付债券和应付抵押。

现金流量表的每个部分分别影响资产负债表的不同部分。经营活动部分反映了现金流是如何影响流动项目——流动资产和流动负债的。投资活动影响长期资产。筹资活动部分影响长期资产和权益。

图表 16－1 展现了经营活动、投资活动和筹资活动现金流量与资产负债表各部分之间的关系。

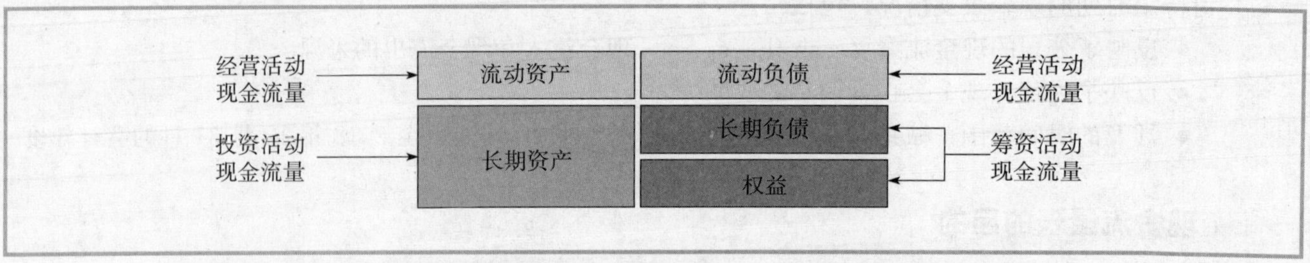

图表 16－1　经营活动、投资活动和筹资活动现金流量与资产负债表的关系

非现金投资和筹资活动

现金流量表的三个部分仅仅反映了涉及现金的活动。公司也会进行不涉及现金的投资，进行除现金以外的筹资活动，这些交易称为**非现金投资和筹资活动**（non-cash investing and financing activities）。这些活动的例子包括使用长期应付票据购买设备或者股东为了获得普通股投入设备。这些活动不包括在现金流量表中，它们或者在报表的最后作为一个独立的明细表或者作为现金流量表附注进行披露。

图表 16－2 总结了现金流量表的不同部分。

图表 16－2　现金流量表的不同部分

经营活动	现金流入： ● 销售存货和提供服务从顾客那里收到现金 ● 利息收入和股利收入 现金流出： ● 购买存货和支付经营费用 ● 利息费用和所得税费用
投资活动	现金流入： ● 销售不动产、厂房、设备和投资获得现金 ● 收回长期应付票据 现金流出： ● 购买不动产、厂房、设备和投资带来现金流出 ● 向借款人贷款
筹资活动	现金流入： ● 发行股票和销售库存股获得现金 ● 收回借款 现金流出： ● 支付股利和购买库存股 ● 偿还贷款
非现金投资和筹资活动	一个独立的明细表，包括不涉及现金的投资活动和筹资活动

经营活动产生现金流量的两种编制方式

存在两种反映现金流量表中经营活动现金流量的方式：

- **间接法**（indirect method），从净利润开始，把净利润调整为经营活动产生的现金流量。
- **直接法**（direct method），用现金的形式重述利润表，列示出经营活动产生的所有现金收入和现金支出。

间接法和直接法的计算方法不同，但是都能得到相同的经营活动现金流量。这两种方法以完全相同的方式呈现投资活动和融资活动现金流量，只有经营活动部分是不同的。

下面从间接法开始，因为大多数公司都使用这种方法。直接法将在附录 16A 中介绍。

16.2 如何使用间接法编制现金流量表

为了编制现金流量表，需要从本年度和以前年度的利润表和资产负债表中获得数据。另外，还需要通过检查相关交易来获得额外的信息。为了便于说明，我们使用 SM 公司的案例。SM 公司是一家销售电子产品、家居家具、家庭用品等的零售商。SM 公司的比较资产负债表如图表 16－3 所示，图表 16－4 为利润表。SM 公司提供的额外信息如下：

- 支付 310 000 美元现金购买固定资产。
- 卖出成本为 55 000 美元的固定资产，累计折旧为 15 000 美元，产生 10 000 美元的利得。
- 发行应付票据获得 90 000 美元现金。
- 支付 10 000 美元现金注销应付票据。
- 发行普通股收到 120 000 美元现金。
- 支付 20 000 美元现金购买库存股。

图表 16－3 比较资产负债表

SM 公司 比较资产负债表 2018 年和 2017 年 12 月 31 日			
	2018 年	2017 年	增加（减少）
资产			
流动资产：			
现金	$ 22 000	$ 42 000	$ (20 000)
应收账款	90 000	73 000	17 000
存货	143 000	145 000	(2 000)
长期资产：			
固定资产	507 000	252 000	255 000
累计折旧——固定资产	(47 000)	(42 000)	(5 000)
资产总计	$ 715 000	$ 470 000	$ 245 000
负债			
流动负债：			
应付账款	$ 90 000	$ 50 000	$ 40 000
应计负债	5 000	10 000	(5 000)
长期负债：			
应付票据	160 000	80 000	80 000
负债合计	$ 255 000	$ 140 000	$ 115 000
所有者权益			
普通股（无面值）	370 000	250 000	120 000
留存收益	110 000	80 000	30 000
库存股	(20 000)	0	(20 000)
所有者权益总计	460 000	330 000	130 000
负债和所有者权益总计	$ 715 000	$ 470 000	$ 245 000

图表 16-4 利润表

SM 公司 利润表 截至 2018 年 12 月 31 日的会计年度		
销售净额		$ 286 000
销货成本		156 000
毛利润		130 000
营业费用：		
薪金和工资费用	$ 56 000	
折旧费用——固定资产	20 000	
其他营业费用	16 000	
营业费用合计		92 000
营业利润		38 000
其他收入和费用		
利息收入	12 000	
股利收入	9 000	
处置固定资产利得	10 000	
利息费用	(15 000)	
其他收入和费用合计		16 000
税前收入		54 000
所得税费用		14 000
净利润		$ 40 000

用间接法编制现金流量表的五个步骤如下所示：

第一步：使用净利润就经营活动对现金流进行调整，对流动资产（不包括现金）和流动负债的增加或者减少进行调整。还需要对长期资产的利得或者损失以及折旧费用等非现金费用进行调整。

第二步：就投资活动对现金流进行调整——通过检查资产负债表中的长期资产部分。

第三步：就筹资活动对现金流进行调整——通过检查资产负债表中的长期负债和所有者权益部分。

第四步：计算本年度现金的净增加或者减少额。现金的变动额是现金流量表调整数据的关键，同时必须与比较资产负债表中反映的现金流变化量相吻合。

第五步：编制一个独立的明细表来报告非现金投资和筹资活动。

让我们应用这些步骤来编制 SM 公司现金流量表中的经营活动部分。图表 16-5 提供了完整的现金流量表。

□ 经营活动产生的现金流量

在使用间接法时，现金流量表中的经营活动部分从利润表中的净利润（或者净损失）开始，因为收入和费用都会影响净利润，并带来现金的流入和流出。收入会带来现金的流入，而费用会带来流出。但是，利润表上列示的净利润是基于权责发生制，现金流（收付实现制净利润）并不总是等于权责发生制的收入和费用。例如，销售账户产生的收入增加了净利润，但是企业还没有从销售中获得现金。应计费用会减少净利润，但是如果费用记为应计项目，则企业还没有支付现金。

图表 16-5　现金流量表——间接法

SM 公司 现金流量表 截至 2018 年 12 月 31 日的会计年度			
经营活动产生的现金流量：			
净利润		$ 40 000	
将净利润调节为经营活动产生的净现金流量：			
折旧费用——固定资产	$ 20 000		第一步：经营活动
处置固定资产利得	(10 000)		
应收账款增加	(17 000)		
存货减少	2 000		
应付账款增加	40 000		
应计负债减少	(5 000)	30 000	
经营活动产生的净现金流量		70 000	
投资活动产生的现金流量：			第二步：投资活动
取得固定资产支付现金	(310 000)		
处置固定资产收到现金	50 000		
投资活动产生的净现金流量		(260 000)	
筹资活动产生的现金流量：			第三步：筹资活动
发行应付票据收到现金	90 000		
应付票据支付现金	(10 000)		
发行普通股收到现金	120 000		
购买库存股支付现金	(20 000)		
支付现金股利	(10 000)		
筹资活动产生的净现金流量		170 000	
现金净增加（减少）额		(20 000)	第四步：现金净增加（减少）额
现金余额，2017 年 12 月 31 日		42 000	
现金余额，2018 年 12 月 31 日		$ 22 000	

为了从净利润变为经营活动的净现金流量，我们必须在现金流量表上对净利润进行调整。这些调整和抵减都以净利润为起点，并最终调整为经营活动产生的净现金流量，从而与调整后的净收入相匹配。

折旧、折耗和摊销费用

这些调整包括加回非现金费用，如折旧、折耗和摊销费用。将净利润调节为经营活动产生的净现金流量时，这些费用要加回到净利润中。为什么呢？来看一下计提折旧的会计分录：

日期	科目及摘要	借方	贷方
	折旧费用——固定资产	20 000	
	累计折旧——固定资产		20 000

可见，折旧并不影响现金，因为在日记账分录中没有现金账户。折旧属于非现金费用。当购买资产，而不是资产折旧时，与折旧相关的现金流出就会发生。但是，像其他所有的费用一样，折旧会减少净利润。因此，在把净利润调节为经营活动产生的净现金流量时，我们要把折旧费用加回到净利润中。

SM公司 现金流量表（部分） 截至2018年12月31日的会计年度		
经营活动产生的现金流量：		
净利润		$40 000
将净利润调节为经营活动产生的净现金流量		
折旧费用——固定资产	$20 000	

假设某公司当期只有两笔业务：

- 销售收到现金 60 000 美元；
- 发生折旧费用 20 000 美元。

净利润为 40 000 美元（60 000－20 000），但经营活动产生的净现金流量为 60 000 美元。为了从净利润调整到净现金流量 60 000 美元，我们必须把折旧费用 20 000 美元加回到净利润 40 000 美元中。同样，折耗和摊销费用也都要加回到净利润中。

处置长期资产的利得和损失

处置长期资产，如土地和建筑物，应当列入投资活动。这些活动通常会产生利得或损失，由此形成的利得或损失计入净利润，而净利润已经在现金流量表的经营活动部分显示。利得或损失必须从现金流量表的净利润中扣除，以便资产出售的现金收入总额可以在投资活动部分显示。

图表 16－4，即 SM 公司的利润表，还包括固定资产处置利得，在 2018 年，SM 公司通过销售设备获得了 10 000 美元的利得。这笔利得应该包括在利润表的净利润计算中，所以它应该从经营活动的现金流量中剔除。利得增加了净利润，因此它必须从经营活动部分中扣除。

SM公司 现金流量表（部分） 截至2018年12月31日的会计年度		
经营活动产生的现金流量：		
净利润		$40 000
将净利润调节为经营活动产生的净现金流量：		
折旧费用——固定资产	$20 000	
处置固定资产利得	(10 000)	

另一方面，由于处置固定资产产生的损失会减少利润表中的净利润，损失金额还会被加回到净利润中。例如，处置固定资产带来的 5 000 美元损失将会加到现金流量表的净利润中，以确定由经营活动带来的净现金流量。

流动资产和流动负债账户的变化

大多数流动资产和流动负债都是由经营活动产生的，例如：

- 销售产生的应收账款；
- 与销货成本有关的存货等。

在现金流量表中，这些流动项目的变动作为净利润的调整项反映。规则如下：

1. 非现金流动资产的增加导致净利润减少的调整。原因是要获取资产必须花费现金。如果应收账款、存货或预付费用在期间内增加，那么在计算经营活动产生的净现金流量时就要从净利润中减去。举例来说，如图表 16－3 所示，SM 公司的资产负债表所示的应收账款增加了 17 000 美元。应收账款在公司赊销时增加，在公司向客户收取现金时减少。因此，赊销款多于现金收款，这个金额是我们希望反映在现金流量表中的。因为用间接法调整经营活动是从净利润开始，因此要减去流动资产应收账款中增加的 17 000 美元，以将基于权责发生制的净利润调整为经营活动产生的净现金流量。

2. 非现金流动资产的减少导致净利润增加的调整。流动资产的减少将产生上述相反的影响。假设 SM 公司存货减少了 2 000 美元。什么原因导致减少？SM 公司肯定销售了比购买的更多的存货。因此，存货 2 000 美元的减少额要加到现金流量表的净利润中。

3. 流动负债的减少导致净利润增加的调整。SM 公司的应付账款增加了 40 000 美元，这意味着赊购金额超过了购买时支付的现金，导致负债增加。虽然费用会使净利润减少，但现金没有减少太多。因此，流动负债的增加额被加到现金流量表的净利润中。

4. 流动负债的增加导致净利润减少的调整。流动负债的减少与增加的效果相反。流动负债的支付超过了应计费用。因此，我们从净利润中减去流动负债的减少，以获得经营活动产生的净现金流量。SM 公司的应计负债减少了 5 000 美元，这个变化表现为净利润减少了 5 000 美元。

SM 公司
现金流量表（部分）
截至 2018 年 12 月 31 日的会计年度

经营活动产生的现金流量：		
净利润		$ 40 000
将净利润调节为经营活动产生的净现金流量：		
折旧费用——固定资产	$ 20 000	
处置固定资产利得	(10 000)	
应收账款增加	(17 000)	
存货减少	2 000	
应付账款增加	40 000	
应计负债减少	(5 000)	30 000

评价经营活动产生的现金流量

2018 年，SM 公司的经营活动产生了 70 000 美元（40 000＋30 000）的净现金流量，这笔金额称为经营活动产生的净现金流量。如果这是净现金流出，那么 SM 公司将会披露经营活动使用的现金净额。

SM 公司
现金流量表（部分）
截至 2018 年 12 月 31 日的会计年度

经营活动产生的现金流量：		
净利润		$ 40 000
将净利润调节为经营活动产生的净现金流量：		
折旧费用——固定资产	$ 20 000	
处置固定资产利得	(10 000)	
应收账款增加	(17 000)	
存货减少	2 000	
应付账款增加	40 000	
应计负债减少	(5 000)	30 000
经营活动产生的净现金流量		70 000

经营活动部分（间接法）通常是从权责发生制净利润开始的，接下来进行调整以得到收付实现制净利润。图表 16－6 总结了为得到经营活动产生的净现金流量需要对净利润进行的调整。

图表 16-6　为得到经营活动产生的净现金流量需要对净利润进行的调整

处置项目	对现金流量表净利润的调整
折旧、折耗和摊销费用	增加
处置长期资产利得	减少
处置长期资产损失	增加
非现金流动资产增加	减少
非现金流动资产减少	增加
流动负债增加	增加
流动负债减少	减少

□ 投资活动产生的现金流量

投资活动影响长期资产账户，如固定资产、投资和应收票据。以上内容已经在 SM 公司的资产负债表（见图表 16-3）中介绍了。现在，让我们看看如何计算投资活动现金流量。

在计算投资现金流时，评估每个长期资产的 T 形账户将会有所帮助。从 T 形账户中可以看出在当期是否存在资产的取得或者处置。让我们来看一下 SM 公司的固定资产和累计折旧账户。

固定资产

2017 年 12 月 31 日	252 000		
取得	310 000	55 000	处置
2018 年 12 月 31 日	507 000		

累计折旧——固定资产

		42 000	2017 年 12 月 31 日
处置	15 000	20 000	折旧费用
		47 000	2018 年 12 月 31 日

折旧费用来自利润表

每个账户的期初和期末余额都是直接从比较资产负债表中得到的。折旧费用包括在累计折旧账户中，是从利润表中得到的。资产的取得和处置信息来自额外信息：

- 支付 310 000 美元现金购买固定资产；
- 卖出成本为 55 000 美元的资产，累计折旧为 15 000 美元，产生 10 000 美元的利得。

我们现在知道 SM 公司支付了 310 000 美元的现金来购买固定资产。这个项目在投资活动部分列在首位并按照现金流出披露。

下面我们需要确定处置固定资产收到的现金。通过使用提供的信息，我们可以重新做一个日记账分录：

日期	科目及摘要	借方	贷方
	现金	?	
	折旧费用——固定资产	15 000	
	处置固定资产利得		10 000
	固定资产		55 000

我们用如下方法计算处置固定资产收到的现金：

收到现金＝成本－累计折旧＋利得－损失

　　　　＝55 000－15 000＋10 000

　　　　＝50 000（美元）

销售固定资产获得的 50 000 美元现金在现金流量表投资活动部分列示。由于长期资产没有其他变化，那么投资活动产生的净现金流量就确定了。注意：这是一个现金流出，作为投资活动产生的净现金流量进行披露。

SM 公司
现金流量表（部分）
截至 2018 年 12 月 31 日的会计年度

投资活动产生的现金流量：		
取得固定资产支付现金	(310 000)	
处置固定资产收到现金	50 000	
投资活动产生的净现金流量		(260 000)

□ 筹资活动产生的现金流量

筹资活动影响长期负债和所有者权益账户，如长期应付票据、应付债券、普通股和留存收益。为了确定筹资活动带来的现金流，我们需要重新检查这些账户类型。

长期负债

SM 公司的应付票据 T 形账户如下。公司提供的关于应付票据的其他信息如下：

- 发行应付票据获得 90 000 美元现金；
- 支付 10 000 美元现金偿付应付票据。

应付票据

		80 000	2017 年 12 月 31 日
支付	10 000	90 000	发行
		160 000	2018 年 12 月 31 日

应付票据的期初和期末余额均来自比较资产负债表。对于 SM 公司，新发行的应付票据总额为 90 000 美元。会计分录如下：

日期	科目及摘要	借方	贷方
	现金	90 000	
	应付票据		90 000

另外，SM 公司支付 10 000 美元现金偿付应付票据：

日期	科目及摘要	借方	贷方
	应付票据	10 000	
	现金		10 000

与这些应付票据有关的现金流入和现金流出列在筹资活动产生的现金流量的首位。

SM 公司
现金流量表（部分）
截至 2018 年 12 月 31 日的会计年度

筹资活动产生的现金流量：	
发行应付票据收到现金	90 000
偿付应付票据支付现金	(10 000)

普通股和库存股

筹资活动的现金流量可以通过分析各种股票账户得到。例如，普通股的发行金额可以通过分析普通股账户和检查公司提供的额外信息确定：

- 发行普通股收到 120 000 美元现金；
- 购买库存股支付 20 000 美元现金。

SM 公司的股票 T 形账户如下：

普通股

		250 000	2017 年 12 月 31 日
偿付	0	120 000	发行
		370 000	2018 年 12 月 31 日

库存股

2017 年 12 月 31 日	0		
购买	20 000	0	处置
2018 年 12 月 31 日	20 000		

普通股账户显示，发行新股 120 000 美元，会计分录如下：

日期	科目及摘要	借方	贷方
	现金	120 000	
	普通股		120 000

这表明现金流量表的筹资活动部分有 120 000 美元的现金流入。

库存股也会改变 SM 公司的资产负债表。用 T 形账户记录取得库存股的会计分录如下：

日期	科目及摘要	借方	贷方
	库存股	20 000	
	现金		20 000

20 000 美元在现金流量表的筹资部分按照购买库存股的现金流出反映。

SM 公司
现金流量表（部分）
截至 2018 年 12 月 31 日的会计年度

筹资活动产生的现金流量：	
发行应付票据收到现金	90 000
偿付应付票据支付现金	(10 000)
发行普通股收到现金	120 000
购买库存股支付现金	(20 000)

计算应付股利

股利支付的金额可以通过分析留存收益得到。首先，我们从资产负债表中录入余额。

留存收益

		80 000	2017 年 12 月 31 日
净损失	?	?	净利润
股利	?		
		110 000	2018 年 12 月 31 日

当公司取得净利润后，留存收益会增加。当公司净利润为负或宣布发放股利时，留存收益会减少。我们从图表 16-4 的利润表中知道 SM 公司的净利润是 40 000 美元。

留存收益

		80 000	2017 年 12 月 31 日
净损失	?	40 000	净利润 ← 净利润来自利润表
股利	?		
		110 000	2018 年 12 月 31 日

由于 SM 公司不能同时有净利润和净损失，因此，剩余的部分就是公司宣告发放的股利，计算方法如下：

期末留存收益＝期初留存收益＋净利润－净损失－股利

110 000＝80 000＋40 000－0－股利

股利＝80 000＋40 000－0－110 000

＝10 000(美元)

所以，留存收益账户的最终金额如下：

留存收益

		80 000	2017 年 12 月 31 日
		40 000	净利润
股利	10 000		
		110 000	2018 年 12 月 31 日

为了在现金流量表中报告现金股利，公司必须支付股利。在这个案例中，我们知道现金股利被支付了是因为 SM 公司的资产负债表中没有报告应付股利。股票股利对现金没有影响，也不在现金流量表筹资活动产生的现金流量中披露。SM 公司没有股票股利，只有现金股利，其将在现金流量表中的筹资活动部分作为一项现金流出反映。

SM 公司
现金流量表（部分）
截至 2018 年 12 月 31 日的会计年度

筹资活动产生的现金流量：		
发行应付票据收到现金	$ 90 000	
偿付应付票据支付现金	(10 000)	
发行普通股收到现金	120 000	
购买库存股支付现金	(20 000)	
支付现金股利	(10 000)	
筹资活动产生的净现金流量		170 000

□ 现金和现金余额的净变动

为了完成现金流量表，必须披露现金和现金余额的变化。这代表了当期现金发生的总的变化，以及对现金流量表进行的调整。首先，现金的净增加或者减少是通过合并经营、投资和筹资活动带来或者使用的现金流量得到的。在 SM 公司的例子中，本年度现金账户的余额减少了 20 000 美元，计算方法如下：

$$\text{现金净增加（减少）额} = \text{经营活动产生的净现金流量} - \text{投资活动产生的净现金流量} + \text{筹资活动产生的净现金流量}$$
$$= 70\,000 - 260\,000 + 170\,000$$
$$= -20\,000(\text{美元})$$

接下来，如比较资产负债表中所列，2017 年 12 月 31 的期初现金余额为 42 000 美元。从期初现金余额 42 000 美元中减去净减少额 20 000 美元，就等于 2018 年 12 月 31 日期末的现金余额 22 000 美元。这是现金流量表的关键，它解释了为什么 SM 公司当年报告了净利润，但是现金余额减少了 20 000 美元。

SM 公司
现金流量表（部分）
截至 2017 年 12 月 31 日的会计年度

经营活动产生的净现金流量	$ 70 000
投资活动产生的净现金流量	(260 000)
筹资活动产生的净现金流量	170 000
现金净增加（减少）额	(20 000)
现金余额，2017 年 12 月 31 日	42 000
现金余额，2018 年 12 月 31 日	$ 22 000

在继续往下进行前，让我们花一点时间复习一下图表 16－5 展示的完整的现金流量表。

□ 非现金投资和筹资活动

编制现金流量表的最后一步就是编制非现金投资和筹资活动部分，这个部分作为现金流量表的一个独立的明细表或者报表附注出现。SM 公司的例子不包括这种类型的交易，因为公司在当年没有进行非现金交易。因此，为了说明它们，让我们以另一家虚构的公司——O 公司的三笔非现金交易为例，看看是怎样列报的。首先，我们需要知道哪些活动是非现金活动：

1. 通过发行股票获得价值 300 000 美元的建筑物。
2. 通过发行应付票据获得价值 70 000 美元的土地。
3. 通过发行普通股偿付了 100 000 美元的应付债券。

现在，单独分析每一笔交易。

1. O 公司发行 300 000 美元的普通股，获得建筑物，其会计分录如下：

日期	科目及摘要	借方	贷方
	建筑物	300 000	
	普通股		300 000

这笔交易不在现金流量表上反映，因为它不涉及现金收付。但是，购买建筑物和发行股票都是重要的业务。购买建筑物是投资活动，发行普通股是筹资活动，合在一起，这笔交易是非现金投资和筹资活动。

2. 第二笔交易展示了 O 公司通过发行应付票据获得价值 70 000 美元的土地，其会计分录如下：

日期	科目及摘要	借方	贷方
	土地	70 000	
	应付票据		70 000

这笔业务不在现金流量表上反映，因为它不涉及现金收付。但是，购买土地和发行应付票据都是重要的

业务。购买土地是投资活动，发行应付票据是筹资活动，合在一起，这笔交易是非现金投资和筹资活动。

3. 第三笔交易展示了 O 公司通过发行普通股偿付 100 000 美元的应付债券，其会计分录如下：

日期	科目及摘要	借方	贷方
	应付票据	100 000	
	普通股		100 000

这笔业务不在现金流量表上反映，因为它不涉及现金收付。但是，发行应付票据和股票都是重要的业务。它们都是筹资活动，合在一起，这笔交易是非现金投资和筹资活动。

非现金投资和筹资活动会在现金流量表中单独列示。图表 16－7 列示了 O 公司的非现金投资和筹资活动。该类信息或在现金流量表中列示，或在附注中披露。

图表 16－7　非现金投资和筹资活动

O 公司 现金流量表（部分） 截至 2018 年 12 月 31 日的会计年度	
非现金投资和筹资活动：	
发行普通股购买建筑物	$ 300 000
发行应付票据购买土地	70 000
发行普通股偿还应付票据	100 000
非现金投资和筹资活动合计	$ 470 000

16.3　如何使用自由现金流评价企业经营状况

通过本章的学习，我们已经了解了经营活动、投资活动和筹资活动的现金流。一些投资者想知道企业有多少现金才能够帮助其发现新的市场机会。**自由现金流**（free cash flow）表示企业在为长期资产投资支付现金以及向股东支付现金股利后，现存的经营活动的现金流量。自由现金流可以用以下方法计算得出：

自由现金流＝经营活动产生的净现金流量－计划用于长期资产投资的现金－现金股利

许多企业用自由现金流来评估其经营活动。假如 SM 公司期望经营活动产生的净现金流量为 200 000 美元，公司计划在它的产品线上花费 160 000 美元，并支付 15 000 美元的现金股利。在本例中，SM 公司的自由现金流为 25 000 美元（200 000－160 000－15 000）。如果此时有一个好的投资机会，SM 公司将会有 25 000 美元的现金去投资。

16.4　附录 16A：使用直接法编制现金流量表

财务会计准则委员会表示倾向于用直接法报告经营活动产生的现金流量。相比间接法，直接法能更清楚地提供关于现金的来源和使用的信息。但是，很少有非上市企业使用直接法，原因是这种方法的计算比间接法复杂。在这两种方法下，投资和筹资活动的现金流量是一样的，只是经营活动有差别，这将会在本附录中介绍。

为了解释清楚为什么直接法和间接法编制的现金流量表的经营活动现金流量有差别，我们以 SM 公司为例说明现金流量表的编制。

□ 经营活动产生的现金流量

当使用间接法时，我们以权责发生制净利润为起点，然后通过一系列的调整项目将其调整为收付实现制。当使用直接法时，我们将利润表中的每一列从应计项目转换为现金项目。所以，在本质上，直接法编制的现金流量表中的经营活动部分实际上只是收付实现制的利润表。现在，让我们把这个信息应用于SM公司。

来自客户的现金收入

利润表的第一项就是销售净额，销售净额反映了本期销售的总额，无论是现金还是赊销。与销售净额相关的资产负债表中的账户是应收账款。应收账款从2017年12月31日的73 000美元增加到2018年12月31日的90 000美元，增长了17 000美元。销售净额可按如下方法调整为现金收入：

从客户处收到的现金＝销售净额＋期初应收账款－期末应收账款
＝286 000＋73 000－90 000
＝269 000(美元)

应收账款

2017年12月31日	73 000	
增加	17 000	
2018年12月31日	90 000	

销售收入

	286 000

因此，SM公司从客户处收到的现金为269 000美元，这是现金流量表经营活动部分的第一项。

SM公司
现金流量表（部分）
截至2018年12月31日的会计年度

经营活动产生的现金流量：	
收到：	
从客户处收到现金	$ 269 000

如果SM公司的应收账款减少，则公司从客户处收到的现金将会高于销售净额。

利息的现金收入

利润表上披露的利息收入为12 000美元，其在资产负债表上是用应收利息账户体现的。因为资产负债表上的应收利息不涉及现金收取，所以利息收入必须全部以现金形式收到。因此，现金流量表反映收到的利息为12 000美元。

SM公司
现金流量表（部分）
截至2018年12月31日的会计年度

经营活动产生的现金流量：	
收到：	
从客户处收到现金	$ 269 000
收到利息收入	12 000

收到的现金股利

利润表上披露的股利收入为 9 000 美元，其在资产负债表上是用应收股利账户体现的。与利息一样，因为资产负债表上的应收股利不涉及现金收取，所以股利收入必须全部以现金形式收到。因此，现金流量表反映收到的股利为 9 000 美元。

SM 公司
现金流量表（部分）
截至 2018 年 12 月 31 日的会计年度

经营活动产生的现金流量：		
收到：		
从客户处收到现金	$269 000	
收到利息收入	12 000	
收到投资股利	9 000	
总现金收入		$290 000

向供应商支付的款项

向供应商支付的款项包括：

- 存货；
- 除职工薪酬、利息和所得税以外的营业费用。

供应商是指那些能够提供存货或必要服务的经济实体，在存货方面涉及供应商的账户有销货成本、存货和应付账款。利润表上的销货成本为 156 000 美元，存货从 2017 年 12 月 31 日的 145 000 美元降低到 2018 年 12 月 31 日的 143 000 美元，应付账款从 2017 年 12 月 31 日的 50 000 美元增加到 2018 年 12 月 31 日的 90 000 美元。为存货支付现金的公式计算如下：

为存货支付现金＝销货成本－期初存货＋期末存货＋期初应付账款－期末应付账款
＝156 000－145 000＋143 000＋50 000－90 000
＝114 000(美元)

存货

2017 年 12 月 31 日	145 000		
购买	154 000	156 000	出售
2018 年 12 月 31 日	143 000		

应付账款

		50 000	2017 年 12 月 31 日
		40 000	增加
		90 000	2018 年 12 月 31 日

销货成本

出售	156 000		

涉及应付供应商的账户是其他营业费用和应计负债。利润表上的其他营业费用是 16 000 美元，应计负债从 2017 年的 12 月 31 日的 10 000 美元降低到 2018 年 12 月 31 日的 5 000 美元。使用现金支付营业费用的公式计算如下：

使用现金支付营业费用＝其他营业费用＋期初应计负债－期末应计负债
＝16 000＋10 000－5 000
＝21 000(美元)

应计负债

	10 000　2017年12月31日
5 000	
	5 000　2018年12月31日

其他营业费用

16 000	

将上述两项加在一起，便得出支付给供应商的总现金为135 000美元（114 000+21 000）。

SM公司 现金流量表（部分） 截至2018年12月31日的会计年度		
经营活动产生的现金流量：		
收到：		
从客户处收到现金	$269 000	
收到利息收入	12 000	
收到投资股利	9 000	
总现金收入		$290 000
支付：		
向供应商支付现金	(135 000)	

支付职工薪酬

职工薪酬包括支付给员工的薪金、工资和其他形式的员工补偿。应计金额不是现金流量，因为它们是尚未支付的金额。涉及应付职工薪酬的项目有利润表上的薪金和工资费用及资产负债表上的应付职工薪酬。因为资产负债表上的应付职工薪酬不涉及现金支付，所以薪金和工资费用账户代表支付给员工的所有现金金额，因此，现金流量表显示支付给员工的薪酬为56 000美元。

SM公司 现金流量表（部分） 截至2018年12月31日的会计年度		
经营活动产生的现金流量：		
收到：		
从客户处收到现金	$269 000	
收到利息收入	12 000	
收到投资股利	9 000	
总现金收入		$290 000
支付：		
向供应商支付现金	(135 000)	
向员工支付薪酬	(56 000)	

支付利息费用和所得税费用

这些现金支出与其他费用单独列示，与利息相关的账户涉及利润表上的利息费用和资产负债表上的应付利息。因为资产负债表上的应付利息不涉及现金支付，所以利润表上的利息费用代表所有已付利息的现金金额，现金流量表上的利息费用为15 000美元。

与所得税费用相关的账户包括利润表上的所得税费用和资产负债表上的应交所得税，因为资产负债表上的应交所得税不涉及现金支付，所以利润表上的所得税费用代表支付所得税的所有现金金额，现金流量表上的所得税费用为 14 000 美元。

SM 公司 现金流量表（部分） 截至 2018 年 12 月 31 日的会计年度		
经营活动产生的现金流量：		
收到：		
从客户处收到现金	$ 269 000	
收到利息收入	12 000	
收到投资股利	9 000	
总现金收入		$ 290 000
支付：		
向供应商支付现金	(135 000)	
向员工支付薪酬	(56 000)	
支付利息费用	(15 000)	
支付所得税费用	(14 000)	
总现金支付		(220 000)

处置长期资产产生的非现金费用和利得或损失

在使用直接法时，处置长期资产产生的非现金费用和利得或者损失在利润表中反映，但是不包括在经营活动中。不披露非现金费用是因为这些项目不影响现金流量。处置长期资产收到的现金在投资活动部分反映，而不在经营活动部分反映。

经营活动产生的净现金流量

为了使用直接法计算经营活动的净现金流量，我们将前面所说的所有现金流入和现金流出加总在一起，进而找出其中的差额。对于 SM 公司来说，总现金收入为 290 000 美元，总现金支付为 220 000 美元，所以经营活动产生的净现金流量为 70 000 美元，这正如图表 16－5 所示的一样，你会发现除了计算方法有区别外，经营活动产生的净现金流量均为 70 000 美元。

SM 公司的现金流量表的剩余部分也与使用间接法编制的现金流量表完全一样。图表 16A－1 展示了使用直接法编制的现金流量表。

图表 16A－1　现金流量表——直接法

SM 公司 现金流量表 截至 2018 年 12 月 31 日的会计年度		
经营活动产生的现金流量：		
收到：		
从客户处收到现金	$ 269 000	
收到利息收入	12 000	
收到投资股利	9 000	
总现金收入		$ 290 000
支付：		
向供应商支付现金	(135 000)	

向员工支付薪酬	(56 000)	
支付利息费用	(15 000)	
支付所得税费用	(14 000)	
总现金支付		(220 000)
经营活动产生的净现金流量		70 000
投资活动产生的现金流量：		
取得固定资产支付现金	(310 000)	
处置固定资产收到现金	50 000	
投资活动产生的净现金流量		(260 000)
筹资活动产生的现金流量：		
发行应付票据收到现金	90 000	
偿付应付票据支付现金	(10 000)	
发行普通股收到现金	120 000	
购买库存股支付现金	(20 000)	
支付现金股利	(10 000)	
筹资活动产生的净现金流量		170 000
现金净增加（减少）额		(20 000)
现金余额，2017 年 12 月 31 日		42 000
现金余额，2018 年 12 月 31 日		$ 22 000

16.5 附录 16B：使用工作底稿和间接法编制现金流量表

本章主体部分讨论了现金流量表在决策中的应用，以及展示了如何运用 T 形账户编制现金流量表。T 形账户作为一种学习工具非常有用。然而，在实际业务中，大多数企业面对的都是很复杂的情况，这时，工作底稿能帮助会计师编制现金流量表。

工作底稿从年初余额开始，到年末余额结束。中间的两栏左边一栏是借方，另一栏是贷方——构成了工作底稿的全部，这两栏称为业务分析栏，其中包含现金流量表的所有数据。会计人员可以直接取用工作底稿下面部分的数据来编制现金流量表。附录中所有的表格都依据本章列出的 SM 公司的数据。在本附录中，我们只通过间接法编制现金流量表。直接法也可以用工作底稿来完成。

间接法体现了从权责发生制净利润到经营活动产生的净现金流量的调整过程。图表 16B-1 就是用间接法编制现金流量表的工作底稿。A 部分列出了业务分析，B 部分给出了编制现金流量表的信息。

图表 16B-1 现金流量表工作底稿——间接法

SM 公司
现金流量表工作底稿
截至 2018 年 12 月 31 日的会计年度

	余额		业务分析			余额
	2017 年 12 月 31 日		借方	贷方		2018 年 12 月 31 日
A 部分——资产负债表						
现金	$ 42 000			20 000	(n)	$ 22 000
应收账款	73 000	(d)	17 000			90 000

续表

	余额		业务分析			余额
	2017 年 12 月 31 日		借方	贷方		2018 年 12 月 31 日
存货	145 000			2 000	(e)	143 000
固定资产	252 000	(h)	310 000	55 000	(c)	507 000
累计折旧——固定资产	(42 000)	(c)	15 000	20 000	(b)	(47 000)
资产总计	$ 470 000					$ 715 000
应付账款	50 000			40 000	(f)	90 000
应计负债	10 000	(g)	5 000			5 000
应付票据	80 000	(j)	10 000	90 000	(i)	160 000
负债合计	140 000					255 000
普通股（无面值）	250 000			120 000	(k)	370 000
留存收益	80 000	(m)	10 000	40 000	(a)	110 000
库存股	0	(l)	20 000			(20 000)
负债和所有者权益总计	$ 470 000		$ 387 000	$ 387 000		$ 715 000
B 部分——现金流量表						
经营活动产生的现金流量：						
净利润						
将净利润调节为经营活动产生的净现金流量：		(a)	40 000			
折旧费用——固定资产		(b)	20 000			
处置固定资产利得				10 000	(c)	
应收账款增加				17 000	(d)	
存货减少		(e)	2 000			
应付账款增加		(f)	40 000			
应计负债减少				5 000	(g)	
经营活动产生的净现金流量						
投资活动产生的现金流量：						
取得固定资产支付现金				310 000	(h)	
处置固定资产收到现金		(c)	50 000			
投资活动产生的净现金流量						
筹资活动产生的现金流量：						
发行应付票据收到现金		(i)	90 000			
偿付应付票据支付现金				10 000	(j)	
发行普通股收到现金		(k)	120 000			
购买库存股支付现金				20 000	(i)	
支付现金股利				10 000	(l)	
筹资活动产生的净现金流量						
现金净增加（减少）额		(n)	20 000			
合计			$ 382 000	$ 382 000		

下面是使用间接法在工作底稿中提供的业务分析列表：

a. 净利润40 000美元列示在经营活动产生的现金流量的首位。净利润在工作底稿（B部分）中，被计入经营活动产生的现金流量部分净利润的借方，留存收益的贷方（A部分）。

b. 接着是净利润的调整，首先是业务（b）20 000美元的折旧，借记折旧费用——固定资产，贷记累计折旧——固定资产。

c. 业务（c）是出售固定资产，贷记经营活动产生的现金流量部分处置固定资产利得10 000美元——作为净利润的减项，这样就从经营活动产生的现金流量中减掉了处置固定资产利得10 000美元，这是因为出售固定资产收到的现金不是10 000美元，而是50 000美元，这一金额已经在工作底稿投资活动产生的现金流量部分借记，分录（c）还需要将固定资产的成本55 000美元，贷记固定资产，并借记累计折旧——固定资产15 000美元。

d. 分录（d）借记应收账款，因为应收账款当年增加了17 000美元，而现金流量相应减少了17 000美元，贷记经营活动产生的现金流量部分应收账款的增加。

e. 分录（e）贷记存货，因为存货减少了2 000美元，借记经营活动产生的现金流量部分存货的减少。

f. 分录（f）贷记应付账款，因为应付账款增加了40 000美元，借记经营活动产生的现金流量部分应付账款的增加项目。

g. 分录（g）借记应计负债，因为应计负债减少了5 000美元，贷记经营活动产生的现金流量部分应计负债的减少。

h. 分录（h）借记固定资产，因为用310 000美元购买了固定资产，贷记投资活动产生的现金流量部分取得固定资产支付现金。

i. 分录（i）借记筹资活动产生的现金流量部分发行应付票据收到现金，金额为90 000美元，贷记应付票据。

j. 此笔分录是（i）分录的反向分录。它是借记应付票据，因为应付票据减少了10 000美元，贷记筹资活动产生的现金流量部分偿付应付票据支付现金。

k. 分录（k）借记筹资活动产生的现金流量部分发行普通股收到现金，金额为120 000美元，贷记普通股。

l. 库存股的购买应该借记资产负债表上的库存股，金额为20 000美元，相应地贷记购买库存股支付现金。

m. 留存收益账户10 000美元的减少是宣布发放股利的结果，所以我们知道股利的发放应该在筹资活动产生的现金流量部分贷记支付现金股利。

n. 图表16B-1的最后一项是现金净增加（减少）额。它展示的是贷记现金，借记现金净增加（减少）额，金额为20 000美元。

在图表16B-1的B部分，借方展示的是现金的增加（或者流入），贷方展示的是现金的减少（或者流出）。这是因为借记会增加现金，贷记会减少现金。

习题

P16-32A 确定现金流量表的目的，并使用间接法编制现金流量表

ARC公司在2018年1月1日成立，在该年发生了以下业务：

a. 2018年1月1日，ARC公司发行无面值普通股股票450 000美元。

b. 1月初，ARC公司发生了以下现金支付：

1. 购买商店设备，支付53 000美元；

2. 购买存货，支付 340 000 美元；

3. 支付商店租赁费 20 000 美元。

c. 在下半年，ARC 公司购买了价值 239 000 美元的存货，在年末之前，ARC 公司支付了 139 000 美元的应付账款。

d. 在 2018 年，ARC 公司共销售了 2 400 件每件价值 275 美元的存货。在年末之前，公司收回了该笔货款的 85%，销货成本是 250 000 美元，年末存货合计为 329 000 美元。

e. 该商店雇用了 3 个人。年度应付职工薪酬为 96 000 美元，在年末时仍然有 3 000 美元未支付。

f. 在年末，ARC 公司支付所得税 17 000 美元，没有应交所得税。

g. 在 2018 年下半年，ARC 公司支付现金股利 44 000 美元。

h. 对于设备，ARC 公司采用直线法计提折旧，折旧年限为 5 年，残值为 0。

要求：

1. 编制现金流量表的目的是什么？

2. 编制 ARC 公司截至 2018 年 12 月 31 日的会计年度的利润表。使用单步式，并且所有的收入和费用均以总额列示。

3. 编制 ARC 公司 2018 年 12 月 31 日的资产负债表。

4. 使用间接法编制 ARC 公司截至 2018 年 12 月 31 日的会计年度的现金流量表。

P16 - 33A　使用间接法编制现金流量表

M 公司的会计人员整理出该公司截至 2018 年 12 月 31 日的会计年度的下列数据：

	2018 年	2017 年
流动资产：		
现金	$ 99 400	$ 25 000
应收账款	64 100	69 700
存货	83 000	75 000
流动负债：		
应付账款	57 600	55 200
应交所得税	14 800	16 800

2018 年发生业务的有关数据如下：

发行普通股取得现金	$ 38 000	偿付应付债券	$ 46 100
折旧费用	24 000	支付现金股利	50 000
用现金购买设备	74 000	发行应付票据借入现金	62 000
发行长期应付票据购买土地	119 000	出售建筑物利得	4 500
出售建筑物的账面价值	54 000	净利润	68 500

要求：

使用间接法编制 M 公司的现金流量表，包括反映非现金投资和筹资活动的附表。

P16 - 34A　使用间接法编制现金流量表，包括非现金交易

RH 公司 2018 年 12 月 31 日的利润表和比较资产负债表如下所示：

RH公司
利润表
截至2018年12月31日的会计年度

销售净额		$ 440 000
销货成本		209 200
毛利润		230 800
营业费用：		
销售费用	$ 77 400	
折旧费用——固定资产	14 400	
其他营业费用	10 200	
营业费用合计		102 000
营业利润		128 800
其他收入和费用		
利息收入	8 700	
利息费用	(21 100)	
其他收入和费用合计		(12 400)
税前净利润		116 400
所得税费用		20 000
净利润		$ 96 400

RH公司
比较资产负债表
2018年和2017年12月31日

	2018年	2017年
资产		
流动资产：		
现金	$ 26 900	$ 15 700
应收账款	26 500	25 400
存货	79 800	91 500
长期资产：		
土地	35 100	14 000
固定资产	124 840	114 650
累计折旧——固定资产	(18 940)	(17 950)
资产总计	$ 274 200	$ 243 300
负债		
流动负债：		
应付账款	$ 35 700	$ 30 400
应计负债	28 700	30 300
长期负债：		
应付票据	79 000	108 000
负债合计	143 400	168 700
所有者权益		
普通股（无面值）	88 900	64 500
留存收益	41 900	10 100
所有者权益总计	130 800	74 600
负债和所有者权益合计	$ 274 200	$ 243 300

另外，在2018年RH公司使用长期应付票据购买了21 100美元的土地。该公司在当年没有出售土地，没有注销股票，也没有库存股业务。一项固定资产以0美元出售，出售资产的成本和累计折旧为13 410美元。

要求：

1. 编制2018年该公司的现金流量表，用直接法反映经营活动产生的现金流量。
2. 在这个练习中学到的知识对你评价一项投资有何帮助？

P16-35A　使用间接法编制现金流量表，并且评价现金流量，衡量自由现金流

JES公司2018年12月31日的比较资产负债表如下所示：

	2018年	2017年
流动资产：		
现金	$87 700	$23 500
应收账款	15 300	22 000
存货	62 600	60 400
流动负债：		
应付账款	28 100	26 100
应计负债	10 600	11 300

该公司在2018年发生业务的有关数据如下：

支付现金股利	$16 200	折旧费用	$16 700
用现金购买设备	54 700	用现金购买建筑物	98 000
发行长期应付票据借入现金	48 000	净利润	57 600
发行普通股取得现金	105 000		

要求：

1. 编制JES公司2018年12月31日的现金流量表，用间接法反映经营活动产生的现金流量。
2. 结合三类活动产生的现金流量，评价该公司当年的现金流量状况，并说明理由。
3. 如果JES公司计划在2019年开展类似的经营活动，那么它预期的自由现金流应该是多少？

P16A-36A　使用直接法编制现金流量表

使用P16-32A中ARC公司的数据。

要求：

1. 编制ARC公司截至2018年12月31日的会计年度的利润表。使用单步式，并且所有的收入和费用均以总额列示。
2. 编制ARC公司2018年12月31日的资产负债表。
3. 编制ARC公司截至2018年12月31日的会计年度的现金流量表，用直接法反映经营活动产生的现金流量。

P16A-37A　使用直接法编制现金流量表

使用P16-34A中RH公司的数据。

要求：

1. 使用直接法编制2018年的现金流量表。
2. 在这个练习中学到的知识对你评价一项投资有何帮助？

P16B-38A　使用间接法和工作底稿编制现金流量表

AG公司2018年的比较资产负债表和利润表如下，AG公司2018年以账面价值处置了一项固定资产。

AG 公司 利润表 截至 2018 年 12 月 31 日的会计年度		
销售净额		$443 000
销货成本		205 800
毛利润		237 200
营业费用：		
薪金和工资费用	$76 800	
累计折旧——固定资产	15 400	
其他营业费用	49 300	
营业费用合计		141 500
营业利润		95 700
其他收入和费用		
利息收入	11 600	
利息费用	(24 400)	
其他收入和费用合计		(12 800)
税前净利润		82 900
所得税费用		16 200
净利润		$66 700

AG 公司 比较资产负债表 2018 年和 2017 年 12 月 31 日		
	2018 年	2017 年
资产		
流动资产：		
现金	$14 700	$15 900
应收账款	42 200	43 900
存货	97 600	93 900
固定资产：		
土地	42 200	17 000
固定资产	121 950	110 750
累计折旧——固定资产	(20 250)	(16 450)
资产合计	$298 400	$262 500
负债		
流动负债：		
应付账款	$25 900	$26 900
应计负债	24 500	22 700
长期负债：		
应付票据	51 000	65 000
负债合计	101 400	114 600
所有者权益		
普通股（无面值）	138 900	130 700
留存收益	58 100	19 700
所有者权益合计	197 000	150 400
负债和所有者权益总计	$298 400	$265 000

要求：

编制该公司 2018 年现金流量表的工作底稿，使用间接法编制经营活动产生的现金流量部分。该公司以 0 美元的价格处置固定资产，销售固定资产的成本和累计折旧是 11 600 美元，没有销售土地，没有注销普通股，也没有库存股交易。假设固定资产和土地收购都是以现金形式交易。

第 17 章

财务报表分析

17.1 如何使用财务报表分析一家企业
17.2 如何使用横向分析分析企业
17.3 如何使用纵向分析分析企业
17.4 如何使用相关比率分析企业

我应该投资哪家公司？

克拉拉·沃诺想念她的母亲西尔维娅很久了。每当克拉拉在繁忙的工作告一段落去看望她时，母亲总是知道应该说些什么，而且母亲的巧克力曲奇饼干总能神奇地让她感觉好起来。克拉拉的母亲已经去世6个月了，克拉拉需要自己做出很多决定。作为母亲遗产的继承人，克拉拉负责帮助会计师和律师敲定一些财务上的细节和遗产的书面工作。克拉拉知道一旦遗产确定下来，她会收到一大笔钱。她知道如何使用这笔钱将会是非常重要的决定。

克拉拉和她的理财规划师会面，分享了自己的计划和目标——还清她在学生时代的贷款和其他的私人债务，然后将钱存起来为退休做准备。她希望用还清债务后的钱到股票市场上进行投资。但是克拉拉很焦虑，她试图通过阅读报纸的商业板块和听财经新闻来跟上金融市场发展的节奏，但是她不确定哪家公司是最好的投资选择。克拉拉的理财规划师告诉她其实有很多可以用来评价哪家公司更赚钱的工具。这些工具将会帮助她决定一段时间内的投资走向。克拉拉知道，在她的理财规划师和这些工具的帮助下，她能够搞清楚公司的财务报表，并信心十足地进行投资，成为母亲的骄傲。

帮助用户分析业务的工具有哪些？

在本章中，你将了解到允许使用者获得的财务报表数据之外的信息并将它们转换成有效分析的工具。到目前为止，你已经学习了编制财务报表需要做的工作，现在你将要学习如何使用财务报表有效地管理公司、做出明智的投资，以及对不同的公司进行比较。为公司工作的注册理财规划师，如瑞杰金融集团（Raymond James Financial），是一家提供全方位经纪和投资服务的金融服务控股公司，总部设在佛罗里达州。它会对财务报表进行分析，对比不同时期企业的经营状况。这种比较帮助投资者确定随着时间的推移，企业的经营是否越来越好。另外，理财规划师还会使用别的工具——比率分析，对某家企业与同行业的其他企业进行比较。不管你是投资者、雇员还是公司的经理，知道如何准确地评价一家企业的经营状况有助于你做出明智的决定。

学习目的

1. 解释如何利用财务报表分析一家企业。
2. 对财务报表进行横向分析。
3. 对财务报表进行纵向分析。
4. 计算和评估标准财务比率。

17.1 如何使用财务报表分析一家企业

在本章中，我们将会用你已经学到的关于财务报表的知识来分析STL公司，以确定它是否盈利以及总体的财务状况。

□ 分析目的

股东和债权人不能仅凭一年的数据评估一家企业，这就是为什么财务报告分析至少需要两个时期。实际上，大多数财务分析涉及 3～5 个时期。本章将展示如何利用分析工具对企业的各方面发展进行分析。小企业的所有者可以用这些工具评价经营状况，财务分析师可以用这些工具进行股票投资分析，审计师可以用这些工具获得企业财务状况的所有相关信息，债权人可以用这些工具确定债务风险，其他任何想要在相关范围内比较财务数据的人都可以使用这些分析工具。

为了精准确定一家企业的财务表现，如 STL 公司，我们需要按以下方式来对比企业的绩效：

a. 年度之间比较；

b. 与竞争对手进行比较；

c. 与行业整体进行比较。

比较之后，我们就会对如何判断 STL 公司现在的状况，以及预测不久的将来可能发生的事情有更好的理解。

□ 分析工具

有三种分析财务报表的主要方法：

- 横向分析可以提供不同期间企业业绩的年度比较。
- 纵向分析可以提供不同企业之间的比较。
- 比率分析可以提供关于一家企业业绩的信息。它通常用来将本企业与同行业的其他企业进行有效对比，揭示企业的发展趋势。

□ 企业财务报告

在讨论财务报表分析可以使用的不同工具以前，让我们先来回顾一下企业的财务报告。

年度报告

上市公司的股票需要在证券交易所中列示出来，如纽约证券交易所或者纳斯达克证券交易所。证券交易委员会要求它们披露年度和季度报告。**年度报告**（annual report）提供了一家企业财务状况的相关信息。这些报告有助于投资者做出有根据的投资决定。

企业概况

典型的年度报告是从企业的概况开始的——包括企业所处的行业、成长策略以及企业品牌的介绍，通常也会讨论企业的竞争对手以及与企业经营相关的风险。

财务状况和经营成果的管理层讨论与分析

年度报告的另一个部分就是对**财务状况和经营成果的管理层讨论与分析**（management's discussion and analysis of financial condition and results of operations，MD&A）。年度报告的这部分旨在帮助投资者理解经营成果和企业的财务状况。这部分是由企业所写，并且能够代表企业的财务状况和经营成果，认识到这一点很重要。报告的这部分是企业试图解释它的财务报表并讨论它的经营状况。

投资者对 MD&A 很感兴趣，因为它通常包含一些不会在财务数据中出现的信息，例如，企业计划下年度在不动产、固定资产和设备上如何分配现金，能够带来收入和费用增加或减少的重大变化在未来是否会发生。这部分通常提供一些前瞻性信息，来帮助那些想要评价企业未来盈利状况的投资者。

独立注册的会计师事务所的报告

独立注册的会计师事务所的报告（通常称为审计报告）也包括在年度报告中，审计报告证实了财务报告披露的公允性以及报告是否根据一般公认会计原则披露。该报告由独立的外部审计师编制，由他来进行财务报表审计。另外，外部审计师还对评估企业的内部控制是否有效负责。

大部分审计报告出具的都是**无保留意见**（unqualified opinions），这意味着财务报表在所有实质性方面是公允的；如果财务报表与一般公认会计原则有偏离，审计师可能会出具**保留意见**（qualified opinion）；如果审计师发现财务报表的披露不公允，那么将会出具否定意见。

财务报表

年度报告包括四张基本财务报表：资产负债表（又称财务状况表）、利润表（又称经营情况表）、股东权益变动表、现金流量表。企业需要报告一定期间的所有财务报表。例如，科尔士百货2019年的年度报告中包括公司过去三个会计年度（2013年、2014年和2015年）的财务数据。

财务报表附注

紧跟在财务报表之后的是财务报表附注。附注包括对会计政策的概述以及对财务报表中特殊事项的解释说明。附注是财务报表非常重要的一部分，也是投资者理解财务报表所反映信息的重要途径。

17.2 如何使用横向分析分析企业

许多经营者的决策都是根据销售额、费用和净利润等指标的金额在一定时期内的增减趋势做出的。例如，销售额比上年增加了吗？增加了多少？

我们可能发现销售额增加了，但只是单独考虑销售额的增加对决策并不是很有用。分析某一时期销售额的变动百分比能够对预测提供更有用的帮助。例如，如果一家公司第一年的销售额为100 000美元，第二年增加了50 000美元，那么这50 000美元是一笔很大的金额。但是，如果公司的销售额为10亿美元，增加50 000美元就不是那么多了。因此，知道增加的百分比比增加的数额更有用。

研究比较财务报表变动百分比的方法叫**横向分析**（horizontal analysis）。横向分析主要比较相邻两年的数据。在比较财务报表上，变动百分比的计算分为以下两个步骤：

第一步：计算从较早期到最近一期的变动金额。

第二步：用变动金额除以基期金额再乘以100%，我们称较早期为基期。

以STL公司为例的横向分析列示如下：

	2020年	2019年	增加（减少）	
			金额	百分比
销售净额	\$858 000	\$803 000	\$55 000	6.8%

STL公司2020年销售净额增长了6.8%，计算过程如下：

第一步：计算从2019年到2020年销售变动金额。

销售变动金额＝后一年度金额－前一年度金额
＝858 000－803 000
＝55 000（美元）

第二步：用销售变动金额除以基期金额再乘以100%，计算最近一期的百分比变动。

横向分析＝(销售变动金额/基期金额)×100％
＝(55 000/803 000)×100％
＝6.8％

利润表的横向分析

图表 17－1 是 STL 公司利润表的横向分析。这个比较利润表反映了 2020 年发生的高速增长。销售净额增长了 6.8％，而销货成本仅增长了 0.8％，导致毛利润增长 17.3％。除此之外，STL 公司成功降低了营业费用，带来了营业利润 77.2％的增加。

图表 17－1　比较利润表——横向分析

STL 公司
利润表
截至 2020 年和 2019 年 12 月 31 日的会计年度

	2020 年	2019 年	增加（减少）	
			金额	百分比
销售净额	$858 000	$803 000	$55 000	6.8％
销货成本	513 000	509 000	4 000	0.8
毛利润	345 000	294 000	51 000	17.3
营业费用：				
销售费用	126 000	114 000	12 000	10.5
管理费用	118 000	123 000	(5 000)	(4.1)
营业费用合计	244 000	237 000	7 000	3.0
营业利润	101 000	57 000	44 000	77.2
其他收入和费用：				
利息收入	4 000	0	4 000	—
利息费用	(24 000)	(14 000)	10 000	71.4
其他收入和费用合计	(20 000)	(14 000)	6 000	42.9
税前利润	81 000	43 000	38 000	88.4
所得税费用	33 000	17 000	16 000	94.1
净利润	$48 000	$26 000	$22 000	84.6％

STL 公司利润表中有两个项目的增长率是最低的——销货成本和管理费用。销货成本仅增长 0.8％，管理费用下降 4.1％。在最后一行，净利润增长了 84.6％，这是一个很大的进步。

资产负债表的横向分析

图表 17－2 为 STL 公司比较资产负债表的横向分析。该分析也显示了资产的增加，总资产增加了 22.2％。注意：现金及现金等价物和预付费用在当年减少了，但是这一减少被其他资产的增加抵销了。

图表17-2 比较资产负债表——横向分析

STL公司 资产负债表 2020年和2019年12月31日				
	2020年	2019年	增加（减少）	
			金额	百分比
资产				
流动资产：				
现金及现金等价物	\$29 000	\$32 000	\$(3 000)	(9.4)%
应收账款（净额）	114 000	85 000	29 000	34.1
存货	113 000	111 000	2 000	1.8
预付费用	6 000	8 000	(2 000)	(25.0)
流动资产合计	262 000	236 000	26 000	11.0
固定资产（净值）	507 000	399 000	108 000	27.1
长期投资	18 000	9 000	9 000	100.0
资产总计	\$787 000	\$644 000	\$143 000	22.2%
负债				
流动负债：				
应付账款：	\$73 000	\$68 000	\$5 000	7.4%
应计负债	27 000	31 000	(4 000)	(12.9)
应付票据	42 000	27 000	15 000	55.6
流动负债合计	142 000	126 000	16 000	12.7
长期负债	289 000	198 000	91 000	46.0
负债合计	431 000	324 000	107 000	33.0
所有者权益				
普通股（无面值）	186 000	186 000	0	0.0
留存收益	170 000	134 000	36 000	26.9%
所有者权益合计	356 000	320 000	36 000	11.3%
负债和所有者权益总计	\$787 000	\$644 000	\$143 000	22.2%

STL公司的总负债也增加了。总负债增加了33.0%，但是从括号中的负债数据中可以看出应计负债减少了12.9%。这是STL公司正在积极发展的另一个证明，因为它意味着公司正在利用举债来发展。

□ 趋势分析

趋势分析（trend percentages）是横向分析的一种形式。趋势百分比表明了企业的发展方向。例如，销售额在5年内发生了怎样的变动？企业净利润的趋势如何？这些问题都可以通过分析一定时期，如3～5年的趋势百分比得到回答。

计算趋势百分比时要用到基期，基期的金额被设定为100%，以后每年的金额表示为基期金额的百分比。用每年每一项目的金额去除以基期相应项目的金额再乘以100%，就可得到趋势百分比。

趋势百分比=(任意时期金额/基期金额)×100%

假设STL公司2016年的销售净额是750 000美元，2020年增长到了858 000美元，为了说明趋势分析，让我们看一下STL公司2016—2020年的销售净额。以2016年为基期，那么2016年的比率即100%：

	2020年	2019年	2018年	2017年	2016年
销售净额	\$858 000	\$803 000	\$780 000	\$748 000	\$750 000
趋势百分比	114.4%	107.1%	104.0%	99.7%	100.0%

我们要计算2016—2020年5年的趋势百分比，2016年定为基期。销售净额的趋势百分比用每年的销

售净额除以 2016 年的销售净额再乘以 100%得到。例如，2017 年趋势百分比的计算方法如下：

趋势百分比＝(任意时期金额/基期金额)×100%
＝(748 000/750 000)×100%
＝99.7%

注意：2017 年的销售净额增长较慢，2018—2020 年有了较快的增长。你可以对任何一个或多个你觉得重要的项目进行趋势分析。趋势分析广泛应用于预测企业未来的发展。

趋势分析和横向分析非常相似，它们可以用来预测一家企业不同的项目。横向分析可以让企业看到从一年到下一年的变动百分比，而趋势分析则是显示了从基期到某一期的变化百分比，以确定销售净额的趋势，例如，在较长的一段时间内是上升还是下降。

17.3　如何使用纵向分析分析企业

正如你所看到的，横向分析和趋势分析强调的是某一项目在一个时期内的变动。然而，没有一种单一的方法能够反映一家企业的全貌，所以我们还需要纵向分析。

财务报表的**纵向分析**（vertical analysis）揭示了报表中的每个项目与其基数的关系。财务报表上的每个项目被反映成基数的百分比。在利润表中，销售净额作为基数；在资产负债表中，总资产作为基数。

纵向分析百分比＝(具体项目金额/基数)×100%

□ 利润表的纵向分析

图表 17-3 是对 2020 年和 2019 年 STL 公司比较利润表的纵向分析。

图表 17-3　比较利润表——纵向分析

STL 公司 利润表 截至 2020 年和 2019 年 12 月 31 日的会计年度				
	2020 年	**百分比**	**2019 年**	**百分比**
销售净额	$858 000	100.0%	$803 000	100.0%
销货成本	513 000	59.8	509 000	63.4
毛利润	345 000	40.2	294 000	36.6
营业费用：				
销售费用	126 000	14.7	114 000	14.2
管理费用	118 000	13.8	123 000	15.3
营业费用合计	244 000	28.4	237 000	29.5
营业利润	101 000	11.8	57 000	7.1
其他收入和费用：				
利息收入	4 000	0.5	0	0.0
利息费用	(24 000)	(2.8)	(14 000)	(1.7)
其他收入和费用合计	(20 000)	(2.3)	(14 000)	(1.7)
税前利润	81 000	9.4	43 000	5.4
所得税费用	33 000	3.8	17 000	2.1
净利润	$48 000	5.6%	$26 000	3.2%

通过纵向分析，2020 年 STL 公司销货成本是销售净额的 59.8%((513 000/858 000)×100%＝59.8%)，2019 年为 63.4%((509 000/803 000)×100%＝63.4%)，这就意味着在 2020 年每一美元的销售

净额中有 0.60 美元的销货成本，在 2019 年有 0.63 美元的销货成本。销货成本百分比的下降有助于解释图表 17-1 中横向分析计算的毛利润的增长。SML 公司能够在每一美元的销售净额中减少 0.03 美元以上的销货成本。

2020 年 STL 公司的净利润是销售净额的 5.6%，2019 年为 3.2%。这表明 2019—2020 年有很大的改善。假设在通常情况下，公司的净利润占销售净额的百分比大约是 10%，低于 4%则意味着投资者需要警惕并且考虑出售股票。

□ 资产负债表的纵向分析

图表 17-4 是 STL 公司资产负债表的纵向分析。基数是总资产。负债和所有者权益总额也可以作为基数，因为它们和总资产的数额是一样的，在 2020 年为 787 000 美元。

图表 17-4　比较资产负债表——纵向分析

STL 公司
资产负债表
2020 年和 2019 年 12 月 31 日

	增加（减少）			
	2020 年	百分比	2019 年	百分比
资产				
流动资产：				
现金及现金等价物	$29 000	3.7%	$32 000	5.0%
应收账款（净额）	114 000	14.5	85 000	13.2
存货	113 000	14.4	111 000	17.2
预付费用	6 000	0.8	8 000	1.2
流动资产合计	262 000	33.3	236 000	36.6
固定资产（净值）	507 000	64.4	399 000	62.0
长期投资	18 000	2.3	9 000	1.4
资产总计	$787 000	100.0%	$644 000	100.0%
负债				
流动负债：				
应付账款	$73 000	9.3%	$68 000	10.6%
应计负债	27 000	3.4	31 000	4.8
应付票据	42 000	5.3	27 000	4.2
流动负债合计	142 000	18.0	126 000	19.6
长期负债	289 000	36.7	198 000	30.7
负债合计	431 000	54.8	324 000	50.3
所有者权益				
普通股（无面值）	186 000	23.6	186 000	28.9
留存收益	170 000	21.6	134 000	20.8
所有者权益合计	356 000	45.2	320 000	49.7
负债和所有者权益总计	$787 000	100.0%	$644 000	100.0%

对 STL 公司资产负债表的纵向分析揭示了公司财务状况的许多有趣之处：

- 2020 年流动资产占总资产的 33.3%，2019 年为 36.6%，对于大多数公司来说这个比例为 30%。
- 2020 年总负债占总资产的 54.8%，比 2019 年的 50.3%略有提高。

- 2020 年所有者权益占总资产的比例为 45.2%，2019 年为 49.7%，两年的数据大致接近。

□ 结构百分比表

横向分析和纵向分析可以提供关于一家企业许多有用的数据，正如我们所看到的，STL 公司的比率说明它是一家非常成功的公司，但是这些数据仅能用于一家公司。

为了将 STL 公司与其他公司进行对比，我们使用**结构百分比表**（common-size statement），它仅报告和纵向分析相同的比率，通过只报告比率，可以消除对于相关公司的货币价值偏差。**货币价值偏差**（dollar value bias）是由于个体之间使用绝对数，而没有使用相对数进行比较而带来的偏差。例如，对于个人来说 100 万美元是非常多的，但是对于较大的公司来说，它是微不足道的。

我们可以编制 STL 公司各年度之间的结构百分比表，也可以用结构百分比表来对比 STL 公司和一家虚构的公司——LS 公司的盈利性，两家公司在同一行业中竞争。到底哪家公司能够获得较高的收入，从而为股东带来较高的回报呢？图表 17－5 展现了两家公司 2020 年的结构百分比表，因此我们可以使用相对数而不是绝对数进行比较。

图表 17－5 STL 公司和 LS 公司的结构百分比表

STL 公司与 LS 公司 结构百分比利润表 截至 2020 年 12 月 31 日的会计年度		
	STL 公司	LS 公司
销售净额	100.0%	100.0%
销货成本	59.8	36.3
毛利润	40.2	63.7
营业费用：		
销售费用	14.7	21.8
管理费用	13.8	7.3
营业费用合计	28.4	29.1
营业利润	11.8	34.6
其他收入和费用：		
利息收入	0.5	11.5
利息费用	(2.8)	(10.3)
其他收入和费用合计	(2.3)	1.2
税前利润	9.4	35.8
所得税费用	3.8	12.3
净利润	5.6%	23.5%

图表 17－5 展示了在 2020 年 LS 公司比 STL 公司有更强的盈利性。LS 公司的毛利率为 63.7%，而 STL 公司的毛利率为 40.2%，这意味着 LS 公司每一美元能够获得比 STL 公司更高的利润，而且最重要的是，LS 公司的净利润率为 23.5%，这就意味着 LS 公司几乎 1/4 的收入都会成为股东的净利润，而 STL 公司却是 5.6%，远低于 LS 公司。STL 公司较低的净利润率直接归因于它较高的销货成本。STL 公司的销货成本占销售净额的 59.8%，而 LS 公司只有 36.3%。

□ 标杆比较

标杆比较（benchmarking）是将一家企业与行业领导者进行比较。它通常用一种图形的方式显示结构百分比，以凸显差距。在财务报表分析中有两种标杆：与重要竞争对手的标杆比较和与行业平均水平的标杆比较。

与重要竞争对手的标杆比较

图表 17－5 将 LS 公司作为 STL 公司的主要竞争对手，比较了盈利性。两个公司在同行业进行竞争，所以 LS 公司是 STL 公司的理想标杆。图表 17－6 强调了不同公司的盈利性，如果我们将重点放在销货成本和净利润上，会发现 LS 公司比 STL 公司的盈利性强，主要是因为它的销货成本明显更低。

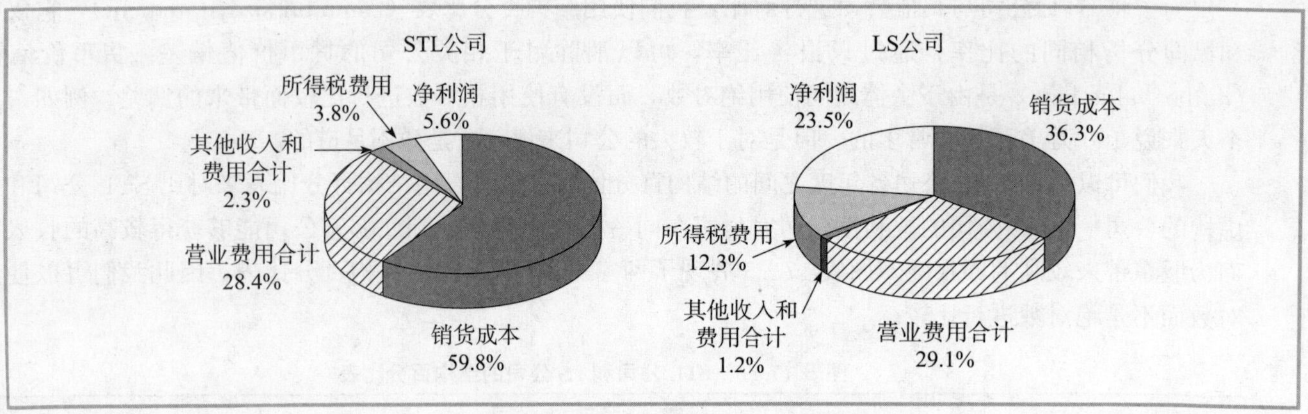

图表 17－6　结构百分比利润表图解——STL 公司与 LS 公司

与行业平均水平的标杆比较

行业平均水平同样也是评价企业业绩非常有效的指标。行业比较将会显示出 STL 公司相对于在线培训行业平均水平的业绩情况。风险管理协会（Risk Management Association）出版的年度财务报告提供了大多数行业的结构百分比，如果想将 STL 公司与行业平均水平进行比较，只需要简单地将图表 17－5 中 LS 公司的数据换成行业平均水平即可。

17.4　如何使用相关比率分析企业

在线财务数据库，比如 LexisNexis 数据库和道琼斯，提供了许多企业的财务数据。假设你想要比较一些企业最近的盈利情况，你可以对比企业的权益报酬率指标，计算机可以从数据库中搜索出权益报酬率最高的前 20 家企业。用户可以搜索任何与特定决策相关的比率进行分析。

但需要注意：并不是一个比率就可以告诉你企业的整体绩效。不同的比率会阐释企业绩效的不同方面。本章要讨论的比率可以分为以下几类：

- 衡量企业偿还流动负债能力的比率；
- 衡量企业销售存货和收回应收账款能力的比率；
- 衡量企业偿还长期负债能力的比率；
- 衡量企业获利能力的比率；
- 衡量企业股票投资价值的比率。

我们将用 STL 公司的比较利润表和资产负债表来讨论能够用来评价一家企业的比率，如图表 17－7 所示。让我们先从讨论能够用来评价企业偿还流动负债能力的比率开始。

图表 17-7 比较财务报表

STL 公司
资产负债表
2020 年和 2019 年 12 月 31 日

	2020 年	2019 年
资产		
流动资产：		
现金及现金等价物	$ 29 000	$ 32 000
应收账款（净额）	114 000	85 000
存货	113 000	111 000
预付费用	6 000	8 000
流动资产合计	262 000	236 000
固定资产（净值）	507 000	399 000
长期投资	18 000	9 000
资产总计	$ 787 000	$ 644 000
负债		
流动负债：		
应付账款	$ 73 000	$ 68 000
应计负债	27 000	31 000
应付票据	42 000	27 000
流动负债合计	142 000	126 000
长期负债	289 000	198 000
负债合计	431 000	324 000
所有者权益		
普通股（无面值）	186 000	186 000
留存收益	170 000	134 000
所有者权益合计	356 000	320 000
负债和所有者权益总计	$ 787 000	$ 644 000

STL 公司
利润表
截至 2020 年和 2019 年 12 月 31 日的会计年度

	2020 年	2019 年
销售净额	$ 858 000	$ 803 000
销货成本	513 000	509 000
毛利润	345 000	294 000
营业费用：		
销售费用	126 000	114 000
管理费用	118 000	123 000
营业费用合计	244 000	237 000
营业利润	101 000	57 000
其他收入和费用：		
利息收入	4 000	0
利息费用	(24 000)	(14 000)
其他收入和费用合计	(20 000)	(14 000)
税前利润	81 000	43 000
所得税费用	33 000	17 000
净利润	$ 48 000	$ 26 000

□ 衡量偿还流动负债能力

在本节中，我们将讨论衡量一家企业偿还流动负债能力的一个等式和三个比率。

营运资金

确定一家企业的营运资金是衡量一家企业偿还流动负债能力的良好开始。**营运资金**（working capital）衡量的是用流动资产偿还短期负债的能力，其定义如下：

营运资金＝流动资产－流动负债 STL 公司在 2020 年和 2019 年 12 月 31 日营运资金的计算方法如下：

营运资金＝流动资产－流动负债

2020 年：262 000－142 000＝120 000(美元)

2019 年：236 000－126 000＝110 000(美元)

STL 公司的营运资金是正数，表明公司的流动资产多于流动负债，但一些额外信息也会有所帮助。以营运资金数据为基础的三个决策工具是现金比率、酸性测试比率和流动比率。

现金比率

现金对于每家企业都很重要。没有足够的可用现金，企业就不能持续经营。因此，企业需要非常谨慎地监控现金。**现金比率**（cash ratio）可以用来计算一家企业的流动性，该比率能帮助确定一家企业偿还短期负债的能力。现金比率的计算方法是用现金加上现金等价物除以流动负债总额。

注意，现金比率包括现金及现金等价物。现金等价物是流动性很高的投资，能够在 3 个月或者更短的时间内转换成现金。现金等价物包括货币市场的投资和政府债券。

STL 公司在 2020 年和 2019 年 12 月 31 日的现金比率计算方法如下，下表也同时列出了行业平均水平：

公式	2020 年	2019 年	行业平均水平
现金比率$=\frac{\text{现金＋现金等价物}}{\text{流动负债总额}}$	$\frac{29\,000}{142\,000}=0.20$	$\frac{32\,000}{126\,000}=0.25$	0.40

由于可用现金及现金等价物的减少以及流动负债总额的增加，STL 公司的现金比率 2019—2020 年略有下降。现金比率是对流动性最保守的评估，因为它仅包括现金及现金等价物，将其他流动资产，如存货和应收账款排除在外。注意：在这两年中 STL 公司的现金比率都小于 1.0。现金比率小于 1.0 是一件好事，高于 1.0 的现金比率可能意味着公司的现金供应超出了需要的金额。这些现金本可以用来产生更多的利润，或者作为股利分配给股东。但是，过低的现金比率会向投资者和债权人传递公司没有能力偿还其所有短期负债的信息。

酸性测试比率

酸性测试比率（acid-test ratio）也称速动比率（quick ratio），告诉我们如果全部流动负债立刻到期，企业是否能够偿还。酸性测试比率没有现金比率严格，因为它在计算中包含更多的资产。

为了计算酸性测试比率，我们先将现金及现金等价物、短期投资（在未来 12 个月或一个营业周期内出售，以较长者为准）、流动应收款项净值（应收账款和应收票据扣除坏账准备后的净额）加总，然后除以流动负债总额。存货和预付费用没有被包括进来，因为它们是流动性较差的资产。2020 年和 2019 年 STL 公司的酸性测试比率计算如下：

公式	2020 年	2019 年	行业平均水平
酸性测试比率 $= \frac{\text{现金及现金等价物}+\text{短期投资}+\text{流动应收款项净额}}{\text{流动负债总额}}$	$\frac{29\,000+0+114\,000}{142\,000}=1.01$	$\frac{32\,000+0+85\,000}{126\,000}=0.93$	0.46

2020 年公司的酸性测试比率有很大提高，并且明显优于行业平均水平。根据风险管理协会公布的数据，酸性测试比率的标准从鞋类零售业的 0.20 到设备制造业的 1.20 各不相同。在大多数行业，酸性测试比率为 0.90～1.00 是比较安全的。

流动比率

使用最广泛的比率就是**流动比率**（current ratio），它是用流动资产总额除以流动负债总额得到的。流动比率衡量企业用流动资产偿还流动负债的能力。它没有酸性测试比率和现金比率严格，因为它在计算中包括所有流动资产。

STL 公司 2020 年和 2019 年 12 月 31 日的流动比率计算如下，下表也同时列出了行业平均水平：

公式	2020 年	2019 年	行业平均水平
流动比率 $= \frac{\text{流动资产总额}}{\text{流动负债总额}}$	$\frac{262\,000}{142\,000}=1.85$	$\frac{236\,000}{126\,000}=1.87$	0.60

一般来说，较高的流动比率意味着企业有足够的流动资产来维持正常的经营活动。STL 公司 2020 年的流动比率为 1.85，而行业平均水平为 0.60。

可接受的流动比率是多少，这要由行业性质决定。根据风险管理协会公布的数据，大多数企业流动比率的标准大约是 1.5。STL 公司的流动比率为 1.85 是非常好的。但是要注意：我们也不希望流动比率非常高，比如 2.5。这可能意味着公司资产的流动性过强，流动资产没有得到很好的利用。例如，公司可能需要减少存货，以确保不需要紧缩可用的资源。

□ 衡量销售存货和收回应收账款能力

在这一部分，我们将讨论衡量企业销售存货和收回应收账款能力的五种比率。

存货周转率

存货周转率（inventory turnover）是指企业一年内销售平均存货量的次数。存货周转率高意味着销售存货很容易；存货周转率低意味着销售存货比较困难。存货周转率为 4 意味着企业在一年中销售了平均存货量 4 次，每 3 个月周转一次。

为了计算存货周转率，我们可以用一定时期的销货成本除以当期的平均存货。我们用销货成本，而不是销售收入进行计算，是因为销货成本和存货都是以成本价表示的，而销售收入则是以商品的售价表示的，因此不能与存货的成本进行比较。

2020 年 STL 公司的存货周转率计算如下：

公式	存货周转率	行业平均水平
存货周转率 $= \frac{\text{销货成本}}{\text{平均存货}}$	$\frac{513\,000}{(111\,000+113\,000)/2}=4.58$	27.70

销货成本的数据来自利润表（见图表 17－7），平均存货是用年初存货余额 111 000 美元加上年末存货余额 113 000 美元，然后除以 2 得到的（见图表 17－7 中的资产负债表）。

存货周转率因企业性质不同差异很大。例如，许多农场设备制造公司的年存货周转率接近 3，而开采天然气的公司的存货往往只会储存一小段时间，周转非常快，存货周转率的平均值达到30。STL公司的存货每年周转4.58次，公司有足够的存货来满足大约80天（365/4.68）的销售，这个值在行业中算是比较低的，该行业的平均存货周转率为27.70，这意味着STL需要改善这个比率。

存货周转天数

另一个关键的指标就是**存货周转天数**（days'sales in inventory），这个指标衡量存货在企业中储存的平均天数。STL公司2020年存货周转天数的计算如下：

公式	存货周转天数	行业平均水平
$存货周转天数=\frac{365}{存货周转率}$	$\frac{365}{4.58}=79.7$ 天	13天

不同企业的存货周转天数有很大的不同，STL公司的存货周转天数为79.7天，高于行业平均水平13天。这个指标明确了STL公司需要改善的领域。STL公司需要专注于减少持有的平均存货数量。通过减少持有的平均存货数量，公司可以提高存货周转率，减少存货周转天数。STL公司还将能够降低存货库存和保险成本，以及降低持有过时存货的风险。

毛利率

毛利润的计算是用销售净额减去销货成本。商业企业都希望提高**毛利率**（gross profit percentage）。这个比率用来衡量除去销货成本的每单位销售额的盈利能力，计算方法是用毛利润除以销售净额。

毛利率是最谨慎的衡量盈利能力的指标之一。它反映了企业从存货中获取利润的能力。从存货中获得的毛利润必须足够高，这样才能支付营业费用并获取净利润。从去年到今年毛利率的小幅增长可能意味着收入的大幅增长；相反，从去年到今年的小幅下降可能预示着比较大的麻烦。

STL公司2020年的毛利率计算如下：

公式	毛利率	行业平均水平
$毛利率=\frac{毛利润}{销售净额}$	$\frac{345\,000}{858\,000}=0.402=40.2\%$	43%

由于企业所处的行业不同，毛利率也有很大的不同。STL公司的毛利率为40.2%，比行业平均水平43%略低。这个比率明确了STL公司需要改善的领域。为了提高毛利率，STL公司需要减少存货成本或者增加收入（销售价格）。另外，强调存货周转率可能会帮助STL公司增加毛利率。

应收账款周转率

应收账款周转率（accounts receivable turnover ratio）衡量企业在一年内收回平均应收账款余额的次数。一般来说，应收账款周转率越高，表明企业收回现金越快。但是，应收账款周转率太高可能意味着信用标准太高，会造成优质客户的流失。为了计算应收账款周转率，我们用赊销净额（假设图表17－7中STL公司所有的销售额均为赊销额）除以平均应收账款净额。

2020年STL公司应收账款周转率的计算如下：

公式	应收账款周转率	行业平均水平
$应收账款周转率=\frac{赊销净额}{平均应收账款净额}$	$\frac{858\,000}{(85\,000+114\,000)/2}=8.6$ 次	29.1次

赊销净额来自利润表（见图表17－7），平均应收账款净额是由年初应收账款余额85 000美元加上年末应收账款余额114 000美元，然后除以2得到的。

STL公司的应收账款周转率为8.6，远低于29.1的同行业水平。这是因为该公司的业务是面向当地居民的，人们习惯于隔很长一段时间再付款。进一步说，这是因为应收账款周转率是和存货周转率相匹配的。所以，STL 公司可以通过提高存货周转率来提高应收账款周转率。

应收账款周转天数

应收账款周转天数（days' sales in receivables），也称为收账期，这个指标反映的是企业需要用多长时间来收回平均应收账款，计算方法是用 365 天除以应收账款周转率。应收账款周转天数应该与顾客平均被允许偿还账款的天数相近。收账期越短，企业就能更快地使用收回的现金；收账期越长，企业经营能够使用的现金就越少。

为了计算 STL 公司 2020 年的应收账款周转天数，我们用 365 天除以前面计算得到的应收账款周转率。

公式	应收账款周转天数	行业平均水平
$应收账款周转天数=\frac{365}{应收账款周转率}$	$\frac{365}{8.6}=42.4$ 天	25 天

STL 公司的比率告诉我们，当年的销售收入在应收账款中停留的天数是 42.4 天。STL 公司应收账款周转天数比行业平均水平 25 天高出很多（不利）。我们需要确定公司的信贷条件来评估这个比率，可能 STL 公司给了顾客更长的时间偿还欠款，例如，是 45 天而不是 30 天。另一方面，STL 公司的信贷部门需要重新审核公司用来评价个人信贷能力的标准。顾客没有良好的付款习惯，公司的现金流状况就无法好转。

□ 衡量长期偿债能力

到现在为止讨论的比率使我们对流动资产和流动负债有了深入的了解。这些比率有助于我们衡量企业销售存货、收回应收账款和支付流动负债的能力。许多企业同时也有长期负债。反映企业偿还长期负债能力的三个关键指标就是资产负债率、权益负债率和利息保障倍数。

资产负债率

负债总额与资产总额的比率称为**资产负债率**（debt ratio）。资产负债率代表企业总资产中负债融资的比例，是由负债总额除以资产总额得到的。资产负债率是 100%，意味着企业的全部资产都是靠举债筹集的；资产负债率为 50%，意味着企业的一半资产是靠举债筹集的，另一半来自所有者的投资。资产负债率越高，企业的财务风险越高。资产负债率可以用来衡量一家企业偿还负债的能力。

STL 公司 2020 年和 2019 年年末的资产负债率计算方法如下：

公式	2020 年	2019 年	行业平均水平
$资产负债率=\frac{负债总额}{资产总额}$	$\frac{431\,000}{787\,000}=0.548=54.8\%$	$\frac{324\,000}{644\,000}=0.503=50.3\%$	69%

负债总额和资产总额数据均来自图表 17-7 中的资产负债表。STL 公司在 2020 年的资产负债率为 54.8%，不是很高。风险管理协会的报告显示，大多数公司资产负债率的范围为 57%～67%，且公司之间的差异不大。与行业平均资产负债率 69%相比，STL 公司的资产负债率意味着公司的财务风险较小。

权益负债率

负债总额与所有者权益总额的比率称为**权益负债率**（debt to equity ratio）。权益负债率代表企业负债总额与所有者权益总额之间的比例。因此，这个指标衡量的是财务杠杆。如果权益负债率大于 1，也就是说与所有者权益相比，企业的大部分资产都是靠举债筹集的；如果权益负债率小于 1，那么意味着与举债相比，企业的大部分资产都是由所有者筹集的。权益负债率越高，那么企业面对的财务风险越高。

STL公司2020年和2019年年末的权益负债率计算方法如下：

公式	2020年	2019年	行业平均水平
$权益负债率=\frac{负债总额}{所有者权益总额}$	$\frac{431\,000}{356\,000}=1.21$	$\frac{324\,000}{320\,000}=1.01$	2.23

STL公司在2020年的权益负债率为1.21，不是很高。与行业平均权益负债率2.23相比，STL公司的权益负债率意味着公司的财务风险相对较小。

利息保障倍数

资产负债率和权益负债率都没有涉及企业支付利息费用的能力。分析师和投资者使用**利息保障倍数**（times-interest-earned ratio）评价企业支付利息费用的能力。这个比例衡量**息税前利润**（earnings before interest and taxes，EBIT）能够支付利息费用的次数。利息保障倍数越高，表明企业支付利息越轻松；越低则表示付息越困难。用EBIT（净利润＋所得税费用＋利息费用）除以利息费用就可以计算出利息保障倍数。

STL公司的利息保障倍数计算方法如下：

公式	2020年	2019年	行业平均水平
$利息保障倍数=\frac{EBIT}{利息费用}$	$\frac{48\,000+33\,000+24\,000}{24\,000}=4.38$	$\frac{26\,000+17\,000+14\,000}{14\,000}=4.07$	7.80

2020年公司的利息保障倍数为4.38，2019年为4.07，都明显低于行业平均水平7.80，但是比美国企业平均水平要好，根据风险管理协会的报告，美国企业的利息保障倍数介于2.0～3.0之间。从资产负债率和利息保障倍数来看，STL公司偿还债务没有问题。

□ 衡量获利能力

企业首要的目标是获利，衡量获利能力的比率在决策中作用很大。我们讨论五个获利能力的衡量指标。

销售利润率

销售利润率（profit margin ratio）反映了企业实现的每一美元销售净额产生的净利润。换句话说，销售利润率反映了一家企业每一美元的销售能带来多少净利润。这个比率关注的重点是企业的盈利能力，计算方法就是用净利润除以企业的销售净额。

STL公司的销售利润率计算方法如下：

公式	2020年	2019年	行业平均水平
$销售利润率=\frac{净利润}{销售净额}$	$\frac{48\,000}{858\,000}=0.056=5.6\%$	$\frac{26\,000}{803\,000}=0.032=3.2\%$	1.7%

净利润和销售净额的数据均来自图表17-7中的利润表。STL公司有较高的销售利润率。销售利润率越高，销售收入提供的利润越多。STL公司2019—2020年销售利润率的增长很明显，行业平均销售利润率为1.7%，表明STL公司比行业平均水平更成功。

总资产报酬率

总资产报酬率（rate of return on total assets）衡量企业利用资产获取利润的能力。有两种方法为企业的资产提供资金：

- 债务——债权人贷款给企业，收到的利息就是他们的投资报酬；
- 权益——股东投资于企业的现金或其他资产，净利润就是他们的投资报酬。

总资产报酬率就是用利息费用和净利润之和除以平均总资产。利息费用重新加到净利润上是为了确定资产真正的回报，无论企业的筹资选择是什么（债务或权益）。

STL 公司的总资产报酬率计算方法如下：

公式	总资产报酬率	行业平均水平
$总资产报酬率=\frac{净利润+利息费用}{平均总资产}$	$\frac{48\,000+24\,000}{(644\,000+787\,000)/2}=0.101=10.1\%$	6.0%

净利润和利息费用的数据均来自图表 17－7 中的利润表。平均总资产是用比较资产负债表上总资产年初余额 644 000 美元加上年末余额 787 000 美元，然后除以 2 得到的（见图表 17－7 中的资产负债表）。STL 公司的总资产报酬率为 10.1%，明显优于行业平均水平 6.0%。

资产周转率

资产周转率（asset turnover ratio）反映的是总资产中投入的每一美元能够带来的销售净额。这个比率用来衡量企业使用资产产生销售收入的能力。计算资产周转率的方法就是用销售净额除以平均总资产。

2020 年 STL 公司资产周转率的计算方法如下：

公式	资产周转率	行业平均水平
$总资产周转率=\frac{销售净额}{平均总资产}$	$\frac{858\,000}{(644\,000+787\,000)/2}=1.2$ 次	3.52 次

STL 公司的资产周转率为 1.20，明显低于行业平均水平 3.52 次，这说明 STL 公司在平均总资产中投入的每一美元带来的销售净额较少。前面提到过，STL 公司的毛利率也低于行业平均水平。通常情况下，一家公司的毛利率较高，它的资产周转率就会比较低；毛利率较低，资产周转率就会比较高。STL 公司的管理层可以考虑增加销售额、减少平均总资产来提高资产周转率。

普通股股东权益报酬率

普通股股东权益报酬率（rate of return on common stockholders'equity）可能是最常用的衡量企业获利能力的指标，它也常简称为权益报酬率（return on equity，ROE）。这一比率表明了普通股股东可获得的净利润和普通股股东投资之间的关系，即普通股股东每一美元的投资可以获得多少利润。

要计算这一比率，我们首先要从净利润中减去优先股股利，得到可向普通股股东分配的净利润（STL 公司没有优先股，所以优先股股利为 0），然后用这一数字除以当年平均普通股股东权益。普通股股东权益是股东权益总额减去优先股权益。平均普通股股东权益是年初和年末余额的平均值。

2020 年 STL 公司普通股股东权益报酬率的计算方法如下：

公式	普通股股东权益报酬率	行业平均水平
$普通股股东权益报酬率=\frac{净利润-优先股股利}{平均普通股股东权益}$	$\frac{48\,000-0}{(320\,000+356\,000)/2}=0.142=14.2\%$	10.5%

STL 公司的普通股股东权益报酬率（14.2%）高于总资产报酬率（10.1%），形成这一差异的原因是：公司以某一利率（如 8%）借款，然后用这笔资金投资来获取更高的收益率，比如公司的权益报酬率为 14.2%。这种做法称为**低息举债经营**（trading on the equity），也称使用杠杆。这与资产负债率直接相关。资产负债率越高，杠杆效应越高。使用债务筹集经营资金称为杠杆经营。

在经营状况好的时期，通常杠杆可以增加盈利，但也不总是这样。杠杆也会对盈利产生负面影响。因此，杠杆是把双刃剑，经营状况好时增加利润，经营状况不好时加剧损失。将STL公司的普通股股东权益报酬率与行业平均水平10.5%进行比较发现，STL公司的绩效比行业中多数公司要好。大多数行业普通股股东权益报酬率保持在15%～20%，所以STL公司的该指标很好。

每股收益

每股收益（earnings per share，EPS）是所有财务指标中应用最多的一个。每股收益是唯一必须出现在利润表上的比率。每股收益是企业发行在外普通股每股获得的收益。每股收益的计算是用净利润减去优先股股利再除以发行在外普通股的加权平均数。优先股股东对股利有优先要求权，因此要从净利润中减去优先股股利。发行在外普通股的加权平均数的计算将在高级会计课程中提到。简单地说，我们在确定发行在外普通股的平均数时，是用期初余额加上期末余额再除以2。

财务会计准则委员会要求每股收益要反映在利润表中。企业需要就每一个收入项目设置一个独立的每股收益数据。

STL公司2020年和2019年每股收益的计算如下（2020年和2019年公司发行在外的普通股股数为10 000股）：

公式	2020年	2019年	行业平均水平
$每股收益=\frac{净利润-优先股股利}{发行在外普通股的加权平均数}$	$\frac{48\,000-0}{10\,000}=4.80$ 美元	$\frac{26\,000-0}{10\,000}=2.60$ 美元	9.76美元

2020年STL公司的每股收益增加了约85%，股东不应该期望公司的每股收益每年都增长这么多。大多数公司都在争取每股收益每年增加10%～15%，比较成功的公司也是如此。但即使是最成功的公司偶尔也会有比较糟糕的时候。行业平均水平为9.76美元，是STL公司2020年每股收益的两倍多。因此，STL公司需要继续通过增加净利润努力提高每股收益，从而使其相较于同行业的其他公司更有竞争力。

衡量股票投资价值

投资者购买股票是期望获得投资报酬，股票投资报酬包括两个方面：（1）以高于或者低于买价的价格出售股票获得的利得或者损失；（2）股利。本节我们研究的比率可帮助分析者评价企业的股票。

市盈率

市盈率（price/earnings ratio，P/E）是企业普通股每股市价与每股收益的比率。它表明了每一美元收益的市场价格。这一比率出现在一些股票专栏里，衡量的是股票市场对于企业的收益所确定的价值。

市盈率可以从股票经纪人、财经网站或是公司的网站上获得。2020年年末STL公司普通股的市价为60美元，2019年年末为35美元。每股收益在市盈率以前计算。STL公司市盈率的计算方法如下：

公式	2020年	2019年	行业平均水平
$市盈率=\frac{普通股每股市价}{每股收益}$	$\frac{60.00}{4.80}=12.5$	$\frac{35.00}{2.60}=13.46$	17.79

STL公司2020年的市盈率为12.50，意味着公司股票是以每股收益12.5倍的价格交易。STL公司有可能在未来年度看到该比率的增长，从而达到行业平均水平17.79。

股利报酬率

股利报酬率（dividend yield）是普通股每股股利与每股市价的比率。这一比率衡量每年以股利形式收回股票价值的百分比。优先股股东投资的首要目标是获得股利，他们特别关心股利报酬率。

假设STL公司每年支付一次现金股利，2020年为普通股每股1.20美元，2019年为每股1.00美元；公司普通股的市场价格2020年为60美元，2019年为35美元。该公司股利报酬率的计算方法如下：

公式	2020 年	2019 年	行业平均水平
股利报酬率 $=\frac{\text{每股股利}}{\text{每股市价}}$	$\frac{1.20}{60.00}=0.020=2.0\%$	$\frac{1.00}{35.00}=0.029=2.9\%$	3.6%

以每股 60 美元价格购买 STL 公司普通股的投资者希望以现金股利的形式每年收回 2.0%的投资。但行业平均水平为 3.6%。如果股票的市场价格上升，投资者可能愿意接受较低的股利。

股利支付率

股利支付率（dividend payout）是与企业每股收益相关的每股普通股年度宣告的股利，这个比率用来衡量每年支付给普通股股东的现金股利所占收益的比率。

前面提到过 STL 公司在 2020 年每股普通股支付 1.20 美元的现金股利，2019 年为 1.00 美元，2020 年的每股收益为 4.80 美元，2019 年为 2.60 美元，因此 STL 公司股利支付率的计算方法如下：

公式	2020 年	2019 年	行业平均水平
股利支付率 $=\frac{\text{每股年度股利}}{\text{每股收益}}$	$\frac{1.20}{4.80}=0.25=25\%$	$\frac{1.00}{2.60}=0.38=38\%$	63%

STL 公司 2020 年的股利支付率为 25%，2019 年为 38%，均低于行业平均水平 63%。STL 公司作为一个相对比较新的公司，可能会为了以后的成长和扩张而保留更多的收益。根据 2020 年的股利支付率，购买了 STL 公司普通股的投资者可能会希望年度现金股利大约为收益的 25%。投资者希望看到 STL 公司未来更高的市场价值和更高的资产周转率来保持行业竞争力。

□ 财务报表分析中的预警信号

分析师会寻找在财务报表中出现的可能预示财务困境的信号。会计丑闻会提高这些预警信号的重要程度。如果出现下面的情况，企业可能就比较危险了。

- **销售、存货和应收账款变动**。销售、存货和应收账款通常一起变动。销售增加引起应收账款增加并需要更多的存货（或者更高的存货周转率）来满足需要。这些项目中不正常或者不连续的变动使财务报表看起来很可疑。
- **收益问题**。连续若干年的净利润是否明显下降？利润是否变成了损失？大多数企业无法在持续亏损的情况下存活下来。
- **现金流量减少**。现金流量保证收益。经营活动产生的现金流量是否持续低于净利润？如果是，企业已经陷入困境。固定资产的销售是不是现金流量的主要来源？如果是，企业可能面临现金短缺。
- **债务过高**。企业的资产负债率与主要竞争对手相比如何？如果资产负债率比行业平均水平高，企业可能无法支付债务。
- **无法收回应收款项**。应收账款周转天数是否比同行业其他企业增长得快？如果是，现金短缺可能会马上发生。
- **存货积压**。存货周转率是否太低？如果是，企业可能无法卖出商品，或者存货水平被高估。

我们在本章中的分析是否为 STL 公司面临困难的预警信号？虽然财务报表描绘了一家有实力且具有成长性的公司，分析也指出了 STL 公司面临的几个不足，包括较低的存货周转率、应收账款周转率、毛利率、利息保障倍数、资产周转率和每股收益。随着 STL 公司的成长，它应该继续密切关注它的财务报表。图表 17－8 总结了你在本章中学到的财务比率。

图表 17-8 在财务报表分析中用到的比率

比率	计算公式	提供的信息
衡量偿还流动负债能力		
营运资金	流动资产－流动负债	衡量利用流动资产偿还短期负债的能力
现金比率	$\frac{\text{现金＋现金等价物}}{\text{流动负债总额}}$	衡量利用现金及现金等价物偿还流动负债的能力
酸性测试比率	$\frac{\text{现金及现金等价物＋短期投资＋流动应收款项净额}}{\text{流动负债总额}}$	衡量流动负债立刻到期企业的偿债能力
流动比率	$\frac{\text{流动资产总额}}{\text{流动负债总额}}$	衡量利用流动资产偿还流动负债的能力
衡量销售存货和收回应收账款能力		
存货周转率	$\frac{\text{销货成本}}{\text{平均存货}}$	衡量企业销售存货的能力——一年内销售平均存货量的次数
存货周转天数	$\frac{365}{\text{存货周转率}}$	衡量企业持有存货的平均天数
毛利率	$\frac{\text{毛利润}}{\text{销售净额}}$	衡量销售额的每一美元超过销货成本的盈利能力
应收账款周转率	$\frac{\text{赊销净额}}{\text{平均应收账款净额}}$	衡量企业在一年内收回平均应收账款余额的次数
应收账款周转天数	$\frac{365}{\text{应收账款周转率}}$	衡量收回平均应收账款所需的天数
衡量长期偿债能力		
资产负债率	$\frac{\text{负债总额}}{\text{资产总额}}$	衡量资产中由借款筹集的比例
权益负债率	$\frac{\text{负债总额}}{\text{所有者权益总额}}$	衡量负债总额占所有者权益总额的比例
利息保障倍数	$\frac{\text{净利润＋所得税费用＋利息费用}}{\text{利息费用}}$	衡量息税前利润可以负担利息费用的倍数
衡量获利能力		
销售利润率	$\frac{\text{净利润}}{\text{销售净额}}$	衡量每一美元销售净额中净利润的比例
总资产报酬率	$\frac{\text{净利润＋利息费用}}{\text{平均总资产}}$	衡量企业利用资产获取利润的能力
资产周转率	$\frac{\text{销售净额}}{\text{平均总资产}}$	衡量企业利用平均总资产创造销售净额的效率
普通股股东权益报酬率	$\frac{\text{净利润－优先股股利}}{\text{平均普通股股东权益}}$	衡量普通股股东投入资金产生收益的能力
每股收益	$\frac{\text{净利润－优先股股利}}{\text{发行在外普通股的加权平均数}}$	衡量每股普通股获得净利润大小
衡量股票投资价值		
市盈率	$\frac{\text{普通股每股市价}}{\text{每股收益}}$	衡量每一美元收益的市场价格
股利报酬率	$\frac{\text{每股股利}}{\text{每股市价}}$	衡量每期股东收到的股利占股票市价的比例
股利支付率	$\frac{\text{每股年度股利}}{\text{每股收益}}$	衡量每股普通股宣告股利占每股收益的比例

习题

P17－23A　计算趋势分析比和普通股股东权益报酬率

EM 公司是一家隐形眼镜制造商，2016—2019 年的销售净额、净利润和普通股股东权益的资料如下所示：

	2019 年	2018 年	2017 年	2016 年
销售净额	$ 766 000	$ 708 000	$ 644 000	$ 664 000
净利润	60 000	38 000	36 000	44 000
普通股股东东权益年末余额	368 000	352 000	326 000	296 000

要求：

1. 计算每一项目 2017—2019 年的趋势百分比，以 2016 年作为基期，计算结果保留两位小数。
2. 计算 2017—2019 年的普通股股东权益报酬率，计算结果保留三位小数。

P17－24A　进行纵向比较分析

K 百货商店的 CEO 请你对该公司的盈利能力和财务状况与行业平均水平做比较。CEO 向你提供了公司的利润表、资产负债表以及行业平均水平资料，具体如下所示：

K 百货商店
与行业平均水平相比的利润表
截至 2018 年 12 月 31 日的会计年度

	K 百货商店	行业平均水平
销售净额	$ 778 000	100.0%
销货成本	524 372	65.8
毛利润	253 628	34.2
营业费用	159 490	19.7
营业利润	94 138	14.5
其他费用	6 224	0.4
净利润	$ 87 914	14.1%

K 百货商店
与行业平均水平相比的资产负债表
2018 年 12 月 31 日

	K 百货商店	行业平均水平
流动资产	$ 339 000	70.9%
不动产、固定资产和设备（净值）	130 000	23.6
无形资产（净值）	7 000	0.8
其他资产	24 000	4.7
资产合计	$ 500 000	100.0%
流动负债	$ 232 000	48.1%
长期负债	111 000	16.6
负债合计	343 000	64.7
所有者权益	157 000	35.3
负债和所有者权益总计	$ 500 000	100.0%

要求：

1. 对 K 百货商店的利润表和资产负债表进行纵向分析。

2. 将K百货商店的盈利和财务状况与行业平均水平进行比较。

P17-25A 编制结构百分比表，相对于行业平均水平分析盈利性和财务状况，使用相关比率评价一家公司

参考习题P17-24A中提供的K百货商店的数据。

要求：

1. 编制K百货商店的结构百分比利润表和结构百分比资产负债表。每张表的第一栏列示公司的结构百分比，第二栏列示行业平均水平。

2. 在进行获利分析时，计算K百货商店的销售毛利率和销售利润率。将计算结果与行业平均水平进行比较，说明该公司的获利水平是高于还是低于行业平均水平。

3. 在进行财务状况分析时，计算K百货商店的流动比率和权益负债率。将计算结果与行业平均水平进行比较。假设行业平均的流动比率为1.47，权益负债率为1.83，说明该公司的财务状况是好于还是差于行业平均水平。

P17-26A 确定企业交易对相关比率的影响

ST杂志的财务报表部分数据如下所示：

现金	$23 000
应收账款（净额）	81 000
存货	185 000
资产合计	635 000
应付账款	99 000
应计负债	37 000
短期负债	51 000
长期负债	224 000
净利润	68 000
发行在外普通股股数	20 000

要求：

1. 计算该公司的流动比率、资产负债率和每股收益，计算结果保留两位小数，回答时使用以下格式：

资产负债率	流动比率	每股收益

2. 考虑以下业务的影响后重新计算这三个比率（单独考虑每笔业务的影响）。

a. 赊购商品49 000美元。

b. 签发长期应付票据借入资金127 000美元。

c. 发行2 000股普通股收到现金107 000美元。

d. 收到现金5 000美元。

P17-27A 使用比率评估股票投资

S公司的比较财务报表如下所示：

S公司 比较利润表 截至2018年和2017年12月31日的会计年度		
	2018年	**2017年**
销售净额	$462 000	$430 000
销货成本	236 000	213 000
毛利润	226 000	217 000

续表

	2018 年	2017 年
营业费用	135 000	133 000
营业利润	91 000	84 000
利息费用	8 000	12 000
税前利润	83 000	72 000
所得税费用	18 000	22 000
净利润	$ 65 000	$ 50 000

S 公司
比较资产负债表
2018 年和 2017 年 12 月 31 日

	2018 年	2017 年	2016 年
资产：			
流动资产：			
现金	$ 99 000	$ 97 000	
应收账款（净额）	109 000	117 000	$ 102 000
存货	142 000	164 000	207 000
预付费用	15 000	5 000	
流动资产合计	365 000	383 000	
固定资产（净值）	215 000	177 000	
资产合计	$ 580 000	$ 560 000	$ 599 000
负债：			
流动负债	$ 222 000	$ 244 000	
长期负债	113 000	92 000	
负债合计	335 000	336 000	
所有者权益：			
优先股（4%）	92 000	92 000	
普通股股东权益（无面值）	153 000	132 000	85 000
负债和所有者权益总计	$ 580 000	$ 560 000	

其他资料：

1. S 公司普通股每股市价：2018 年 12 月 31 日为 51.48 美元，2017 年 12 月 31 日为 37.08 美元。
2. 发行在外普通股股数：2018 年 12 月 31 日为 16 000 股，2016 年和 2017 年为 15 000 股。
3. 所有的销售都是赊销。

要求：

1. 计算该公司 2018 年和 2017 年的下列财务比率：

a. 流动比率；

b. 现金比率；

c. 利息保障倍数；

d. 存货周转率；

e. 毛利率；

f. 权益负债率；

g. 普通股股东权益报酬率；

h. 普通股每股收益；

i. 市盈率。

2. 判断：(a) S公司2018年的偿债能力和存货周转率是好转还是恶化？(b) S公司普通股股票对投资者的吸引力是增强了还是减弱了？

P17-28A 使用比率分析法决定两种股票之间的投资

假设你有意投资一家数字电话行业的公司，并已经将投资范围缩小在D公司和EZ公司之间，收集到的资料如下。

来自两家公司当年利润表的资料：

	D公司	EZ公司
销售净额（全部为赊销）	$423 035	$493 845
销货成本	210 000	260 000
利息费用	0	19 000
净利润	51 000	72 000

当年年末资产负债表和股票市价的数据如下：

	D公司	EZ公司
流动资产：		
现金	$24 000	$17 000
短期投资	40 000	14 000
应收账款（净额）	40 000	48 000
存货	66 000	97 000
预付费用	23 000	12 000
流动资产合计	$193 000	$188 000
资产总计	$266 000	$323 000
流动负债合计	105 000	96 000
负债合计	105 000	128 000
普通股：		
每股面值$1（12 000股）	12 000	
每股面值$1（17 000股）		17 000
所有者权益合计	161 000	195 000
普通股每股市价	76.50	114.48
普通股每股股利	1.10	1.00

年初资产负债表的部分数据：

	D公司	EZ公司
资产负债表：		
应收账款（净额）	$41 000	$54 000
存货	81 000	87 000
资产总计	261 000	272 000
普通股：		
每股面值$1（12 000股）	12 000	
每股面值$1（17 000股）		17 000

你的投资策略是选择市盈率较低，但看起来财务状况比较好的公司进行投资。假设你已经分析了其他所有因素，你的决策依赖于将要进行的比率分析的结果。

要求：

1. 计算两个公司当年的下列财务比率。

a. 酸性测试比率；

b. 存货周转率；

c. 应收账款周转天数；

d. 资产负债率；

e. 普通股每股收益；

f. 市盈率；

g. 股利支付率。

2. 决定哪家公司能更好地满足你的投资策略。

第 18 章

管理会计简介

他们会买什么？

杰拉德是 Starwood Campers（一家休闲车制造厂）的销售代表，他很享受这份工作。他见过许多在展览上选购各种各样的房车和露营拖车的人。他遇到过一对想买房车的年轻夫妻，他们计划利用教学工作之余的假期，开着房车去探索夏天的乡村。他遇到过一个家庭，他们寻求一种方式来一起度过宝贵的周末时光。他也遇到过一对将要退休的夫妻，他们想卖掉房子后花上几年时间在外长途旅行。房车的陈列室中展出了许多能够满足以上所有需求的模型，它们各自都有与众不同的设计，保证房车内部的空间得到高效的利用，并且具有足够的舒适度。

杰拉德意识到这些潜在顾客并不仅仅重视舒适程度，他们也想购买可以使用很多年、行驶很多英里的质量优良的房车。杰拉德在与顾客交谈过程中也会分享有关他公司使用的生产材料和制造工序的信息，甚至邀请有兴趣的顾客来工厂参观，以使其深入了解公司的制造工序。

为何学习管理会计？

你是否好奇过像 Winnebago Industries 这样的公司是如何生产产品的？Winnebago 是一家业内领先的大型休闲车制造商，产品包括机动和拖挂房车。公司负责设计、开发、生产与营销环节，并提供产品支持服务。休闲车通过一个经销商网络卖给顾客。虽然制造商以钢铁、铝材、玻璃纤维等原材料为起点，但一辆房车所包含的远远多于这个基础结构。如果你购买一辆 Winnebago 牌的房车，它可能包含一台 Ford 的发动机、一台 Amana 的冰箱、一张舒适的 Sleep Number 的床和一个 Sony 的娱乐中心。由于由大量的零件构成最终的产品，Winnebago 的经理需要对使用的存货以及生产休闲车产生的其他成本保持详细记录。

在 2015 年，Winnebago 报告了 9.77 亿美元的净收入，销货成本为 8.71 亿美元。销货成本占净收入的比例达到 89%。这些销货成本是如何计算出来的？销货成本不仅包括制造工序中使用的材料成本，也包括生产休闲车的职工的人工成本以及工厂的运营成本，包括水电费、保险费和折旧费用。对于制造商来说，确定销货成本是复杂的。它们运用管理会计追踪成本并做出生产决策。我们现在开始学习管理会计，看看成功的企业是怎样使用会计信息来做出明智的内部经营决策的。

学习目的

1. 了解管理会计并且理解其如何运用。
2. 对管理会计使用的成本进行分类。
3. 编制制造业企业的资产负债表、利润表和产品生产成本表。
4. 描述影响管理会计的商业趋势。
5. 描述管理会计将如何运用于服务业企业和商业企业。

18.1 为何管理会计很重要

管理会计（managerial accounting）关注为企业内部的决策者提供信息。它注重向经理和其他信息使用者（监督人员、领班、董事等）提供财务和非财务信息。

财务会计（financial accounting）关注为企业外部的决策者提供信息。经理运用财务会计报告货币交易并编制财务报表，而管理会计帮助经理对未来的经营活动做出正确的决策。管理者（部门主管、部门经理、首席执行官、副总裁等）依靠管理会计来帮助他们进行计划、管理、控制活动并做出经营决策。图表 18－1 区分了财务会计和管理会计的主要不同。

图表 18－1　财务会计和管理会计

	财务会计	管理会计
1. 主要使用者	外部——投资者、债权人和政府主管部门	内部——企业管理者和员工
2. 提供信息的目的	帮助投资者、债权人做出投资、借款决定	帮助管理者进行计划、指挥和控制
3. 侧重点和确认期间	侧重于相关性、可信度，着重于过去的信息，例如，2018 年公布的 2017 年度实际经营业绩报告	侧重于相关性，放眼将来，例如，2017 年编制的 2018 年年度预算
4. 规划和限制	受一般公认会计原则限制；上市公司需独立注册会计师审计	内部报告不受一般公认会计原则的限制
5. 信息范围	对公司整体情况做概括反映，编制季度报告或年度报告	关于企业的详细报告（产品、部门、地区），有日报、周报
6. 行为含义	关心披露的充分性，行为含义处于次要地位	关心报告将怎样影响员工行为

□ 管理者在组织中的角色

企业组织结构的各个部分都有管理者。大多数企业会按照部门或分部来安排组织结构。一家企业的**组织结构图**（organizational chart）显示了部门、分部以及负责各个部门的管理者之间的关系。

图表 18－2 展示了 STL 公司（每章中我们为了阐明概念而使用的一家虚拟公司）的部分组织结构。STL 公司在初创时是一家专门提供会计、经济、市场营销和管理学在线培训的服务业企业，后来发展成为一家出售装载有公司课程的平板电脑的商业企业。市场对 STL 公司平板电脑的需求大大增长是因为顾客喜欢平板电脑所提供的在线课程。STL 公司做得很好，但是市场竞争要求公司再一次审视它的战略。为了保持市场份额和公司竞争力，STL 公司决定不再购买而是制造它自己的平板电脑。它相信公司能够以比现行购货成本更低的成本制造电脑，并且仍然为顾客提供他们期望的价值。在本章后面的内容中，我们将会判断这个战略是否成功。

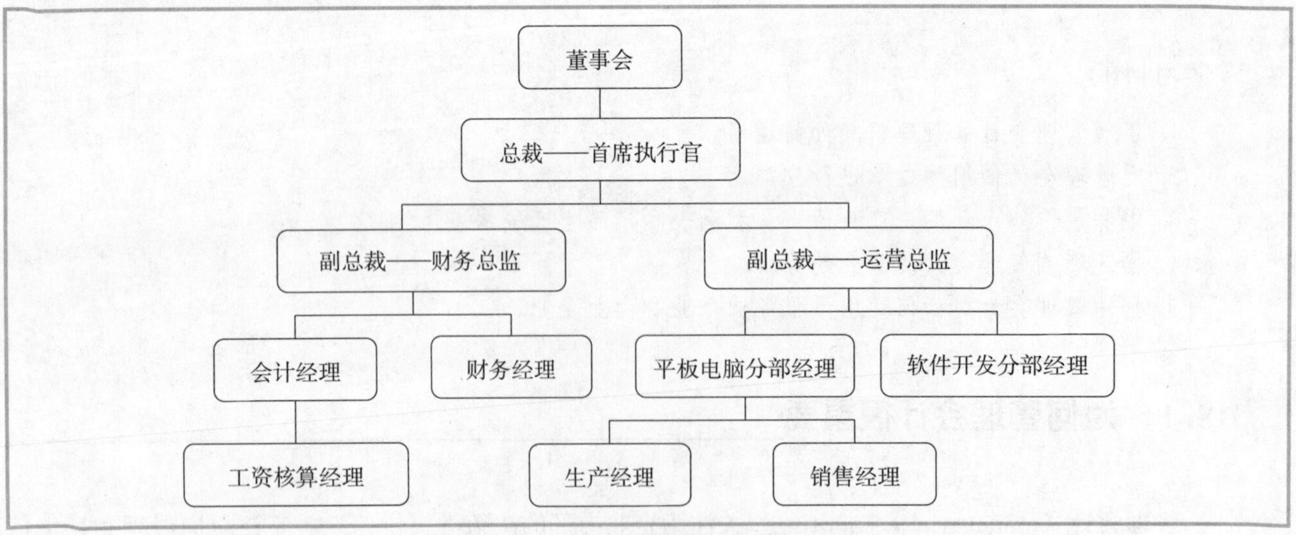

图表 18－2　STL 公司的组织结构图（部分）

改变 STL 公司的商业模式的决策是由董事会做出的。请注意董事会列示在 STL 公司组织结构图的顶部。**董事会**（board of directors）由股东（STL 公司的所有者）选举产生，负责制定公司的战略目标并能够任命公司总裁（首席执行官）。

从根本上说，STL 公司的总裁——**首席执行官**（chief executive officer，CEO）负责制定计划以求实现长短期的战略目标，并且监督相关计划的执行。CEO 在董事会和公司管理层之间充当沟通的桥梁。STL 公司的副总裁各自对不同领域（财务、运营）负责。公司的每个职位都可以被划分为业务岗和后勤岗。**业务岗**（line position）直接参与向顾客提供产品或服务的活动，比如副总裁——运营总监（COO）、平板电脑分部经理、软件开发分部经理、生产经理和销售经理。**后勤岗**（staff position）为业务岗提供支持。副总裁——财务总监（CFO）、会计经理、财务经理和工资核算经理都属于后勤岗。

□ 管理会计的功能

管理者在经营公司时需要信息来帮助他们计划、指挥并且控制公司的运作过程，包括管理公司的厂房、设备和人力资源。

计划（planning）是指确定目标和实现目标的途径。计划要求管理者放眼未来并且为企业设置目标。一个企业的目标可以有很多种。例如，所有企业的一个共同目标是增加营业收入，另一个目标可能是开发新产品或新市场。计划可以被划分为战略性计划或者运营性计划。**战略性计划**（strategic planning）是指制定长期战略以达到公司的目标，计划的时间跨度通常为 3～10 年。而**运营性计划**（operational planning）关注的是公司日常运营的短期行动。运营性计划的时间跨度通常为一年，但也可能仅为一周、一个月或者一个季度。

指挥（directing）是指确保企业的日常运营。管理者负责协调企业的各项活动，包括采购、生产和销售。例如，部门经理一定要保证企业有足够的材料来满足顾客的需求。管理者也负责激励员工。市场营销经理的职责可能包括调整营销计划、针对新产品培训销售代表。

控制（controlling）是监控日常经营、保障企业在既定轨道发展的过程。控制包括比较实际结果和计划结果。例如，管理者可以通过比较实际成本和计划成本来评价公司的经营业绩。实际成本低于计划成本是有利的，但如果实际成本高于计划成本，管理者就要评估产生不同结果的原因，并且做出必要的改变。

企业依赖管理者做出决策。决策是以上三项功能（计划、指挥和控制）的一部分，正确的决策会带来企业的繁荣。会计对于管理者的决策过程至关重要。会计路径模型（见图表 18-3）提供了一种清晰可见的方式来理解管理会计在决策过程中发挥的作用。管理者阅读有关经济活动的信息，然后运用批判性思维和会计判断生成有用的信息。这些有用的信息帮助管理者做出明智的决策，反过来明智的决策也会影响会计判断和未来经济活动，由此形成了因果循环流程。

□ 职业道德准则

管理层经常面对职业道德的挑战，美国管理会计师协会（IMA）制定了帮助管理会计人员处理一些职业道德挑战的标准。这个标准提醒我们社会要求高水平的会计专业人员必须具有较高的道德水准。图表 18-4 摘自《IMA 职业道德实践声明》。这些标准需要管理会计人员做到以下几点：

- 保持职业竞争力；
- 确保处理信息的秘密性；
- 保证行为的客观公正。

为了解决道德上进退两难的困境，IMA 建议管理层遵循组织既定的政策，如果额外的措施是必要的，可以与以下人群讨论面临的道德困境：（1）直属上级；（2）客观的顾问；（3）必要的话，律师。

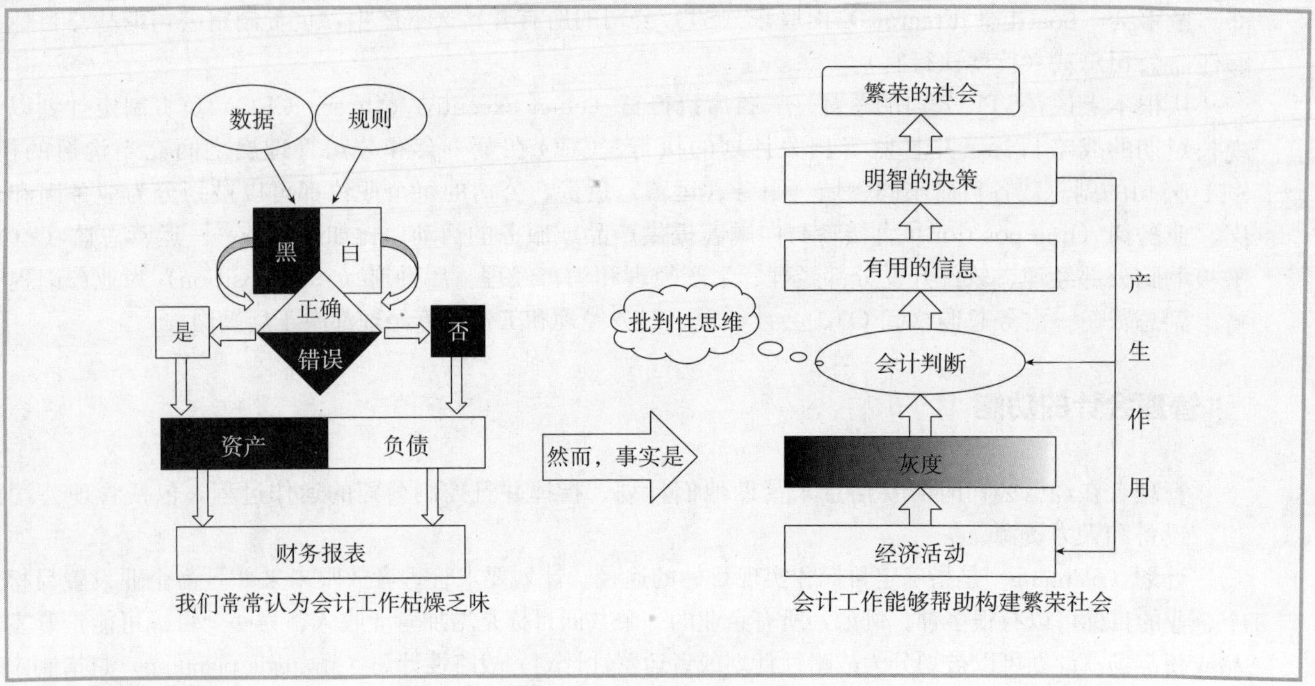

图表 18-3 会计路径模型

图表 18-4 《IMA职业道德实践声明》（节选）

管理会计师致力于职业道德实践，包括诚实、公平、客观和负责。职业道德实践的标准包括：

Ⅰ. 才能

1. 不断学习专业知识和技能，保持适当的专业水平。
2. 遵守法律、法规和专业标准。
3. 提供准确、清晰、简明和及时的信息和建议，以支持决策。
4. 识别并沟通有碍职业判断与良好绩效的局限和限制。

Ⅱ. 保密

1. 除在授权或法律要求的情况下，不得透露在工作过程中获得的保密信息。
2. 提醒利益相关方对于保密信息的使用，管理下属的行为，以确保其行为符合法律的要求。
3. 禁止使用保密信息获取违反道德和法律的不当利益。

Ⅲ. 正直

1. 减少实际利益冲突，定期与商业伙伴沟通以避免陷入明显的利益冲突，对可能的冲突，要告知相关方。
2. 拒绝参与任何有损职业道德的行为。
3. 拒绝参与或支持任何可能影响职业名誉的活动。

Ⅳ. 可靠性

1. 公平、客观地传达信息。
2. 披露一切可能会影响预期使用者对于报表、分析和建议的理解的相关信息。
3. 依据企业章程和/或相关法律披露信息、时间、程序和内部控制方面的延迟和缺陷。

资料来源：IMA Statement of Ethical Professional Practices 2012：http://www.imanet.org/docs/default-source/press_releases/statement-of-ethical-professional-practice_2-2-12.pdf?sfvrsn=2.

18.2 成本如何划分

成本如何划分取决于企业从事的业务类型。企业一般划分为服务业企业、商业企业和制造业企业。**服务业企业**（service company）出售时间、技术和知识，例如安永会计师事务所和贝克·麦坚时国际律师事务所。**商业企业**（merchandising company）销售从供应商处购买的货物。商业企业有存货，管理者对于货物的购买、储存和销售都负有管理责任。家得宝公司和劳氏公司都是商业企业。

□ 制造业企业

与服务业企业和商业企业不同，**制造业企业**（manufacturing company）利用劳务、设备、物资和器材，将原材料加工成完工产品。制造业企业的管理者必须利用这些资源生产出价格能被消费者接受的产品。丰田汽车公司、可口可乐公司、波音公司都是制造业企业。

与服务业企业和商业企业不同，制造业企业需要追踪三种存货的成本。

1. **原材料**（raw materials inventory，RM）：用于生产的原材料。比如 STL 公司的原材料有中央处理器、屏幕、平板电脑套和胶水。

2. **在产品**（work-in-process inventory，WIP）：生产过程中尚未完工的在产品。生产活动对原材料进行加工，但最终的产品并没有形成。STL 公司的在产品包括只有电子零件却没有屏幕的平板电脑。

3. **产成品**（finished goods inventory，FG）：已完工的尚未出售的产品。产成品是制造业企业最后销售给商业企业或者顾客的商品，比如 STL 公司已完工的平板电脑。

□ 直接成本和间接成本

制造业企业有多种划分成本的方式。比如，成本可以被划分为直接成本和间接成本。**直接成本**（direct cost）是指能够容易地或有成本效益地追溯到某一成本对象的成本。**成本对象**（cost object）是管理层认为有必要单独计量成本的事物。管理者可能想要知道一个产品、一个部门、一个销售区域或者一项作业的成本。例如，STL 公司的成本对象可以是平板电脑，直接成本可以是所耗费的材料费用（中央处理器、屏幕、电脑套等）。

不能容易地或有成本效益地直接归属于某一成本对象的成本是**间接成本**（indirect cost）。对 STL 公司来说，间接成本可能包括生产主管的工资。虽然生产主管参与车间的工作，但并没有直接参与其中任何单一产品的生产。

□ 生产成本

在制造业企业，比如 STL 公司，成本可以划分为三种。

1. **直接材料**（direct materials，DM）是能够转换为且易于追溯到产成品的原材料的成本。这些材料的成本被视为直接材料。STL 公司的直接材料包括中央处理器、屏幕和平板电脑套的成本。

2. **直接人工**（direct labor，DL）是把原材料加工制成产品的工人的人工成本，直接人工是易于追溯到产成品的直接成本。STL 公司的直接人工包括装配平板电脑的工人的工资。

3. **制造费用**（manufacturing overhead，MOH）指不能简单地追溯到某一产成品的间接生产成本，是除直接材料、直接人工之外的其他所有生产成本。这些成本是由辅助性活动产生的成本，包括储存材料、维护机器，以及打扫工作场所。制造费用包括间接材料、车间管理人员的工资、其他间接人工、修理费、维护费、生产厂房和设备的折旧费、车间水电费、车间租金、车间财产税等。制造费用也叫车间费用或者间接生产成本。

让我们更为详细地介绍制造费用中的两个部分。区分直接材料和间接材料、直接人工和间接人工是十分重要的。

- **间接材料**（indirect materials）指的是难以直接追溯到产成品或追溯行为无成本效益的原材料的成

本。对 STL 公司来说，用于装配平板电脑的胶水成本就是间接材料。对于企业来说，追溯每台电脑用了多少胶水并且确定这些胶水的成本是不划算的。

● **间接人工**（indirect labor）包括不直接生产产品的工人的人工成本。例如生产主管、保安、维修人员和车间管理员的人工成本。

图表 18－5 展示了三种生产成本以及直接成本和间接成本的关系。

图表 18－5 生产成本

生产成本	
直接材料（如中央处理器的成本）	直接成本
直接人工（如装配工人的工资）	
制造费用（如平板电脑使用的胶水的成本）	间接成本

□ 主要成本和加工成本

管理会计的目的是为管理者提供有用的信息。为了使成本信息发挥更大的作用，依据管理者的需求，制造业企业的产品成本可按不同的方式划分。

主要成本（prime costs）由直接材料和直接人工组成。在劳动密集型的生产过程中，直接成本是主要成本。劳动密集型指的是工人而不是机器承担了大部分工作。在这种环境下，管理者更关注这些主要成本。为了盈利，企业对这些成本加以控制是十分必要的。

加工成本（conversion costs）由直接人工和制造费用组成。这些成本是原材料加工成产成品所耗费的成本。在机器密集型的生产过程中，直接人工的成本最小，因为机器承担了大部分工作。工人主要负责调试、准备和监控机器生产系统，而包括水电费和机器折旧费的制造费用会占成本的大部分。在这种环境下，管理者更加关注加工成本，而不再分别追踪直接人工和制造费用。

图表 18－6 解释了主要成本和加工成本的关系。注意：直接人工既属于主要成本又属于加工成本。

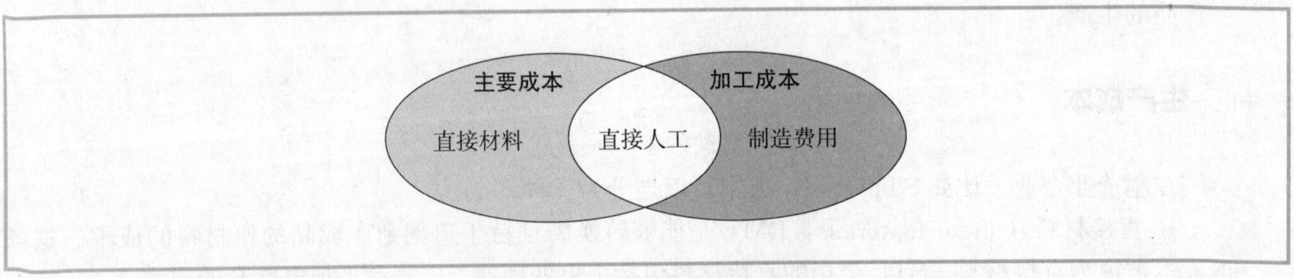

图表 18－6 主要成本和加工成本

□ 产品成本和期间费用

另一种成本划分方式是将成本分为产品成本和期间费用。在编制财务报表时这种分类方式是必需的。**产品成本**（product cost）是购买或生产产品而发生的成本，包括直接材料、直接人工和制造费用。产品成本在发生时记录在资产负债表中的存货项目，确认为一项资产，在企业销售存货时变成费用，在利润表中作为销货成本列示。

期间费用（period cost）是非生产成本，包括销售费用、管理费用和其他费用（税费和利息费用）。这些成本与一定时期的收入实现配比，并在相同的会计期间确认为费用。期间费用包括会计人员的工资、行政办公楼的租金、支付给销售代表的销售佣金以及市场营销部门的水电费等。图表 18－7 展示了期间费用和产品成本的区别。图表 18－8 展示了 STL 公司的期间费用和产品成本。

图表 18－7　期间费用和产品成本

期间费用：非生产成本	产品成本：生产成本
销售费用（如销售人员的工资） 管理费用（如行政办公楼的租金）	直接材料（如中央处理器的成本） 直接人工（如装配工人的工资） 制造费用（如平板电脑使用的胶水的成本）
发生时确认为费用	开始记录为一项资产 销售时确认为费用

图表 18－8　STL 公司的期间费用和产品成本

	期间费用	产品成本		
	销售费用和管理费用	直接材料	直接人工	制造费用
生产设备折旧				√
办公设备折旧	√			
广告费	√			
办公室财产税与保险	√			
工厂财产税与保险				√
生产主管的工资				√
CEO 的薪酬	√			
装配线工人工资			√	
电池、处理器等制造平板电脑的材料		√		
制造用品				√
采购材料的运输成本		√		
产品运输费用	√			

18.3　制造业企业如何编制财务报表

在本书的财务会计部分，你已经学习了服务业企业和商业企业的财务报表。在这一章节，我们将关注制造业企业的财务报表有什么不同。

□ 资产负债表

我们首先来看资产负债表。服务业企业出售时间、技术和知识，因此它们的资产负债表中没有存货。商业企业出售它们从供货商处购买的货物，并且将购买存货的成本记录为资产负债表上的一项资产（库存商品）。正如你之前学到的，制造业企业使用三个存货账户来追踪成本——原材料、在产品和产成品。在制造业企业的资产负债表中，这三个存货项目列示在资产的部分。

图表 18－9 对服务业企业、商业企业和制造业企业的资产负债表进行了比较。黑体字标出的科目说明了不同类型的企业使用的不同的存货科目。

图表 18-9　资产负债表比较

服务业企业 资产负债表（部分） 2019 年 12 月 31 日		商业企业 资产负债表（部分） 2019 年 12 月 31 日		制造业企业 资产负债表（部分） 2019 年 12 月 31 日	
资产		资产		资产	
现金	$10 500	现金	$10 500	现金	$10 500
应收账款	8 750	应收账款	8 750	应收账款	8 750
设备	60 000	**库存商品**	2 200	**原材料**	1 500
		设备	60 000	**在产品**	800
				产成品	2 200
				设备	60 000
总计	$79 250	总计	$81 450	总计	$83 750

□ 利润表

在利润表中，由于服务业企业没有任何产品成本，它们只需确认期间费用（工资费用、租金等）。与服务业企业不同，销货成本构成了商业企业利润表中最大的一项费用。销货成本指的是企业销售的库存商品的成本。类似于商业企业，在制造业企业中，销货成本通常是最大的费用。但是，因为制造商所销售的产品是它自己生产的，销货成本的计算方式有所不同。图表 18-10 显示了服务业企业、商业企业和制造业企业在计算销货成本上的差异。请注意差异已经用黑体字标出。

图表 18-10　利润表比较

服务业企业 利润表 截至 2019 年 12 月 31 日			商业企业 利润表 截至 2019 年 12 月 31 日			制造业企业 利润表 截至 2019 年 12 月 31 日		
收入：			收入：			收入：		
服务收入		$7 600	销售收入		$7 600	销售收入		$7 600
费用：			销货成本：			销货成本：		
工资费用	$3 800		**期初库存商品**	$2 000		**期初产成品**	$2 000	
租赁费用	1 000		**采购与运输费用**	3 800		**产品生产成本**	3 800	
水电费	400		可供出售的产品成本	5 800		可供出售的产品成本	5 800	
费用总计		5 200	**期末库存商品**	(2 200)		**期末产成品**	(2 200)	
营业利润		$2 400	销货成本总计		3 600	销货成本总计		3 600
			毛利		4 000	毛利		4 000
			销售和管理费用		1 600	销售和管理费用		1 600
			营业利润		$2 400	营业利润		$2 400

□ 产品成本在制造业企业中的流转

理解如何计算产品生产成本和最终的销货成本的前提是掌握产品成本在制造业企业中的流转情况。图表 18-11 描述了这个流转过程。

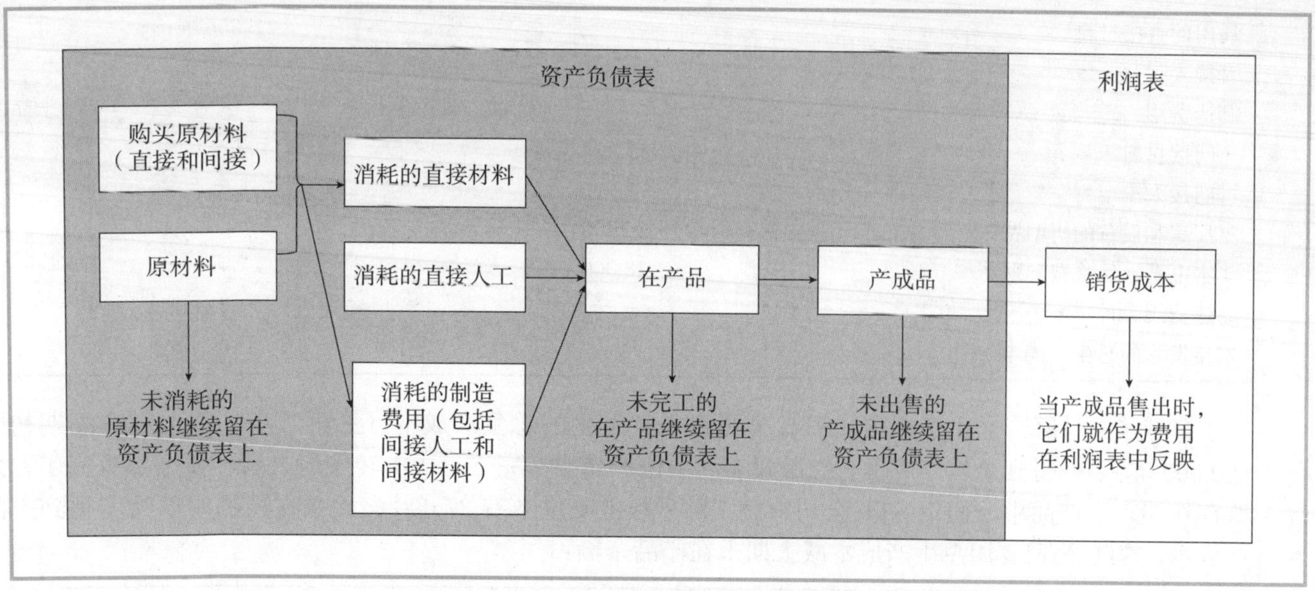

图表 18－11 产品成本在制造业企业中的流转

首先，因为制造业企业将原材料加工为完工产品，成本的流转是从原材料开始的。购买的原材料加上期初原材料，等于企业可使用的原材料。原材料要么用于生产，要么作为原材料在资产负债表中反映。

在生产过程中，制造商通过直接人工和制造费用（包括间接人工和间接材料）将直接材料加工为在产品。发生的直接材料成本、直接人工成本和制造费用构成了在产品的单位成本。当生产工序完成后，成本会转移至产成品。制造产成品的成本构成了**产品生产成本**（cost of goods manufactured）。如果生产工序未完成，成本就留存在在产品中，并在资产负债表中反映。利润表使用产品生产成本来确定当期的销货成本。只有当产成品出售时，它的成本才能从资产负债表中转出，作为销货成本在利润表中反映。

□ 计算产品生产成本

我们以 STL 公司为例来演示产品生产成本的计算过程，主要分成以下三个步骤。

第一步：计算耗用的直接材料。假定 STL 公司期初的直接材料余额为 70 000 美元。在这一年中，STL 公司购买了 350 000 美元的直接材料，期末直接材料余额为 65 000 美元。STL 公司计算耗用的直接材料成本的过程如下：

期初直接材料	\$70 000
购入直接材料	350 000
可使用的直接材料	420 000
期末直接材料	(65 000)
耗用的直接材料	\$355 000

第二步：计算本年发生的总生产成本。STL 公司下一步将要确定这一年的总生产成本，包括耗用的直接材料（见第一步）、耗用的直接人工（169 000 美元）和制造费用。STL 公司的制造费用包括间接材料（17 000 美元），间接人工（28 000 美元），厂房和设备的折旧费（20 000 美元）以及水电费、保险费和财产税（18 000 美元）。发生的总生产成本的计算如下：

耗用的直接材料		$ 355 000
直接人工		169 000
制造费用：		
间接材料	$ 17 000	
间接人工	28 000	
厂房和设备的折旧费	20 000	
水电费、保险费和财产税	18 000	
制造费用合计		83 000
本年发生的总生产成本		$ 607 000

第三步：计算产品生产成本。STL 公司将本年发生的总生产成本（见第二步）加上在产品期初余额（80 000 美元），得到总生产成本。它所代表的单位产品要么完工，成本转入产成品，要么部分完工，成本留存在期末在产品中。假定 STL 公司未完工的平板电脑成本有 27 000 美元在在产品中，为了得到产品生产成本，STL 公司要用总生产成本减去期末在产品余额：

期初在产品余额	$ 80 000
本年发生的总生产成本	607 000
总生产成本	687 000
期末在产品余额	(27 000)
产品生产成本	$ 660 000

图表 18－12 展示了 STL 公司包括以上三个步骤的完整的产品生产成本表。该计算表由公司编制，显示了有关存货生产成本的详细信息，也构成了销货成本计算的一部分。

图表 18－12　产品生产成本表

STL 公司产品生产成本表
截至 2020 年 12 月 31 日

期初在产品余额			$ 80 000
耗用的直接材料：			
期初直接材料	$ 70 000		
购入直接材料（包括运费）	350 000		
可使用的直接材料	420 000		
期末直接材料	(65 000)		
耗用的直接材料合计		$ 355 000	
直接人工		169 000	
制造费用：			
间接材料	17 000		
间接人工	28 000		
厂房和设备的折旧费	10 000		
水电费、保险费和财产税	18 000		
制造费用合计		83 000	
本年发生的总生产成本			607 000
总生产成本			687 000
期末在产品余额			(27 000)
产品生产成本			$ 660 000

□ 计算销货成本

STL 公司的产品生产成本已经计算出来了，接下来计算销货成本。销货成本是企业已经销售的产成品的成本。假定 STL 公司的期初产成品余额为 0 美元，期末产成品余额为 60 000 美元，STL 公司计算销货成本的过程如下：

期初产成品	$0
产品生产成本	660 000
可供销售的产品成本	660 000
期末产成品	(60 000)
销货成本	$600 000

图表 18 - 13 展示了 STL 公司完整的利润表。请注意：销售收入减去销货成本等于毛利。然后，毛利减去期间费用（销售和管理费用）等于营业利润。最后，营业利润减去其他收入和费用以及所得税费用等于净利润。

图表 18 - 13 制造业企业的利润表

STL 公司利润表 截至 2020 年 12 月 31 日		
销售收入		$1 000 000
销货成本：		
期初产成品	$0	
产品生产成本	660 000	
可供出售产品成本	660 000	
期末产成品	(60 000)	
销货成本合计		600 000
毛利		400 000
销售和管理费用：		
工资费用	120 000	
租赁费用	100 000	
保险费用	10 000	
折旧费用	6 000	
其他费用	5 000	
销售和管理费用合计		241 000
营业利润		159 000
其他收入（和费用）：		
利息费用		(7 600)
税前净利润		$151 400
所得税费用		53 000
净利润		$98 400

□ 存货账户的成本流转

图表 18 - 14 说明了 STL 公司存货账户的成本流转。下列公式可用于三种存货账户：

期初余额＋增加额－期末余额＝使用额或出售额

图表 18－14　STL公司存货账户的成本流转

直接材料		在产品		产成品	
期初直接材料	$70 000	期初在产品	$80 000	期初产成品	$0
＋购入直接材料（包括运费）	350 000	＋耗用的直接材料	355 000	＋产品生产成本	660 000
＝可使用的直接材料	420 000	＋直接人工	169 000	＝可供销售的产品成本	660 000
－期末直接材料	(65 000)	＋制造费用	83 000	－期末产成品	(60 000)
＝耗用的直接材料	$355 000	＝总生产成本	687 000	＝销货成本	$600 000
		－期末在产品	(27 000)		
		＝产品生产成本	$660 000		

每一阶段的末项将进入下一阶段。观察图表18－12产品生产成本表中原材料和在产品的成本流转过程及图表18－13利润表中完工产品的成本流转过程。充分理解制造业企业的成本流转非常重要，而且在后面的章节中会经常使用。

□ 使用产品生产成本表来计算单位产品成本

管理者可以利用产品生产成本表来计算单位产品成本。为什么对他们来说知道单位产品成本至关重要？知道每单位产品的成本有助于管理层决定产品的价格，确保每个产品是能够获利的。接下来他们能够测算出营业利润，确定产成品成本。STL公司在2020年生产2 200台平板电脑，每台平板电脑的成本是多少呢？

产品生产成本÷产品的产量＝单位产品成本

660 000÷2 200＝300(美元)

在2020年，STL公司销售了2 000台平板电脑，并且公司知道每台平板电脑的成本为300美元。有了这一信息，STL公司就可以计算出销货成本。

销售数量×单位产品成本＝销货成本

2 000×300＝600 000(美元)

要记住单位产品成本只是影响该产品售价的一种因素。除了产品成本外，制造商还需考虑在利润表中单独反映的期间费用（销售和管理费用）。为了获取利润，产品的售价必须能够补偿产品成本和期间费用。

18.4　影响管理会计的商业趋势有哪些

为了取得成功，无论大型企业、小型企业还是私营企业的管理者，都需要了解当代商业环境的发展趋势，并思考如何运用管理会计应对未来的变化。

□ 向服务型经济转变

服务公司为社会提供医疗保健、通信、金融和其他重要的福利。美国劳工统计局预测，2014—2024年间，服务部门将占预计就业增长的大部分，特别是在医疗保健和社会援助以及专业和商业服务部门。美国劳工统计局还报告称，服务业将占美国就业岗位的4/5。服务行业的管理者需要了解提供服务和支持客户的成本，以及规划未来的客户服务需求。

□ 全球化市场竞争

为了提高竞争力，不少制造商将生产基地迁往国外以更靠近新兴市场。许多公司和外国公司合作，以满足当地的需求。例如，日本丰田公司在美国设立了 10 个制造工厂。管理会计的概念可以用来帮助管理人员做出决定，比如是否外包部分生产过程以及向不同地域市场的客户运送货物。即使是决定进行搬迁，也需要了解如何节约成本，并且有能力计划搬迁。

□ 基于时间的竞争

国际互联网、电子商务和快递服务加速了商业的步伐。现在，顾客在全球范围内发送即时信息，两个星期内就可以收到他们在网上购买的商品。可见在世界级商业竞争中，时间就是最大的竞争砝码。先进的信息系统、电子商务和准时制是公司节省时间的三大法宝。

1. 先进的信息系统。现在许多大公司都开始运用**企业资源计划**（enterprise resource planning，ERP）来提供决策信息。ERP 可以将一个公司的全球业务、部门和数据融入一个系统。ERP 的优势在于使业务流程流线型，并能使公司对市场变化做出快速反应。

2. 电子商务。互联网的存在使得全世界的消费者能够每周 7 天、每天 24 小时接收公司的信息和优质的产品。

3. 准时制。库存持有时间过长可能会使产品过时，公司习惯于持有大量存货以保证有足够的原材料供生产，并满足客户的订购，但这样就使大量的现金套在存货中而不能有其他用途，增加了成本。准时制理念帮助管理者削减这部分成本，并加速原材料向产成品的转换。使用**准时制管理**（just-in-time management）系统意味着及时生产产品以满足需求。理想的情况是，供应商提供数量精确的刚好满足当天生产所需的材料，企业在正好需要运输给顾客产品的时候完成生产。

□ 全面质量管理

公司必须确保产品和服务的高质量才能在竞争中立于不败之地。**全面质量管理**（total quality management，TQM）秉持不断改进产品和生产过程的理念。为了达到这一目标，公司要消除产品链上所有环节的小缺陷，提高客户满意度。全面质量管理强调组织中每个人的重要性，创造跨流程的合作文化：研发、设计、生产、营销和销售、分销以及客户服务。流程中的每个步骤都会为最终的产出增加价值。因此，这些步骤共同组成了**价值链**（value chain）。如图表 18－15 所示，价值链包括一个企业所从事的所有上游和下游活动。上游价值增值活动始于研发活动，从产品设计一直贯穿到生产程序。下游指的是产品销售、配送和客户服务。通过帮助对价值链上各项活动做出规划和成本估计，管理会计能够帮助管理者做出决策。

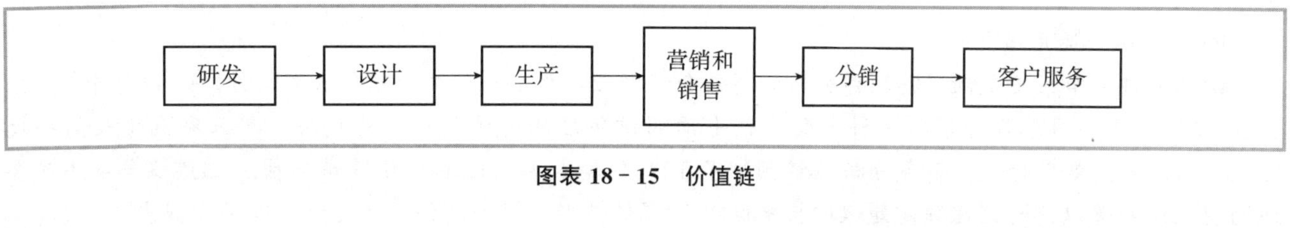

图表 18－15 价值链

三重底线

三重底线（triple bottom line）涉及利润、人和地球三方面，即经营企业会产生经济、社会、环境三方面的影响。企业逐渐意识到它们具有多重责任，为股东和投资者创造利润只是成为具有社会责任感的企业的一方面，越来越多的顾客和股东选择支持那些致力于开展劳工实践、社区服务和可持续环境保护的企业。

18.5 管理会计如何运用于服务业企业和商业企业

本章前几节重点介绍了制造业企业，但是管理会计可以运用于所有类型的企业。尽管服务业企业和商业企业不生产产品，管理者仍然对计划、指挥和控制运营感兴趣。我们知道了如何确定完工产品的成本，现在让我们看看管理会计如何运用于服务业企业和商业企业的成本计算。

计算每项服务的成本

了解每项服务的成本可以帮助管理者确定提供的每项服务的价格。服务业企业不存在生产成本，所以它们认为所有的营业费用都是服务成本的一部分。在更为大型、更为先进的服务业企业中，期间费用被划分为服务成本和非服务成本。我们假设在2018年，在STL公司开始购买或生产平板电脑之前，公司发生了3 900美元的成本，提供了1 950项电子课程服务。每一项服务的成本是多少？使用下列公式计算单位成本：

总成本÷总服务数量＝单位成本

3 900÷1 950＝2(美元)

计算每件商品的成本

商业企业需要知道每件商品的成本以确定哪些商品是盈利最多的。了解单位商品成本可以帮助管理者为每件商品确定合适的销售价格。我们假设在2019年12月，STL公司出售了成本为90 800美元的260台平板电脑（在公司开始生产电脑之前）。每件商品的成本是多少？使用下列公式计算单位成本：

总商品成本÷总商品数量＝单位成本

90 800÷260＝349.23(美元)

注意：这证明了STL公司生产平板电脑的决策的合理性，因为公司购买平板电脑需要349.23美元，而生产一台却只需要300美元。

习题

P18-25A 运用道德标准

纳塔利娅·华莱士是斯玛特软件公司的新任会计经理，该公司研发和销售教育软件。快到会计年度末（12月31日）时，公司总裁詹姆斯·科韦向华莱士询问该年度的会计数据。总裁对5年来利润增长第一次低于13%很不满意。他解释说，财务分析已经预测了13%的增长率，他不想让股东失望。他建议华莱士跟会计经理助理（他知道以前的经理如何处理增长率低于13%的情况）讨论这件事。会计经理助理提出了以下策略。

a. 说服供应商将本年度13 000美元的发票推迟到明年1月1日。

b. 将一些存放在公共仓库的待售软件记录为销售收入 115 000 美元。

c. 将年终结账的日期推迟到 1 月份，将明年的部分销售收入计入今年。

d. 鉴于公司良好的业绩表现，将坏账准备从销售收入的 5%降至 3%。

e. 将 12 月的每月例行维护支出推迟到明年 1 月 1 日。

要求：

1. 上述策略中，哪些与 IMA 标准冲突？
2. 这些冲突对公司的债权人和股东会产生怎样的影响？
3. 当总裁坚决要求会计经理采取这些策略时，会计经理应该怎么做？

P18－26A 区分期间费用和产品成本

劳勒公司是一家草地维护设备的生产商。该公司在生产除草机时发生了以下成本：

- 除草机的传动轴和把手；
- 除草机的引擎；
- 组装除草机的人工成本；
- 除草机所使用的尼龙线（不追溯到产品中）；
- 黏合外壳的胶水；
- 工厂清洁工的工资；
- 工厂设备的折旧；
- 厂房租金；
- 销售佣金；
- 管理人员的工资；
- 工厂水电费；
- 将产成品交付给顾客的运输费用。

要求：

1. 简述期间费用和产品成本的不同。

2. 将劳勒公司的成本划分为期间费用和产品成本。如果是产品成本，进一步划分为直接材料、直接人工和制造费用。

P18－27A 计算商业企业和制造业企业的销货成本

下面的表格中是两家公司的数据：

	A 公司	B 公司
期初余额：		
库存商品	$10 600	
产成品		$15 000
期末余额：		
库存商品	13 100	
产成品		11 700
采购净额	154 500	
产品生产成本		214 500

要求：

1. 简述三种类型企业的定义：服务业企业、商业企业和制造业企业。
2. 根据上述数据，确定 A 公司和 B 公司分别是哪种类型的公司。
3. 计算每个公司的销货成本。

P18－31A 为服务业企业编制利润表并计算单位成本

WD公司提供修理汽车挡风板的服务。该公司在2018年3月发生的运营成本如下：

工资	$ 12 000
挡风板维修材料	4 600
卡车折旧	300
建筑与设备折旧	1 200
使用的物资	300
水电费	460

WD公司该月的收入是23 000美元，其修理了500个挡风板。上述所有成本都与修理服务直接有关。

要求：

1. 编制3月份的利润表。
2. 计算修理挡风板的单位成本。
3. WD公司的经理必须使单位运营成本保持在50美元以下才能获得奖金，他能达到这一目标吗？

P18－32A 为商业企业编制利润表并计算单位成本

克莱德·斯奈德创办了克莱德宠物店。这是一家小型宠物用品零售店，2018年12月31日，宠物店的会计数据如下所示：

期末库存商品	$ 10 100
期初库存商品	15 900
销售收入	56 000
水电费	3 300
租金	4 100
销售佣金	2 650
库存商品采购成本	25 000

要求：

1. 编制该公司2018年的利润表。
2. 该公司销售了3 850件商品，确定其产品的单位销售成本，精确到美分。

P18－36B 为制造业企业编制产品生产成本表和利润表

CB公司生产自有品牌的宠物食品。2018年12月31日，该公司的会计数据如下：

余额	期初	期末
直接材料	$ 13 400	$ 10 500
在产品	0	1 500
产成品	0	5 400
其他数据：		
直接材料采购成本		$ 39 000
工厂清洁工薪酬		900
销售人员薪酬		5 100
运输费用		1 700
销售收入		115 000
水电费		1 200
租金		9 000
消费者热线费用		1 600
直接人工		16 000

要求：

1. 编制该企业 2018 年的产品生产成本表。
2. 编制该企业 2018 年的利润表。
3. 该公司的利润表在格式上与商业企业有何不同？
4. 该公司在 2018 年制造了 17 500 件产品，计算其单位生产成本，精确到美分。

P18-37B 为制造业企业编制产品生产成本表和利润表

Charlie 制造公司的月度产品生产成本表和利润表如下。完成下表中的空格部分，并在×处填入正确的数字。

Charlie 制造公司 ______________ ______2018 年 6 月 30 日			
期初______			$ 26 000
直接______：			
期初直接材料	$ ×		
直接材料采购成本	51 000		
______	81 000		
期末直接材料	(26 000)		
直接______		$ ×	
直接______		×	
制造费用		50 000	
总______成本			177 000
总______成本			×
期末______			(29 000)
______			$ ×

Charlie 制造公司 ______________ ______2018 年 6 月 30 日		
销售收入		$ ×
销货成本：		
期初______	$ 118 000	
______	×	
______成本	×	
期末______	×	
销货成本		232 000
毛利		268 000
______费用：		
销售费用	90 000	
管理费用	×	
总______		150 000
______利润		$ ×

P18-38B 通过制造业企业的存货账户确定其成本流转

TF 鞋业公司生产休闲鞋。最近一年，公司发生的总生产成本是 21 900 000 美元。其中，直接材料为 2 600 000 美元，直接人工为 14 800 000 美元。直接材料账户的期初余额为 700 000 美元；在产品账户的期初余额为 1 500 000 美元；产成品账户的期初余额为 1 100 000 美元。这些账户的期末余额分别为：直接材料 800 000 美元；在产品 2 000 000 美元；产成品 1 080 000 美元。

要求：

分析存货账户以确定：

1. 本年度购进直接材料的成本。
2. 本年度的产品生产成本。
3. 本年度的销货成本。

第19章

分批法

为何我们的客户不断流失？

梅琳达·邓肯陷入了沉思。她就职于一家地区性的建筑公司。投标新的建筑工程是公司的一项主要业务。梅琳达很享受她的工作。她认为给一个新项目做成本预测就像拼图一样，确保考虑到所有可能发生的成本，然后把不同的部分组合在一起，极富挑战性。近期，由于竞争对手更低的收费，她就职的公司丢失了部分客户。梅琳达不断思索这一情况，产生了很多疑问。她的公司是否也需要降低收费来保持竞争力？如果降低收费，能否继续保持盈利？

梅琳达知道建筑工程的收费必须包含所有相关的成本。与项目相关的最大的成本是建筑材料和劳动力成本。但公司也有其他方面的成本需要包括进去，例如，机器的维修费用、建筑工头的薪酬。在建筑公司做出降低收费的决策之前，首先要确定每一项建筑工程的精确成本。公司如何确定每一批次的全部成本？建筑公司可以使用分批法来追踪每一批次的成本，然后再利用这些信息做出定价决策。

成本究竟是多少？

所有企业都需要知道其产品和服务的成本。像花岗岩建筑公司这样的专业建筑公司会确定每一项建筑工程的相关成本，从而可以正确地对项目进行投标或向客户提出合理的定价。公司的历史可以追溯到1900年公司前身花岗石公司的成立。公司在历史上的代表性工程有通往约塞米蒂国家公园山顶的公路，它是穿越莫哈维沙漠的66号公路的一部分，距离加利福尼亚引水工程大约100英里。公司的创始人之一沃尔特·J. 威尔金森非常注重细节。他的成本估计甚至精确到马所需要的干草。

像花岗岩建筑这样的公司如何确定工程的成本呢？有些成本，比如直接成本，很容易确定。会计人员可以通过记录一项工作花费的小时数来确定直接人工成本，还可以追踪运送到工地的建筑材料成本。但是其他成本，例如，建筑工头薪酬、建筑设备折旧等存在于多项工作的间接成本却不容易归集到具体批次中。本章将讲述制造业企业和服务业企业如何确定其产品和服务的成本。

学习目的

1. 区分分批法和分步法。
2. 分批法下原材料和人工成本的会计核算。
3. 分批法下实际的制造费用和分配的制造费用的核算。
4. 记录产成品的完工和销售情况。
5. 调整多分配和分配不足的制造费用。
6. 计算服务业企业的批次产品成本。

19.1 制造业企业如何使用分批法和分步法

成本会计系统（cost accounting system）计量、记录、报告产品成本，并收集产品成本信息以帮助管理者确定单位产品的成本。了解单位成本可以帮助管理者实现以下目的：

- 决定生产哪些产品。
- 制定合理的价格以便获取利润。

- 决定生产多少产品。
- 计算利润表中的销货成本。
- 计算资产负债表中的存货成本。

管理者的主要职责包括计划、指挥和控制。如果管理者知道产品的单位成本，那么他就可以计划和控制生产产品以及将其交付给顾客所需的资源成本。成本会计系统的信息有助于管理者制定计划、指挥和控制决策。现在主要有两种传统的成本会计系统：分批法和分步法。本章主要介绍分批法，分步法将在下一章介绍。在开始学习分批法之前，需要了解这两种方法的区别。

□ 分批法

一些企业按批次制造特定产品或者提供特定服务。**分批法核算系统**（job order costing system）为每个单独的**批次**（job）积累成本。一项工作可能是一种独特的产品或专门的服务，也可能是一批独特的产品。对建筑承包商而言可能是建造海关大楼。会计公司的一项专门工作则可能是为客户准备纳税申报单。再比如，为婚宴定制 36 个特色纸杯蛋糕。生产独特产品或提供专门服务的公司，如会计公司、音乐工作室、医疗保健提供商、建筑承包商和定制家具制造商，都使用分批法核算系统。在分批法核算系统中，目标是跟踪与作业相关的成本。

□ 分步法

还有一些企业通过一系列生产步骤或者流程制造相同的产品。**分步法核算系统**（process costing system）收集完工产品所需的每个步骤的成本信息，而不是将成本分配至某一批次。例如，一家饮料公司的生产步骤包括混合、装瓶和装箱。一家冲浪板制造企业的生产步骤包括打磨、喷漆、上蜡和包装。一家血糖仪制造企业的生产步骤包括焊接、装配和测试。分步法主要用于大批量生产相同产品的公司。

一些企业可能会同时使用分批法和分步法。例如，一个 RV 制造企业可能会对标准产品使用分步法，而对定制的订单使用分批法。分批法和分步法都遵循归集、分派、分配、调整的四步法追踪产品成本。在通过资产负债表的存货账户和利润表的销货成本追踪产品成本的过程中使用四步法。

19.2 材料成本和人工成本如何在分批法中流转

分批法对成本的追溯覆盖原材料从仓库转移到生产车间，并在生产车间加工成产成品的整个过程。让我们来研究一家制造业企业如何使用分批法。为了说明这一过程，我们使用虚拟的 STL 公司。STL 公司生产安装有电子学习课程软件的平板电脑。大多数顾客按批次订购平板电脑，STL 公司将每一个订单作为一个单独的批次。STL 公司使用**分批成本计算单**（job cost record）记录每一批产品的成本：直接材料、直接人工和制造费用。图表 19－1 为批次 27 的分批成本计算单。

分批法下，公司必须归集成本并将其分配至各批次。当公司购买原材料、产生直接人工和制造费用时，应当归集成本。当订单开始生产时，企业开设分批成本计算单。当成本发生时，STL 公司将成本记入分批成本计算单，成本被记录到在产品账户。当 STL 公司完成一个批次时，公司会汇总所有成本，并将成本从在产品转移到产成品账户。转移到产成品账户的成本叫作产品生产成本。当该批次的产品出售时，成本从产成品账户（一项资产）转移到销货成本账户（一项费用）。

图表 19 - 1　批次 27 的分批成本计算单

批次：27
客户名称：中央学院书店
批次描述：15 台装有会计电子学习课程软件的平板电脑

直接材料			直接人工			制造费用		
日期	领料单号	金额	日期	工时记录号	金额	日期	比例	金额
1 月 14 日	342	\$825	1 月 15 日	236	\$90	1 月 31 日	直接人工成本的 40%	\$500
1 月 16 日	345	650	1 月 15 日	237	450			
1 月 25 日	352	1 275	1 月 31 日	252	710			

成本汇总	
直接材料	\$2 750
直接人工	1 250
制造费用	500
总成本	\$4 500
单位成本	\$300

图表 19 - 2 是 STL 公司会计期间内三批产品的成本流转示意图。这一年中，STL 公司除了这三批产品外还生产了许多批次的产品。图表 19 - 2 表明批次 27 和 28 的产品周转完成，其成本也从在产品转入了产成品账户。批次 27 的产品已经发给客户，所以其成本又从产成品账户转入了销货成本账户。批次 29 是仅有的仍在生产的批次。批次 28 已完工但尚未发货给客户。批次 27 是仅有的完工并且出售的批次。

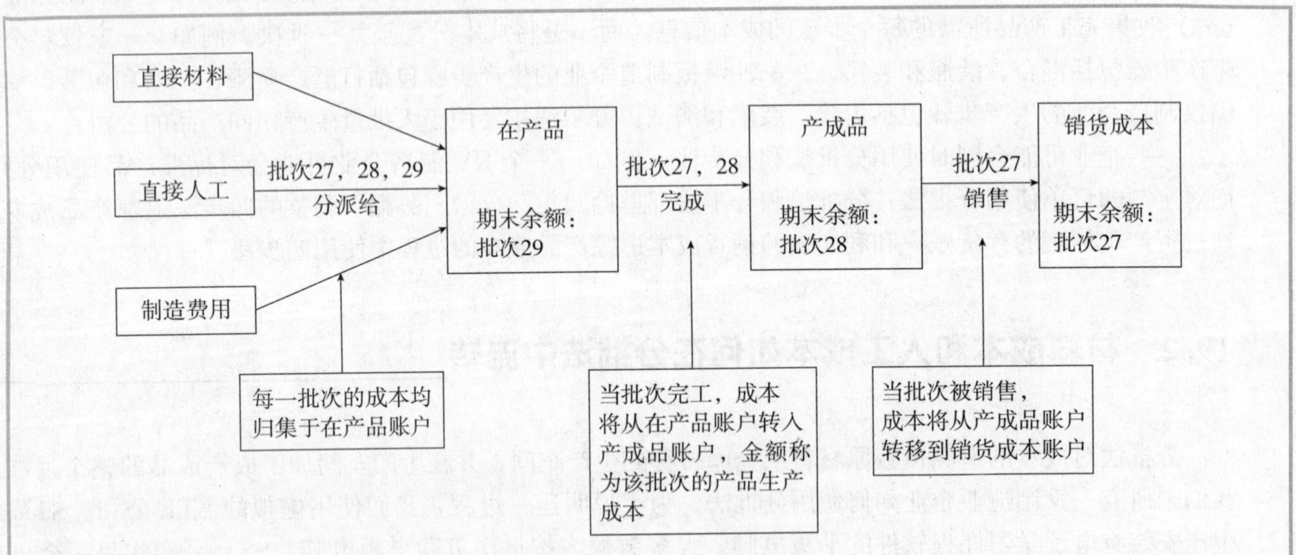

图表 19 - 2　分批法下的成本流转

本章的下一部分将介绍分批法下 STL 公司如何记录日记账。2019 年 12 月 31 日 STL 公司的存货账户期末余额如下：

原材料		在产品		产成品	
期末余额 70 000		期末余额 80 000		期末余额 0	

□ 原材料

原材料的会计核算主要在于两方面：原材料的购买与原材料在生产过程中的使用。因为原材料并非一经购入就必须立刻使用，而是可以储存起来在以后使用，购买的原材料分配至各批次前会归集到原材料账户。让我们来看一下对原材料购买和使用的记录。

购买原材料

交易 1——购买原材料：2020 年，STL 公司购买了价值 367 000 美元的原材料。这是一项归集在原材料账户中的产品成本。为了简化记录过程，我们将一年的材料购买汇总记为一个分录，而不是记录每一笔购买的分录。其记录如下：

日期	科目及摘要	借方	贷方
交易 1	原材料	367 000	
	应付账款		367 000

原材料		
期初余额	70 000	
交易 1	367 000	

原材料账户是一个总账账户。STL 公司也使用了一个原材料的明细账账户。明细账账户包括总账账户的细节，而且明细账账户余额之和等于总账账户的余额。

原材料明细账账户包含每一种材料的单独记录，有不同的分类账账户分别记录电池、处理器、外壳和其他用于生产平板电脑的材料。明细账记录了购买（收到）的原材料、用于生产的原材料，以及库存余额。使用明细账有助于更好地控制库存，因为其可以追踪生产过程中使用的每种材料。图表 19－3 是 STL 公司使用的一种电池的明细账。原材料总账账户的余额始终等于各明细账账户的余额之和。

图表 19－3 原材料明细账

原材料明细账

项目编号： B－103　　　　**类型：** STL 电池

日期	收到			发出				余额		
	数量	单位成本	总成本	领料单号	数量	单位成本	总成本	数量	单位成本	总成本
2019 年										
12 月 5 日	200	$ 55	$ 11 000					200	$ 55	$ 11 000
12 月 10 日				334	50	$ 55	$ 2 750	150	$ 55	$ 8 250
2020 年										
1 月 14 日				342	15	$ 55	$ 825	135	$ 55	$ 7 425

使用原材料

使用原材料，批次 27：STL 公司在 2020 年开始生产批次 27 的产品。1 月 14 日，生产部门提出领料申请。图表 19－4 是电池的**领料申请单**（materials requisition）——要求将原材料转移至生产部门。注意图表 19－3 所示的明细账中记录的领料单号（342）、数量与单位成本。

图表 19-4 领料申请单

领料申请单#342

日期：2020 年 1 月 14 日
批次：27
申请人：休·帕特森

物品	数量	单位成本	总成本
B-103 电池	15	$55	$825

当原材料下发至生产部门，如同图表 19-3 所示，转移过程被记录在明细账中。生产部门收到了原材料，也会分批进行记录。图表 19-5 显示的是在领料申请单（342）被记录后批次 27 的产品的分批成本计算单。

图表 19-5 分批成本计算单——直接材料记录

分批成本计算单

批次：27
客户名称：中央学院书店
批次描述：15 台装有会计电子学习课程软件的平板电脑

直接材料			直接人工			制造费用		
日期	领料单号	金额	日期	工时记录号	金额	日期	比例	金额
1 月 14 日	342	$825						

成本汇总
直接材料 ______
直接人工 ______
制造费用 ______
总成本 ______
单位成本 ______

领料申请单（342）中用于批次 27 产品生产的材料被当作直接材料，因为电池的成本可以比较容易地追溯到产成品中。材料成本已经被分配到批次 27 中，同时在原材料明细账中要记录减少，在这一批次的分批成本计算单中要记录增加。然而，STL 公司并不会在此时编制分录，而是会等到期末编制使用材料的总的分录。

交易 2——使用原材料： 在本年度，除了批次 27，STL 公司还有很多批次产品的生产工作。在 2020 年，公司使用的材料成本为 355 000 美元，包括电池、处理器和外壳。这一数额包括批次 27 及本年度其他批次的产品所耗用的材料成本。这些材料可以追溯到相应批次的产品中，且全部属于直接材料。直接材料成本从原材料账户转出，分配到在产品账户。每一批次的分批成本计算单会显示分配到该批次的直接材料成本的数额。

另一方面，公司也使用了难以追溯到特定批次产品的材料，成本为 17 000 美元。这些材料是间接材料。间接材料成本从原材料账户转出，归集到制造费用账户。以下分录记录了本年度生产过程中材料的使用情况：

日期	科目及摘要	借方	贷方
交易 2	在产品（直接材料）	355 000	
	制造费用（间接材料）	17 000	
	原材料		372 000

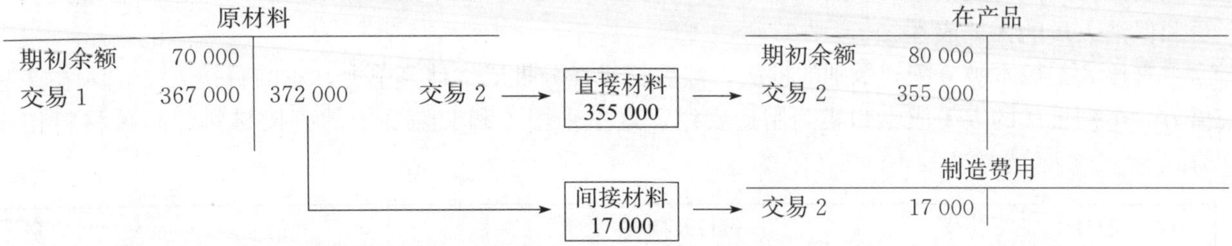

制造费用账户是一个在会计期间用于归集间接生产成本的临时性账户。因为它是一个临时性账户，所以它的处理方式与费用账户类似，且被划分为权益账户。我们将在本章后半部分调整制造费用账户。

无论是直接材料还是间接材料，生产部门都要通过领料申请单将原材料投入生产过程中。因为我们为这些材料的领用做了一个总的分录，所以不再分述。此外，领料申请单通常是电子的而非纸质的，之前所示的样例只是为了更清楚地介绍和说明。

□ 人工

耗用的直接人工，批次 27：大多数企业采用电子人工/时间记录单以简化人工成本追溯。员工使用身份证刷卡并输入工作信息，时间被自动添加到合适的分批成本计算单中。如果使用手工系统，每一个员工完成的**工时记录表**（labor time record）指的是完成一个批次的工作所花费的时间。装配工人的工时记录表显示一个员工在批次 27 的产品中花费了 5 小时，员工每小时的薪酬是 18 美元，则系统会为该批次记录成本 90 美元。

图表 19 - 6 显示了 STL 公司如何将直接人工成本加入批次 27 产品的分批成本计算单中。

图表 19 - 6　分批成本计算单——直接人工记录

分批成本计算单

批次： 27

客户名称： 中央学院书店

批次描述： 15 台装有会计电子学习课程软件的平板电脑

直接材料			直接人工			制造费用		
日期	领料单号	金额	日期	工时记录号	金额	日期	比例	金额
1 月 14 日	342	$ 825	1 月 15 日	236	$ 90			

成本汇总

直接材料	______
直接人工	______
制造费用	______
总成本	______
单位成本	______

员工的劳动被认为是直接人工，所以其成本被分配到该批次产品的成本中。成本被添加到分批成本计算单中。STL 公司会在每个工资周期编制人工成本的总的会计分录。

交易 3——发生的人工成本：2020 年，STL 公司共发生了 197 000 美元的人工成本，其中 169 000 美元是直接人工成本，28 000 美元是间接人工成本。这些成本包括批次 27 产品的所有直接人工成本和本年度其他批次产品的成本。间接人工成本是员工的人工成本，但不直接归集到产品，包括管理人员、维修人员和保洁人员的人工成本。

直接人工成本被分配到个别的批次，然后记录在分批成本计算单上。总的直接人工记入在产品账户的借方。个别批次的人工成本归集到制造费用。这里采用了和交易 2 中的直接材料、间接材料相同的处理方式。

日期	科目及摘要	借方	贷方
交易 3	在产品（直接人工）	169 000	
	制造费用（间接人工）	28 000	
	应付职工薪酬		197 000

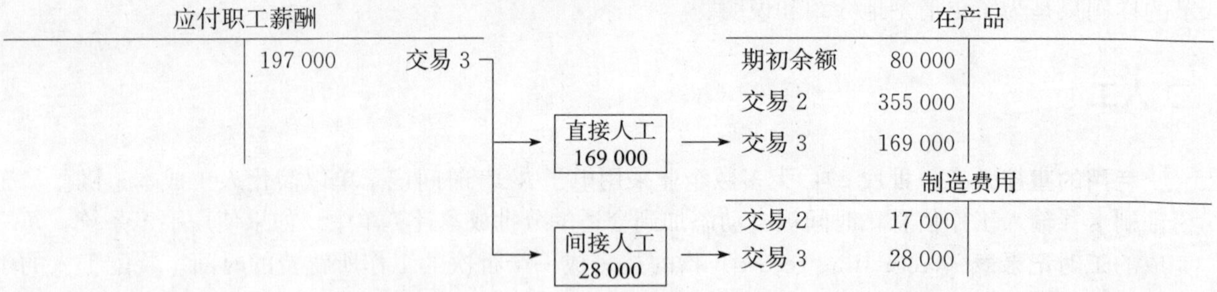

我们已经核算了产品的直接材料成本、间接材料成本和人工成本，现在让我们更仔细地研究产品的其他间接成本。

19.3 制造费用如何在分批法中流转

接下来让我们研究分批法下制造费用的流转。

交易 4～7——实际发生的制造费用：所有的制造费用都会作为借方记录在一个单独的总账账户——制造费用账户中。我们已经将间接材料成本（交易 2，17 000 美元）和间接人工成本（交易 3，28 000 美元）记录在制造费用账户中。除了间接材料和间接人工，STL 公司还发生了如下制造费用：

- 厂房和设备的折旧 20 000 美元。
- 车间水电费 7 000 美元。
- 车间保险费 6 000 美元（预付）。
- 应计厂房财产税 5 000 美元，尚未支付。

交易 4～7 记录了这些制造费用。在本年度发生的实际制造费用记录在制造费用账户的借方。年终时，制造费用账户的借方归集了所有实际发生的制造费用。

日期	科目及摘要	借方	贷方
交易 4	制造费用	20 000	
	累计折旧		20 000
交易 5	制造费用	7 000	
	库存现金		7 000
交易 6	制造费用	6 000	
	预付保险费		6 000
交易 7	制造费用	5 000	
	应付财产税		5 000

制造费用

交易 2	17 000	
交易 3	28 000	
交易 4	20 000	
交易 5	7 000	
交易 6	6 000	
交易 7	5 000	
期末余额	83 000	

如你所见，制造费用包括一批企业无法追溯到特定批次产品的成本。例如，无法确定多少车间水电费成本与批次 27 的产品有关。由于制造费用难以追溯到各批次产品，公司对制造费用的处理方式与直接材料和直接人工不同。STL 公司将制造费用分配至特定批次。制造费用分配的会计核算分为三步，而且发生在会计循环的三个节点上：

1. 在会计期间开始之前计算计划制造费用分配率；
2. 在会计期间分配制造费用；
3. 在会计期末调整制造费用。

□ 会计期间开始前——计算计划制造费用分配率

只有在知道总的制造费用的基础上才能对制造费用进行最为准确的分配，但是准确的制造费用数额只有在期末才能获得。然而，掌握产品成本十分重要，管理者不能为这一成本信息等待如此之长的时间，所以**计划制造费用分配率**（predetermined overhead allocation rate）需要在会计期间开始之前计算。企业使用这个计划分配率将预计的制造费用分配到特定批次的产品中。

计划制造费用分配率＝预计总制造费用÷预计总制造费用分配基数

计划制造费用分配率由两个因素决定：

- 会计期间内预计总制造费用（在 STL 公司的案例中，会计期间为 1 年）；
- 预计总制造费用分配基数。

将间接制造费用分配给每批次产品的关键是确定一个可行的制造费用分配基数。**分配基数**（allocation base）是将制造费用分配到产品的标准。理想情况下，分配基数是制造费用的主要成本动因。**成本动因**（cost driver）指的是引起一项成本发生的主要因素。例如，机器运转的电力成本伴随着机器的持续使用而不断增长。因此，电力的成本动因就是机器的使用，而分配基数就是机器工时（机器运转的小时数）。制造费用和分配基数之间存在联系，即分配基数越大，分配的制造费用就越多，反之亦然。

习惯上，制造业企业使用的成本动因如下：

- 直接人工工时（劳动密集型生产环境）；
- 直接人工成本（劳动密集型生产环境）；

• 机器工时（机器密集型生产环境）。

STL公司用直接人工成本作为分配基数，将制造费用分配到不同批次的产品中。本书的后面部分我们将学习其他分配制造费用的方法。现假设STL公司只使用直接人工成本分配制造费用。

2019年末，STL公司估计2020年的制造费用总额为68 000美元，直接人工成本为170 000美元。利用这一信息，我们可以计算出计划制造费用分配率。

计划制造费用分配率＝预计总制造费用÷预计总制造费用分配基数
＝68 000÷170 000
＝0.4
＝直接人工成本的40%

□ 会计期间——分配制造费用

如我们所见，STL公司将直接成本直接分配到每一批次的产品中。但是公司如何将制造费用分配到每一批次的产品中呢？由于产品是在2020年完成的，STL公司将会以40%的计划制造费用分配率乘以该批次产品的直接人工成本确定该批次产品的制造费用。STL公司使用相同的计划制造费用分配率分配本年度所有批次产品的制造费用，包括在会计期末未完成的产品。让我们以批次27产品为例。批次27产品的总计直接人工成本是1 250美元，计划制造费用分配率是40%。因此，STL公司将500美元（1 250×40%）的制造费用分配到批次27的产品中。将500美元的制造费用记录在分批成本计算单中。

分配的制造费用＝计划制造费用分配率×每批次的实际制造费用分配基数
＝40%×1 250
＝500(美元)

图表19-7所示的分批成本计算单显示了分配的制造费用500美元。为中央学院书店的订单所做的分批成本计算单的成本汇总部分显示，批次27产品的成本共计4 500美元，其中包括2 750美元的直接材料、1 250美元的直接人工和500美元的制造费用。批次27共生产了15台平板电脑，所以STL公司每台平板电脑的成本是300美元（4 500÷15）。

图表19-7 分批成本计算单，批次27

批次： 27
客户名称： 中央学院书店
批次描述： 15台装有会计电子学习课程软件的平板电脑

直接材料			直接人工			制造费用		
日期	领料单号	金额	日期	工时记录号	金额	日期	比例	金额
1月14日	342	$825	1月15日	236	$90	1月31日	直接人工成本的40%	$500
1月16日	345	650	1月15日	237	450			
1月25日	352	1 275	1月31日	252	710			

成本汇总

直接材料	$2 750
直接人工	1 250
制造费用	500
总成本	$4 500
单位成本	$300

产品生产成本÷产品生产总量=单位生产成本

4 500÷15=300(美元/台)

交易 8——制造费用分配：2020 年 STL 公司生产了很多批次的产品，包括批次 27 的产品。公司将制造费用分配到每一批次的产品中，包括年末未完工的产品。STL 公司在 2020 年的直接人工成本总计为 169 000 美元，按照 40%的分配率，分配的制造费用总计为 67 600 美元。将制造费用分配到在产品账户，制造费用减少的分录如下：

日期	科目及摘要	借方	贷方
交易 8	在产品	67 600	
	制造费用		67 600

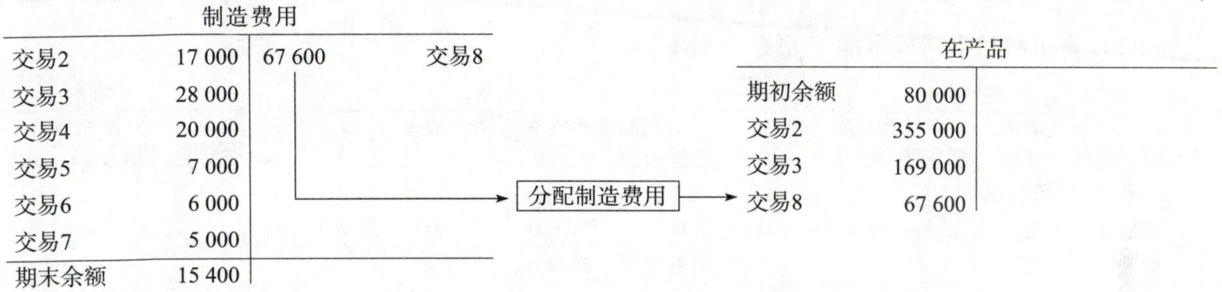

在继续之前，花点时间回顾一下制造费用的 T 形账户，并注意以下几点：

- 制造费用记入实际制造费用的借方（增加）。
- 制造费用记入实际制造费用的贷方（减少）。

19.4　产品完工和出售时应如何处理

你已经知道了如何将直接材料、直接人工和制造费用归集、分派和分配到每批次的产品中。要完成以上步骤，你需要做以下工作：

- 批次完工时核算；
- 批次销售时核算；
- 在会计期末调整制造费用。

□ 将成本转入产成品

当某一批次的产品完工时，其成本需要从在产品账户转入产成品账户。

交易 9——批次完工：假设 644 600 美元的产品生产成本是 STL 公司在 2020 年完工的所有批次的产品的成本。一般来说，每一批次产品完工时都需要单独做分录，但是我们只用一个总的分录来表示。当每批次产品完工并转入产成品仓库时，产品生产成本就从在产品账户转入产成品账户。STL 公司记录的 2020 年产成品的分录如下：

日期	科目及摘要	借方	贷方
交易 9	产成品	644 600	
	在产品		644 600

□ 将成本转入销货成本

交易 10 和交易 11——批次销售：随着平板电脑的销售，STL 公司需要记录销售收入和相关的销货成本。这涵盖了全年间批次 27 以及其他批次产品的销售。假设 STL 公司以 1 200 000 美元的价格进行销售，成本为 584 600 美元。STL 公司将记录两笔分录，一笔用于记录销售收入，另一笔用于确认销货成本。

日期	科目及摘要	借方	贷方
交易 10	应收账款	1 200 000	
	销售收入		1 200 000
交易 11	销货成本	584 600	
	产成品		584 600

STL 公司产品生产成本的 T 形账户如下：

在产品

发生的成本		产品生产成本	
期初余额	80 000	644 600	交易 9
交易 2	355 000		
交易 3	169 000		
交易 8	67 600		
期末余额	27 000		

产成品

产品生产成本		销货成本	
期初余额	0		
交易 9	644 600	584 600	交易 11
期末余额	60 000		

利润表

销货成本	
交易 11	584 600

（箭头：在产品贷方“644 600 交易 9”→产成品借方“交易 9 644 600”；产成品贷方“584 600 交易 11”→利润表销货成本“交易 11 584 600”）

当每批次产品完成时，其成本转入产成品账户。在会计期末，在产品账户的余额 27 000 美元代表了已经开始生产但未完工批次的产品的成本。有些批次的产品已经完工但尚未出售，这些体现在产成品账户的余额 60 000 美元中。

19.5 如何调整制造费用账户

分批法下记录成本的最后一步是调整制造费用账户中多分配或者分配不足的制造费用。

□ 会计期末——调整多分配和分配不足的制造费用

2020 年制造费用分配完毕后，制造费用账户仍有 15 400 美元的借方余额。这意味着，STL 公司 83 000 美元的实际制造费用大于分配给在产品的 67 600 美元的制造费用。我们称 STL 公司制造费用分配不足。**制造费用分配不足**（underallocated overhead）发生在由于公司分配给产品批次的成本少于实际发生的成本造成实际制造费用多于分配的制造费用的情况下。另一方面，**制造费用多分配**（overallocated overhead）则发生在实际制造费用少于分配的制造费用的情况下。

制造费用账户是用来归集会计期间产品间接成本的暂时账户。年末，制造费用账户余额必须为零。因此，制造费用分配不足或者多分配都需要在会计期末进行调整。

交易 12——调整制造费用：在本年度，制造费用账户的借方发生额是实际发生的制造费用，贷方发生额是分配到各批次产品中的制造费用。

制造费用

	借方	贷方	
实际成本 →	83 000	67 600	← 分配的成本
未调整余额	15 400		

制造费用的借方发生总额很少等于其贷方发生总额。为什么？因为 STL 公司按照计划制造费用分配率分配制造费用，而计划制造费用分配率是以估计值为基础的，计划制造费用分配率代表的是制造费用与分配基数之间的预期关系。在我们的例子中，制造费用账户的借方发生额 15 400 美元是分配不足的制造费用，因为分配到在产品账户中的制造费用少于实际发生的制造费用。如果是多分配的制造费用，那么制造费用账户将会产生贷方余额，即实际发生的制造费用少于分配的制造费用。

会计人员会对多分配和分配不足的制造费用账户在期末结账时进行调整。结账意味着对账户清零。所以，当制造费用分配不足时，我们需要将制造费用账户借方的 15 400 美元清零。那我们应记入哪个账户的借方呢？未分配制造费用代表的是 STL 公司本年度少计入的 15 400 美元。成本在在产品、产成品账户中流转并在最终转入销货成本。因此，制造费用的调整应该增加销货成本。销货成本账户是一个费用账户，所以借方代表增加。

日期	科目及摘要	借方	贷方
交易 12	销货成本	15 400	
	制造费用		15 400

制造费用

	借方	贷方	
交易 2	17 000	67 600	交易 8
交易 3	28 000		
交易 4	20 000		
交易 5	7 000		
交易 6	6 000		
交易 7	5 000		
未调整余额	15 400		
		15 400	交易 12
调整后余额	0		

销货成本

	借方	贷方
交易 11	584 000	
交易 12	15 400	
调整后余额	600 000	

现在，制造费用账户的余额调整为 0，销货成本账户反映了生产产品的实际成本。

如果制造费用被过度分配，产品成本将被高估，所以销货成本应该向下调整。公司记录调整时，借记制造费用，贷记销货成本。

图表 19－8 总结了制造费用的会计处理。

图表 19－8　制造费用的会计处理

会计期初
计算计划制造费用分配率

$$计划制造费用分配率=\frac{预计总制造费用}{预计总制造费用分配基数}$$

↓

会计期间
分配制造费用

$$分配的制造费用=计划制造费用分配率\times每批次的实际制造费用分配基数$$

会计期末
调整多分配或分配不足的制造费用

	制造费用	销货成本	会计分录
实际成本＞已分配制造费用	分配不足	低估成本	借：销货成本↑ 贷：制造费用↓
实际成本＜已分配制造费用	多分配	高估成本	借：制造费用↑ 贷：销货成本↓

□ 会计分录总结

伴随着成本在分批法中的流转，我们经过了归集、分派、分配和调整四个步骤。图表19－9列出了本章中所有与这四个步骤有关的会计分录。

图表19－9　会计分录总结

日期	科目及摘要	借方	贷方
交易1	原材料	367 000	
	应付账款		367 000
	采购的材料，归集在原材料账户。		
交易2	在产品	355 000	
	制造费用	17 000	
	原材料		372 000
	使用材料，直接材料分派给在产品，间接材料归集在制造费用。		
交易3	在产品	169 000	
	制造费用	28 000	
	应付职工薪酬		197 000
	发生劳动，直接人工分派给在产品，间接人工归集在制造费用。		
交易4	制造费用	20 000	
	累计折旧		20 000
	发生间接费用，成本归集在制造费用。		
交易5	制造费用	7 000	
	库存现金		7 000
	发生间接费用，成本归集在制造费用。		
交易6	制造费用	6 000	
	预付保险费		6 000
	发生间接费用，成本归集在制造费用。		
交易7	制造费用	5 000	
	应付财产税		5 000
	发生间接费用，成本归集在制造费用。		
交易8	在产品	67 600	
	制造费用		67 600
	制造费用分配给在产品。		
交易9	产成品	64 4600	
	在产品		644 600
	完成生产，成本分派给产成品。		
交易10	应收账款	1 200 000	
	销售收入		1 200 000
	销售产品，反映销售价格，而非成本。		
交易11	销货成本	584 600	
	产成品		584 600
	销售产品，成本分派给销货成本。		
交易12	销货成本	15 400	
	制造费用		15 400
	调整分配不足的制造费用。		

原材料

期初余额	70 000		
交易 1	367 000	372 000	交易 2
期末余额	65 000		

在产品

期初余额	80 000		
交易 2	355 000	644 600	交易 9
交易 3	169 000		
交易 8	67 600		
期末余额	27 000		

产成品

期初余额	0		
交易 9	644 600	584 600	交易 11
期末余额	60 000		

销货成本

交易 11	584 600		
交易 12	15 400		
调整后余额	600 000		

制造费用

交易 2	17 000	67 600	交易 8
交易 3	28 000		
交易 4	20 000		
交易 5	7 000		
交易 6	6 000		
交易 7	5 000		
未调整余额	15 400		
		15 400	交易 12
调整后余额	0		

□ 产品生产成本和销货成本

会计期末，STL 公司将提供有产品生产成本和销货成本数据的财务报表。图表 19－10 是 STL 公司 2020 年产品生产成本的汇总。注意，STL 公司在归集产品生产成本过程中使用了分配的制造费用，而不是实际的生产成本。这是因为在产品成本的计算必须使用分配的制造费用。

图表 19－10 产品生产成本计算表

STL 公司生产成本计算表 截至 2020 年 12 月 31 日		
期初在产品		$ 80 000
直接材料	$ 355 000	
直接人工	169 000	
分配的制造费用	67 600	
本年生产成本总计		591 600
应计生产成本		671 600
期末在产品		(27 000)
产品生产成本		$ 644 600

图表 19－11 是同一时期的利润表。注意：在利润表中归集销货成本时要加上制造费用分配不足的部分，从而保证利润表上的销货成本与 T 形账户中的数额一致。如果制造费用已经多分配，则需要调整的

部分可能已经被扣除了。

图表 19-11 利润表

STL公司利润表 截至2020年12月31日		
销售收入		$ 1 000 000
销货成本：		
期初产成品	$ 0	
产品生产成本	644 600	
可供出售产品成本	644 600	
期末产成品	(60 000)	
调整前销货成本	584 600	
调整分配不足的制造费用	15 400	
销货成本合计		600 000
毛利		400 000
销售和管理费用：		
工资费用	120 000	
租赁费用	100 000	
保险费用	10 000	
折旧费用	6 000	
其他费用	5 000	
销售和管理费用合计：		241 000
营业利润		159 000
其他收入（和费用）：		
利息费用		(7 600)
税前净利润		151 400
所得税费用		53 000
净利润		$ 98 400

19.6 服务业企业如何使用分批法

如我们所见，服务业企业没有存货。这些企业只发生非存货性成本，但是管理者仍然需要知道每项服务的成本以确定其价格。我们将以一家律师事务所为例来阐明服务业企业如何将成本分配到每项服务中。

沃尔什联合律师事务所将每个客户当作一项单独的服务。事务所最重要的成本是直接人工——律师花费在每个客户案子上的时间。服务业企业如何追踪其在每项服务中的直接人工成本呢？

沃尔什事务所的员工填写每周的人工工时电子记录表。相关的软件会合计出花费在每项服务中的时间。例如，路易丝·福克斯律师的人工工时电子记录表显示在2018年6月10日的那一周，她在客户367上花费了14小时，在其他客户上花费了26小时。

福克斯的薪水和福利每年总共有100 000美元。假设其在一年里每周工作40小时，工作50周（允许2周的休假标准），那么其一年的工时为2 000小时（50×40）。所以，福克斯的每小时薪酬如下：

员工的每小时薪酬＝100 000÷2 000＝50(美元/小时)

福克斯在客户 367 上花费了 14 小时，所以分派到客户 367 上的直接人工成本是 14×50＝700 美元。这项直接人工成本将会记录在客户 367 的分批成本计算单上。

事务所创始人雅各布・沃尔什想要知道每个客户的总服务成本，而不只是直接人工成本。事务所将间接成本分配到每个客户。事务所估算计划制造费用分配率所用的方法与 STL 公司类似。2017 年 12 月，事务所预估 2018 年会发生以下间接费用：

办公室租金	$ 200 000
办公室后勤人员工资	70 000
案例研究用法律文库的维护和更新费用	25 000
广告费用	3 000
赞助费用	2 000
间接成本合计	$ 300 000

沃尔什使用直接人工工时作为分配基数，因为直接人工工时是间接费用的主要成本动因。他估计事务所的律师在 2018 年的直接人工工时会达到 10 000 小时。

第一步：计算计划制造费用分配率。

计划制造费用分配率＝300 000÷10 000
＝30(美元/直接人工工时)

第二步：用每项服务实际耗费的分配基数乘以计划制造费用分配率，计算每项服务应分配的间接成本。例如，客户 367 花费了福克斯 14 个小时，所以其分配的间接成本为：

14×30＝420(美元)

因此，分配到客户 367 的成本如下：

直接人工：14×50	$ 700
间接成本：14×30	420
总计	$ 1 120

如上例所示，和制造业企业一样，服务业企业可以使用分批法来分派直接成本，并分配间接成本。

服务业企业对于总成本有一个很好的估算，所以其可以更好地进行定价决策。该事务所每工时的总成本是 80 美元，即每工时的直接人工 50 美元加上间接成本 30 美元。该事务所可以使用成本加成定价法设定加成率向顾客收费。例如，如果希望利润达到成本的 75%，则定价结果如下：

利润＝总成本×利润率＝80×75%＝60(美元/小时)
定价＝总成本＋利润＝80＋60＝140(美元)

根据上述计算结果，该公司应该向顾客每小时收费 140 美元。

习题

P19-28A 分析成本数据，记录产品批次的完工和销售

克莱门特制造公司为便携式电子设备制造携带用箱。下面是其成本记录表：

产品批次	日期			10月31日的总成本	11月增加的总制造成本
	开始	完工	出售		
1	10月3日	10月12日	10月13日	$1 300	
2	10月3日	10月30日	11月1日	1 400	
3	10月17日	11月24日	11月27日	1 000	$900
4	10月29日	11月29日	12月3日	1 200	1 200
5	11月8日	11月12日	11月14日		650
6	11月23日	12月6日	12月9日		500

要求：

1. 公司使用的是哪种成本计算系统？你的答案是依据哪些数据得出的？

2. 用表格中的日期确定每批次产品在10月31日和11月30日所处的生产阶段。计算公司10月31日的在产品、产成品和销货成本的期末余额。按批次计算11月30日的在产品、产成品和销货成本的期末余额。

3. 编制会计分录记录10月份和11月份产品从在产品账户转入产成品账户的过程。

4. 记录批次3产品的销售收入2 300美元。

5. 批次3产品的毛利润是多少？

P19-29A 使用分批成本计算单编制会计分录

Ki科技公司为电脑软件和娱乐公司生产DVD。公司使用分批法。

4月2日，Ki公司开始了批次423产品的生产。批次423的产品是6 000张DVD，每张DVD的售价为1.2美元，客户为范例映画公司。公司承诺将在4月5日之前将这批产品发到范例映画公司。Ki公司发生以下成本：

日期	工时记录号	备注	金额
4月2日	655	10小时；16美元/小时	$160
4月3日	656	20小时；15美元/小时	300

日期	领料单号	备注	金额
4月2日	63	31磅树脂；11美元/磅	$341
4月2日	64	25磅丙烯；29美元/磅	725
4月3日	74	3磅精炼铝；45美元/磅	135

Ki公司将制造费用分配到每批次的产品中。预计制造费用为574 000美元。预计直接人工成本为410 000美元。批次423的产品在4月3日完工并发出。

要求：

1. 编制批次423产品的分批成本计算单。计算计划制造费用分配率（四舍五入至小数点后两位），然后将制造费用分配到该批次的产品中。

2. 为批次423产品的直接材料的领用、直接人工的分派和制造费用的分配编制会计分录并记入相应账户中。工资尚未支付。

3. 为该批次6 000张DVD的完工和出售编制会计分录并记入相应账户中。

P19-30A 建筑业企业交易的会计核算

优质建筑公司是亚利桑那州的一家住宅建造公司。公司使用分批法，而且每栋房屋就是一个批次的产品。因为其建造房屋，所以其使用的账户名称是建筑制造费用。该公司依据预估的直接人工成本分配制造费用。本年度其预估的建筑制造费用是 1 150 000 美元，总直接人工成本是 5 750 000 美元。以下事项发生在 8 月份。

a. 购买材料且款项尚未支付，400 000 美元。

b. 领用直接材料并在建造过程中使用直接人工。领用的材料记录如下。

	直接材料	直接人工
房屋 402	$ 58 000	$ 44 000
房屋 403	62 000	32 000
房屋 404	61 000	58 000
房屋 405	86 000	57 000

c. 公司共发生工资费用 300 000 美元。使用上表数据分派工资费用。

d. 建筑设备折旧，6 700 美元。

e. 发生的其他制造费用：现金支付的设备租金，30 000 美元；到期的工人责任保险，7 000 美元。

f. 将制造费用分配到每批次的产品中。

g. 完工房屋：402 和 404。

h. 房屋出售但款项尚未收到：404，售价 250 000 美元。

要求：

1. 计算公司的年度计划制造费用分配率。
2. 编制会计分录并在日记账中记录发生的业务。
3. 设立在产品和产成品的 T 形账户。按字母顺序将相关的业务记录到这些账户中。假设账户期初余额为 0，确定其期末余额。
4. 核算未完工房屋的总成本，并且说明其总额等于在产品账户的期末余额。
5. 核算完工但尚未出售房屋的总成本，并且说明其总额等于产成品账户的期末余额。
6. 计算已出售房屋的毛利润。对于公司来说毛利润必须弥补哪些成本？

P19 - 31A 制造费用的会计核算

声望森林公司生产珠宝盒。主要材料（木材、黄铜、玻璃）和直接人工被直接归集到产品中。制造费用按照机器工时进行分配。2018 年的数据如下：

	计划	实际
机器工时	27 000 小时	32 100 小时
维护人工（修理装备）	$ 17 000	$ 23 500
车间主任的工资	48 000	50 000
螺丝、钉子和胶水	28 000	45 000
水电费	44 000	92 850
运输费用	37 000	49 500
工厂和设备折旧	85 400	83 000
广告费用	46 000	53 000

要求：

1. 计算计划制造费用分配率。四舍五入至小数点后两位。
2. 在制造费用 T 形账户中列出分配的制造费用和实际发生的制造费用。
3. 编制调整分配不足或者多分配的制造费用的会计分录。
4. 计划制造费用分配率通常是不准确的。为什么会计师不使用实际制造费用分配率？

P19-32A 对会计业务进行综合核算

巨星公司为小学教师生产奖励用的星星。公司在6月1日的试算平衡表如下：

巨星公司试算平衡表 2018年6月1日		
账户名称	余额	
	借方	贷方
库存现金	$14 000	
应收账款	160 000	
存货：		
原材料	6 000	
在产品	40 000	
产成品	20 400	
固定资产	220 000	
累计折旧		$75 000
应付账款		134 000
应付职工薪酬		2 600
普通股		139 000
留存收益		109 800
销售收入		0
销货成本	0	
制造费用	0	
销售和管理费用	0	
合计	$460 400	$460 400

6月1日的明细分类账如下：

- 原材料存货：纸张，4 000美元；间接材料，2 000美元。
- 在产品存货：批次120，40 000美元；批次121，0美元。
- 产成品存货：大星星，9 900美元；小星星，10 500美元。

6月份的业务如下：

a. 预收款项，145 000美元。

b. 发生且已经支付的销售和管理费用，32 000美元。

c. 应付款项，39 000美元。

d. 赊购材料：纸：24 000美元；间接材料：4 200美元。

e. 生产领用材料：

批次120：纸张	$950
批次121：纸张	7 900
间接材料	1 200

f. 6月份发生工人工资39 000美元。工时记录卡如下：批次120，3 600美元；批次121，17 000美元；间接人工18 400美元。

g. 6月份支付的工资包括5月31日的应付工资余额以及6月份的应付工资36 100美元。

h. 厂房设备折旧费用，2 500美元。

i. 制造费用以直接人工成本为分配基础，按照80%的计划制造费用分配率进行分配。

j. 当月完工批次：批次 120，700 000 个大星星，总成本 47 430 美元。

k. 赊销收入：批次 120 产品全部销售，收入 104 000 美元。

l. 调整分配不足的制造费用或多分配的制造费用。

要求：

1. 为发生的业务编制会计分录。

2. 为总账账户和原材料、在产品、产成品的明细账账户开设 T 形账户，按照题目中列示的余额资料记录各个账户的余额。按字母顺序将日记账分录过账至 T 形账户。

3. 编制 2018 年 6 月 30 日的试算平衡表。

4. 使用在产品的 T 形账户编制 6 月份的产品生产成本表。

5. 编制 6 月份的利润表。

P19 - 33A　服务业企业的分批法

蓝鸟设计有限公司是一家网页设计和咨询公司。该公司采用分批法，每一位顾客被当作一个批次。该公司将直接人工、认证成本、差旅费直接归集到各批次。将间接成本按照以直接人工成本为分配基数计算的计划制造费用分配率分配到各批次。

2018 年初，管理者萨莉·西蒙娜编制的预算如下：

直接人工工时（专业人员）	7 500 小时
直接人工成本（专业人员）	$ 1 500 000
内勤人员工资	464 000
计算机租赁费	45 000
办公用品	29 000
办公室租赁费	62 000

2018 年 11 月，该公司为几位顾客提供了服务。其中两位顾客的相关记录如下：

	美味食品	梅尔娃巧克力
直接人工工时	500 小时	400 小时
软件认证成本	$ 3 500	$ 200
差旅费	5 000	0

要求：

1. 计算 2018 年该公司的直接人工费率和计划制造费用分配率。

2. 计算各批产品的总成本。

3. 如果西蒙娜想要得到相当于销售收入 50％的利润，那么其应当分别向这两位顾客收取多少服务费？

4. 为什么该公司要将成本分配到各批次产品中？

第 20 章

分步法

饮料，有人要吗?

卡尔·马里诺注视着塑料瓶不断从他的眼前经过，机器运行得很流畅。卡尔在德雷克饮料公司工作。这家企业的全职员工有两班 10 小时的轮班，兼职员工则是每班 4 小时的短轮班。短轮班非常适合大学生卡尔。这给了卡尔一个不会占用学习时间的赚钱机会。但这份工作最棒的部分是，德雷克公司的经理总是愿意回答卡尔的各种问题。作为一个商科学生，卡尔有很多关于企业管理的问题。

最近，卡尔一直想了解德雷克公司生产一瓶饮料的成本。公司的产量如此之大，怎样了解每一瓶饮料的成本呢？卡尔的经理向他介绍了公司的成本核算系统。德雷克公司采用分步法核算系统。在这一方法下，公司首先确定每一个生产步骤，例如，混合、装瓶、包装的成本。然后，在月末，公司采用成本核算系统来确定生产每瓶饮料的平均成本。了解成本使得管理者能够做出正确的定价决策，在市场中保持竞争力。

看着眼前饮料瓶不断地经过，卡尔决定深入了解公司的分步法核算系统。

饮料的成本是多少?

你在便利店买了一瓶饮料。付钱时，你可能会考虑生产这样一件产品的成本。百事公司拥有 220 亿美元的销售额，这意味着它拥有的 22 个品牌，如百事、乐事、激浪、佳得乐每年销售额超过 10 亿美元。伴随着如此之大的产量和销售额，公司如何追踪产品的成本？很多食品和饮料公司大量生产产品，生产过程包括一系列生产步骤，而成本则与每个步骤息息相关。本章将学习像百事这样的公司如何追踪每个步骤的生产成本。通过追踪每个步骤的成本，公司可以在会计期末确定产品的总成本。

学习目的

1. 了解分步法下成本的流转。
2. 为直接材料和加工成本计算约当产量。
3. 使用加权平均法为第一个部门编制产品成本报告。
4. 使用加权平均法为后续部门编制产品成本报告。
5. 为分步法核算系统编制分录。
6. 使用产品成本报告做出决策。
7. 使用先进先出法编制产品成本报告（附录 20A）。

20.1 分步法下成本如何流转

在上一章中，你了解了使用成本核算系统来确定产品和服务成本的重要性。管理者使用成本信息来履行其计划、指挥和控制的主要责任。上一章的重点是分批法核算系统，本章则主要介绍分步法核算系统。让我们复习一下这两种核算系统的相同点与不同点。

分批法与分步法

在上一章，你了解到像 STL 公司这样的制造安装了电子课程的平板电脑的虚拟公司使用**分批法核算**

系统（job order costing system）来确定其产品和服务的成本。分批法适用于按批次生产特定产品、提供特定服务的企业。其他使用分批法核算系统的企业包括会计师事务所、建筑商和家具制造商等。

还有一些公司按照一系列**生产步骤**（process）大量制造相同的产品。这样的公司包括饮料公司、油漆制造商和炼油企业等。这些企业使用**分步法核算系统**（process costing system）。分步进行成本核算的两种主要方法是：加权平均法和先进先出法。这里将主要介绍加权平均法；在章末的附录中你会接触到先进先出法。

分批法和分步法都是追踪产品成本中的直接材料、直接人工和制造费用在资产负债表上的原材料、在产品和产成品三个存货账户中流转。当产品出售时，两种方法都将产品成本结转到利润表中的费用账户销货成本中。

分批发和分步法的主要不同在于如何和何时将成本记录在在产品账户中。分批法有一个在产品账户和一个包含每批次产品成本的明细分类账户。每批次的工作完成时，成本转入产成品账户。分步法为每一个生产步骤或者生产部门设立了独立的在产品账户。在每一个会计期末，产品成本报告由每一个生产步骤或者生产部门完成，成本在期末流转。成本从一个在产品账户转入下一个在产品账户，直到最终转入产成品账户。

图表 20－1 总结了分批法核算系统和分步法核算系统的不同。

图表 20－1　分批法核算系统与分步法核算系统的不同

	分批法核算系统	分步法核算系统
企业类型	按批次生产特定产品、提供特定服务的企业	按照一系列生产步骤大量制造相同产品的企业
成本归集依据	批次	生产步骤
在产品	一个总账账户和一个包含每个独立的批次的明细分类账户	每个生产步骤或生产部门分设在产品账户
记录	按批次记录成本	每个生产步骤或生产部门编制产品成本报告
成本转移时点	每批次的产品完工时	会计期末

□ 分步法核算系统下成本的流转

为了加深对分步法的理解，我们以拼图的生产为例。PM 公司是一家虚拟的生产拼图的企业，其生产分为两个步骤：装配和切割。装配部门将卡片黏合起来，然后在上面印刷图案；切割部门将卡片切割成多块拼图并包装在盒中，包装好的盒子被转移到产成品仓库中。在每个步骤中归集拼图的生产成本。公司将这些成本分配到拼图中。在 PM 公司，每一个生产步骤都由一个单独的部门完成。图表 20－2 展现了 PM 公司的生产过程。

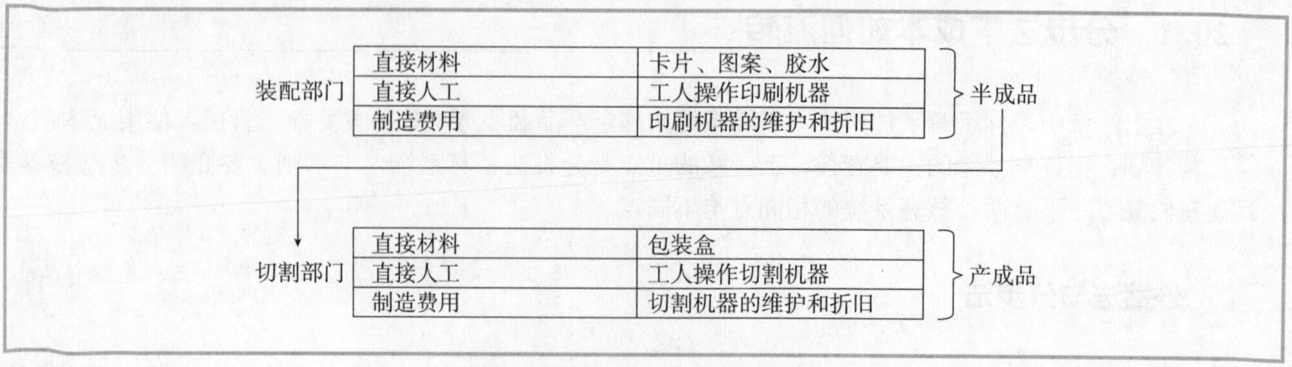

图表 20－2　PM 公司的生产过程

假设该公司生产 50 000 块拼图的总成本和每块拼图的成本如下：

	总成本	单位成本
装配	$220 000	$4.40
切割	45 000	0.90
总计	$265 000	$5.30

生产 50 000 块拼图的总成本两个步骤的成本之和（265 000 美元）。每块拼图的成本用总成本除以生产的拼图的数量得出。

265 000÷50 000＝5.30(美元/块)

PM 公司使用每个步骤的单位成本进行如下工作：

- **控制成本**：当某些生产步骤的实际成本大于计划成本时，公司可以寻找方法削减实际成本。
- **确定售价**：公司希望售价可以弥补制造拼图的成本，并在此基础上盈利。
- **计算账户余额**：公司需要知道在产品和产成品的期末余额以编制资产负债表，以及用销货成本编制利润表。

在任何时点，都有一些拼图处在装配步骤中，剩下的处在切割步骤中。当拼图处在生产循环的不同阶段时，计算拼图的成本更为复杂。

图表 20－3 比较了 STL 公司使用的分批法中成本的流转和 PM 公司使用的分步法中成本的流转。

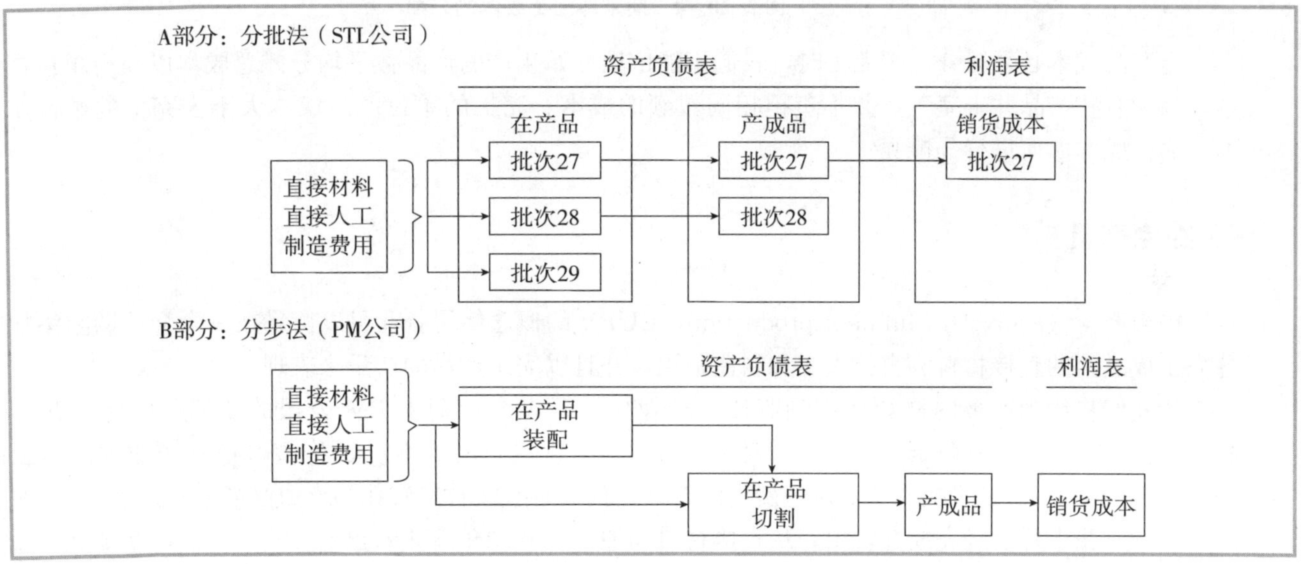

图表 20－3　成本流转的比较：分批法与分步法

A 部分说明分批法有一个单独的在产品账户，以每批次的分批成本计算单为依据。B 部分总结了分步法的成本流转过程。注意以下事项：

1. 每一个生产步骤（装配和切割）由单独的部门完成，而且每一个部门有自己的在产品账户。

2. 直接材料、直接人工和制造费用在其发生的每一个步骤都被分配到在产品账户中。

3. 当装配部门的工作完成时，半成品从该部门转入切割部门。装配部门的成本也从该部门的在产品账户转入切割部门的在产品账户中。

4. 当切割部门的工作完成时，即生产完成，成箱的拼图进入产成品仓库。成本从装配部门和切割部门转入产成品账户。

5. 拼图的总成本包括装配和切割的成本。第一步发生的成本转入第二步，第一步和第二步发生的成本转入产成品账户。拼图销售时，成本从产成品账户转入销货成本账户。

20.2 什么是约当产量？如何计算

生产流程需要花费一定的时间，所以在会计期末企业可能存在未完工的产品。在分步法中，产品成本是根据生产步骤进行归集的。在会计期末，总的生产成本必须划分为以下部分：

- 在本步骤已经完成并转移到下一步骤的产品。（如果本步骤为最后一个生产步骤，则转移到产成品账户。）
- 在本步骤仍未完成并且存在于在产品账户的产品。

图表 20－4 阐明了所有成本必须核算的时点。它们或者存在于本部门的生产中，或者转移到下一部门的生产中。

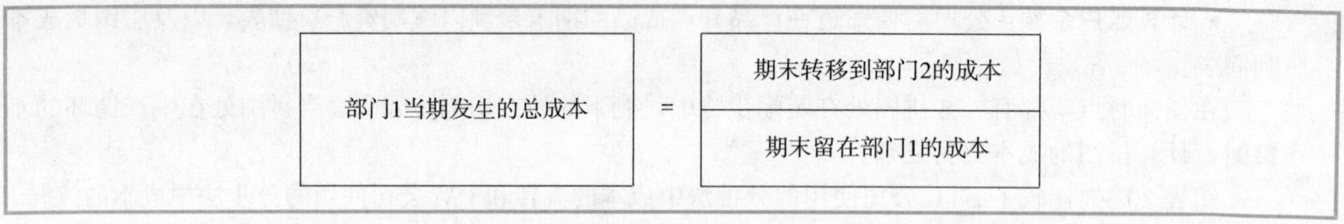

图表 20－4　期末部门 1 成本的分配

当产品成本必须区分是否完工时，我们不能依照开始生产的产品数平均分摊总成本以获得单位产品成本，因为有些产品并未完工，并不负担相同数额的成本。完工的单位产品成本大于未完工的单位产品成本。那么成本如何进行分摊呢？

约当产量

约当产量（equivalent units of production，EUP）的概念使得企业可以衡量在一个会计期间添加到部分完工成品上的直接材料、直接人工和制造费用，并且以完工产品的产量来表现。

让我们将约当产量的概念运用到制造业企业中。假设会计期末 PM 公司的装配部门完成并转出了 40 000 张卡片，10 000 张未完工的卡片耗用了 100％的直接材料成本，以及 25％的加工成本。**加工成本**（conversion costs）是直接人工与制造费用的合计，代表将直接材料转化为产成品的成本。

40 000 张卡片已经完成并转出，从直接材料和加工成本的角度来看已经 100％完工，直接材料和加工成本的约当产量是 40 000 张（40 000×100％）。而 10 000 张未完工卡片需分别计算，由于直接材料是在投产时一次性投入的，从直接材料来看也是 100％完工，但加工成本只占完整加工成本的 25％。期末在产品直接材料的约当产量计算如下：

10 000×100％＝10 000 直接材料约当产量

期末在产品加工成本的约当产量计算如下：

10 000×25％＝2 500 加工成本约当产量

总而言之，在会计期末，PM 公司在装配部门有 10 000 张卡片处于生产过程中。用直接材料的耗用来衡量，完工程度达到 100％；用加工成本来衡量，完工程度为 25％。从约当产量的角度来看，这 10 000 张卡片在直接材料耗用上的约当产量为 10 000，而在加工成本上的约当产量为 2 500。

20.3　如何编制第一个部门的产品成本报告

我们继续以 PM 公司为例研究分步法。图表 20－5 阐明了两个主要的生产步骤：

- 装配部门将卡片黏合后在上面印刷图案。
- 切割部门将卡片切割成多块拼图并包装在盒中。包装好的盒子被转移到产成品仓库中。

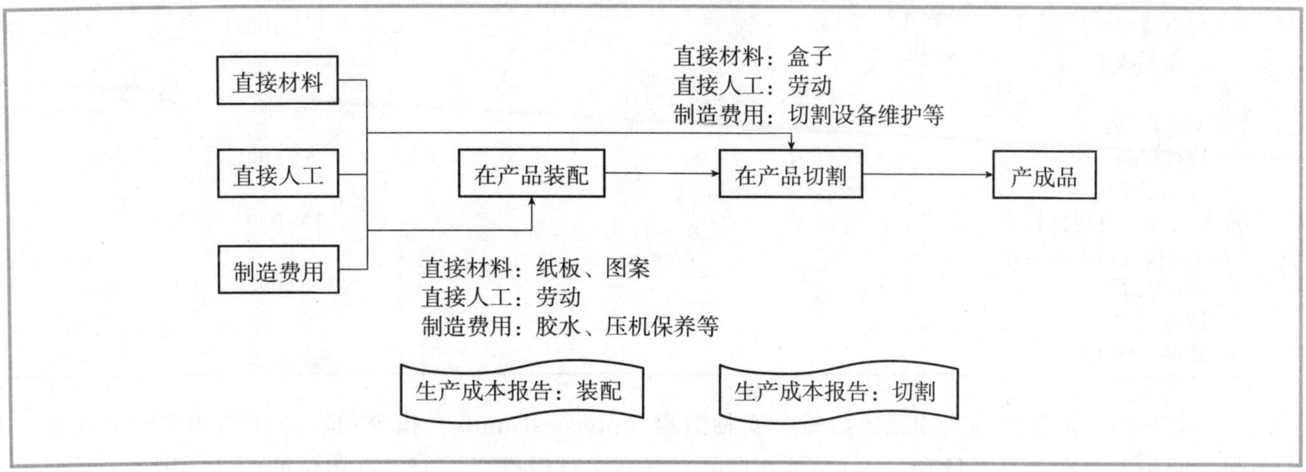

图表 20－5　拼图生产中的成本流转

这两个部门在生产过程中都使用了材料、机器和人工，因此存在两个在产品账户：一个是装配部门的在产品账户，一个是切割部门的在产品账户。

PM 公司每个月都需要为各个部门编制**产品成本报告**（production cost report）。产品成本报告反映了产品的实物流转和成本流转过程。编制产品成本报告包括以下四个步骤：

1. 汇总产品实物流转数量。
2. 计算产出的约当产量。
3. 计算每单位约当产量的成本。
4. 将成本分摊至产成品和在产品。

在产品成本报告中有两个独特的术语：

- 应计产品包括期初在产品加上本期投产的产品。
- 已计产品反映了应计产品的结果。已计产品要么是在产品，要么是完工并转出的产品。

这些术语在数量和成本中都会使用。应计产品和已计产品必须相等。为了区分这两者的使用，我们来编制 7 月份 PM 公司装配部门的产品成本报告。第二个部门，即切割部门的产品成本报告将在装配部门的产品成本报告编制完成后讲解。

产品成本报告——第一步骤——装配部门

本章编制的所有产品成本报告都采用加权平均法。先进先出法在章末的附录 20A 中有详细阐述。

装配部门将卡片黏合后在上面印刷图案，相关投入如下：

- 装配部门的直接材料（胶水和卡片）在生产开始时投入。

● 装配部门的加工成本在生产过程中均匀发生。

装配部门7月份的数据如下：

	装配部门
数量	
期初在产品	8 000
7月份投入生产	42 000
7月份转出	40 000
期末在产品：	
数量	???
完工程度：	
直接材料	100%
加工成本	25%
成本	
期初在产品：	
直接材料	$9 800
加工成本	3 910
7月份投入直接材料	130 200
7月份投入加工成本：	
直接人工	22 090
制造费用	42 000
总投入加工成本	$64 090

第一步：汇总产品实物流转数量　实物数量（physical units）指公司在会计期间实际的应计产品数量。装配部门在7月1日有8 000单位在产品，并在7月份投产了42 000单位的产品。因此，应计产品是50 000单位。

应计产品＝期初余额＋投产产品＝8 000＋42 000＝50 000

装配部门完成了40 000单位产品的装配步骤并将其转入切割部门。因此，还剩下10 000单位的在产品。而我们已经记录了所有产品。

已计产品＝转出产品＋在产品＝40 000＋10 000＝50 000

应计产品等于已计产品，我们将这一结果记录在产品成本报告中。图表20－6显示的是应计产品和已计产品。注意，我们正在完成报告中的数量部分。此时，尚未将成本分配到产品中。

图表20－6　产品成本报告——装配部门——实物数量

PM公司产品成本报告——装配部门
截至2018年7月31日

		约当产量	
数量	**实物数量**	**直接材料**	**加工成本**
应计数量：			
期初在产品	8 000		
投产产品	42 000		
应计数量合计	50 000	第一步：实物流转数量	
已计数量：			
完工转出产品	40 000		
期末在产品	10 000		
已计数量合计	50 000		

第二步：计算产出的约当产量　装配部门在开始生产时投入了所有的直接材料。加工成本则是在生产

过程中均匀发生的。因此，我们必须为直接材料和加工成本分别计算约当产量。这里使用约当产量而非实物数量，是因为会计期末存在未完工的产品。

装配部门在 7 月份加工了 50 000 张拼图卡片。我们已经确定其中 40 000 张在 7 月份已经完成并被转移到下一部门。如果已经完成并转移，那么从直接材料和加工成本角度来看，它们都是 100%完工的。剩下的 10 000 张卡片的完工程度只有 25%。那么装配部门在 7 月份的约当产量是多少呢？让我们分别研究其计算过程。

直接材料的约当产量　直接材料的约当产量是 50 000，因为 7 月份所有的直接材料都投入了 50 000 个产品的生产中。由于直接材料是在投产时一次性投入的，一旦开始生产，100%的直接材料将被计算在内。

完工产品数量：40 000×100%＝40 000 直接材料约当产量

在产品数量：10 000×100%＝10 000 直接材料约当产量

直接材料约当产量总和＝50 000 直接材料约当产量

加工成本的约当产量　40 000 张完工并转入切割部门的卡片的加工成本等于 100%的完整加工成本，而 10 000 张未完工卡片的加工成本只占完整加工成本的 25%。加工成本的约当产量计算如下：

完工产品数量：40 000×100%＝40 000 加工成本约当产量

在产品数量：10 000×25%＝2 500 加工成本约当产量

加工成本约当产量总和＝42 500 加工成本约当产量

我们现在可以将上述结果添加到产品成本报告中。图表 20－7 显示了更新的报告。

图表 20－7　产品成本报告——装配部门——约当产量

PM 公司产品成本报告——装配部门 截至 2018 年 7 月 31 日			
		约当产量	
数量	**实物数量**	**直接材料**	**加工成本**
应计数量：			
期初在产品	8 000		
投产产品	42 000		
应计数量合计	50 000		
已计数量：		第二步：约当产量	
完工转出产品	40 000	40 000	40 000
期末在产品	10 000	10 000	2 500
已计数量合计	50 000	50 000	42 500

第三步：计算每单位约当产量的成本　我们已经完成了报告中的数量部分，接下来计算成本部分。装配部门在计算成本时需用到以下数据：

- 上个月完成了 8 000 单位的半成品（月初在产品）；
- 本月完成了 8 000 单位的月初在产品；
- 本月投产并完成了 42 000 单位的产品。

我们将运用**加权平均法**（weighted-average method）来计算成本，这种方法将期初在产品的成本和本月投产成本放在同一个成本池中计算。**成本池**（cost pool）是各单项成本的汇总，应计总成本包括期初在产品和本期投产的直接材料和加工成本。

	直接材料	加工成本	总成本
期初在产品	$ 9 800	$ 3 910	$ 13 710
本期投产成本	130 200	64 090	194 290
应计成本合计	$ 140 000	$ 68 000	$ 208 000

计算每单位约当产量的成本需要用总成本除以约当产量。直接材料和加工成本都需要计算。

单位约当产量的直接材料成本＝直接材料总成本÷直接材料约当产量

单位约当产量的加工成本＝总加工成本÷加工成本约当产量

装配部门的应计成本有 208 000 美元。其中包括 140 000 美元的直接材料和 68 000 美元的加工成本。在第二步中，我们计算出直接材料的约当产量是 50 000，而加工成本的约当产量是 42 500。因为二者的约当产量不同，所以需要分别计算其单位约当产量成本。单位约当产量的直接材料成本是 2.80 美元，计算过程如下：

单位约当产量的直接材料成本＝直接材料总成本÷直接材料约当产量
＝140 000÷50 000
＝2.80(美元)

单位约当产量的加工成本是 1.60 美元，计算过程如下：

单位约当产量的加工成本＝总加工成本÷加工成本约当产量
＝68 000÷42 500
＝1.60(美元)

图表 20－8 是添加了上述结果的产品成本报告。

图表 20－8　产品成本报告——装配部门——应计成本

PM 公司产品成本报告——装配部门
截至 2018 年 7 月 31 日

		约当产量		
数量	**实物数量**	**直接材料**	**加工成本**	
应计数量：				
期初在产品	8 000			
投产产品	42 000			
应计数量合计	50 000			
已计数量：				
完工转出产品	40 000	40 000	40 000	
期末在产品	10 000	10 000	2 500	
已计数量合计	50 000	50 000	42 500	
成本		**直接材料**	**加工成本**	**总成本**
应计成本：				
期初在产品		$ 9 800	$ 3 910	$ 13 710
投产产品成本		130 200	64 090	194 290
应计成本合计	第三步：应计成本	140 000	68 000	$ 208 000
除以：总约当产量		÷50 000	÷42 500	
单位约当产量成本		$ 2.80	$ 1.60	
已计成本：				
完工转出产品				
期末在产品				
已计成本合计				

第四步：将成本分摊至产成品和在产品　产品成本报告的最后一步是确定 208 000 美元的已计总成本应该如何分摊。每项投入的成本需要分摊至每项产出或产成品。成本必须划分为两部分：

- 40 000 件完工并转入切割部门的产品成本；
- 10 000 件未完工的产品成本。

每部分产品的成本由单位约当产量成本（第三步）乘以约当产量（第二步）获得。这一步要通过四次乘法运算分别将直接材料和加工成本分配给完工产品和在产品。例如，要计算分配给 40 000 件已完成并转移出去的产品的直接材料成本，将 40 000 乘以单位约当产量的成本 $2.80。计算过程如下：

已计成本＝总约当产量×单位约当产量成本
＝40 000×2.8
＝112 000(美元)

为了将两项投入的成本分配给两个产出，这个步骤必须重复四次来分派：

直接材料：
- 完工产品
- 在产品

加工成本：
- 完工产品
- 在产品

直接材料：	
完工产品＝40 000×2.80＝	$112 000
在产品 ＝10 000×2.80＝	28 000
总计	$140 000
加工成本：	
完工产品＝40 000×1.60＝	$64 000
在产品 ＝2 500×1.60 ＝	4 000
总计	$68 000

我们完成了将 208 000 美元的总成本在完工产品和在产品之间进行分配的目标。同时，可以将这些成本记录在产品成本报告中。图表 20－9 是装配部门最终的产品成本报告。

图表 20－9 产品成本报告——装配部门——已计成本

PM 公司产品成本报告——装配部门 截至 2018 年 7 月 31 日				
		约当产量		
数量	**实物数量**	**直接材料**	**加工成本**	
应计数量：				
期初在产品	8 000			
投产产品	42 000			
应计数量合计	50 000			
已计数量：				
完工转出产品	40 000	40 000	40 000	
期末在产品	10 000	10 000	2 500	
已计数量合计	50 000	50 000	42 500	
成本		**直接材料**	**加工成本**	**总成本**
应计成本：				
期初在产品		$9 800	$3 910	$13 710
投产产品成本		130 200	64 090	194 290
应计成本合计		140 000	68 000	$208 000
除以：总约当产量		÷50 000	÷42 500	
单位约当产量成本		$2.80	$1.60	
已计成本：				
完工转出产品		$112 000	64 000	$176 000
期末在产品	第四步：已计成本	28 000	4 000	32 000
已计成本合计		$140 000	$68 000	$208 000

20.4 如何编制后续部门的产品成本报告

我们已经对装配部门产品的数量和成本进行了核算，现在需要对切割部门完成相同的工作。

□ 产品成本报告——第二步骤——切割部门

切割部门将从装配部门收到的卡片切割成多块拼图并包装在盒子中，相关投入如下：

- 切割部门的生产步骤开始时，从装配部门转入的拼图卡片；
- 切割部门的加工成本在生产过程中均匀发生；
- 切割部门的直接材料（包装盒）在本步骤的最后投入。

需要注意的是，切割部门的直接材料指的是在该部门生产时投入的包装盒，而不是装配部门使用的材料（卡片、图案和胶水）。从装配部门转入切割部门的材料的成本称为**转入成本**（transferred in costs）。类似地，切割部门的加工成本指的是仅在切割部门发生的直接人工和制造费用。在装配部门发生的加工成本也被当作转入成本处理。

PM公司切割部门的成本信息如下：

	切割部门
数量	
期初在产品	5 000
装配部门转入	40 000
完工产品转出	38 000
期末在产品：	
数量	???
完工程度：	
直接材料	0%
加工成本	30%
成本	
期初在产品：	
转入	$ 22 000
直接材料	0
加工成本	1 200
7月份投入直接材料	19 000
7月份投入加工成本：	
直接人工	3 840
制造费用	11 000
总投入加工成本	$ 14 840

上述数据显示，PM公司的切割部门在开始7月份的生产时有5 000张在6月份未完工的拼图卡片。7月份，切割部门额外进行了40 000张拼图卡片的加工，这些拼图卡片是从装配部门转入的。让我们使用加权平均法和与装配部门相同的四个步骤为切割部门编制产品成本报告。

第一步：汇总产品实物流转数量 7月1日，切割部门有5 000单位的在产品，并且7月份收到从装配部门转入的 40 000 单位的产品。因此，应计产品有 45 000 单位。

应计产品＝期初余额＋转入产品＝5 000＋40 000＝45 000

切割部门完成了 38 000 单位产品的切割和包装步骤并将其转入产成品账户。因此，在产品的数量为 7 000，得出已计产品数量如下：

已计产品＝转出产品＋在产品＝38 000＋7 000＝45 000

应计产品等于已计产品，我们将这一结果记录在产品成本报告中。如同在装配部门所做的一样，我们首先完成报告的数量部分。此时，我们未将成本分配到产品中。图表 20－10 显示的是应计产品和已计产品的数量。注意：由于是后续部门，我们必须核算转入成本。通过在产品成本报告中增加转入成本栏来显示转入成本。

图表 20－10　产品成本报告——切割部门——实物数量

PM 公司产品成本报告——切割部门 截至 2018 年 7 月 31 日				
		约当产量		
数量	实物数量	转入成本	直接材料	加工成本
应计数量：				
期初在产品	5 000			
转入产品	40 000	第一步：实物流转数量		
应计数量合计	45 000			
已计数量：				
完工转出产品	38 000			
期末在产品	7 000			
已计数量合计	45 000			

第二步：计算产出的约当产量　切割部门从装配部门转入的产品开始生产。切割部门在本步骤的最后投入了直接材料，而加工成本则是在生产过程中均匀发生的。因此，我们必须按照直接材料和加工成本分别确定约当产量。此外，转入产品的约当产量也必须考虑在内。

7 月份，切割部门加工了 45 000 张拼图卡片。确定完工产品 38 000 张卡片并将其转入产成品账户。如果这些产品完工并被转出，那么对于转入产品、直接材料和加工成本来说，它们都是 100%完工的产品。剩下的 7 000 张拼图卡片完工程度只达到加工成本的 30%和直接材料的 0%。那么切割部门在 7 月份生产的产品的约当产量是多少呢？

转入产品的约当产量　切割部门是生产系统中的第二个部门，从装配部门中接收产品。这些产品是转入产品。转入产品的约当产量总是 100%。为什么？因为这些产品转入时总是包含之前部门分配的成本。这些成本是依据装配部门的产品成本报告计算的。如果这些产品不是前一步骤中 100%完成的，则其不可能转入下一个生产步骤。因此，所有与装配部门完工产品有关的成本的约当产量都是 100%。

完工产品数量：38 000×100%＝38 000 转入产品约当产量

在产品数量：7 000×100%＝7 000 转入产品约当产量

转入产品约当产量总和＝45 000 转入产品约当产量

直接材料的约当产量　完工产品直接材料的约当产量是 38 000，因为它们是 100%完工的。然而，本部门的在产品还未投入任何直接材料，因为包装盒是在这一步骤的最后才投入的。因为其是在产品，所以并未使用到包装盒。直接材料的约当产量计算如下：

完工产品数量：38 000×100%＝38 000 直接材料约当产量

在产品数量：7 000×0%＝0 直接材料约当产量

直接材料约当产量总和＝38 000 直接材料约当产量

加工成本的约当产量 对于完工并转入产成品的38 000张拼图卡片来说，加工成本是完整的。但是剩下的7 000张拼图卡片只完成了加工进度的30%。加工成本的约当产量计算如下：

完工产品数量：38 000×100%＝38 000 加工成本约当产量

在产品数量：7 000×30%＝2 100 加工成本约当产量

加工成本约当产量总和＝40 100 加工成本约当产量

我们可以将上述结果列入产品成本报告中（见图表20－11）。

图表20－11 产品成本报告——切割部门——约当产量

PM公司产品成本报告——切割部门
截至2018年7月31日

数量	实物数量	约当产量 转入成本	直接材料	加工成本
应计数量：				
期初在产品	5 000			
转入产品	40 000			
应计数量合计	45 000			
已计数量：			第二步：约当产量	
完工转出产品	38 000	38 000	38 000	38 000
期末在产品	7 000	7 000	0	2 100
已计数量合计	45 000	45 000	38 000	40 100

第三步：计算每单位约当产量的成本 我们已经完成了产品成本报告中的数量部分，接下来完成本部分。计算单位约当产量成本的公式与装配部门完全相同。我们需要添加转入产品成本。切割部门将从三个角度来计算单位约当产量的成本。

单位约当产量的转入成本＝转入产品总成本÷转入产品约当产量

单位约当产量的直接材料成本＝直接材料总成本÷直接材料约当产量

单位约当产量的加工成本＝总加工成本÷加工成本约当产量

切割部门的应计成本为233 040美元，如图表20－12所示。

图表20－12 切割部门：应计成本

	转入成本	直接材料	加工成本	合计
在产品存货期初余额	$22 000	$0	$1 200	$23 200
装配部门转入产品	176 000			176 000
切割部门新增投入成本		19 000	14 840	33 840
合计	$198 000	$19 000	$16 040	$233 040

期初余额和新增成本在原始数据中已经给出。从装配部门转出的成本176 000美元是根据装配部门的产品成本报告中完工并转出的成本得出的。

下一个任务是将这些成本分摊到38 000张完工并转出的拼图卡片和7 000张仍处在加工过程中的拼图卡片上。

在第二步，我们计算出转入产品的约当产量是 45 000，直接材料的约当产量是 38 000，加工成本的约当产量是 40 100。因为约当产量不同，我们必须分别计算单位约当产量成本。

单位约当产量的转入成本是 4.40 美元，计算如下：

$$\begin{aligned}\text{单位约当产量的转入成本}&=\text{转入产品总成本}\div\text{转入产品约当产量}\\&=198\,000\div45\,000\\&=4.40(\text{美元})\end{aligned}$$

单位约当产量的直接材料成本是 0.50 美元，计算如下：

$$\begin{aligned}\text{单位约当产量的直接材料成本}&=\text{直接材料总成本}\div\text{直接材料约当产量}\\&=19\,000\div38\,000\\&=0.50(\text{美元})\end{aligned}$$

单位约当产量的加工成本是 0.40 美元，计算如下：

$$\begin{aligned}\text{单位约当产量的加工成本}&=\text{总加工成本}\div\text{加工成本约当产量}\\&=16\,040\div40\,100\\&=0.40(\text{美元})\end{aligned}$$

将计算结果列入产品成本报告中，如图表 20-13 所示。

图表 20-13　产品成本报告——切割部门——应计成本

PM 公司产品成本报告——切割部门
截至 2018 年 7 月 31 日

			约当产量		
数量	**实物数量**	**转入成本**	**直接材料**	**加工成本**	
应计数量：					
期初在产品	5 000				
转入产品	40 000				
应计数量合计	45 000				
已计数量：					
完工转出产品	38 000	38 000	38 000	38 000	
期末在产品	7 000	7 000	0	2 100	
已计数量合计	45 000	45 000	38 000	40 100	
成本		**转入成本**	**直接材料**	**加工成本**	**总成本**
应计成本：					
期初在产品		$ 22 000	$ 0	$ 1 200	$ 23 200
投产产品成本		176 000	19 000	14 840	209 840
应计成本合计		198 000	19 000	16 040	$ 233 040
除以：总约当产量	第三步：应计成本	÷45 000	÷38 000	÷40 100	
单位约当产量成本		$ 4.40	$ 0.50	$ 0.40	
已计成本：					
完工转出产品					
期末在产品					
已计成本合计					

第四步：将成本分摊至产成品和在产品　产品成本报告的最后一步是确定如何将切割部门 233 040 美元的总成本分配到以下各项中：

- 38 000 张完工并转入产成品的拼图卡片；

- 7 000 张未完工的拼图卡片。

每部分产品的成本由单位约当产量成本乘以约当产量获得。这一步要通过六次乘法运算分别将转入成本、直接材料和加工成本分配给完工产品和在产品。

转入成本：
- 完工产品
- 在产品

直接材料：
- 完工产品
- 在产品

加工成本：
- 完工产品
- 在产品

转入成本：		
	完工产品＝38 000×4.40＝	$167 200
	在产品　＝7 000×4.40＝	30 800
总计		$198 000
直接材料：		
	完工产品＝38 000×0.50＝	$19 000
	在产品　＝0×0.50　＝	0
总计		$19 000
加工成本：		
	完工产品＝38 000×0.40＝	$15 200
	在产品　＝2 100×0.40＝	840
总计		$16 040

我们已经完成了将 233 040 美元的总成本在完工产品和在产品之间分配的目标。将这些成本列入产品成本报告。完整的报告如图表 20－14 所示。

图表 20－14　产品成本报告——切割部门——已计成本

PM 公司产品成本报告——切割部门
截至 2018 年 7 月 31 日

		约当产量			
数量	**实物数量**	**转入成本**	**直接材料**	**加工成本**	
应计数量：					
期初在产品	5 000				
转入产品	40 000				
应计数量合计	45 000				
已计数量：					
完工转出产品	38 000	38 000	38 000	38 000	
期末在产品	7 000	7 000	0	2 100	
已计数量合计	45 000	45 000	38 000	40 100	
成本		**转入成本**	**直接材料**	**加工成本**	**总成本**
应计成本：					
期初在产品		$22 000	$0	$1 200	$23 200
投产产品成本		176 000	19 000	14 840	209 840
应计成本合计		198 000	19 000	16 040	$233 040
除以：总约当产量		÷45 000	÷38 000	÷40 100	
单位约当产量成本		$4.40	$0.50	$0.40	
已计成本：					
完工转出产品		$167 200	$19 000	$15 200	$201 400
期末在产品	第四步：已计成本	30 800	0	840	31 640
已计成本合计		$198 000	$19 000	$16 040	$233 040

20.5　分步法核算系统中如何编制会计分录

伴随着成本在分步法核算系统中的流转，我们会经历归集、分派、分配和调整四个步骤，这与前一章所述的分批法核算系统中的过程是一样的。记住：两种成本核算系统的主要区别在于成本如何归集与何时分配。在分步法核算系统中，成本归集在以下账户：原材料、在产品和制造费用账户。月末，当产品成本报告完成时，成本就会被分配到产品中。被分配到每个步骤的完工产品的成本，从一个步骤的在产品账户转移到下一个步骤的在产品账户，直到最终转入产成品账户和销货成本账户。以下是 7 月份与 PM 公司分步法核算有关的会计分录。

交易 1——原材料采购

7 月份，公司购买了 175 000 美元的材料。

日期	科目及摘要	借方	贷方
交易 1	原材料	175 000	
	应付账款		175 000
	采购的原材料，归集在原材料账户。		

交易 2——原材料投入生产

7 月份，直接材料被投入两个部门的生产中：130 200 美元的材料投入装配部门，19 000 美元的材料投入切割部门；2 000 美元的间接材料归集到制造费用中。

日期	科目及摘要	借方	贷方
交易 2	在产品——装配部门	130 200	
	在产品——切割部门	19 000	
	制造费用	2 000	
	原材料		151 200
	使用材料，直接材料分派给在产品，间接材料归集在制造费用。		

交易 3——发生的人工成本

在本月中，PM 公司在装配部门发生了 22 090 美元的直接人工成本，在切割部门发生了 3 840 美元的直接人工成本。还有 1 500 美元的间接人工归集到制造费用中。

日期	科目及摘要	借方	贷方
交易 3	在产品——装配部门	22 090	
	在产品——切割部门	3 840	
	制造费用	1 500	
	应付职工薪酬		27 430
	发生劳动，直接人工分派给在产品，间接人工归集在制造费用。		

交易 4——发生的其他制造费用

除了间接材料和间接人工成本，PM 公司的制造费用还包括 30 000 美元的机器折旧和以现金支付的水电费与租金 19 000 美元。这些成本归集到制造费用中。

日期	科目及摘要	借方	贷方
交易 4	制造费用	30 000	
	累计折旧——机器		30 000
	制造费用	19 000	
	现金		19 000
	发生间接费用，归集在制造费用。		

交易 5——分配制造费用

PM 公司使用计划制造费用分配率将间接成本分配给以下部门：42 000 美元分配到装配部门，11 000 美元分配到切割部门。

日期	科目及摘要	借方	贷方
交易 5	在产品——装配部门	42 000	
	在产品——切割部门	11 000	
	制造费用		53 000
	制造费用分配给在产品。		

交易 6——从装配部门转入切割部门

在 7 月末编制装配部门的产品成本报告时，PM 公司将 176 000 美元的成本分配给 40 000 单位从装配部门转入切割部门的产品。

日期	科目及摘要	借方	贷方
交易 6	在产品——切割部门	176 000	
	在产品——装配部门		176 000
	转移成本分派给产品转移的单位。		

交易 7——从切割部门转入产成品

在 7 月末编制切割部门的产品成本报告时，PM 公司将 201 400 美元的成本分配给 38 000 单位从切割部门转入产成品的产品。这是产品生产成本。

日期	科目及摘要	借方	贷方
交易 7	产成品	201 400	
	在产品——切割部门		201 400
	完成生产，在产品分派给产成品。		

交易 8——出售拼图

7 月份，PM 公司出售了 35 000 张拼图。我们从切割部门的产品成本报告（图表 20－13）中已经确定每张拼图的成本是 5.30 美元（4.40 美元的单位约当产量的转入成本，0.50 美元的单位约当产量的直接材料成本，0.40 美元的单位约当产量的加工成本）。所以 35 000 张拼图的总成本是 185 500 美元（35 000×5.30）。拼图以每张 8.00 美元出售，总计 280 000 美元（35 000×8.00）。

日期	科目及摘要	借方	贷方
交易 8	应收账款	280 000	
	销售收入		280 000
	销售产品，反映在销售价格而非成本。		
	销货成本	185 500	
	产成品		185 500
	销售产品，成本分派给销货成本。		

交易 9——调整制造费用

实际发生的制造费用是 52 500 美元，其中包括交易 2 中的间接材料、交易 3 中的间接人工，以及交易 4 中的累计折旧和其他间接成本。分配到两个部门的制造费用是 53 000 美元，如交易 5 所示。

制造费用

交易 2	2 000	53 000	交易 5
交易 3	1 500		
交易 4	30 000		
交易 4	19 000		
		500	调整前余额

制造费用的 T 形账户显示分配的制造费用比实际发生的制造费用多了 500 美元。这意味着制造费用多分配了。为了调整这部分制造费用，制造费用必须从借方转出，以将账户清零。贷方是销货成本，以降低拼图多分配的成本。

日期	科目及摘要	借方	贷方
交易 9	制造费用	500	
	销货成本		500

经过上述过程后，主要账户的余额如下：

在产品——装配部门

期初余额	13 710	176 000	交易6
交易2	130 200		
交易3	22 090		
交易5	42 000		
期末余额	32 000		

在产品——切割部门

期初余额	23 200	201 400	交易7
交易2	19 000		
交易3	3 840		
交易5	11 000		
交易6	176 000		
期末余额	31 640		

产成品

期初余额	0	185 500	交易8
交易7	201 400		
期末余额	15 900		

销货成本

交易8	185 500	500	交易9
期末余额	185 000		

20.6 如何使用产品成本报告进行决策

目前为止，你已经学会了如何编制产品成本报告。现在需要考虑的是管理者如何使用这些报告来进行决策。

- **控制成本**。PM 公司使用成本数据来寻找降低成本的途径。有的管理者认为公司需要更换供应商来降低原材料成本。有的管理者则认为需要优化生产流程来降低直接材料成本。为了降低人工成本，还有管理者认为需要对效率不同的工人采取不同的薪酬标准。越高效的工人每小时获得的薪酬越高，虽然支出的薪酬有所增加，但是会节省更多的时间，每小时薪酬的提高会被更高的生产力抵消。管理者也会衡量机器的生产效率，更新的、效率更高的机器可以降低制造费用。

- **业绩评价**。管理者通常依据是否达到预算目标来决定是否得到奖励。PM公司将实际直接材料成本和加工成本与计划值进行比较。如果实际成本过高，管理者将寻求途径予以削减；如果实际成本低于计划，管理者就会得到奖励。
- **产品定价**。PM公司制定的价格要足够弥补每块拼图的制造成本、销售成本和管理成本。切割部门的产品成本报告，即图表20-13显示每块拼图的制造成本是5.30美元。显然，拼图的定价要更高以获取利润。
- **确定最盈利的产品**。销售价格和成本数据帮助管理者确定哪些产品最盈利。他们可以推广这些产品以提高利润。
- **编制财务报告**。最后，产品成本报告有助于编制财务报告。其提供了资产负债表中的存货数据和利润表中的销货成本数据。

20.7 附录20A：分步法——先进先出法

本章说明了PM公司如何使用加权平均法完成产品成本报告。在加权平均法中，确定产品的单位约当产量成本时是将期初在产品成本与本期发生成本混合在一起进行计算的。在本附录中，你会学到另一种分配产品成本的方法——**先进先出法**（first-in，first-out method）。在这种方法中，期初在产品成本与本期发生成本将分开核算。

如何使用先进先出法编制产品成本报告

PM公司装配部门的数据如下。

	装配部门
数量	
期初在产品：	
数量	8 000
完工程度：	
直接材料	100%
加工成本	60%
7月份投入生产	42 000
7月份转出	40 000
期末在产品：	
数量	???
完工程度：	
直接材料	100%
加工成本	25%
成本	
期初在产品：	
直接材料	$9 800
加工成本	3 910

续表

	装配部门
7 月份投入直接材料	130 200
7 月份投入加工成本：	
直接人工	22 090
制造费用	42 000
总投入加工成本	$ 64 090

先进先出法下，我们将使用相同的四个步骤来完成装配部门 7 月份产品成本报告的编制：

1. 汇总产品实物流转数量。
2. 计算产出的约当产量。
3. 计算每单位约当产量的成本。
4. 将成本分摊至产成品和在产品。

第一步：汇总产品实物流转数量　7 月 1 日，装配部门有 8 000 单位的在产品，并且投产了 42 000 单位的产品。因此，应计产品有 50 000 单位，这与加权平均法相同。

应计产品＝期初余额＋投产产品＝8 000＋42 000＝50 000

使用先进先出法将应计产品分为三类：

- 6 月份投产 7 月份完工的产品；
- 7 月份投产 7 月份完工的产品；
- 7 月份投产且月末未完工，将在 8 月份完工的产品。

数据显示装配部门在期初有 8 000 单位产品，而期末转出 40 000 单位产品。如果期末有 40 000 单位的产品完工并转出，那么其包括 8 000 单位的期初产品和 7 月份投产的 32 000 单位产品。先进先出法假设先进入的产品会先发出。我们需要核算的产品达到 50 000 单位。如果 40 000 单位的产品转出，月末还剩下 10 000 单位的在产品。我们已经记录了所有产品。

已计产品＝期初余额＋本期投产并完工产品＋期末在产品
　　　　＝8 000＋32 000＋10 000
　　　　＝50 000

图表 20A－1 区分了这三类产品。

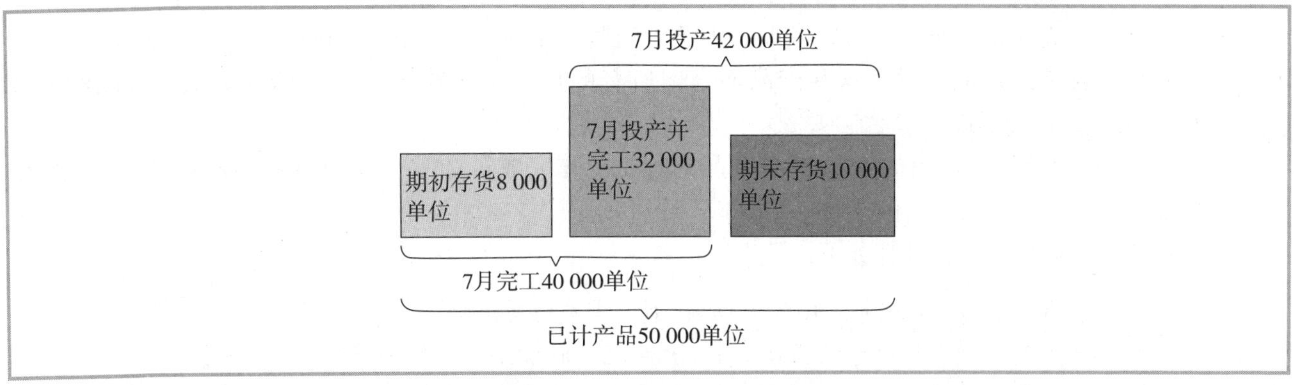

图表 20A－1　7 月份的已计产品

应计产品等于已计产品，我们将这一数据记录在产品成本报告中。如在加权平均法中所做的一样，我们完成了报告的数量部分。此时还没有将成本分配到产品中。图表 20A－2 记录了应计产品和已计产品。

图表 20A－2　产品成本报告——装配部门——先进先出法——实物数量

PM公司产品成本报告——装配部门 截至2018年7月31日			
		当前期间约当产量	
数量	实物数量	直接材料	加工成本
应计数量：			
期初在产品	8 000		
投产产品	42 000	第一步：实物流转数量	
应计数量合计	50 000		
已计数量：			
期初在产品	8 000		
投产完工产品	32 000		
转入切割部门产品	40 000		
期末在产品	10 000		
已计数量合计	50 000		

第二步：计算产出的约当产量　在先进先出法中，之前期间发生的成本与当前期间的成本不能合并处理。因此，只计算当前期间的约当产量。装配部门在生产步骤的最初投入直接材料，而加工成本在生产过程中均匀发生。因此，我们需要将直接材料和加工成本的约当产量分开计算。

直接材料的约当产量　PM公司在生产步骤的最初投入材料，并且期初在产品的生产不会投入其他直接材料。从直接材料角度看，完工产品和期末在产品是100%完工的。

期初在产品数量:8 000×0%=0 直接材料约当产量

投产且完工的产品数量:32 000×100%=32 000 直接材料约当产量

本期在产品数量:10 000×100%=10 000 直接材料约当产量

直接材料约当产量总和=42 000 直接材料约当产量

加工成本的约当产量　这一部分是加权平均法与先进先出法区别最明显的地方。

- **期初在产品**。7月份期初8 000单位在产品的完工程度达到了60%，这意味着在6月份完成了加工工作的60%。我们关注的是在7月份的加工工作。如果在6月份完成了60%而在7月份完成了全部工作，那么7月份完成了整个加工工作的40%。因此，这些产品的约当产量是8 000×40%=3 200。
- **投产且完工产品**。对于这些产品而言，所有的加工工作在7月份开始并完成，所以约当产量是32 000×100%=32 000。
- **本期在产品**。本期10 000单位在产品的加工工作完成了25%，所以其约当产量是10 000×25%=2 500。

加工成本的约当产量计算如下：

期初在产品数量:8 000×40%=3 200 加工成本约当产量

投产且完工的产品数量:32 000×100%=32 000 加工成本约当产量

本期在产品数量:10 000×25%=2 500 加工成本约当产量

加工成本的约当产量总和=37 700 加工成本约当产量

图表20A－3说明了加工成本的发生期间，图表20A－4是加入了约当产量的产品成本报告。

图表 20A－3　加工成本的发生期间

	6 月	7 月	8 月
期初在产品	60%	40%	
投产且完工的产品		100%	
期末在产品		25%	75%

图表 20A－4　产品成本报告——装配部门——先进先出法——约当产量

PM 公司产品成本报告——装配部门
截至 2018 年 7 月 31 日

		当前期间约当产量	
数量	实物数量	直接材料	加工成本
应计数量：			
期初在产品	8 000		
投产产品	42 000		
应计数量合计	50 000		
已计数量：		第二步：约当产量	
期初在产品	8 000	0	3 200
投产完工产品	32 000	32 000	32 000
转入切割部门产品	40 000	32 000	35 200
期末在产品	10 000	10 000	2 500
已计数量合计	50 000	42 000	37 700

第三步：计算每单位约当产量的成本　我们已经完成了产品成本报告的数量部分，接下来计算成本部分。装配部门投入了两项成本，因此要分两部分计算单位约当产量成本。

单位约当产量的直接材料成本＝直接材料总成本÷直接材料约当产量
单位约当产量的加工成本＝总加工成本÷加工成本约当产量

如图表 20A－5 所示，装配部门的应计成本有 208 000 美元。

图表 20A－5　装配部门：应计成本

	直接材料	加工成本	总计
在产品期初余额——装配部门	\$9 800	\$3 910	\$13 710
本期装配部门新增成本	130 200	64 090	194 290
总计	\$140 000	\$68 000	\$208 000

下一个任务是将这些成本在 40 000 单位的转入切割部门的完工拼图卡片和 10 000 单位的未完工拼图卡片中分配。

在第二步中，我们计算出的直接材料的约当产量是 42 000，加工成本的约当产量是 37 700。因为约当产量的结果不同，所以我们分别计算单位约当产量成本。在先进先出法下，每一次计算的分子是当期发生的成本，而不是总成本。当期的单位约当产量成本的计算如下。

单位约当产量的直接材料成本是 3.10 美元，计算如下：

当期单位约当产量的直接材料成本＝当期直接材料总成本÷直接材料约当产量
＝130 200÷42 000
＝3.10(美元)

单位约当产量的加工成本是 1.70 美元，计算如下：

当期单位约当产量的加工成本＝当期总加工成本÷加工成本约当产量
＝64 090÷37 700
＝1.70（美元）

将计算结果添加到产品成本报告中，如图 20A－6 所示。

图表 20A－6　产品成本报告——装配部门——先进先出法——应计成本

PM 公司产品成本报告——装配部门
截至 2018 年 7 月 31 日

		当前期间约当产量	
数量	**实物数量**	**直接材料**	**加工成本**
应计数量：			
期初在产品	8 000		
投产产品	42 000		
应计数量合计	50 000		
已计数量：			
期初在产品	8 000	0	3 200
投产完工产品	32 000	32 000	32 000
转入切割部门产品	40 000	32 000	35 200
期末在产品	10 000	10 000	2 500
已计数量合计	50 000	42 000	37 700

成本	**直接材料**	**加工成本**	**总成本**	**单位成本**
应计成本：				
期初在产品		$ 9 800	$ 3 910	$ 13 710
新增成本		130 200	64 090	194 290
应计成本合计	第三步：应计成本	$ 140 000	$ 68 000	$ 208 000
本期新增成本		$ 130 200	$ 64 090	
除以：本期约当产量		÷42 000	÷37 700	
本期单位约当产量成本		$ 3.10	$ 1.70	
已计成本：				
期初在产品				
期初在产品的完工成本				
期初在产品成本合计				
投产完工产品				
完工转入切割部门产品				
期末在产品				
已计成本合计				

第四步：将成本分摊至产成品和在产品　产品成本报告的最后一步是将 208 000 美元的总成本分配到以下产品中：

- 期初在产品中在本期完工并转入切割部门的 8 000 张拼图卡片。
- 32 000 张投产并完工转入切割部门的拼图卡片。
- 10 000 张未完工且仍属于装配部门在产品的拼图卡片。

这一步要通过单位约当产量成本乘以约当产量完成。这一步要通过六次乘法运算分别将两项投入成本分配给三项产出。

除了对当期发生成本分配的计算，期初在产品的成本也需要加入这些产品中。

我们已经完成了将 208 000 美元的总成本在完工产品和在产品之间的分配，我们可以将这些成本记录到产品成本报告中。完整的报告如图表 20A－7 所示。

图表 20A－7　产品成本报告——装配部门——先进先出法——已计成本

PM 公司产品成本报告——装配部门
截至 2018 年 7 月 31 日

数量		实物数量	当前期间约当产量：直接材料	当前期间约当产量：加工成本	
应计数量：					
期初在产品		8 000			
投产产品		42 000			
应计数量合计		50 000			
已计数量：					
期初在产品		8 000	0	3 200	
投产完工产品		32 000	32 000	32 000	
转入切割部门产品		40 000	32 000	35 200	
期末在产品		10 000	10 000	2 500	
已计数量合计		50 000	42 000	37 700	
成本		**直接材料**	**加工成本**	**总成本**	**单位成本**
应计成本：					
期初在产品		$ 9 800	$ 3 910	$ 13 710	
新增成本		130 200	64 090	194 290	
应计成本合计		$ 140 000	$ 68 000	$ 208 000	
本期新增成本		$ 130 200	$ 64 090		
除以：本期约当产量		÷42 000	÷37 700		
本期单位约当产量成本		$ 3.10	$ 1.70		
已计成本：					
期初在产品		$ 9 800	$ 3 910	$ 13 710	
期初在产品的完工成本		0	5 440	5 440	
期初在产品成本合计	第四步：已计成本	9 800	9 350	19 150	$ 2.39[a]
投产完工产品		99 200	54 400	153 600	4.80[b]
完工转入切割部门产品		109 000	63 750	172 750	
期末在产品		31 000	4 250	35 250	
已计成本合计		$ 140 000	$ 68 000	$ 208 000	

(a) 期初在产品：19 150÷8 000＝2.39(美元/张)
(b) 投产完工产品：153 600÷32 000＝4.80(美元/张)

期初在产品的单位成本是 2.39 美元，在 7 月份投产并完工的产品的单位成本是 4.80 美元。这说明 6 月份和 7 月份产品的成本不同。图表 20A－8 是装配部门使用加权平均法完成的 7 月份产品成本报告。找出相同点与不同点。

图表 20A-8　产品成本报告——装配部门——加权平均法

PM公司产品成本报告——装配部门 截至2018年7月31日				
		约当产量		
数量	**实物数量**	**直接材料**	**加工成本**	
应计数量：				
期初在产品	8 000			
投产产品	42 000			
应计数量合计	50 000			
已计数量：				
完工转出产品	40 000	40 000	40 000	
期末在产品	10 000	10 000	2 500	
已计数量合计	50 000	50 000	42 500	
成本		**直接材料**	**加工成本**	**总成本**
应计成本：				
期初在产品		$9 800	$3 910	$13 710
投产产品成本		130 200	64 090	194 290
应计成本合计		140 000	68 000	$208 000
除以：总约当产量		÷50 000	÷42 500	
单位约当产量成本		$2.80	$1.60	
已计成本：				
完工转出产品		$112 000	64 000	$176 000
期末在产品	第四步：已计成本	28 000	4 000	32 000
已计成本合计		$140 000	$68 000	$208 000

□ 加权平均法与先进先出法的比较

在该案例中，这两种方法并没有特别大的差别。每单位的成本只相差0.10美元，这甚至小于成本的2%。然而，我们考虑的只是一个小企业的一种产品。在一个生产多种产品的大企业中，一个小波动会带来巨大的影响。

如果企业所在的行业成本经常发生重大的变化，那么使用先进先出法更有利。加权平均法将之前期间的成本与当期发生的成本混合核算，这会平滑各期间的成本，成本的变化就不会暴露出来。先进先出法则将各月的成本差异更好地表现出来，这在期末有大量在产品的会计期间表现得更加明显。从先进先出法中得到越多的细节信息，越能帮助管理者做出更好的定价与产品组合决策。

如果企业所在的行业不经常发生成本的重大变化，加权平均法将会非常合适。这种方法更易于使用，并且从更详细的计算中获得的有利信息大于计算本身的成本。

习题

如没有特殊要求，则假设下面所有习题都使用加权平均法。

P20-32A　编制产品成本报告，期初没有在产品也没有转入成本

DE公司制造游戏机，制造过程分三个步骤：装配、编程、包装。直接材料在装配阶段开始已经投入完毕。加工成本在整个过程中平均投入。装配部门在10月31日没有在产品。11月中旬，公司开始制造100 000台游戏机。在这批产品中，90 000台在本月组装完毕并且转入编程部门。11月30日装配部门的在产品完工程度为

35%。11月份投入装配部门的直接材料成本为399 000美元，直接人工成本为139 000美元，分配给这个车间的制造费用为130 280美元。

要求：

1. 编制11月份装配部门的产品成本报告。

2. 设置装配部门在产品的T形账户，展示其11月份的交易，并列出期末余额。

P20-34A 编制产品成本报告，两种材料在不同时点投入，期初没有在产品也没有转入成本；编制会计分录

BE公司制作家庭住宅的外墙。准备车间的起始步骤是将木头切成小块。在步骤结束的时候将会加入胶体，然后木块和胶体的混合物进入压制车间，木材会被压制成板。制造费用在整个准备车间平均投入。准备车间1月份的数据如下：

数量	
期初在产品	0块
本期投入	3 800块
完工转入压制车间	2 900块
期末在成品（30%完工程度）	900块
成本	
期初在产品	\$0
1月份投入成本	
木材	2 888
胶体	1 914
直接人工	987
制造费用	2 500
总成本	\$8 289

要求：

1. 编制准备车间1月份的产品成本报告。（提示：直接材料在不同时点投入生产步骤表示需要分别计算约当产量。）

2. 编制完工并转入压制车间的木材的会计分录。

3. 编制在产品T形账户及会计分录。期末余额是多少？

P20-35A 编制产品成本报告，有期初在产品的第二步骤车间；编制会计分录

CC公司生产宽幅地毯，生产过程分为七个步骤：编织、染色、编层、缠线、分簇、黏合和剪切。在染色车间，直接材料在期初全部一次性投入，加工成本在整个过程中平均投入。2018年11月份的信息如下：

数量	
期初在产品	70卷
11月份从编织车间转入	550卷
11月份完工	480卷
期末在产品（完工程度80%）	140卷
成本	
期初在产品（转入成本4 000美元，材料成本1 400美元，加工成本5 300美元）	\$10 700
11月份从编织车间转入	23 280
11月份投入的材料	14 100
11月份投入的加工成本（制造工人工资8 725美元，制造费用43 991美元）	52 716

要求：

1. 编制公司染色车间11月份的产品成本报告。

2. 为公司染色车间11月份发生的所有业务编制会计分录，假设人工成本已发生但未支付员工工资。

P20-36A 编制产品成本报告，有期初在产品的第二步骤车间；制定决策

OW公司为私人船只生产千斤顶，整个流程分为三个步骤：用钢铁制造零件、组装千斤顶、测试。千斤顶将被运送到产成品仓库，然后发往全国各地的港口。测试车间没有直接材料。加工成本在整个过程中均匀投入。8月份的其他信息如下：

数量	
期初在产品	2 000套
本期从组装车间转入	7 000套
本期完成	4 000套
期末在产品（完工程度40%）	5 000套
成本	
期初在产品（转入成本93 000美元；加工成本18 000美元）	\$111 000
本期从组装车间转入	672 000
本期新增加工成本	54 000

转入产成品仓库的成本等于从测试车间转出的成本。

要求：

1. 编制测试车间的产品成本报告。

2. 转入产成品仓库的千斤顶的单位成本是多少？管理层为何会对这一成本感兴趣？

P20-37A 编制产品成本报告，有期初在产品的第一生产部门；编制会计分录；先进先出法

CC公司生产蜡笔的过程分为三个步骤：搅拌、成型和包装。搅拌部门混合石蜡、颜料等直接材料。然后，加热的混合物被传送到成型部门，在那里被倒入模具中。冷却后，从模具中取出这些材料并将它们转移到包装部门，在包装部门添加包装纸并将蜡笔装箱。

在搅拌部门，直接材料在整个生产流程的期初一次性添加，加工成本在整个生产流程中均匀发生。

截至2018年3月1日，搅拌部门的在产品由800批蜡笔组成，其中完工程度为10%。在产品的期初余额为32 800美元，包括14 000美元的直接材料成本和18 800美元的转换成本。3月份，共有5 200批产品投入生产，3 000批产品完工并转至成型部门，3月末仍有3 000批产品在加工。这批在产品的完工程度为80%。公司采用先进先出法进行成本核算。

3月31日，在记录成本从混合部门转移到成型部门之前，公司账簿包括：

在产品——混合部门

3月1日期初余额	32 800	
直接材料	42 000	
直接人工	24 610	
制造费用	65 830	

要求：

1. 为搅拌部门编制3月份的产品成本报告。将单位约当产量成本四舍五入至小数点后四位。将所有其他成本四舍五入至整数。

2. 记录3月份影响搅拌部门的所有交易，包括已过账的分录。假设人工成本已计提但尚未支付。

第 21 章

本量利分析

哪些商品应该特价销售?

查琳避开夏日室外的酷暑，走入一家开着空调的凉爽的电子产品商店。她试着想象在未来几个月的节日季，装修完成后商店会变成什么样子。她看着顾客一边挑选商品，一边与销售人员议价。她注意着商店的哪些地方更为繁忙，哪些地方稍微冷清一些。近期的销售报告显示平板电脑和高清电视是流动性较强的商品，店内的现象证实了这一报告。

尽管现在才7月，查琳必须为11月和12月的销售计划做出决策。查琳是这家商店的买手。她的工作就是保证商店有足够的存货满足顾客的需求。查琳必须决定在“黑色星期五”将哪些商品作为折扣商品。“黑色星期五”是感恩节后最重要的购物日之一。主打商品的价格应该定到多低？如果降低价格，这些商品的毛利也会下降。销售数量的增长能否弥补每件商品毛利的下降？部分商品打折能否吸引顾客购买其他毛利更高的商品？相比之前公司的购买协议，查琳能否通过协商达成更好的降低成本提高利润的协议？

查琳的决策对公司有重大的影响。对很多零售商而言，11月和12月的销售额决定了全年的盈利水平。查琳需要像本量利分析这样的管理工具，因为这些工具可以帮助她制定正确的计划。

什么是本量利分析?

你是否想过像百思买这样的公司如何确定其销售计划中的折扣商品？它们为何能承受某些商品在“黑色星期五”和“剁手星期一”以匪夷所思的低价销售？这些销售对利润会有怎样的影响？

1996年，百思买在明尼苏达州的圣保罗开设了第一家商店。现在这家公司在全美国有超过1 400家分店，在全世界有超过1 700家分店和大约125 000名员工。其2015年的合并收入报表显示其收入超过400亿美元，毛利率达到22.4%，营业利润比率达到3.6%。这些比率自2003年以来一直十分稳定，尽管最近三年有所下降。百思买必须考虑销售价格的变化如何影响销量和总体利润。这通常需要使用本量利分析。

本量利分析不仅适用于商业企业，而且可以运用在制造业企业和服务业企业中。让我们仔细研究一下这一功能强大的管理工具吧。

学习目的

1. 了解业务量的变化如何影响成本。
2. 运用边际贡献和边际贡献率计算营业利润。
3. 运用本量利分析进行利润规划。
4. 运用本量利分析进行敏感性分析。
5. 运用本量利分析计算安全边际、经营杠杆和盈亏平衡点。
6. 区分变动成本法和全部成本法（附录21A）。
7. 使用变动成本法和全部成本法计算营业利润（附录21A）。

21.1 业务量变化时成本如何变动

某些成本，比如销货成本，随着业务量的增加而增加。另外的一些成本，比如直线折旧，不受销量变化的影响。管理者需要知道业务量的变化是怎样影响成本的。以下是三种不同种类的成本：

- 变动成本；
- 固定成本；
- 混合成本。

我们再次以虚拟公司 STL 公司为例来阐述这些概念。STL 公司制造安装有电子学习课程软件的平板电脑。

□ 变动成本

变动成本（variable cost）是随业务量成正比发生变化的成本。业务量是对影响成本的商业活动的度量——业务量越大，成本越高。受业务量影响的商业活动包括销售、制造、驾驶与致电，业务量分别可以用销量、制造数量、驾驶里程和电话数量来衡量。

对 STL 公司而言，生产平板电脑过程中使用的直接材料就是变动成本。例如，每台平板电脑都需要一个电池。如果每个电池是 55 美元，那么每多生产一台电脑就会增加 55 美元的成本。下表显示了不同产量下使用的电池的成本：

产量（台）	每台平板电脑的变动成本	总变动成本
0	$ 55	$ 0
25	55	1 375
50	55	2 750
75	55	4 125
100	55	5 500

如你所见，总变动成本与平板电脑产量成正比例变化，但是每台电脑的电池成本并没有变化。图表 21 - 1 显示了平板电脑产量从 0 至 100 台时总变动成本的变化。

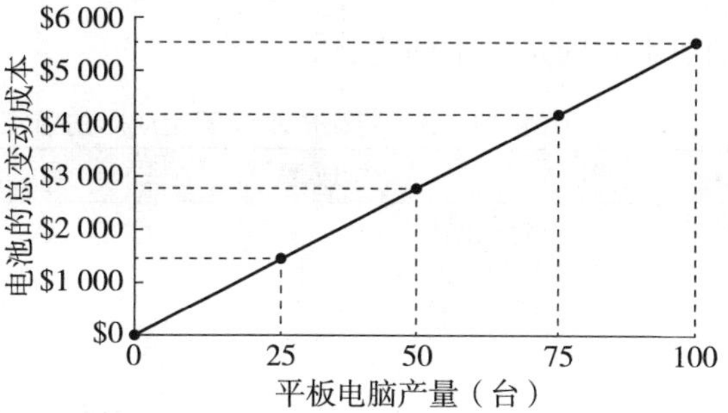

图表 21 - 1　电池的总变动成本

如果不生产平板电脑，那么 STL 公司就不会发生电池成本。所以总变动成本的起点在左下角，其代表 0 产量和 0 成本。变动成本线的斜率由电池总变动成本除以电脑产量所得，斜率等于每台电脑的变动成本。在图表 20 - 1 中斜率是 55 美元，因为每台电脑的电池成本是 55 美元。

图表 21 - 1 说明了总变动成本与平板电脑的产量直接相关。但注意，每台平板电脑的电池成本仍然是 55 美元。

从上述例子可以看出，直接材料是制造业企业的变动成本，直接人工也是变动成本。制造费用通常既包括变动成本，也包括固定成本。下面让我们看看固定成本与变动成本有何不同。

□ 固定成本

与变动成本相比，在一定范围内，**固定成本**（fixed cost）不随业务量的变动而变化。一些常见的固定成本包括租金、工资、财产税和直线折旧。STL 公司的固定成本是厂房和设备的折旧。企业的这些固定成本与产量无关。

假设 STL 公司每月发生的固定成本是 13 500 美元，而每月生产的平板电脑的数量从 0 到 100 台不等。图表 21－2 显示固定成本是一条在纵坐标 13 500 美元上平行于横轴的直线。这是因为无论产量是多少，STL 公司每月的固定成本始终是 13 500 美元。

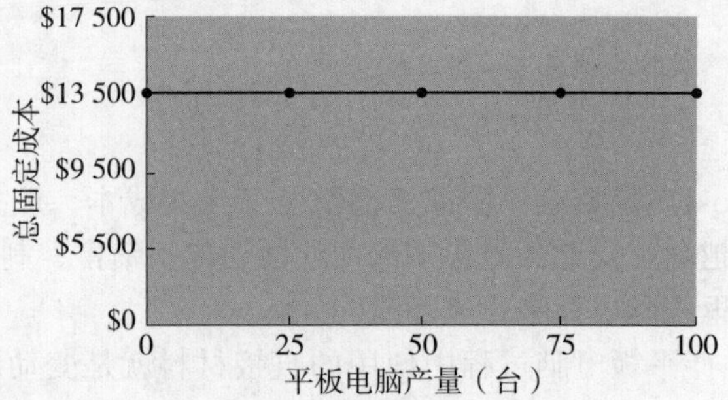

图表 21－2　总固定成本

如图表 21－2 所示，总固定成本不变，但是单位固定成本会随着产量的变化而变化。如果 STL 公司生产 25 台平板电脑，则单位固定成本就是 540 美元。如果产量提高到 50 台，则单位固定成本就会降至 270 美元。因此单位固定成本与产量成反比。换言之，随着产量的提高，单位固定成本降低。如下所示：

总固定成本	平板电脑产量（台）	每台平板电脑的固定成本
$13 500	25	$540
13 500	50	270
13 500	75	180
13 500	100	135

图表 21－3 总结了变动成本和固定成本的特点。

图表 21－3　变动成本和固定成本的特点

	总成本	单位成本
变动成本	与产量成正比： 产量上升，总成本上升 产量下降，总成本下降	保持不变
固定成本	保持不变	与产量成反比： 产量上升，单位成本下降 产量下降，单位成本上升

混合成本

并不是所有的成本都可以划分为变动成本或者固定成本。既含有变动成本又含有固定成本的成本是**混合成本**（mixed cost）。例如，STL 公司的通信服务商每月向公司固定收取 100 美元，同时根据使用时间每分钟收取 0.10 美元。如果手机使用时间达到 100 分钟，供应商就应该向 STL 公司收取 110 美元。下表显示了不同使用时间的成本。

使用时间（分钟）	总固定成本	总变动成本	总混合成本
100	$100	$10	$110
200	100	20	120
300	100	30	130
400	100	40	140
500	100	50	150

图表 21－4 显示了 STL 公司如何将其手机通话成本分解为固定部分和变动部分。每月的 100 美元是固定成本，因为无论 STL 公司每月使用时间为多久，这部分成本都保持不变。每分钟 0.10 美元的收费是与使用时间成正比例变化的变动成本。如果使用时间是 100 分钟，则总变动成本就是 10 美元；如果使用时间达到 200 分钟，则总变动成本就是 20 美元。

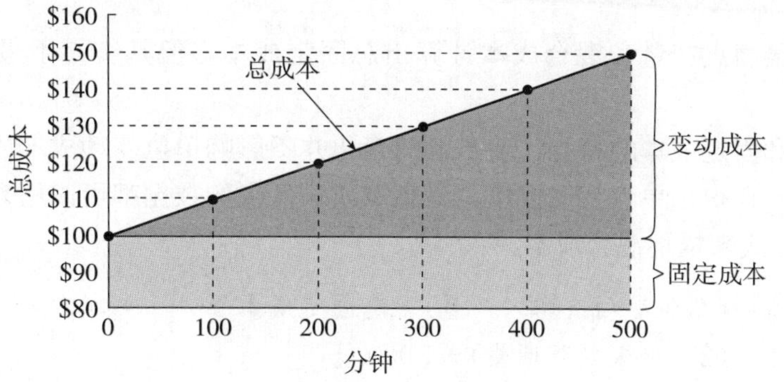

图表 21－4　混合成本

高低点法

当企业发生混合成本时，将成本分解为固定部分和变动部分对于管理者进行计划和控制决策很有帮助。有些成本，比如手机通话成本，很容易分解，有些成本则不是那么容易分解。

一种简易的成本分解方法称为**高低点法**（high-low method）。这一方法要求确定一定时期的最高业务量和最低业务量。

让我们来回顾一下 STL 公司的例子。下表是 STL 公司上年每季度制造设备维修成本的数据：

	总维修成本	平板电脑产量（台）
第一季度	$1 630	360
第二季度	1 935	415
第三季度	1 960	480 ⟵ 最高点产量
第四季度	1 480	240 ⟵ 最低点产量

观察每季度的总维修成本，我们可以看到它并不是固定成本，因为随着产量的变化，每季度的维修成本也在发生变化。我们也可以明确，维修成本也不是变动成本，因为单位变动成本由平板电脑的生产数量所决定。这就说明维修成本是混合成本，既包括固定成本的部分，也包括变动成本的部分。我们可以使用高低点法来确定 STL 公司设备维修的固定成本和变动成本。

步骤 1：明确最高点和最低点的业务量，计算单位变动成本。

选取最高点的产量，即第三季度的 480 台，最低点的产量，即第四季度的 240 台。

使用这两点的产量数据，计算最高点产量和最低点产量对应的成本变化，再除以业务量的变化。

单位变动成本＝总成本变化÷业务量变化
＝(最高点成本－最低点成本)÷(最高点产量－最低点产量)
＝(1 960－1 480)÷(480－240)
＝480÷240
＝2(美元)

步骤 2：计算总固定成本。

总固定成本＝总混合成本－总变动成本
＝总混合成本－(单位变动成本×产量)
＝1 960－(2×480)
＝1 960－960
＝1 000(美元)

本例中使用了最高点产量和混合成本计算出总固定成本，但其实使用最低点的数据计算的结果是相同的。

记住变动成本和固定成本的特点：业务量的变化并不影响单位变动成本或总固定成本；这两个数据都保持不变。因此，一旦得出单位变动成本，最高点或最低点的数据都可以用来计算总固定成本。

步骤 3：使用公式来描述混合成本。

总混合成本＝(单位变动成本×产量)＋总固定成本
总维修成本＝(2×平板电脑产量)＋1 000

使用上述公式估算出产量为 400 台时的设备维修成本为：

总维修成本＝(2×平板电脑产量)＋1 000
＝(2×400)＋1 000
＝1 800(美元)

高低点法是一种粗略估算固定成本和变动成本的方法。高点业务量和低点业务量即下一部分将要讨论的相关范围。管理者发现高低点法简便快捷，但是回归分析提供了最精确的估计，成本会计课程会对这一方法进行详细介绍。

相关范围和相对性

相关范围（relevant range）是总固定成本和单位变动成本都保持不变的业务范围。为了计算和预计成本，管理层需要知道相关业务范围。因为：

- 在不同的相关范围内，总固定成本是不同的；
- 在不同的相关范围内，单位变动成本也是不同的。

图表 21－5 表明 STL 公司的固定成本有三种不同的相关范围。假设 STL 公司下一年计划生产 2 400 台平板电脑，相关范围就在 2 001～4 000 台之间，管理者预计的固定成本是 162 000 美元。

为了生产 4 000 台以上的平板电脑，STL 公司必须进行扩张。这会提高总固定成本，其中包括增加的租金、管理者的薪酬和设备成本。图表 21－5 显示当相关范围达到更高的业务量时，固定成本将会提高至 243 000 美元。相反，如果公司计划生产 2 001 台以下的平板电脑，其预计的固定成本只有 81 000 美元。管理者可以通过裁员和其他措施来削减固定成本。

单位变动成本在相关范围以外也可能发生变化。例如，STL 公司如果购买 4 000 个以上的电池，有可能得到一定数量的折扣。

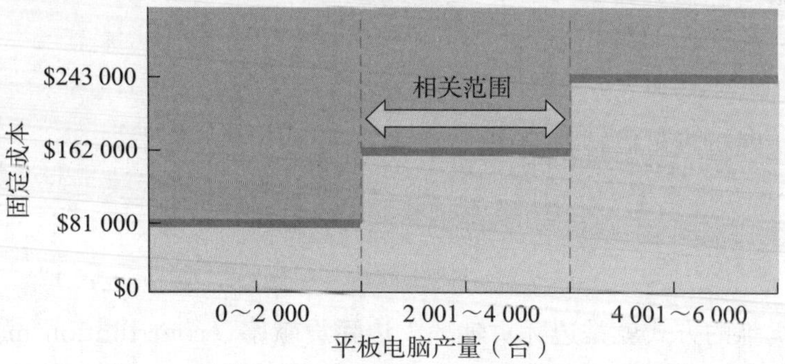

图表 21－5　相关范围

我们还需要记住的是，成本只是针对相应的业务划分为固定成本和变动成本。如果划分的标准改变，划分的结果也会变化。例如，STL 公司会在销售代表进行销售洽谈时为其租赁汽车，每月的租金都是 500 美元。因此，对于生产的平板电脑来说，这项成本是固定成本。提高或者降低产量不会影响租赁费用。租金始终保持每月 500 美元。然而，从销售代表的人数来看，这项成本是变动的，因为其与销售代表的人数成正比。如果只有一位销售代表，租赁费用是每月 500 美元；如果有两位，则会翻倍，达到每月 1 000 美元。尽管每位销售代表的成本保持每月 500 美元不变，但是总成本会随着销售代表人数的变化而变化。

本书所有的案例和习题中，除非另有说明，应按生产和销售的数量进行分类。

21.2　什么是边际贡献？如何运用边际贡献计算营业利润

将成本划分为固定成本或变动成本指的是划分成本性态，因为产量的变化对成本会产生不同的影响。也就是说，总成本会随之变化（变动成本）或保持不变（固定成本）。让我们看看管理者是如何使用成本性态来制定决策的。

□ 边际贡献

边际贡献（contribution margin）等于销售收入减去变动成本。其被称为边际贡献是因为这部分是扣除变动成本后的额外收入，可以用来补偿固定成本，从而产生营业利润。边际贡献一般以总数来表示。例如，如果 STL 公司以每台 500 美元的价格销售 200 台平板电脑，每台的变动成本是 275 美元，则边际贡献是：

边际贡献＝销售收入－变动成本
＝(500×200)－(275×200)
＝100 000－55 000
＝45 000(美元)

□ 单位边际贡献

之前的例子将边际贡献作为一个总额来计算。我们也可以计算单位边际贡献。使用上例计算出的单位边际贡献是：

单位边际贡献＝单位销售收入－单位变动成本
＝500－275
＝225(美元)

边际贡献和单位边际贡献可以替换使用。

□ 边际贡献率

第三种表示边际贡献的方式就是边际贡献率。**边际贡献率**（contribution margin ratio）是边际贡献占销售收入的比例。因为边际贡献是以销售价格和变动成本为基础的，所以边际贡献率既可以使用边际贡献，也可以使用单位边际贡献来计算：

边际贡献率＝边际贡献÷销售收入
＝45 000÷100 000
＝45%

或　＝单位边际贡献÷单位销售收入
＝225÷500
＝45%

□ 边际贡献利润表

传统利润表是按照功能来划分成本，即成本被划分为产品成本和期间费用。记住，产品成本是那些发生在产品购买和生产过程中的成本。对于像STL公司这样的制造业企业而言，产品成本是直接材料、直接人工和制造费用。这些成本一直归集在存货账户中直到产品出售。出售时，成本被结转到费用类账户销货成本中。期间费用是销售和管理费用。这是公认会计准则要求的格式，也是迄今为止会计研究中一直使用的格式。

传统的利润表并没有为管理者提供足够的信息，所以需要采用新的利润表形式。**边际贡献利润表**（contribution margin income statement）按照成本性态来划分成本，即成本被划分为固定成本和变动成本。边际贡献利润表相对于总利润更强调边际利润的概念。图表21－6展示了传统利润表与边际贡献利润表的不同。

图表 21－6　传统利润表与边际贡献利润表对比

	传统利润表	边际贡献利润表	
	销售收入	销售收入	
产品成本（部分变动成本，部分固定成本）→	－销货成本	－变动成本	← 部分产品成本，部分期间费用
	毛利	边际贡献	
期间费用（部分变动成本，部分固定成本）→	－销售和管理费用	－固定成本	← 部分产品成本，部分期间费用
	营业利润	营业利润	

21.3　如何使用本量利分析

在对成本有足够的了解之后，让我们看看管理者如何使用这些信息来制定商业决策。**本量利分析**

（cost-volume-profit analysis）是一种考察成本、产量与利润（或者损失）之间关系的工具。本量利分析有时也称为本量价分析，因为销售价格的变化也会影响利润。STL 公司使用本量利分析来考察销售价格、变动成本、固定成本和产量的变化如何影响利润。

□ 假设

对于相关范围，本量利分析做了如下假设：

- 单位产品的价格不随产量的变化而变化。例如，STL 公司假设所有的平板电脑都以 500 美元出售。
- 管理者可以将每种成本划分为变动成本、固定成本和混合成本。
- 唯一影响总成本的因素就是产量，其会提高变动成本和混合成本。STL 公司假设每台平板电脑的单位变动成本是 275 美元。
- 固定成本总额不变。STL 公司假设每月的固定成本是 13 500 美元。
- 库存不变。STL 公司假设生产的产品数量等于出售的产品数量。

大多数商业条件并不能达到上述一般假设，所以本量利分析只是一个大致而非精确的分析。

□ 盈亏平衡点——三种方法

本量利分析常常被用来测算盈亏平衡点的销量。**盈亏平衡点**（breakeven point）是企业既不盈利也不亏损时的销售水平，此时的收入等于成本，营业利润为 0。要求的销量可以用数量表示，也可以用金额表示。我们将介绍三种求出要求的销量的方法：

- 公式法；
- 边际贡献法；
- 边际贡献率法。

公式法

让我们先用公式来表示利润，然后再将其分解：

销售收入－总成本＝营业利润

销售收入－变动成本－固定成本＝营业利润

销售收入等于单位销售价格（本例中为 500 美元）乘以销量（平板电脑数量）。变动成本等于单位变动成本（本例中为 275 美元）乘以销量。STL 公司的固定成本每月总计 13 500 美元。如果该公司想要达到盈亏平衡，即目标利润为 0，它应该销售多少台平板电脑？

销售收入－变动成本－固定成本＝目标利润

(500×销量)－(275×销量)－13 500＝0

(500－275)×销量－13 500＝0

225×销量＝0＋13 500

225×销量＝13 500

销量＝13 500÷225

销量＝60(台)

检验计算结果。我们可以将计算结果代入利润表以确定在这个销量下目标利润为 0。

销售收入－变动成本－固定成本＝营业利润

(500×60)－(275×60)－13 500＝营业利润

30 000－16 500－13 500＝0(美元)

由以上结果可以得出，STL 公司每月必须销售 60 台平板电脑才能实现盈亏平衡。用金额表示，即销售额需要达到 30 000 美元（60×500）。

边际贡献法

边际贡献法是一种计算要求的销量的快速方法。注意：在上例中使用了固定成本除以单位边际贡献。我们可以列出下式：

要求的销量＝(固定成本＋目标利润)÷单位边际贡献

使用上述公式，我们可以代入已知的数据计算要求的销量，注意公式中的数据是用金额表示的，而计算结果却是用数量表示的。

要求的销量＝(固定成本＋目标利润)÷单位边际贡献
＝(13 500＋0)÷225
＝60(台)

之前，我们使用公式法检验了答案。现在，我们也可以使用边际贡献利润表来检验答案：

销售收入	($500×60)	$30 000
－变动成本	($275×60)	16 500
边际贡献	($225×60)	13 500
－固定成本		13 500
营业利润		$0

边际贡献率法

从销售金额而不是销售数量的角度来看，企业也可以使用边际贡献率法计算要求的销量。公式与边际贡献法相同，不同的是，除数是边际贡献率而非单位边际贡献。

我们之前已经得出 STL 公司的边际贡献率是 45%：

边际贡献率＝单位边际贡献÷单位销售收入
＝225÷500
＝45%

注意：当贡献率作为分母时，用美元除以百分数，结果以美元形式表示。

要求的销售金额＝(固定成本＋目标利润)÷边际贡献率
＝(13 500＋0)÷45%
＝30 000(美元)

□ 目标利润

目标利润计算是一种等同于盈亏平衡点计算的方法。**目标利润**（target profit）是管理者对销售收入减去变动成本和固定成本后能达到的利润的要求。计算盈亏平衡点的三种方法同样适用于目标利润的计算，唯一的不同是公司代入目标利润而不是盈亏平衡点时的 0 美元。图表 21－7 是 STL 公司使用三种方法计算目标利润为每个月 4 500 美元时的过程。

图表 21－7　STL 公司目标利润的计算

公式法

销售收入－变动成本－固定成本＝目标利润

(500×销量)－(275×销量)－13 500＝4 500（美元）

(500－275)×销量－13 500＝4 500（美元）

225×销量＝18 000（美元）

销量＝18 000÷225

销量＝80（台）

边际贡献法

要求的销量＝(固定成本＋目标利润)÷单位边际贡献

＝(13 500＋4 500)÷225

＝80（台）

边际贡献率法

要求的销售金额＝(固定成本＋目标利润)÷边际贡献率

＝(13 500＋4 500)÷45%

＝40 000（美元）

□ 本量利关系图

本量利关系图提供了一个显示销量变化如何影响利润的函数图。如图表 21－1、图表 21－2 和图表 21－4 所示的变动成本、固定成本和混合成本，横轴是销量（或分钟），纵轴是金额。绘制 STL 公司本量利关系图的 5 个步骤如图表 21－8 所示。

平板电脑数量	销售收入	固定成本	总成本
100台	$50 000	$13 500	$41 000

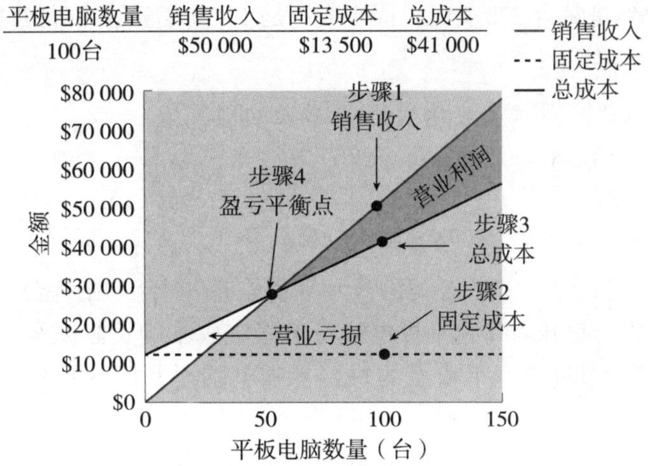

图表 21－8　STL 公司的本量利关系图

步骤 1：选择一个销量，例如 100 台。确定这一点的总销售收入为 50 000 美元。将原点和这一点连接起来确定销售收入线。为什么起点是原点？因为如果没有销售，收入就是 0。

步骤 2：绘制固定成本线，即一条纵坐标为 13 500 美元、平行于横轴的线。固定成本线是平行于横轴的，因为无论销量是多少，固定成本都是 13 500 美元。

步骤 3：绘制总成本线。总成本是固定成本和变动成本之和。因此总成本是混合成本。总成本线与图表 21－4 中的混合成本线类似。先计算在选定销量 100 台下的变动成本：275×100＝27 500 美元。再将变动成本和固定成本相加：27 500＋13 500＝41 000 美元。确定这一点的总成本是 41 000 美元。然后将这一点与固定成本线的起点连接起来。这就是总成本线。总成本线的起点在固定成本线上，这是因为如果 STL 公司的销量为 0，其仍然会发生 13 500 美元的固定成本。

步骤 4：确定盈亏平衡点。盈亏平衡点是销售收入线和固定成本线相交的点。这一点的总收入等于总成本。盈亏平衡点的销售量是 60 台平板电脑，销售额是 30 000 美元。

步骤 5：在关系图中标出营业亏损区。盈亏平衡点左边总成本大于销售收入，产生了营业亏损。在关系图中标出营业利润区。在盈亏平衡点的右侧，销售活动创造了利润，因为销售收入大于总成本。

类似图表 21－8 的关系图对管理者很有帮助，因为管理者可以利用这一关系图快速地对不同销售水平下的利润或者亏损做出大致的估计。三个目标利润公式也很有用，但是其只显示了一种销售水平下的利润或者亏损。

21.4 如何使用本量利分析进行敏感性分析

管理者经常希望通过预测售价、成本和销量的变化来确定其对利润的影响。管理者可以利用本量利之间的关系进行敏感性分析。**敏感性分析**（sensitivity analysis）是一种估算售价、成本、销量或者原有假设改变时利润如何变化的技术。敏感性分析让管理者了解不同的经营策略会如何影响利润，也因此给管理者提供更多的信息进行决策。让我们看看管理者如何使用本量利分析估算商业环境的一些变化带来的影响。

□ 售价的变化

平板电脑市场竞争十分激烈，以至于 STL 公司认为其必须将售价降低到每台 475 美元以保持市场份额。假设企业的变动成本仍然是每台 275 美元，固定成本是 13 500 美元，降低售价会如何影响盈亏平衡点呢？

使用边际贡献法计算如下：

要求的销量＝(固定成本＋目标利润)÷单位边际贡献
＝(13 500＋0)÷(475－275)
≈68(台)*

* 由实际结果 67.5 台四舍五入而来，因为不可能销售半台电脑。

在原来售价为 500 美元时，STL 公司的盈亏平衡点是 60 台。在每台 475 美元的新售价下，盈亏平衡点上升到 68 台。降低售价意味着每台平板电脑对于固定成本的贡献减少，所以企业必须销售更多的产品来保持平衡。此外，销售超过盈亏平衡点的每台平板电脑对利润的贡献也会降低，因为单位边际贡献变低了。

□ 变动成本的变化

回到 STL 公司的原始数据，不考虑上例中售价的变化。假设公司的一个供应商提高了价格，导致单位变动成本上升到 285 美元。STL 公司认为不能将这一提高转嫁给顾客，所以保持每台 500 美元的售价。固定成本保持 13 500 美元。在单位变动成本提高后，STL 公司的盈亏平衡点变为多少？

要求的销量＝(固定成本＋目标利润)÷单位边际贡献
＝(13 500＋0)÷(500－285)
≈63(台)

更高的单位变动成本将每台平板电脑的边际贡献从 225 美元降低到 215 美元，公司必须售出更多的产品——63 台而不是原来的 60 台以达到盈亏平衡。这一分析说明为什么管理者在经济下行时特别关注成本的控制。成本的上升提高了盈亏平衡点。而如果由于经济衰退导致需求下降，更高的盈亏平衡点很难达到。

当然，变动成本的下降会有相反的影响。更低的变动成本提高了每台平板电脑的边际贡献，因此也降低了盈亏平衡点。

□ 固定成本的变化

回到 STL 公司的原始数据，不考虑上两个例子中的变化。该公司计划增加 3 000 美元的网络广告费。这会使得固定成本从 13 500 美元提高到 16 500 美元。如果平板电脑的售价仍然是每台 500 美元，单位变动成本为 275 美元，新的盈亏平衡点又是多少?

要求的销量＝(固定成本＋目标利润)÷单位边际贡献
＝(16 500＋0)÷(500－275)
≈74(台)

更高的固定成本提高了达到盈亏平衡的总边际贡献。本例中，固定成本从 13 500 美元提高到 16 500 美元，将盈亏平衡点提高到 74 台。

图表 21－9 显示了上述变化如何影响单位边际贡献和盈亏平衡点。

图表 21－9 售价、变动成本和固定成本变化的影响

原因	影响	结果
变化	单位边际贡献	盈亏平衡点
单位售价提高	提高	降低
单位售价降低	降低	提高
单位变动成本上升	降低	提高
单位变动成本下降	提高	降低
总固定成本上升	无影响	提高
总固定成本下降	无影响	降低

□ 运用敏感性分析

管理者经常更倾向于较低的盈亏平衡点，但是在本量利分析中不能过分强调这一方面。尽管 STL 公司的盈亏平衡点是 60 台，之前的每一个例子都提高了盈亏平衡点，但是管理者希望可以比盈亏平衡更好。考虑以下两个方案：

	销量（台）	单位边际贡献	总边际贡献	总固定成本	销售收入
方案 1	100	$15	$1 500	$1 000	$ 500
	200	15	3 000	1 000	2 000
	300	15	4 500	1 000	3 500
	400	15	6 000	1 000	5 000
方案 2	100	$25	$2 500	1 000	$1 500
	200	25	5 000	1 000	4 000
	300	25	7 500	1 000	6 500
	400	25	10 000	1 000	9 000

注意方案 2 与方案 1 相比在销量增加状况下销售收入增加了多少。两个方案唯一的区别在于边际贡献。边际贡献是补偿固定成本后产生营业利润的贡献总数。在两个方案中，销量达到 100 台方可补偿固定成本。因此，在方案 1 中，每多销售 100 单位产品，可增加 1 500 美元的销售收入。在方案 2 中，每多销售 100 单位产品，可增加 2 500 美元的销售收入。

管理者可以在销量变化时使用边际贡献去预测销售收入的变化。短期内，管理者也许不能通过减少固定成本来增加销售收入，但是可以增加边际贡献。单位售价和单位变动成本是边际贡献的两个组成部分。因此，提高单位售价、降低单位变动成本或者二者兼有，可实现边际贡献的增加。

成本表现和管理层业绩

前面章节提到的本量利分析的假设之一是，产量的变化是总成本的唯一影响因素，能导致变动成本、混合成本的增加或者减少。但是，近年来的研究显示并不总是这种情形，成本经常是不对称的。也就是说，销量增加导致的成本增加量大于销量减少导致的成本减少量，这一现象称为**成本黏性**（cost stickiness）。例如，销量增加，管理者聘用更多的工人，从而导致人力资源变动成本增加。但是，销量减少，而销量的下降被认为是暂时的，管理者就不愿意解雇工人，会让工人们去做其他一些工作。因此，成本的减少并不与销量的减少成比例。管理者需要意识到他们不解聘员工的决定可能会使成本表现异于预期。图表 21 - 10 是一个成本黏性的例子。注意：销售收入线的斜率与总成本线的斜率并不一致。

月份	销售收入	总成本	占比
1	$200	$100	50%
2	400	200	50%
3	600	300	50%
4	800	400	50%
5	1 000	500	50%
6	800	450	56%
7	600	400	67%
8	400	350	88%
9	200	300	150%

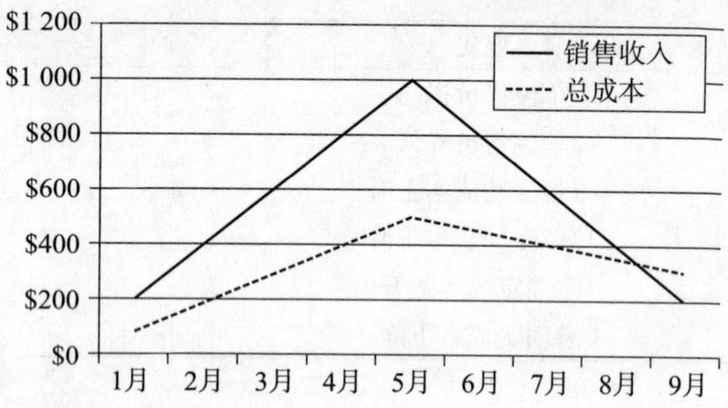

图表 21 - 10　成本黏性举例

21.5　本量利分析的其他应用有哪些

我们已经知道本量利分析可以用于估算目标利润和盈亏平衡点以及进行敏感性分析。让我们来看看本量利分析的另外三种应用。

安全边际

安全边际（margin of safety）是预期销量超过盈亏平衡点的部分。因此，安全边际是一个公司在发生营业亏损前可以降低的销量。我们可以将其理解为盈利和亏损之间的缓冲。

管理者可以用安全边际来评估当前经营活动和未来经营计划的风险。让我们把安全边际运用于虚拟的 STL 公司。

STL 公司原来的盈亏平衡点是 60 台平板电脑。假设该公司预期卖出 100 台，安全边际可以用数量、金额和百分数来表示。

预期销量－盈亏平衡点销量＝安全边际(数量)

100－60＝40(台)

安全边际(数量)×单位售价＝安全边际(金额)

40×500＝20 000(美元)

安全边际(数量)÷预期销量＝安全边际率

40÷100＝40%

在 STL 公司发生亏损前销量可以下降 40 台，或者销售额下降 20 000 美元。安全边际是总期望销量的 40%。换言之，该公司在发生亏损前可以承受失去近一半的销量。这是一个合适的安全边际。

管理者可以用安全边际来评估公司可能发生销量大幅下降的风险。例如，如果 STL 公司很大一部分产品销售给同一个客户，那么丢失该客户，公司利润将受到很大的影响。意识到这一重大风险可以帮助管理者做出更明智的决策。

目标利润和安全边际都使用了本量利分析，但二者关注不同的角度。安全边际关注的是公司在盈亏平衡点以上创造了多少销售收入。相反，目标利润关注的是销售收入在扣除固定成本和变动成本后剩下多少营业利润。

□ 经营杠杆

一个公司的**成本结构**（cost structure）是固定成本与变动成本的比例。这一比例关系十分重要，因为根据成本结构，商业环境的微小变化会对利润产生重要的影响。固定成本越高的公司风险越大，但是其也更有可能取得巨大的收益。让我们通过两个公司的比较来研究在销量发生变化时成本结构如何影响它们的利润。

在南卡罗来纳州的查尔斯顿有两家经营马车旅行的公司。这是一项竞争非常激烈的业务，两家公司的收费都是每位游客 25 元。两家公司都希望 9 月份游客数量能达到 500 名。A 公司的变动成本很低而固定成本很高，B 公司的成本结构则正好相反。预期边际贡献利润表如下所示：

	A 公司	B 公司
销售收入（500×＄25）	＄12 500	＄12 500
变动成本		
（500×＄5）	2 500	
（500×＄15）		7 500
边际贡献	10 000	5 000
固定成本	6 000	1 000
营业利润	＄4 000	＄4 000

注意：两个公司都期望当游客达到 500 名时能获得 4 000 美元的经营利润。

在 9 月份，飓风袭击了这一区域，很多游客选择了其他旅行计划。两家公司在本月的游客数都是 400 名。让我们看看游客数量下降后实际的利润表：

	A公司	B公司
销售收入（400×＄25）	＄10 000	＄10 000
变动成本		
（400×＄5）	2 000	
（400×＄15）		6 000
边际贡献	8 000	4 000
固定成本	6 000	1 000
营业利润	＄2 000	＄3 000

两家公司游客数量的下降幅度一致，但是B公司的成本结构导致其营业利润的下降幅度小于A公司。

公司可以依据它们的成本结构对由于销量改变而改变的营业利润做出预测。**经营杠杆**（operating leverage）反映的是当销量发生变化时固定成本对营业利润的影响。**经营杠杆系数**（degree of operating leverage）可以用边际贡献除以营业利润来衡量。让我们计算有500名游客时两家公司的经营杠杆系数：

经营杠杆系数＝边际贡献÷营业利润

A公司：10 000÷4 000＝2.50

B公司：5 000÷4 000＝1.25

A公司的经营杠杆系数是2.50，这意味着经营利润的变动率是销量变动率的2.5倍。对B公司而言，销量的变动率对于营业利润变动率的影响小一点，只有1.25倍。让我们计算变动率来验证这一预测：

		A公司		B公司
预计销售额		＄12 500		＄12 500
实际销售额		(10 000)		(10 000)
销售额变动		＄2 500		＄2 500
销售额变动率	（＄2 500÷＄12 500）	20%	（＄2 500÷＄12 500）	20%
经营杠杆系数		×2.50		×1.25
预计营业利润变动率		50%		25%
预计营业利润		＄4 000		＄4 000
实际营业利润		(2 000)		(3 000)
营业利润变动		2 000		1 000
实际营业利润变动率	（＄2 000÷＄4 000）	50%	（＄1 000÷＄4 000）	25%

上述表格说明经营杠杆系数准确地反映了销售额变化对营业利润的影响。注意，A公司的固定成本更高，因此当销售额下降时利润的下降幅度更大。高固定成本为公司带来了高风险。当销售额下降时，弥补固定成本和创造利润的边际贡献也会下降。然而，在销售额上升时，固定成本比例较高的成本结构会产生相反的影响。销售额上升20%会有2.5倍的影响，即营业利润提高50%。因此，销售额上升2 500美元（125 000美元×20%）会导致营业利润提高2 000美元（4 000美元×50%）。

□ 销售组合

大多数公司销售不止一种产品。**销售组合**（sales mix），也称作产品组合，是组成总销售额的产品的组合。之前使用的本量利公式也可以运用于生产多种产品的企业。每种产品的销售价格和变动成本都不同，所以每种产品对利润的贡献也不尽相同。为计算每种产品的盈亏平衡点，我们必须计算公司所有产品的加权平均边际贡献。销售组合提供了每种产品在所有产品中的权重。所有产品的总权重是 100%。

例如，假设酷猫咪家具公司上年销售了 6 000 张猫床和 4 000 块猫抓板。这一销售组合中猫床的权重达到 60%，猫抓板的权重为 40%。你也可以将这一权重转化为比值，即猫床占比 3/5，猫抓板占比 2/5。所以我们认为销售组合是 3∶2，即每销售 3 张猫床就要同时卖出 2 块猫抓板。

利用销售组合，我们可以同时确定酷猫咪家具公司猫床和猫抓板的盈亏平衡点。酷猫咪家具的总固定成本是 40 000 美元，猫床的单位售价是 44 美元，变动成本是 24 美元；猫抓板的单位售价是 100 美元，变动成本是 30 美元。该公司按以下三步计算销售盈亏平衡点。

步骤 1：计算单位产品的加权边际贡献。

	猫床	猫抓板	合计
单位售价	\$44	\$100	
单位变动成本	24	30	
单位边际贡献	20	70	
销售组合数量	×3	×2	5 单位
边际贡献	\$60	\$140	\$200
单位加权平均边际贡献（\$200÷5）			\$40

步骤 2：计算产品组合的盈亏平衡点。

要求的销量＝(固定成本＋目标利润)÷单位加权平均边际贡献
＝(40 000＋0)÷40
＝1 000(套)

步骤 3：计算每种产品的盈亏平衡点。用产品组合盈亏平衡点乘以每种产品在销售组合中所占的比例：

猫床的盈亏平衡点	（1 000×3/5）＝600（张）
猫抓板的盈亏平衡点	（1 000×2/5）＝400（块）

本例中，计算结果为整数，当计算结果不是整数时，将答案四舍五入至整数。
总的盈亏平衡销售金额是 6 400 美元：

600 张猫床，每张售价 44 美元	\$26 400
400 块猫抓板，每块售价 100 美元	\$40 000
总销售收入	\$66 400

我们可以通过编制边际贡献利润表证明这一盈亏平衡点：

	猫床	猫抓板	合计
销售收入			
猫床（600×\$44）	\$26 400		
猫抓板（400×\$100）		\$40 000	\$66 400
变动成本			
猫床（600×\$24）	14 400		
猫抓板（400×\$30）		12 000	26 400
边际贡献	\$12 000	\$28 000	40 000
固定成本			40 000
营业利润			\$0

如果销售组合改变，酷猫咪家具公司可以使用新的组合信息来找出每种产品新的盈亏平衡点。

除了确定盈亏平衡点，该公司还可以估算要达到一定水平的利润需要多少销售额。假设该公司希望利润达到20 000美元，则每种产品的销量要达到多少？

要求的销量＝(固定成本＋目标利润)÷单位加权平均边际贡献
＝(40 000＋20 000)÷40
＝1 500(套)

猫床的盈亏平衡点	(1 500×3/5)＝900（张）
猫抓板的盈亏平衡点	(1 500×2/5)＝600（块）

我们也可以通过编制边际贡献利润表证明这一盈亏平衡点：

	猫床	猫抓板	合计
销售收入			
猫床（900×＄44）	＄39 600		
猫抓板（600×＄100）		＄60 000	＄99 600
变动成本			
猫床（900×＄24）	21 600		
猫抓板（600×＄30）		18 000	39 600
边际贡献	＄18 000	＄42 000	60 000
固定成本			40 000
营业利润			＄20 000

21.6 附录21A：变动成本法

变动成本法与全部成本法有哪些不同

管理会计的目的是为管理者提供关于内部决策——计划与控制决策的有用信息。如你所见，这方面的信息与财务会计提供给外部使用者，比如债权人和投资者的信息通常不同。在本章附录，你会学习两种确认产品生产成本的方法以及每种方法的适用范围。

全部成本法

到现在，我们已经在确认产品成本时说明了全部成本法的使用。**全部成本法**（absorption costing）将直接材料、直接人工、变动制造费用和固定制造费用归入产品的成本。这种方法被称为全部成本法，是因为产品负担了全部的成本——材料、人工和制造费用。这些成本首先作为资产记录在存货账户中；之后，当产品出售时，这些成本被转入费用类账户销货成本中。全部成本法是一般公认会计原则规定的适用于提供给投资人、债权人等外部信息使用者的财务报告的方法。对外财务报告使用的是关注毛利润的传统利润表格式。

变动成本法

变动成本法（variable costing）是一种只将变动制造费用归入产品成本的成本计算方法。变动成本法将直接材料、直接人工和变动制造费用归入产品成本，而将固定制造费用归入期间费用。因为无论是否生产产品，固定制造费用都会在相应的会计期间发生。变动成本法不能用于对外的财务报告，但是可以帮助管理者进行计划、指导和控制。内部财务报告使用的是关注边际贡献的边际贡献利润表格式。边际贡献是销售收入与变动成本之间的差异，它用于弥补固定成本以及提供营业利润。

图表 21A-1 列示了全部成本法与变动成本法的区别。两种方法的关键区别使用黑体字强调。

图表 21A-1　全部成本法与变动成本法的区别

	全部成本法	变动成本法
产品成本	直接材料 直接人工 变动制造费用 **固定制造费用**	直接材料 直接人工 变动制造费用
期间费用	变动销售和管理费用 固定销售和管理费用	**固定制造费用** 变动销售和管理费用 固定销售和管理费用
利润表格式	传统格式： 销售收入 **－销货成本** **毛利** **－销售和管理费用** 营业利润	边际贡献格式： 销售收入 **－变动成本** **边际贡献** **－固定成本** 营业利润

单位成本的比较

为了说明变动成本法和全部成本法之间的不同，我们以 STL 公司为例。图表 21A-2 显示了生产数量为 2 000 台时，该公司的价格和成本信息。

图表 21A-2　STL 公司——价格与成本信息

生产数量	2 000 台
销售价格	500.00 美元/台
生产成本：	
直接材料	150.00 美元/台
直接人工	75.00 美元/台
变动制造费用	20.00 美元/台
固定制造费用	111 000.00 美元/年
销售和管理费用：	
变动销售和管理费用	62.50 美元/台
固定销售和管理费用	116 000.00 美元/年

当使用全部成本法确定产品的单位成本时，将下列变动成本加入每台平板电脑中：直接材料、直接人工和变动制造费用。然后用总的固定制造费用除以产品的总数量确定单位产品的固定制造费用，并添加到变动成本中。当使用变动成本法确定产品的成本时，仅仅需要将以下变动成本加入每台平板电脑中：直接材料、直接人工和变动制造费用。计算结果如图表 21A-3 所示。

图表 21A-3　单位产品成本的比较——2 000 台产品

	全部成本法	变动成本法
直接材料	\$150.00	\$150.00
直接人工	75.00	75.00
变动制造费用	20.00	20.00
固定制造费用（\$111 000÷2 000）	55.50	
单位产品成本总和	\$300.50	\$245.00

注意：变动和固定销售和管理费用并不包含在单位产品成本的计算中。两种方法都把销售和管理费用放在了期间费用里。变动成本法把固定制造费用放在期间费用里，而全部成本法把固定制造费用放在产品成本里。

□ 营业利润在变动成本法和全部成本法中有什么不同

我们已经了解了如何使用变动成本法和全部成本法计算单位产品成本，现在让我们看看这两种方法对计算营业利润的影响。以下是需要考虑的三种不同情形：

- 产量等于销量；
- 产量大于销量；
- 产量小于销量。

产量等于销量

假设 STL 公司第一年的数据如下：

- 完工产品中没有期初余额；
- 该年度生产了 2 000 台平板电脑；
- 该年度销售了 2 000 台平板电脑。

依据这些假设，可以认为 STL 公司在期末没有库存商品，因为期初余额为 0，而且所生产的平板电脑都已经售出。

图表 21A－4 是 STL 公司使用全部成本法和变动成本法的利润表。单位产品成本和总固定成本由图表 21A－2 和图表 21A－3 给出。

图表 21A－4 全部成本法和变动成本法：第一年——产量等于销量

全部成本法			
销售收入	(2 000×＄500.00)		＄1 000 000
销货成本	(2 000×＄300.50)		601 000
毛利			399 000
销售和管理费用			
变动销售和管理费用	(2 000×＄62.50)	＄125 000	
固定销售和管理费用		116 000	241 000
营业利润			＄158 000
产成品账户余额			＄0
变动成本法			
销售收入	(2 000×＄500.00)		＄1 000 000
变动成本			
变动制造费用	(2 000×＄245.00)	＄490 000	
变动销售和管理费用	(2 000×＄62.50)	125 000	615 000
边际贡献			385 000
固定成本			
固定制造费用		110 000	
固定销售和管理费用		116 000	227 000
营业利润			＄158 000
产成品账户余额			＄0

如图表 21A－4 所示，全部成本法利润表的产品成本包括所有的生产成本（直接材料、直接人工、变动制造费用、固定制造费用）。销售收入减去销货成本得到毛利，再减去销售和管理费用，得到营业利润。

变动成本法利润表中，固定成本和变动成本是分开的。销售收入减去变动成本（直接材料、直接人工、变动制造费用、变动销售和管理费用）得到边际贡献，再减去固定成本（固定制造费用、固定销售和管理费用）得到营业利润。

当产量等于销量时，使用两种方法计算出的营业利润没有区别。原因是所有的固定成本都被计入当期费用。换言之，因为期末存货账户为 0，所以没有产品成本被分配到存货账户中，所有当期发生的成本都被记为当期的费用，并在利润表中从收入中扣除。

产量大于销量

假设 STL 公司第二年的数据如下：

- 完工产品中没有期初余额；
- 该年度生产了 2 500 台平板电脑；
- 该年度销售了 2 000 台平板电脑；
- 产成品账户期末余额为 500 台。

产成品账户期末余额＝期初余额＋生产数量－销售数量
＝0＋2 500－2 000
＝500(台)

伴随着平板电脑产量的变化，单位产品成本必须重新计算。计算结果如图表 21A－5 所示。产量的增加降低了全部成本法下的单位产品成本，因为总固定成本被分配到更多数量的产品中。

图表 21A－5 单位产品成本的比较——2 500 台产品

	全部成本法	变动成本法
直接材料	$ 150.00	$ 150.00
直接人工	75.00	75.00
变动制造费用	20.00	20.00
固定制造费用（$ 111 000÷2 500）	44.40	
单位产品成本总和	$ 289.40	$ 245.00

图表 21A－6 是 STL 公司第二年使用全部成本法和变动成本法的利润表。单位产品成本和总固定成本由图表 21A－2 和图表 21A－5 给出。

图表 21A－6 全部成本法和变动成本法：第二年——产量大于销量

全部成本法			
销售收入	(2 000× $ 500.00)		$ 1 000 000
销货成本	(2 000× $ 289.40)		578 800
毛利			421 200
销售和管理费用			
变动销售和管理费用	(2 000× $ 62.50)	$ 125 000	
固定销售和管理费用		116 000	241 000
营业利润			$ 180 200
产成品账户余额	(500× $ 289.40)		$ 144 700

变动成本法			
销售收入	(2 000×＄500.00)		＄1 000 000
变动成本			
变动制造费用	(2 000×＄245.00)	＄490 000	
变动销售和管理费用	(2 000×＄62.50)	125 000	615 000
边际贡献			385 000
固定成本			
固定制造费用		111 000	
固定销售和管理费用		116 000	227 000
营业利润			＄158 000
产成品账户余额	(500×＄245.00)		＄122 500

如图表 21A－6 所示，当产量大于销量时，全部成本法下的营业利润更大。原因是在全部成本法下，一些固定成本仍然处于资产负债表的产成品账户中，而没有被记为费用。两种方法下的营业利润之差为 22 200 美元。这也是产成品账户期末余额的差异。这个差异来源于固定制造费用。变动成本法下，所有的固定制造费用被费用化。而在全部成本法下，有 22 200 美元留下来成为了期末存货，并未在当期费用化处理。全部成本法放大了这笔 22 200 美元营业利润的差异。

产量小于销量

假设 STL 公司第三年的数据如下：

- 完工产品中期初有 500 台平板电脑，在全部成本法下的成本是 144 700 美元，在变动成本法下的成本是 122 500 美元；
- 该年度生产了 1 500 台平板电脑；
- 该年度销售了 2 000 台平板电脑。

根据上述假设，我们可以确定 STL 公司的完工产品没有期末余额，因为期初余额是 500 台，同时本期生产了 1 500 台，共销售了 2 000 台。

产成品账户期末余额＝期初余额＋生产数量－销售数量
＝500＋1 500－2 000
＝0(台)

由于生产数量的变化，单位产品成本必须重新计算。计算结果如图表 21A－7 所示。产量下降增加了全部成本法下的单位产品成本（289.40 美元增至 319.00 美元），因为总固定成本被分配到更少数量的产品中。

图表 21A－7　单位产品成本的比较——1 500 台产品

		全部成本法	变动成本法
直接材料		＄150.00	＄150.00
直接人工		75.00	75.00
变动制造费用		20.00	20.00
固定制造费用	(＄111 000÷1 500)	74.00	
单位产品成本总和		＄319.00	＄245.00

图表 21A－8 是 STL 公司第三年使用全部成本法和变动成本法的利润表。单位产品成本和总固定成本

由图表 21A－2 和图表 21A－7 给出。

图表 21A－8 全部成本法和变动成本法：第三年——产量小于销量

全部成本法			
销售收入	(2 000×＄500.00)		＄1 000 000
销货成本	(500×＄289.40)	＄144 700	
	(1 500×＄319.00)	478 500	623 200
毛利			376 800
销售和管理费用			
变动销售和管理费用	(2 000×＄62.50)	＄125 000	
固定销售和管理费用		116 000	241 000
营业利润			＄135 800
产成品账户余额			＄0
变动成本法			
销售收入	(2 000×＄500.00)		＄1 000 000
变动成本			
变动制造费用	(2 000×＄245.00)	＄490 000	
变动销售和管理费用	(2 000×＄62.50)	125 000	615 000
边际贡献			385 000
固定成本			
固定制造费用		110 000	
固定销售和管理费用		116 000	227 000
营业利润			＄158 000
产成品账户余额			＄0

如图表 21A－8 所示，当销量大于产量时，变动成本法下的营业利润更大。销量大于产量的唯一可能是产成品存在期初余额。注意：使用全部成本法计算的销货成本包括 500 台每台成本 289.40 美元的产成品。这是第二年图表 21A－6 中列出的。记住，第二年的期末存货成为第三年的期初存货。

在变动成本法中，固定生产成本在之前一期中就记为费用了。因为只有变动成本会被分配到产品中，所以两个会计期间的单位产品成本相同，都是 245.00 美元。在全部成本法下，期初存货中含有分配的固定生产成本，所以其单位成本更高，这增加了销货成本并降低了利润。

□ 总结

STL 公司这三年的唯一不同就是产量。每一年的销量、售价、单位变动成本和总固定成本都是相同的。让我们对三年的数据进行比较以确定为什么管理者更倾向于使用变动成本法进行控制和计划。图表 21A－9 是三年的利润表。

图表 21A－9 全部成本法和变动成本法：三年总结——每年销售 2 000 台产品

全部成本法	第一年	第二年	第三年	总计*
销售收入	＄1 000 000	＄1 000 000	＄1 000 000	＄3 000 000
销货成本	601 000	578 800	623 200	1 803 000
毛利	399 000	421 200	376 800	1 197 000
销售和管理费用	241 000	241 000	241 000	723 000
营业利润	＄158 000	＄180 200	＄135 800	＄474 000
单位毛利	＄199.50	＄210.60	＄188.40	

变动成本法	第一年	第二年	第三年	总计
销售收入	$1 000 000	$1 000 000	$1 000 000	$3 000 000
变动成本	615 000	615 000	615 000	1 845 000
边际贡献	385 000	385 000	385 000	1 155 000
固定成本	227 000	227 000	227 000	681 000
营业利润	$158 000	$158 000	$158 000	$474 000
单位边际贡献	$192.50	$192.50	$192.50	

第一年：产量＝销量　　完全成本法营业利润＝变动成本法营业利润

第二年：产量＞销量　　完全成本法营业利润＞变动成本法营业利润

第三年：产量＜销量　　完全成本法营业利润＜变动成本法营业利润

假设依据全部成本法生产主管获得了奖励。该主管会提高还是降低产量？根据图表22A－9的总结，在第二年产量大于销量时，全部成本法下的营业利润大于变动成本法下的营业利润。生产主管知道全部成本法将固定制造费用分配给每一台生产的平板电脑。在全部成本法下：

- 对于每一台完工但尚未销售的平板电脑，全部成本法在期末产成品中“隐藏”了固定制造费用。
- 期末产成品越多，“隐藏”其中的固定制造费用就越多。
- 期末产成品包含的制造费用越多，销售成本就越低，营业利润就越高。

为了在全部成本法下最大化自己的奖励，生产主管可能会提高产量，增加期末产成品，从而提高营业利润，以实现自己的奖励。但是，这与准时制管理理念存在冲突，该理念强调的是最低存货水平。因此，很多管理者倾向于使用变动成本法来制定内部计划与控制决策。使用变动成本法来确定奖惩不会刺激主管生产超过需求量的产品。

习题

P21－54A　计算本量利因素

四个公司今年的预算信息如下：

	公司			
	沙滩公司	湖泊公司	高山公司	山谷公司
销售收入	$1 615 000	$ (d)	$1 050 000	$ (j)
变动成本	(a)	60 000	525 000	100 800
固定成本	(b)	232 000	260 000	(k)
营业收入（损失）	285 600	(e)	(g)	31 500
售出产品	170 000	10 000	(h)	(i)
单位产品边际贡献	$3.8	$ (f)	$75.00	$9.00
边际贡献率	(c)	80%	(i)	30%

要求：

1. 填入缺失的数值（单位产品边际贡献精确到美分）。
2. 哪个公司的盈亏平衡点最低？
3. 什么原因导致其盈亏平衡点比较低？

P21－55A　计算盈亏平衡销量，计算目标利润的销量；编制边际贡献利润表

英格兰表演团在伦敦开演。平均每场表演售出1 300张票，每张60美元。今年有150场表演。由于其他公司也使用同一家剧院，所以不能增加演出场次。平均每场表演有65个演员，每个演员平均每场挣340美元。演员在每场表演结束后发放工资。其他变动成本是每位顾客的节目单，每张8美元。年度固定成本是728 000美元。

要求：

1. 计算每场表演的收入和变动成本。

2. 利用公式法计算为了达到盈亏平衡，英格兰表演团每年需要演出多少场？

3. 利用边际贡献率法计算如果要达到5 687 500美元的利润，需要演出多少场？这个利润目标符合实际吗？说出你的理由。

4. 编制2018年英格兰表演团演出175场的边际贡献利润表。只需报告两种成本：固定成本和变动成本。

P21-56A 分析本量利的关系

C公司销售带有队标的旗子。C公司每年的固定成本是583 200美元，变动成本为每面旗子4.80美元。每面旗子售价为12美元。

要求：

1. 利用公式法计算公司为了达到盈亏平衡所需要的销量。

2. 利用边际贡献率法计算公司为了获得33 000美元的营业利润所需要达到的销售额（计算结果保留两位小数）。

3. 编制公司2018年12月31日的边际贡献利润表，假设销量为70 000面旗子（保留整数）。

4. 公司整改考虑扩张，会使固定成本提高21%，每面旗子的变动成本提高0.60美元。计算新的盈亏平衡点下所需要的销量和销售额。公司应该进行这次扩张吗？

P21-57A 计算盈亏平衡销量，计算目标利润的销量；画图表示本量利关系；进行敏感性分析

NIG公司在波兰开设了一间办公室。月固定成本为办公室租金8 100美元，家具1 700美元，水电费2 000美元，特殊电话线路费1 500美元，网络中介费2 500美元，财务规划师工资5 200美元。变动成本包括财务规划师奖金（收入的9%）、广告费（收入的11%）、宣传费（收入的4%）和电话线及网络服务的使用费（收入的6%）。

要求：

1. 使用边际贡献率法计算公司的盈亏平衡点。如果平均每项交易带来1 000美元的收入，那么需要多少项交易才能达到盈亏平衡点？

2. 利用公式法计算如果要达到12 600美元的利润，需要多少收入？

3. 画图表示公司的本量利关系。假设平均每项交易带来1 000美元的收入。画出盈亏平衡点、销售利润线、固定成本线、总成本线、营业亏损区域、营业利润区域。表示出月利润为12 600美元时的销量和销售额。

4. 假设平均每项交易带来的利润增加到1 500美元。计算盈亏平衡点。这种变化会如何影响盈亏平衡点？

P21-58A 计算两种商品的盈亏平衡点、安全边际和经营杠杆

SL甜甜圈公司2018年的边际贡献利润表如下：

SL甜甜圈公司边际贡献利润表 截至2018年8月31日		
销售收入		$125 000
变动成本：		
销货成本	$32 100	
销售费用	17 400	
管理费用	6 750	56 250
边际贡献		68 750
固定成本：		
销售费用	24 750	
管理费用	8 250	33 000
营业利润		$35 750

SL甜甜圈公司的普通甜甜圈销量是夹心甜甜圈的3倍。每打普通甜甜圈售价4.00美元，变动成本为1.80美元。每打夹心甜甜圈售价8.00美元，变动成本为3.60美元。

要求：

1. 计算加权平均边际贡献。

2. 计算如果要达到盈亏平衡点，需要销售多少普通甜甜圈和夹心甜甜圈。编制一份边际贡献利润表来验证你的答案。只需考虑两种成本：固定成本和变动成本。

3. 计算SL甜甜圈公司2018年8月的安全边际。

4. 计算经营杠杆系数。如果销量增加30%，估计新的营业收入。（经营杠杆系数保留四位小数。假设销售组合不变。）

5. 编制一份销量增加30%后的边际贡献利润表来验证上一问的答案。

P21A-59A 编制变动成本法和全部成本法下的利润表

LF公司制作售价为7美元的冷冻食品。公司根据计划生产食品的数量计算最新的月固定制造费用率。所有的成本和生产水平完全按照计划进行。下表展示了公司第一个月的信息：

	2018年1月
生产并出售的产品：	
销量	1 000份
产量	1 200份
单位食品变动制造费用	$3
单位食品销售佣金	1
总固定制造费用	660
总固定销售和管理费用	500

要求：

1. 计算变动成本法和全部成本法下每份食品的生产成本。

2. 编制2018年1月的利润表，使用：

a. 全部成本法；

b. 变动成本法。

3. 全部成本法和变动成本法下，哪一种方法的营业利润更高？

P21A-60A 编制全部成本法和变动成本法下的利润表

GS公司制作售价为38美元的电子游戏。公司每份游戏都有3美元的固定制造费用。所有的成本和生产水平完全按照计划进行。下表的数据展示了公司2018年最初两个月的数据：

	10月	11月
销量	1 500份	2 900份
产量	2 800份	2 800份
每份游戏的变动制造费用	$16	$16
每份游戏的销售佣金	8	8
总固定制造费用	8 400	8 400
总固定销售和管理费用	8 000	8 000

要求：

1. 计算全部成本法和固定成本法下单位生产成本。

2. 编制10月份和11月份的利润表，包括每月的销量和总销量，使用下面两种方法：

a. 全部成本法；

b. 变动成本法。

3. 10 月份变动成本法和全部成本法下，哪种方法营业利润更高？11 月份呢？根据全部成本法和变动成本法计算成本的差异来解释这种现象。

4. 计算全部成本法和变动成本法下，10 月 31 日和 11 月 30 日产成品账户的余额。比较产成品账户余额的差异和营业利润的差异。根据全部成本法和变动成本法的不同来解释产成品账户余额的差异。

第 22 章

总预算

预算如何帮助我做出决策?

汉娜·肯德尔满怀希望地坐在椅子上。汉娜是 B&T 公司新近提拔的部门经理，她正准备编制下一年度的预算。在上次的部门经理会议上，其他部门经理对编制预算的要求怨声载道。没有人喜欢这--工作，但汉娜对此有不同的看法。她记得在管理会计课上学到，预算可以通过提供指导和标准，帮助管理者在预算期内计划和控制部门活动。汉娜希望预算可以成为部门的路标，即帮助部门明确自己前进的方向和目标的实现情况。

汉娜考虑如何开始编制预算。她知道自己需要先研究之前经理编制的上年预算，将预算与实际结果进行比较，以观察哪些目标已经实现。同时，还需要考虑外部因素的影响，例如，对 B&T 公司产生影响的经济形势。汉娜还希望得到上级的指导，以使得设定的目标符合实际、可实现并具有激励性。汉娜曾经见过有的预算设立了不可实现的目标，并因此惩罚未实现目标的员工，她并不是那种经理。汉娜希望她的部门士气高昂，所有人都能朝同一目标努力。

什么是预算?

预算是管理者用以调整商业活动的财务计划。所有类型的企业都能够从编制预算中获益，包括非营利组织，例如圣迭戈动物园，它致力于通过动物护理和保护科学来拯救世界各地的物种；销售宠物用品的销售公司，例如 PetSmart 公司；还有制造业公司，例如生产宠物产品的雀巢普瑞纳宠物护理公司。预算有很多种，有些是为短期决策服务的，有些则用于长期决策。预算帮助管理者计划未来，追踪商业活动的进展，并在需要时采取必要的措施。编制预算是一项非常重要的管理工具。在这一章，我们重点关注预算的目标和类型，以及总预算的掌握。在以后章节中，我们重点介绍管理者如何运用预算控制商业活动。

学习目的

1. 简述预算目标、优点、程序以及人为活动如何影响预算。
2. 定义预算的种类，了解总预算的组成。
3. 为制造业企业编制经营预算。
4. 为制造业企业编制财务预算。
5. 为商业企业编制经营预算。
6. 为商业企业编制财务预算。
7. 简述信息技术如何运用于预算编制。

22.1 管理者为何使用预算

我们对预算的概念耳熟能详。大大小小的财务决策都需要计划。例如，在决定租一间公寓还是买一栋房屋、修理你的旧车还是购买一辆新车、在家做饭还是外出就餐时，都要考虑财务状况。也许你会考虑在家做饭为购买房屋省钱，这说明你有一个财务计划去实现某些目标。然而，对于很多人来说，预算并不是一份书面计划和严格遵守的正式流程。不正式地对待预算通常会导致不能成功地实现财务目标。

和你在生活中一样，企业也使用预算。它们主要是为了计划和控制与收入和费用相关的经营活动。企业会利用预算来实现其经营目标，为了实现公司的长期计划，企业将制定战略和目标，而这些目标往往会和企业的预算过程相结合以确保企业实现长期战略目标。

□ 预算目标

预算（budget）是管理者用来规划经营活动的财务计划。管理者使用预算来履行他们的主要责任。首先，他们确定发展战略，即整体的经营目标，比如，拓展国际市场、在保持某个市场的领导者地位的基础上将业务扩展到其他市场。企业接下来会进行计划和预算工作以实现目标，再接下来就是执行计划。

在执行计划之后，企业将实际结果与预算目标进行比较，并使用相关信息进行控制的决策。反馈信息能让他们确定哪些是正确的措施。比如，如果企业在某一区域的投入大于预期，那么其必须削减其他成本或提高收入。这些决策会影响企业未来的战略和计划。

图表 22－1 阐明了制定战略、计划、执行和控制的过程。请注意，这是一个循环的过程——为了确定目标，公司首先需要制定企业战略。在明确目标的基础上，公司计划所需采取的行动，并将行动的结果与原计划相比较，实施控制并获得反馈。控制步骤不是循环的结束，而是制定战略步骤的开始。成功的企业会使用当前期间的结果来帮助制定未来发展的决策。

图表 22－1 预算目标

□ 预算的优点

预算要求管理者进行计划、协调和沟通，并且提供了一套评价实际结果的标杆。预算实际代表了企业实现目标的计划。

计划

预算要求管理者计划企业的未来，然后按照这些正式的计划制定决策。比如，如果公司计划拓展进入一个新的市场，预算必须包括预期的资金与支出。但要记住的是，预算是对未来活动的计划而且需要改进。如果一个公司的实际收入低于预算，该公司必须改进计划，并且制定策略以提高收入，或者削减费用来实现既定目标。计划越合理，实现计划的时间越充足，公司越有可能实现目标。

协调与沟通

总预算能够协调公司的各项活动。预算强迫管理者考虑整个价值链上的各项运营活动之间的关系。比如，有一家公司通过对超过一定金额的订单提供免费送货服务来刺激销售。预算鼓励管理者确保销售增加带来的利益大于免费送货带来的损失。

标杆管理

预算提供了一个激励员工以及帮助管理者进行业绩评价的标杆。**标杆管理**（benchmarking）是与一家公司之前的业绩或者行业内经营较好的公司的业绩进行比较的一种工具。公司可能会比较本年预算与前一年的业绩，或者比较本公司与行业平均水平。标杆管理帮助公司明确哪些方面需要提高，帮助公司做出能够满足业绩目标的计划。通过标杆管理，公司能够制定出为实现业绩目标指明具体发展道路的预算。

预算应该不断地和实际结果相比较。评估预算和实际结果有差异的部分，解释差异存在的原因。这有利于突出问题，为管理者提供实施新战略的机会。本章将重点关注预算的编制。在下一章中，我们重点讨论公司是如何评估预算与实际结果的不同之处的。

□ 预算程序

每个公司制定预算的流程都是不同的。对小公司而言，这个过程可能相对简单和非正式。在较大型的公司，这一过程会非常复杂，并且由预算委员会负责协调。为了能够激励员工，预算必须包括各个方面的意见。许多公司制定预算时选择自下而上的方式，这种方式也叫参与性预算，**参与性预算**（participative budget）是指执行预算的员工可以直接参与到预算的制定中。这要求对公司的各个部门进行很好的协调。因此，预算的制定通常在预算期前的几个月就开始了。

当公司使用参与性预算程序，预算更容易实现，因为受预算直接影响的人参与了计划的制定。部门层面先制定初步的预算，之后由上级的经理、副董事长、董事长等进行复核并开展下一步的预算制定。这种自下而上的模式有利于激发员工的工作积极性，员工因此愿意购入更多公司股份，而不是在高级管理层的强压下反对预算。

□ 预算和人为活动

预算体系中最重要的部分是什么？是让管理者与员工接受预算，以保证公司可以获取图表 22－1 中控制和反馈带来的益处。

几乎没有人会喜欢自己的工作被监控和评价。如果管理者想把预算当作标杆来评价员工的表现，必须首先激励员工接受预算目标。以下是他们需要做的：

- 管理者必须自己支持预算，否则没人会支持。
- 管理者必须向员工介绍预算如何帮助他们取得更好的结果。
- 管理者必须让员工参与到预算的制定中，以让他们觉得目标是现实和可达到的。

管理者的表现也可以通过比较预算与实际结果进行评价。当他们制定公司的预算时，他们可能会进行预算“游戏”，造成预算松弛。**预算松弛**（budget slack）通常在管理者低估收入或者高估利润时发生。这使得实际结果优于预算的可能性大大增加，从而让管理者获得一个良好的业绩评价。但是，制造预算松弛会让其准确性下降，进而影响计划和控制的作用。

另一种预算“游戏”是消耗或放弃，在很多公司，如果一个部门在某个项目上的花费低于预算，就会担心该项目在未来的预算金额降低。比如，如果应付账款部门的日常采购预算是5 000美元，但是最终仅花费了3 000美元，那么它就会担心在下一个预算期其经费会降低至3 000美元。该部门的员工就会采购不需要的物品以达到预算。这会降低公司的营业利润。

22.2 预算有哪些不同类型

公司制定预算有很多不同的方式。有些公司利用过去经营的结果和预期未来的变化来制定预算。在这种传统的预算制定模式中，管理者只根据过去经营的结果来调整预算。现在管理者也可以利用**零基预算**（zero-based budget）来制定公司预算。在零基预算中，每一期的收入和费用都要被调整，这种方法假定公司从零开始经营，忽略以前年度实际经营结果的影响。零基预算可以很好地抑制预算虚增和不必要费用的发生。不同的预算编制方法有不同的目的，下面是一些不同类型的预算。

□ 战略预算与经营预算

战略通常指的是长期目标。一个公司会制定类似成为特定市场的成本领先者或者向国际市场扩张的战略。这可能需要多年才能实现。**战略预算**（strategic budget）是用来协调实现长期目标的活动的长期财务计划。战略预算的跨度一般为3～10年。因为其长期性，所以一般不如短期预算具体。

经营通常对应的是短期目标。在公司确定战略并制定战略预算后，需要做的就是对短期的经营进行计划。**经营预算**（operational budget）是用来协调实现短期目标的活动的短期财务计划。经营预算的跨度通常是一年，也有可能是一个星期、一个月或者一个季度。经营预算比战略预算更为具体。一些公司制定了经营预算变动以维系对未来的可持续性预测。**连续预算**（continuous budget）是经营预算的一种，随着预算的执行不断延伸补充预算。使用连续预算时，公司会在上个月的基础上修改补充产生新的预算，因此会存在一个连续的12个月的期间。连续预算允许企业不断检查预算，跟踪当前和未来的数据。

□ 固定预算与弹性预算

固定预算（static budget）是只基于一个销售水平编制的预算。比如，本书中常被用来解释会计概念的虚拟公司——STL公司可能会以每年销售2 000台平板电脑为基础编制预算。所有收入和费用的计算都会以2 000台的销量为基础。

弹性预算（flexible budget）是基于多个销售水平编制的预算。这种预算适用于假设分析。STL公司期望的销量是2 000台，但是弹性预算会提供销量为1 600台、1 800台、2 000台、2 200台和2 400台的结果。这样管理者就可以在不同的销售水平下进行计划。弹性预算将在下一章中详细介绍。

□ 总预算

总预算（master budget）是整个组织一系列预计的财务报表和支持性明细表。预计的财务报表是依据预算数据而非实际结果编制的。总预算是可操作的和静态的。图表22－2列示了像STL公司这类制造业企业的总预算的组成部分以及编制顺序。

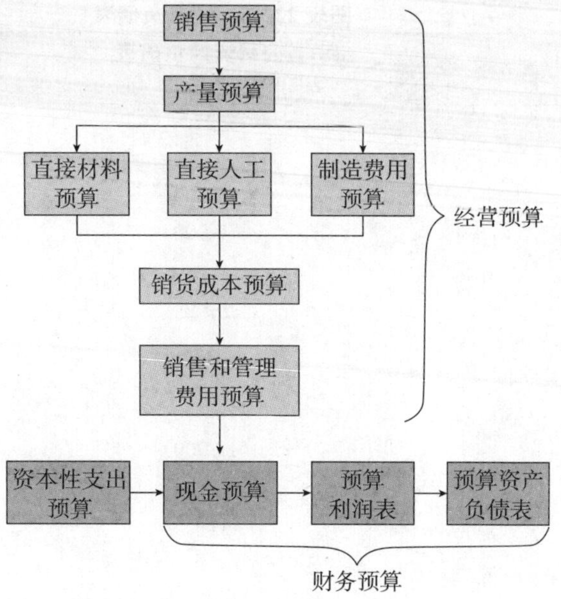

图表 22－2　总预算的组成——制造业企业

图表 22－2 说明总预算包含三种预算：

1. 经营预算；
2. 资本性支出预算；
3. 财务预算。

经营预算（operating budget）是销售收入、销货成本、销售和管理费用的预算。所有这些项目都被归入预算利润表并计算出本期预计的经营利润。经营预算的第一部分是销售预算，也是总预算的基石。因为销售影响总预算的其他所有部分。如果不能销售，企业不会生产。此外，产量和期间费用都是以销量和生产水平为基础的。因此，销售预算是总预算的第一步。

第二种类型的预算是**资本性支出预算**（capital expenditures budget）。该预算表示的是公司购买房屋、工厂、设备以及其他长期资产的计划。

第三种类型的预算是**财务预算**（financial budget）。财务预算包括现金预算和预算财务报表。总预算前面的部分都为财务预算的第一要素——现金预算提供了必要的信息。**现金预算**（cash budget）详细说明了企业从期初现金余额到预期期末现金余额的变化情况，并将其纳入预算财务报表。预算财务报表包括预算利润表和预算资产负债表，看起来与普通财务报表一样，唯一的区别在于前者所列示的数字不是实际数而是预算数（规划的数字）。

在编制总预算时，管理者必须仔细考虑定价、产品线、工作分配、新增设备的需求、与银行的谈判。成功的管理者会利用这个机会制定出影响公司未来进程的决策。

22.3　制造业企业如何编制经营预算

为了说明总预算的编制过程，我们以虚拟的公司 STL 公司为例。如你所知，该公司生产安装有电子学习课程软件的平板电脑。我们要编制的是按季度划分的2021年的总预算。2020年的资产负债表如图表22-3所示，它提供了我们编制预算时需要用到的一些信息。

图表 22-3 资产负债表

STL 公司资产负债表 2020 年 12 月 31 日		
资产		
流动资产：		
现金	$15 000	
应收账款	70 000	
原材料	30 000	
产成品	55 000	
流动资产合计		$170 000
非流动资产：		
设备	210 340	
减：累计折旧	(12 000)	198 340
资产合计		**$368 340**
负债		
流动负债：		
应付账款		$20 000
所有者权益		
普通股	$300 000	
留存收益	48 340	
所有者权益合计		348 340
负债和所有者权益合计		**$386 340**

□ 销售预算

经营预算编制的第一步是销售预算。**销售预算**（sales budget）是预测销售收入的金额，这是总预算的基石，因为销售水平影响费用等总预算的几乎所有因素。每种产品的预算收入等于售价乘以预计销量。STL公司的市场营销部门预计公司在2021年第一季度会销售500台平板电脑，以后每个季度的销量会比前一季度多50台。每台平板电脑的售价是500美元。图表22-4是STL公司2021年的销售预算，年度总销售额会被列入预算利润表中。

图表 22-4 销售预算

STL 公司销售预算 截至 2021 年 12 月 31 日	第一季度	第二季度	第三季度	第四季度	总计
预计销量	500	550	600	650	2 300
销售单价	×$500	×$500	×$500	×$500	×$500
总预计销售收入	$250 000	$275 000	$300 000	$325 000	$1 150 000

□ 产量预算

产量预算（production budget）确定了该年度产品的产量，也是产品成本预算的基础，产品成本预算包括：直接材料预算、直接人工预算和制造费用预算。此外，其提供的信息也被用来完成销货成本预算。

计算产量需要从预计销量开始，加上期末库存中所需的平板电脑数量，就是所需的平板电脑的总量。在确定需要的平板电脑的总量后，减去期初存货量，差额就是本期需要生产的数量。计算过程如下：

预计销量
+期望的期末存货量
期望的总量
-期初存货量
预计产量

记住，STL公司并不希望期末的库存为0；它希望在下一个会计期间开始时有足够的存货。该公司希望有最少的存货，一方面能够满足顾客的需要，另一方面能够高效运营。将存货保持在最低水平有助于降低储存成本、保险成本和仓库的管理成本，同时降低了存货成为废品的损失。

STL公司希望每季度的期末存货是下一季度销量的20%，基于这个假设，我们可以确定每季度的期末存货量为下一季度销量的20%，因此第四季度需要预测下年第一季度的销量。假定2022年第一季度销售的平板电脑是700台，比2021年第四季度的销售量多50台。下面的是每季度的期末存货量的计算：

第一季度：

第二季度销量×20%=期末存货量

550×20%=110(台)

第二季度：

第三季度销量×20%=期末存货量

600×20%=120(台)

第三季度：

第四季度销量×20%=期末存货量

650×20%=130(台)

第四季度：

(2022年)第一季度销量×20%=期末存货量

700×20%=140(台)

一旦确定期望的期末存货量，公司将据此确定每一季度的产量。图表22-5是STL公司的产量预算。注意：在销量预算的基础上加上期望的期末存货量，从而确定总量。第一季度的期初存货量可以在图表22-3中2020年12月31日的资产负债表上看到，产成品账户余额为55 000美元，即200台单价275美元的平板电脑。每一季度期末存货余额又是后一季度的期初存货余额。

注意图表22-5中总计并不是一直等于四个季度的总和。例如，期望的期末存货量总数是第四季度期望的期末存货量，期望的期初存货量总数是第一季度期初存货量。总计栏中期初存货量和期末存货量是全年的，而不是四个季度之和。

图表22-5是STL公司的产量预算。

图表 22－5　产量预算

STL 公司产量预算 截至 2021 年 12 月 31 日					
	第一季度	第二季度	第三季度	第四季度	总计
预计销量	500	550	600	650	2 300
加：期望的期末存货量	110	120	130	140	140
期望的总量	610	670	730	790	2 440
减：期初存货量	200	110	120	130	200
预计产量	410	560	610	660	2 240

□ 直接材料预算

STL 公司已经确定了每季度平板电脑的产量。下一步是确定平板电脑的产品成本。首先从**直接材料预算**（direct materials budget）开始。直接材料预算估算为满足公司生产而需采购的材料量。采购部门预计，每台平板电脑需要 3 磅直接材料，直接材料的预算成本为每磅 50 美元。公司需要确定每季度直接材料的采购量。生产过程中的间接材料不重要，所以在计算时不予考虑。这意味着原材料账户中的材料只是直接材料。

在计算平板电脑的产量时需考虑期初存货量，在计算原材料时也需要考虑期初原材料的数量。公式如下：

预计产量
×单位产品直接材料
生产需要的直接材料
＋期望的直接材料期末存货量
期望的直接材料总量
－期初直接材料
预计的直接材料采购量
×单位直接材料成本
预计的直接材料采购成本

图表 22－3 中的资产负债表显示的原材料账户余额是 30 000 美元。公司期望每一季度原材料的期末存货量能达到下一季度生产需求量的 40%，每台平板电脑需要 150 美元（3×50）的直接材料。第四季度的期末存货量是 42 600 美元。下面是期末存货量的计算过程：

第一季度：

第二季度产量×150×40%＝期末存货量

560×150×40%＝33 600(美元)

第二季度：

第三季度产量×150×40%＝期末存货量

610×150×40%＝36 600(美元)

第三季度：

第四季度产量×150×40%＝期末存货量

660×150×40%＝39 600(美元)

第四季度：已知期末存货量 42 600 美元。

图表 22－6 是 STL 公司的直接材料预算。

图表 22－6　直接材料预算

STL 公司直接材料预算 截至 2021 年 12 月 31 日					
	第一季度	第二季度	第三季度	第四季度	总计
预计产量	410	560	610	660	2 240
单位产品直接材料	×$150	×$150	×$150	×$150	×$150
生产需要的直接材料	$61 500	$84 000	$91 500	$99 000	$336 000
加：期望的直接材料期末存货量	33 600	36 600	39 600	42 600	42 600
期望的直接材料总量	95 100	120 600	131 100	141 600	378 600
减：期初直接材料	30 000	33 600	36 600	39 600	30 000
预计的直接材料采购成本	$65 100	$87 000	$94 500	$102 000	$348 600

□ 直接人工预算

接下来需要考虑的产品成本是直接人工。**直接人工预算**（direct labor budget）估计生产预算所需的直接人工小时和相关成本。生产经理估计每台平板电脑需要 3 小时的人工工时，人力资源经理估计每个人工工时的平均直接人工成本是 25 美元。要计算直接人工成本，应该用平板电脑的产量乘以需要耗用的人工工时，再用总人工工时乘以每个工时的平均直接人工成本。图表 22－7 是 STL 公司 2021 年的直接人工预算。

图表 22－7　直接人工预算

STL 公司直接人工预算 截至 2021 年 12 月 31 日					
	第一季度	第二季度	第三季度	第四季度	总计
预计产量	410	560	610	660	2 240
单位直接人工工时	×3	×3	×3	×3	×3
生产所需直接人工工时	1 230	1 680	1 830	1 980	6 720
每小时直接人工成本	×$25	×$25	×$25	×$25	×$25
直接人工预算成本	$30 750	$42 000	$45 750	$49 500	$168 000

□ 制造费用预算

最后一项需要考虑的产品成本是制造费用。**制造费用预算**（manufacturing overhead budget）估计满足公司生产所需的变动制造费用和固定制造费用。生产经理与成本会计师共同预计单位产品的变动制造费用是 20 美元。此外，每季度的固定制造费用包括 12 000 美元的生产设备折旧和 15 440 美元的其他制造费用，例如，水电费、保险费和制造设备的财产税。制造费用预算估算了当年的制造费用，同时预计了当年的计划制造费用分配率。计划制造费用分配率用来将制造费用分配到产品中。STL 公司使用直接人工工时计算制造费用分配率，计算公式如下：

计划制造费用分配率＝预计总制造费用÷预计总制造费用分配基数

图表 22－8 是 STL 公司 2021 年的制造费用预算。

图表 22-8 制造费用预算

STL 公司制造费用预算 截至 2021 年 12 月 31 日	第一季度	第二季度	第三季度	第四季度	总计
预计产量	410	560	610	660	2 240
单位变动制造费用	×$20	×$20	×$20	×$20	×$20
预计变动制造费用	$8 200	$11 200	$12 200	$13 200	$44 800
预计固定制造费用					
折旧	12 000	12 000	12 000	12 000	48 000
水电费、保险费、财产税	15 440	15 440	15 440	15 440	61 760
预计固定制造费用总额	27 440	27 440	27 440	27 440	109 760
预计制造费用	$35 640	$38 640	$39 640	$40 640	$154 560
直接人工工时	1 230	1 680	1 830	1 980	6 720
计划制造费用分配率（154 560÷6 720）					$23

□ 销货成本预算

在确定产品成本以后，STL 公司的管理者可以以此为依据完成产品**销货成本预算**（cost of goods sold budget）。销货成本预算估计以公司预计销量为基础的销货成本。首先需要计算 2021 年生产每台平板电脑的成本。2021 年每台平板电脑总的预计生产成本是 294 美元。计算如下：

单位产品直接材料（3×$50）	$150
单位产品直接人工（3×$25）	75
单位产品制造费用（3×$23）	69
总计	$294

STL 公司使用先进先出（FIFO）的存货计价方法。图表 22-5 中的产量预算显示，该公司 2021 年的期初存货量为 200 台，图表 22-3 中的资产负债表显示，期初产成品账户余额为 55 000 美元，即前期平板电脑的实际生产成本为每台 275 美元。因此，2021 年销售的前 200 台平板电脑的成本为 275 美元/台，2021 年销售的其他平板电脑的单位预算生产成本为 294 美元/台。

参考图表 22-4 中的销售预算，该公司预计第一季度销售 500 台平板电脑。因此，公司必须使用适当的库存成本计算方法来确定销货成本。其中，200 台的期初存货成本为 55 000 美元（每台 275 美元），剩余 300 台的成本为每台 294 美元。STL 公司 2021 年的销货成本预算如图表 22-9 所示。

图表 22-9 销货成本预算

STL 公司销货成本预算 截至 2021 年 12 月 31 日	第一季度	第二季度	第三季度	第四季度	总计
期初存货，200 台	$55 000				$55 000
2021 年生产并销售的产品	88 200	$161 700	$176 400	$191 100	617 400
预计总销货成本	$143 200	$161 700	$176 400	$191 100	$672 400

□ 销售和管理费用预算

成本会计师与办公室经理及销售经理合作编制**销售和管理费用预算**（selling and administrative expense budget）。该预算估计满足公司预计销量所需的销售和管理费用。在这一预算中成本性态也被考虑在内，即每种成本是固定成本还是变动成本。STL 公司估计的 2021 年的销售和管理费用如下：

工资费用，固定成本	每季度 $ 30 000
租赁费用，固定成本	每季度 $ 25 000
保险费用，固定成本	每季度 $ 2 500
折旧费用，固定成本	每季度 $ 1 500
办公用品费用，变动成本	销售收入的 1%

为了计算办公用品费用，用销售预算（见图表 22-4）中每个季度的销售收入乘以 1%，结果如下：

季度	销售收入	办公用品费用
1	$ 250 000	$ 2 500
2	275 000	2 750
3	300 000	3 000
4	325 000	3 250

STL 公司 2021 年的销售和管理费用预算如图表 22-10 所示。

图表 22-10　销售和管理费用预算

STL 公司销售和管理费用预算 截至 2021 年 12 月 31 日					
	第一季度	第二季度	第三季度	第四季度	总计
工资费用	$ 30 000	$ 30 000	$ 30 000	$ 30 000	$ 120 000
租赁费用	25 000	25 000	25 000	25 000	100 000
保险费用	2 500	2 500	2 500	2 500	1 000
折旧费用	1 500	1 500	1 500	1 500	6 000
办公用品费用	2 500	2 750	3 000	3 250	11 500
总计	$ 61 500	$ 61 750	$ 62 000	$ 62 250	$ 247 500

22.4　制造业企业如何编制财务预算

财务预算包括现金预算和预算财务报表——预算利润表和预算资产负债表。然而，在开始编制现金预算之前，我们必须完成资本性支出预算。

□ 资本性支出预算

资本性支出是购买长期资产的支出，例如运输卡车、计算机系统、办公室家具和生产设备。购买这些昂贵的长期资产的决策是战略计划的一部分，这一决策过程将在下一章中详细阐述。现在，我们假设 STL 公司将在 2021 年 1 月 2 日购买生产设备。这些设备的成本是 160 000 美元，并且会在 2021 年第一、第二季度分期平均付款。这一分期付款将会包含在现金预算中。

□ 现金预算

现金预算是为了测算一段时间的现金收入和现金支出，其编制是从之前编制的预算中提取信息完成的。现金预算包括三个部分：现金收入、现金支出和短期融资。

现金收入

现金收入的主要来源是客户。图表 22－4 中的销售预算显示了预计的每季度销售收入。STL 公司 30％的销售收入是现金收入，这意味着可以立即收到现金。剩下的 70％为应收账款。公司预计在销售当季收回应收账款的 60％，在下一季度收回 40％。坏账损失并不重要，因此并未考虑在预算过程中。2020 年末的资产负债表显示应收账款余额是 70 000 美元，而且预计在 2021 年的第一季度可以收回。图表 22－11 是从客户处取得的现金收入的计算过程。每一季度从客户处取得的现金收入会被计入现金预算中。2021 年 12 月 31 日的应收账款余额会被列入预算资产负债表。

图表 22－11　来自客户的现金收入

	第一季度	第二季度	第三季度	第四季度	总计
销售收入	$ 250 000	$ 275 000	$ 300 000	$ 325 000	$ 1 150 000
来自客户的现金收入：					
应收账款余额，2020 年 12 月 31 日	$ 70 000				
第一季度销售——现金销售（30％）	75 000				
第一季度销售——本期收回的赊销（70％×60％）	105 000				
第一季度销售——下期收回的赊销（70％×40％）		$ 70 000			
第二季度销售——现金销售（30％）		82 500			
第二季度销售——本期收回的赊销（70％×60％）		115 500			
第二季度销售——下期收回的赊销（70％×40％）			$ 77 000		
第三季度销售——现金销售（30％）			90 000		
第三季度销售——本期收回的赊销（70％×60％）			126 000		
第三季度销售——下期收回的赊销（70％×40％）				$ 84 000	
第四季度销售——现金销售（30％）				97 500	
第四季度销售——本期收回的赊销（70％×60％）				136 500	
来自客户的现金收入总计	$ 250 000	$ 268 000	$ 293 000	$ 318 000	$ 1 129 000
应收账款余额，2021 年 12 月 31 日：					
第四季度销售——下期收回的赊销（70％×40％）	$ 91 000				

现金支出

STL 公司的现金支出主要包括资本性支出、产品成本（直接材料成本、直接人工成本、制造费用）、销售和管理费用。因此，现金支出的预算编制需要参照之前编制的预算。

直接材料　图表 22－6 列出了直接材料的采购支出。所有直接材料的采购支出都是应付账款，而且 STL 公司预计 75％的支出会在采购当季支付，剩下的 25％在下一季度支付。参考图表 22－3 中的资产负债表，应付账款余额是 20 000 美元。这些账款会在 2021 年第一季度支付。

直接人工　图表 22－7 列出了直接人工成本，STL 公司在当季支付发生的直接人工成本。

制造费用　图表 22－8 列出了制造费用。STL 公司在成本发生当期支付现金。记住：我们现在计算的是现金支出。因此，非现金费用不包括在现金预算中。最常见的非现金费用是折旧费用。用于长期资产的现金流出，例如生产设备，是在购买时发生的。折旧是将资产成本按照使用寿命分配到费用账户的结果。这种分配不会影响现金，也不会包括在现金预算中。

销售和管理费用　图表 22－10 列出了销售和管理费用。STL 公司在成本发生当期支付现金。同样，确保非现金费用，例如办公设备的折旧，没有包括在现金预算中。

所得税费用　STL 公司的会计人员预计当年的所得税费用是 70 000 美元，并且将于四个季度平均支付。

资本性支出 公司的生产设备购买于 2021 年 1 月 2 日。购买价款 160 000 美元将于 2021 年 4 个季度每季度 4 000 美元分 4 次付清。

图表 22 - 12 是现金支出的计算结果，四个季度的现金支出会体现在现金预算中。2021 年的应付账款余额会列入预算资产负债表中。

图表 22 - 12 现金支出

	第一季度	第二季度	第三季度	第四季度	总计
直接材料采购总额	$ 65 100	$ 87 000	$ 94 500	$ 102 000	$ 348 000
现金支出					
直接材料：					
应付账款余额，2020 年 12 月 31 日	$ 20 000				
第一季度采购——直接材料（75%）	48 825				
第一季度采购——直接材料（25%）		$ 16 275			
第二季度采购——直接材料（75%）		65 250			
第二季度采购——直接材料（25%）			$ 21 750		
第三季度采购——直接材料（75%）			70 875		
第三季度采购——直接材料（25%）				$ 23 625	
第四季度采购——直接材料（75%）				76 500	
直接材料支出合计	68 825	81 525	92 625	100 125	$ 343 100
直接人工：					
直接人工支出合计	30 750	42 000	45 750	49 500	168 000
制造费用：					
变动制造费用	8 200	11 200	12 200	13 200	44 800
水电费、保险费、财产税等	15 440	15 440	15 440	15 440	61 760
制造费用支出合计	23 640	26 640	27 640	28 640	106 560
销售和管理费用：					
工资费用	30 000	30 000	30 000	30 000	120 000
租赁费用	25 000	25 000	25 000	25 000	10 0 000
保险费用	2 500	2 500	2 500	2 500	10 000
办公用品费用	2 500	2 750	3 000	3 250	11 500
销售和管理费用支出合计	60 000	60 250	60 500	60 750	241 500
所得税：					
所得税支出合计	17 500	17 500	17 500	17 500	70 000
资本性支出：					
资本性支出合计	40 000	40 000	40 000	40 000	160 000
现金支出总计（息前）	$ 240 715	$ 267 915	$ 284 015	$ 296 515	$ 1 089 160
应付账款余额，2021 年 12 月 31 日					
第四季度采购——直接材料（25%）	$ 25 500				

短期融资

现在，我们已经收集了现金收入和现金支出所需的信息，我们将利用这些金额编制现金预算，以便确定2021年所需的短期融资金额。图表22－13显示了2021年未完成的现金预算，2020年12月31日，现金余额为15 000美元。STL公司的会计人员建议在2021年将最低现金余额提高至30 000美元。

该公司计划通过一家当地银行实现企业的短期融资。公司在每个季度初根据需要以1 000美元的增量借入现金，维持最低现金余额。在下一季度开始时，对任何未偿付本金的借款余额支付利息，利率为每季度3%。在现金充足的情况下，企业也将在每个季度初以1 000美元为增量进行还款。

图表22－13　现金预算——第一季度，短期融资前

STL公司现金预算
截至2021年12月31日

	第一季度	第二季度	第三季度	第四季度	总计
期初现金余额	$15 000				$15 000
现金收入	250 000	268 000	293 000	318 000	1 129 000
可用现金	265 000				
现金支出：					
资本性支出	40 000	40 000	40 000	40 000	160 000
直接材料	68 825	81 525	92 625	100 125	343 100
直接人工	30 750	42 000	45 750	49 500	168 000
制造费用	23 640	26 640	27 640	28 640	106 560
销售和管理费用	60 000	60 250	60 500	60 750	241 500
所得税	17 500	17 500	17 500	17 500	70 000
利息费用	0				
现金支出合计	240 715				
融资前期末现金余额	24 285				
最低现金余额要求	(30 000)	(30 000)	(30 000)	(30 000)	(30 000)
预计现金超量（短缺）	(5 715)				
融资：					
贷款					
本金偿还					
融资合计					
期末现金余额					

注意，第一季度利息费用的现金支出是0。图表22－3中的资产负债表并未在负债中列出应付票据和应付利息。因此，2021年第一季度期初没有需要支付的利息。图表22－13列出了融资之前的现金余额24 285美元，等于可用现金减去现金支出。这个数额小于要求的最低现金余额，并且产生了5 715美元的现金缺口。这意味着公司需要借入相应数额的现金以保持最低的现金余额要求30 000美元。公司借入的资金是1 000美元的倍数，所以实际借入的金额是6 000美元。STL得出的第一季度现金期末余额是30 285美元。

融资前期末现金余额＋总融资金额＝期末现金余额

24 285＋6 000＝30 285(美元)

第一季度的期末现金余额是第二季度的期初现金余额。图表22－14显示的是第一季度融资之后和第二季度融资之前的现金预算。

图表 22-14　现金预算——第二季度，短期融资前

STL 公司现金预算 截至 2021 年 12 月 31 日					
	第一季度	第二季度	第三季度	第四季度	总计
期初现金余额	$ 15 000	$ 30 285			$ 15 000
现金收入	250 000	268 000	293 000	318 000	1 129 000
可用现金	265 000	298 285			
现金支出：					
资本性支出	40 000	40 000	40 000	40 000	160 000
直接材料	68 825	81 525	92 625	100 125	343 100
直接人工	30 750	42 000	45 750	49 500	168 000
制造费用	23 640	26 640	27 640	28 640	106 560
销售和管理费用	60 000	60 250	60 500	60 750	241 500
所得税	17 500	17 500	17 500	17 500	70 000
利息费用	0				
现金支出合计	240 715				
融资前期末现金余额	24 285				
最低现金余额要求	(30 000)	(30 000)	(30 000)	(30 000)	(30 000)
预计现金超量（短缺）	(5 715)				
融资：					
贷款	6 000				
本金偿还					
融资合计	6 000				
期末现金余额	$ 30 285				

第一季度借入的金额在当季产生了利息，并需要在第二季度初偿还。

本金×利率×时间＝利息费用

6 000×3%×1＝180(美元)

第二季度 STL 公司并没有现金缺口，公司在最低现金余额 30 000 美元的基础上还多 190 美元。第二季度 STL 公司不需要贷款。注意：尽管如此，公司并没有足够的过剩现金去偿还本金。公司只能在有足够的过剩现金时偿还贷款。图表 22-15 显示的是第一、第二季度融资之后和第三季度融资之前的现金预算。

图表 22-15　现金预算——第三季度，短期融资前

STL 公司现金预算 截至 2021 年 12 月 31 日					
	第一季度	第二季度	第三季度	第四季度	总计
期初现金余额	$ 15 000	$ 30 285	$ 30 190		$ 15 000
现金收入	250 000	268 000	293 000	318 000	1 129 000
可用现金	265 000	298 285	323 190		
现金支出：					
资本性支出	40 000	40 000	40 000	40 000	160 000
直接材料	68 825	81 525	92 625	100 125	343 100
直接人工	30 750	42 000	45 750	49 500	168 000
制造费用	23 640	26 640	27 640	28 640	106 560
销售和管理费用	60 000	60 250	60 500	60 750	241 500

续表

	第一季度	第二季度	第三季度	第四季度	总计
所得税	17 500	17 500	17 500	17 500	70 000
利息费用	0	180			
现金支出合计	240 715	268 095			
融资前期末现金余额	24 285	30 190			
最低现金余额要求	(30 000)	(30 000)	(30 000)	(30 000)	(30 000)
预计现金超量（短缺）	(5 715)	190			
融资：					
贷款	6 000				
本金偿还					
融资合计	6 000				
期末现金余额	$ 30 285	$ 30 190			

在第三季度初，STL公司将会偿还第二季度的借款利息，第三季度的利息费用计算如下：

本金×利率×时间＝利息费用

6 000×3%×1＝180(美元)

在第三季度的利息和融资之前的期末现金余额确定之后，STL公司预计会有现金盈余，如图表22－16所示。现金盈余可以用来偿还之前的部分贷款本金。

图表22－16是完整的现金预算。仔细检查以确定你能理解这一计算过程。观察现金预算的总计金额，与产量预算和直接材料预算不同，现金预算无法简单根据每一行决定总计金额，因为现金预算的总计金额是每一年累计的结果。例如，每一年年初的现金余额与第一季度的期初现金余额相同，而不是每一个季度期初现金余额的加总。

图表22－16　完整的现金预算

STL公司现金预算

截至2021年12月31日

	第一季度	第二季度	第三季度	第四季度	总计
期初现金余额	$ 15 000	$ 30 285	$ 30 190	$ 32 995	$ 15 000
现金收入	250 000	268 000	293 000	318 000	1 129 000
可用现金	265 000	298 285	323 190	350 995	1 144 000
现金支出					
资本性支出	40 000	40 000	40 000	40 000	160 000
直接材料	68 825	81 525	92 625	100 125	343 100
直接人工	30 750	42 000	45 750	49 500	168 000
制造费用	23 640	26 640	27 640	28 640	106 560
销售和管理费用	60 000	60 250	60 500	60 750	241 500
所得税	17 500	17 500	17 500	17 500	70 000
利息费用	0	180	180	0	360
现金支出合计	240 715	268 095	284 195	296 515	1 089 520
融资前期末现金余额	24 285	30 190	38 995	54 480	54 480
最低现金余额要求	(30 000)	(30 000)	(30 000)	(30 000)	(30 000)
预计现金超量（短缺）	(5 715)	190	8 995	24 480	24 480
融资					
贷款	6 000				6 000
本金偿还			(6 000)		(6 000)
融资合计	6 000		(6 000)		0
期末现金余额	$ 30 285	$ 30 190	$ 32 995	$ 54 480	$ 54 480

下一步是编制预算财务报表，现金预算提供了一些需要的数字。利息费用的计算被列入预算利润表，期末现金余额被列入预算资产负债表。STL 公司清偿了该年度的所有贷款。如果这些贷款没有还清，余额将被列为预算资产负债表的应付票据余额。

□ 预算利润表

STL 公司已经确定了计算 2021 年预计净利润的所有数据。以下是对这些数据来源的总结。

账户	预算	图表	数额
销售收入	销售预算	22-4	$ 1 150 000
销货成本	销货成本预算	22-9	672 400
销售和管理费用	销售和管理费用预算	22-10	247 500
利息费用	现金预算	22-16	360
所得税	现金预算	22-16	70 000

图表 22-17 是 STL 公司的 2021 年预算利润表。

图表 22-17 预算利润表

STL 公司预算利润表 截至 2021 年 12 月 31 日	
销售收入	$ 1 150 000
销货成本	672 400
毛利	477 600
销售和管理费用	247 500
营业利润	230 100
利息费用	360
税前利润	229 740
所得税	70 000
净利润	$ 159 740

□ 预算资产负债表

STL 公司 2021 年 12 月 31 日的预算资产负债表将从之前完成的各个预算中提取数据总结而成。最后需要计算的是留存收益。留存收益的增加来自赚取的净利润，并会因为派发股利而减少。净利润的数据来源于图表 22-17，并且该公司没有预计当年的股利。以下是预算资产负债表中数据来源的总结。

账户	预算	图表	数额
现金	现金预算	22-16	$ 54 480
应收账款	来自客户的现金收入	22-11	91 000
原材料	直接材料预算	22-6	42 600
产成品	产量预算	22-5	140 台
	销货成本预算	22-9	$ 294/台
设备	2020 年资产负债表	22-3	210 340
	资本性支出预算	22-3	160 000

续表

账户	预算	图表	数额
累计折旧	2020年资产负债表	22-3	$12 000
	制造费用预算	22-8	48 000
	销售和管理费用预算	22-10	6 000
应付账款	现金支出	22-12	25 500
普通股	2020年资产负债表	22-3	300 000
留存收益	2020年资产负债表	22-3	48 340
	预算利润表	22-17	159 740

仔细查看一遍之前的图表以确定你了解每个数据的来源。此外，记住资产负债表只显示每个账户在2021年12月31日的余额。STL公司2021年的预算资产负债表如图表22-18所示。

图表 22-18 预算资产负债表

STL公司预算资产负债表 2021年12月31日		
资产		
流动资产：		
现金	$54 480	
应收账款	91 000	
原材料	42 600	
产成品（140×$294）	41 160	
流动资产合计		$229 240
固定资产：		
设备（$210 340+$160 000）	370 340	
减：累计折旧（$12 000+$48 000+$6 000）	(66 000)	304 340
资产合计		$533 580
负债		
流动负债：		
应付账款		$25 500
所有者权益		
普通股	$300 000	
留存收益（$48 340+$159 740）	208 080	
所有者权益合计		508 080
负债与所有者权益合计		$533 580

22.5 商业企业如何编制经营预算

商业企业通过出售采购的商品而不是自己生产商品获利。因此，商业企业的总预算编制与制造业企业略有不同。存货、采购和销货成本预算代替了产量预算、直接材料预算、直接人工预算、制造费用预算和销货成本预算。图表22-19列出了商业企业总预算的组成部分。

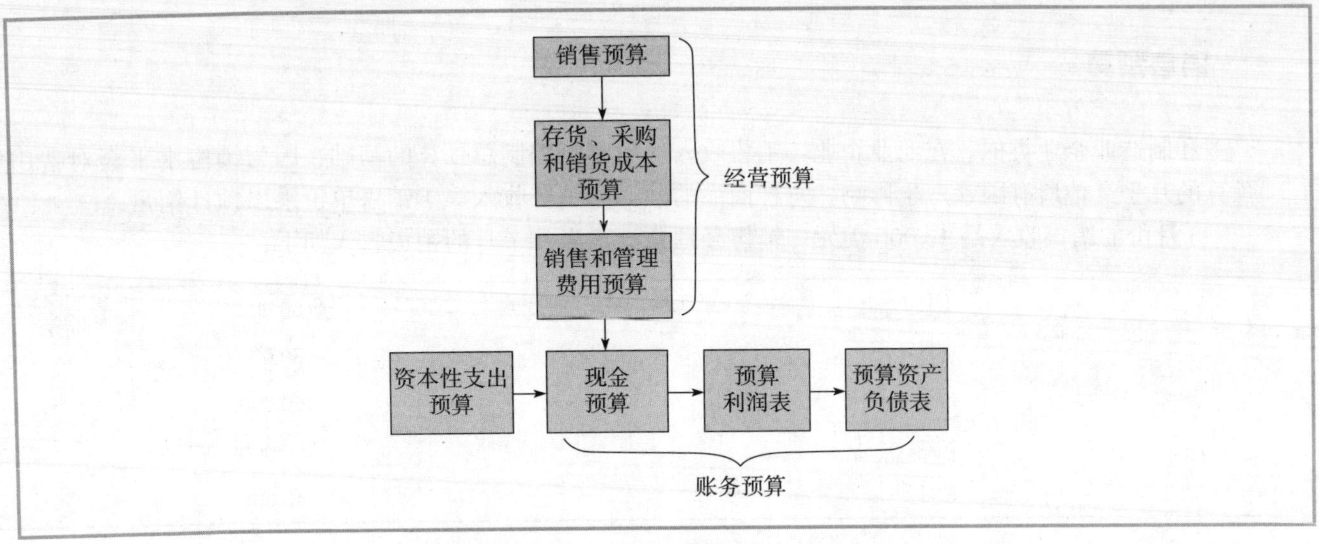

图表 22-19　总预算的组成——商业企业

我们将使用格雷格游戏公司——一个虚拟的公司来说明总预算的编制。格雷格游戏公司是一家零售连锁店，提供一系列视频和棋盘游戏。我们将为其中一家零售店编制 4—7 月（销售旺季）的总预算。

图表 22-20 为格雷格游戏公司 2020 年 3 月 31 日的资产负债表。资产负债表提供了我们在编制总预算时需要用到的一些数据。

图表 22-20　资产负债表

格雷格游戏公司资产负债表 2020 年 3 月 31 日		
资产		
流动资产：		
现金	$ 16 400	
应收账款	16 000	
库存商品	48 000	
预付保险费	1 800	
流动资产合计		$ 82 200
固定资产：		
设备	32 000	
减：累计折旧	(12 800)	19 200
资产合计		$ 101 400
负债		
流动负债：		
应付账款	$ 16 800	
应付职工薪酬和佣金	4 250	
负债合计		$ 21 050
所有者权益		
普通股	20 000	
留存收益	60 350	
所有者权益合计		80 350
负债与所有者权益合计		$ 101 400

□ 销售预算

和制造业企业类似，在商业企业，销售收入的预测是编制总预算的基础，因为销售水平会对费用等总预算的几乎其他所有因素产生影响。每种商品的预算总销售收入等于销售单价乘以预计销量。

3月份的销售收入是40 000美元。销售经理预计未来几个月的销售收入如下：

4月	$ 50 000
5月	80 000
6月	60 000
7月	50 000
8月	40 000

销售收入中60%是现金收入，剩下的40%是应收账款。格雷格游戏公司在月末汇总应收账款。2020年3月31日应收账款余额为16 000美元，是3月份销售收入（40 000美元）的40%。图表22-21是格雷格游戏公司接下来4个月的销售预算。4—7月的总销售预算240 000美元最后会列入预算利润表。

图表22-21 销售预算

格雷格游戏公司销售预算
截至2020年7月31日前的4个月

	4月	5月	6月	7月	总计
现金收入（60%）	$ 30 000	$ 48 000	$ 36 000	$ 30 000	$ 144 000
赊销收入（40%）	20 000	32 000	24 000	20 000	96 000
总预计销售收入	$ 50 000	$ 80 000	$ 60 000	$ 50 000	$ 240 000

□ 存货、采购和销货成本预算

存货、采购和销货成本预算（inventory，purchases，and cost of goods sold budget）确定了预算利润表中的销货成本和预算资产负债表中的期末库存商品以及现金预算中的商品存货采购成本。销货成本的计算体现了以下项目的关系：

期初库存商品＋采购成本－期末库存商品＝销货成本

期初库存商品是根据上月期末的资产负债表得出的，预计销货成本是销售收入的70%，而预计库存商品期末余额是一个计算得出的数额。格雷格游戏公司的最低库存商品规定如下：期末库存商品应等于20 000美元加上下个月销货成本的80%。必须计算预计采购成本。将上述公式变形后可得：

采购成本＝销货成本＋期末库存商品－期初库存商品

图表22-22是格雷格游戏公司的存货、采购和销货成本预算。4月份的期初余额来源于3月份的期末余额。

图表 22-22　存货、采购和销货成本预算

格雷格游戏公司存货、采购和销货成本预算 截至 2020 年 7 月 31 日前的 4 个月					
	4 月	5 月	6 月	7 月	总计
销货成本	$ 35 000	$ 56 000	$ 42 000	$ 35 000	168 000
加：期望的期末库存商品					
（$ 20 000＋80％×下个月的销货成本）*	64 800	53 600	48 000	42 400	42 400
期望的总库存商品	99 800	109 600	90 000	77 400	210 400
减：期初库存商品	48 000	64 800	53 600	48 000	48 000
预计采购成本	$ 51 800	$ 44 800	$ 36 400	$ 29 400	$ 162 400

* 4 月：$ 20 000＋(80％×$ 56 000)＝$ 64 800
5 月：$ 20 000＋(80％×$ 42 000)＝$ 53 600
6 月：$ 20 000＋(80％×$ 35 000)＝$ 48 000
7 月：$ 20 000＋(80％×8 月的销货成本)＝$ 20 000＋(80％×70％×$ 40 000)＝$ 42 400

□ 销售和管理费用预算

接下来编制销售和管理费用预算，并估算满足公司预计销售收入所需的销售和管理费用。格雷格游戏公司每月固定工资为 2 500 美元，外加相当于销售收入 15％的佣金费用。这是一种混合成本，包括固定成本和变动成本。每月其他费用如下：

租赁费用，固定成本	每月 $ 2 000
折旧费用，固定成本	每月 $ 500
保险费用，固定成本	每月 $ 200
杂项费用，变动成本	销售收入的 5％

格雷格游戏公司的销售和管理费用预算如图表 22-23 所示。

图表 22-23　销售和管理费用预算

格雷格游戏公司销售和管理费用预算 截至 2020 年 7 月 31 日前的 4 个月					
	4 月	5 月	6 月	7 月	总计
变动费用：					
佣金费用（销售收入的 15％）	$ 7 500	$ 12 000	$ 9 000	$ 7 500	$ 36 000
杂项费用（销售收入的 5％）	2 500	4 000	3 000	2 500	12 000
变动费用合计	10 000	16 000	12 000	10 000	48 000
固定费用：					
工资费用	2 500	2 500	2 500	2 500	10 000
租赁费用	2 000	2 000	2 000	2 000	8 000
折旧费用	500	500	500	500	2 000
保险费用	200	200	200	200	800
固定费用合计	5 200	5 200	5 200	5 200	20 800
销售和管理费用合计	$ 15 200	$ 21 200	$ 17 200	$ 15 200	$ 68 800

22.6　商业企业如何编制财务预算

我们继续格雷格游戏公司的预算编制工作，编制资本性支出预算、现金预算和预算财务报表——预算

利润表和预算资产负债表。

□ 资本性支出预算

格雷格游戏公司计划在4月份购买一辆二手运输卡车，并且在购买时付款3 000美元。因为这是其唯一的资本性支出，所以没有编制相应的预算，支付的金额体现在现金预算中。

□ 现金预算

现金预算将以下信息从之前编制的预算中提取出来：现金收入、现金支出和短期融资。

现金收入

现金的主要来源是客户。图表22-21的销售预算列出了本期的总销售收入。注意：该公司销售收入的60%是现金收入，40%是赊销收入。40%的赊销收入将在销售发生后一个月内收回。图表22-24列出了公司4月份的现金收入预算，包括两个部分：

1. 图表22-21销售预算中列出的现金收入（30 000美元）。
2. 收回的3月份的赊销收入（16 000美元）。

4个月的现金收入预算见图表22-24。

图表22-24　来自客户的现金收入

格雷格游戏公司来自客户的现金收入预算
截至2020年7月31日前的4个月

	4月	5月	6月	7月	总计
现金收入（60%）	$30 000	$48 000	$36 000	$30 000	$144 000
赊销到期收入（40%）	16 000	20 000	32 000	24 000	92 000
现金收入总计	$46 000	$68 000	$68 000	$54 000	$236 000

现金支出

格雷格游戏公司在购买商品的当月支付一半的价款，在购买后的次月支付另一半。使用图表22-22的存货、采购和销货成本预算中的数据计算采购存货的预计现金支出。4月份采购的现金支出包括两个部分：

1. 3月份采购价款的50%（16 800美元）。
2. 4月份采购价款的50%（25 900美元）。

这一过程将在4个月内重复进行，如图表22-25所示。

图表22-25　采购现金支出

格雷格游戏公司采购现金支出预算
截至2020年7月31日前的4个月

	4月	5月	6月	7月	总计
上月采购的50%	$16 800	$25 900	$22 400	$18 200	$83 300
本月采购的50%	25 900	22 400	18 200	14 700	81 200
采购现金支出总计	$42 700	$48 300	$40 600	$32 900	$164 500

使用销售和管理费用预算以及公司的支付信息完成销售和管理费用的现金支出预算。公司在当月支付一半的薪酬，而在下一个月支付另一半。因此，每月末公司的应付职工薪酬和佣金账户的金额等于当月工

资单金额的一半。图表 22 - 20 所示的 3 月 31 日资产负债表中的应付职工薪酬和佣金的余额 4 250 美元等于 3 月工资单上的金额（8 500 美元）的一半：

3 月的工资单＝工资＋销售收入 15％的佣金
＝2 500＋(15％×40 000)
＝2 500＋6 000
＝8 500(美元)

注意：公司的销售和管理费用还包括 2 000 美元租赁费用、500 美元折旧费用、200 美元保险费用，以及相当于销售收入 5％的杂项费用。除了保险和折旧费用，公司的其他费用都在发生当期支付。保险费用是预付的，所以相关的现金支出是在预算期之前发生的。因此，4—7 月之间没有保险费用的现金支出。折旧费用是一项非现金费用，所以没有包括在销售和管理费用的预算现金支出中。4 月份销售和管理费用的现金支出包括以下项目：

支付 3 月份 50％的工资	＄1 250
支付 3 月份 50％的佣金	3 000
支付 4 月份 50％的工资	1 250
支付 4 月份 50％的佣金	3 750
支付租赁费用	2 000
支付杂项费用	2 500
4 月份销售和管理费用的总现金支出	＄13 750

图表 22 - 26 是格雷格游戏公司销售和管理费用的现金支出。

图表 22 - 26　销售和管理费用的现金支出

格雷格游戏公司销售和管理费用的现金支出预算 截至 2020 年 7 月 31 日前的 4 个月					
	4 月	5 月	6 月	7 月	总计
变动费用：					
上月佣金费用的 50％	＄3 000	＄3 750	＄6 000	＄4 500	＄17 250
本月佣金费用的 50％	3 750	6 000	4 500	3 750	18 000
杂项费用	2 500	4 000	3 000	2 500	12 000
变动费用支出合计	9 250	13 750	13 500	10 750	47 250
固定费用：					
上月工资费用的 50％	1 250	1 250	1 250	1 250	5 000
本月工资费用的 50％	1 250	1 250	1 250	1 250	5 000
租赁费用	2 000	2 000	2 000	2 000	8 000
固定费用支出合计	4 500	4 500	4 500	4 500	18 000
销售和管理费用的现金支出合计	＄13 750	＄18 250	＄18 000	＄15 250	＄65 250

短期融资

格雷格游戏公司要求每月末的最低现金余额达到 10 000 美元。这家商店可以以 12％的年利率取得贷款，并且贷款额都是 1 000 美元的倍数。管理者的贷款额只需要保证达到最低现金余额。因为每月的贷款额不同，利息费用也会发生变化。应付票据要求每月偿还 1 000 美元的本金和未偿还本金的利息。这是一项分期贷款，因此，即使有多余的现金，每月偿还的本金也是固定的 1 000 美元。所有的贷款、本金与利息的偿还都发生在月末。

为了编制现金预算，首先需要用 3 月 31 日资产负债表（图表 22－20）的现金余额加上预计现金收入（图表 22－24）确定可用现金，再减去采购（图表 22－25）、销售和管理费用（图表 22－26）、资本性支出中的现金支出。得出的结果就是进行融资前的现金余额。图表 22－27 展示了部分现金预算表。

图表 22－27　现金预算

格雷格游戏公司现金预算 截至 2020 年 7 月 31 日前的 4 个月					
	4 月	5 月	6 月	7 月	总计
期初现金余额	$16 400				$16 400
现金收入	46 000	68 000	68 000	54 000	236 000
可用现金	62 400				
现金支出：					
资本性支出	3 000	0	0	0	3 000
商品存货采购	42 700	48 300	40 600	32 900	164 500
销售和管理费用	13 750	18 250	18 000	15 250	65 250
利息费用	0				
现金支出合计	59 450				
融资前期末现金余额	2 950				
最低现金余额要求	(10 000)	(10 000)	(10 000)	(10 000)	(10 000)
预计现金超量（短缺）	(7 050)				
融资：					
贷款					
本金偿还					
融资合计					
期末现金余额					

格雷格游戏公司要求的最低现金余额是 10 000 美元。4 月份融资前的现金余额是 2 950 美元，缺口为 7 050 美元。为了获取短期融资，格雷格公司从银行取得了信用额度。提前取得信用额度对于出现现金短缺时取得贷款至关重要。因为公司的贷款是按千增加的，所以该公司需要贷款 8 000 美元以弥补 4 月份预计的缺口。预计期末现金余额等于融资前期末现金余额经过融资活动调整后的余额。图表 22－28 显示格雷格公司 4 月份的预计期末现金余额是 10 950 美元。

此外，当格雷格游戏公司贷款时，需要按月分期支付本金和利息。注意，在 5 月份，公司开始偿还 4 月份的贷款 8 000 美元，同时期也需要按照 12%的年利率支付利息。对于 5 月份而言，需要支付的利息是 8 000×12%×1/12，即 80 美元。对于 6 月份而言，因为贷款本金减少了 1 000 美元，所以支付的利息是 70 美元；7 月份的利息是 60 美元。4—7 月份的现金预算如图表 22－28 所示。

图表 22－28　完整的现金预算

格雷格游戏公司现金预算 截至 2020 年 7 月 31 日前的 4 个月					
	4 月	5 月	6 月	7 月	总计
期初现金余额	$16 400	$10 950	$11 320	$19 650	$16 400
现金收入	46 000	68 000	68 000	54 000	236 000
可用现金	62 400	78 950	79 320	73 650	252 400
现金支出：					
资本性支出	3 000	0	0	0	3 000

续表

	4 月	5 月	6 月	7 月	总计
采购	42 700	48 300	40 600	32 900	164 500
销售和管理费用	13 750	18 250	18 000	15 250	65 250
利息费用	0	80	70	60	210
现金支出合计	59 450	66 630	58 670	48 210	232 960
融资前期末现金余额	2 950	12 320	20 650	25 440	19 440
最低现金余额要求	(10 000)	(10 000)	(10 000)	(10 000)	(10 000)
预计现金超量（短缺）	(7 050)	2 320	10 650	15 440	9 440
融资：					
贷款	8 000				8 000
本金偿还		(1 000)	(1 000)	(1 000)	(3 000)
融资合计	8 000	(1 000)	(1 000)	(1 000)	5 000
期末现金余额	$ 10 950	$ 11 320	$ 19 650	$ 24 440	$ 24 440

7 月末的现金余额 24 440 美元是 7 月末预算资产负债表上的现金余额。

□ 预算利润表

编制预算的财务报表是预算编制过程的下一步。以下是预算利润表的原始资料的汇总：

账户	预算	图表	数额
销售收入	销售预算	22 - 21	$ 240 000
销货成本	存货、采购、销货成本预算	22 - 22	168 000
销售和管理费用	销售和管理费用预算	22 - 23	68 800
利息费用	现金预算	22 - 28	210

图表 22 - 29 是格雷格游戏公司的预算利润表。

图表 22 - 29　预算利润表

格雷格游戏公司预算利润表 截至 2020 年 7 月 31 日前的 4 个月		
销售收入		$ 240 000
销货成本		168 000
毛利		72 000
销售和管理费用：		
佣金费用	$ 36 000	
杂项费用	12 000	
工资费用	10 000	
租赁费用	8 000	
折旧费用	2 000	
保险费用	800	
销售和管理费用合计		68 800
营业利润		3 200
利息费用		210
净利润		$ 2 990

□ 预算资产负债表

预算资产负债表将从以前完成的各种预算中提取数据。最后需要计算的是留存收益。留存收益随净利润增加，因分派股息而减少。净利润见图表 22－29，公司不预计任何股息。以下是资产负债表数据汇总。

账户	预算	图表	数额
现金	现金预算	22－28	＄24 440
应收账款	来自客户的现金收入	22－24	20 000
库存商品	存货、采购和销货成本预算	22－22	42 400
预付保险费	3 月 31 日资产负债表	22－20	1 800
	销售和管理费用预算	22－23	800
设备	3 月 31 日资产负债表	22－20	32 000
	资本性支出预算	22－20	3 000
累计折旧	3 月 31 日资产负债表	22－20	12 800
	销售和管理费用预算	22－23	2 000
应付账款	采购现金支出	22－25	14 700
应付职工薪酬	销售和管理费用的现金支出	22－26	5 000
应付票据	现金预算	22－28	5 000
普通股	3 月 31 日资产负债表	22－20	20 000
留存收益	3 月 31 日资产负债表	22－20	60 350
	预算利润表	22－29	2 990

图表 22－30 是格雷格游戏公司的预算资产负债表。

图表 22－30　预算资产负债表

格雷格游戏公司预算资产负债表 2020 年 7 月 31 日		
资产		
流动资产：		
现金	＄24 440	
应收账款	20 000	
库存商品	42 400	
预付保险费（＄1 800－＄800）	1 000	
流动资产合计		＄87 840
固定资产：		
设备（＄32 000＋＄3 000）	35 000	
减：累计折旧（＄12 800＋＄2 000）	(14 800)	20 200
资产合计		＄108 040
负债		
流动负债：		
应付账款	＄14 700	
应付职工薪酬和佣金	5 000	
应付票据——短期	5 000	
负债合计		＄24 700
所有者权益		
普通股	＄200 000	
留存收益（＄60 350＋＄2 990）	63 340	
所有者权益合计		83 340
负债与所有者权益合计		＄108 040

22.7 信息技术在预算编制中是如何应用的

管理者必须进行很多计算才能编制完成一个像 STL 公司这样的公司的总预算。科技将会帮助管理者更有效率地完成以下工作：

- 进行敏感性分析。
- 将各个独立单元的预算汇总起来编制公司范围的总预算。

□ 敏感性分析

总预算模拟了公司的计划活动。高层管理者会特别关注以确保预算利润表、预算资产负债表支持公司的关键战略。

然而，实际结果通常与预算不同。因此，管理者需要知道，当关键假设不正确时预算利润表和现金流如何发生变化。我们之前将敏感性分析定性为一种检测如果预期数量没有达到或者假设变化会发生什么结果的技术。如果股票市场崩溃了，会如何影响 STL 公司的销售？其是否需要推迟扩张计划？如果当期的销售只收到了 25%的现金而不是 30%，公司 6 月 30 日的现金余额将是多少？STL 公司需要借入更多的资金吗？

很多公司使用电脑制表软件，例如 Excel 来帮助编制总预算的图表。Excel 让很多预算问题容易得到解答。

信息技术使得敏感性分析更加高效、易于理解且成本低廉。充分理解销量与成本的变化如何影响公司的底线可以帮助管理者对预算关键假设的变化做出良好反应。

□ 预算软件

拥有多个部门的公司必须将各个部门的预算数据汇总，以编制整个公司预算利润表、预算资产负债表。这个过程对于每个部门使用不同的制表软件编制预算的公司相当困难。

公司通常使用预算管理软件解决这一问题。作为公司 ERP（企业资源计划）系统的一部分，这类软件帮助管理者编制和分析预算。

这类软件帮助管理者依据自己部门的数据进行敏感性分析。当管理者对部门的预算满意时，能将其加入公司的总预算中，部门预算会自动与公司其他部门的预算有机组成一个整体。

无论在公司总部还是在路上，高层管理人员都可以通过互联网登录预算系统，对各自部门的预算或者公司的总预算进行敏感性分析。这节约了管理者收集和汇总数据的时间，使他们有更多的精力分析、制定决策，从而保证预算能够帮助公司实现关键战略目标。

习题

P22-38A 编制运营预算——销售预算、产量预算、直接材料预算、直接人工预算、制造费用预算、销货成本预算、销售和管理费用预算

LBC 公司制作木质棒球棒。公司的两种主要产品是为儿童和青少年定制的小型球棒，以及为高中生和大学生定制的成人球棒。公司将球棒销售给体育用品商店，所有的交易都记录在账簿中。小型球棒售价 40 美元，

成人球棒售价65美元。公司销量最高的时期是每年的前三个月，此时所有零售商都在为棒球比赛季做准备。

LBC公司2018年12月31日的资产负债表如下。

LBC公司资产负债表
2018年12月31日

资产		
流动资产：		
现金	$30 000	
应收账款	16 700	
原材料	6 000	
产成品	21 300	
流动资产合计		$74 000
固定资产：		
设备	130 000	
减：累计折旧	(50 000)	80 000
资产合计		$154 000
负债		
流动负债：		
应付账款		$15 200
所有者权益		
普通股	$90 000	
留存收益	48 800	
所有者权益合计		138 800
所有者权益和负债合计		$154 000

LBC公司2019年第一季度的其他数据如下：

a. 预计销量为1 200支小型球棒和2 600支成人球棒。

b. 12月31日产成品有成本为14美元的小型球棒300支，成本为18美元的成人球棒950支。

c. 期望的期末产成品是350支小型球棒和300支成人球棒；使用先进先出法。

d. 小型球棒需要消耗直接材料48盎司木材，大型球棒需要消耗直接材料56盎司木材，每盎司木材的成本为0.25美元。

e. 12月31日原材料存货有24 000盎司木材，每盎司木材的成本为0.25美元。

f. 期望的期末原材料存货为24 000盎司木材。（间接材料忽略不计。）

g. 每支球棒的直接人工工时为0.7小时，直接人工每小时成本18美元。

h. 变动制造费用为每支球棒0.3美元。

i. 每季度固定制造费用包括1 300美元折旧费用和20 140美元其他费用，比如保险费用和财产税。

j. 每季度固定销售和管理费用包括9 000美元工资、2 500美元租金、1 000美元保险费用以及200美元折旧费用。

k. 变动销售和管理费用为销售收入的2%。

要求：

1. 编制公司2019年第一季度的销售预算。
2. 编制公司2019年第一季度的产量预算。
3. 编制公司2019年第一季度的直接材料预算、直接人工预算和制造费用预算。
4. 编制公司2019年第一季度的销货成本预算。

5. 编制公司 2019 年第一季度的销售和管理费用预算。

P22－41A　编制总预算——制造业企业

GT 公司制造自行车的竞赛用链条，售价为每条 90 美元。公司计划为下一年度编制分季度的总预算。公司 2018 年 12 月 31 日的资产负债表如下。

GT 公司资产负债表 2018 年 12 月 31 日		
资产		
流动资产：		
现金	$ 56 000	
应收账款	20 000	
原材料	5 100	
产成品	9 900	
流动资产合计		$ 91 000
固定资产：		
设备	194 000	
减：累计折旧	(42 000)	152 000
资产合计		$ 243 000
负债		
流动负债：		
应付账款		$ 8 000
所有者权益		
普通股	$ 120 000	
留存收益	115 000	
所有者权益合计		235 000
所有者权益和负债合计		$ 243 000

其他数据如下：

a. 预计第一季度销售 1 500 条，以后每季度增加 200 条。销售收入的 10%收到现金，另外 90%为赊销。

b. 12 月 31 日完工产品为 300 条，单位成本为 33 美元。

c. 期望的期末产成品是下一季度销量的 30%；2020 年第一季度销量预期为 2 300 条。使用先进先出法。

d. 12 月 31 日有原材料橡胶 600 磅。

e. 每条车链需要 2 磅橡胶，每磅橡胶的成本为 8.5 美元。

f. 期望的期末原材料为下一季度直接材料需求的 40%；预期 2019 年 12 月 31 日的期末橡胶为 600 磅，间接材料忽略不计。

g. 每条车链需要 0.4 小时的直接人工工时，直接人工每小时成本为 12 美元。

h. 变动制造费用为每条 4 美元。

i. 每季度固定制造费用包括 6 000 美元折旧和 16 770 美元其他成本，如水电费、保险费用和财产税等。

j. 每季度固定销售和管理费用包括 12 500 美元工资、3 000 美元租金、450 美元保险费用和 2 000 美元折旧费用。

k. 变动销售和管理费用为销售收入的 2%。

l. 资本性支出包括购置新设备的 15 000 美元，在第一季度购买支付。

m. 销售产生的应收账款 70%在本季度收到，30%在下一季度收到。2018 年 12 月 31 日的应收账款在 2019 年第一季度收到。坏账忽略不计。

n. 购买直接材料的费用60%在本季度支出，40%在下一季度支出。2018年12月31日的应付账款在2019年第一季度支出。

o. 直接人工、制造费用、销售和管理费用在发生当季支付。

p. 每季度所得税预计为1 500美元，在发生当季支付。

q. 公司决定至少保有55 000美元的现金，并且每季度增加1 000美元，不足则从银行借贷。本金在期初偿还，年利率为6%，利息根据上一季度剩余本金在期初支付。

要求：

1. 编制GT公司2019年的经营预算和现金预算。需要的预算包括：销售预算、产量预算、直接材料预算、直接人工预算、制造费用预算、成本预算、销售和管理费用预算、现金收支、现金预算。制造费用基于直接人工工时计算。

2. 编制GT公司2019年的预算财务报表，包括预算利润表和预算资产负债表。

P22-46A 敏感性分析

C公司为2018年第一季度编制的预算利润表如下。

C公司预算利润表 截至2018年3月31日				
	1月	2月	3月	4月
销售收入（每月增长20%）	$10 000	$12 000	$14 400	$36 400
销货成本（50%的销售收入）	5 000	6 000	7 200	18 200
毛利	5 000	6 000	7 200	18 200
销售和管理费用（$2 000+10%的销售收入）	3 500	3 600	3 720	10 820
营业利润	1 500	2 400	3 480	7 380
所得税费用（营业利润的30%）	450	720	1 044	2 214
净利润	$1 050	$1 680	$2 434	$5 166

公司正在考虑两种方案。方案一是每月增加1 100美元的广告费用。方案二是加工时使用更高质量的原材料。高质量的原材料会使成本提高55%，但是在售价相同的情况下会提高产品的质量。市场经理认为两种方案都能带来25%的销售增长。

要求：

1. 假设1月份的销售收入是10 000美元，编制两种方案下的利润表。

2. 公司应该选择哪一种方案？对你的选择做出解释。

第 23 章

弹性预算和标准成本系统

- 23.1 管理者如何使用预算控制经营活动
- 23.2 为什么管理者使用标准成本系统控制经营活动
- 23.3 如何运用标准成本确定直接材料和直接人工差异
- 23.4 如何运用标准成本确定制造费用差异
- 23.5 产品成本差异之间的关系以及谁应对此负责
- 23.6 标准成本系统中的会计分录有何不同

我们为何无法实现预算？

里奇·比林斯在中西部拥有一家小型食品加工厂。这家企业加工本地农场出产的小麦生产面粉。其生产的产品包括燕麦、小麦和玉米面。里奇正在浏览过去6个月的利润表并将其与预算比较。预算的营业利润与实际结果存在不小的差距。但是，里奇很难理解为什么会出现这种状况。

里奇知道今年小麦的采购成本有所增加，这导致直接材料成本大幅提高。此外，里奇以高于预期的工资新雇了一批高效的员工。里奇最近也更换了一台机器。新机器的性能很好，耗电更少，而且维护保养费用更低。这些节省的成本又体现在利润表的什么地方呢？

里奇需要一个系统来帮助他更好地分析企业发生的成本。这样他才能更好地理解他的决策对营业利润的影响。

玉米片里有多少玉米？

绝大多数制造业企业都规定了成本和产量的生产标准。以家乐氏公司为例。100多年前，家乐氏兄弟偶然将小麦粒做成薄片，后来经过进一步试验发明了玉米片和家乐氏公司的一系列食品。现在，家乐氏公司希望在生产每批玉米片时使用确定数量的玉米和糖。此外，公司对玉米和糖的成本有一个预估。对预估的一点小小的改变都会对利润产生重要的影响，所以这些信息被严格监控。在本章，你将了解到像家乐氏这样的公司如何使用弹性预算和标准成本系统来规范经营活动，以及在需要时采取正确措施。

学习目的

1. 编制弹性预算，使用固定预算与弹性预算编制绩效报告。
2. 了解标准成本系统的优点，理解标准如何制定。
3. 计算直接材料和直接人工的标准成本差异。
4. 计算制造费用的标准成本差异。
5. 简述产品成本差异的关系和责任。
6. 记录标准成本系统中的交易并编制标准成本利润表。

之前，你了解了管理者如何使用预算计划和控制企业的经营活动。图表23-1是预算目标。

总预算关注的是计划阶段。在这一章中，我们将集中于控制阶段的介绍。我们将关注预算制定后管理者的决策与实际结果。管理者也许会问：

- 我的部门完成销售目标了吗？
- 成本上升了吗？
- 销售下降，我们应该如何调整支出？

公司经营过程中经常需要做出艰难的决定。经济不景气或者竞争激烈可能会导致销量下降。如果发生这种状况，公司必须削减支出以维持盈利。预算差异是实际数量与预算数量的差异。本章说明了管理层怎样利用差异来开展交易。明白实际数量与预算数量的差异非常重要，它会帮你识别问题并决定采取相应措施。

图表 23-1　预算目标

23.1　管理者如何使用预算控制经营活动

我们使用虚拟的公司快乐色彩公司——一家蜡笔制造商来说明某些概念。这家公司通过混合直接材料，比如熔化的石蜡和干性颜料生产产品。加热的混合物随后被倒入模具中。冷却后，蜡笔被成批装箱。然后，这些蜡笔被运到另一个车间用包装纸进行包装。最后，产成品按照顾客的不同需要装箱。快乐色彩公司使用的模具可一次同时生产 100 根蜡笔。从销售和成本的角度看，我们认为 100 根为一个单位。

□ 使用固定预算的业绩报告

在本年度开始之前，快乐色彩公司的管理者编制了一份总预算。总预算是一个**固定预算**（static budget），这意味着其是按照一个销售水平编制的。固定预算在制定完成后不会修改。

图表 23-2 是快乐色彩公司 2019 年的固定预算业绩报告。**预算业绩报告**（budget performance report）汇总了实际数量、预算数量及二者差异。该报告显示快乐色彩公司 2019 年的实际营业利润是 36 320 美元。这比预算中的期望值高了 2 570 美元。这是 2019 年营业利润的一个有利差异。**差异**（variance）指的是实际数量与预算数量的不同。图表 23-2 中的差异如下：

- 如果实际数量提高了营业利润，就会产生有利差异（F）。
  - 实际收入＞预算收入
  - 实际费用＜预算费用
- 如果实际数量降低了营业利润，就会产生不利差异（U）。
  - 实际收入＜预算收入
  - 实际费用＞预算费用

图表 23-2 固定预算业绩报告

快乐色彩公司固定预算业绩报告 截至 2019 年 12 月 31 日			
	实际结果	固定预算	固定预算差异
数量（100 根为一个单位）	52 000	50 000	2 000F
销售收入	$ 384 800	$ 375 000	$ 9 800F
变动成本：			
生产成本：			
直接材料	104 000	87 500	16 500U
直接人工	145 600	150 000	4 400F
变动制造费用	30 160	37 500	7 340F
销售和管理费用：			
办公用品	19 200	18 750	450U
总变动成本	298 960	293 750	5 210U
边际贡献	85 840	81 250	4 590F
固定成本：			
制造费用	23 920	25 000	1 080F
销售和管理费用	25 600	22 500	3 100U
总固定成本	49 520	47 500	2 020U
营业利润	$ 36 320	$ 33 750	$ 2 570F

图表 23-2 中的差异称作**固定预算差异**（static budget variance），即实际结果与固定预算结果之间的差额。快乐色彩公司的营业利润固定预算差异是有利差异，因为其在 2019 年实际销售的蜡笔比预期多 2 000 单位。但是这还不够，当实际销售金额与预算相同时，固定预算业绩报告可以很好地评估经理人的能力，它可以评估经理人控制固定制造费用以及销售和管理费用的能力。然而，固定预算业绩报告对评价变动成本毫无用处，因为变动成本随着产量的变化而变化。快乐色彩公司还需要一种更好的工具来显示在不同销售水平下的预算营业利润。

□ 使用弹性预算的业绩报告

通过图表 23-2 的报告，我们很难做出分析，因为固定预算基于 50 000 单位的蜡笔，而实际结果基于 52 000 单位的蜡笔。通过这份报告，我们提出了更多的问题——例如：

- 为什么会发生 16 500 美元的直接材料不利差异？
- 工人们浪费了材料吗？
- 材料成本是瞬间增长的吗？
- 由于快乐色彩公司的销量由 50 000 单位增加到了 52 000 单位，费用增加了多少？

我们需要编制弹性预算来帮助解决这些问题。

编制弹性预算

弹性预算（flexible budget）总结了在一个相关范围内不同的销售水平下的收入和费用。弹性预算是企业在不同预算水平下编制的，可以有效地反映营业收入在不同预算水平下的情况，弹性预算也可以有效地反映变动成本在不同预算水平下的变化。编制弹性预算需要了解以下方面。

- 单位预计售价。
- 单位预计变动成本。
  - 预计产品成本：
    - 预计直接材料；
    - 预计直接人工；

- 预计变动制造费用。
- 预计变动销售和管理费用。
- 总预计固定成本。
  - 预计固定制造费用。
  - 预计固定销售和管理费用。
- 相关范围内的不同销售水平。

图表 23-3 是快乐色彩公司在 2019 年销量分别为 48 000 单位、50 000 单位和 52 000 单位时收入和费用的弹性预算。单位预计售价是 7.50 美元。单位预计变动成本中的直接材料是 1.75 美元，直接人工是 3.00 美元，变动制造费用是 0.75 美元。而且收入的 5%是销售和管理用办公用品。预计固定成本中固定制造费用是 25 000 美元，销售和管理费用是 22 500 美元。

图表 23-3　弹性预算

快乐色彩公司弹性预算 截至 2019 年 12 月 31 日				
数量（100 根为一个单位）	**单位预算金额**	48 000	50 000	52 000
销售收入	$7.50	$360 000	$375 000	$390 000
变动成本：				
生产成本：				
直接材料	1.75	84 000	87 500	91 000
直接人工	3.00	144 000	150 000	156 000
变动制造费用	0.75	36 000	37 500	39 000
销售和管理费用：				
办公用品	销售收入的 5%	18 000	18 750	19 500
总变动成本		282 000	293 750	305 000
边际贡献		78 000	81 250	84 500
固定成本：				
制造费用		25 000	25 000	25 000
销售和管理费用		22 500	22 500	22 500
总固定成本		47 500	47 500	47 500
营业利润		$30 500	$33 750	$37 000

注意：在图表 23-3 中销售收入、变动成本和边际贡献随着蜡笔销量的增长而增长，但是在销量处于 48 000～52 000 单位之间时固定成本保持不变。这是弹性预算不同的地方，即总固定成本在产量允许的范围内保持不变，但总变动成本却会发生变化。

预算差异

仅仅知道差异的发生是不够的。管理者必须知道差异是因何产生的，以查明问题进而采取正确的措施。如图表 23-2 所示，固定预算低估了销售收入和变动成本。这些差异主要由两方面原因导致：售价和成本的差异；销量的差异。为了获取更为有效的信息，管理者将固定预算差异分成两种：

- **弹性预算差异**（flexible budget variance）——根据实际销量，实际结果与弹性预算结果的差异。产生这一差异的原因是对于实际的销量公司会有不同的期望收入和成本。单位售价、单位变动成本和总固定成本预算与实际的不同导致了弹性预算差异。
- **销售数量差异**（sales volume variance）——根据实际销量，弹性预算的期望结果与固定预算的期望结果的差异。这一差异产生的原因是实际销量与固定预算中的销量有所不同。销售数量差异是实际销量与预计销量的差异。

图表 23－4 解释了这些差异。

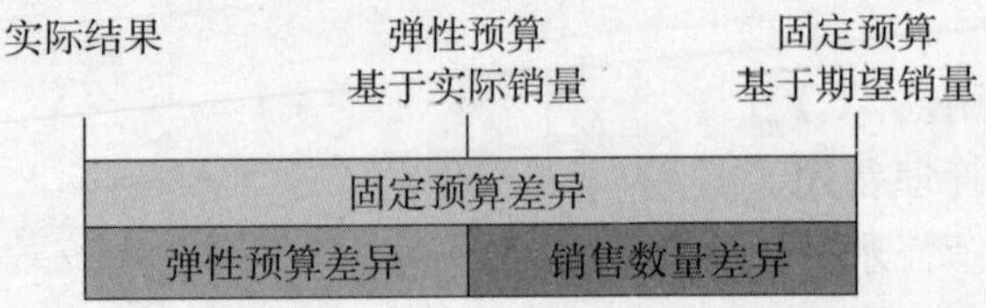

图表 23－4　固定预算差异

以下是计算快乐色彩公司两种差异的计算公式：

弹性预算差异＝实际结果（根据 52 000 单位的销量）－弹性预算（根据 52 000 单位的销量）

销售数量差异＝弹性预算（根据 52 000 单位的销量）－固定预算（根据 50 000 单位的销量）

我们已经知道快乐色彩公司在 2019 年预计销售 50 000 单位的蜡笔。实际销量是 52 000 单位。需要计算快乐色彩公司的弹性预算差异和销售数量差异。图表 23－5 是快乐色彩公司 2019 年的弹性预算业绩报告。图表 23－5 中第 2 栏和第 4 栏中数据的含义为：

- 如果实际数量提高了营业利润，就会产生有利差异（F）。
- 如果实际数量降低了营业利润，就会产生不利差异（U）。

图表 23－5　弹性预算业绩报告

快乐色彩公司弹性预算业绩报告
截至 2019 年 12 月 31 日

	单位预算金额	1 实际结果	2 (1)－(3) 弹性预算差异	3 弹性预算	4 (3)－(5) 销售数量差异	5 固定预算
数量（100 根为一个单位）		52 000		52 000		50 000
销售收入	$7.50	$384 800	$5 200U	$390 000	$15 000F	$375 000
变动成本：						
生产成本：						
直接材料	1.75	104 000	13 000U	91 000	3 500U	87 500
直接人工	3.00	145 600	10 400F	156 000	6 000U	150 000
变动制造费用	0.75	30 160	8 840F	39 000	1 500U	37 500
销售和管理费用：						
办公用品	销售收入的 5%	19 200	300F	19 500	750U	18 750
总变动成本		298 960	6 540F	305 000	11 750U	293 750
边际贡献		85 840	1 340F	84 500	3 250F	81 250
固定成本：						
制造费用		23 920	1 080F	25 000	0	25 000
销售和管理费用		25 600	3 100U	22 500	0	22 500
总固定成本		49 520	2 020U	47 500	0	47 500
营业利润		$36 320	$680U	$37 000	$3 250F	$33 750

弹性预算差异 $680U　　销售数量差异 $3 250F

固定预算差异 $2 570F

第 1 栏的数据是实际销售结果——根据销售 52 000 单位的蜡笔得出的结果，这些结果来自图表 23－2，并未以单位预算金额为基础，而是反映了该期间的实际营业利润与费用。2019 年的营业利润是 36 320 美元。

第 3 栏的数据是快乐色彩公司弹性预算中销量为 5 2000 单位时的结果。预计营业利润是 37 000 美元。

第 5 栏的数据是根据固定预算销售 50 000 单位时的结果。预计营业利润是 33 750 美元。

第 2 栏的数据是弹性预算差异，结果显示实际营业利润比弹性预算中的结果少了 680 美元。管理者希望知道为什么营业利润没有达到预算目标。

- 实际销售收入比预计销售收入少 5 200 美元。
- 实际的总变动成本比预算的总变动成本少 6 540 美元。
- 实际的总固定成本比预算的总固定成本多 2 020 美元。

总之，在弹性预算中费用下降了 4 520 美元，收入下降了 5 200 美元。这导致了总计 680 美元的不利差异。

管理者需要关注成本为什么高于预期，以确定其增长是不是可控的。如果是不可控的，是不是因为某些异常的独立事项。管理者也要关注成本为什么低于预期，以确定是否使用了低质量的材料，或者生产标准是否需要更新。

第 4 栏的数据是销售数量差异，即第 3 栏与第 5 栏的差额。固定预算与弹性预算的差异的产生原因是快乐色彩公司销售了 52 000 单位蜡笔，而不是预算的 50 000 单位。销售收入比固定预算高出 15 000 美元；总变动成本比固定预算高出 11 750 美元；二者的固定成本是一样的，因为弹性预算的销量仍处于相关范围内。总之，营业利润存在 3 250 美元的有利差异是因为快乐色彩公司销售了比固定预算更多的蜡笔。注意：这里的 3 250 美元也是边际贡献。

下一步将深入研究弹性预算差异以更好地理解引起差异的因素，进而管理者可以采取必要的应对措施。

23.2 为什么管理者使用标准成本系统控制经营活动

大多数企业使用标准来编制预算。**标准**（standard）是价格、成本和数量在正常情况下的期望值。例如，根据图表 23－5，快乐色彩公司每 100 根蜡笔预期的直接材料成本是 1.75 美元。因此，直接材料的标准成本是 1.75 美元，这也是编制固定预算和弹性预算使用的数据。标准和预算有时可以替代使用。然而，预算数量通常指的是总数量，标准数量指的是单位数量。就直接材料而言，每单位的标准成本是 1.75 美元，而 52 000 单位的预算成本是 91 000 美元。

快乐色彩公司使用了**标准成本系统**（standard cost system）。这是一个提供包括直接材料、直接人工和制造费用在内的产品成本标准的会计系统。对于这一系统而言，每一个输入值都存在一个价格标准和一个效率标准。例如，快乐色彩公司对以下各项设定了标准：

- 为每磅石蜡支付的成本（价格标准）；
- 制作蜡笔所使用的石蜡数量（效率标准）。

让我们仔细看看管理者如何设定这些价格标准和效率标准。

设定标准

设定标准是标准成本系统中最困难的部分。设定标准要求和各方进行沟通与协调。例如，直接材料标准成本的确定从每单位原材料的采购成本开始。会计人员会在综合考虑购买折扣、运输成本和入库成本的基础上，帮助管理人员设定标准成本。公司可以与可靠的卖家建立关系，以确保以合理的价格采购材料并且按时按质发货。

对于直接人工，会计人员与人力资源经理合作确定直接人工的标准成本。他们必须考虑基本的工资率、税金和附加的福利。岗位说明书显示了每份工作对所需工作经验的要求。这一过程中很重要的工作是保证员工接受培训并且获得公平的待遇。

会计人员与生产经理合作计算制造费用成本。生产经理明确一个合理的分配标准，比如直接人工工时或者直接人工成本，或者使用作业成本法分配制造费用。会计人员接下来计算出标准制造费用分配率。图表 23-6 总结了标准成本制定的相关问题。

图表 23-6　标准成本问题总结

	价格标准	效率标准
直接材料	责任者：采购经理 影响因素：采购价格、折扣、运货要求、赊购政策	责任者：生产经理和工程师 影响因素：产品规格、损耗和产品调度
直接人工	责任者：人力资源经理 影响因素：基于经验要求的工资率、税金和附加福利	责任者：生产经理和工程师 影响因素：生产要求、员工经验
制造费用	责任者：生产经理 影响因素：支持活动所需的资源种类与数量（如移动材料、维护设备和检验产成品）	

让我们看看快乐色彩公司如何确定其产品的材料、人工和制造费用的价格标准。

价格标准

快乐色彩公司负责采购的经理表示每磅石蜡的购买价格在折扣以后是 1.65 美元，运输、入库和检查成本合计平均每磅 0.1 美元。快乐色彩公司的工人每小时工资是 10.00 美元，税金和附加福利是每直接人工工时 2.00 美元。变动制造费用按照 50 000 单位蜡笔总计 37 500 美元计算。固定制造费用是 25 000 美元。而制造费用按照估算的 12 500 个直接人工工时进行分配。图表 23-7 根据 50 000 单位蜡笔的固定预算计算出了快乐色彩公司直接材料、直接人工和制造费用的价格标准。

图表 23-7　标准成本计算

直接材料石蜡价格标准（美元/磅）	
购买价格	\$1.65
运输、入库和检查成本	0.10
每磅石蜡的总标准成本	\$1.75
直接人工价格标准（美元/直接人工小时）	
小时工资	\$10.00
税金和附加福利	2.00
每直接人工工时的标准成本	\$12.00
变动制造费用价格标准（美元/直接人工小时）	
$\frac{\text{估算的变动制造费用}}{\text{估算的分配基数}}=$	$\frac{\$37\,500}{12\,500}=\$3.00$
固定制造费用价格标准（美元/直接人工小时）	
$\frac{\text{估算的固定制造费用}}{\text{估算的分配基数}}=$	$\frac{\$25\,000}{12\,500}=\$2.00$

效率标准

生产经理和工程师设定直接材料和直接人工的效率标准。效率标准也称作数量标准或者用量标准，因为这是一个衡量在生产过程中投入多少的指标。换言之，如果工人的生产十分高效，没有浪费材料，那么快乐色彩公司应该在每批蜡笔的生产中投入多少石蜡呢？这一数字就是直接材料的效率标准。

为了设定人工标准，企业会分析生产过程中的每一个细节并消除低效的部分。例如，消除不必要的工作，重新安排机器的使用，以保证工作流程更为高效。公司还可以进行“时间与行为”的研究使得各项工作的组织与开展更加流畅。例如，一家工厂可以在工人的腰部安装一个运输装置以使其弯腰与抬举的次数最小化。

企业通常根据最佳实践制定效率标准，这称为标杆管理。最佳实践可能是企业其他工厂或者部门的内部标杆或者是其他企业的外部标杆。内部标杆很容易取得，管理者也可以购买外部标杆数据。

快乐色彩公司分析了生产过程并制定了以下效率标准：

- 直接材料效率标准：每批蜡笔 1 磅石蜡。
- 直接人工效率标准：每批蜡笔 0.25 直接人工工时。

制造费用按照直接人工工时进行分配，而预计直接人工工时的效率标准已经确定，所以不需要为制造费用设定额外的效率标准。

□ 标准成本系统的优点

调查表明，标准成本系统在美国和全世界的制造业企业中广泛运用。标准成本法可以帮助管理者：

- 编制总预算；
- 设定弹性预算的目标业绩水平；
- 明确业绩标准；
- 确定产品与服务价格；
- 降低核算成本。

标准成本系统看似昂贵。确实，企业必须在前期进行大量投入确定标准，而且标准需要按时更新（通常是一年一次）。但是，标准可以节约核算成本。在与企业的 ERP 系统有机结合后，企业可以十分容易地追踪存货成本，确定价格差异与效率差异，并做出即时决策。

□ 产品成本的差异分析

一旦建立起标准，企业就可以使用标准将成本分派到产品中。管理者每年至少需要将实际产品成本与标准成本进行一次比较以确定二者的差异。

价格差异（cost variance）衡量的是企业将材料与人工的价格控制在标准成本内的能力。价格差异等于实际价格减去标准价格的差乘以实际数量：

价格差异＝(实际成本×实际数量)－(标准成本×实际数量)

＝(实际成本－标准成本)×实际数量

＝(AC－SC)×AQ

效率差异（efficiency variance）衡量的是企业使用材料与人力资源的效率。效率差异等于实际数量减去标准数量的差乘以标准成本：

效率差异＝(标准成本×实际数量)－(标准成本×标准数量)

＝(实际数量－标准数量)×标准成本

＝(AQ－SQ)×SC

图表 23－8 为计算价格差异和效率差异的公式。图表 23－9 列出了各种差异的关系，以及如何将材料与人工的总弹性预算差异分别转化为价格与效率差异。

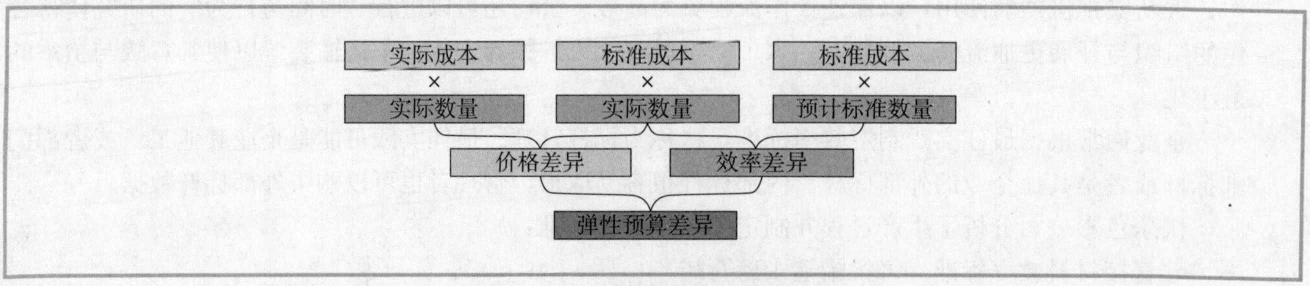

图表 23－8　价格差异和效率差异

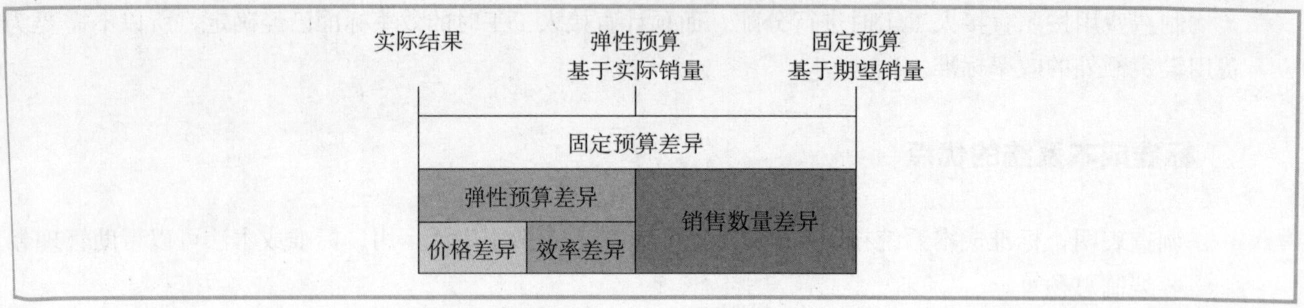

图表 23－9　差异的关系

图表 23－9 强调了两点：

第一，价格差异与效率差异构成了弹性预算差异。

第二，固定预算对价格差异与效率差异没有影响。

固定预算只是用来计算销售数量差异，即企业的实际销量与预计销量不同产生的差异，它从来不会用于计算弹性预算差异或者材料与人工的价格差异与效率差异。

23.3　如何运用标准成本确定直接材料和直接人工差异

现在让我们回到快乐色彩公司的例子。图表 23－5 中的弹性预算业绩报告显示了多项弹性预算差异，包括 13 000 美元的直接材料的不利差异和 10 400 美元的直接人工的有利差异。图表 23－10 总结了产品成本的弹性预算差异。

图表 23－10　产品成本的弹性预算差异

	单位预算金额	实际结果	弹性预算差异	弹性预算
单位（100 根为一个单位）		52 000		52 000
变动成本：				
直接材料	$ 1.75	$ 104 000	$ 13 000U	$ 91 000
直接人工	3.00	145 600	10 400F	156 000
变动制造费用	0.75	30 160	8 840F	39 000
固定成本：				
固定制造费用		23 920	1 080F	25 000
总计		$ 303 680	$ 7 320F	$ 311 000

如果有利差异和不利差异的数额较大，则需要对其进行分析以确定产生的原因。例如，假设一个企业在当期因为节约了机器日常维护费用而取得了一项有利的成本差异。在下一期，该企业的机器可能会因为缺乏日常维护而发生本可以避免的重大故障。重大故障可能不仅导致一大笔维修费用的产生，还会使产量下滑，导致销量下降。因此，管理者需要关注任何重大的差异。

让我们仔细研究直接材料和直接人工的弹性预算差异，并将它们分为两部分——价格与效率。

□ 直接材料差异

直接材料的弹性预算差异是 13 000 美元的不利差异。其他有关直接材料的数据如下，包括之前部分讨论的标准：

直接材料价格标准	每磅石蜡 1.75 美元
直接材料效率标准	每单位蜡笔 1 磅石蜡
实际采购与使用的石蜡	65 000 磅
实际采购与使用的石蜡的成本	104 000 美元

直接材料价格差异

根据上述信息，我们可以确定**直接材料价格差异**（direct materials cost variance），即直接材料的实际支付金额与标准支付金额之间的差异。这项差异可以衡量公司如何将直接材料的成本控制在标准范围内。首先，快乐色彩公司在石蜡上实际支付的金额小于预期。石蜡的实际价格是每磅 1.60 美元（104 000÷65 000）。根据下面的公式，直接材料价格差异是 9 750 美元的有利差异。

直接材料价格差异＝(实际成本－标准成本)×实际数量
＝(1.60－1.75)×65 000
＝9 750(美元)F

直接材料的价格差异是有利差异，因为采购部门购买石蜡的实际成本低于标准成本。

直接材料效率差异

直接材料效率差异（direct materials efficiency variance）衡量直接材料的实际利用效率与标准利用效率之间的差异，这项差异可以衡量公司利用直接材料的效率。为计算直接材料的效率差异，投入的标准数量必须是确定的。投入的标准数量指的是预先确定的实际生产需要的数量。对于快乐色彩公司而言，石蜡的标准数量是 52 000 磅。因此，直接材料效率差异是：

直接材料效率差异＝(实际数量－标准数量)×标准成本
＝(65 000－52 000)×1.75
＝22 750(美元)U

直接材料的效率差异是不利差异，因为工人在生产过程中使用了多于计划的石蜡。

直接材料差异汇总

图表 23－11 汇总了快乐色彩公司如何将 13 000 美元的不利直接材料弹性预算差异划分成价格差异和效率差异。

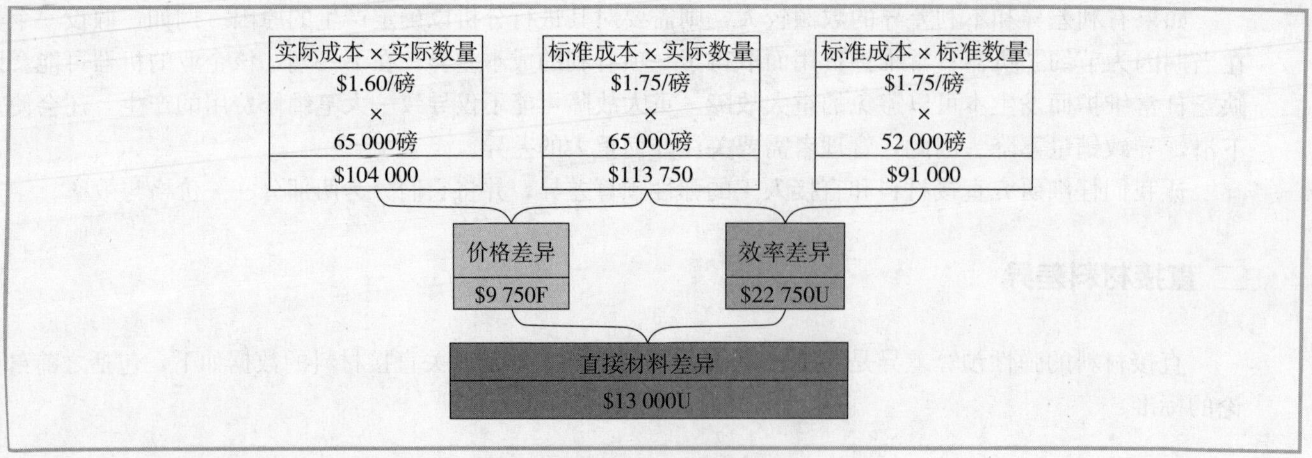

图表 23-11　直接材料差异

总之，快乐色彩公司在石蜡上的实际支出比计划支出多出 13 000 美元是因为：

- 工人使用的石蜡比预期多出 13 000 磅。石蜡的低效使用使得利润降低了 22 750 美元，即不利效率差异。
- 快乐色彩公司以每磅 1.60 美元而不是每磅 1.75 美元的价格购买了石蜡，这是产生有利价格差异的原因。

让我们考虑一下每种差异产生的可能原因和谁应对其负责。

1. 采购经理最有资格解释有利的价格差异。快乐色彩的采购经理也许经过协商后以更低的价格购买了石蜡。

2. 负责蜡笔制造的生产经理可以解释为什么工人耗费了如此之多的石蜡来生产 52 000 单位的蜡笔。是不是石蜡的质量过低导致生产的蜡笔不合格？工人是否有浪费石蜡？是不是生产设备老化失灵了？公司的高层管理者需要上述信息来决定采取何种措施。

这些差异产生的疑问可以帮助找出真正的问题。但需要注意的是，一项有利差异并不总是意味着管理者做得好。也许公司的采购经理以较低的价格购买了质量较差的材料，这可能会导致材料浪费与蜡笔质量下降。一旦如此，采购经理的决策就损害了整个公司的利益。这说明了为什么一个好的管理者使用差异分析作为指导而不是简单地将其作为归咎责任的手段。

□ 直接人工差异

快乐色彩公司使用相似的方法分析直接人工的弹性预算差异。直接人工的弹性预算差异是 10 400 美元的有利差异。与直接人工相关的其他数据如下，包括之前部分确定的标准：

直接人工价格标准	每直接人工工时 12.00 美元
直接人工效率标准	每单位蜡笔 0.25 直接人工工时
实际直接人工工时	10 400 小时
实际直接人工成本	145 600 美元

直接人工价格差异

直接人工价格差异（direct labor cost variance）衡量直接人工的实际支付金额与标准支付金额之间的差异，这项差异可以衡量企业如何利用人力资源。根据上述信息，我们可以确定快乐色彩公司直接人工的实际成本大于预期成本。每小时直接人工的实际成本是 14.00 美元（145 600÷10 400）。根据下列公式计算出直接人工价格差异是 20 800 美元的不利差异：

直接人工价格差异=(实际成本—标准成本)×实际数量
=(14.00—12.00)×10 400
=20 800(美元)U

20 800 美元的直接人工价格差异是不利差异，因为快乐色彩公司实际上每小时支付给工人的金额比预算多 2.00 美元。

直接人工效率差异

现在让我们来看看快乐色彩公司使用人工的效率如何。**直接人工效率差异**（direct labor efficiency variance）衡量直接人工的实际利用效率与标准利用效率之间的差异，这项差异可以衡量公司利用直接人工的效率。直接人工工时的标准数量是每批次 0.25 小时，总计 13 000 小时（52 000×0.25）。直接人工效率差异如下：

直接人工效率差异=(实际数量—标准数量)×标准成本
=(10 400—13 000)×12.00
=31 200(美元)F

31 200 美元的直接人工效率差异是有利差异，因为工人们实际工作的时间比预算的时间少了 2 600 小时。

直接人工差异汇总

图表 23 - 12 汇总了快乐色彩公司如何将 10 400 美元的有利直接人工弹性预算差异分为价格和效率两个部分。

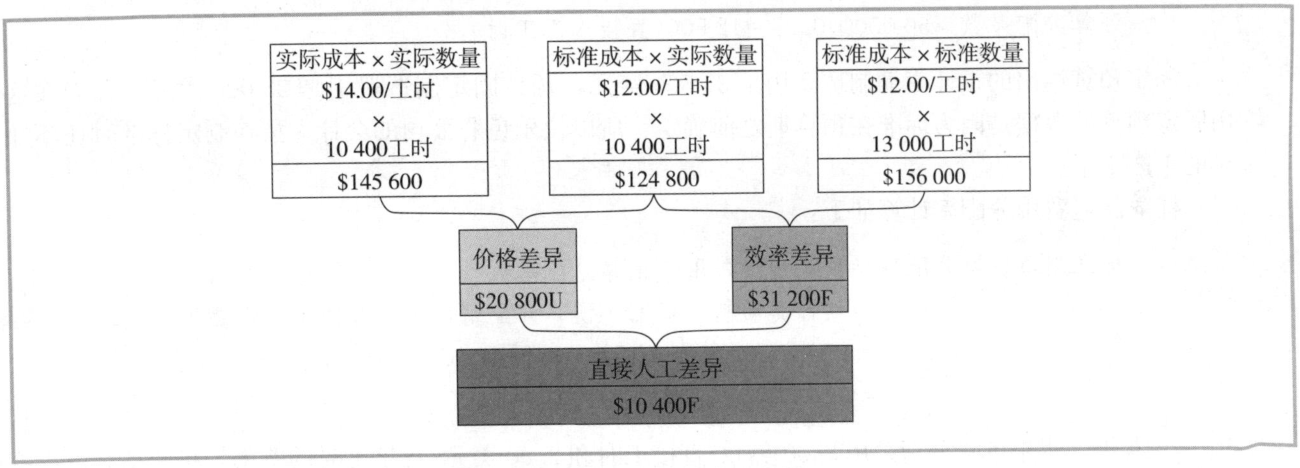

图表 23 - 12　直接人工差异

10 400 美元的有利直接人工差异说明了总人工成本小于预期。为了更好地管理快乐色彩公司的人工成本，我们需要进一步看到：

- 工人生产 52 000 单位蜡笔花费的实际时间是 10 400 小时，而不是预算的 13 000 小时，这也是有利效率差异产生的原因。
- 快乐色彩公司支付给工人的实际薪酬是每小时 14.00 美元，而不是标准的 12.00 美元，这也是不利价格差异产生的原因。

这一情况体现了一种平衡。也许快乐色彩公司雇用了更有经验因而薪酬更高的工人，因此产生了不利的价格差异。但是，由于工人技艺高超、经验丰富、干劲十足，工作效率远远高于预期，产生了有利的效率差异。因此，这是一个成功的策略，对利润的总体影响是有利的。这一情况提醒管理者要注意使用效率来评价业绩。管理者始终应该在仔细分析数据后做出决策。

23.4 如何运用标准成本确定制造费用差异

总的制造费用差异是实际制造费用与分配给产品的标准制造费用的差异。

图表23-10显示快乐色彩公司共发生了30 160美元的变动制造费用和23 920美元的固定制造费用，因此，总的制造费用是54 080美元。下一步是研究快乐色彩公司在标准成本系统中如何分配制造费用。

□ 在标准成本系统中分配制造费用

在标准成本系统中，制造费用的分配如下：

分配到产品的制造费用＝标准制造费用分配率×以实际产量为基数的标准数量

在标准成本系统中，标准制造费用分配率代替了之前章节所提到的计划制造费用分配率，但概念是相似的。这是一个在预算过程中根据其他确定的标准计算的比率。

让我们从计算快乐色彩公司的标准制造费用分配率开始。快乐色彩公司按照直接人工工时分配制造费用。图表23-2中的固定预算显示预计产量是50 000单位蜡笔。在这一生产水平下，按照每单位蜡笔0.25个直接人工工时的效率标准，快乐色彩公司预计会发生12 500个直接人工工时，计算如下：

预算分配基数＝50 000×0.25＝12 500(直接人工工时)

固定预算给出的预计变动制造费用是37 500美元，预计固定制造费用是25 000美元。我们在这里使用固定预算的数据是因为标准在预算期之前确定，所以快乐色彩公司的会计人员在制定标准时还不知道当年的生产水平。

标准制造费用分配率计算如下：

标准制造费用分配率＝预计制造费用÷预算分配基数
＝预计变动制造费用÷预算分配基数＋预计固定制造费用÷预算分配基数
＝37 500÷12 500＋25 000÷12 500
＝5.00(美元/直接人工工时)

2019年，快乐色彩分别采用3.00美元/直接工时和2.00美元/直接工时的费率，将变动制造费用和固定制造费用分配给不同批次的产品。现在，让我们来分析变动制造费用差异和固定制造费用差异。

□ 变动制造费用差异

与分析直接材料和直接人工一样，快乐色彩公司采用类似的方法分析变动制造费用的弹性预算差异。原因是直接材料和直接人工也是可变成本，可以采用类似方法。

根据图表23-10，快乐色彩公司存在8 840美元的有利变动制造费用弹性差异，这意味着耗费的制造费用小于预算。为了分析有利差异，快乐色彩公司计算了变动制造费用的价格差异与效率差异。注意：变动制造费用的价格标准是每直接人工工时3.00美元，而在弹性预算中生产52 000单位蜡笔的直接人工工时是 13 000 小时。然而，实际变动制造费用是 30 160 美元，而且其花费了 10 400 个直接人工工时去完成 52 000 单位蜡笔的生产。变动制造费用的数据如下：

变动制造费用价格标准	每直接人工工时 3 美元
变动制造费用效率标准	每单位蜡笔 0.25 直接人工工时
实际直接人工工时	10 400 小时
实际变动制造费用	30 160 美元

变动制造费用价格差异

利用上述信息，我们可以计算**变动制造费用差异**（variable overhead cost variance），该差异测量实际变动制造费用（实际成本）与以实际分配数量为基数的标准变动制造费用（标准成本）之间的差异。这种差异衡量了企业对变动制造费用单位成本的控制程度。请注意：快乐色彩公司实际发生的变动制造费用比预期的更低。变动制造费用的实际单位成本为 2.90 美元（30 160÷10 400），标准单位成本为 3.00 美元。使用该公式，变动制造费用价格差异为 1 040 美元的有利差异。计算如下：

变动制造费用价格差异＝(实际成本－标准成本)×实际数量
＝(2.90－3.00)×10 400
＝1 040(美元)F

1 040 美元的变动制造费用价格差异是有利差异，因为快乐色彩公司每小时的实际变动制造费用比标准少 0.1 美元。

变动制造费用效率差异

现在，让我们看看快乐色彩公司消耗变动制造费用的效率如何。**变动制造费用效率差异**（variable overhead efficiency variance）衡量实际分配基数（实际数量）与本应使用的分配基数（标准数量）之间的差异。这种差异衡量了企业对变动制造费用投入数量的控制程度。由于变动制造费用是根据使用的直接人工工时分配的，当直接人工的效率差异为有利差异时，变动制造费用的效率差异也将是有利差异。工人制造 52 000 单位蜡笔所需的标准直接人工工时为 13 000 小时（52 000×0.25）。变动制造费用效率差异如下：

变动制造费用效率差异＝(实际数量－标准数量)×标准成本
＝(10 400－13 000)×3.00
＝7 800(美元)F

7 800 美元的差异是有利差异，因为工人们实际耗费的工时比预算少 2 600 小时，而变动制造费用是按照直接人工工时分配的。

变动制造费用差异汇总

图表 23－13 汇总了快乐色彩公司如何将 8 840 美元的有利变动制造费用弹性预算差异分成价格差异与效率差异两部分。

8 840 美元的有利差异说明实际变动制造费用小于预期。为了更好地管理快乐色彩公司的变动制造费用，我们还需要进一步看到：

- 快乐色彩公司发生的实际变动制造费用比预期的少 1 040 美元——这是一项有利的价格差异。
- 工人们生产 52 000 单位蜡笔的实际工作时间是 10 400 小时，而不是预算的 13 000 小时——这是一项有利的效率差异。

管理者也许会认为变动制造费用差异非常小而不需要进一步研究。然而，他们需要进一步研究差异来确定成本的降低是不是可控的，以及成本标准是否需要更新。

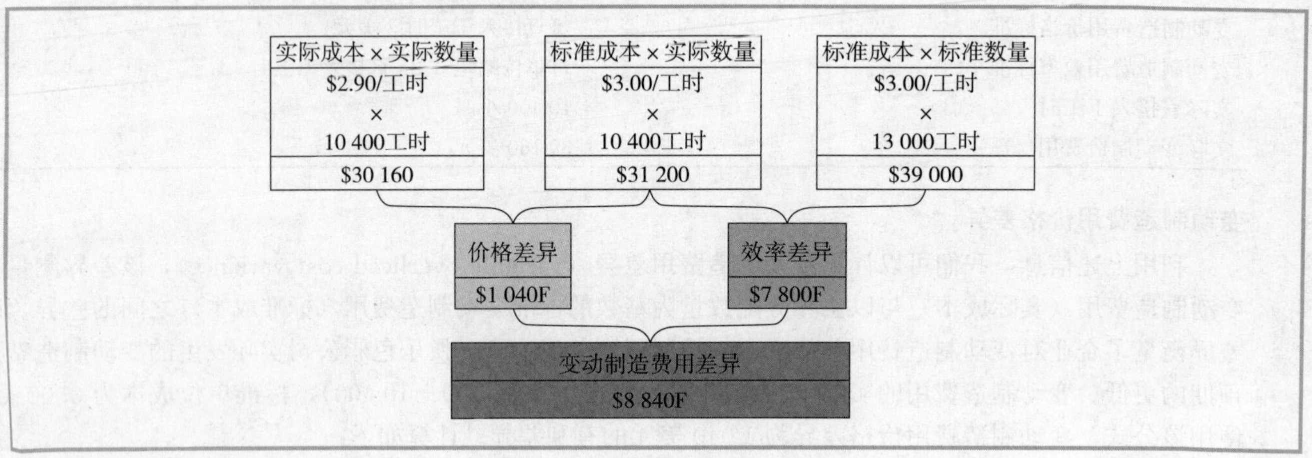

图表 23-13　变动制造费用差异

□ 固定制造费用差异

目前分析的三种产品成本都是变动成本，所以分析过程十分相似。然而，快乐色彩公司使用一种不同的方法来分析固定制造费用差异。记住：固定制造费用在相关范围内不会发生变化，但是，当产量发生变化时单位固定制造费用会发生变化。为了分析固定制造费用的变化，我们需要以下数据：

- 实际固定制造费用；
- 预计固定制造费用；
- 分配的固定制造费用。

记住：固定预算与弹性预算的预计固定制造费用是一样的，因为当产量发生变化时固定制造费用不会改变。可以参考图表 23-5 中的弹性预算业绩报告来复习这一概念。

固定制造费用价格差异

固定制造费用价格差异（fixed overhead cost variance）衡量的是实际固定制造费用与预算固定制造费用之间的差异，以确定总固定制造费用差异中的可控部分。固定制造费用差异衡量企业对固定制造费用的控制程度。

实际固定制造费用和预算固定制造费用可以分别从图表 23-2 中的固定预算业绩报告和图表 23-5 中的弹性预算业绩报告中找到。

固定制造费用价格差异＝实际固定制造费用－预计固定制造费用
＝23 920－25 000
＝1 080(美元)F

1 080 美元的固定制造费用价格差异是有利差异，因为快乐色彩公司的实际固定制造费用小于预算。上述固定制造费用价格差异的计算与图表 23-5 中固定制造费用弹性预算差异的结果相同。产量的变化不会影响固定成本，因此，在固定制造费用弹性预算差异中只有价格因素的影响，而没有效率因素的影响。

固定制造费用产量差异

固定制造费用产量差异（fixed overhead volume variance）衡量预计固定制造费用与分配给实际产出

的固定制造费用金额之间的差异。这种差异衡量的是，当实际数量不等于预算数量时，如何分配固定制造费用。使用之前计算的固定制造费用的标准制造费用分配率，固定制造费用按 2.00 美元/直接人工工时分配，每批蜡笔的效率标准为每批 0.25 直接人工工时。因此，分配的固定制造费用为 26 000 美元，计算如下：

分配到产品的固定制造费用＝标准固定制造费用分配率×以实际产量为基础的标准数量
＝2.00×0.25×52 000
＝26 000（美元）

固定制造费用产量差异的计算如下所示：

固定制造费用产量差异＝预计固定制造费用－分配的固定制造费用
＝25 000－26 000
＝1 000（美元）F

1 000 美元的固定制造费用产量差异是有利差异，因为快乐色彩公司实际的产量多于预算，分配了比 25 000 美元更多的制造费用到产品中。换言之，按照固定制造费用的标准，快乐色彩公司多分配了 1 000 美元的固定制造费用。

固定制造费用产量差异并不是一项价格差异——而是一项产量差异，并且解释了固定制造费用为什么会多分配或者少分配。图表 23－14 显示了固定制造费用产量差异。预计固定制造费用、标准固定制造费用、标准直接人工工时线围出的小三角形代表了固定制造费用产量差异。

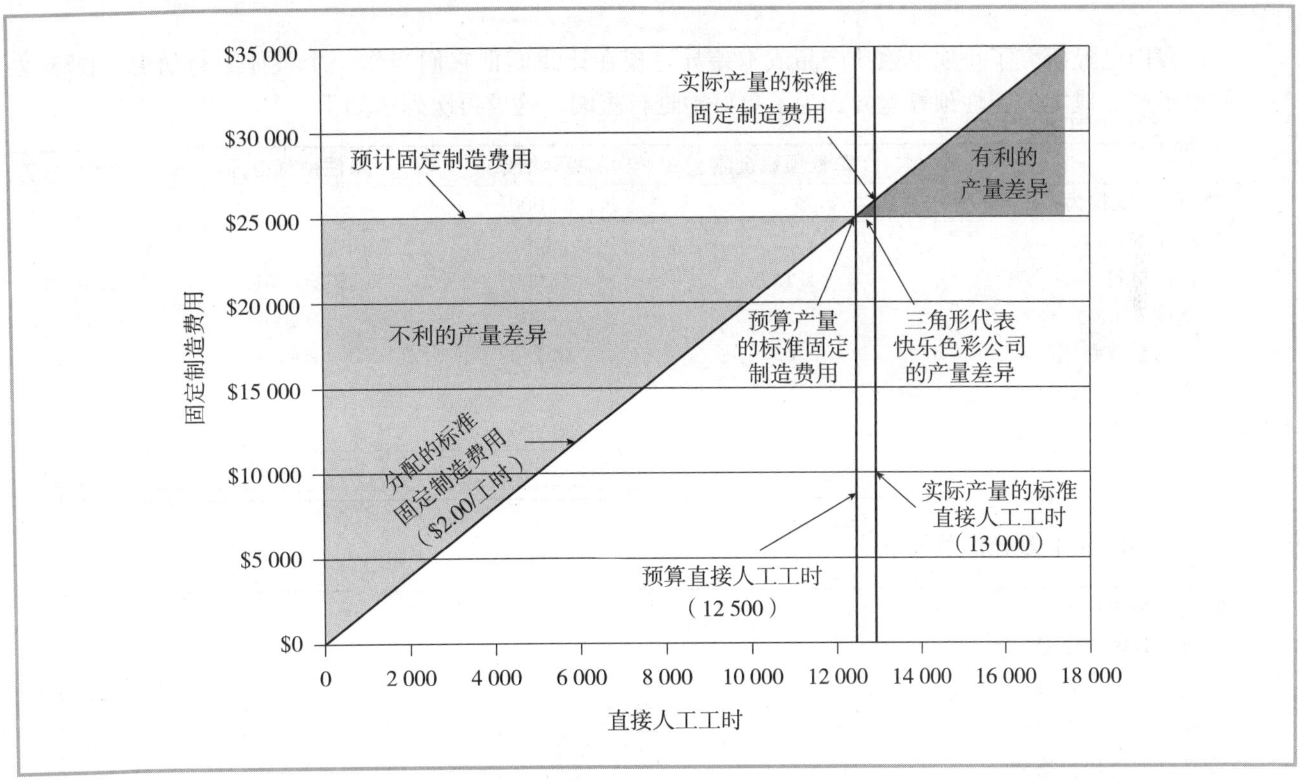

图表 23－14　固定制造费用产量差异

固定制造费用差异汇总

图表 23－15 汇总了固定制造费用差异。

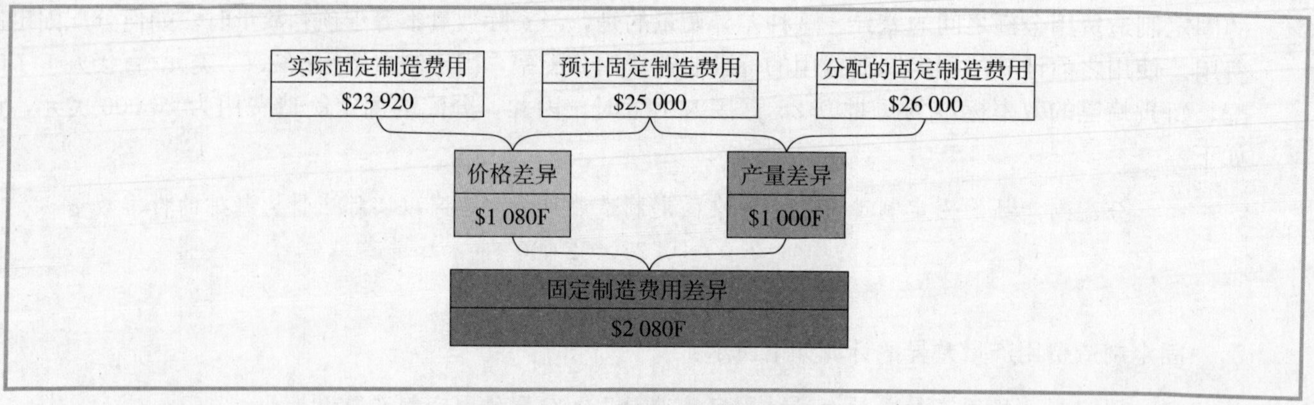

图表 23 - 15　固定制造费用差异

为了更好地管理快乐色彩公司的固定制造费用，我们需要进一步看到：

- 快乐色彩公司实际发生的固定制造费用比预期少 1 080 美元，这是一项有利的价格差异。
- 工人们生产了 5 200 单位的蜡笔，比预算多生产了 2 000 单位，导致 1 000 美元的有利产量差异。

管理者也许会认为固定制造费用差异非常小而不需要进一步研究。然而，他们需要进一步研究差异来确定成本的降低是不是可控的，以及成本标准是否需要更新。

23.5　产品成本差异之间的关系以及谁应对此负责

我们已经研究了每项单独的产品成本差异，现在让我们把它们当作一个整体进行研究。图表 23 - 10 列出了产品成本的弹性预算差异。为了更好地进行查阅，这里再次列示如下：

	单位预算金额	实际结果	弹性预算差异	弹性预算
单位（100 根为一个单位）		52 000		52 000
变动成本：				
直接材料	$1.75	$104 000	$13 000U	$91 000
直接人工	3.00	145 600	10 400F	156 000
变动制造费用	0.75	30 160	8 840F	39 000
固定成本：				
固定制造费用		23 920	1 080F	25 000
总计		$303 680	$7 320F	$311 000

单独的成本差异汇总如下：

直接材料价格差异	$9 750F
直接材料效率差异	22 750U
直接人工价格差异	20 800U
直接人工效率差异	31 200F
变动制造费用价格差异	1 040F
变动制造费用效率差异	7 800F
固定制造费用价格差异	1 080F
固定制造费用产量差异	1 000F

□ 差异的关系

图表 23－16 说明了各种产品成本差异之间的关系。请仔细研究这一关系图。

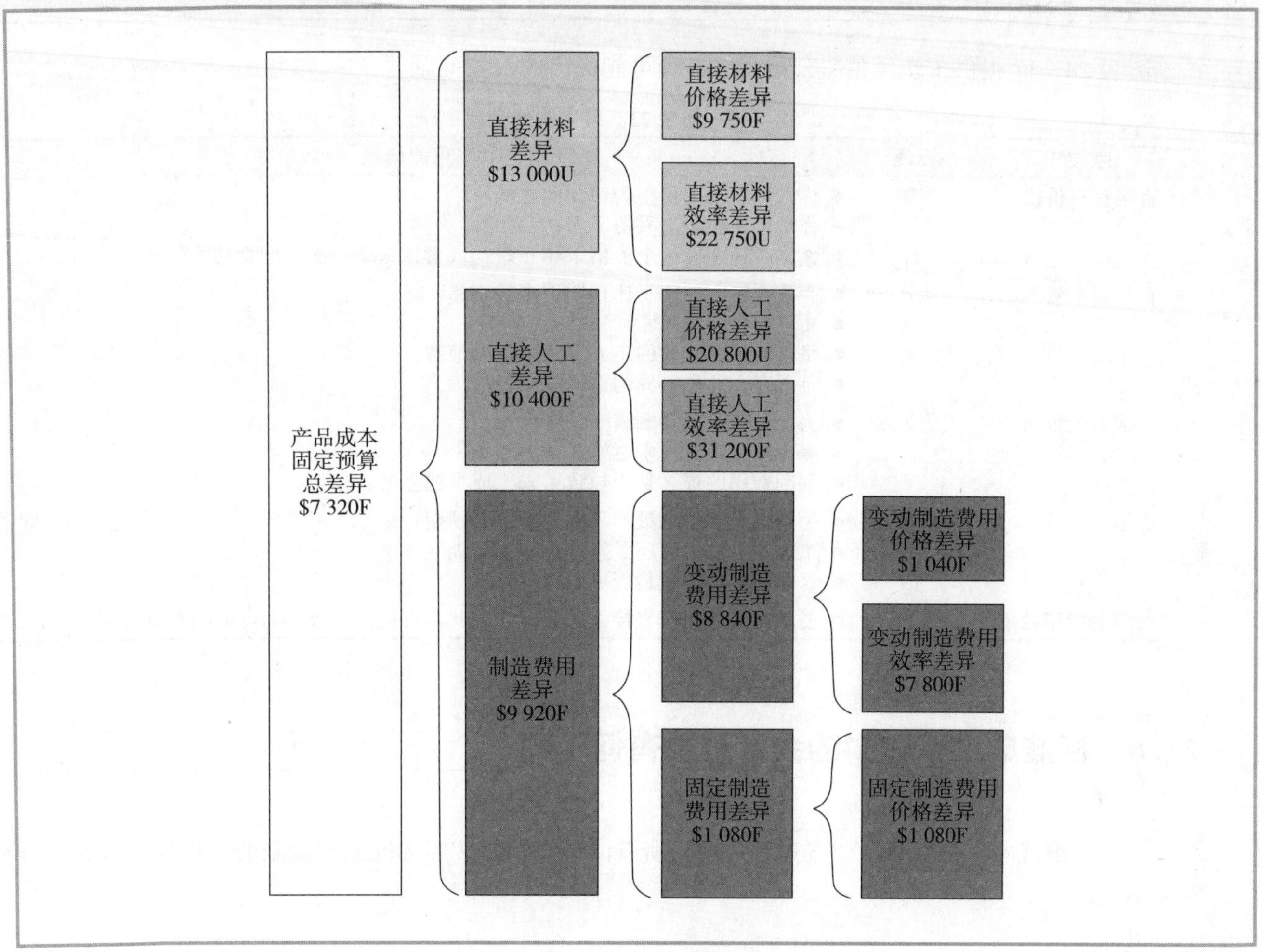

图表 23－16　产品成本差异关系

注意：固定制造费用产量差异并没有包括在该图中。如前所述，这一差异不是弹性预算差异，而是一个产量差异。它反映的是基于单位产量分配固定制造费用如何产生预计制造费用和分配的制造费用的差异。分配过程导致固定制造费用的多分配或者分配不足。

□ 差异的责任

既然已经汇总了所有的差异，快乐色彩公司可以选择认为重要的差异进一步调查，这称为**例外管理**（management by exception），因为管理者关注的是出现在可接受范围外的结果。换言之，管理者关注例外情况。例外情况可以表述为一个预算结果的百分比或者金额。很多企业综合运用这两种方法。例如，一家企业会对任何大于预算结果 10％或者 10 000 美元的差异进行调查。

快乐色彩公司会对任何大于 5 000 美元的差异进行调查，因此，快乐色彩公司会对以下差异进行调查：

直接材料价格差异	$9 750F
直接材料效率差异	22 750U
直接人工价格差异	20 800U
直接人工效率差异	31 200F
变动制造费用效率差异	7 800F

图表 23－17 提供了快乐色彩公司高级经理可能提出的一些问题。

图表 23－17　例外管理

差异	经理	可能问题
直接材料价格	采购	● 你采购石蜡的价格为何如此之低？ ● 你是否在质量上妥协了？ ● 你是否还能以这个价格采购石蜡？或者这只是一次性的交易？
直接材料效率	生产	● 为什么工人使用了比预期更多的石蜡？ ● 质量存在问题吗？ ● 是否有缺乏经验的工人导致过多的浪费？ ● 是否存在导致差异的重要事项？
直接人工价格	人力资源	● 为什么工人的薪酬高于预期？ ● 雇用的工人是技术更好？ ● 福利费用的提高是否导致了人工成本的上升？
直接人工效率	生产	● 为何工人制造每批产品的速度快于预期？ ● 工人是更富经验还是经过更多的培训？ ● 这个水平的产量是否可以持续？
变动制造费用效率	生产	● 变动制造费用按直接工时分配。因此，直接人工效率的可能问题也可用于此处。

23.6　标准成本系统中的会计分录有何不同

使用标准成本系统简化了记录过程，因为所有的分录都是按照标准成本编制的，让我们看看会计分录有何不同。

□ 会计分录

管理者需要了解差异并着手解决问题。因此，快乐色彩公司尽可能快地记录实际结果与标准的差异。这意味着快乐色彩公司会在材料采购时记录直接材料价格差异，也意味着开始生产蜡笔时按照标准数量和成本记入在产品账户的借方。由于本章快乐色彩公司的案例是其整个 2019 年的经营活动，我们记录的是汇总分录。

交易 1——购买直接材料

交易 1 在原材料账户的借方按照实际数量和标准成本进行记录。相应地，在应付账款的贷方按照实际数量和实际成本进行记录。这是实际应支付给供应商的价款。在原材料账户记录时使用标准成本要求快乐色彩公司在材料采购时记录直接材料价格差异。快乐色彩公司的直接材料价格差异是 9 750 美元的有利差异。有利差异会存在贷方余额，并且可以抵减费用。不利差异说明实际的费用比计划更高，并且会存在借方余额。

日期	科目及摘要	借方	贷方
交易 1	原材料	113 750	
	直接材料价格差异		9 750
	应付账款		104 000
	购买直接材料。		

交易 2——使用直接材料

在交易 2 中，在产品账户的借方按照生产 52 000 单位蜡笔的 52 000 磅石蜡的标准成本进行记录。原材料账户的贷方按照投入材料的实际数量和标准成本进行记录。快乐色彩公司的直接材料效率差异是 22 750 美元的不利差异。不利差异会存在借方余额，并且会增加费用、降低利润。

日期	科目及摘要	借方	贷方
交易 2	在产品	91 000	
	直接材料效率差异	22 750	
	原材料		113 750
	使用直接材料。		

交易 3——直接人工

在交易 3 中，在产品账户的借方按照每小时 12.00 美元的标准成本对生产 52 000 单位蜡笔的 13 000 直接人工工时进行记录。应付职工薪酬的贷方按照实际成本进行记录，因为这是快乐色彩公司实际支付给工人的工资。直接人工价格差异是 20 800 美元的不利差异，记入借方。直接人工的效率差异是 31 200 美元的有利差异。

日期	科目及摘要	借方	贷方
交易 3	在产品	156 000	
	直接人工价格差异	20 800	
	直接人工效率差异		31 200
	应付职工薪酬		145 600
	发生直接人工成本。		

交易 4——制造费用

交易 4 记录了快乐色彩公司 2019 年的实际制造费用。制造费用账户借方计入实际制造费用 54 080 美元：30 160 美元的实际变动制造费用加上 23 920 美元的实际固定制造费用。此处的“对应账户”是用于简化说明的虚构账户，可能包括现金、应付账款、累计折旧、预付保险费等账户，或与产生制造费用相关的其他账户。

日期	科目及摘要	借方	贷方
交易 4	制造费用	54 080	
	对应账户		54 080
	发生制造费用。		

交易 5——分配制造费用

交易 5 是将制造费用分配到在产品账户中：

分配到产品的制造费用＝标准制造费用分配率×以实际产量为基数的标准数量
＝5×0.25×52 000
＝65 000(美元)

日期	科目及摘要	借方	贷方
交易 5	在产品	65 000	
	制造费用		65 000
	分配制造费用。		

交易 6——产品完工

交易 6 将 2019 年完工的 52 000 单位蜡笔从在产品账户转入产成品账户。转移的金额是 52 000 单位蜡笔的标准成本：直接材料（91 000 美元）、直接人工（156 000 美元）和制造费用（65 000 美元）。

日期	科目及摘要	借方	贷方
交易 6	产成品	312 000	
	在产品		312 000
	转出完工产品。		

交易 7——销货成本

交易 7 记录了以每单位 6 美元的标准成本完成的 52 000 单位蜡笔的销货成本。（交易 6 的 312 000 美元除以 52 000 单位）。此交易假设 2019 年生产的所有产品均在 2019 年销售。为简单起见，未列出销售时的会计分录。

日期	科目及摘要	借方	贷方
交易 7	销货成本	312 000	
	产成品		312 000
	标准成本的销货成本。		

交易 8——调整制造费用

交易 8 调整制造费用账户并记录差异。所有的制造费用差异都是有利差异，所以全部记入贷方。制造费用的调整在借方说明实际制造费用小于分配的制造费用，即制造费用多分配了。因此该账户存在一个贷方余额需要通过借方转出。当制造费用少分配时，制造费用的调整就发生在贷方，而且制造费用的差异是不利差异。

日期	科目及摘要	借方	贷方
交易 8	制造费用	10 920	
	变动制造费用价格差异		1 040
	变动制造费用效率差异		7 800
	固定制造费用价格差异		1 080
	固定制造费用产量差异		1 000
	调整制造费用。		

图表 23－18 为快乐色彩公司过账后的账户。

图表 23－18　标准成本法下的成本流动

原材料

交易 1	113 750	113 750	交易 2
余额	0		

在产品

交易 2	91 000	312 000	交易 6
交易 3	156 000		
交易 5	65 000		
余额	0		

产成品

交易 6	312 000	312 000	交易 7
余额	0		

制造费用

交易 4	54 080	65 000	交易 5
交易 8	10 920		
余额	0		

销货成本（主营业务成本）

交易 7	312 000		

应付账款

		10 4000	交易 1

直接材料价格差异

		9 750	交易 1

直接材料效率差异

交易 2	22 750		

应付职工薪酬

		145 600	交易 3

直接人工价格差异

交易 3	20 800		

直接人工效率差异

		31 200	交易 3

对应账户

		54 080	交易 4

变动制造费用价格差异

		1 040	交易 8

变动制造费用效率差异

		7 800	交易 8

固定制造费用价格差异

		1 080	交易 8

固定制造费用数量差异

		1 000	交易 8

□ 标准成本利润表

快乐色彩的管理层需要知道公司的成本差异。图表 23－19 是一张标准成本利润表，其中重点列出了与管理有关的差异。

图表 23－19　标准成本利润表

快乐色彩公司标准成本利润表 截至 2019 年 12 月 31 日			
标准销售收入			$ 390 000
销售收入差异			(5 200)
实际销售收入			384 800
标准销货成本		$ 312 000	
生产成本差异：			
直接材料价格差异	$ (9 750)		
直接材料效率差异	22 750		
直接人工价格差异	20 800		
直接人工效率差异	(31 200)		
变动制造费用价格差异	(1 040)		
变动制造费用效率差异	(7 800)		
固定制造费用价格差异	(1 080)		
固定制造费用产量差异	(1 000)		
合计		(8 320)	
实际销货成本			303 680
毛利			81 120
销售和管理费用			44 800
营业利润			$ 36 320

首先，注意图表 23－18 中的营业利润与图表 23－5 中弹性预算业绩报告中的相同。标准成本利润表并未修改实际的营业利润，只是简单强调了实际与标准的差异。

报表从标准销售收入开始，减去 5 200 美元不利的销售收入差异，得到实际的销售收入。接下来是标准销货成本。之后是生产成本差异的一系列分类。再之后是实际销货成本。生产成本差异合计余额在贷方，有括号，因为有费用抵消，销货成本因此减少。

期末，所有的暂时性的差异账户余额清零。

从利润表中可以看到，所有的生产成本差异为 8 320 美元的有利差异。因此，在实际生产成本与标准成本一致的情形下，2019 年的营业利润会多出 8 320 美元。

习题

P23－30B　编制弹性预算业绩报告

CPT 公司制造 4G 基站和其他设施。公司 2018 年 7 月弹性预算显示产量水平为 8 500，10 000，12 000 单位。固定预算基于预期销量 10 000 单位编制。

CPT 公司弹性预算 2018 年 7 月				
	单位预算金额			
数量		8 500	10 000	12 000
销售收入	$24	$204 000	$240 000	$288 000
变动费用	13	110 500	130 000	156 000
边际贡献		93 500	110 000	132 000
固定费用		57 000	57 000	57 000
营业利润		$36 500	$53 000	$75 000

公司实际在 7 月售出 12 000 单位商品。实际营业利润如下：

CPT 公司利润表 2018 年 7 月	
销售收入	$295 000
变动费用	161 100
边际贡献	133 900
固定费用	58 000
营业利润	$75 900

要求：

1. 编制 7 月份弹性预算业绩报告。
2. CPT 公司多销售 2 000 单位商品将对营业利润有什么影响？
3. CPT 公司的固定预算差异是多少？
4. 解释为什么对于 CPT 公司管理层来说，弹性预算业绩报告比固定预算差异更有用？从弹性预算业绩报告中管理者可以得到什么信息？

P23-31B 编制弹性预算并计算标准成本差异

生产皮革躺椅的制造商 MKR 公司使用弹性预算以及标准成本系统。MKR 公司根据直接材料按码分配管理费用。公司的业绩报告包括以下数据：

		固定预算 （1 025 个躺椅）	实际结果 （1 005 个躺椅）
销售收入	（1 025 个躺椅×$500/个）	$512 500	
	（1 005 个躺椅×$495/个）		497 475
变动生产成本：			
直接材料	（6 150 码，$8.50/码）	52 275	
	（6 300 码，$8.30/码）		52 290
直接人工	（10 250 工时，$9.20/工时）	94 300	
	（9 850 工时，$9.40 工时）		92 590
变动制造费用	（6 150 码，$5.10/码）	31 365	
	（6 300 码，$6.50/码）		40 950
固定生产成本：			
固定制造费用		62 730	64 730
总销货成本		240 670	250 560
毛利		$271 830	$246 915

要求：

1. 根据实际销售躺椅的数量编制弹性预算。

2. 计算直接材料和直接人工的价格差异和效率差异。对于制造费用，计算变动制造费用价格差异、变动制造费用效率差异、固定制造费用价格差异以及固定制造费用产量差异。

3. 公司的管理层对材料、人工和间接费用是否进行了有效管理？为什么？

4. 请描述公司管理层如何能够从标准成本系统中受益。

P23-32B 计算标准成本差异并向管理层报告

HS公司是耳机外壳生产商。在2018年9月，公司生产并销售了106 000件外壳，下表为记录的相关成本数据：

标准成本

	数量	成本
直接材料	2件	$0.16/件
直接人工	0.02小时	8.00/小时
变动制造费用	0.02小时	11.00/小时
固定制造费用（固定预算$30 720，96 000单位；1 920小时，$16/小时）		

实际成本

直接材料（209 000件，$0.21/件）	$43 890
直接人工（1 620小时，$8.10/小时）	13 122
变动制造费用	9 000
固定制造费用	30 000

要求：

1. 计算直接材料和直接人工的价格差异和效率差异。

2. 针对制造费用，计算变动制造费用的价格差异和效率差异，以及固定制造费用的价格差异和产量差异。

3. 公司管理层在9月份采用较高质量的原材料。讨论如何权衡两种直接材料差异。

P23-33B 计算标准成本差异并编写分录

MD公司是一家生产咖啡杯的厂商，它接受其他公司定制带有自己图标的咖啡杯。MD公司编制弹性预算，并且利用标准成本系统控制制造费用。一个咖啡杯的标准单位成本根据每月59 800个咖啡杯的固定预算产量确定：

直接材料（0.2磅，$0.25/磅）		$0.05
直接人工（3分钟，$0.14/分钟）		0.42
制造费用：		
变动费用（3分钟，$0.06/分钟）	$0.18	
固定费用（3分钟，$0.13/分钟）	0.39	0.57
每个咖啡杯的总成本		$1.04

2018年7月，实际成本和产量信息如下：

a. 没有期初或者期末存货余额。

b. 实际产量和销量为62 500个咖啡杯。

c. 实际使用直接材料11 000磅，实际单位成本为0.17美元/磅。

d. 实际耗用直接人工197 000分钟，总的直接人工成本为33 490美元。

e. 实际制造费用为 10 835 美元变动制造费用和 29 965 美元固定制造费用。

f. 销售和管理费用为 130 000 美元。

要求：

1. 计算直接材料和直接人工的价格差异和效率差异。

2. 编制直接材料的使用和直接人工的分配的分录，包括相关差异。

3. 针对制造费用，计算变动制造费用的价格差异和效率差异，以及固定制造费用的价格差异和产量差异。

4. 编制实际制造费用和已分配的制造费用的分录。编制所有在产品移动的分录。编制制造费用的调整分录。

5. 7 月份，MD 公司雇用了更多的高级技工，这项决策对于成本差异有何影响？总的来说，这项决策明智吗？

提示：在完成习题 P23 - 34B 之前要先完成习题 P23 - 33B。

P23 - 34B　编制标准成本利润表

回顾习题 P23 - 33B 的结果。MD 公司的标准和实际销售单价为 5 美元。编制公司 2018 年 7 月的标准成本利润表。

第 24 章

成本分配与责任会计

- 24.1　企业如何分派和分配成本
- 24.2　为何分权制企业需要责任会计
- 24.3　什么是业绩评价系统？如何使用
- 24.4　公司如何使用责任会计评价成本、收入和利润中心的业绩
- 24.5　投资中心的业绩评价与其他中心有什么不同
- 24.6　附录 24A：转移价格

如何控制看不见的东西?

皮埃尔・西蒙斯在几年前创立了自己的饮料公司——德雷克饮料公司。这个企业处于成长阶段。皮埃尔正在计划新建一条生产线。目前为止，所有的经营活动都在同一个地点，工厂与办公室相邻。然而，新的工厂距现在的地点有 200 英里。皮埃尔相信新的工厂能帮助公司打入新的市场并降低运输成本。现在的问题是控制。皮埃尔应该如何监控 200 英里以外的工厂的运转呢?

德雷克饮料公司已经发展到不能只依赖一个人管理日常经营活动的阶段。皮埃尔必须找到有能力管理新工厂的人。他还需要建立一套系统帮助他清晰地将公司目标传递给新工厂的管理者，并且帮助他监控新工厂的经营活动。皮埃尔作为企业所有者有自己的盈利目标，但是他也关注企业的其他方面。如何保证新客户的满意度？如何保证产品的安全性？如何提高员工的积极性?

如何衡量成功?

随着企业的发展壮大，日常经营活动的管理被分派给不同的人——一个人无法持续监控企业的方方面面。以百事公司为例，百事可乐发明于 19 世纪 90 年代。百事公司成立于 1965 年。经过扩张与收购，百事公司的年收入达到了约 630 亿美元，并且拥有超过 263 000 名员工。高层管理者如何监控公司的运营?百事公司的年报包括 6 个业务分部的经营活动。该公司必须建立一套系统以保证每个管理者在决策时以公司而不是其所在部门的最大利益为标准。我们现在来看看公司如何监控每个部门的经营活动。

学习目的

1. 使用同一个或多个分配基数的计划制造费用分配率分派直接成本，并分配间接成本。
2. 解释企业为何分散权力并运用责任会计。
3. 描述业绩评价系统的目的和平衡计分卡如何帮助公司评价业绩。
4. 使用责任报告评价成本、收入和利润中心。
5. 使用投资报酬率（ROI）和剩余收益（RI）评价投资中心。
6. 确定转移定价如何影响分权制企业（附录 24A)。

24.1　企业如何分派和分配成本

如你之前所学到的，产品成本由直接材料、直接人工和制造费用构成。这些成本必须追溯到生产的每一件产品中。直接材料和直接人工可以很容易地追溯到产品中。例如，STL 公司可以追溯在平板电脑里安装一块电池的成本，因为生产的平板电脑数量与安装的电池数量之间存在一定的逻辑联系。因此，直接材料和直接人工被分派到产品中。

制造费用，也称作间接成本，不能被很容易地追溯到产品中。制造费用包括租金、水电费、保险和工厂设备的财产税；制造设备的折旧；间接人工，例如，生产主管的工资；间接材料，例如，胶水等不能直接追溯到产品中的材料等。制造费用被归集到成本池中，然后分配到产品中。

只有在确定总制造费用后才能做出最为准确的分配，但是总制造费用只有在期末才能确定。管理者不能为成本信息等待那么长的时间。企业必须找到一种在会计期间分配这些间接成本的方法。

在这一章中，我们主要学习三种不同的企业分配间接成本的方法：单一分配率法、多部门分配法和作业成本法。我们从最简单的方法开始一步步介绍复杂的方法。越复杂的方法越能带来更多的细节信息，通常有助于更好地做出决策。

再次以STL公司为例。这家公司之前的经营活动十分成功，现在正通过制造更高级的产品扩大生产。

高级产品更为先进，包括更大的屏幕、更快的处理器、续航时间更长的电池和专门的软件系统。高级产品的制造过程与原来的标准产品有很多差异。例如，其要求用更为精密的工具进行校准。在开始批量生产前，需要建立一套校准系统。校准系统需要由具有专业技术的工人操作。由于他们具有专业技术，其工资率更高。此外，与标准产品相比，高级产品的软件需要更长时间的检测与试验，以保证其对硬件的支持。

管理团队已经为下一年的预测收集了以下信息：

		标准产品	高级产品
产量		2 000件	500件
单位产品直接材料		$150	$200
单位产品直接人工		$88	$148
总制造费用	$100 000		

真正的挑战是确定将100 000美元制造费用分配到2 500台平板电脑的方法。这样，管理者才能获取产品的生产成本以制定计划和控制决策。

□ 单一分配率法

单一分配率法是传统的分配制造费用的方法，也是最为简单的一种方法。在这种方法中，企业在会计期间开始前通过选择分配基数计算**计划制造费用分配率**（predetermined overhead allocation rate），并使用相同的分配基数将制造费用分配到所有的产品中。当STL公司只生产一种类型的产品时，直接人工成本被用作分配基数。这里仍然以直接人工成本作为分配基数，计算出计划制造费用分配率，并以此分配制造费用，确定单位成本总额。

总制造费用是已给出的100 000美元。为确定总的直接人工成本，用单位产品的直接人工乘以产量。两种产品都要计算。

	单位产品直接人工	×	产量	=	直接人工成本总额
标准产品	$88	×	2 000	=	$176 000
高级产品	$148	×	500	=	74 000
合计					$250 000

我们现在已经拥有了确定计划制造费用分配率所需的数据。计算过程如下：

计划制造费用分配率＝预计总制造费用÷预计总制造费用分配基数

＝100 000÷250 000

＝40%

现在可以将制造费用分配到每种类型的产品中，计算过程如下：

	计划制造费用分配率	×	实际制造费用分配基数	=	实际分配的制造费用
标准产品	40%	×	$176 000 直接人工	=	$70 400
高级产品	40%	×	$74 000 直接人工	=	$29 600
合计					$100 000

为确定单位产品的制造费用，我们用每种产品的制造费用总额除以产量，然后用计算出的单位制造费用加上单位直接材料与单位直接人工确定单位产品成本。

	标准产品	高级产品
制造费用总额	$70 400	$29 600
÷产量	÷2 000	÷500
单位制造费用	$35.20	$59.20
单位直接材料	$150.00	$200.00
单位直接人工	88.00	148.00
单位制造费用	35.20	59.20
单位产品成本	$273.20	$407.20

因为直接人工成本是所有产品单一的分配基数，STL 公司分配到标准产品的制造费用总额 70 400 美元远远大于高级产品的 29 600 美元。然而，标准产品的制造费用总额被更多的产品分摊，所以其单位制造成本 35.20 美元小于高级产品的 59.20 美元。

单一分配率法十分简单，但可能不够准确。在 STL 公司，使用直接人工成本作为分配基数可能会使两种产品的单位成本失真。例如，我们知道高级产品要求工人的技术更加高超，支付的薪酬也更高。高级产品更高的直接人工成本意味着其单位产品分配到更多的制造费用。生产高级产品的工人的薪酬更高，这是否说明高级产品耗费了更多的资源，从而导致其制造费用提高？换言之，直接人工成本与制造费用之间是否存在联系？如果有，则使用直接人工成本作为分配基数是准确的。如果没有，则需要采取另一种方法。

□ 多部门分配法

单一分配率法的改进就是使用包括多种不同分配基数的综合计划制造费用分配率分配制造费用。这种方法更为复杂，但也更为准确。分配过程是一样的，只是存在多个成本池与多个成本分配基数。

STL 公司已经确定制造过程由两个部门完成。在第一个部门，即制造部门，平板电脑的部件被制造和组装起来。在第二个部门，即软件部门，软件被安装到平板电脑上并进行相关测试。管理者将制造费用分为两个成本池，一个与制造部门有关，一个与软件部门有关。

经过仔细分析，STL 公司认为机器的使用是制造部门主要的成本动因。换言之，公司认为机器使用工时与制造费用之间存在直接联系。因此，它们决定使用机器工时作为制造部门的分配基数。STL 公司认为直接人工成本是软件部门的分配基数。图表 24 - 1 总结了 STL 公司不同部门使用不同的分配基数分配制造费用的过程。

图表 24-1 使用多部门分配法分配制造费用的流程

分配流程	部门	
第一步：确定部门，估算它们的制造费用总额	制造部门 $80 000	软件部门 $20 000
第二步：确定每个部门的分配基数并估算每种分配基数的总额	机器工时 标准：15 000 工时 高级：5 000 工时 合计：20 000 工时	直接人工成本 标准：$22 000 高级：$9 250 合计：$31 250
第三步：计算计划制造费用分配率	$80 000/20 000=$4.00	$20 000/$31 250=64%
第四步：将制造费用分配到成本目标中	标准：15 000×$4.00=$60 000 高级：5 000×$4.00=$20 000	标准：64%×$22 000=$14 080 高级：64%×$9 250=$5 920

总成本

为确定单位产品的制造费用，我们用制造费用总额除以产量，然后用单位制造费用加上直接材料和直接人工来确定单位产品成本。

	标准产品	高级产品
制造费用——制造部门	$60 000	$20 000
制造费用——软件部门	14 080	5 920
制造费用总额	$74 080	$25 920
÷产量	÷2 000	÷500
单位制造费用	$37.04	$51.84
单位直接材料	$150.00	$200.00
单位直接人工	88.00	148.00
单位制造费用	37.04	51.84
单位产品成本	$275.04	$399.84

分析

我们使用了两种方法估计产品的单位成本，现在让我们比较一下结果。

	标准产品	高级产品
估计的单位产品成本：		
多部门分配法	$275.04	$399.84
单一分配率法	$273.20	$407.20
差异	$1.84	$(7.36)

使用多部门分配法的计算结果显示，标准产品的单位成本略高于原来的计算结果，而高级产品的计算结果略低于原来的计算结果。这一差异看似不十分明显，但在当今竞争激烈的市场中，即使很小的差异也会产生不小的影响。管理者需要更多的数据来制定价格，确定盈利水平最高的产品。让我们再看一种新的成本分配方法——作业成本法，它比多部门分配法更为先进。

□ 作业成本法

在商业竞争变得如此激烈之前，管理人员将他们的注意力集中在范围较大的经营活动上，比如生产，并使用单一分配率法或者多部门分配法将制造费用分配到产品中。但是当今的商业环境要求更为先进的成本核算系统，这在产品耗用多种资源并且每种资源的耗费量不同时更为重要。

STL 公司现在面临的情况是，其两种主要产品耗用的资源不同。如我们之前所述，高级产品的校准工作需要拥有专业技术的、薪水更高的工人完成。同时因为高级产品特殊的结构，其测试的过程比标准产品所需的时间更长。

类似 STL 这样有多种产品的企业可以使用作业成本法和作业成本管理来获取更准确的成本信息。**作业成本管理**（activity-based management，ABM）关注企业主要的作业活动，确定作业的成本，然后利用这些信息做出能够提高顾客满意度与利润的决策。作业的成本成为将制造费用分配到产品与服务中的基础。先确定作业的成本，再确定产品与服务的成本的方法称为**作业成本法**（activity-based costing，ABC）。

在作业成本法中，每一项作业有自己的分配基数，通常称为成本动因。图表 24－2 列出了一些有代表性的作业与分配基数。

图表 24－2　作业与分配基数举例

作业	分配基数
质量检测——检测原材料或产成品	检测次数
保修服务——为残次品提供维修服务	服务呼叫次数
产品运输——产成品运至客户	运输产品的磅数
校准机器——校准生产所需机器	批数
使用机器	机器工时
采购——采购原材料	采购订单数

作业成本系统的建立由四个步骤构成。图表 24－3 总结了 STL 公司的作业成本法步骤。

图表 24－3　STL 公司的作业成本法

作业成本法的步骤	应用		
第一步：明确作业并估算其总成本	校准 \$15 000	组装 \$65 000	检测 \$20 000
第二步：明确每项作业的分配基数并估算每种分配基数的总量	批数 标准：40 批 高级：20 批 合计：60 批	直接人工工时 标准：10 000 工时 高级：2 500 工时 合计：12 500 工时	检测次数 标准：7 750 次 高级：2 250 次 合计：10 000 次
第三步：计算每项作业的计划制造费用分配率	\$15 000/60 ＝\$250	\$65 000/12 500 ＝\$5.20	\$20 000/10 000 ＝\$2.00
第四步：分配制造费用到成本对象	标准：40×\$250＝\$10 000 高级：20×\$250＝\$5 000	标准：10 000 × \$5.20 ＝ \$52 000 高级：2 500 × \$5.20 ＝ \$13 000	标准：7 750×\$2.00＝\$15 500 高级：2 250×\$2.00＝\$4 500

第一步：明确作业并估算其总成本

建立作业成本系统的第一步就是明确用以分配制造费用的成本。分析一个产品或一项服务需要的所有作业能让管理者考虑如何改进每项作业或者是否需要某项作业。

STL 公司的管理团队仔细分析了生产过程。他们确定在生产过程中三项作业产生了主要的制造费用。第一项作业是校准。在一批平板电脑生产之前，机器必须进行校准。在校准作业完成以后，平板电脑就可以生产了。第二项作业是组装。第三项作业是检测操作系统。管理者随后估计了这三项作业所产生的制造费用，并估算下年每项作业会发生以下制造费用：

作业	估计的制造费用
校准	$15 000
组装	65 000
检测	20 000
合计	$100 000

图表 24－4 列出了 STL 公司的传统成本核算系统与作业成本系统的不同。

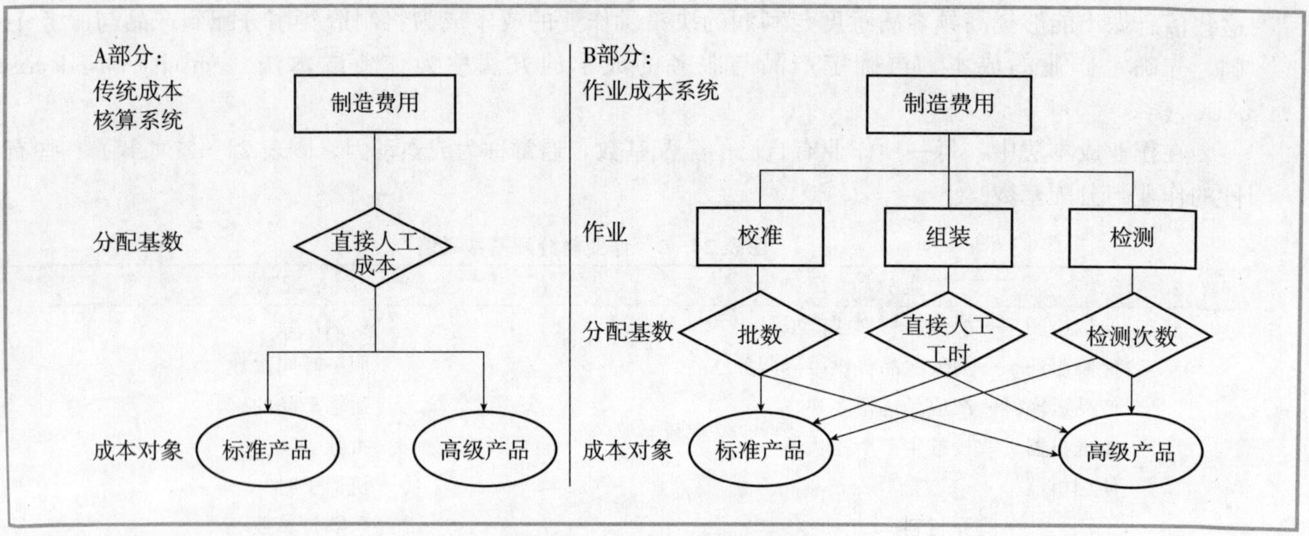

图表 24－4　STL 公司的系统

第二步：明确每项作业的分配基数并估算每种分配基数的总量

因为每项作业的分配基数不同，所以这一步骤必须按不同的作业分别进行。

校准　STL 公司已经确定校准作业的分配基数是生产批数。标准产品每批次生产 50 台，因此生产 2 000 台需要 40 批。高级产品每批次生产 25 台，因此生产 500 台需要 20 批。

组装　STL 公司已经确定组装作业的分配基数是直接人工工时。注意，公司使用的是直接人工工时，而不是直接人工成本。分析表明，制造费用与通过作业组装产品的时间有关，而不是与工人工作的时间有关。两种产品平均都需要 5 小时的人工工时来完成。因此，标准产品预计明年需要耗费 10 000 工时，而高级产品预计需要耗费 2 500 工时。

检测　STL 公司已经确定检测作业的分配基数是检测活动的次数。产品被随机选择并进行检测，高级产品比标准产品的检测频率更高，因为其更为复杂。根据产量，生产经理估计标准产品明年会检测 7 750 次，而高级产品则会检测 2 250 次，二者总计检测 10 000 次。

第三步：计算每项作业的计划制造费用分配率

计算计划制造费用分配率的公式与其他方法相同。

计划制造费用分配率＝预计总制造费用÷预计总制造费用分配基数

这一过程需要在每项作业中重复一次。计划制造费用分配率如图表 24－3 所示。

第四步：分配制造费用到成本对象中

作业成本系统的基本成本池是作业。我们已经确定了每项作业的成本并计算出相应的计划制造费用分配率，可以据此将制造费用从成本池分配到产品中。下表是每种产品分配的制造费用和单位产品的制造费用。

	计划制造费用分配率	×	实际分配基数	=	分配的制造费用
标准产品					
校准	$ 250.00/批	×	40 批	=	$ 10 000
组装	$ 5.20/工时	×	10 000 工时	=	52 000
检测	$ 2.00/次	×	7 750 次	=	15 500
制造费用合计					$ 77 500
÷产量					÷2 000
单位制造费用					$ 38.75
高级产品					
校准	$ 250.00/批	×	20 批	=	$ 5 000
组装	$ 5.20/工时	×	25 000 工时	=	13 000
检测	$ 2.00/次	×	2 250 次	=	4 500
制造费用合计					$ 22 500
÷产量					÷500
单位制造费用					$ 45.00

单位产品成本，包括直接材料，直接人工和制造费用，如下所示：

	标准产品	高级产品
单位直接材料	$ 150.00	$ 200.00
单位直接人工	88.00	148.00
单位制造费用	38.75	45.00
单位产品成本	$ 276.75	$ 393.00

□ 传统成本系统与作业成本法系统的比较

让我们比较一下使用三种不同方法计算出的产品单位成本。

	标准产品	高级产品
单一分配率法		
单位直接材料	$ 150.00	$ 200.00
单位直接人工	88.00	148.00
单位制造费用	35.20	59.20
单位产品成本	$ 273.20	$ 407.20
多部门分配法		
单位直接材料	$ 150.00	$ 200.00
单位直接人工	88.00	148.00
单位制造费用	37.04	51.84
单位产品成本	$ 275.04	$ 399.84
作业成本法		
单位直接材料	$ 150.00	$ 200.00
单位直接人工	88.00	148.00
单位制造费用	38.75	45.00
单位产品成本	$ 276.75	$ 393.00

随着成本核算系统的每一次改进，从单一分配率到多部门分配率再到以作业为基础的成本分配率，标准产品的单位成本在不断增加，高级产品的单位成本在不断下降。作业成本法更为准确，因为它考虑了每种产品实际耗用的资源（作业）。按照人工成本分配制造费用扭曲了高级产品的成本。生产高级产品的工人薪酬更高是因为其拥有更先进的技术，这导致高级产品直接人工成本的提高。然而，更高的直接人工成本对于制造费用并没有直接的因果影响。而其他因素，例如每批次生产规模的缩小和检测时间的增加却对制造费用有直接的影响。

24.2 为何分权制企业需要责任会计

小型企业的所有者或者高层管理者通常制定所有的计划与控制决策。小型企业通常被认为是**集权制企业**（centralized company）。因为其经营范围通常很小，集权决策更为容易。然而，当一个企业不断发展，一个人不可能单独管理公司的所有日常经营活动。因此，绝大多数企业在发展过程中不断分散权力。**分权制企业**（decentralized company）将其经营活动分解到各个分部，例如，各个不同的部门。高层管理者将决策责任分派给各个部门经理。高层管理者应确定何种方式的分权制度最适合公司的战略。例如，可以参照的标准有地理区域（国内和国际）、顾客（商业和居民）、生产线（摩托车和越野车）、商业职能（销售和服务）和其他商业特征。

分权的优点

分权制度对于大型企业有很多优点，包括以下几点：

- **解放了高层管理者的时间**。通过将日常经营活动的责任分派给部门经理，高层管理者可以集中于长期战略计划及影响公司总体的更高层次的决策的制定。
- **支持专业知识的运用**。分权管理使得高层管理者可以雇用各个部门所需的专业人才，以保证在相关的经营领域追求卓越。例如，按州进行分权管理要求公司必须雇用了解所在州情况的管理人员。这些专业知识可以帮助部门经理做出更好的决策。
- **改善客户关系**。分部管理者集中于公司一个分部的管理活动。因此与高层管理者相比，他们可以与重要客户保持更为紧密的联系。这样，分权管理可以改善客户关系，加快对客户的反应速度。
- **提供培训**。分权管理为分部管理者提供了成为高层管理者必需的培训与经验。比如，公司经常依据候选人过去作为部门经理时的表现来确定CEO。
- **提升积极性与忠诚度**。授予分部管理者决策的权力提升了管理者的积极性与忠诚度，也提高了其工作业绩与工作满意度。

分权的缺点

尽管有上述优点，分权制度还是会引起一些潜在的问题，包括：

- **重复成本**。分权管理要求公司重复增加某些特定的成本或者资产。比如，每个分部也许会建立自己的工资管理部门并购买自己的工资软件。公司可以通过提供集中服务避免这些重复成本的发生。
- **实现目标一致性的问题**。**目标一致性**（goal congruence）通常指分部管理者的目标与高层管理者的目标一致。分权管理的企业经常面临实现目标一致性的问题。分部管理者也许不能完全理解整个公司的蓝图，他们可能会制定对本部门有利而损害其他部门的决策。例如，采购部门也许会购买便宜的原材料以降低产品成本，但是便宜的材料可能会影响产品的质量，使得公司的品牌受到损害。本章后面将介绍管理会计如何设计业绩评价系统来达到各方目标的一致。

尽管我们讨论了分权制度的一些缺点，但是分权利大于弊。

□ 责任会计

分权制企业将特定决策的责任分派给每个部门，这就形成了责任中心。**责任中心**（responsibility center）指的是企业的某个部分，其管理者拥有决策的权力并且对决策的结果负有管理责任。我们仍然以 STL 公司为例。如你所知，STL 公司生产自有品牌的安装有电子课程的平板电脑。电子课程软件也可以单独出售。

每一个管理者都负责公司的部分计划和控制活动。基层管理者通常负责预算和控制单一价值链的成本。例如，一个管理者负责计划和控制 STL 公司的平板电脑在工厂的生产，而另一个管理者负责计划和控制产品分销的活动。基层管理者向高级管理者报告，而高级管理者负有更大的责任。负责生产和分销的管理者向更高级别的负责整条生产线利润的管理者报告。

责任中心

分权制企业需要一种评价其责任中心的方法。**责任会计系统**（responsibility accounting system）就是一个评价各个责任中心及其管理者表现的系统。系统业绩报告的目的是为被授权的管理者提供相关信息。有四种类型的责任中心：

- 成本中心；
- 收入中心；
- 利润中心；
- 投资中心。

成本中心 在**成本中心**（cost center），管理者只负责控制成本。生产部门，比如 STL 公司的平板电脑生产线就是成本中心。生产线主管通过监控材料成本、维修和维护成本、员工成本和员工效率来控制成本。主管不负责创造收入，因为其并未涉及产品销售，工厂经理通过比较预算成本和实际成本来评价生产线主管控制成本的能力。成本中心的责任报告只包括成本。

收入中心 在**收入中心**（revenue center），管理者只负责创造收入。在本地商场销售太阳镜的小店就是一个收入中心。这家小店是连锁店的一家分店，所以门店经理不负责控制成本。商品存货从采购中心采购，付给商场的租金由公司办公室人员谈判确定。公司规定在最基层的销售点只能有一名雇员，所以门店经理对于工资费用几乎没有控制。该经理的主要责任是销售太阳镜以创造利润。因此，这家小店被认为是一个收入中心。收入中心的责任报告只包括收入。

利润中心 在**利润中心**（profit center），管理者负责创造收入和控制成本，即负责利润。食品杂货店的经理主要负责提高销售收入和控制成本以实现利润目标。食品杂货店的经理在控制成本时要合理安排采购，以保证既能满足销售的要求，也能避免食品的过期和腐烂，同时合理排班，以保证既提供足够的服务，又不用支付更多的薪酬。利润中心的责任报告包括收入和费用，以显示其营业利润。

投资中心 在**投资中心**（investment center），管理者负责创造利润和高效地管理投入的资本。投资中心的管理者，例如，连锁商店的分部经理，负责：（1）扩大销量；（2）控制费用；（3）管理公司资本以获取收益；（4）计划公司未来发展和扩张的投资。分部经理的资金有限，而且需要决定哪家商店要装修，何时安装一个新的存货计算系统。这些长期投资也称为资本投资，其目的是提高利润。一般情况下依据该中心利用投资创造利润的能力对管理者进行评价。投资中心的责任报告包括利润以及投资报酬率和剩余收益。

图表 24－5 汇总了责任中心的类型、管理者的责任和责任报告。

图表 24－5　责任中心

责任中心	管理者的责任	责任报告
成本中心	控制成本	比较实际成本与预算成本
收入中心	创造收入	比较实际收入与预算收入
利润中心	通过创造收入和控制成本创造利润	比较实际收入和成本以及预算收入和成本
投资中心	创造利润和高效地管理投入的资本	比较实际利润与预算利润，同时衡量投资报酬率与剩余收益

责任报告

图表 24－6 说明了类似 STL 公司这样的组织如何分派责任。

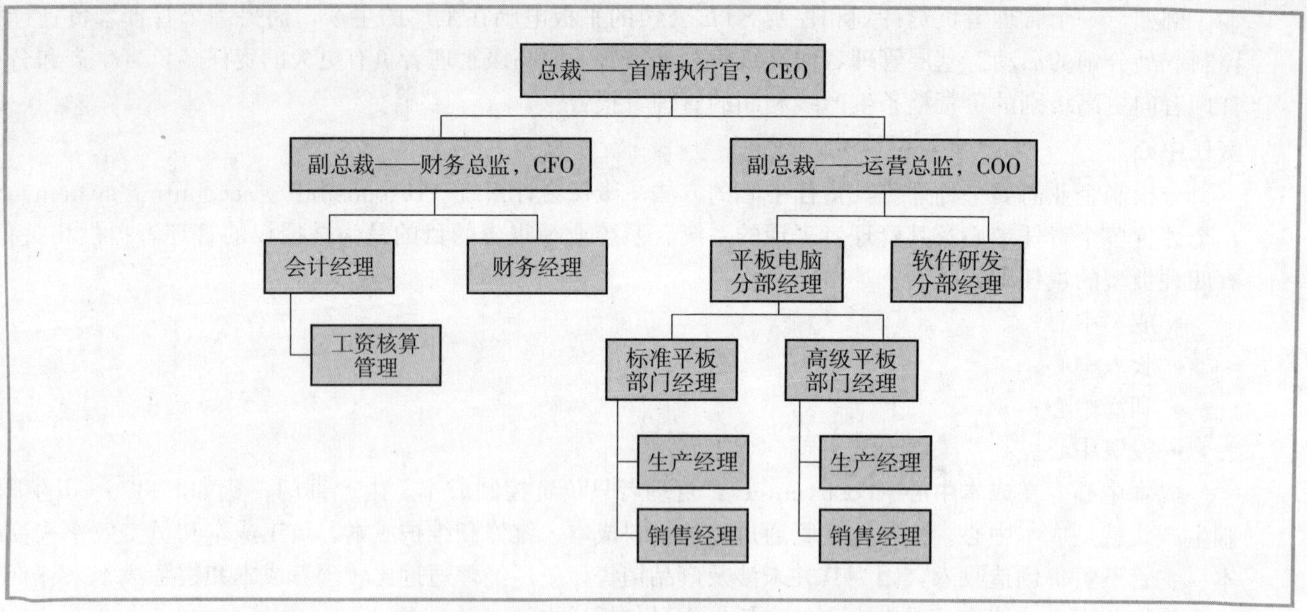

图表 24－6　STL 公司的组织关系图（部分）

在高层，总裁——首席执行官监管两个副总裁。副总裁——财务总监监管两个分部。分部经理一般负有较大的责任，包括决定如何使用资产以达到最大的投资报酬率。大部分企业将这样的部门定为投资中心。

每一个分部经理监管该部门的所有活动。图表 24－6 说明了平板电脑分部经理负责监管两条生产线的生产——一条是标准平板，一条是高级平板。生产线一般被当作利润中心。因此，标准平板生产线的管理者负责考评两个更低级别责任中心的管理者，这两个中心是：

- 成本中心——如制造标准平板电脑的工厂；
- 收入中心——如负责销售标准平板电脑的经理。

24.3　什么是业绩评价系统？如何使用

一旦公司实行分权管理，高层管理者就不再涉及基层部门的日常经营活动。**业绩评价系统**（performance evaluation system）为高层管理者提供了对整个组织保持控制的手段。

业绩评价系统的目的

公司实行分权管理后，高层管理者需要一个系统帮助其将公司目标传达给低级部门的管理者。此外，高层管理者需要确定低层部门制定的决策是否符合公司的目标。让我们看看业绩评价系统的主要目的。

促进目标的一致性与协调性

如前所述，分权管理增加了实现目标一致性的难度。分部管理者可能不会始终制定与总体目标相符的决策。只有在所有的部门同时朝着公司的总体目标前进时，公司才有可能实现目标。业绩评价系统可以为各部门实现公司总体目标提供指导并进行协调。

传达预期

为了制定符合公司总体目标的决策，分部管理者必须了解这一目标和其部门在实现目标过程中起到的作用。业绩评价系统应当列出该部门最关键的目标。如果不了解高层管理者期望的蓝图，分部管理者就无法帮助其进行日常经营决策。

激励分部管理者

分部管理者通常被激励做出实现高层管理者期望的决策。为了进行额外的激励，高层管理者会为实现或超出业绩目标的分部管理者提供奖金。高层管理者必须十分关注业绩目标的设定。例如，仅仅考核管理者控制成本的能力可能会让管理者采取一切可能的措施实现这一目标，包括牺牲产品质量和客户服务。类似的举措不符合公司整体的最大利益。因此，高层管理者需要考虑业绩目标设立带来的多重影响。

提供反馈

如前所述，在分权制企业，高层管理者并不参与每个基层部门的日常经营活动。业绩评价系统为高层管理者提供了足够的反馈信息以保证其对公司整体的控制。如果部门层次的目标没有实现，高层管理者需要采取必要的措施，包括修改部门目标和更换部门管理者等。

标杆管理

业绩评价结果经常用作标杆管理，即将公司取得的结果与行业内的最佳业绩进行比较。公司还可以将部门当期的表现与历史业绩进行比较。历史趋势数据帮助管理者评估他们的决策是否提高了基层部门的绩效，抑或是对基层部门的表现有反作用。将结果与行业标杆进行比较，比与预算值和过去的表现比较更有启示作用。为了生存下去，公司必须跟上其竞争者。标杆管理帮助管理者确定公司是否与竞争者的业绩一样好。

财务业绩评价的局限性

在过去，业绩评价主要围绕的是财务业绩。一方面，这很有道理，因为公司的主要目标就是创造利润。另一方面，当前的财务业绩评价反映的是过去行为的结果，而不是未来表现的预测。因此，财务评价是一项**滞后指标**（lag indicater）而不是**领先指标**（lead indicater）。管理者需要知道过去决策的结果，但也需要知道当前的决策对未来的影响。为了对企业的表现进行充分的评价，管理者需要滞后指标和领先指标两类指标。

财务业绩评价的另一个局限是其关注公司的短期结果而不是长期业绩，因为财务报告是按照月度、季度和年度编制的。为了保持竞争力，高层管理者需要明确地评价和预测公司未来长期业绩的指标。

因为财务业绩评价的局限性，公司还需要在其业绩评价系统中使用诸如客户满意度之类的运营业绩指标。**运营业绩指标**（operational performance measure）是评价企业业绩的效率与效益以确保所有的商业板块被整合在一起以期实现公司的目标的非财务性指标。

□ 平衡计分卡

20世纪90年代，罗伯特·卡普兰和戴维·诺顿引入了**平衡计分卡**（balanced scorecard）。平衡计分卡是一个业绩评价系统，其要求管理者在评价公司业绩表现时同时使用财务业绩指标和运营业绩指标。这些指标需要与公司的目标和战略联系起来。平衡计分卡是公司业绩评价指标方面的进步。与将财务指标作为业绩评价的唯一指标不同，公司意识到财务指标只是评价指标的一种。同时保持对运营业绩指标和财务业绩指标的关注使得管理者对于公司总体有一个“平衡”的把握。管理者需要考虑其他关键因素，比如顾客满意度、运营效率和员工表现等。管理者使用关键业绩指标——例如，顾客满意度和销售增长率——来评价影响公司成功的关键因素。**关键业绩指标**（key performance indicators，KPI）是帮助管理者评估公司是否实现目标的业绩汇总指标。

平衡计分卡从四个层面评估了公司的业绩表现：

- 财务层面；
- 客户层面；
- 内部业务层面；
- 学习和成长层面。

公司的战略与这四个层面相互影响，这四个层面之间存在着因果联系。

采用平衡计分卡的企业通常在四个层面都有特定的目标。管理者一旦明确了目标，就会建立关键业绩指标体系来评估目标实现情况，即将实际结果与目标结果进行比较得出差异。管理者需要关注最关键的差异并预防信息过载。同时管理者要注意在每个层面使用相应的关键指标。下面让我们来看看每个层面及其之间的联系。

财务层面

财务层面帮助管理者回答这一问题：“股东如何看待我们?”对于追逐利润的企业而言，其终极目标是为所有者创造利润。因此，公司战略主要围绕通过提高收入和产量来增加利润。公司通过引入新产品，获得新客户和增加原有客户的销售收入来提高收入。公司通过降低成本和更高效地使用公司资产来提高公司的生产能力。管理者会执行看似正确的战略，对他们的评价是这些决策是否提高了公司的利润。财务层面将管理者的注意力集中到评价财务业绩的关键指标上。一些常用的指标包括销售收入增长率、投资报酬率等。

客户层面

客户层面帮助管理者回答这一问题：“客户如何看待我们?”顾客满意度始终是公司取得长期成功需要最优先考虑的事项。如果客户不满意，他们就不会回购。因此，客户满意度对于实现平衡计分卡财务层面的目标至关重要。客户主要关心的是产品或服务四个方面的内容：（1）产品价格；（2）产品质量；（3）服务质量；（4）产品交付时间（越短越好）。

内部业务层面

这一层面帮助管理者回答这一问题：“我们需要优化哪些业务流程以实现财务和客户层面的目标?”这一问题的答案涉及三个因素：创新、运营和售后服务。这三个方面的因素都会对顾客满意度产生影响，进而影响公司的财务业绩。

只满足客户一次不能保证长远的成功，这也就是为什么第一个因素是创新。顾客的需求在不断变化，企业必须不断改进现有产品和创造新的产品以在未来取得成功。

第二个重要的因素是运营。精益和高效的内部运营使得企业能够满足客户的需求与期望。

第三个因素是售后服务。优质的售后服务会创造更大的销量。

学习和成长层面

这一层面帮助管理者回答这一问题："我们如何持续地提高和创造价值?"学习和成长层面关注三个因素：(1) 员工能力；(2) 信息系统能力；(3) 企业行动的氛围。没有技术高超的工人、现代化的技术和积极的企业文化，企业就无法实现其他层面的目标。

让我们分别考虑这三个因素。首先，因为大多数的日常工作是自动化的，员工被解放出来进行更多的思考从而帮助实现公司的目标。学习与成长层面衡量员工的技能、知识、积极性等。其次，员工需要及时地了解客户、财务与内部运营的信息。因此，衡量公司信息系统的指标包括从网上了解客户信息的员工比率和含有及时反馈的流程的比率等。最后，管理者必须创造一个鼓励沟通与改变的良好企业文化，以更好地包容员工，并发挥他们的积极性。图表 24－7 是平衡计分卡的总结。

图表 24－7　平衡计分卡

层面	战略	常用关键业绩指标
财务	通过提高收入增长率和生产效率增加利润	● 净利润 ● 销售收入增长率 ● 毛利增长率 ● 现金流 ● 投资报酬率 ● 剩余收益
客户	提高客户满意度以实现长期的成功	● 顾客满意度评级 ● 市场占有率 ● 客户增长数量 ● 老客户数量 ● 客户投诉数量 ● 准时发货率 ● 销货退回率
内部业务	通过以下三点提高公司内部效率以实现盈利和提高客户满意度： ● 创新 ● 运营 ● 售后服务	● 新产品研发数 ● 新产品研发时间 ● 生产周期时间 ● 故障率 ● 每小时生产数量 ● 保修索赔数量 ● 平均维修时间 ● 平均等待时间
学习和成长	保留技术人才、更新技术和创造良好的企业文化为提升内部运营、提高客户满意度和创造利润打好基础	● 员工培训时间 ● 交叉培训员工数量 ● 电脑停机时间百分比 ● 有适时反馈质量、周转期和成本信息的流程的百分比 ● 员工满意度 ● 员工流失率 ● 员工建议被采纳数量

目前为止，我们已经了解了企业为什么要分权管理，为什么要评价基层部门的业绩和平衡计分卡如何提供关键的运营指标。下面，我们将关注企业如何评价平衡计分卡财务层面的表现。

24.4 公司如何使用责任会计评价成本、收入和利润中心的业绩

在本节，我们将深入研究公司如何评价不同部门平衡计分卡财务层面的业绩表现。现在关注每种责任中心的财务业绩指标。

责任报告（responsibility report）包括对成本、收入和利润中心的财务业绩的评价。注意：业绩报告是将实际结果与预算结果进行比较并发现差异。

责任会计业绩报告的一个特有因素就是关注责任与可控性。因为责任会计业绩报告是用于业绩评价的，关注的是管理者应承担的责任与控制范围。关注管理者不负有责任或无法控制的事项没有意义。

□ 可控与不可控成本

可控成本（controllable cost）指的是管理者通过决策可以施加影响的成本。对于高层管理者而言，所有的成本都是可控的。但是随着责任的减少，可控性也在降低。这意味着基层管理者只对有限的成本负有责任。责任会计试图将成本与相关的管理者联系起来。呈现结果的责任会计业绩报告通常称为责任报告。责任报告为每一个业务部门的管理者编制。

让我们以 STL 公司的生产经理为例。这位经理的主要责任是以尽可能节约的成本生产高质量的产品。因此，该经理对于控制直接材料的使用和培训工人负有责任。另一方面，生产经理不负责制定投资决策，如更换机器设备等。因此，生产经理的责任报告不包括机器设备的折旧费用，这一费用已经超出了其控制范围。

□ 责任报告

成本中心

成本中心的责任报告关注弹性预算差异——实际结果与弹性预算结果的差异。注意，弹性预算使用的是标准成本，因此弹性预算差异突出了成本变化引起的差异。以薪酬管理部门为例，图表 24-8 说明了成本中心业绩报告和责任报告的不同。

图表 24-8 业绩报告与责任报告——成本中心

STL 公司薪酬管理部门业绩报告
2020 年 7 月

	实际结果	弹性预算	弹性预算差异	差异率
薪酬	\$3 000	\$3 000	\$0	0.0%
工资	15 500	15 000	500U	3.3%U
福利	6 100	5 000	1 100U	22.0%U
设备折旧	3 000	3 000	0	0.0%
办公用品	1 850	2 000	150F	7.5%F
其他费用	1 900	2 000	100F	5.0%F
总计	\$31 350	\$30 000	\$1 350U	4.5%U

STL 公司薪酬管理部门责任报告 2020 年 7 月				
	实际结果	弹性预算	弹性预算差异	差异率
工资	$ 15 500	$ 15 000	$ 500U	3.3%U
办公用品	1 850	2 000	150F	7.5%F
其他费用	1 900	2 000	100F	5.0%F
总计	$ 19 250	$ 19 000	$ 250U	1.3%U

业绩报告列出了该部门发生的所有成本。这一报告的主要作用是帮助管理者了解部门运营的全部成本。例如，如果 STL 公司正考虑外包薪酬发放并削减该部门，那么管理者需要完整的成本信息来做决策。(这种类型的决策在“短期业务决策”一章讲授。）如果 STL 公司想要评估该部门经理的业绩，那么责任报告的作用就会更大。注意那些包含在业绩报告而没有包括在责任报告中的项目：

- 个人薪酬——部门经理不能决定自己的薪酬；
- 福利——类似医疗保险的成本由更高级别的管理者决定，不受部门经理控制；
- 设备折旧——部门经理无权进行投资决策，因此也不承担责任。

管理者使用例外管理来确定责任报告中的哪些差异需要进一步调查。例外管理将管理者的注意力集中在实际结果与预算结果的重大差异上。例如，管理者可能仅调查差异超过了一定数额或者预算指标的某一百分比的项目。显示预算与实际数额的相关变化，使用差异率帮助强调这一差异。例如，工资的弹性预算差异 500 美元仅占 3.3%。但是，对于供应商来说，150 美元的弹性预算差异占到了 7.5%。以百分比形式表现差异能够帮助管理者明确哪些差异需要调查。较小的差异说明经营结果与目标十分接近，无须管理者过多关注。使用标准成本的公司可以通过计算成本和效率差异更好地了解为什么会发生明显的弹性预算差异。

收入中心

收入中心的责任报告通常突出弹性预算差异和销量差异。STL 公司高级平板销售部门的责任报告如图表 24 - 9 所示，同时列出了销量和收入的细节。销售部门是高级平板电脑部门的一部分。

图表 24 - 9　责任报告——收入中心

STL 公司高级平板销售部门责任报告 2020 年 7 月					
	实际结果	弹性预算差异	弹性预算	销量差异	固定预算
高级平板销量	90	0	90	10F	80
销售收入	$ 47 250	$ 2 250F	$ 45 000	$ 5 000F	$ 40 000

销量差异指的是销售多于或者少于计划的数量的差异。弹性预算差异是由于售价的不同——比计划贵了或者便宜了。预算售价为每台平板电脑 500 美元。但是，实际售价为每台 525 美元，从而造成了 2 250 美元的弹性预算差异。销量差异和弹性预算差异都能帮助收入中心的管理者理解为何其超出或者低于预算收入。

利润中心

利润中心的管理者负责创造收入和控制成本，所以他们的业绩报告包括收入和费用。图表 24 - 10 是利润中心标准平板电脑部门的业绩报告。

图表 24－10　业绩报告——利润中心

STL 公司标准平板部门业绩报告 2020 年 7 月				
	实际结果	弹性预算	弹性预算差异	差异率
销售收入	＄5 243 600	＄5 000 000	＄243 600F	4.9%F
变动费用	4 183 500	4 000 000	183 500U	4.6%U
边际贡献	1 060 100	1 000 000	60 100F	6.0%F
可追溯固定费用	84 300	75 000	9 300U	12.4%U
部门毛利	＄975 800	＄925 000	＄50 800F	5.5%F

注意：利润中心的业绩报告包含一项“可追溯固定费用”。回顾分权管理的潜在问题，其中之一就是可能产生重复成本。很多企业通过为多个基层部门提供集中服务来避免这一问题，比如利润中心会共享某些资产和成本。例如，图表 24－8 所述的薪酬管理部门为 STL 整个公司服务。除了集中的薪酬管理部门，公司还有集中的人力资源部门、法务部门和信息系统部门。

当基层部门共享集中服务时，管理者必须将这些成本分配到共享服务的各个部门。在分配之后，业绩报告就会如图表 24－10 一样列出这一费用。

大多数企业会向使用集中服务的部门收费，因为基层部门如果单独购买这些服务也会产生成本。例如，如果 STL 公司不设置集中的薪酬管理部门，标准平板电脑部门则需要聘用本部门的薪酬管理人员，为他们购买电脑、安装系统、提供一切必要的支持。同时，它也可以外包给其他公司。无论哪种选择，标准平板电脑部门都需要发生薪酬管理相关的成本。这就与公司要求各部门为使用薪酬管理部门所提供服务而支付报酬的情形是公平一致的。

但需要注意的是，即使基层部门为这些服务付费，支付的费用也很有可能包括在部门业绩报告中，而不会出现在部门责任报告中。STL 公司标准平板电脑部门对于薪酬管理部门的决策没有影响。图表 24－11 是该部门的责任报告，注意可追溯固定费用没有包括在其中。

图表 24－11　责任报告——利润中心

STL 公司标准平板销售部门责任报告 2020 年 7 月				
	实际结果	弹性预算	弹性预算差异	差异率
销售收入	＄5 243 600	＄5 000 000	＄243 600F	4.9%F
变动费用	4 183 500	4 000 000	183 500U	4.6%U
边际贡献	＄1 060 100	＄1 000 000	＄60 100F	6.0%F

总结

对于任何类型的责任中心，责任报告应该关注的是信息而不是指责管理者。分析弹性预算差异能帮助管理者理解深层次的原因，从而帮助其采取正确的措施。然而，某些差异是不可控的。例如，2010 年墨西哥湾漏油事件对英国石油公司的经营活动造成了巨大的损失，也对周边环境造成了极大的破坏。结果，由于供应量的下降，墨西哥湾海鲜的成本升高。这对于很多餐厅来说造成了不利差异，但管理者对此又无法控制。管理会计可以帮助管理者了解差异产生的原因，以及区分可控与不可控的事项。

我们已经看到了责任报告中列出的详细的财务信息。除了这些详细信息，高级管理层还经常使用概括性的测量方法——财务关键业绩指标，去评价成本、收入、利润中心的财务业绩。例如成本中心的单位产量的成本，收入中心的收入增长，利润中心的毛利润边际增长。这些关键业绩指标都被作为财务相关信息在成本、收入、利润中心的平衡计分卡中使用。在下一节，我们将关注投资中心常用的关键业绩指标。

24.5　投资中心的业绩评价与其他中心有什么不同

投资中心是公司典型的大型部门。投资中心的责任与 CEO 的相似。CEO 负责高效使用公司资产，利用投入的资本创造最大化的利润。类似地，投资中心的责任不仅有创造利润，还包括充分利用投资中心的资产。

例如，投资中心的管理者有权开设新店或者关闭旧店。管理者会决定需要多少存货、采取何种投资、应收账款的政策和是否购买新的设备。换言之，管理者对于中心的所有资产负有决策责任。

公司不能像评价其他中心一样只按照营业利润评价投资中心的业绩，因为营业利润不能很好地体现该部门使用资产的效率。投资中心的财务业绩评价应该包括两个方面：(1) 创造了多少营业利润；(2) 分部使用资产的效率如何。

以 STL 公司为例。7 月份公司平板电脑部门和在线电子课程部门的部分数据如下：

	电子课程部门	平板电脑部门
营业利润	$ 450 000	$ 975 800
平均总资产	2 500 000	6 500 000
销售收入	7 500 000	5 243 600

只依据营业利润，平板电脑部门显然比电子课程部门盈利水平更高。但是，这一比较存在误导，因为没有考虑投入到这两个部门的资产，平板电脑部门比电子课程部门的资产更多。

为了充分比较这两个部门的财务业绩，我们引入两个关键的衡量指标：投资报酬率和剩余收益。

□ 投资报酬率

投资报酬率（return on investment，ROI）是评价投资中心财务业绩最常用的指标，计算公式如下：

投资报酬率＝营业利润÷平均总资产

投资报酬率衡量的是投资中心营业利润与其平均总资产的相关程度。每个分部的投资报酬率计算如下：

电子课程部门的投资报酬率＝450 000÷2 500 000＝18%

平板电脑部门的投资报酬率＝975 800÷6 500 000＝15%

尽管平板电脑部门的营业利润比电子课程部门高，但是平板电脑部门的平均总资产更高，平板电脑部门的盈利能力实际上低于电子课程部门。

除了比较不同部门的投资报酬率，管理者还要比较不同时期的投资报酬率以确定该部门的盈利能力是否提高。此外，部门管理者还需要与同行业竞争者相关部门的投资报酬率进行比较。

为了确定部门投资报酬率的决定因素，管理者经常将投资报酬率的公式分解。注意，销售收入在公式的前一部分是分母而在后一部分是分子。当这两个部分相乘时，销售收入被约去，形成了最初的投资报酬率公式。

$$投资报酬率=\frac{营业利润}{销售收入}\times\frac{销售收入}{平均总资产}$$

将原始公式进行拆分可以帮助管理者更好地确定如何提高部门的投资报酬率。公式中的第一项称为**销售利润率**（profit margin ratio）：

$$销售利润率=\frac{营业利润}{销售收入}$$

销售利润率反映的是每1美元的销售收入会产生多少营业利润。每个部门的销售利润率计算如下：

电子课程部门的销售利润率＝450 000÷7 500 000＝6％

平板电脑部门的销售利润率＝975 800÷5 243 600＝19％

电子课程部门的销售利润率是6％，意味着电子课程部门从每1美元的销售收入中获得了0.06美元的营业利润。同样，平板电脑部门从每1美元的销售收入中获得了0.19美元的营业利润。

资产周转率（asset turnover ratio）是该公式的第二部分：

$$资产周转率=\frac{销售收入}{平均总资产}$$

资产周转率反映的是部门利用平均总资产创造销售收入的效率。不同于关注盈利能力，资产周转率关注的是效率。每个部门的资产周转率计算如下：

电子课程部门的资产周转率＝7 500 000÷2 500 000＝3.00

平板电脑部门的资产周转率＝5 243 600÷6 500 000＝0.81

电子课程部门的资产周转率是3，这说明该部门利用每1美元的资产创造了3美元的销售收入。同样，平板电脑部门利用每1美元的资产创造了0.81美元的销售收入。

将上述两部分合在一起得到以下数据：

	销售利润率	×	资产周转率	＝	投资报酬率
电子课程部门	6％	×	3.00	＝	18％
平板电脑部门	19％	×	0.81	＝	15％

如你所见，扩展的投资报酬率公式可以让管理者更加透彻地了解部门的投资报酬率。管理者会发现，平板电脑部门利用销售收入创造利润的能力更强，而电子课程部门则是利用资产创造销售收入的能力更强。综合起来，电子课程部门的投资报酬率略高于平板电脑部门。

如果管理者不满意其所在部门的资产周转率，应该如何提高呢？他们也许会去除非生产用资产。如果管理者不满意现在的销售利润率又该如何提高呢？为了提高销售利润率，管理者必须提高每1美元销售收入的营业利润。管理者也许会降低产品成本或者削减销售和管理费用。但是在削减成本时需要特别谨慎，在短期内削减成本可能会影响长期的投资报酬率。

投资报酬率有一个明显的缺点：只用投资报酬率来评价部门经理的表现会促使他们只推行会提高当前投资报酬率的项目。假设高层管理者设定的公司投资报酬率目标是16％。两个部门都在考虑投资购买店内音乐播放设备。这一设备会提高销售收入，但每个部门会花费100 000美元。预计会给每个部门每年带来17 000美元的营业利润。该设备的投资报酬率是：

设备投资报酬率＝17 000÷100 000＝0.17＝17％

高层管理者希望这两个部门投资这一设备，因为该设备的投资报酬率是17％，高于16％的投资报酬率目标。但是各部门的管理者会怎么做呢？平板电脑部门原来的投资报酬率是 15%，新设备提高了整个部门的投资报酬率。因此，平板电脑部门会购买这一设备。

然而，电子课程部门当前的投资报酬率是 18%。如果其购买了这一设备，则部门整体的投资报酬率会下降。因此，该部门的管理者很可能否决这一投资。在这一案例中，目标一致性没有达到，只有一个部门投资了这项设备。而高层管理者希望两个部门都能进行投资。

□ 剩余收益

剩余收益（residual income，RI）是另一个常用的业绩关键指标。与投资报酬率类似，剩余收益综合考虑了营业利润与平均总资产。剩余收益衡量的是部门的盈利能力与资产使用效率。剩余收益与高层管理者的目标投资报酬率有关。目标投资报酬率指的是可接受的最低投资报酬率。

剩余收益将部门的实际营业利润与根据部门资产规模得出的预期最低营业利润进行比较。剩余收益是超出最低营业利润的部分。正的剩余收益意味着部门的营业利润实现了公司的投资报酬率；负的剩余收益意味着部门的营业利润没有达到公司的投资报酬率。我们假设目标投资报酬率是 16%，计算剩余收益的公式如下：

剩余收益＝营业利润－最低可接受营业利润
＝营业利润－(目标投资报酬率×平均总资产)

在这一公式中，最低可接受营业利润是根据高层管理者的目标投资报酬率乘以部门平均总资产得出的。电子课程部门的剩余收益是：

电子课程部门的剩余收益＝450 000－(16%×2 500 000)＝50 000(美元)

正的剩余收益表明电子课程部门的投资报酬率超过了高层管理者设定的 16%的目标投资报酬率。剩余收益的计算也证实了我们之前得到的电子课程部门的投资报酬率。电子课程部门 18%的投资报酬率高于 16%的目标投资报酬率。

平板电脑部门的剩余收益是：

平板电脑部门的剩余收益＝975 800－(16%×6 500 000)＝－64 200(美元)

平板电脑部门的剩余收益是负的。这意味着平板电脑部门使用平均总资产的效率不如高层管理者所期待的那么高。平板电脑部门 15%的投资报酬率未达到 16%的目标投资报酬率。

一家企业可能更倾向于使用剩余收益而不是投资报酬率来进行业绩评价。因为剩余收益比投资报酬率更有利于实现目标一致性。回顾购买投资报酬率为 17%的音乐播放设备的例子，如果每个部门按照投资报酬率对这一投资行为进行评估，则平板电脑部门会购买这一设备，因为投资报酬率高于其原先的投资报酬率；而电子课程部门则很可能不会购买，因为这一设备的投资报酬率低于其原先的投资报酬率。

然而，如果按照剩余收益评估这一投资行为，则首先计算出该设备的剩余收益：

设备剩余收益＝17 000－(16%×100 000)＝1 000(美元)

如果购买了这一设备，则每个部门的剩余收益每年会提高 1 000 美元。两个部门都会投资这一设备，即采纳高层管理者的建议。

使用剩余收益的另一优点是管理者可能会为不同的部门设定不同的目标收益，与实际情况结合得较为紧密。

图表 24－12 总结了投资中心的关键业绩指标。

图表 24－12　投资中心关键业绩指标

投资报酬率	公式	$投资报酬率=销售利润率\times资产周转率=\frac{营业利润}{销售收入}\times\frac{销售收入}{平均总资产}=\frac{营业利润}{平均总资产}$
	优点	● 扩展的公式为管理者提供了关于盈利与运营效率的额外信息 ● 管理者可以比较不同部门的投资报酬率 ● 投资报酬率对资源分配很有帮助
剩余收益	公式	剩余收益＝营业利润－（目标投资报酬率×平均总资产）
	优点	● 剩余收益对于目标一致性的促进作用强于投资报酬率 ● 该公式包含管理者要求的最低投资报酬率 ● 管理者对风险不同的部门可以采用不同的目标收益率

财务业绩衡量的局限性

我们已经研究过评价投资中心财务业绩的常用关键指标。接下来我们将讨论这些关键指标的缺点。

计量问题

投资报酬率和剩余收益的计算看似十分直接明确，然而，管理者在计算前必须做出决策。例如，这两个指标都用到了平均总资产。注意：总资产是资产负债表的数据，是一个时点数。因为总资产的数据在期初和期末会有所不同，大多数企业选择简单地平均处理后用于投资报酬率和剩余收益的计算。

管理者必须确定其是否需要将所有的资产数据纳入平均总资产的计算中。很多大型企业不断购置土地并开设零售商店，这些土地在商店建成和开张以前都是非生产性资产，即不会为公司创造营业利润。将非生产性资产纳入平均总资产的计算会拉低投资报酬率和剩余收益。因此，有些公司在计算平均总资产时不包括非生产性资产。

另一个资产衡量问题是使用资产的账面价值原值（历史成本）还是净账面价值（历史成本减去折旧）。很多企业使用净账面价值，因为这一数据很容易从资产负债表中取得。由于折旧会对营业利润产生影响，净账面价值的使用与营业利润的计量是一致的。然而，使用净账面价值有一个明显的缺点，随着时间的推移，资产的净账面价值会由于累计折旧的增加不断下降，直到该资产折旧完毕。因此，投资报酬率和剩余收益会随着时间因为折旧的增加而不是实际经营的改进不断增大。此外，折旧会受到折旧方法的影响。

总的来说，按照资产的净账面价值计算资产的投资报酬率会促使管理者使用陈旧过时的设备，因为其较低的净账面价值会带来较高的投资报酬率。然而，高层管理者可能会想要投资新技术以提高经营效率或者加强其信息系统。使用过时设备的长远影响可能会是灾难性的，因为竞争者会采用新技术降低生产成本与售价。因此，为实现目标的一致性，一些企业更倾向于使用资产的账面价值原值来计算投资报酬率。

关注短期

财务业绩评价的另一个严重的缺点是其关注的是短期结果。企业一般只会计算一年左右的投资报酬率和剩余收益。如果高层管理者使用短期结果，一方面，部门经理会采取措施在短期内大幅提高这些指标的数据，但是这些措施可能不符合公司的长期利益。另一方面，一些需要长期见效的措施可能不会被部门经理采纳。很多产品的盈利周期很长，在开始阶段甚至会有亏损。如果管理者只关注指标的短期表现，则其很难开发新产品，创造新的盈利点。

作为一种潜在的改进方法，管理者可以使用更长的时间线来评价财务业绩表现，例如3～5年。

财务业绩衡量的局限性突出了平衡计分卡的重要性。从平衡计分卡的四个方面对公司的业绩进行评价，可以克服财务业绩衡量的缺点。

24.6 附录 24A：转移价格

□ 转移价格如何影响分权制企业

当公司进行分权管理时，一个责任中心会在企业内部将产品转移到另一个责任中心。例如，电子课程部门会将电子课程软件转移到平板电脑部门。当发生这样的交易时，相关的部门都需要对此进行记录。**转移价格**（transfer price）就是企业内部部门间交易产品的价格。这里的挑战是确定转移价格的具体数值。

设定转移价格的目的

设定转移价格的主要目的是实现目标一致性。第二个目的是评价涉及的责任中心的管理者。实现这些目的会存在挑战，因为不同部门的管理者有不同的目标。出售产品的部门经理希望有最高的转移价格以提高收入，购买产品的部门经理想要最低的转移价格以降低成本。如果一个希望转移价格最高，一个希望转移价格最低，那么就会产生冲突。

在很多例子中，转移价格的高低不会影响企业的总体利润，因为这是内部的交易。然而，在其他一些例子中，转移价格的确会影响总体利润，所以企业需要建立一套系统来促进管理者的目标一致性。让我们看看转移价格是如何确定的。

设定转移价格

STL 公司的电子课程部门制作并出售在线课程。每门课程的售价是 100 美元，因此，市场价格是 100 美元。按照当前的产量，产品的总成本是 80 美元，其中固定成本是 20 美元，变动成本是 60 美元，因此边际贡献是 40 美元。

平板电脑部门在销售电脑前会安装该电子课程。因为这两个部门都是投资中心，所以每个部门独立地记录这笔交易。平板电脑部门为该课程支付的价格应该是多少呢？

转移价格应该是 60 美元（变动成本）到 100 美元之间的一个价格。平板电脑部门愿意支付的价格不会高于 100 美元，而电子课程部门愿意出售的价格不会低于 60 美元。60～100 美元是转移价格的可协商范围（见图表 24A－1）。

图表 24A－1 转移价格可协商范围

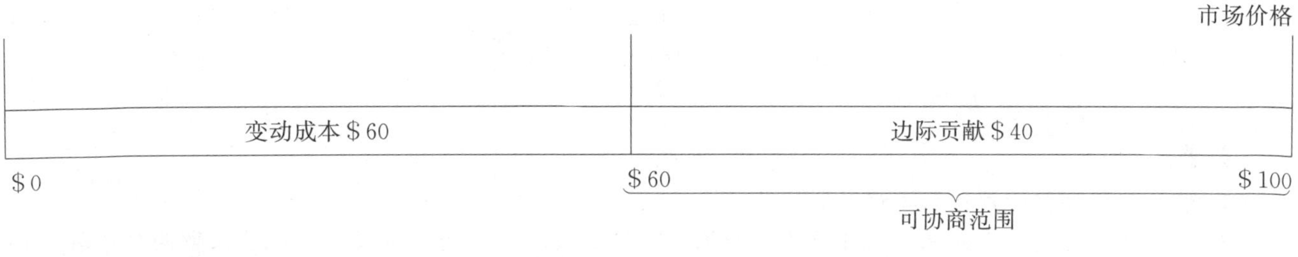

满负荷运营 如果电子课程部门满负荷运营，则其按照现有的最大能力进行生产和销售。在这种情况下，该部门需要选择将产品出售给谁：外部客户还是平板电脑部门。此时，转移价格是一个**基于市场的转移价格**（market-based transfer price），即市场价格。如果电子课程部门低于市场价格进行销售，就会导致边际贡献和企业利润降低，损失的边际贡献是该部门的机会成本。

非满负荷运营 如果电子课程部门没有满负荷运营，则其愿意以大于等于 60 美元的任一价格将产品出售给平板电脑部门。高于 60 美元的售价会产生边际贡献，以补偿固定成本并提高利润。此时，转移价格是一个**基于成本的转移价格**（cost-based transfer price）。在这一情况下，管理者可以协商一个双方都满意的转移价格。

如果STL公司允许部门管理者进行以成本为依据的价格转移，公司应该考虑使用标准成本而不是实际成本。否则，销售部门会没有控制成本的动力。例如，如果转移价格是实际的变动成本加上10%的利润，电子课程部门将能保持正的边际贡献，因为售价总会高于变动成本。部门也就没有了动机去监督和控制材料、人力成本以及变动制造费用。但是，如果转移价格以标准成本为依据，电子课程部门就有了控制成本的动力。控制成本失败可能导致该部门被撤销以及部门经理业绩差评。

其他问题 一些与转移价格相关的其他问题超出了本课程的范围。例如，跨国公司在确定转移价格时还需要考虑税收因素的影响。

在某些例子中很难确定市场价格。例如，如果企业的某个部门生产的零件只能用在自己企业的产品上，那就不存在外部购买者。此时就需要使用基于成本的转移价格。

剩下的问题是非财务领域的。例如，一个部门可能会因为质量问题不购买企业其他部门的产品，而是选择从外部购买。

习题

P24-27A 比较作业成本法和单一分配率法下的成本

WP制药公司生产一种抗过敏的非处方药。公司销售两种包装的药物，一种是含有1 000个胶囊的大型商业装，主要销售给卫生保健机构；另一种是只含有20个胶囊的旅行装，主要销售给机场、火车站和酒店的药店。根据以下信息可以判断其作业成本法是否更有利：

作业	估计的间接成本	分配基数	分配基数的估计数量
原材料处理	$95 000	重量	19 000千克
包装	200 000	机器工时	5 000小时
质量保证	112 500	样本数量	1 875个样本
间接成本总计	$407 500		

实际产量信息如下：

	商业装	旅行装
产品数量	2 400包	50 000包
重量（千克）	9 600	5 000
机器工时（小时）	1 680	500
样本数量（个）	240	750

要求：

1. 计算每项作业的预计制造费用分配率。

2. 利用预计制造费用分配率计算商业装和旅行装作业成本法下的单位成本。结果保留两位小数。（提示：首先计算分配到每种产品的总作业成本，然后计算单位成本。）

3. 公司最初使用单一分配率法将间接成本分配到产品，分配率为81.5美元/机器工时。计算在单一分配率法下，分配到商业装和旅行装的全部间接成本，并计算每件商品的单位间接成本。结果保留两位小数。

4. 比较作业成本法下的单位间接成本和传统方法下的单位间接成本。单位成本有什么变化？请解释为什么会发生这种变化。

P24-28A 整合分权管理与业绩评价法

上个月，拳击运动公司的一个下属单位的财务经营状况如下：

子公司 X	实际结果	弹性预算	弹性预算差异（F 或 U）	差异率（%）（F 或 U）
销售收入	$476 000	$451 000		
变动成本	261 000	251 000		
边际贡献	215 000	200 000		
可追溯固定成本	40 000	26 000		
分部毛利	$175 000	$174 000		

要求：

1. 完成这家子公司的业绩评价报告（保留两位小数）。
2. 根据已有的数据和你对这家公司的了解，这家子公司属于哪种类型的责任中心？
3. 如果管理者的决策标准是调查超过预算 8 000 美元并且差异率超过 10%的所有差异，那么应该调查什么项目？
4. 是否只有不利差异应该被调查？解释原因。
5. 差异的产生是由于实际销量比预算更高吗？解释原因。
6. 管理者是否觉得所有超过 8 000 美元的差异都重要？解释原因。
7. 业绩评价报告应用了平衡计分卡哪种层面的观点？从你的角度看，这种业绩评价报告对企业是启示还是误导？解释原因。
8. 分别为其他三个平衡计分卡层面列出关键指标。

P24-29A　利用投资报酬率和剩余收益评价投资中心

阅读 FF 公司的财务报表。公司目标收益率为 10%。

FF 公司比较资产负债表
2018 年 12 月 31 日和 2017 年 12 月 31 日

	2018	2017
资产		
现金	$64 000	$52 000
应收账款	49 200	17 800
存货	1 000	400
固定资产净值	331 800	229 800
无形资产（专利权）净值	135 000	119 000
资产总计	$581 000	$419 000
负债和所有者权益		
应付账款	$17 000	$19 000
短期应付票据	136 000	42 000
长期应付票据	184 000	114 500
普通股（无面值）	232 000	242 000
留存收益	12 000	1 500
负债和所有者权益总计	$581 000	$419 000

FF公司利润表 截至2018年12月31日	
销售收入	$3 500 000
销货成本	2 200 000
毛利	1 300 000
营业费用	950 000
营业利润	350 000
其他收入（费用）：	
利息费用	(27 000)
税前利润	323 000
所得税费用	113 050
净利润	$209 950

要求：

1. 计算公司的投资报酬率。保留四位小数。
2. 计算公司的销售利润率。解释计算结果。
3. 计算公司的资产周转率。解释计算结果。
4. 用投资报酬率扩展公式确认要求1的结果。
5. 计算公司的剩余收益。解释计算结果。

P24-30A 利用投资报酬率和剩余收益评价投资中心

WP是一家国际绘画生产商和销售商。公司分为五部分：绘画销售部、收购部、运输部、国际部和管理部。下表是公司两个最大的部门——销售部和收购部的信息。

部门	净利润	营业利润	平均总资产
销售部	$3 980 000	$476 000	$1 380 000
收购部	1 315 000	195 000	1 600 000

管理层要求的目标回报率为21%。

要求：

1. 计算每个部门的投资报酬率。保留四位小数。
2. 计算每个部门的销售利润率。解释计算结果。
3. 计算每个部门的资产周转率。解释计算结果。
4. 用投资报酬率扩展公式确认要求1的结果。
5. 计算每个部门的剩余收益。解释计算结果并对剩余收益是负数的部门提出建议。
6. 请描述当设定最低投资报酬率时管理层的考虑因素。

P24-31A 转移价格的决定

H公司拥有很多部门，这些部门被认为是投资中心。公司有一个部门负责生产带有坐垫的橡木餐椅。这个部门将材料进行切割、组装，然后购买坐垫并将其安装到餐椅上。餐椅生产部最近从外部供应商处以22美元的单价购买了一些坐垫。坐垫生产部生产装饰用坐垫，并将其出售给外部企业。餐椅生产部最近每个季度销售800把餐椅，坐垫生产部满负荷生产，每季度生产800套坐垫。两个部门报告的信息如下：

餐椅生产部		坐垫生产部	
销售单价	$ 85	销售单价	$ 32
变动成本（除坐垫外）	42	单位变动成本	13
变动成本（坐垫）	22		
单位边际贡献	$ 21	单位边际贡献	$ 19

要求：

1. 计算当前季度公司总的边际贡献。

2. 假如餐椅生产部从坐垫生产部以其当期价格购买 800 套坐垫，那么每个部门总的边际贡献是多少？

3. 假如餐椅生产部从坐垫生产部以其当期变动成本购买 800 套坐垫，那么每个部门总的边际贡献是多少？

4. 回顾要求 1 和要求 3 的结果，对公司来说，哪一种选择是最好的？

5. 假如坐垫生产部每季度的生产能力为 1 600 套坐垫，每季度可以持续为外部客户供应 800 套坐垫，并且可以为餐椅生产部提供 800 套坐垫，那么公司应该将内部转移价格设为多少？解释原因。运用你得出的内部转移价格计算公司当前季度总的边际贡献。

第 25 章

短期业务决策

- 25.1　如何利用相关信息进行短期决策
- 25.2　定价如何影响短期决策
- 25.3　管理层如何决定生产、销售何种产品
- 25.4　管理者如何制定外包及进一步加工的决策

谁来收拾脏屋子?

伍迪・斯泰尔斯看着他的公寓房间，房间一片狼藉。伍迪是全日制的大学在校生，并在空闲时打工，这让他没有多少时间整理自己的房间。房间里遍布灰尘，厨房地板也已经发黏。虽然对自己房间的卫生条件很不满意，但他不想浪费上学的时间来清理房间。伍迪认为最好的选择就是外包房间的清洁工作，每隔几周就雇用清洁公司来自己的公寓打扫。

外包这一概念是伍迪从他的哥哥艾伦身上学来的。艾伦是亚伯拉罕飞机公司的设计经理。艾伦的工作是分析新制造的飞机和滑翔机的原型，决定哪些由公司自己的制造工厂制作，哪些要外包给第三方。艾伦要判断亚伯拉罕的员工能否胜任工作、工厂的设备是否适合。通常情况下，与其雇用新员工、更新设备来生产，不如将生产外包给效率更高的第三方来达到更经济的目的。

伍迪决定分析一下他的外包决定。他调查了雇用清洁公司的价格，并且计算了需要多少小时的打工收入才能付清。伍迪决定在短期内自己清理房间，但是在他毕业并且获得一份全职工作之后，把清洁工作外包。

管理层如何制定决策?

管理层每天都要做出很多经济决策，例如，销售给哪些客户，产品如何定价，生产什么样的产品，以及自行生产还是外包。波音公司是世界最大的航空公司，也是世界领先的客机和防护、航空、安全系统制造企业。公司拥有遍布世界 65 个国家的超过 160 000 名员工。最近，波音公司航空部门把关注点放在创造了新的订单纪录的公司新产品——波音 787 梦想客机的发展上。2011 年 9 月完成第一笔订单交付。2013 年 1 月 16 日，美国联邦航空管理局发布一条紧急适航指令，该指令称，由于飞机电池过热或着火可能导致危险，现要求所有的美国波音 787 飞机暂停飞行。波音 787 飞机电池的生产外包给一家第三方供应商。波音公司对电池进行了维修，3 个月后，飞机重新回到天空。当初的外包决定对于波音公司的声誉和整体盈利能力造成了持续性的影响，但是波音公司的回应相当迅速，声称公司有希望不再经历任何长期的不利影响。类似的决策我们将在本章中进行评估。

学习目的

1. 确认与制定短期决策有关的信息。
2. 制定常规和特殊的定价决策。
3. 制定停产、产品组合和销售组合决策。
4. 制定外包和进一步加工的决策。

在此前的章节中，我们学习了管理层如何利用成本性态决定公司的盈亏平衡点、估计所需销量来达到目标利润、编制预算，以及进行业绩评价。在这一章，我们将学习管理层如何利用成本性态的知识来进行短期业务决策，例如，是否接受特殊价格的订单，或者是否终止生产某种不再盈利的产品。本章所讨论的决策均是关于短期的，通常指一年或更短时间。在下一章中，我们将讨论长期决策。在开始细致研究几种短期决策之前，我们先考虑管理者制定决策的过程和评价各个方案所需要的信息。

25.1 如何利用相关信息进行短期决策

图表 25-1 说明了管理层如何在不同可选方案中做出选择。管理会计在第三步中发挥作用：收集和分析相关信息来比较可选方案。

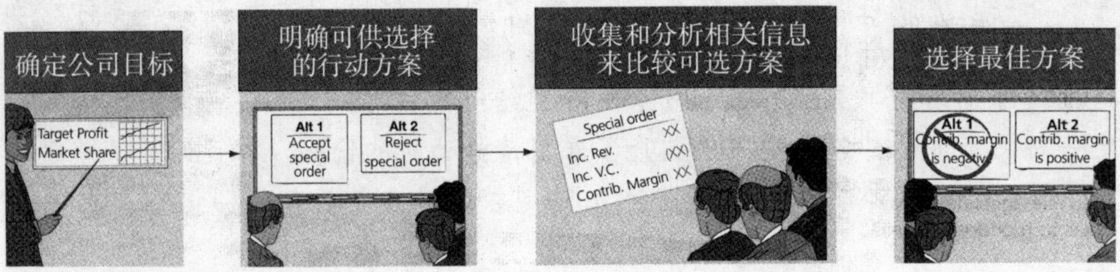

图表 25-1 管理者如何制定决策

□ 相关信息

当管理层进行决策的时候，他们将精力集中于与决策有关的信息。**相关信息**（relevant information）是不同可选方案的预期未来数据。**相关成本**（relevant costs）是那些与特定决策有关的成本。例如。如果 STL 公司考虑购买一辆新的运货卡车，正在两种车型中选择，卡车成本、销售税和保险金成本是相关成本，因为它们会在将来发生（在 STL 公司决定购买什么样的卡车后），并且在不同可选方案中这些成本是不同的（每种卡车的购买价格、销售税和保险金不同）。这些成本是相关的，因为它们会对购买何种车的决策产生影响。

无关成本（irrelevant costs）是那些不影响决策的成本。例如，因为两种车型都有相同的耗油率和保养率，在两种可供选择的方案中，卡车运营成本是无关成本。因为这些成本是相同的，它们不影响 STL 公司的决策。换句话说，它们是与决策无关的成本。类似地，年度牌照成本同样是无关成本，因为不管 STL 公司购买哪种车型，牌照成本都是一样的。

沉没成本（sunk costs）是指过去发生的不管将来采取什么行动都不会改变的成本。沉没成本与决策不相关。可能当 STL 公司购进新车时，它想以现在的旧车换取新车。一年前，STL 公司为现有汽车支付的价格——15 000 美元——就是沉没成本。现在的决策不会改变过去。STL 公司已经购买了现有汽车，因此公司支付的价格就是沉没成本。STL 公司现在能做的就是继续拥有现有汽车、以旧换新或是以最佳的价格卖掉它，即使这一价格比 STL 公司起初买它时低了很多。

STL 公司将来可以从现有汽车中得到的金额则是相关的。假设一个经销商为 STL 公司的现有汽车出价 8 000 美元，另一个经销商出价 10 000 美元。因为价钱不一样并且交易会在将来发生，所以对 STL 公司来说，以旧换新的价格是与决策相关的。同样的原则对所有情况都适用——只有相关信息才能影响决策。

□ 非财务相关信息

非财务的或定性的因素同样在管理者的决策中扮演着重要的角色。例如，关闭制造工厂和解雇员工可能会极大地挫伤员工的士气。外包，即决定购买或分包产品或服务，而不是自制，可以减少延期交货或者产品质量出现问题的情况。提供优惠价格有可能使常规客户感到利益受损，从而转向其他公司。管理层必须充分考虑决策的定量和定性影响。

管理层如果忽视了定性因素，就可能会犯错。例如，英国的诺丁汉市看到沿地中海国家的太阳能停车计时器非常好用，就花费 160 万美元安装了 215 个太阳能停车计时器。但是，它没有考虑到英国经常阴天，计时器经常由于缺少阳光而无法工作。由于无法计时，人们免费停车导致政府损失了金钱！定性相关信息与财务相关信息具有相同的特点：定性因素发生在将来，并且在可选方案之间是不同的。比如，将来的阳光需求量对于不同的可选方案来说是不相同的：机械计时器不需要阳光，太阳能计时器则需要阳光。

□ 差量分析

在进行短期决策时**差量分析法**（differential analysis）是普遍使用的一种方法。这种方法的重点在于不同可选方案带来的营业利润的区别。差量分析法有时也称为增量分析法。该分析法不关注不同方案中公司的整体收入，只关注营业利润在不同方案中有何区别。通过这种方法，我们要剔除无关信息——在不同方案中不会发生变化的成本和利润。本章我们考虑以下几种短期特殊决策。

- 常规定价和特殊定价；
- 舍弃不盈利的产品和部门、产品组合、销售组合；
- 外包和进一步加工。

在研究这些决策时，应特别分析短期业务决策的两个关键指南。

1. **关注相关收入、成本和利润**。无关信息仅仅造成信息超载。

2. **运用能区分变动成本和固定成本的边际贡献方法**。因为变动成本和固定成本的性态不同，必须分别分析。传统利润表（完全成本法）混合了固定成本和变动成本，可能会误导管理者。边际贡献利润表通过成本性态来分析成本（变动和固定），帮助管理者收集他们需要的成本信息。单位生产成本是混合成本，这一点会误导管理者。如果你在分析中使用单位生产成本，要确保首先区别固定成本和变动成本。

我们将会在每个决策中用到这两个关键指南。

25.2 定价如何影响短期决策

我们从讨论常规定价决策和特殊定价决策开始。过去，管理层不会将定价决策视为短期决策。但是，在许多产业中，产品生命周期正在不断缩短。企业仅仅销售一种产品几个月的时间，紧接着就用升级款的产品替代它，即使升级改动很细微。服装业和科技产业生命周期往往较短，汽车和住房风格都在不断变化，与过去相比定价决策已经成为一种短期决策。

□ 制定常规价格

管理者为产品或者服务制定常规价格之前要考虑三个基本问题：

- 公司的目标利润是多少？
- 客户将会支付多少钱？
- 对于这一产品，公司是价格接受者还是价格制定者？

这些问题的答案通常是复杂的甚至是变化的。股东期望公司获得一定的利润。经济形势、公司历史盈余、行业风险、竞争态势和新开发的业务都会影响股东期望的利润水平。股东通常将期望利润与投入企业的资产总额联系起来。例如，股东可能希望得到投资的10%的年回报。如果公司没有达到目标利润，它的股价可能会下跌，因此管理层将保持低成本，以创造足够的收入来实现目标利润。

这就导致了第二个问题：客户将会支付多少钱？管理者不能将价格定在客户愿意支付的价格之上，否则销售收入会下降。客户支付的总额取决于竞争者、产品的独特性、营销活动的有效性、经济状况等。

为了解决第三个问题，想象这样一条水平线：价格的接受者在一端，价格的制定者在另一端。公司的产品和服务落在这条线的某处。当公司对产品或服务价格只有很小甚至没有控制权时，它就是**价格接受者**（price-taker）。当公司的产品和服务不是独特的或者竞争非常激烈的时候，这种情况就会发生。比如，粮食商品（牛奶、玉米），自然资源（石油、木材），以及一般消费产品和服务（纸巾、干洗和银行服务）。

当公司能够更多地控制定价时，它们就是**价格制定者**（price-setter）——换句话说，某种程度上它们能够“制定”价格。公司产品是独特的，竞争就会比较少，公司就是价格制定者。独特的产品包括艺术品和珠宝、专门制造的机械、拥有专利的香水，以及定制家具，这些可以制定更高的价格。

显然，管理者想成为价格制定者而不是价格接受者。为了获得更多的定价权，公司试着使它们的产品差别化。它们想使自己的产品在功能、服务或质量上显得独特，或至少让你觉得它们的产品是独一无二的，或以某种方式显得更好——公司通过广告努力获得这一差别化，想想星巴克咖啡、舒洁纸巾、泰诺退烧药、第一资本公司信用卡、壳牌汽油、A&F牛仔裤，不胜枚举。这些产品真的比较好或者与价格较低的竞争产品相比显著不同吗？可能是这样。如果这些公司可以让顾客相信这些是真的，它们就获得了更多的定价权，因为顾客愿意为它们的产品或服务支付更多的钱。不足的是，这些公司必须收取更高的价格或销售更多的产品来弥补其广告成本。

公司定价方法取决于其产品或服务是否在价格接受者或价格制定者范围内。价格接受者强调目标定价法，价格制定者强调成本加成方法。大多数公司提供多种产品和服务；一个公司可能在一些产品上是价格接受者，在另一些产品上是价格制定者。图表25－2总结了价格接受者和价格制定者的区别。

图表25－2　价格接受者与价格制定者

价格接受者的特征	价格制定者的特征
• 产品缺乏特点 • 竞争激烈 • 定价方法侧重于目标定价法	• 产品十分独特 • 缺少竞争 • 定价方法侧重于成本加成定价法

目标定价法

当一个公司是价格接受者时，它强调用目标定价法来制定价格。**目标定价法**（target pricing）是用产品的市场价格（顾客愿意支付的价格）减去公司的期望利润来决定产品的**目标完全成本**（target full cost）——研发、制造和配送产品或服务的成本。目标定价有时也称为目标成本，因为预期的目标成本是从目标价格推导的。目标定价法的公式是：

目标完全成本＝市场价格下的收入－预期利润

在这一关系中，公司对于市场价格是“被动接受”的。由市场设立价格，即消费者愿意付出的最高的价格，公司无法控制这个价格，因此，必须着眼于控制成本来获得预期的利润。完全成本包括价值链上所有的元素——生产成本和期间费用。如果产品现在的成本高于目标成本，公司必须想办法降低成本，否则无法达到目标利润。管理层经常结合使用作业成本法和价值工程来找出降低成本的方法。

我们回到STL公司。假设STL公司生产的一款平板电脑现在的市场价格是每台500美元。图表25－3显示了STL公司2019年销售2 400台平板电脑的预期营业利润。

图表 25-3 STL 公司的预算利润表

STL 公司的预算利润表 截至 2019 年 12 月 31 日		
销售收入		$ 1 200 000
变动成本：		
变动制造费用	$ 588 000	
变动销售和管理费用	150 000	738 000
边际贡献		462 000
固定成本：		
固定制造费用	110 000	
固定销售和管理费用	116 000	226 000
营业利润		$ 236 000

因为平板电脑是普通商品，STL 公司会强调目标价格策略。假设公司的股东希望达到 10%的年度投资报酬率。如果公司的平均资产是 2 500 000 美元，预期利润就是 250 000 美元。当前销售规模下产品的目标成本可以通过下表计算：

市场价格下的收入	$ 1 200 000
减：预期利润	$ 250 000
目标完全成本	$ 950 000

我们一旦知道了产品的目标完全成本，就可以分别分析固定成本和变动成本的构成。在目标完全成本为 950 000 美元的水平下，STL 公司能够生产并销售 2 400 台平板电脑吗？我们从图表 25-3 中得知公司的单位变动成本是 307.50 美元（738 000÷2 400）。这个单位变动成本包括生产成本、销售和管理成本。我们同时知道公司在目前的相关范围内的固定成本为 226 000 美元。一些固定成本来自生产，另外一些来自销售和管理活动。在制定常规价格的时候，公司必须覆盖所有的成本——无论期间费用还是生产成本，无论固定成本还是变动成本。

生产并销售 2 400 台平板电脑目前会使公司花费 964 000 美元（2 400×307.50），比目标完全成本高出 14 000 美元。STL 公司有哪些选择呢？

1. 接受更低的营业利润水平，236 000 美元，相当于 9.44%的回报率，而非股东所要求的 10%。
2. 减少至少 14 000 美元的固定成本。
3. 减少至少 14 000 美元的变动成本。
4. 尝试增加销量。如果公司拥有额外的生产能力，生产和销售更多产品只会影响变动成本，然而，这也同时意味着固定成本由更多的单位来分摊，因此单位产品的总成本会降低，利润会上升。
5. 变更或者增加产品组合。
6. 尝试使自己的平板电脑产品差异化来获得对售价的控制。
7. 通过上述策略的组合来达到增加收入或者降低成本的结果。

STL 公司的管理层可以通过本量利分析来确定为了达到目标利润需要销售多少平板电脑。公司会考虑如何增加产品的需求，与此同时会带来成本的增长，比如广告支出。当目前成本超过目标完全成本时，管理层的任务并不轻松。有时，鉴于当前的价格，公司根本无力竞争。如果是这样的话，它们可能已经别无选择，只能退出该产品市场。

成本加成定价法

当公司是价格制定者时，它强调的是成本加成定价法。这一定价方法从本质上说与目标定价法相反。**成本加成定价法**（cost-plus pricing）用公司的完全成本（给定的）加上它的期望利润，得出成本加成价格。

成本加成价格＝完全成本＋预期利润

正如你所见，我们用最基础的利润计算公式算出价格。

若产品是独特的，则公司能更多地控制价格的制定。公司仍旧需要确保成本加成价格不高于顾客愿意支付的价格。仍以 STL 公司为例。这一次平板电脑有一定的品牌识别度，而预装好的学习软件让公司享有一定的声誉，因此公司对于产品的定价有一定的控制能力。使用成本加成定价法，假设当前销售水平下预期平均资产利润率为 10%，成本加成价格是 506 美元，如下所示：

当前变动成本（＄307.50×2 400）	＄738 000
加：固定成本	226 000
完全产品成本	＄964 000
加：期望利润（10%×2 500 000）	250 000
目标收入	＄1 214 000
除以平板电脑的数量	÷2 400
单位成本加成价格	＄506

标准平板电脑的市场价格是 506 美元，根据假设，STL 公司能以 506 美元或者更高的价格出售其品牌的产品吗？答案取决于公司将产品或品牌差别化的程度。该公司可能会使用焦点小组访谈或市场调查来了解客户对其成本加成价格的回应。公司可能会发现成本加成价格太高，或者可能发现可以再提高产品价格且不会降低销量。

定价决策遵循了两个关键指南：（1）关注相关信息；（2）使用边际贡献法来区分变动成本和固定成本。在定价决策中，所有的成本信息都是相关的，因为公司在盈利之前必须弥补价值链上所有的成本。但是，我们仍需要分开考虑变动成本和固定成本，因为它们在不同的产量上有不同的性态。

为了最大限度地提高定价决策的有效性，制定如下决策规则。

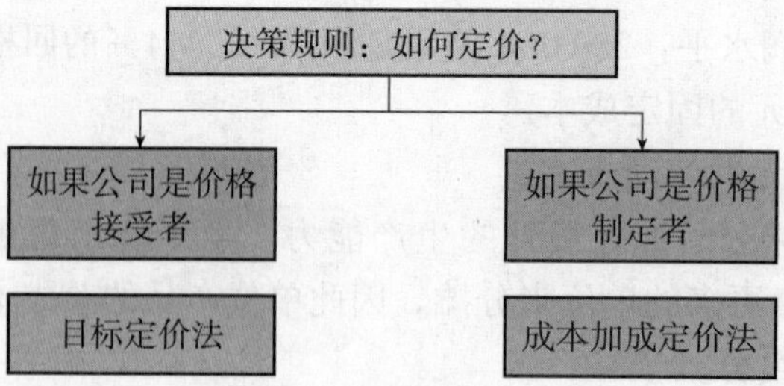

□ 特殊订单

当客户以更低的销售价格提出一次性订单时，一个特殊订单就发生了。在同意特殊订单之前，管理层必须考虑如下问题：

- 企业是否有剩余的生产能力来满足该订单？
- 降低的价格是否足以承担为实现订单而增加的成本？

- 从长期来看，特殊订单是否会影响正常销售？

第一，管理层必须考虑现有生产能力。如果企业按照其现有生产能力生产了足够多的产品，并且能以正常价格出售，那么企业考虑较低价格的特殊订单就没有任何意义。因此，有剩余的生产能力是接受特殊订单的必要条件。这对服务业（律师事务所、美发店等）和制造业是一样的。

第二，管理层要考虑降低的价格是否足以弥补执行订单所增加的成本。特殊价格必须超过执行订单的变动成本，否则企业就会在交易中亏损。换句话说，特殊订单必须提供一个正的边际贡献。

第三，企业必须考虑固定成本。如果企业有剩余生产能力，固定成本不会因为制造了更多的产品（或者提供了更多的服务）而受影响。但是，在一些例子中，管理者不得不增加其他一些固定成本来完成特殊订单，例如，额外的保险费。如果是这样，它们需要考虑特殊价格是否高到足以提供正的边际贡献并且弥补额外的固定成本。

最后，管理层需要从长远考虑特殊订单是否会影响常规销售。老客户是否会发现特殊订单并且要求更低的价格？特殊订单客户会不会一而再再而三地要求同样低的价格？特殊订单价格会不会在竞争者中引发价格战？管理层要确定这些问题的答案或者考虑客户会做出怎样的回应，确定是不是值得为特殊订单的利润而冒险。

让我们来看一个特殊订单的例子。我们知道 STL 公司平板电脑的正常价格是 500 美元。假设一个公司支付 STL 公司 68 750 美元购买 250 台平板电脑，即 275 美元一台。与这一销售订单相关的信息如下：

- 会使用闲置的生产能力（剩余生产能力）；
- 不会改变固定成本；
- 不会产生任何变动的非制造费用（因为特殊订单没有额外的营销费用）；
- 不会影响正常销售。

除此之外，我们还有一个情况没有考虑：特殊订单价格是否可以弥补与该订单有关的变动制造费用？首先让我们来看看正确的方法和错误的方法，以此来得出答案。

假设 STL 公司在考虑特殊订单之前生产和销售了 2 400 台平板电脑。图表 25－4 展示了 STL 公司的预算利润表，左边为传统利润表（完全成本法），右边为边际贡献利润表。

图表 25－4　STL 公司的预算利润表——传统格式与边际贡献格式

STL 公司的预算利润表 截至 2019 年 12 月 31 日				
传统格式		**边际贡献格式**		
销售收入	$ 1 200 000	销售收入		$ 1 200 000
销货成本	698 000	变动成本		
毛利	502 000	变动制造费用	$ 588 000	
销售和管理费用	266 000	变动销售和管理费用	150 000	738 000
营业利润	$ 236 000	边际贡献		462 000
		固定成本		
		固定制造费用	110 000	
		固定销售和管理费用	116 000	226 000
		营业利润		$ 236 000

在传统利润表中，每单位产品成本是 290.83 美元（698 000÷2 400）。一个没有检查数据的管理层可能会认为 STL 公司不应该接受特殊订单给出的每台 275 美元的价格，因为每台平板电脑的成本是 290.83 美元。但是表面的东西往往具有欺骗性！记住每台 290.83 美元的成本是混合成本，包括变动成本和固定成本。为了正确回答我们的问题，我们需要找到仅仅只包含变动成本的单位生产成本。

图表 25－4 的右边展示了区分变动成本与固定成本的边际贡献利润表。边际贡献利润表使我们看到单位产品的变动生产成本只有 245 美元（588 000÷2 400）。特殊价格每台 275 美元高于每台 245 美元。因此，特殊订单会提供一个 30 美元的正的边际贡献（275－245）。既然特殊订单量为 250 台，STL 公司接受这一订单，总的边际贡献应该上升 7 500 美元（250×30）。

使用差量分析法，STL 公司比较了从特殊订单获得的额外收入与增量成本，以确定特殊订单是否获利。图表 25－5 展示了特殊订单会增加 68 750 美元（250×275）的收入，但是也会增加 61 250 美元（250×245）的变动生产成本。因此，STL 公司的边际贡献会增加 7 500 美元，这与之前期望的一样。图表 25－4 中的其他成本是非相关成本。因为 STL 公司没有付出特别的努力以获取这笔销售，所以不管 STL 公司是否接受特殊订单，变动销售和管理费用是不会改变的。因为 STL 公司在不需新增生产能力的情况下，已有足够的闲置生产能力生产 250 台额外的平板电脑，所以，固定成本是不变的。固定销售和管理费用不会受特殊订单的影响。因为没有额外的固定成本，边际贡献的总增加额直接流入了营业利润中。最终，特殊订单会增加 7 500 美元的营业利润。

图表 25－5　特殊订单决策的差量分析

预期的收入增加（250×＄275）	＄68 750
预期的变动生产成本增加（250×＄245）	(61 250)
预期的营业利润增加（250×＄30）	＄7 500

注意，遵循前面提到的短期业务决策的两项关键指南：（1）关注相关信息（如果 STL 公司接受特殊订单，收入和成本将发生变化）（2）运用能区分变动成本和固定成本的边际贡献法。

综上所述，对于特殊定价决策，制定如下决策规则：

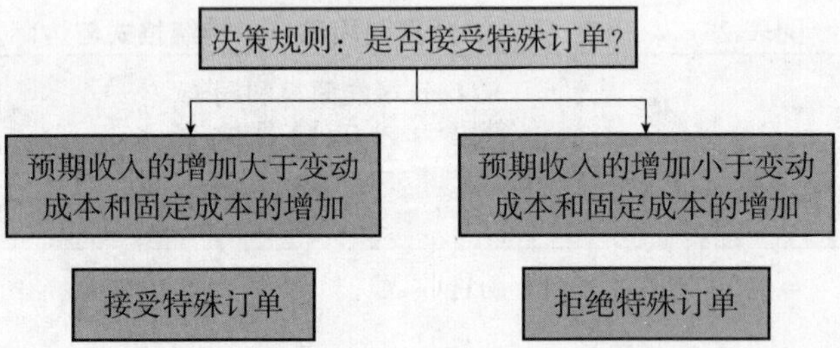

25.3　管理层如何决定生产、销售何种产品

决定生产、销售何种产品是管理层需要做的一项重要决策。如果制造工厂的生产能力有限，管理层必须决定生产哪一种产品。如果商店中货架空间有限，管理层必须决定摆放、销售哪种产品。而且，管理层也要做出舍弃达不到预期盈利的产品、部门或者领域的决策。让我们来看看管理层是如何做决策的。

□ 舍弃不盈利的产品与部门

管理层在决定产品、生产车间、生产领域是否停产时，必须考虑以下问题：

- 产品是否提供了正的边际贡献？
- 如果公司不再生产该产品，固定成本是否仍然存在？
- 如果公司停产该产品，是否有可以避免的直接固定成本？
- 停产该产品是否会影响公司其他产品的销售？
- 对于释放出来的生产能力，公司应该怎么办？

我们按照两个关键指南来做特殊业务决策：（1）关注相关信息；（2）使用边际贡献法。相关财务数据是收入和成本中变化的部分，但我们现在考虑的是产量的减少，而不是特殊订单决策时的产量增加。在接下来的例子中，我们将会学习管理层怎样决定停产一种产品。管理层在决定是否停产生产车间或生产领域时会使用同样的决策过程。

之前，我们只聚焦于 STL 公司众多产品中的一种——标准平板电脑。现在我们关注两种产品——标准平板电脑和高级平板电脑。图表 25－6 展示了产品的边际贡献利润表，假设固定成本由所有产品承担。其中标准平板电脑带来的收入和图表 25－4 所展示的内容相同。因为高级平板电脑生产线亏损了 5 000 美元，管理层决定让该生产线停止生产。

图表 25－6　产品的预算利润表

STL 公司预算利润表 截至 2019 年 12 月 31 日			
	总计	标准平板电脑	高级平板电脑
销售收入	$ 1 430 000	$ 1 200 000	$ 230 000
变动成本：			
变动制造费用	706 000	588 000	118 000
变动销售和管理费用	172 000	150 000	22 000
合计	878 000	738 000	140 000
边际贡献	552 000	462 000	90 000
固定成本：			
固定制造费用	180 000	110 000	70 000
固定销售和管理费用	141 000	116 000	25 000
合计	321 000	226 000	95 000
营业利润	$ 231 000	$ 236 000	$ (5 000)

管理者的第一个问题是“产品是否提供了正的边际贡献？”如果产品的边际贡献是负值，该产品就不能弥补它的变动成本。因此，公司应该停止该产品的生产。但是，如果产品有一个正的边际贡献，则至少它能帮助弥补公司的固定成本。在 STL 公司的案例中，高级平板电脑产生了 90 000 美元的正的边际贡献。现在 STL 公司的管理层需要考虑固定成本了。

固定成本的影响

STL 公司可以通过不同的方法来分配固定成本，每种方法分配给各种产品的固定成本都不尽相同。举例来说，固定成本可以根据传统的直接人工工时、生产活动相关的成本或者其他方法进行分配。然而，从短期来看，很多固定成本的总值固定不变，不会因为分配方法发生变化。因此，除去那些因为决策不同而发生变化的固定成本，已分配的固定成本是无关信息。相关信息如下：

1. 产品停产固定成本是否依然存在？
2. 如果高级平板电脑生产线停产，是否可以避免某些直接固定成本？

考虑产品停产时几个不同的假设。

固定成本继续存在且保持不变　产品停产后继续存在的固定成本称为不可避免固定成本。不可避免固定成本与决策无关，因为它们不会因为公司关停生产线而发生变化——无论哪种方式它们都会存在。我们假设即使 STL 公司停产高级平板电脑，其所有的固定成本（321 000 美元）也会继续存在。假设 STL 公司在同一个工厂里使用与制造标准平板电脑相同的机器制造高级平板电脑。这一例子中，仅有高级平板电脑提供的边际贡献是相关的。如果 STL 公司停产高级平板电脑，它将会损失 90 000 美元的边际贡献。

图表 25－7 的差量分析验证了损失。如果 STL 公司停产高级平板电脑，收入将会下降 230 000 美元，但是变动成本仅下降 140 000 美元，这导致营业利润出现 90 000 美元的净亏损。因为固定成本不受影响，此处不进行分析。这一分析表明管理层不应该停产高级平板电脑。对 STL 公司来说亏损 5 000 美元要比亏损 90 000 美元好多了。

图表 25－7　固定成本不变时产品停产的差量分析

预期的收入下降	$(230 000)
预期的总变动成本下降	140 000
预期的营业利润下降	$(90 000)

直接固定成本变动　本章我们假设 STL 公司使用独立的设备生产高级平板电脑。如果生产线停产，设备的租金就无须支付，公司也会避免除 3 000 美元以外所有的固定成本。在这种情况下，92 000 美元的固定成本只归属于生产高级平板电脑的生产线（95 000 美元总固定成本－3 000 美元不可避免的固定成本＝92 000 美元可避免的固定成本）。这些是仅属于高级平板电脑的直接固定成本。因此，92 000 美元的固定成本是可避免的固定成本，和决策相关，因为固定成本会随着生产线的停产而变化。

图表 25－8 表明如果 STL 公司停产高级平板电脑，在这一情况下可以增加 2 000 美元的营业利润。因为虽然收入会下降 230 000 美元，但是费用下降得更多——232 000 美元，结果是营业利润净增长 2 000 美元。这一分析表明管理层应该停产高级平板电脑。

图表 25－8　固定成本变动时产品停产的差量分析

预期的收入下降		$(230 000)
预期的总变动成本下降	$140 000	
预期的固定成本下降	92 000	
预期的总成本下降		232 000
预期的营业利润上升		$2 000

其他考虑事项

管理层也必须考虑产品、生产车间、生产领域的停产是否会影响其他产品的销售。迄今为止的案例中，我们假设停产高级平板电脑不会影响 STL 公司其他产品的销售。但是，考虑一下杂货店的情况。即使产品部门不盈利，管理层也会放弃它吗？可能不会，因为如果那样做，就会失去需要一站式购物的顾客。在这种情形下，管理层必须考虑放弃一个部门对其他部门的边际贡献造成的损失。再举一个例子，公司生产餐桌和椅子。消费者想要购置一套桌椅，如果公司停止了餐桌的生产，那么椅子的销售也必将受到影响。

管理层还必须考虑怎样处理释放出来的剩余生产能力。在 STL 公司的例子中，我们假设 STL 公司使用相同的制造设备来生产标准平板电脑和高级平板电脑。如果 STL 公司停产高级平板电脑，它能够使用释放出的机器工时生产和销售另外的产品吗？管理层要确定使用机器生产不同的产品是否能比生产高级平板电脑更加盈利。

短期业务决策要考虑所有受该项活动影响的成本。管理层必须要问：总成本——变动成本和固定成本将会如何改变？是否应考虑额外的环境成本（例如，废水处理）？如图表 25－7 和图表 25－8 所示，决定是否放弃公司产品或部门的关键是把损失的收入与停产所节约的成本进行比较，并且考虑如何利用释放出来的生产能力。决策规则如下：

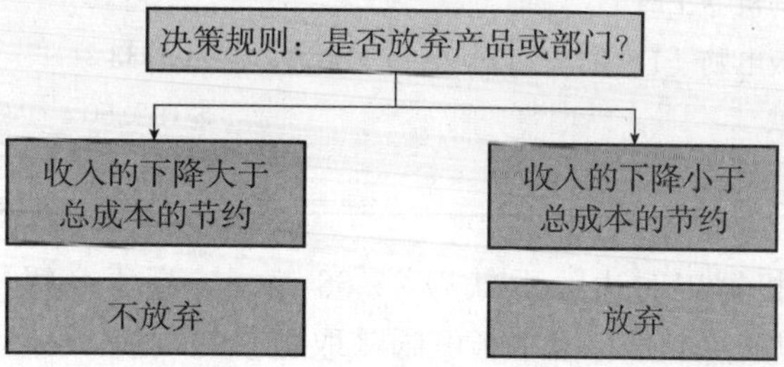

□ 产品组合

公司的资源是有限的。在不同的公司有不同的**约束因素**（constraints）限制产品的生产和销售。例如，对于像 STL 公司这样的制造商，生产能力可能受到人工工时、机器工时或材料数量的限制。对经销商而言，主要的限制可能来自货架空间。而其他公司则可能受到销售需求的限制。竞争可能是激烈的，因此公司仅能销售有限数量的产品，生产它能销售的产品。但是，如果公司能够销售它生产的所有产品，应该重点生产哪种产品呢？应该提高哪种产品的产量？受约束的公司应该考虑如下问题：

- 什么约束因素使得公司不能生产所有能够销售出去的产品？
- 约束因素下哪种产品的单位边际贡献最大？
- 主推一种产品会影响固定成本吗？

让我们回到 STL 公司的例子。假设公司能够销售它所制造的所有标准平板电脑和高级平板电脑，但是它只有 19 500 机器工时的生产能力。公司使用同样的机器制造标准平板电脑和高级平板电脑。在这一案例中，机器工时是一个约束因素。图表 25－9 中的数据表明高级平板电脑比标准平板电脑更盈利，因为高级平板电脑有更高的单位边际贡献和更高的边际贡献率。

图表 25－9 STL 公司的单位边际贡献

	标准平板电脑	高级平板电脑
每台平板电脑的售价	$ 500.00	$ 575.00
单位变动成本	307.50	350.00
单位边际贡献	192.50	225.00
边际贡献率		
标准平板电脑（$ 192.5÷ $ 500）	38.50%	
高级平板电脑（$ 225÷ $ 575）		39.13%

然而，为了确定重点生产哪种产品，我们不能仅根据单位边际贡献决定。必须确定哪种产品在约束因素下单位边际贡献最高。要确定重点生产的产品，遵循以下决策规则：

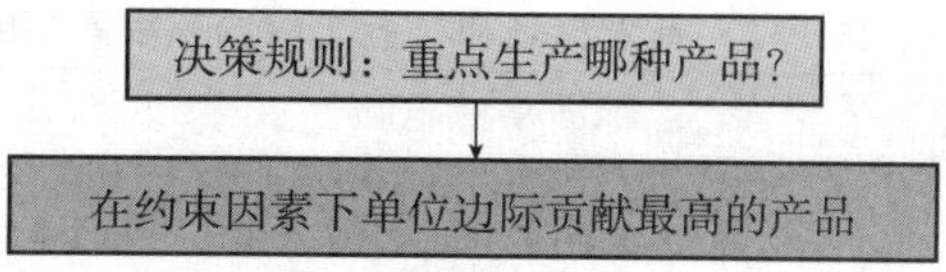

因为机器工时是一个约束因素，STL 公司需要计算出哪种产品有最高的单位机器工时边际贡献。我们假设生产一台标准平板电脑需要 7.5 机器工时，生产一台高级平板电脑需要 10 机器工时。图表 25－10 确定了每种产品的单位机器工时边际贡献。

图表 25-10 STL 公司的单位机器工时边际贡献

	标准平板电脑	高级平板电脑
（1）生产一台平板电脑所需的机器工时	7.500 0	10.000 0
（2）每个机器工时生产的平板电脑［1 小时÷(1)］	0.133 3	0.100 0
（3）每台平板电脑的边际贡献	$192.50	$225.00
单位机器工时边际贡献［(2)×(3)］	$25.66	$22.50

标准平板电脑的单位机器工时边际贡献为 25.66 美元，高于高级平板电脑的单位机器工时边际贡献 22.50 美元。STL 公司可以通过制造标准平板电脑赚取更多的利润。因为虽然标准平板电脑的单位产品边际贡献比较低，但是在 19 500 机器工时内 STL 公司可以制造比高级平板电脑更多的标准平板电脑。图表 25-11 同样表明 STL 公司在标准平板电脑上赚取了更高的总利润。用生产能力乘以单位机器工时边际贡献可以得出 STL 公司通过生产标准平板电脑赚取了 500 370 美元的边际贡献，而高级平板电脑只有 438 750 美元。

图表 25-11 机器工时约束因素下的总边际贡献

	标准平板电脑	高级平板电脑
单位机器工时边际贡献	$25.66	$22.50
满负荷生产——机器工时	×19 500	×19 500
满负荷生产总边际贡献	$500 370	$438 750

为了将利润最大化，STL 公司会生产 2 600 台标准平板电脑（19 500÷7.5），而不生产高级平板电脑。为什么不生产高级平板电脑呢？因为每花一个机器工时生产高级平板电脑，就会损失 3.16 美元的边际贡献（标准平板电脑单位机器工时边际贡献为 25.66 美元，高级平板电脑为 22.50 美元）。

这里我们有两个假设：（1）STL 公司其他产品的销量不会受该决策影响；（2）STL 公司能够卖出它生产的所有标准平板电脑。让我们来质疑一下这两个假设。首先，仅仅制造标准平板电脑是否影响其他产品的销量？零售商乐于在店面同时展示标准平板电脑和高级平板电脑，以方便消费者对比选择。STL 公司只提供标准平板电脑，零售商可能会减少对其的展示，因此，如果 STL 公司不再销售高级平板电脑，标准平板电脑的销量可能会下降。

我们再来质疑第二个假设。假设一个新的竞争者使得 STL 公司的标准平板电脑市场需求量下降了。现在 STL 公司标准平板电脑的预期销量是 2 400 台，生产能力为 2 600 台（19 500÷7.5）。而竞争者出现后 STL 公司只能销售 2 000 台标准平板电脑，然后利用剩余的机器工时来生产高级平板电脑。让我们来看看这一限制对盈利性的影响。

通过图表 25-11 可知，STL 公司可以使用全部的 19 500 机器工时来生产标准平板电脑，从而获得 500 370 美元的边际贡献。但是，如果 STL 公司仅仅生产 2 000 台标准平板电脑，它仅仅使用了 15 000 机器工时（2 000×7.5）。这样就剩下了 4 500 机器工时，可以生产 450 台高级平板电脑（4 500÷10）。STL 公司新的边际贡献如图表 25-12 所示。

图表 25-12 有限市场和机器工时约束因素下的总边际贡献

	标准平板电脑	高级平板电脑	合计
单位机器工时边际贡献	$25.66	$22.50	
满负荷生产——机器工时	×15 000	× 4 500	19 500
满负荷生产总边际贡献	$384 900	$101 250	$486 150

因为产品组合的改变，STL 公司的总边际贡献从 500 370 美元下降到 486 150 美元，下降了 14 220

美元。因为 STL 公司耗费 4 500 机器工时生产高级平板电脑而不是标准平板电脑，STL 公司不得不放弃 3.16 美元（25.66－22.50）的单位机器工时边际贡献。但是，STL 公司没有其他选择——公司生产出不能出售的标准平板电脑，就会蒙受实际损失。如果 STL 公司生产了 2 600 台标准平板电脑，但是仅仅售出了 2 000 台，则公司花费了 184 500 美元（600×307.5）生产未售出的平板电脑，却没有创造销售收入。

固定成本呢？在许多例子中，短期内改变产品组合不会影响固定成本，因此固定成本是不相关的。但是，固定成本可能因为重点生产不同的产品组合而有所不同。如果 STL 公司每月租用了生产高级平板电脑专用的生产机器会怎样呢？如果 STL 公司仅仅生产标准平板电脑，它就可以避免租赁费用。一旦 STL 公司生产高级平板电脑，就需要专用的机器。在这一例子中，固定成本是相关的，因为在不同的产品组合中它是不同的（仅仅生产高级平板电脑；仅仅生产标准平板电脑；两者同时生产）。

分析再次使用了短期业务决策的两个指南：(1) 关注相关信息（收入和成本会变化的数据）；(2) 使用可以区分变动成本和固定成本的边际贡献法。

□ 销售组合

之前的分析主要关注制造业企业的生产限制。零售业企业同样拥有限制，其中展销空间便是重要的限制因素。零售业者受到店面大小的限制，所以管理者必须决定展销何种商品。

因为 STL 公司的两种平板电脑大小相同，我们来考虑布拉格公司，这个公司主要在机场开设礼品店。机场礼品店一般面积很小，布拉格公司的每家门店只有 48 层书架隔层。下面的表格展示了精装书和平装书的销售价格、变动成本以及边际贡献。

	精装书	平装书
销售价格	\$28.00	\$12.00
变动成本	19.60	7.20
边际贡献	\$8.40	\$4.80

固定成本不受展销商品种类的影响。根据这个信息，很明显精装书的边际贡献更大，应该重点展销。但是，管理者还要考虑货架空间的限制。布拉格公司每一层书架可以放置 10 本精装书或者 20 本平装书。要记住，限制条件下最重要的是对于单位限制因素可以带来更多边际贡献的产品要重点生产。图表 25－13 展示了展销空间限制下的总边际贡献。

图表 25－13 展销空间限制下的总边际贡献

	精装书	平装书
每本书的边际贡献	\$8.40	\$4.80
每层可展示图书数量	×10	×20
每层的总边际贡献	\$84.00	\$96.00

如果展销平装书，布拉格公司可以获得更多的利润。因此，公司应该重点展销平装书。但是，布拉格公司同时也应该考虑市场——机场的消费者想要什么？布拉格公司可展销的平装书是精装书的两倍。如果增加展销货物的种类，会不会增加销量和加快消化库存？只展销平装书会不会导致销量下降？当考虑销售组合的时候，其他的因素也要充分考虑。

25.4 管理者如何制定外包及进一步加工的决策

现在我们从如何生产产品的角度来考虑短期业务决策，比如公司是否应该外包零部件生产、产品是直接销售还是进一步加工？

□ 外包

很多公司都选择外包自己的产品或服务。例如，一个连锁酒店可能会外包预订系统，这使得公司可以更加专注于首要工作——服务客人，而不是购置使用复杂的电子预订系统。通过外包，连锁酒店可以利用其他公司的专长，同时集中在核心业务上。外包决策也经常称为自制或外购决策，因为决策者必须考虑是购置一整套产品服务，还是自己生产。这个决策的核心是如何最好地利用可以利用的资源。

STL公司正在决定是自己生产平板电脑的包装盒，还是外包给专业生产纸盒的CC公司，这家公司专门为电脑、手机和其他电子产品生产包装盒。STL公司生产2 400套包装盒的成本如下：

直接材料	$ 15 600
直接人工	7 200
变动制造费用	13 200
固定制造费用	19 200
生产成本合计	$ 55 200
纸盒总量	÷2 400
单位产品成本	$ 23

CC公司以每只21美元的价格向STL公司销售纸盒。STL公司应该自制还是外购纸盒呢？STL公司自制纸盒的单位成本23美元比外购纸盒的单位成本高2美元。看起来，STL公司应该外购该产品。但是，事情并非这么简单。因为单位产品成本包括固定成本和变动成本。为了决定外购还是自制，管理层必须单独评估固定成本和变动成本。下面展示了管理层做外包决策时必须考虑的问题：

- 与外包成本相比，公司的变动成本怎样？
- 外包有无能够避免的固定成本？
- 对于释放出来的生产能力，公司应该怎么办？

让我们来看看这些问题如何运用到STL公司。通过购买纸盒，STL公司能够避免所有的变动生产成本——直接材料15 600美元、直接人工7 200美元、变动制造费用13 200美元。总的来说，公司能够节约36 000美元的变动生产成本，每个盒子15美元（36 000÷2 400）。但是，STL公司需要支付每个盒子21美元的变动外包成本，2 400个纸盒共50 400美元。仅仅基于变动成本，成本较低的是自制。但是，管理层必须考虑固定成本。

首先，假设STL公司通过外包不能避免任何固定成本。本例中，公司的固定成本是决策不相关的，因为不管怎样，STL公司都会发生19 200美元的固定成本（固定成本不因可选方案而变化）。STL公司应该继续自己制造纸盒，因为外包纸盒的变动成本50 400美元超过了自制纸盒的变动成本36 000美元。图表25－14展示了关于外包决策的差量分析。

图表 25-14　固定成本不变时外包决策的差量分析

成本	自制	外包	差异（自制－外包）
变动成本：			
直接材料	\$15 600		\$15 600
直接人工	7 200		7 200
变动制造费用	13 200		13 200
采购成本（\$21×2 400）		\$50 400	(50 400)
总增量成本	\$36 000	\$50 400	\$(14 400)

但是，如果 STL 公司能通过外包来避免一些固定成本呢？让我们假设管理层通过外包纸盒减少了 12 000 美元的固定制造费用。即外包纸盒，STL 公司依然会发生 7 200 美元（19 200－12 000）的固定制造费用。在这一情况下，固定成本就是决策相关的，因为它随可选方案的不同而不同。

图表 25-15 显示了 STL 公司自制纸盒比从 CC 公司购买成本低，即使外购能避免 12 000 美元的固定制造费用。自制纸盒净节约 2 400 美元。图表 25-15 显示了外购决策也遵循短期业务决策的两个指南：(1) 关注相关信息（本例指成本差异）；(2) 采用区分固定成本和变动成本的边际贡献方法。

图表 25-15　固定成本改变时外包决策的差量分析

成本	自制	外包	差异
变动成本：			
直接材料	\$15 600		\$15 600
直接人工	7 200		7 200
变动制造费用	13 200		13 200
固定制造费用	12 000		12 000
采购成本（\$21×2 400）		\$50 400	(50 400)
总增量成本	\$48 000	\$50 400	\$(2 400)

注意，如果没有根据成本性态将成本分为变动成本和固定成本，那么单位成本是有欺骗性的。如果 STL 公司的管理层通过比较单位生产成本（23 美元）与单位外包成本（21 美元）来决策，就会错误地决定外包。要记住单位生产成本包括固定成本和变动成本部分，而单位外包成本仅仅是变动成本。为了做出正确的决策，必须将两种成本分开分析。

外包的决策规则如下：

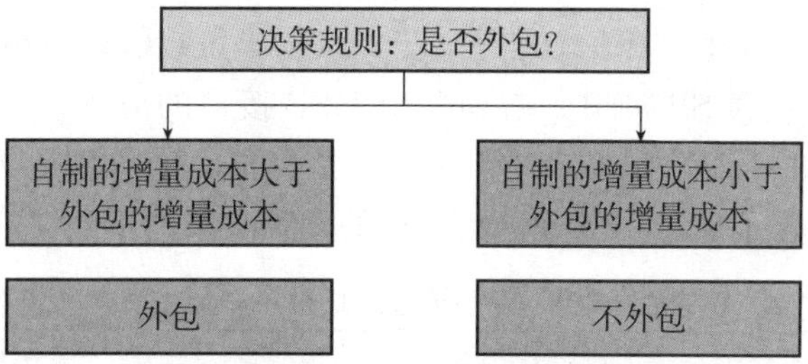

我们还没有考虑 STL 公司通过外包释放出来的生产能力。图表 25-15 分析了公司如果从 CC 公司外购纸盒，其生产能力将没有其他用途的情形。但是假定 STL 公司外购产品可以使用闲置设备生产更多其他产品，预期利润为 30 000 美元，那么 STL 公司就要考虑其**机会成本**（opportunity cost）——如果不选择某种行为将会放弃的收益。本例中，STL 公司制造纸盒的机会成本是它使用闲置设备生产更多其他产品的预期利润 30 000 美元。

STL 公司的经理面临以下三种方案：

1. 利用生产设备自制；
2. 外购，机器设备闲置（假设外购能避免 12 000 美元的固定成本）；
3. 外购，机器设备生产更多其他产品（假设外购能避免 12 000 美元的固定成本）。

净成本最低的方案是机器设备得到最有效使用。三种方案的净成本比较如图表 25－16 所示。

图表 25－16　固定成本改变且存在机会成本时外包决策的差量分析

成本	自制	外包（机器闲置）	外包（生产其他产品）
2 400 个纸盒的预期成本（见图表 25－15）	$ 48 000	$ 50 400	$ 50 400
其他产品的预期利润			(30 000)
2 400 个纸盒的预期净成本	$ 48 000	$ 50 400	$ 20 400

STL 公司应该从 CC 公司购买纸盒，并且利用闲置设备生产更多其他产品。如果自制纸盒或外购纸盒但设备闲置，公司将丧失赚取 30 000 美元的机会。

在制定决策时，STL 公司的经理不仅应当考虑收入和成本，还要考虑质量因素。比如，STL 公司的经理可能认为如果自制纸盒，可以更好地控制其质量，因此应该选择自制。

在经济全球化的背景下，外包决策越来越重要。过去，协调、信息交流和文件处理等问题导致外包很不方便，所以采用较多的决策是自制。现在互联网使这些问题大大减少，即使供需双方分别在地球的两边，公司也可以借助供需信息系统顺利完成交易。因此，公司应把重心放在核心竞争力方面，外包可承担越来越多的其他职能。

□ 直接销售还是进一步加工

公司应该在什么节点销售自己的产品？许多公司，尤其是食品加工业和自然资源产业，面临着这一业务决策。这些行业的公司加工原材料（如牛奶、玉米、家畜、原油、木材）到可出售的某一节点。例如，某公司在原料奶出售之前进行消毒，随后必须决定是将它卖出去还是进一步加工成乳制品（脱脂牛奶、黄油、酸奶油、奶酪、酸奶和其他乳制品）。在决定是直接销售还是进一步加工时，管理层考虑的问题如下：

- 如果直接销售，公司能获得多少销售收入？
- 进一步加工后销售，公司能获得多少销售收入？
- 进一步加工的成本是多少？

让我们来看看 STL 公司直接销售还是进一步加工的决策。假设 STL 公司可以原装销售其平板电脑产品，也可以增加一个前置的 USB 接口。增加一个 USB 接口的成本是 5 美元。这个成本涵盖了更新包装盒、USB 零件和人工支出。这项功能在消费者中很受欢迎，并且拥有这项功能的平板电脑的售价会提高 20 美元。图表 25－17 展示了通过差量分析法得出的两种决策的不同。

图表 25－17　直接销售还是进一步加工决策的差量分析

成本	直接销售	进一步加工	差异
预期销售收入（2 400 台×$500）	$ 1 200 000		
预期销售收入（2 400 台×$520）		$ 1 248 000	$ 48 000
额外加工成本（2 400 台×$5）		(12 000)	(12 000)
净利润总额	$ 1 200 000	$ 1 236 000	$ 36 000

注意：STL 公司的管理层没有考虑图表 25－3 所示的生产平板电脑的成本 964 000 美元（738 000 美元变动成本＋226 000 美元固定成本）。为什么？它是**联合成本**（joint cost）——一个生产过程生产出不同产品的成本（在这个例子中，不同产品指的是平板电脑和有 USB 接口的平板电脑）。联合成本是沉没成本。正如我们刚开始讨论的，沉没成本是过去发生的不管公司将来采取什么行动都不会变化的成本。STL 公司会发生联合成本，不管它是否销售有 USB 接口的平板电脑。因此，联合成本与决策无关。图表 25－18 解释了联合成本。

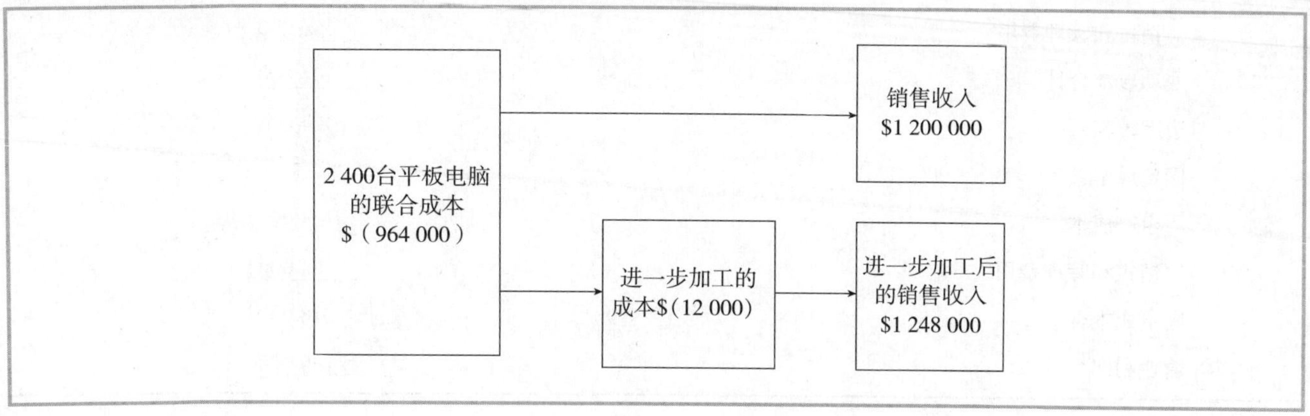

图表 25－18 联合成本

分析图表 25－17 中所有的相关成本，管理层会看到如果为产品增加 USB 接口，就可以增加 36 000 美元的利润。48 000 美元的额外收入（1 248 000－1 200 000）超过了进一步加工所需的 12 000 美元的成本。

因此，决策规则如下：

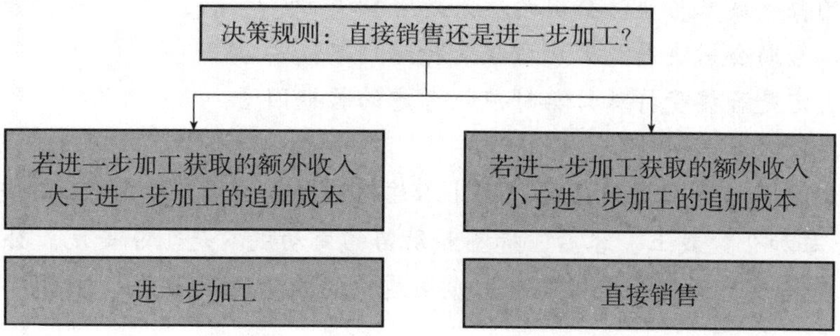

记住制定决策的关键指南：（1）关注相关信息；（2）运用能够区分变动成本和固定成本的边际贡献法。图表 25－17 的分析仅仅包括将来的成本和不同可选方案下不同的收入。假设 STL 公司已经有了为平板电脑增加 USB 接口的设备和人工，固定成本不因方案不同而变化，因此它们是不相关的。但是，如果 STL 公司需要获得设备或者雇用员工来为平板电脑增加 USB 接口，那么追加的固定成本就是相关的。固定成本仅仅在不同方案下有变化时才是相关的。

习题

P25－21A 确定哪些信息是相关的并且制定定价决策

位于南卡罗来纳州查尔斯顿的蓝海公司生产救生衣。蓝海公司 2018 年 12 月 31 日的报表包含的数据如下：

蓝海公司利润表 2018年12月	
销量	32 000
销售收入	$ 608 000
变动成本：	
生产成本	96 000
销售和管理费用	108 000
变动成本合计	204 000
边际贡献	404 000
固定成本：	
生产成本	124 000
销售和管理费用	94 000
固定成本合计	218 000
营业利润	$ 186 000

假设欧文波德公司想购买4 600件救生衣，如果接受这笔订单，蓝海公司不会产生新的变动销售和管理费用。蓝海公司还有额外的生产能力来完成这笔订单。欧文波德公司愿意以每件15美元的价格购买，正常的售价是19美元。

要求：

1. 确定利润表中的每项成本与蓝海公司的决策是否相关。

2. 进行差量分析，帮助公司决定是否应该接受特殊订单。

3. 指出该公司在决定是否接受特殊订单时应该考虑的长期因素。

P25-22A 定价决策

SP公司经营商业植物的苗圃，为地区的花园中心培育植物。公司有5 100 000美元的资产。它每年的固定成本是650 000美元，每加仑盆栽土、容器、标签和幼苗的变动成本是1.9美元。公司的产量是500 000单位。竞争者以4.25美元的价格给花园中心提供同类别、同质量的植物。花园中心将它们标价，按照植物种类以9～12美元的价格出售。

要求：

1. 公司的股东希望实现11%的资产回报率。公司的目标完全成本是多少？

2. 考虑到公司现在的成本，股东能实现他们的目标利润吗？

3. 假设公司找到了将其每单位变动成本减少到1.75美元的方法，新的目标固定成本是多少？变动成本的减少能够使得公司实现目标利润吗？

4. 公司开展了积极的广告战略，从而将其培育的植物与其他苗圃培育的植物区别开来。公司不希望销量受到影响，但是希望有更多制定价格的控制权。如果公司今年花费105 000美元做广告，并且其变动成本依然是1.75美元，它的成本加成价格是多少？你认为公司会以成本加成价格将植物销售给花园中心吗？为什么？

P25-23A 产品停产决策

安全系统公司的董事会成员收到了截至2018年5月31日的年营业利润数据资料：

安全系统公司年度利润表 截至 2018 年 5 月 31 日			
	工业系统生产线	家庭系统生产线	合计
销售收入	$ 360 000	$ 380 000	$ 740 000
销货成本：			
变动	37 000	47 000	84 000
固定	260 000	63 000	323 000
销货成本合计	297 000	110 000	407 000
毛利	63 000	270 000	333 000
销售和管理费用：			
变动	64 000	73 000	137 000
固定	44 000	26 000	70 000
销售和管理费用合计	108 000	99 000	207 000
营业利润（损失）	$ (45 000)	$ 171 000	$ 126 000

董事会成员吃惊地发现工业系统生产线正在遭受损失，他们讨论是否要放弃该生产线。公司的会计人员估计放弃该生产线将降低固定成本 80 000 美元与固定销售和管理费用 12 000 美元。

要求：

1. 采用差量分析法分析公司是否应该放弃工业系统生产线。

2. 编制边际贡献利润表，分析两种选择下公司的总营业利润：(1) 不放弃工业系统生产线；(2) 放弃工业系统生产线。在两种选择的利润额和要求 1 的答案之间做比较，并说出发现的差异。

3. 从要求 2 的比较中你得出了什么结论？

P25-24A　产品组合的决策

佛罗里达州圣路易斯港的 B 公司生产豪华型和普通型电动牙刷。因为公司不管生产多少件产品都能销售出去，所以公司的所有者准备扩大生产规模。他们正在考虑应重点生产哪种产品。为了制定决策，他们收集了下列资料：

	豪华型电动牙刷	普通型电动牙刷
销售单价	$ 86	$ 56
单位变动成本	20	18
单位边际贡献	$ 66	$ 38
边际贡献率	76.7%	67.9%

经过扩张，工厂生产能力达到了每月 4 100 机器工时，每机器工时可以生产 50 支普通型电动牙刷或者 35 支豪华型电动牙刷。

要求：

1. 找出公司的约束因素。

2. 分析公司应该重点生产哪种产品。

P25-25A　外包决策

SR 公司制造滑雪板。该公司生产 1 900 个滑雪板用固定装置的成本如下：

直接材料	$17 590
直接人工	3 200
变动制造费用	2 080
固定制造费用	6 300
生产成本合计	$29 170

假设L公司向该公司销售固定装置的单价是13美元。该公司将固定装置运输到生产车间的运费为每单位3美元，生产车间贴上自己品牌标识的单位成本是0.5美元。

要求：

1. SR公司的会计人员预计从L公司购买固定装置将使公司的固定制造费用减少2 100美元。请分析该公司应该自制还是外购固定装置。

2. 假设从L公司外购固定装置可以使闲置设备生产另外一种产品，该产品可以创造3 100美元的利润。固定成本与自制固定装置相同。分析下面哪一个方案能够最有效地使用公司的设备：(a) 自制固定装置；(b) 外购固定装置，设备闲置；(c) 外购固定装置，生产另外的产品。

P25－26A 直接销售还是进一步加工的决策

OP公司提炼63 000加仑的石油馏出物需花费202 000美元。每加仑售价6.0美元。另外，公司可以把石油馏出物加工为58 000加仑的清洗液，每加仑增加额外加工成本1.8美元，而每加仑清洗液售价为9.1美元。销售1加仑清洗液，该公司需支付0.12美元的销售费用和0.19美元的运输费用。

要求：

1. 以图表25－18为指导，编制该公司的选择方案图。
2. 指出沉没成本。沉没成本和该公司的决策相关吗?
3. 分析说明该公司应该卖出石油馏出物还是进一步加工为清洗液，并说明这两种方案预期净利润的差异。

第 26 章

资本投资决策

- 26.1　什么是资本预算
- 26.2　投资回收期法和会计报酬率法是如何使用的
- 26.3　什么是货币时间价值
- 26.4　贴现现金流方法是如何使用的

开设新店，人们会来购物吗?

科迪·撒克站在商店新分店的停车场，看着新的顾客初次来到他的第10家分店。科迪很满意新的分店周围的交通。开设一家新的分店需要一笔很大的投资，从某种意义上说也是一次赌博。之前的第9家分店经营得并不理想。科迪没有做好对市场的评估，导致第9家分店所在的地区没有足够的客流量为其创造足够的效益。劳动力不足和员工的流失也是巨大的问题。

幸运的是，科迪从失误中总结了经验，选址时更加谨慎。在最终决定第10家分店的地址时，科迪将地区的人口数量纳入考虑范围，以保证新的分店有足够的客流量和劳动力。他也分析了该地区其他类型的商店，并且特别留意了竞争对手的选址，因为这会影响其吸引顾客与员工的能力。到目前为止，科迪雇用的员工还是十分合格可靠的。整个团队士气高昂，员工也非常快乐。科迪认为他在这家分店的投资能够得到很好的回报。他希望当前这家分店的利润允许他在明年开设下一家分店。

我们去哪里投资?

所有的公司都需要做投资决策——例如扩张、更新设备与革新技术。在长期资产投资上的良好决策对于公司长期成功至关重要。美国旅游中心公司经营着456家品牌连锁旅游中心、便利店和加油站。公司提供全方位的产品和服务，包括柴油、汽油、汽车维修、全面服务的餐厅以及其他交通便利服务。2015年，公司以3 280万美元收购了24家便利店，以2.5亿美元收购了53家餐厅。美国旅游中心公司的明确目标是为所有的高速公路旅客提供全方位最周到的道路服务。为实现这一目标，美国旅游中心公司务必在扩张中谨慎选择。仔细评估每一个可选的地址。公司还需要一个确定新地址的选择程序。

本章重点学习分析潜在投资机会的方法，以保证最终的选择符合公司的需求，并实现最高的回报。

学习目的

1. 描述资本投资和资本预算过程的重要性。
2. 运用回收期法和会计报酬率法进行资本投资决策。
3. 利用货币时间价值计算一次总付和年金的现值。
4. 运用贴现现金流模型进行资本投资决策。

26.1 什么是资本预算

在财务会计中，你学会了如何确认**资本资产**（capital assets）——长期使用的资产。其主要包括厂房、设备和办公设施。这些资产用于日常的生产经营活动中，它们被称为资本资产是因为这些资产是资本化的。这意味着这些资产在取得时将被计入长期资产，并在使用期内折旧。折旧是资本资产成本的分摊。用于日常生产的资本资产，例如，设备和厂房等，其成本被分配到制造费用中。这些成本最终被转入销货成本。未被用于日常生产的资本资产，例如，办公设施，其成本被分配到销售和管理费用中，这是资本资产在其存续期内被分解成各种费用的另一种方式。

当通过建造或者购买取得一项资本资产时，公司就是在进行**资本投资**（capital investment）。本章的重点就是了解公司如何进行资本投资决策。资本投资决策的过程通常称为**资本预算**（capital budgeting），即一个规划长期资产投资如何给公司带来最大收益的过程。资本预算对于公司来说至关重要，因为这些投资会影响生产经营活动很多年，并且需要大量的现金。

资本投资决策会影响所有的企业，因为它们试着通过自动化产品生产和实施新技术来使企业更加有效率。杂货商和零售商投资昂贵的自助结账收银机；航空公司投资自助值机服务设备。这些新的技术耗费大量金钱，管理层如何才能弄清这些扩张策略是不是一项明智的投资呢？可以运用资本预算分析来解决这个问题。一些大型企业会雇用专门的员工从事资本预算分析，它们每年花费数千小时来决定进行哪项资本投资。

□ 资本预算过程

在之前了解如何制定总预算时，我们讨论了预算流程：制定战略、计划、执行和控制。这些目标同样适用于资本预算，但是由于资本资产长期性的特征，预算的过程更加复杂。图表 26－1 说明了资本预算的过程。

图表 26－1 资本预算过程

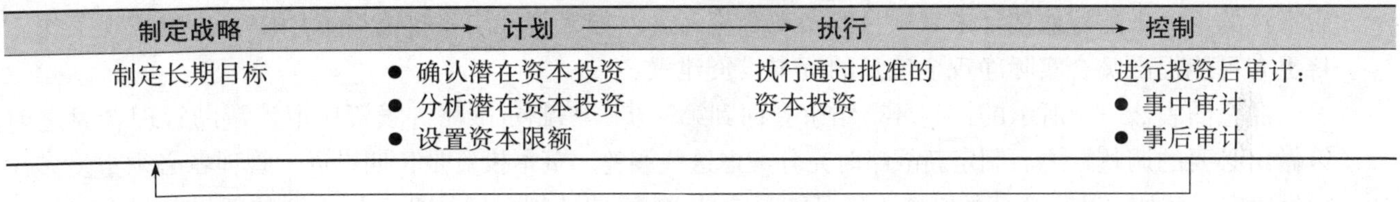

资本预算过程的第一步是制定战略。战略指公司的长期目标，例如，开拓国际市场，或者在某个市场上成为价值领先者。对于所有的预算——短期预算、长期预算等来说，这一步都是一样的。在公司制定战略之后，下一步就是制定具体的计划和预算来实现这些目标。

资本预算过程的第二步是计划，其中包括三个分步骤。首先确认潜在的资本投资，例如，新的技术和设备会帮助公司运营得更有效率、更有竞争力，或者盈利更多。员工、顾问和供应商经常为经理提供资本投资的选择。在明确潜在的资本投资决策之后，使用一种或者多种资本预算方法分析这些投资。在这一章中，我们主要讨论四种方法：

1. 投资回收期法；
2. 会计报酬率法；
3. 净现值法；
4. 内部收益率法。

前两种方法——投资回收期法和会计报酬率法计算较为简便、容易，对于期限相对较短的资本投资，如使用年限只有 3～5 年的电脑设备和软件投资，是比较有用的。投资回收期法和会计报酬率法用于从期望不高的投资中找出潜在投资。投资回收期给管理层提供了投资将会多快收回的有价值的信息；会计报酬率说明了权责发生制下投资对公司利润的影响。

但是，如果资本投资期限比较长，这两种方法都是不准确的。为什么？因为它们没有考虑货币时间价值。后两种方法——净现值法和内部收益率法考虑了货币时间价值，因此它们更加适合长期资本投资，如 STL 公司扩张平板电脑业务。管理层经常使用多种方法来进行资本投资决策。

资本预算不是一门精密的科学。不管这些方法计算得多么准确，它们也只是基于不确定未来的预测——估计。估计必须考虑许多未知的因素，如顾客偏好、竞争和政府法律。对未来预测越远，现实和预测的偏差就越大。所以，长期决策比短期决策的风险大。

有时分析涉及两个阶段。第一阶段，管理层使用一种或两种不包含货币时间价值的方法来审查投资；

投资回收期法或会计报酬率法。这些简单的方法快速地剔除非期望的投资。通过第一阶段审查的潜在投资进入第二阶段的分析。第二阶段，管理层使用净现值法或内部收益率法进一步分析潜在投资。因为这两种方法考虑了货币时间价值，它们为潜在投资的获利性提供了更加准确的信息。

一些公司可能会进行所有满足或是超过其决策标准的潜在投资。但是，因为资源的限制，另一些公司必须设置**资本限额**（capital rationing），在资本投资中做出选择，这也是计划过程的第三个步骤。管理层根据资金的可获得性确定是否以及何时进行资本投资。例如，管理层可能会推迟三年购买一件设备，因为他们认为其他投资更加重要。在三年期间，公司会重新评估是否仍需要投资该设备。可能技术发生了改变，可以获得更先进的设备；可能顾客的品位改变，公司不再需要该设备了。由于相关因素的变化，长期资本预算很少一成不变。

资本预算过程的第三步是执行——执行获得批准的投资决策以获得相应的资本资产。这些资产的主要目的是为企业创造利润。

资本预算过程的第四步是控制。大多数公司对资本投资进行**投资后审计**（post-audit）。在投资资产后，它们将投资创造的实际净现金流入量与预测的净现金流入量进行比较。投资后审计帮助公司确定投资是否按计划进行，以及是否值得继续支持，还是应该放弃该项目，并且出售这些资产。管理层也使用投资后审计的反馈来更好地估计未来项目的净现金流入量。如果管理层将投资后审计作为一项常规工作，他们将更有可能提出契合实际净现金流量的资本投资建议。

注意图表 26 - 1 所示的控制环节结束会回到第一步——制定战略。投资后审计帮助管理者对之前的决策做出必要的调整，之后制定新战略时充分考虑这些调整。资本投资是长期投资，管理者必须重复多次检视后做决定。例如，建一个新的制造工厂可能是企业 30 年的计划，但是新工厂需要的新设备只会持续 15 年。同时，电脑系统可能需要每 2～3 年升级一次，每 5～6 年更新换代一次。资本预算是一个十分复杂的过程。

□ 重点关注现金流

一般公认会计原则（GAAP）基于权责发生制，而资本预算关注现金流量。一项资本资产的吸引力取决于它在使用寿命期内产生净现金流入量（现金流入量减去现金流出量）的能力。基于权责发生制的营业利润包括非现金费用，如折旧费用和坏账费用。因此，资本投资的净现金流入量与营业利润是不同的。这一章介绍的四种方法中，仅仅会计报酬率法使用的是基于权责发生制的利润，其他三种方法使用的都是投资项目的净现金流入量。

现金流入量包括投资创造的未来收入、投资所导致的持续现金运营成本节约和未来资产的残值。来自生产、销售、库存管理、会计和其他部门的员工预测现金流入，以帮助管理层估计现金流。良好的估计是做出最佳决策的关键。

为了确定投资的净现金流入量，现金流入要冲抵现金流出，如投资的持续现金运营成本和翻修、维新以及保养费用。初始投资本身也是一项重要的现金流出。但是，在我们的计算中，将投资本身与其他和投资有关的现金流分开考虑。在案例中，项目的净现金流入量是给定的。现实中，大部分的资本投资分析都围绕尽可能准确地预测这些数据展开，根据资本投资的类型，利用整个组织中生产、营销等部门的员工的投入。图表 26 - 2 总结了资本投资中常见的现金流入和现金流出。

图表 26 - 2　资本投资现金流

现金流入	现金流出
投资产生的收入	初始投资（购置成本）
节约的运营成本	新增的运营成本
残值收入	翻新、维修与保养费用

图表 26－3 反映了资本投资的生命周期，时间线代表年份。

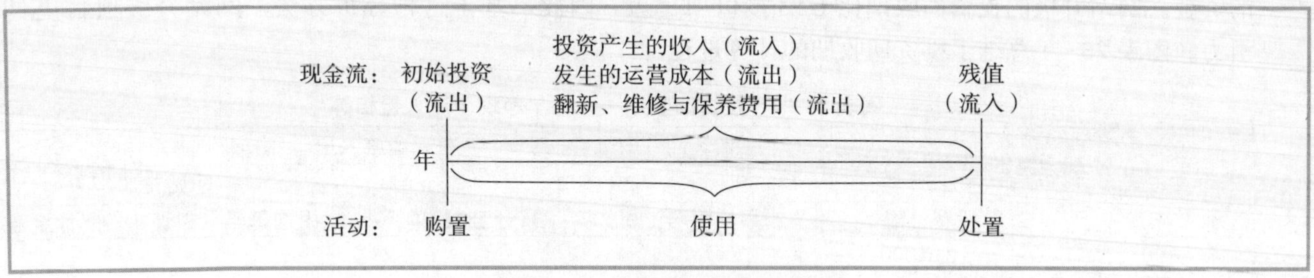

图表 26－3　资本投资的生命周期

26.2　投资回收期法和会计报酬率法是如何使用的

在本章节剩下的部分中，主要关注的是如何分析潜在的资本投资。我们从投资回收期法和会计报酬率法开始，这是两种企业常用来评估短期（3～5 年）资本投资选择、初筛长期资本投资选择的方法。

□ 投资回收期法

投资回收期（payback period）是指以项目历年所获净现金流入量回收该项目最初投资所需要的时间。回收期模型测算管理者期望在多长时间收回投资。其他情况相同时，回收期越短，资产越有吸引力。投资回收期的计算取决于每年净现金流入量是否相等，或者它们是否随时间变化。我们将会逐一考虑。

每年净现金流入量相等的投资回收期

STL 公司正打算在硬件和软件上投资 240 000 美元来提供 B2B 接口。公司的员工可以通过这个接口进入公司授权的供应商市场。STL 公司希望接口在它的 6 年寿命期内，每年节约费用 60 000 美元。费用节约主要源于采购人员的减少和所购买的货物或服务价格的下降。净现金流入量的增加主要源于收入的增加、费用的减少，或者两者同时作用。在 STL 公司的案例中，净现金流入量的增加是由于更低的费用。

当净现金流入量每年相等时，管理者用下式计算回收期。

$$\text{投资回收期}=\frac{\text{投资额}}{\text{预期年净现金流入量}}$$

STL 公司的投资回收期为：

$$\text{安装 B2B 接口的投资回收期}=\frac{240\ 000}{60\ 000}=4(\text{年})$$

STL 公司将在第 4 年年底（累计净现金流入量达到 240 000 美元）收回在接口上投资的 240 000 美元的资金。

STL 公司也考虑投资 240 000 美元升级网站。公司希望网站在 3 年寿命期内，每年产生 80 000 美元的现金流入量。投资回收期计算如下：

$$\text{网站升级的投资回收期}=\frac{240\ 000}{80\ 000}=3(\text{年})$$

STL公司将在第3年年底（累计净现金流入量达到240 000美元）收回在网站上投资的240 000美元的资金。网站升级的投资回收期比B2B接口项目短，因此，基于这种分析方法，网站升级项目更具有吸引力。图表26-4总结了投资回收期的计算过程。

图表26-4　投资回收期——每年净现金流入量相等

净现金流出量		净现金流入量			
		B2B接口		网站升级	
年度	投资总额	平均每年	累计金额	平均每年	累计金额
0	$ 240 000				
1		$ 60 000	$ 60 000	$ 80 000	$ 80 000
2		60 000	120 000	80 000	160 000
3		60 000	180 000	80 000	240 000
4		60 000	240 000		
5		60 000	300 000		
6		60 000	360 000		

每年净现金流入量不等的投资回收期

上述公式仅仅在每个期间净现金流入量相等时才成立。当期间净现金流入量不等时，必须加总净现金流入量直到总投资被弥补。假设STL公司正在考虑另一项投资：Z80接口。Z80接口在两个方面和B2B接口有所不同：（1）在寿命期内净现金流入量不等；（2）在期末有30 000美元的残值。第一年Z80接口能创造100 000美元的净现金流入量，第二年80 000美元，第3和第4年每年50 000美元，第5和第6年每年30 000美元，最后将其出售能获得30 000美元。图表26-5反映了每年净现金流入量不等的投资回收期。

图表26-5　投资回收期——每年净现金流入量不等

年度	净现金流出	净现金流入	
	投资总额	每年金额	累计金额
0	$ 240 000		
1		$ 100 000	$ 100 000
2		80 000	180 000
3		50 000	230 000
4		50 000	280 000
5		40 000	320 000
6		40 000	360 000
6(残值)		30 000	390 000

到第3年年末，公司已经收回了初始投资240 000美元中的230 000美元，因此仅剩10 000美元的短缺。第4年的期望净现金流入量是50 000美元，到第4年年末公司收回的现金将超过初始投资。因此，回收期在3～4年之间。假设现金流量在第4年平均发生，投资回收期计算如下：

$$\text{安装 Z80 接口的投资回收期} = 3 + \frac{10\,000(\text{第 4 年回收额})}{50\,000(\text{第 4 年净现金流入量})} = 3.2(\text{年})$$

单独基于投资回收期法，投资项目排名如下：

排名	项目名称	投资回收期
1	网站升级	3.0年
2	安装Z80接口	3.2年
3	安装B2B接口	4.0年

投资回收期法的缺点

投资回收期法的缺点主要是它仅仅强调时间因素，而不是盈利性。投资回收期法仅仅考虑在投资回收期间发生的现金流入量，这一方法忽略了回收期以后的现金流入量。例如，图表 26-4 显示 B2B 接口将在回收期外继续产生 2 年的净现金流入量。这些额外的净现金流入量总和为 120 000 美元（60 000×2），但是投资回收期法忽略了额外的现金流。同样的情况也发生在 Z80 接口项目上。如图表 26-5 所示，Z80 接口在 3.2 年投资回收期后产生额外的 150 000 美元（总计 390 000 美元现金流入量—240 000 美元投资额）净现金流入量，其中包括残值。网站升级的寿命期和回收期是相同的（3 年），如图表 26-4 所示，没有忽略任何现金流入量，但是网站升级仅仅能弥补成本，并没有产生利润。由于这个原因，公司没有任何财务理由来投资该网站。

图表 26-6 比较了三种投资的回收期。如该图表所示，投资回收期没有考虑资产的盈利性。该方法仅仅告诉管理层成本将多快收回。虽然网站升级具有最短的回收期，但 B2B 接口和 Z80 接口是更好的投资，因为它们创造了利润。仅当其他因素都相同时，投资回收期最短的投资才是最好的。因此，管理者经常使用投资回收期法来“排除”回收期过长的投资。在决定是否投资资产时，管理者极少将投资回收期法作为唯一的方法。

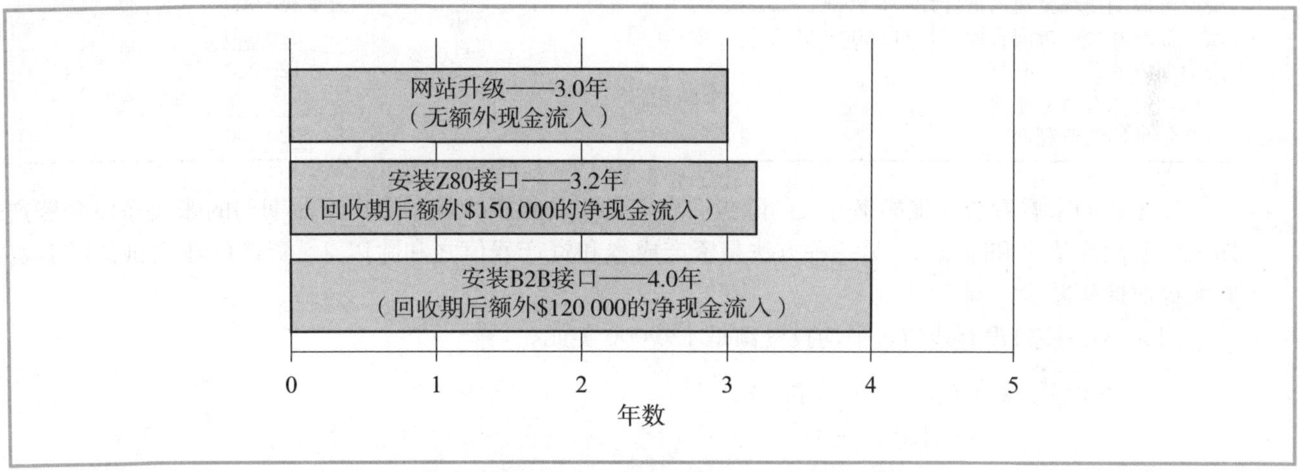

图表 26-6　投资回收期的比较

当使用投资回收期法时，管理者遵循以下规则：

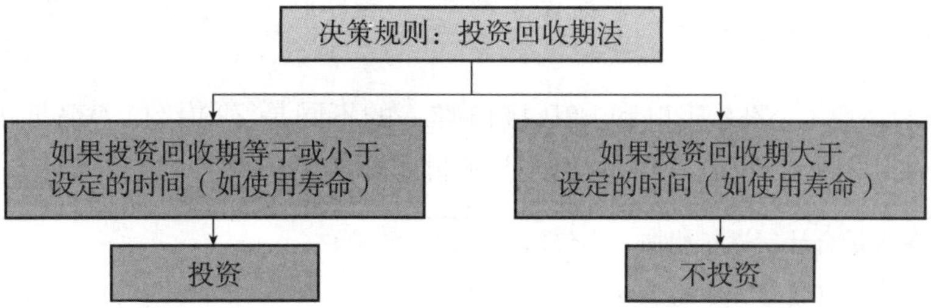

□ 会计报酬率法

企业的基本目标是获利。衡量获利能力的一个指标是**会计报酬率**（accounting rate of return，ARR）。计算公式如下：

会计报酬率＝年平均营业利润÷平均投资额

会计报酬率主要考虑资产创造的营业利润，而不是净现金流入量。资产的营业利润用净现金流入量减去折旧来计算。会计报酬率衡量资产在其整个生命周期的平均回报率。让我们先来看看没有残值的投资。

投资安装B2B接口，初始投资为240 000美元，每年有相等的净现金流入量60 000美元，寿命期是6年，没有残值。

首先考虑年平均营业利润。年平均营业利润是资产寿命期内总营业利润之和除以寿命期的年数。营业利润是基于权责发生制计量的，因此，任何非现金费用，如折旧费用，必须从资产产生的净现金流入量中减去以得到营业利润。图表26－7展示了年平均营业利润的计算方法。

图表26－7　资产年平均营业利润计算

资产寿命期净现金流入量合计	A
减：资产寿命期折旧合计（成本－残值）	B
寿命期内的总营业利润	(A－B)
除以：资产寿命期年数	C
资产年平均营业利润	(A－B)/C

安装B2B接口年平均营业利润如下：

资产寿命期净现金流入量合计（＄60 000×6）	＄360 000
减：资产寿命期折旧合计（＄240 000－0）	240 000
寿命期内的总营业利润	120 000
除以：资产寿命期年数	÷6
资产年平均营业利润	＄20 000

现在我们来看看会计报酬率等式的除数。资产的平均投资额等于资产寿命期初的账面净值和资产寿命期末的账面净值之和除以2。另一种方法是资产成本和资产残值之和除以2。资产的账面价值随着资产折旧的提取逐年减少。

因为B2B接口没有残值，平均投资额是120 000美元。

$$\begin{aligned}\text{平均投资额} &= (\text{投资额}+\text{残值})\div 2\\ &= (240\,000+0)\div 2\\ &= 120\,000(\text{美元})\end{aligned}$$

B2B接口的会计报酬率计算如下：

$$\text{B2B接口的会计报酬率}=\frac{\text{年平均营业利润}}{\text{平均投资额}}=\frac{20\,000}{120\,000}=0.167=16.7\%$$

现在来考虑Z80接口。Z80接口和B2B接口唯一的不同是Z80接口寿命期内的净现金流入量不等，并且寿命期末有30 000美元的残值。年平均营业利润计算如下：

资产寿命期净现金流入量合计（逐年相加，不包括寿命期末残值）	＄360 000
减：资产寿命期折旧合计（＄240 000－＄30 000）	(210 000)
寿命期内的总营业利润	＄150 000
除以：资产寿命期年数	÷6
资产年平均营业利润	＄25 000

注意：Z80接口的年平均营业利润25 000美元高于B2B接口的年平均营业利润20 000美元。Z80接口寿命期末有残值，折旧费用逐年减少，导致了较高的年均营业利润。

对于Z80接口来说，资产的平均投资额计算如下：

Z80 接口的平均投资额=(投资额+残值)÷2=(240 000+30 000)÷2=135 000(美元)

Z80 接口的会计报酬率计算如下：

$$\text{Z80 接口的会计报酬率}=\frac{\text{年平均营业利润}}{\text{平均投资额}}=\frac{25\,000}{135\,000}=0.185=18.5\%$$

使用会计报酬率法的公司往往会设定一个最低可接受的会计报酬率。如果 STL 公司需要至少 20%的报酬率，管理层就不会进行 B2B 接口或者 Z80 接口的投资，因为这两项投资的会计报酬率都低于 20%。

决策规则如下：

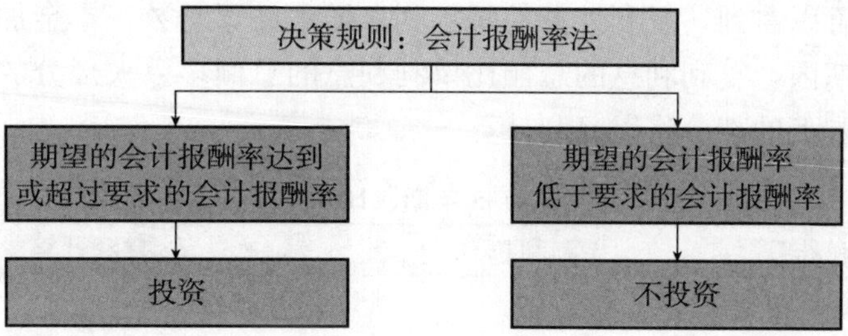

26.3 什么是货币时间价值

今天收到的一美元比未来收到的一美元更值钱，因为你可以将今天的钱投资并且获得额外的收入。投资的货币随时间推移获得收入称为**货币时间价值**（time value of money），这就解释了为什么我们偏爱尽早而不是尽晚收到现金。货币时间价值意味着资本投资的净现金流入的时点非常重要。有两种资本投资分析方法包含了货币时间价值：净现值法和内部收益率法。下面讨论货币时间价值，以确保你有坚实的基础来学习这两种方法。

□ 货币时间价值的概念

货币时间价值取决于几个关键因素：

1. 本金（p）；
2. 期数（n）；
3. 利率（i）。

本金表示投资或借入的货币总额。本章主要讨论投资的本金。同样的概念也适用于借款（第 7 章所涉及的）。我们说的本金是一次总付的现金或年金。例如，如果你中了彩票，你可以选择现在就领取所有的奖金（一次总付）或者在将来的一定期限内获得一系列等额的支付（年金）。**年金**（annuity）是指在同样的利率、同样的时间间隔下收到的等额现金流。[①] 例如，连续 12 个月每个月收到 100 美元现金就是年金。资本投资也有总额和年金。例如，STL 公司的网站升级项目初始投资额 240 000 美元是一笔总额，因为它是一次付清的。连续 3 年每年 80 000 美元的现金流是年金。在资本投资决策中两种类型的现金流都要考虑。

① 普通年金指分期付款额发生在每期期末。期初年金指分期付款额发生在每期期初。在本章我们使用普通年金，因为它更符合资本预算现金流假设。

回收期数是指投资从开始到终止的时间长度。其他条件相同的情况下，投资期越短，获得的利息总额就越少。如果你4年以后而不是5年以后取出你的存款，你得到的利息就会比较少。在本章，期数用年表示。①

利率是投资每年赚取的百分比。利率可分为单利和复利。

单利与复利

单利（simple interest）意味着利息的计算仅以本金为基础。**复利**（compound interest）意味着利息的计算以本金和到目前为止的所有利息为基础。复利假设赚取的所有利息都会继续投资，并且以同样的利率获得额外的利息。图表26－8是对利率6%、5年期、10 000美元本金的投资在单利与复利情况的比较（四舍五入至整数）。可以看到，复利计算的每年利息随着计算基数（本金加上累积到当期的利息）的扩大而增加。在投资寿命期内，复利利息的总额比单利利息的总额多。大部分的投资赚取的是复利利息而不是单利利息，因此本章剩下的部分将以复利计算。

图表26－8　6%利率、5年期、10 000美元本金的单利与复利比较

年份	单利计算	单利利息	复利计算	复利利息
1	＄10 000×6%＝	＄600	＄10 000×6%＝	＄600
2	＄10 000×6%＝	600	(＄10 000＋＄600)×6%＝	636
3	＄10 000×6%＝	600	(＄10 000＋＄600＋＄636)×6%＝	674
4	＄10 000×6%＝	600	(＄10 000＋＄600＋＄636＋＄674)×6%＝	715
5	＄10 000×6%＝	＄600	(＄10 000＋＄600＋＄636＋＄674＋＄715)×6%＝	758
	总利息	＄3 000	总利息	＄3 383

终值与现值系数

一项投资的终值或现值可以简单地表示为投资在不同时点上的价值。如果我们知道（或假设）前面提到的3个因素——本金、期数、利率，就可以计算任何投资的终值和现值。例如，在图表26－8中，我们通过10 000美元本金，投资5年，6%的利率来计算获得的利息。投资的**终值**（future value）就是其在第5年值多少钱——初始本金加上利息。本例中，投资的终值计算如下：

终值＝本金＋利息
　　＝10 000＋3 383
　　＝13 383(美元)

如果我们今天投资10 000美元，它的**现值**（present value）就是10 000美元。因此另一种计算终值的方法如下：

终值＝现值＋利息

如果已知终值求现值，公式可写为：

现值＝终值－利息
10 000＝13 383－3 383

现值与终值唯一的区别就是时间期限内获得的利息总额。

如图表26－8所示，计算每期的复利利息，然后将其加上现值，从而计算出终值（或者从终值中减去

① 期数也可以用天数、月数或者季度来表示。如果采用这些计量方式，利率需要根据一年中的期数调整。

利息得出现值)，是很枯燥的。幸运的是，利率和期数的无限组合下的终值和现值的公式已经制定出来。一次总付的投资和年金存在单独的公式。

大多数商业计算器里存储了这些公式，只要使用者能正确地输入本金、利率和期数，就能算出现值或终值。微软 Excel 软件里也有这些公式。我们使用复利现值系数表来计算，该表格包括不同利率和期数组合的计算结果。

公式和结果表格在本书最后的附录中：

1. 复利现值系数表（见表 A-1）—— 用于计算一笔未来一次总付金额的现值；
2. 年金现值系数表（见表 A-2）——用于计算年金的现值；
3. 复利终值系数表（见表 A-3）——用于计算当前一次总付金额的终值；
4. 年金终值系数表（见表 A-4）——用于计算年金的终值。

花些时间看看这些表格，本章剩下的内容将会用到这些表格。注意：列是利率，行是期数。

每个表中的数据，称为现值系数，是用 1 美元投资（或贷款）的结果。计算一项不是 1 美元的投资的现值，可以将现值系数与未来总额相乘得出。

年金现值系数表是从复利现值系数表得到的。例如，年金系数（在年金现值系数表中）是复利现值系数表中特定期数的现值系数之和。年金现值系数表让我们能够“一步”计算出所有年金的现值，而无须单独计算每年现金收款额的现值再将它们加总。

□ 单笔金额的现值

计算现值的过程通常称作对未来现金流的折现。让我们以图表 26-8 中的投资为例，这笔投资的终值是 13 383 美元。那么问题是：在年利率为 6%的情况下现在需要投资多少才能保证 5 年后得到 13 383 美元呢？让我们使用现值系数来进行计算。

$$现值=终值\times(i=6\%,n=5\ 的现值系数)$$

通过查询复利现值系数表，我们得到现值系数为 0.747，计算结果如下：

$$\begin{aligned}现值&=终值\times(i=6\%,n=5\ 的现值系数)\\&=13\,383\times0.747\\&=9\,997(美元)\end{aligned}$$

由于取整的原因，计算结果差了 3 美元。现值系数保留了三位小数，所以计算结果并不准确。图表 26-8 中利息的计算保留到了个位。因此，这里存在两个取整的问题。但是，我们得到了问题的答案：如果今天投资大约 10 000 美元，利息为 6%，投资 5 年，在第 5 年年末，投资将涨到 13 383 美元。或者相反，如果我们期望在 5 年后收到 13 383 美元，贴现到今天的价值大约是 10 000 美元。换句话说，为了在 5 年后收到 13 383 美元，在 6%的利率下，我们今天需要投资大约 10 000 美元。

□ 年金现值

现在假设不是在 5 年后收到一笔款项，而是在每年年末都收到一笔 2 000 美元的款项。在每个相等的时间区间（年）收到相同的金额（2 000 美元），就称为年金。假设利率为 6%，你现在需要投资多少才能在接下来的 5 年收到这些款项呢？

从附录中的年金现值系数表（见表 A-2）可以得到 1 美元的年金现值系数，我们用这张表来计算年金。从利率 6%的列往下看，和期数为 5 的行相交，找到年金现值系数是 4.212。计算如下：

现值＝年金×（i＝6%，n＝5 的年金现值系数）
　　＝2 000×4.212
　　＝8 424（美元）

这是指按 6%的利率，现在一笔 8 424 美元的投资能够在之后 5 年每年年末收到总计 10 000 美元（2 000×5）的款项，差额是每年的期初余额投资所得到的利息收入。我们通过计算来验证这个结果：

年份	[1] 期初余额	[2] 利息	[3] 收到年金	[4] 期末余额
	上期 [4]	[1]×6%	$2 000	[1]+[2]−[3]
0				$8 424
1	$8 424	$505	$2 000	6 929
2	6 929	416	2 000	5 345
3	5 345	321	2 000	3 666
4	3 666	220	2 000	1 886
5	1 886	114*	2 000	0

* 四舍五入至整数。

从这张表可以看出，一笔金额为 8 424 美元的初始投资，一年产生的利息是 505 美元。第 1 年年末收到的 2 000 美元的年金将期末余额减少至 6 929 美元（8 424＋505－2 000）。5 年后的期末余额为 0，就证明了这笔年金的现值为 8 424 美元。

□ 计算现值举例

假设你花 5 美元购买彩票并获得了大奖，官方给你提供了下列三种方法来领取税后奖金：

选择 1：马上领取 1 000 000 美元；

选择 2：在接下来的 10 年里，每年年末领取 150 000 美元；

选择 3：10 年后领取 2 000 000 美元。

你应该选择哪个选项呢？你可能会想等 10 年获得双倍的收入，你也可能想现在就拿到钱并花掉它。但是，假设你计划谨慎地投资获得的所有钱——不管何时收到钱——这样你在将来拥有财务的灵活性（如购买房产、提前退休或者去异国度假）。官方提供的每个选择的总额是不同的（1 000 000 美元、1 500 000 美元和 2 000 000 美元），现金流产生的时间也是不同的（现在、每年和以后），你应如何选择支付方法呢？比较这三种选择就像拿苹果与橘子比较——我们不能那样做——除非找到一些共同的基础来进行比较。共同的基础就是奖金在某个时点上的价值——比如说今天。换句话说，如果将每种支付办法转换成它的现值，就能用苹果比较苹果了。

我们已经知道了本金和每次付款的时间，因此要做的唯一假设就是利率。利率是会变化的，它取决于你在投资上愿意承担的风险总额。风险较高的投资（如股票投资）利率较高；更安全的投资（如美国联邦存款保险公司的银行存款）利率较低。在比较可能的投资选择后，你选择了一个年回报率 8%的合同。我们已经知道选择 1 的现值是 1 000 000 美元。让我们将其他两个付款选择换算为现值，以此来对它们进行比较。我们需要使用年金现值系数表计算出选择 2（年金）的现值，并用复利现值系数表计算出选择 3（一次总付）的现值。为了获得现值系数，顺着 8%的列往下看，与期数为 10 的行相交。计算如下：

选择 2：

现值＝年金×(*i*＝8%,*n*＝10 的年金现值系数)
＝150 000×6.710
＝1 006 500(美元)

选择 3:

现值＝终值×(*i*＝8%,*n*＝10 的现值系数)
＝2 000 000×0.463
＝926 000(美元)

在图表 26－9 中，我们将每种付款选择转化成了共同的基础——现值，因此我们可以做出有效的比较。根据这一比较，我们应该选择第二个选项，因为其现值是三种选择中最高的。

图表 26－9 彩票奖金不同选择的现值

支付选择	奖金现值（*i*＝8%，*n*＝10）
选择 1	$1 000 000
选择 2	1 006 500
选择 3	926 500

彩票问题是一个如何运用折现现金流来分析资本投资的良好范例。公司通过初始投资购买资产，初始投资就是以现值计量的，这与彩票奖金中的选择 1 类似。而投资的目的在于提高未来的现金流，但是这些现金流必须折现为现值与初始投资进行比较，这就与彩票奖金中的选择 2 类似。部分投资还存在残值，这意味着公司可以在使用寿命结束时出售资产来额外获得一笔现金流，这与彩票奖金中的选择 3 类似。

□ 单笔金额的终值

结合图表 26－8 中的投资，我们使用复利终值系数表计算一次总付的终值。我们更换情景来预测终值。“如果我今天投资 10 000 美元，在利率 6%的条件下，5 年后我能得到多少钱?”我们将使用终值系数来计算终值。

终值＝现值×(*i*＝6%,*n*＝5 的终值系数)

从附录中的表 A－3 复利终值系数表可以得到 1 美元的终值系数，我们用这张表来计算一次总付的终值。从利率 6%的列往下看，和期数为 5 的行相交，找到终值系数 1.338，计算如下：

终值＝现值×(*i*＝6%,*n*＝5 的终值系数)
＝10 000×1.338
＝13 380(美元)

注意：由于取整的原因，计算结果差了 3 美元。终值系数保留了三位小数，所以计算结果并不准确。图表 26－8 中利息的计算保留到了个位。因此，此处存在两个取整的问题。但是，我们得到了问题的答案：如果今天投资 10 000 美元，利息为 6%，投资 5 年，在第 5 年年末，投资将涨到 13 380 美元。

□ 年金终值

假设每年年末收到 2 000 美元，我们来计算这些款项的终值。因为在相同的时间间隔收到金额相同的钱，所以这是年金。假设利率为 6%，从现在起算，第五年这些钱将价值多少?

从附录中的表A-4年金终值系数表可以得到1美元的年金终值系数，我们用这张表来计算年金终值。从利率6%的列往下看，和期数为5的行相交，找到年金终值系数5.637，计算如下：

终值=现值×(i=6%,n=5的年金终值系数)
=2 000×5.637
=11 274(美元)

这意味着连续5年，每年投资2 000美元，利率6%，将产生11 274美元的收益。利息根据每年的剩余投资取得。

了解了资金的时间价值的概念，接下来我们将讨论两种考虑资金时间价值的资本投资分析方法：净现值法和内部收益率法。

26.4 贴现现金流方法是如何使用的

投资回收期法和会计报酬率法没有考虑货币时间价值，即它们没有考虑净现金流产生的时间。贴现现金流方法——净现值法和内部收益率法弥补了这个缺点。这些方法使用复利假设，即假设公司在收到未来现金流时会重新投资。许多服务业、商业、制造业企业使用这些方法进行资本投资决策。

净现值法和内部收益率法依靠现值来比较投资总额（初始投资成本）与期望净现金流入量。一项投资的净现金流入量包括所有与投资有关的未来现金流量，如未来销售收入的增加、成本的节约、现金运营成本。因为现金流出量发生在现在，而现金流入量发生在将来，公司只能将现金流量转换到同一时点，即现在，才能进行“苹果与苹果”的比较。公司使用现值而不是终值来比较，是因为投资的初始成本已经是现值。① 接下来通过净现值法展开贴现现金流方法的讨论。

□ 净现值法

STL公司在考虑生产两种产品——笔记本电脑和台式电脑。每种产品需要不同的生产设备，但是设备的成本相同，都是100万美元。每台设备预计使用寿命为5年，没有净残值。两种产品的预期净现金流入量如图表26-10所示。

图表26-10　两种产品的预期净现金流入量

	每年净现金流入量	
年份	笔记本电脑	台式电脑
1	$305 450	$500 000
2	305 450	350 000
3	305 450	300 000
4	305 450	250 000
5	305 450	40 000
合计	$1 527 250	$1 440 000

笔记本电脑的净现金流入量较大，而投资于台式电脑回收现金较早。我们用**净现值**（net present val-

① 如果投资属于租赁付款，而不是现在的现金支出，我们仍将使用现在的现金价格作为其初始投资成本。如果没有现在的现金价格，将未来的租赁付款折现为现值，用现值来估计投资的当前价格。

ue，NPV）来确定哪个项目更好。净现值是投资净现金流入量的现值与投资初始成本（现金流出）的净差异。我们折现净现金流入量——正如在彩票例子中做的——使用了 STL 公司的最低期望报酬率。这一比率就是**折现率**（discount rate），它是用来计算现值的利率。折现率也叫**期望报酬率**（required rate of return），因为投资必须达到或者超过这一比率才能被接受。折现率的变化取决于投资的风险。风险越高，折现率越高。STL 公司的期望报酬率为 14%。

我们比较净现金流入量的现值与投资的初始成本来确定哪一个项目达到或者超过了管理层的最低期望报酬率。换句话说，管理层是在决定 100 万美元价值更高还是项目的未来净现金流入量价值更高。管理层在同一时点上对两种款项进行有效比较，即比较它们的现值。

净现值——每期净现金流入量相等

STL 公司销售笔记本电脑，预计每年产生净现金流入量 305 450 美元。这些款项属于年金。因此，我们使用年金现值系数表，找到 $i=14\%$，$n=5$ 的年金现值系数。

STL 公司的笔记本电脑项目净现金流入量的现值如下：

现值＝每期净现金流入量×($i=14\%$,$n=5$ 的年金现值系数)
　　＝305 450×3.433
　　＝1 048 610(美元)

从现值 1 048 610 美元中减去 1 000 000 美元的初始投资，到了笔记本电脑项目的净现值为 48 610 美元。

年份		年金现值系数 ($i=14\%$，$n=5$)	净现金流入量	现值
1～5	年金现值	3.433	$ 305 450	$ 1 048 610
0	初始投资			(1 000 000)
	笔记本电脑项目的净现值			$ 48 610

如果净现值为正，说明该项目可以获得比期望报酬率更高的收益；如果净现值为负，则说明该项目不能达到期望报酬率。所以，决策规则如下：

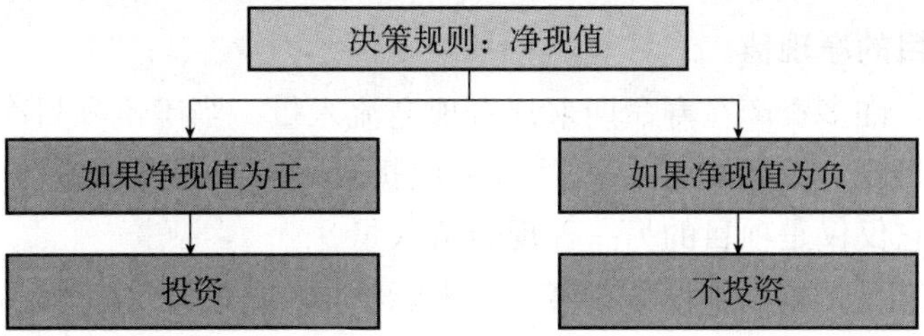

在 STL 公司的案例中，净现值为 48 610 美元，说明笔记本电脑项目可以获得超出 14%的报酬率，笔记本电脑项目是有吸引力的。

管理层可以使用另一种现值分析方法，计算项目的净现金流入量的总现值，确定公司在项目上可以投资的最大金额以及是否仍旧能获得期望报酬率。对于 STL 公司来说，净现金流入量的现值是 1 048 610 美元，这意味着 STL 公司最多能够投资 1 048 610 美元并且仍能获得 14%的期望报酬率（即如果 STL 公司投资 1 048 610 美元，净现值将会是 0，并且报酬率是 14%）。因为 STL 公司的管理层相信他们能够承受项目 1 000 000 美元的成本，所以该项目是有吸引力的。

净现值——每期净现金流入量不等

台式电脑与笔记本电脑相反，其净现金流入量是不同的：第一年为 500 000 美元，第二年为 350 000

美元，等等。因为金额不同，管理层不能使用年金现值系数表来计算台式电脑的现值，而必须使用复利现值系数表单独计算每年净现金流入量的现值（将其作为不同年份的一次总付款项）。第一年收到的500 000美元净现金流入量用$i=14\%$，$n=1$的现值系数折现，第二年收到的350 000美元净现金流入量用$i=14\%$，$n=2$的现值系数折现，等等。在分别计算5年净现金流入量的现值后，将结果加总，得到台式电脑净现金流入量总的现值是1 078 910美元。最后，减去投资成本1 000 000美元，得到台式电脑的净现值为78 910美元。

年份	$i=14\%$的现值系数	净现金流入量	现值
1	0.877	$ 500 000	$ 438 500
2	0.769	350 000	269 150
3	0.675	300 000	202 500
4	0.592	250 000	148 000
5	0.519	40 000	20 760
净现金流入量现值合计			1 078 910
初始投资			(1 000 000)
台式电脑项目的净现值			$ 78 910

因为净现值为正，STL公司台式电脑项目能获得超过14%的期望报酬率。因此，台式电脑项目是具有吸引力的。

计算表明笔记本电脑和台式电脑两个项目的净现值均为正，因此都是值得投资的项目。但因为资源是有限的，企业常常不能投资全部满足投资标准项目，这就是之前提到的资本限额问题。例如，STL公司可能没有足够的资金同时投资笔记本电脑和台式电脑的项目，此时它应该选择台式电脑项目，因为该项目的净现值更高，在满足14%的期望报酬率后还可以赚得额外的78 910美元，而笔记本电脑项目仅能赚得48 610美元。

这个例子说明了一个重要观点，尽管笔记本电脑项目能提供更多的现金总流入，但由于台式电脑项目的现金流入时点更接近项目初始期，其净现值更高。台式电脑项目因为时间价值成为更有吸引力的项目，现金流入较少但回收期较短的台式电脑项目比现金流入较多但回收期较长的笔记本电脑项目更有价值。

净现值——有残值项目的净现值

因为残值的存在，许多资产在寿命期末都有现金流入量。当确定项目净现金流入量的总现值时，公司将投资的残值也进行折现。残值作为一次总付款项折现——不是年金——因为出售资产时，它仅仅“收到”一次。简言之，它仅仅是项目的另一种现金流入量。

假设STL公司希望笔记本项目设备在第5年末能值100 000美元。为了确定笔记本电脑项目的净现值，我们使用复利现值系数表（$i=14\%$，$n=5$）将100 000美元残值折现，然后将51 900美元现值加到计算出的笔记本电脑项目的其他净现金流入量的现值上（1 048 610美元）。新的净现值计算如下：

年份		$i=14\%$的现值系数	净现金流入量	现值
1～5	年金现值	3.433	$ 305 450	$ 1 048 610
5	残值现值（一次总付）	0.519	100 000	51 900
	净现金流入量现值合计			1 100 510
0	初始投资			(1 000 000)
	净现值			$ 100 510

因为有预期的残值，现在笔记本电脑项目比台式电脑项目更有吸引力了。如果 STL 公司仅仅能够投资笔记本电脑或台式电脑，那它会选择笔记本电脑项目，因为它的净现值是 100 510 美元，高于台式电脑项目的净现值 78 910 美元，并且两个项目都要求同样的初始投资 1 000 000 美元。

盈利能力指数

如果 STL 公司必须在笔记本电脑项目和台式电脑项目中做出选择，公司会选择台式电脑项目，因为它能获得更高的净现值（78 910 美元）。但是，比较两个项目的净现值仅仅在两个项目的初始投资相同时才有效。图表 26－11 总结了 STL 公司面临的三个资本投资选择，每个资本项目所要求的初始投资不同。三个项目的净现值都为正，因此它们都是有吸引力的。假设 STL 公司一次只能投资一个项目，它应该选择哪个？项目 B 的净现值最高，但是它也要求比其他项目更大的初始投资。

图表 26－11 STL 公司资本投资选择

现金流	项目 A	项目 B	项目 C
净现金流入量现值	$150 000	$238 000	$182 000
初始投资	(125 000)	(200 000)	(150 000)
净现值	$25 000	$38 000	$32 000

为了在项目中做出选择，STL 公司计算了盈利能力指数，也称现值指数。**盈利能力指数**（profitability index）计算每投资 1 美元所得到的回报的金额。使用现值进行计算。盈利能力指数的公式如下：

盈利能力指数＝净现金流入量现值÷初始投资

它让我们以现值的形式比较不同投资（就像净现值法），同时它也考虑了不同投资的初始成本。让我们来计算三项投资的盈利能力指数。

项目	净现金流入量现值	÷	初始投资	＝	盈利能力指数
A	$150 000	÷	$125 000	＝	1.20
B	238 000	÷	200 000	＝	1.19
C	182 000	÷	150 000	＝	1.21

盈利能力指数显示项目 C 是三个项目中最好的，因为项目 C 每 1 美元的投入可以获得 1.21 美元的回报（以现值表示）。项目 A 和 B 略微低一些。

让我们来看看 STL 公司的笔记本电脑项目和台式电脑项目的盈利能力指数：

项目	净现金流入量现值	÷	初始投资	＝	盈利能力指数
笔记本电脑	$1 048 610	÷	$1 000 000	＝	1.049
台式电脑	1 078 910	÷	1 000 000	＝	1.079

盈利能力指数证实了我们前面的结论：台式电脑项目比笔记本电脑项目更具盈利性。台式电脑项目的回报是每 1 美元获得 1.079 美元。我们不需要盈利能力指数来确定台式电脑项目更好，因为两个项目都需要相同的初始投资（1 000 000 美元）。如果 STL 公司选择了台式电脑项目而不是笔记本电脑项目，那么笔记本电脑项目就是其机会成本。机会成本指的是为了做出某种选择所要放弃另一选择的最大价值。

□ 内部收益率法

资本预算的另一个贴现现金流方法是内部收益率（IRR）。**内部收益率**（internal rate of return）是公司预期从投资项目中获得的报酬率。投资项目的内部收益率是使投资项目的净现值等于零时的报酬率。

净现值＝净现金流入量现值－初始投资

如果

净现值＝0

那么

初始投资＝净现金流入量现值

在计算净现值时，应当根据公司要求的期望报酬率来选取现值系数。如果净现值为正，则实际报酬率高于期望报酬率，这就是可接受的项目。但你并不知道具体报酬率是多少，只知道高于公司要求的期望报酬率。如果净现值为零，则实际报酬率等于期望报酬率。实际报酬率被称为内部收益率（IRR），换句话说，净现值为零时的内部收益率就是使初始投资金额等于未来各期净现金流入量现值的利率。内部收益率越高，项目就越有利。

内部收益率——每期净现金流入量相等

让我们来考虑 STL 公司的笔记本电脑项目，它的成本是 1 000 000 美元，每年现金流量都是 305 450 美元。我们通过下列步骤计算每期净现金流入量相等（年金）的投资的内部收益率。

1. 内部收益率是使初始投资等于投资净现金流入量现值的利率，因此我们建立了下列公式：

初始投资＝净现金流入量现值

初始投资＝每期等额净现金流入量×年金现值系数(i＝?,n＝给定)

2. 接下来，我们结合已知信息——初始投资 1 000 000 美元，每期等额净现金流入量 305 450 美元，没有残值，期数是 5 年：

1 000 000＝305 450×年金现值系数(i＝?,n＝5)

3. 重新组织等式，解出年金现值系数（i＝?，n＝5）：

年金现值系数(i＝?,n＝5)＝1 000 000÷305 450

＝3.274

4. 最后，我们要找到符合这一年金现值系数的利率。查看年金现值系数表。在我们的例子中，查找期数为 5 的行。选择与步骤 3 中计算出的年金现值系数最接近的列。3.274 是在 16%一列。因此，笔记本电脑项目的内部收益率是 16%。STL 公司希望项目在寿命期内获得 16%的内部收益率。我们可以证实这一结果：使用 16%作为折现率，项目的净现值为 0。换句话说，16%是使初始投资等于投资净现金流入量现值的利率。

年份		年金现值系数（i=16%，n=5）	净现金流入量	现值
1～5	年金现值	3.274	$305 450	$1 000 000
0	初始投资			(1 000 000)
	笔记本电脑项目的净现值			$0

为了确定哪一个项目是可接受的，将内部收益率与期望报酬率进行比较。决策规则如下：

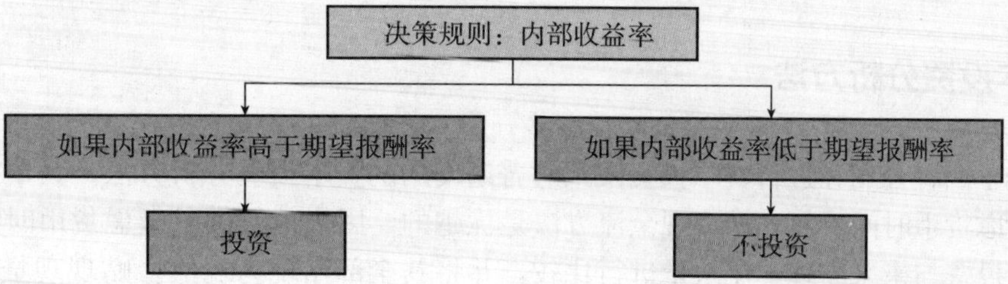

STL 公司的期望报酬率是 14%。因为笔记本电脑项目的内部收益率 16%高于报酬率 14%，STL 公司会投资该项目。

在笔记本电脑项目中，年金现值系数（3.274）精确地显示在年金现值系数表中。很多时候，精确的系数不会出现在表格上。例如，让我们看看 STL 公司的 B2B 接口项目的内部收益率。B2B 接口有 6 年寿命期限，每年净现金流入量是 60 000 美元。初始投资是 240 000 美元。我们通过下列计算得到其年金现值系数：

$$\begin{aligned}\text{年金现值系数}(i=?,n=6)&=\text{初始投资}\div\text{每期等额净现金流入量}\\&=240\,000\div60\,000\\&=4.000\end{aligned}$$

现在查看年金现值系数表中期数为 6 的列，发现无法找到 4.000。两个最接近的系数是 3.889（14%）和 4.111（12%）。因此，B2B 接口项目的内部收益率肯定介于 14%与 12%之间。如果需要一个更精确的数据，我们可以插入一个值或者使用商业计算器、微软 Excel 求出其精确内部收益率为 12.978%。如果 STL 公司的期望报酬率为 14%，它就不会投资于 B2B 接口项目，因为其内部收益率低于 14%。

内部收益率——每期净现金流入量不等

因为台式电脑每年净现金流入量不相等，STL 公司不能通过年金现值系数表找到资产的内部收益率，而必须使用试错法来确定使项目净现值等于零的折现率。例如，因为最低期望报酬率是 14%，STL 公司会从 14%开始计算来判断台式电脑报酬率是否高于 14%。回顾使用 14%的折现率时台式电脑的净现值是 78 910 美元。既然净现值是正值，内部收益率必然高于 14%。STL 公司会使用更高的折现率来继续试错，直至公司找到使台式电脑净现值为零的利率。在 16%时，净现值是 40 390 美元。因此，内部收益率必然高于 16%。在折现率为 18%时，净现值是 3 980 美元，非常接近于零。这样，内部收益率就比 18%略高。如果我们使用商业计算器，就会发现内部收益率是 18.23%。

年份		净现金流入量	现值系数 ($i=16\%$)	现值	净现金流入量	现值系数 ($i=18\%$)	现值
	每年净现金流入量现值						
1	($n=1$)	$ 500 000	0.862	$ 431 000	$ 500 000	0.847	$ 423 500
2	($n=2$)	350 000	0.743	260 050	350 000	0.718	251 300
3	($n=3$)	300 000	0.641	192 300	300 000	0.609	182 700
4	($n=4$)	250 000	0.552	138 000	250 000	0.516	129 000
5	($n=5$)	40 000	0.476	19 040	40 000	0.437	17 480
	净现金流入量现值合计			1 040 390			1 003 980
0	初始投资			(1 000 000)			(1 000 000)
	净现值			$ 40 390			$ 3 980

台式电脑项目的内部收益率高于 STL 公司 14%的期望报酬率，因此台式电脑项目是有吸引力的。

□ 比较资本投资分析方法

我们讨论了四种公司在进行资本投资决策时普遍使用的资本投资分析方法。其中投资回收期法和会计报酬率法没有考虑货币时间价值。贴现现金流方法是优越的，因为他们同时考虑货币时间价值和盈利能力。这些方法将初始投资与未来净现金流入量进行比较，并将其全部贴现为现值。贴现现金流方法考虑盈利能力，因为它们考虑所有项目回收期外的现金流入和流出。图表 26－12 总结了这四种资本投资分析方法。

图表 26－12 资本投资分析方法比较

	投资回收期法	会计报酬率法	净现值法	内部收益率法
关注	公司收回初始投资花费的时间	投资如何影响营业利润	净现金流入量现值与初始投资之间的差异	基于折现现金流量的资本投资报酬率
优点	● 计算简单 ● 强调现金回收期较长项目的风险	● 唯一使用权责发生制会计数据的方法 ● 衡量资产在其寿命周期内的盈利性	● 考虑货币时间价值 ● 资产全生命周期的净现金流量 ● 表明资产是否获得了公司最低的期望报酬率	● 考虑货币时间价值 ● 考虑资产全生命周期的净现金流量 ● 计算项目的独特回报率 ● 对于资本限额决策，无须额外的步骤
缺点	● 忽视了货币时间价值 ● 忽视了回收期以后的任何现金流量，包括残值	● 忽视了货币时间价值	● 当资产初始投资不同时，需要为资本限额决策计算盈利能力指数	● 没有商业计算器或电脑软件时，难以精确计算

管理层通常从不同的视角使用不止一种方法来看待风险和回报。例如，STL 公司应该投资净现值为正的资本项目，只要这些项目的投资回收期不超过 4 年。

□ 敏感性分析

本章所讲的关于资本投资分析方法的例子，运用了附录中的现值系数表。这些计算也可以通过商业计算器的 NPV 和 IRR 功能来实现。利用计算机的电子表格软件，如 Microsoft Excel，可以实现更有效的计算，因为它可以通过对数据的简单操作进行敏感性分析。敏感性分析是一种“如果……就会……”的技术，可以展示在假设前提改变的情况下结果会有什么不同。资本预算决策很大程度上影响着未来的现金流量。STL 公司的管理者想要知道他们的决策是否会受到任何一个主要假设变化的影响，例如，折现率从 14％变为 12％或者 16％，净现金流入量增加或减少 10％。管理者在进行基本的净现值分析后，还会进行敏感性分析，计算并评价结果。

我们使用 Excel 来计算 STL 公司两个项目（笔记本电脑项目和台式电脑项目）的净现值和内部收益率。回顾一下，两个项目都要求 1 000 000 美元的初始投资，都没有残值。每年净现金流入量如下所示：

	每年净现金流入量	
年份	笔记本电脑	台式电脑
1	$ 305 450	$ 500 000
2	305 450	350 000
3	305 450	300 000
4	305 450	250 000
5	305 450	40 000
合计	$ 1 527 250	$ 1 440 000

一种创建 Excel 表格的方法是定义表中的输入和输出区域。输入部分的单元格在表格的顶端。含有公式并计算输出结果的单元格在输入部分单元格的下方。所有的输出结果都由输入的公式决定。这使使用者可以任意修改输入部分的单元格的内容，并且能让 Excel 表格自动计算出输出的结果。图表 26－13 反映了 Excel 表格中两个项目的资本投资分析。

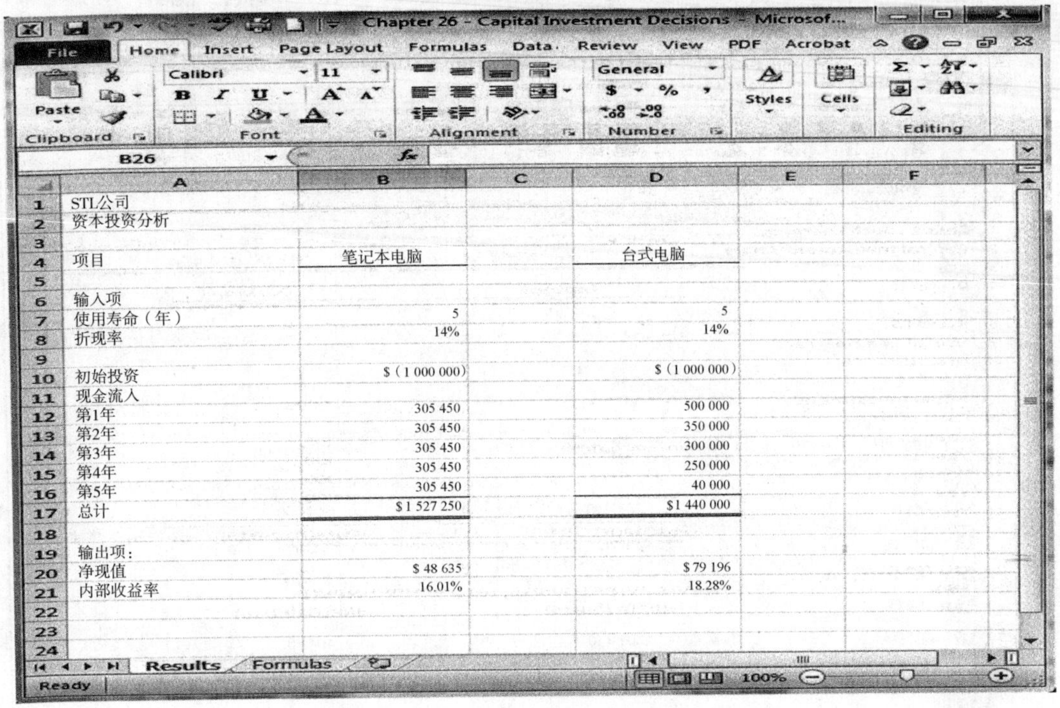

	A	B	C	D	E	F
1	STL公司					
2	资本投资分析					
3						
4	项目	笔记本电脑		台式电脑		
5						
6	输入项					
7	使用寿命（年）	5		5		
8	折现率	14%		14%		
9						
10	初始投资	$（1 000 000）		$（1 000 000）		
11	现金流入					
12	第1年	305 450		500 000		
13	第2年	305 450		350 000		
14	第3年	305 450		300 000		
15	第4年	305 450		250 000		
16	第5年	305 450		40 000		
17	总计	$1 527 250		$1 440 000		
18						
19	输出项：					
20	净现值	$ 48 635		$ 79 196		
21	内部收益率	16.01%		18.28%		
22						
23						
24						

图表 26－13 运用 Excel 进行资本投资分析

注意初始投资是负数，代表它是一笔现金流出，现金流入就是正数。在结果输出界面可以看到，Excel 计算出笔记本电脑项目的净现值为 48 635 美元，比我们之前用年金现值系数表计算所得的结果（48 610 美元）多了 25 美元，这个差异是由现值系数四舍五入到小数点后三位造成的。台式电脑项目的差异更大一些，为 286 美元（79 196－78 910）。然而对于一个 100 万美元的项目来说，这个差异仅仅占不到 0.03%（286/1 000 000），应该认为是不重要的。

图表 26－14 展示了两种投资决策下计算净现值和内部收益率的公式。

净现值的计算公式为：＝NPV(折现率，价值 1，价值 2，……)。笔记本电脑项目的折现率在 B8，现金流量在 B12 到 B16。注意 B10 为初始投资。用 Excel 计算现金流的现值，再加上负的现金流出，从而确定净现值：

＝NPV(B8,B12:B16)＋B10

内部收益率的公式包括所有的现金流以及初始投资。按照适当的顺序列出现金流十分必要。资金的时间价值就是考虑现金流时间的问题。用 Excel 计算净现值和内部收益率。

建立好试算表，STL 公司可以任意改变输入项进行敏感性分析，还可以通过简单改变输入项来分析任意的投资决策。如果其他项目有更长的生命周期，插入更多行以容纳更多的现金流，并调整公式。

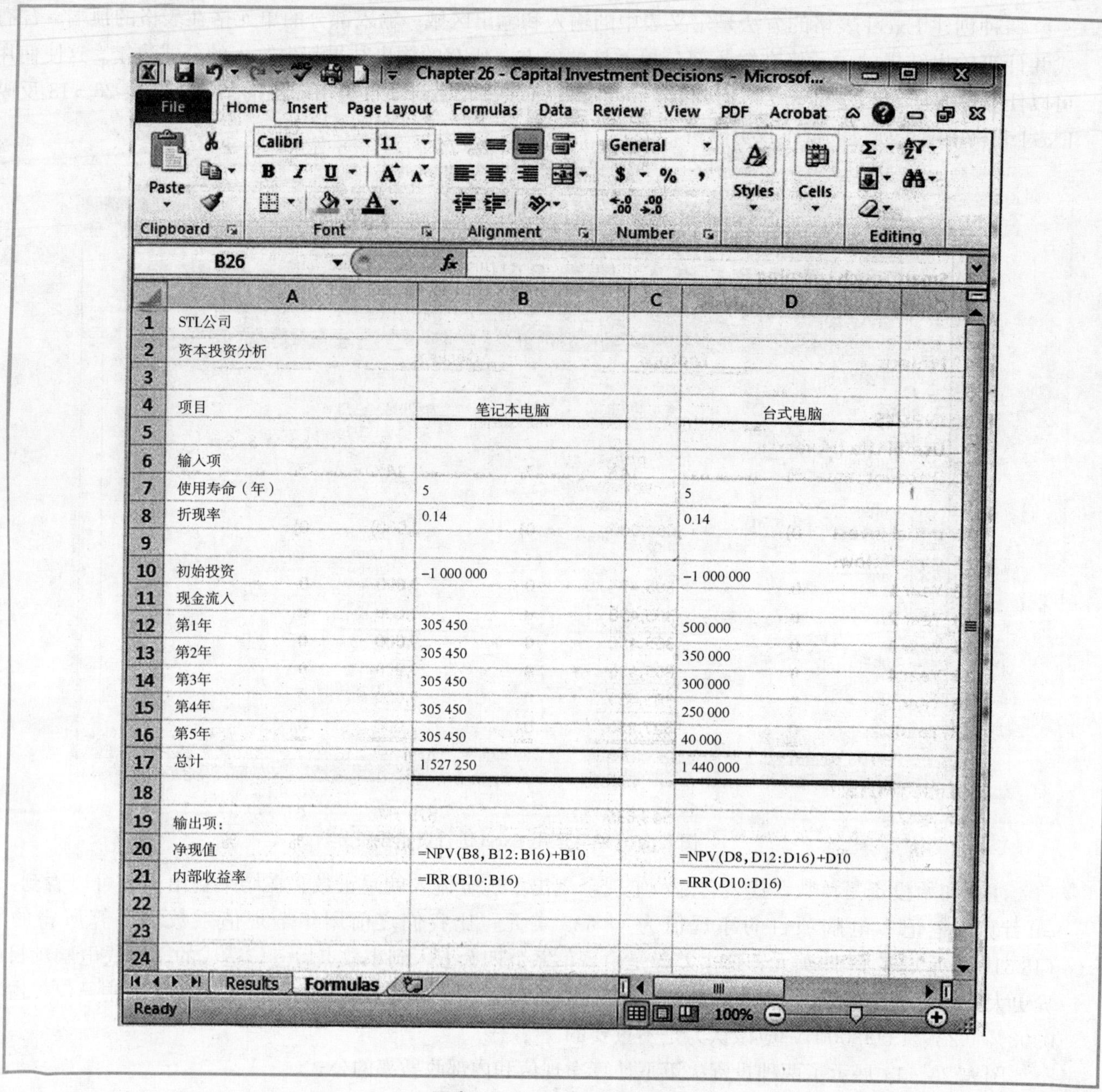

	A	B	C	D
1	STL公司			
2	资本投资分析			
3				
4	项目	笔记本电脑		台式电脑
5				
6	输入项			
7	使用寿命（年）	5		5
8	折现率	0.14		0.14
9				
10	初始投资	-1 000 000		-1 000 000
11	现金流入			
12	第1年	305 450		500 000
13	第2年	305 450		350 000
14	第3年	305 450		300 000
15	第4年	305 450		250 000
16	第5年	305 450		40 000
17	总计	1 527 250		1 440 000
18				
19	输出项：			
20	净现值	=NPV(B8, B12:B16)+B10		=NPV(D8, D12:D16)+D10
21	内部收益率	=IRR(B10:B16)		=IRR(D10:D16)
22				
23				
24				

图表 26－14 Excel 工作表

□ 资本限额

前面多次提到资本限额，这是一个值得回顾的话题。许多公司资源有限，难以做出决策去实施、延迟或否定某个项目。这些决策不仅基于投资回收期、会计报酬率、净现值和内部收益率等定量因素。定性因素也必须考虑。比如，一家公司可能选择净现值较低但是更环保的生产设备，或者接受一项不盈利但是能够增加社会价值的项目。如果公司的选择会带来负面的公众效应，那么公司也应该考虑拒绝特定项目的机会成本和业务丢失的可能性。图表 26－15 展示了资本限额决策树。

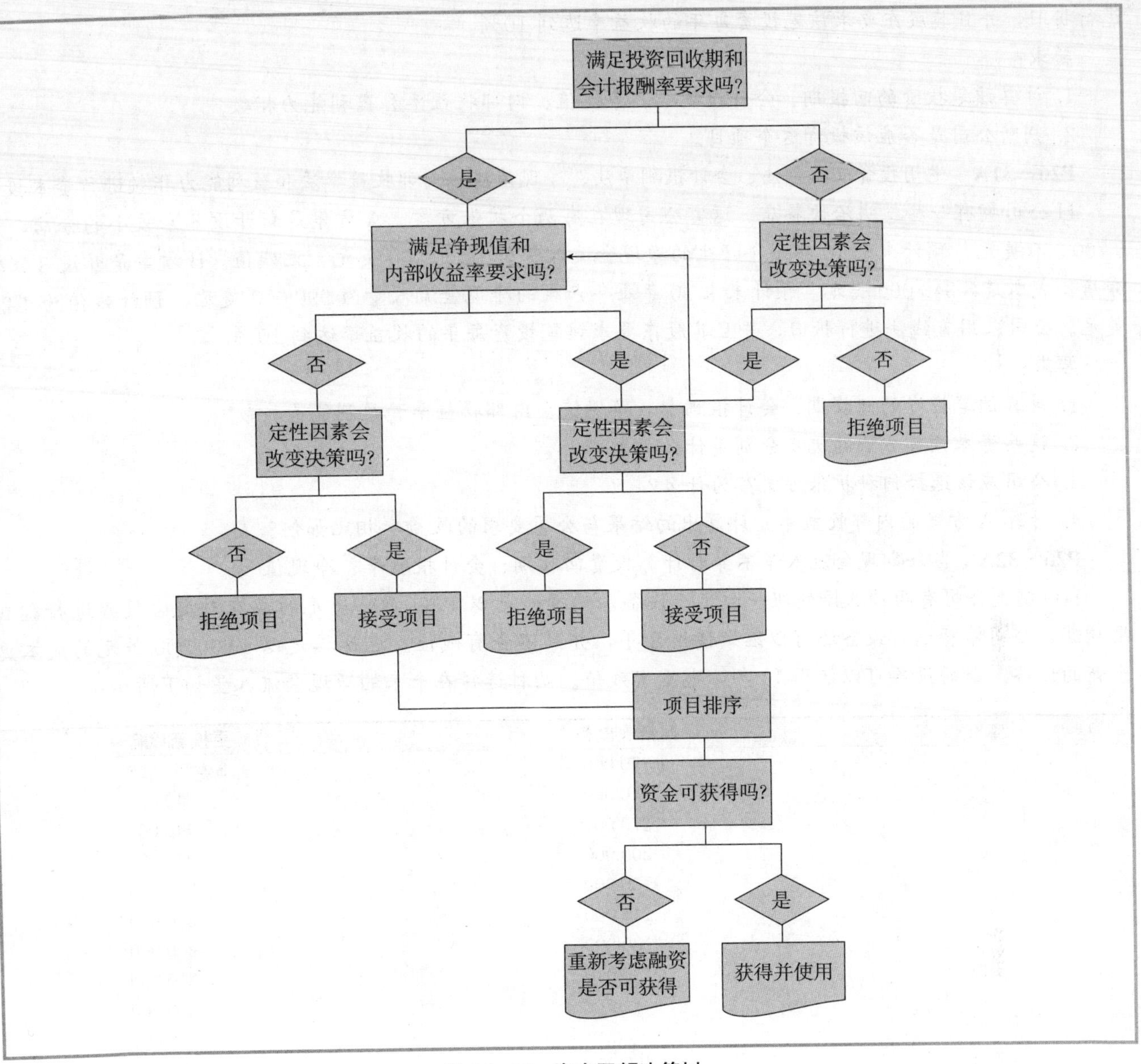

图 26－15　资本限额决策树

习题

P26－29A　运用货币时间价值

你打算在 40 岁的时候退休并且有足够的钱保证在接下来的 40 年里每年支取 215 000 美元。你计划在 25～40 岁的 15 年间每年将一笔等额的钱投入一个基金中，并且这个基金每年的投资收益率是 10%。你想要将钱一直放在这个基金中，直到 80 岁的时候取完。

要求：

1. 到退休时你必须存入多少钱才能保证你的计划顺利进行？
2. 这个数额与你在退休期间从基金中取出的总数相比如何？这两个数额为何会不同？

P26－30A　运用投资回收期法、会计报酬率法、净现值法、内部收益率法和盈利能力指数进行资本投资决策

SN 公司计划以 1 910 000 美元的价格在佐治亚州亚特兰大市购买一座水上公园。新的公园在未来的 8 年内每年产生的净现金流入量为 483 000 美元。工程师估计公园内的设施可以使用 8 年，无残值。公司采用直线法

进行折旧，并且其股东要求该笔投资每年的收益率达到10%。

要求：

1. 计算该笔投资的回报期、会计报酬率、净现值、内部收益率和盈利能力指数。
2. 判断公司是否应该投资这个项目。

P26-31A 运用投资回收期法、会计报酬率法、净现值法、内部收益率法和盈利能力指数进行资本投资决策

H公司拥有一些三明治快餐店。这家公司现在有两个扩张方案。A方案是新开设8家较小的分店，成本是8700 000美元。预计未来10年每年产生的净现金流入量为1 550 000美元，无残值。B方案是开设3家较大的分店，成本是8 340 000美元。预计未来10年每年产生的净现金流入量为990 000美元，预计残值为1 200 000美元。公司采用直线法进行折旧，并且其股东要求该笔投资每年的收益率达到10%。

要求：

1. 计算该笔投资的回收期、会计报酬率、净现值、内部收益率和盈利能力指数。
2. 这些资本预算方法的优劣分别是什么？
3. 公司应该选择何种扩张方案？为什么？
4. 计算A方案的内部收益率。计算出的结果与公司要求的收益率相比如何？

P26-32A 当每期现金流入量不等时计算投资回收期、会计报酬率、净现值

HD制造公司有两种选择处理一台生产设备。选择一是以1 200 000美元的成本对这台设备进行翻新。如果翻新，公司希望这台设备还可以继续使用8年，并且不会有残值。选择二是以4 600 000美元的成本更换一台新的设备。新的设备可以使用10年，也没有残值。两种选择在未来的净现金流入量如下所示：

年份	翻新现设备	更换新设备
1	\$350 000	\$3 780 000
2	340 000	510 000
3	270 000	440 000
4	200 000	370 000
5	130 000	300 000
6	130 000	300 000
7	130 000	300 000
8	130 000	300 000
9		300 000
10		300 000
总计	\$1 680 000	\$6 900 000

公司使用直线折旧法，并且要求每年的收益率达到10%。

要求：

1. 计算两种选择的投资回收期、会计报酬率、净现值和盈利能力指数。
2. 公司应该选择哪一种处理方式？为什么？

P26-33A 使用Excel计算净现值和内部收益率

H公司在比较两项投资决策。两者的初始投资都是10 000 000美元，且在未来10年的净现金流入量合计都是17 000 000美元。公司要求投资收益率达到12%。具体每年的净现金流入量如下所示：

年份	A方案	B方案
1	\$1 700 000	\$1 700 000
2	1 700 000	2 300 000
3	1 700 000	2 900 000

续表

年份	A 方案	B 方案
4	1 700 000	2 300 000
5	1 700 000	1 700 000
6	1 700 000	1 600 000
7	1 700 000	1 200 000
8	1 700 000	800 000
9	1 700 000	400 000
10	1 700 000	2 100 000
总计	$ 17 000 000	$ 17 000 000

要求：

1. 使用 Excel 计算两种方案的净现值和内部收益率。公司应该采用哪一种方案？

2. 解释净现值与内部收益率之间的关系。基于这种关系和公司要求的收益率，你的答案是否与要求 1 一致？为什么？

3. 在进一步协商之后，现在公司的初始投资额改为 9 500 000 美元。重新计算净现值和内部报酬率。此时公司应该采用哪一种方案？

附录

现值及终值系数表

表 A-1　复利现值系数表

期数	1%	2%	3%	4%	5%	6%	7%	8%	9%	10%	12%	14%	15%	16%	18%	20%
1	0.990	0.980	0.971	0.962	0.952	0.943	0.935	0.926	0.917	0.909	0.893	0.877	0.870	0.862	0.847	0.833
2	0.980	0.961	0.943	0.925	0.907	0.890	0.873	0.857	0.842	0.826	0.797	0.769	0.756	0.743	0.718	0.694
3	0.971	0.942	0.915	0.889	0.864	0.840	0.816	0.794	0.772	0.751	0.712	0.675	0.658	0.641	0.609	0.579
4	0.961	0.924	0.888	0.855	0.823	0.792	0.763	0.735	0.708	0.683	0.636	0.592	0.572	0.552	0.516	0.482
5	0.951	0.906	0.863	0.822	0.784	0.747	0.713	0.681	0.650	0.621	0.567	0.519	0.497	0.476	0.437	0.402
6	0.942	0.888	0.837	0.790	0.746	0.705	0.666	0.630	0.596	0.564	0.507	0.456	0.432	0.410	0.370	0.335
7	0.933	0.871	0.813	0.760	0.711	0.665	0.623	0.583	0.547	0.513	0.452	0.400	0.376	0.354	0.314	0.279
8	0.923	0.853	0.789	0.731	0.677	0.627	0.582	0.540	0.502	0.467	0.404	0.351	0.327	0.305	0.266	0.233
9	0.914	0.837	0.766	0.703	0.645	0.592	0.544	0.500	0.460	0.424	0.361	0.308	0.284	0.263	0.225	0.194
10	0.905	0.820	0.744	0.676	0.614	0.558	0.508	0.463	0.422	0.386	0.322	0.270	0.247	0.227	0.191	0.162
11	0.896	0.804	0.722	0.650	0.585	0.527	0.475	0.429	0.388	0.350	0.287	0.237	0.215	0.195	0.162	0.135
12	0.887	0.788	0.701	0.625	0.557	0.497	0.444	0.397	0.356	0.319	0.257	0.208	0.187	0.168	0.137	0.112
13	0.879	0.773	0.681	0.601	0.530	0.469	0.415	0.368	0.326	0.290	0.229	0.182	0.163	0.145	0.116	0.093
14	0.870	0.758	0.661	0.577	0.505	0.442	0.388	0.340	0.299	0.263	0.205	0.160	0.141	0.125	0.099	0.078
15	0.861	0.743	0.642	0.555	0.481	0.417	0.362	0.315	0.275	0.239	0.183	0.140	0.123	0.108	0.084	0.065
16	0.853	0.728	0.623	0.534	0.458	0.394	0.339	0.292	0.252	0.218	0.163	0.123	0.107	0.093	0.071	0.054
17	0.844	0.714	0.605	0.513	0.436	0.371	0.317	0.270	0.231	0.198	0.146	0.108	0.093	0.080	0.060	0.045
18	0.836	0.700	0.587	0.494	0.416	0.350	0.296	0.250	0.212	0.180	0.130	0.095	0.081	0.069	0.051	0.038
19	0.828	0.686	0.570	0.475	0.396	0.331	0.277	0.232	0.194	0.164	0.116	0.083	0.070	0.060	0.043	0.031
20	0.820	0.673	0.554	0.456	0.377	0.312	0.258	0.215	0.178	0.149	0.104	0.073	0.061	0.051	0.037	0.026
21	0.811	0.660	0.538	0.439	0.359	0.294	0.242	0.199	0.164	0.135	0.093	0.064	0.053	0.044	0.031	0.022
22	0.803	0.647	0.522	0.422	0.342	0.278	0.226	0.184	0.150	0.123	0.083	0.056	0.046	0.038	0.026	0.018
23	0.795	0.634	0.507	0.406	0.326	0.262	0.211	0.170	0.138	0.112	0.074	0.049	0.040	0.033	0.022	0.015
24	0.788	0.622	0.492	0.390	0.310	0.247	0.197	0.158	0.126	0.102	0.066	0.043	0.035	0.028	0.019	0.013
25	0.780	0.610	0.478	0.375	0.295	0.233	0.184	0.146	0.116	0.092	0.059	0.038	0.030	0.024	0.016	0.010
26	0.772	0.598	0.464	0.361	0.281	0.220	0.172	0.135	0.106	0.084	0.053	0.033	0.026	0.021	0.014	0.009
27	0.764	0.586	0.450	0.347	0.268	0.207	0.161	0.125	0.098	0.076	0.047	0.029	0.023	0.018	0.011	0.007
28	0.757	0.574	0.437	0.333	0.255	0.196	0.150	0.116	0.090	0.069	0.042	0.026	0.020	0.016	0.010	0.006
29	0.749	0.563	0.424	0.321	0.243	0.185	0.141	0.107	0.082	0.063	0.037	0.022	0.017	0.014	0.008	0.005
30	0.742	0.552	0.412	0.308	0.231	0.174	0.131	0.099	0.075	0.057	0.033	0.020	0.015	0.012	0.007	0.004
40	0.672	0.453	0.307	0.208	0.142	0.097	0.067	0.046	0.032	0.022	0.011	0.005	0.004	0.003	0.001	0.001
50	0.608	0.372	0.228	0.141	0.087	0.054	0.034	0.021	0.013	0.009	0.003	0.001	0.001	0.001		

表 A-2 年金现值系数表

期数	1%	2%	3%	4%	5%	6%	7%	8%	9%	10%	12%	14%	15%	16%	18%	20%
1	0.990	0.980	0.971	0.962	0.952	0.943	0.935	0.926	0.917	0.909	0.893	0.877	0.870	0.862	0.847	0.833
2	1.970	1.942	1.913	1.886	1.859	1.833	1.808	1.783	1.759	1.736	1.690	1.647	1.626	1.605	1.566	1.528
3	2.941	2.884	2.829	2.775	2.723	2.673	2.624	2.577	2.531	2.487	2.402	2.322	2.283	2.246	2.174	2.106
4	3.902	3.808	3.717	3.630	3.546	3.465	3.387	3.312	3.240	3.170	3.037	2.914	2.855	2.798	2.690	2.589
5	4.853	4.713	4.580	4.452	4.329	4.212	4.100	3.993	3.890	3.791	3.605	3.433	3.352	3.274	3.127	2.991
6	5.795	5.601	5.417	5.242	5.076	4.917	4.767	4.623	4.486	4.355	4.111	3.889	3.784	3.685	3.498	3.326
7	6.728	6.472	6.230	6.002	5.786	5.582	5.389	5.206	5.033	4.868	4.564	4.288	4.160	4.039	3.812	3.605
8	7.652	7.325	7.020	6.733	6.463	6.210	5.971	5.747	5.535	5.335	4.968	4.639	4.487	4.344	4.078	3.837
9	8.566	8.162	7.786	7.435	7.108	6.802	6.515	6.247	5.995	5.759	5.328	4.946	4.772	4.607	4.303	4.031
10	9.471	8.983	8.530	8.111	7.722	7.360	7.024	6.710	6.418	6.145	5.650	5.216	5.019	4.833	4.494	4.192
11	10.368	9.787	9.253	8.760	8.306	7.887	7.499	7.139	6.805	6.495	5.938	5.453	5.234	5.029	4.656	4.327
12	11.255	10.575	9.954	9.385	8.863	8.384	7.943	7.536	7.161	6.814	6.194	5.660	5.421	5.197	4.793	4.439
13	12.134	11.348	10.635	9.986	9.394	8.853	8.358	7.904	7.487	7.103	6.424	5.842	5.583	5.342	4.910	4.533
14	13.004	12.106	11.296	10.563	9.899	9.295	8.745	8.244	7.786	7.367	6.628	6.002	5.724	5.468	5.008	4.611
15	13.865	12.849	11.938	11.118	10.380	9.712	9.108	8.559	8.061	7.606	6.811	6.142	5.847	5.575	5.092	4.675
16	14.718	13.578	12.561	11.652	10.838	10.106	9.447	8.851	8.313	7.824	6.974	6.265	5.954	5.669	5.162	4.730
17	15.562	14.292	13.166	12.166	11.274	10.477	9.763	9.122	8.544	8.022	7.120	6.373	6.047	5.749	5.222	4.775
18	16.398	14.992	13.754	12.659	11.690	10.828	10.059	9.372	8.756	8.201	7.250	6.467	6.128	5.818	5.273	4.812
19	17.226	15.678	14.324	13.134	12.085	11.158	10.336	9.604	8.950	8.365	7.366	6.550	6.198	5.877	5.316	4.844
20	18.046	16.351	14.877	13.590	12.462	11.470	10.594	9.818	9.129	8.514	7.469	6.623	6.259	5.929	5.353	4.870
21	18.857	17.011	15.415	14.029	12.821	11.764	10.836	10.017	9.292	8.649	7.562	6.687	6.312	5.973	5.384	4.891
22	19.660	17.658	15.937	14.451	13.163	12.042	11.061	10.201	9.442	8.772	7.645	6.743	6.359	6.011	5.410	4.909
23	20.456	18.292	16.444	14.857	13.489	12.303	11.272	10.371	9.580	8.883	7.718	6.792	6.399	6.044	5.432	4.925
24	21.243	18.914	16.936	15.247	13.799	12.550	11.469	10.529	9.707	8.985	7.784	6.835	6.434	6.073	5.451	4.937
25	22.023	19.523	17.413	15.622	14.094	12.783	11.654	10.675	9.823	9.077	7.843	6.873	6.464	6.097	5.467	4.948
26	22.795	20.121	17.877	15.983	14.375	13.003	11.826	10.810	9.929	9.161	7.896	6.906	6.491	6.118	5.480	4.956
27	23.560	20.707	18.327	16.330	14.643	13.211	11.987	10.935	10.027	9.237	7.943	6.935	6.514	6.136	5.492	4.964
28	24.316	21.281	18.764	16.663	14.898	13.406	12.137	11.051	10.116	9.307	7.984	6.961	6.534	6.152	5.502	4.970
29	25.066	21.844	19.188	16.984	15.141	13.591	12.278	11.158	10.198	9.370	8.022	6.983	6.551	6.166	5.510	4.975
30	25.808	22.396	19.600	17.292	15.372	13.765	12.409	11.258	10.274	9.427	8.055	7.003	6.566	6.177	5.517	4.979
40	32.835	27.355	23.115	19.793	17.159	15.046	13.332	11.925	10.757	9.779	8.244	7.105	6.642	6.234	5.548	4.997
50	39.196	31.424	25.730	21.482	18.256	15.762	13.801	12.233	10.962	9.915	8.304	7.133	6.661	6.246	5.554	4.999

表 A－3 复利终值系数表

期数	1%	2%	3%	4%	5%	6%	7%	8%	9%	10%	12%	14%	15%
1	1.010	1.020	1.030	1.040	1.050	1.060	1.070	1.080	1.090	1.100	1.120	1.140	1.150
2	1.020	1.040	1.061	1.082	1.103	1.124	1.145	1.166	1.188	1.210	1.254	1.300	1.323
3	1.030	1.061	1.093	1.125	1.158	1.191	1.225	1.260	1.295	1.331	1.405	1.482	1.521
4	1.041	1.082	1.126	1.170	1.216	1.262	1.311	1.360	1.412	1.464	1.574	1.689	1.749
5	1.051	1.104	1.159	1.217	1.276	1.338	1.403	1.469	1.539	1.611	1.762	1.925	2.011
6	1.062	1.126	1.194	1.265	1.340	1.419	1.501	1.587	1.677	1.772	1.974	2.195	2.313
7	1.072	1.149	1.230	1.316	1.407	1.504	1.606	1.714	1.828	1.949	2.211	2.502	2.660
8	1.083	1.172	1.267	1.369	1.477	1.594	1.718	1.851	1.993	2.144	2.476	2.853	3.059
9	1.094	1.195	1.305	1.423	1.551	1.689	1.838	1.999	2.172	2.358	2.773	3.252	3.518
10	1.105	1.219	1.344	1.480	1.629	1.791	1.967	2.159	2.367	2.594	3.106	3.707	4.046
11	1.116	1.243	1.384	1.539	1.710	1.898	2.105	2.332	2.580	2.853	3.479	4.226	4.652
12	1.127	1.268	1.426	1.601	1.796	2.012	2.252	2.518	2.813	3.138	3.896	4.818	5.350
13	1.138	1.294	1.469	1.665	1.886	2.133	2.410	2.720	3.066	3.452	4.363	5.492	6.153
14	1.149	1.319	1.513	1.732	1.980	2.261	2.579	2.937	3.342	3.798	4.887	6.261	7.076
15	1.161	1.346	1.558	1.801	2.079	2.397	2.759	3.172	3.642	4.177	5.474	7.138	8.137
16	1.173	1.373	1.605	1.873	2.183	2.540	2.952	3.426	3.970	4.595	6.130	8.137	9.358
17	1.184	1.400	1.653	1.948	2.292	2.693	3.159	3.700	4.328	5.054	6.866	9.276	10.76
18	1.196	1.428	1.702	2.026	2.407	2.854	3.380	3.996	4.717	5.560	7.690	10.58	12.38
19	1.208	1.457	1.754	2.107	2.527	3.026	3.617	4.316	5.142	6.116	8.613	12.06	14.23
20	1.220	1.486	1.806	2.191	2.653	3.207	3.870	4.661	5.604	6.728	9.646	13.74	16.37
21	1.232	1.516	1.860	2.279	2.786	3.400	4.141	5.034	6.109	7.400	10.80	15.67	18.82
22	1.245	1.546	1.916	2.370	2.925	3.604	4.430	5.437	6.659	8.140	12.10	17.86	21.64
23	1.257	1.577	1.974	2.465	3.072	3.820	4.741	5.871	7.258	8.954	13.55	20.36	24.89
24	1.270	1.608	2.033	2.563	3.225	4.049	5.072	6.341	7.911	9.850	15.18	23.21	28.63
25	1.282	1.641	2.094	2.666	3.386	4.292	5.427	6.848	8.623	10.83	17.00	26.46	32.92
26	1.295	1.673	2.157	2.772	3.556	4.549	5.807	7.396	9.399	11.92	19.04	30.17	37.86
27	1.308	1.707	2.221	2.883	3.733	4.822	6.214	7.988	10.25	13.11	21.32	34.39	43.54
28	1.321	1.741	2.288	2.999	3.920	5.112	6.649	8.627	11.17	14.42	23.88	39.20	50.07
29	1.335	1.776	2.357	3.119	4.116	5.418	7.114	9.317	12.17	15.86	26.75	44.69	57.58
30	1.348	1.811	2.427	3.243	4.322	5.743	7.612	10.06	13.27	17.45	29.96	50.95	66.21
40	1.489	2.208	3.262	4.801	7.040	10.29	14.97	21.72	31.41	45.26	93.05	188.9	267.9
50	1.645	2.692	4.384	7.107	11.47	18.42	29.46	46.90	74.36	117.4	289.0	700.2	1 084

表 A-4　年金终值系数表

期数	1%	2%	3%	4%	5%	6%	7%	8%	9%	10%	12%	14%	15%
1	1.000	1.000	1.000	1.000	1.000	1.000	1.000	1.000	1.000	1.000	1.000	1.000	1.000
2	2.010	2.020	2.030	2.040	2.050	2.060	2.070	2.080	2.090	2.100	2.120	2.140	2.150
3	3.030	3.060	3.091	3.122	3.153	3.184	3.215	3.246	3.278	3.310	3.374	3.440	3.473
4	4.060	4.122	4.184	4.246	4.310	4.375	4.440	4.506	4.573	4.641	4.779	4.921	4.993
5	5.101	5.204	5.309	5.416	5.526	5.637	5.751	5.867	5.985	6.105	6.353	6.610	6.742
6	6.152	6.308	6.468	6.633	6.802	6.975	7.153	7.336	7.523	7.716	8.115	8.536	8.754
7	7.214	7.434	7.662	7.898	8.142	8.394	8.654	8.923	9.200	9.487	10.09	10.73	11.07
8	8.286	8.583	8.892	9.214	9.549	9.897	10.26	10.64	11.03	11.44	12.30	13.23	13.73
9	9.369	9.755	10.16	10.58	11.03	11.49	11.98	12.49	13.02	13.58	14.78	16.09	16.79
10	10.46	10.95	11.46	12.01	12.58	13.18	13.82	14.49	15.19	15.94	17.55	19.34	20.30
11	11.57	12.17	12.81	13.49	14.21	14.97	15.78	16.65	17.56	18.53	20.65	23.04	24.35
12	12.68	13.41	14.19	15.03	15.92	16.87	17.89	18.98	20.14	21.38	24.13	27.27	29.00
13	13.81	14.68	15.62	16.63	17.71	18.88	20.14	21.50	22.95	24.52	28.03	32.09	34.35
14	14.95	15.97	17.09	18.29	19.60	21.02	22.55	24.21	26.02	27.98	32.39	37.58	40.50
15	16.10	17.29	18.60	20.02	21.58	23.28	25.13	27.15	29.36	31.77	37.28	43.84	47.58
16	17.26	18.64	20.16	21.82	23.66	25.67	27.89	30.32	33.00	35.95	42.75	50.98	55.72
17	18.43	20.01	21.76	23.70	25.84	28.21	30.84	33.75	36.97	40.54	48.88	59.12	65.08
18	19.61	21.41	23.41	25.65	28.13	30.91	34.00	37.45	41.30	45.60	55.75	68.39	75.84
19	20.81	22.84	25.12	27.67	30.54	33.76	37.38	41.45	46.02	51.16	63.44	78.97	88.21
20	22.02	24.30	26.87	29.78	33.07	36.79	41.00	45.76	51.16	57.28	72.05	91.02	102.4
21	23.24	25.78	28.68	31.97	35.72	39.99	44.87	50.42	56.76	64.00	81.70	104.8	118.8
22	24.47	27.30	30.54	34.25	38.51	43.39	49.01	55.46	62.87	71.40	92.50	120.4	137.6
23	25.72	28.85	32.45	36.62	41.43	47.00	53.44	60.89	69.53	79.54	104.6	138.3	159.3
24	26.97	30.42	34.43	39.08	44.50	50.82	58.18	66.76	76.79	88.50	118.2	158.7	184.2
25	28.24	32.03	36.46	41.65	47.73	54.86	63.25	73.11	84.70	98.35	133.3	181.9	212.8
26	29.53	33.67	38.55	44.31	51.11	59.16	68.68	79.95	93.32	109.2	150.3	208.3	245.7
27	30.82	35.34	40.71	47.08	54.67	63.71	74.48	87.35	102.7	121.1	169.4	238.5	283.6
28	32.13	37.05	42.93	49.97	58.40	68.53	80.70	95.34	113.0	134.2	190.7	272.9	327.1
29	33.45	38.79	45.22	52.97	62.32	73.64	87.35	104.0	124.1	148.6	214.6	312.1	377.2
30	34.78	40.57	47.58	56.08	66.44	79.06	94.46	113.3	136.3	164.5	241.3	356.8	434.7
40	48.89	60.40	75.40	95.03	120.8	154.8	199.6	259.1	337.9	442.6	767.1	1 342	1 779
50	64.46	84.58	112.8	152.7	209.3	290.3	406.5	573.8	815.1	1 164	2 400	4 995	7 218

图书在版编目（CIP）数据

亨格瑞会计学：第12版/（美）特蕾西·米勒-诺布尔斯，（美）布伦达·马蒂森，（美）埃拉·梅·玛苏姆拉著；刘俊勇等译. --北京：中国人民大学出版社，2021.12
（工商管理经典译丛. 会计与财务系列）
ISBN 978-7-300-30074-0

Ⅰ.①亨… Ⅱ.①特… ②布… ③埃… ④刘… Ⅲ.①会计学 Ⅳ.①F230

中国版本图书馆CIP数据核字（2021）第255986号

工商管理经典译丛·会计与财务系列
亨格瑞会计学（第12版）
特蕾西·米勒-诺布尔斯
［美］布伦达·马蒂森 著
埃拉·梅·玛苏姆拉
刘俊勇 等 译
Henggerui Kuaijixue

出版发行	中国人民大学出版社		
社　址	北京中关村大街31号	邮政编码	100080
电　话	010－62511242（总编室）		010－62511770（质管部）
	010－82501766（邮购部）		010－62514148（门市部）
	010－62515195（发行公司）		010－62515275（盗版举报）
网　址	http://www.crup.com.cn		
经　销	新华书店		
印　刷	三河市恒彩印务有限公司		
规　格	215 mm×275 mm 16开本	版　次	2021年12月第1版
印　张	39.5 插页2	印　次	2021年12月第1次印刷
字　数	1 175 000	定　价	118.00元

Pearson

尊敬的老师:

您好!

为了确保您及时有效地申请培生整体教学资源，请您务必完整填写如下表格，加盖学院的公章后传真给我们，我们将会在2-3个工作日内为您处理。

请填写所需教辅的开课信息：

采用教材			□中文版 □英文版 □双语版
作　者		出版社	
版　次		ISBN	
课程时间	始于　年 月 日	学生人数	
	止于　年 月 日	学生年级	□专 科　□本科 1/2 年级 □研究生　□本科 3/4 年级

请填写您的个人信息：

学　校			
院系/专业			
姓　　名		职　　称	□助教 □讲师 □副教授 □教授
通信地址/邮编			
手　机		电　话	
传　真			
official email(必填) (eg:XXX@ruc.edu.cn)		email (eg:XXX@163.com)	
是否愿意接受我们定期的新书讯息通知：　□是　□否			

系 / 院主任：__________（签字）

（系 / 院办公室章）

___年___月___日

资源介绍：

--教材、常规教辅（PPT、教师手册、题库等）资源：请访问 www.pearsonhighered.com/educator；（免费）

--MyLabs/Mastering 系列在线平台：适合老师和学生共同使用；访问需要 Access Code；（付费）

100013　北京市东城区北三环东路 36 号环球贸易中心 D 座 1208 室 100013

Please send this form to：copub.hed@pearson.com

Website: www.pearson.com

教师教学服务说明

中国人民大学出版社财会出版分社以出版经典、高品质的会计、财务管理、审计等领域各层次教材为宗旨。

为了更好地为一线教师服务，近年来财会出版分社着力建设了一批数字化、立体化的网络教学资源。教师可以通过以下方式获得免费下载教学资源的权限：

在中国人民大学出版社网站 www. crup. com. cn 进行注册，注册后进入“会员中心”，在左侧点击“我的教师认证”，填写相关信息，提交后等待审核。我们将在一个工作日内为您开通相关资源的下载权限。

如您急需教学资源或需要其他帮助，请在工作时间与我们联络：

中国人民大学出版社　财会出版分社

联系电话：010-62515987，62511076

电子邮箱：ckcbfs@crup. com. cn

通讯地址：北京市海淀区中关村大街甲 59 号文化大厦 1501 室（100872）